Harenberg/Irmer · Die Besteuerung privater Kapitaleinkünfte

Ihr Doppelnutzen:
Online-Mehrwert inklusive!

Nutzen Sie den Inhalt dieses Produktes <u>zusätzlich kostenlos</u> in fabilon, Ihrer Online-Fachbibliothek von NWB.

In fabilon recherchieren Sie bequem und gezielt in **allen** digitalen Inhalten aus dem NWB Verlagsprogramm. Mit nur einer einzigen Abfrage bis in einzelne Dokumente.

Ihr Vorteil: Als Nutzer können Sie in der Ergebnisliste Ihrer Suche auch sehen, welche Dokumente Sie bereits besitzen und diese natürlich kostenlos direkt aufrufen. Jedes Ihrer NWB Produkte mit fabilon-Hinweis können Sie dafür ganz einfach freischalten. So wird fabilon nach und nach zu Ihrer ganz persönlichen Online-Fachbibliothek.

Mit dieser Buchstaben-Kombination füllen Sie Ihr digitales Bücherregal:

▶ **Ihr Freischaltcode:** VRQHYVHJWZFHPIB

Harenberg/I., Besteuerung privater Kapitaleinkünfte

So einfach geht's:

1. Rufen Sie unsere Homepage www.nwb.de auf.
2. Wählen Sie im Login-Bereich auf der rechten Seite „Produkt freischalten" aus.
3. Geben Sie jetzt Ihren Freischaltcode ein und folgen Sie dem Anmeldedialog.

Mehr Informationen über fabilon erhalten Sie unter www.nwb.de/fabilon.

Die Besteuerung privater Kapitaleinkünfte

Grundsätze der Besteuerung
Halbeinkünfteverfahren
Werbungskosten bei Kapitaleinkünften
Kapitalertragsteuer und Zinsabschlag
Einzeldarstellung des § 20 EStG
Private Veräußerungsgeschäfte (§ 23 EStG)
Termin-/Optionsgeschäfte
ABC der Kapitalanlagen und Erträge

Von
Dr. Friedrich E. Harenberg
Vorsitzender Richter am Finanzgericht,
Lehrbeauftragter der Leibniz Universität Hannover

und

Dipl.-Kfm. Gisbert Irmer
Steuerberater

unter Mitarbeit von
Dipl.-Fw. Jens Intemann
Richter am Finanzgericht

4. Auflage

ISBN-13: 978-3-482-**46284**-9
ISBN-10: 3-482-**46284**-4 – 4. Auflage 2007
© Verlag Neue Wirtschafts-Briefe GmbH & Co., 1993
www.nwb.de
Alle Rechte vorbehalten.
Dieses Buch und alle in ihm enthaltenen Beiträge und Abbildungen sind urheberrechtlich geschützt. Mit Ausnahme der gesetzlich zugelassenen Fälle ist eine Verwertung ohne Einwilligung des Verlages unzulässig.

Satz und Druck: Griebsch & Rochol Druck GmbH & Co. KG, Hamm

Vorwort

Sie liebt mich, sie liebt mich nicht, sie liebt mich . . . dieser Abzählvers aus unseren Jugendtagen lässt sich in abgewandelter Form auf das aktuelle Steuerrecht übertragen. Sie kommt, sie kommt nicht, sie kommt, sie kommt nicht . . . gemeint ist die Abgeltungssteuer auf Zinsen, Dividenden und Kursgewinne. Ein Federstrich des Gesetzgebers könnte die Anschaffung dieses Buches zur Fehlinvestition werden lassen? Doch die nun vorliegende 4. Auflage unseres Handbuchs ist weder verlegerischem Übermut noch der Realitätsferne der Autoren entsprungen. Im Gegenteil: Bereits in der 3. Auflage wurde die damals mit dem StVergAbG geplante pauschale Versteuerung von Kursgewinnen dargestellt. Doch dieser Teil des Gesetzes versank schnell wieder im Bermudadreieck der Steuergesetzgebung! Das hat uns Mut gemacht, eine neue Auflage zu wagen – auch unter dem Damoklesschwert der Abgeltungssteuer. Den aktuellen Meldungen zufolge ist sie bei den politischen Parteien trotz des nun vorliegenden „Eckpunkte"-Papiers zur Abgeltungssteuer weiterhin umstritten. Eventuell bleibt dann doch alles beim Alten. Die Neuauflage ist aus den nachfolgenden Gründen notwendig geworden.

Aus der Gesetzgebung sind zu nennen:
– die Abschaffung des KAGG/AuslInvestmG und die Einführung des Investmentsteuergesetzes (InvStG), mit dem numehr in- und ausländische Investmenterträge gleich besteuert werden;
– die neuen Besteuerungsregeln zu Versicherungsleistungen in § 20 Abs. 1 Nr. 6 EStG;
– die Einführung der zusammenfassenden Jahresbescheinigung der Banken für private Kapitalerträge und Veräußerungsgewinne in § 24c EStG;
– die dadurch bedingte Einführung der FiFo-Methode bei der Ermittlung privater Veräußerungsgewinne nach § 23 Abs. 1 Satz 1 Nr. 2 Satz 2 EStG sowie
– das Kontenabfrageverfahren der Finanzverwaltung nach § 93b AO i. V. mit § 24c KWG und
– die Zinsinformationsverordnung (ZIV) zur Besteuerung von Zinserträgen.

Aus der Rechtsprechung sind festzuhalten:
– zwei Entscheidungen des BFH zur Glattstellung von Optionsgeschäften an der Terminbörse;

- die Entscheidung des BFH zur Anwendung des Halbeinkünfteverfahrens auf Veräußerungsgewinne aus einem Bezugsrechteverkauf verbunden mit einer Aussage zur Verfassungsmäßigkeit des Halbabzugsverfahrens in § 3c Abs. 2 EStG und
- die sehr lehrreiche Entscheidung des FG Berlin aus dem Frühjahr 2004 zur Berücksichtigung von Kursverlusten aus argentinischen Stufenzins-Anleihen und deutschen Aktienanleihen.

Aus der Verwaltung sind zu beachten:
- das sehr umfangreiche Anwendungsschreiben des BMF zur Anwendung des InvStG;
- das Anwendungsschreiben des BMF zur Besteuerung von Versicherungsleistungen nach neuem Recht;
- das BMF-Schreiben zu Zweifelsfragen bei der Besteuerung von privaten Veräußerungsgeschäften und
- das BMF-Schreiben betreffend Veräußerung und Ausübung von Bezugsrechten bei Kapitalerhöhungen.

Das JStG 2007 konnte wegen des Redaktionsschlusses nicht berücksichtigt werden.

Unverändert geblieben ist in dieser Auflage die bewährte Zweiteilung mit dem um neue Kapitalanlageprodukte ergänzten ABC der Kapitalforderungen und Erträge. Geblieben sind ebenfalls die Literaturhinweise auf ältere, aber grundlegende Beiträge zur Besteuerung der Kapitaleinkünfte, was von einem Rezensenten kritisch vermerkt worden war.

Zusätzlich bieten wir Ihnen im Anhang des Buches verschiedene Berechnungsmodule zur Ermittlung der Vorteilhaftigkeit von Kapitalanlageprodukten an. Mithilfe Ihres fabilon-Freischaltcodes, den Sie auf der zweiten Seite dieses Buches finden, können Sie im Internet unter www.nwb.de auf diese Module zugreifen. So bleibt uns nur zu hoffen, dass auch diese Auflage unseren geneigten Lesern einen möglichst großen, in jedem Fall garantiert steuerfreien Gewinn bringen möge! Auch mit dieser Auflage machen wir wieder von unserem Recht auf Fehlbarkeit Gebrauch. Anregungen, Verbesserungsvorschläge und Hinweise auf mögliche Fehlbeurteilungen, die uns über den Verlag erreichen, sind deshalb nach wie vor jederzeit willkommen.

Barsinghausen/Gräfelfing
im Dezember 2006　　　　　　　　Dr. Fr. E. Harenberg · G. Irmer

Inhaltsübersicht

	Seite
Vorwort	5
Inhaltsverzeichnis	11
Literaturverzeichnis	39
Abkürzungsverzeichnis	43

Teil 1: Besteuerung der Einkünfte aus Kapitalvermögen . 49
- A. Allgemeine Erläuterungen 49
  - I. Rechtsgrundlagen 49
  - II. Die Vorschrift des § 20 EStG im Überblick 50
  - III. Umfang der Besteuerung 51
  - IV. Verfassungsmäßigkeit der Besteuerung 61
- B. Grundsätze der Besteuerung 64
  - I. Verhältnis zu anderen Einkunftsarten 64
  - II. Zurechnung der Einkünfte 67
  - III. Einzelfälle der Zurechnung 68
  - IV. Zeitpunkt der Besteuerung 76
- C. Halbeinkünfteverfahren 85
  - I. Rechtsentwicklung 85
  - II. Besteuerung des privaten Kapitalanlegers nach dem Halbeinkünfteverfahren 89
  - III. Besteuerung von ausländischen Aktien bei inländischen Kapitalanlegern 93
  - IV. Besteuerung beschränkt steuerpflichtiger Kapitalanleger . . . 96
  - V. Zeitliche Anwendung 96
- D. Werbungskosten bei Kapitaleinkünften 99
  - I. Der Werbungskostenbegriff im Allgemeinen 99
  - II. Das Halbabzugsverfahren 103
  - III. ABC der Werbungskosten 106
- E. Kapitalertragsteuer und Zinsabschlag 121
  - I. Grundzüge des Kapitalertragsteuerabzugs 121
  - II. Kapitalertragsteuer – auf Gewinnanteile (Dividenden) und ähnliche Bezüge (§ 20 Abs. 1 Nr. 1 und 2 EStG) – auf Einnahmen aus der Veräußerung von Dividendenscheinen (§ 20 Abs. 2 Satz 1 Nr. 2 Buchst. a und Satz 2 EStG) 124

			Seite
	III.	Der Zinsabschlag	125
	IV.	Verfassungsmäßigkeit des Zinsabschlags	182
	V.	Anrechnung oder Abzug ausländischer Steuern	184
F.	Das Besteuerungsverfahren		187
	I.	Die zusammenfassende Jahresbescheinigung der Banken zu den Kapitalerträgen und Veräußerungsgewinnen	187
	II.	Neue Kontrollmöglichkeiten der Finanzverwaltung	198
G.	Einzeldarstellung des § 20 EStG		211
	I.	Einnahmen aus der Beteiligung an Kapitalgesellschaften und sonstigen Körperschaften (§ 20 Abs. 1 Nr. 1 und 2 EStG)	211
	II.	Einnahmen aus stiller Gesellschaft und partiarischen Darlehen (§ 20 Abs. 1 Nr. 4 EStG)	246
	III.	Zinseinnahmen aus Grundpfandrechten und Renten aus Rentenschulden (§ 20 Abs. 1 Nr. 5 EStG)	281
	IV.	Zinseinnahmen aus Kapitallebensversicherungen (§ 20 Abs. 1 Nr. 6 EStG)	283
	V.	Kapitalerträge aus Wertpapieren und sonstigen Kapitalforderungen (§ 20 Abs. 1 Nr. 7 EStG)	286
	VI.	Diskontbeträge aus Wechseln, Anweisungen und Schatzwechseln (§ 20 Abs. 1 Nr. 8 EStG)	295
	VII.	Erträge aus in- und ausländischen Investmentfonds	297
	VIII.	Einnahmen aus der Veräußerung bestimmter Wertpapiere und Kapitalforderungen (§ 20 Abs. 2 EStG)	312
	IX.	Einnahmen aus der Veräußerung oder Abtretung verschiedener Finanzinnovationen (§ 20 Abs. 2 Satz 1 Nr. 4 EStG)	327
	X.	Sparer-Freibetrag (§ 20 Abs. 4 EStG)	344
H.	Private Veräußerungsgeschäfte		351
	I.	Veräußerung von Wertpapieren (§ 23 Abs. 1 Satz 1 Nr. 2 EStG)	351
	II.	Termin- und Optionsgeschäfte (§ 23 Abs. 1 Satz 1 Nr. 4 EStG)	368
Teil 2:	**Die Zinsinformationsverordnung (ZIV) – Ein Überblick**		389
Teil 3:	**ABC der Wertpapiere, Kapitalforderungen, Anlageprodukte und Erträge**		393

Anhang:
  I. Gesetzestexte (Auszüge) 503
  II. Verwaltungsanweisungen 517
  III. Berechnungstools 648
Stichwortverzeichnis 655

Inhaltsverzeichnis

		Seite
Vorwort		5
Inhaltsübersicht		7
Literaturverzeichnis		39
Abkürzungsverzeichnis		43

	Rdnr.	Seite
Teil 1: Besteuerung der Einkünfte aus Kapitalvermögen		
A. Allgemeine Erläuterungen		49
I. Rechtsgrundlagen	1	49
II. Die Vorschrift des § 20 EStG im Überblick	4	50
III. Umfang der Besteuerung	5	51
1. Einnahmen – Einkünfte – Erträge	5	51
a) Begriff der Einnahmen	8	52
b) Rückzahlung von Einnahmen/negative Einnahmen	11	54
c) Steuerfreie Einnahmen	13	55
d) Welteinkommen	16	56
e) Doppelbesteuerungsabkommen	17	56
f) Überschusserzielungsabsicht	19	57
2. Das Kapital	21	58
a) Begriff des Kapitalvermögens	21	58
b) Kapitalrückzahlung	22	58
c) Werterhöhungen, Wertverluste	25	59
d) Veräußerungsgewinne und -verluste	26	60
3. Nominalwertprinzip	27	61
IV. Verfassungsmäßigkeit der Besteuerung	30	61
B. Grundsätze der Besteuerung		
I. Verhältnis zu anderen Einkunftsarten	41	64
1. Subsidiarität der Kapitaleinkünfte (§ 20 Abs. 3 EStG)	41	64
2. Vermögensverwaltung	43	65
a) Gewerbliche Vermögensverwaltung	43	65

			Rdnr.	Seite
		b) Private Vermögensverwaltung	44	66
II.	Zurechnung der Einkünfte		45	67
III.	Einzelfälle der Zurechnung		47	68
	1.	Zurechnung von Einnahmen i. S. d. § 20 Abs. 1 Nr. 1 und 2 EStG	47	68
	2.	Rechtsnachfolge	50	69
	3.	Abtretung von Kapitaleinnahmen	52	70
	4.	Sicherungsübereignung	53	70
	5.	Treuhandverhältnisse	54	71
	6.	Verpfändung	55	71
	7.	Wertpapierdarlehen	56	71
	8.	Gemeinschaftskonten (Oder-/Und-Konten)	57	72
	9.	Sparkonto auf den Namen eines Dritten	58	72
	10.	Wertpapiere	59	72
	11.	Wertpapierpensionsgeschäfte	60	72
	12.	Mietkautionskonto	63	73
	13.	Zinsen aus Kontoverbindungen	64	73
	14.	Nießbrauch	65	74
	15.	Beteiligung mehrerer Personen	71	75
	16.	Minderjährige Kinder	72	76
IV.	Zeitpunkt der Besteuerung		73	76
	1.	Zufluss der Einnahmen	74	77
		a) Gutschrift	75	77
		b) Schuldumwandlung (Novation)	76	78
	2.	Zufluss in besonderen Fällen	79	79
		a) Abgezinste Sparbriefe	79	79
		b) Bausparzinsen	80	79
		c) Bundesschatzbriefe Typ A	81	79
		d) Bundesschatzbriefe Typ B	82	79
		e) Disagio einer Schuldverschreibung	83	79
		f) Dividendenscheine	84	80
		g) Finanzierungsschätze	85	80
		h) Gesamtgläubiger	86	80
		i) Gewinnausschüttungen	87	81
		j) Nullkupon-Anleihen (Zero-Bonds)	89	81

			Rdnr.	Seite
	k) Rückzahlung von Kapitalerträgen		90	81
	l) Schatzanweisungen		91	81
	m) Sperrkonten		92	82
	n) Stille Beteiligung		93	82
	o) Stückzinsen		94	82
	p) Thesaurierte Erträge aus Investmentanteilen		95	82
	q) Unentgeltlicher Zuwendungsnießbrauch		96	83
	r) Verdeckte Gewinnausschüttungen		97	83
	s) Zinsen für Spareinlagen		98	83
	t) Zinsscheine		99	83
	u) Zwischengewinne		100	84
C.	**Halbeinkünfteverfahren**			
	I.	Rechtsentwicklung	111	85
		1. Überblick	111	85
		2. Besteuerung von Kapitalgesellschaften und ihrer Anteilseigner bis 2001/2002 (Anrechnungsverfahren)	115	86
		3. Besteuerung von Kapitalgesellschaften und ihre Anteilseigner ab 2001/2002 (Halbeinkünfteverfahren)	117	87
	II.	Besteuerung des privaten Kapitalanlegers nach dem Halbeinkünfteverfahren	123	89
		1. Besteuerung laufender Kapitalerträge	124	89
		a) Dividenden	124	89
		b) Verdeckte Gewinnausschüttungen	128	90
		c) Sonstige Bezüge	129	91
		d) Investmenterträge	130	91
		2. Besteuerung von Veräußerungsgewinnen	131	92
		a) Veräußerung von Beteiligungen an Körperschaften im Privatvermögen	131	92
		b) Veräußerung von Investmentfonds-Anteilen	135	93
	III.	Besteuerung von ausländischen Aktien bei inländischen Kapitalanlegern	137	93
		1. Laufende Kapitalerträge (Dividenden)	137	93
		2. Hinzurechnungsbesteuerung	143	95

			Rdnr.	Seite
		3. Veräußerung von Auslandsaktien	144	96
	IV.	Besteuerung beschränkt steuerpflichtiger Kapitalanleger	145	96
	V.	Zeitliche Anwendung	146	96
		1. Laufende Erträge	146	96
		2. Veräußerungsgewinne	151	98
D.	**Werbungskosten bei Kapitaleinkünften**			
	I.	Der Werbungskostenbegriff im Allgemeinen	171	99
	II.	Das Halbabzugsverfahren	186	103
	III.	ABC der Werbungskosten	200	106
E.	**Kapitalertagsteuer und Zinsabschlag**			
	I.	Grundzüge des Kapitalertragsteuerabzugs	301	121
	II.	Kapitalertragsteuer – auf Gewinnanteile (Dividenden) und ähnliche Bezüge (§ 20 Abs. 1 Nr. 1 und 2 EStG) – auf Einnahmen aus der Veräußerung von Dividendenscheinen (§ 20 Abs. 2 Satz 1 Nr. 2 Buchst. a und Satz 2 EStG)	311	124
		1. Dividenden	311	124
		2. Dividendenscheine	311	125
	III.	Der Zinsabschlag	316	125
		1. Allgemeine Erläuterungen	316	126
		2. Überblick	318	127
		3. Begriffsbestimmungen	319	128
		a) Sparer-Freibetrag	319	128
		b) Steuerinländer – Steuerausländer	320	128
		4. Der Zinsabschlag auf Zinsen aus verbrieften und einfachen Forderungen	322	129
		a) Verbriefte Forderungen	323	129
		b) Einfache Forderungen	325	130
		5. Der Zinsabschlag auf Einnahmen aus der Veräußerung, Abtretung oder Einlösung bestimmter Wertpapiere und Kapitalforderungen	326	130
		6. Abzugsverpflichteter (§ 44 EStG)	327	130
		a) Schuldner der Erträge	328	130

	Rdnr.	Seite
b) Die auszahlende Stelle	329	131
7. Steuersätze (§ 43a EStG)	332	132
8. Ausnahmen der Abzugspflicht	333	132
9. Zufluss der Zinserträge	335	133
10. Bemessungsgrundlage für den Steuerabzug (§ 43a EStG)	336	134
a) Grundsatz (Bruttoprinzip)	336	134
b) Minderung der Bemessungsgrundlage durch verausgabte Stückzinsen und Zwischengewinne	338	135
aa) Verausgabte Stückzinsen	339	135
bb) Verausgabte Zwischengewinne	341	136
cc) Der Stückzinstopf	342	136
dd) Depotverwahrung als Voraussetzung der Topflösung	343	137
ee) Die auf der Einnahmenseite des Stückzinstopfs zu berücksichtigenden Kapitalerträge	351	140
ff) Beispiel zum Stückzinstopf	355	142
gg) Sonderregelung für die Bundes- und Landesschuldenverwaltung	356	143
c) Marktrendite oder Pauschalbemessungsgrundlage für besitzzeitanteilige Erträge bei Einnahmen i. S. d. § 20 Abs. 2 Satz 1 Nr. 4 EStG	357	143
aa) Marktrendite (Differenz-Methode)	358	144
bb) Die Pauschalbemessungsgrundlage	360	145
d) Bemessungsgrundlage bei schuldbuchfähigen Wertpapieren des Bundes und der Länder, die nicht für einen marktmäßigen Handel bestimmt sind	365	146
e) Bemessungsgrundlage für bestimmte „einfache Forderungen" (sog. b-Fälle)	367	147
11. Steuerbescheinigung	368	147
12. Steueranmeldung	371	148
13. Abstandnahme vom Kapitalertragsteuerabzug (§ 44a EStG)	372	148

	Rdnr.	Seite
14. Der Freistellungsauftrag	374	149
a) Antragsberechtigter	380	151
b) Empfänger des Freistellungsauftrags	390	154
c) Form der Antragstellung	391	154
aa) Antragstellung mittels Vordruck	392	154
bb) Antragstellung im elektronischen Verfahren	393	155
d) Das Freistellungsvolumen	394	156
e) Geltungsdauer des Freistellungsauftrags	401	157
f) Änderungen und Widerruf von Freistellungsaufträgen	404	158
g) Nachträglich erteilte bzw. erhöhte Freistellungsaufträge	408	159
h) Freistellungsauftrag und Eheschließung	411	160
i) Freistellungsauftrag bei dauernd getrennt lebenden Ehepaaren	412	161
j) Freistellungsauftrag im Todesfall (Einzelperson)	415	162
k) Gemeinsamer Freistellungsauftrag im Todesfall (Ehepaar)	420	164
l) Freistellungsauftag und Erbengemeinschaft	421	165
m) Vertrag zugunsten eines Dritten auf den Todesfall	423	165
n) Rückwirkende Anwendung eines Freistellungsauftrags im Todesfall (rückwirkende Umschreibung von Konten)	424	165
15. Nichtveranlagungs-Bescheinigung	427	166
16. Besteuerung bestimmter Kapitalerträge	431	168
a) Endfällige Zinsscheine	431	168
b) Vereinnahmte Stückzinsen	433	169
c) Ab- oder aufgezinste Wertpapiere und Kapitalforderungen	437	170
d) Bundesschatzbriefe Typ B	439	170
e) Einnahmen aus der Veräußerung, Abtretung bzw. Einlösung bestimmter Kapitalanlagen i. S. d. § 20 Abs. 2 Satz 1 Nr. 4 EStG	440	170

			Rdnr.	Seite
		f) Investmentanteile	442	171
		g) Zwischengewinne	451	172
		h) Ausländische Wandelanleihen und Genussrechte	456	173
		i) Konto auf den Namen eines Dritten	457	174
		j) Vorschusszinsen	458	174
		k) Kontokorrentzinsen	459	174
		l) Mietkautions-Konten	460	174
		m) Instandhaltungsrücklagen bei Wohnungseigentümergemeinschaften	463	175
		n) Gemeinschaftskonten bei nichtehelichen Lebensgemeinschaften	465	175
		o) Grabpflegekonten	466	176
	17.	Zinseinkünfte und Auslandsbeziehungen	469	176
		a) Erträge aus ausländischen Wertpapieren	471	177
		b) Wertpapiere im ausländischen Depot	472	177
		c) Tafelgeschäfte im Ausland	473	177
	18.	Haftung	474	177
	19.	Kontrollmaßnahmen der Finanzverwaltung	475	178
		a) Mitteilungen an das Bundeszentralamt für Steuern	475	178
		b) Bankgeheimnis	481	179
IV.	Verfassungsmäßigkeit des Zinsabschlags		496	182
V.	Anrechnung oder Abzug ausländischer Steuern		506	184
	1.	Anrechnung unter DBA	508	185
	2.	Steuerermäßigung ohne DBA	510	186
	3.	Fiktive ausländische Quellensteuer	511	186

F. Das Besteuerungsverfahren

I.	Die zusammenfassende Jahresbescheinigung der Banken zu den Kapitalerträgen und Veräußerungsgewinnen		531	187
	1.	Vorlage- und Aufbewahrungspflichten	532	188
	2.	Verfahrensfrage zur Ausstellung der Bescheinigung	534	188

			Rdnr.	Seite
	3.	Empfänger der zusammenfassenden Jahresbescheinigung	535	189
		a) Privatkonten	535	189
		b) Gemeinschaftskonten/Nichtveranlagungsbescheinigung	536	189
	4.	Inhalt der Jahresbescheinigung	537	190
		a) Nach Anlage KAP zu bescheinigende Daten	538	190
		b) Erforderliche Angaben bei den Einkünften aus Wertpapierveräußerungen und Termingeschäften	541	192
		c) Amtliche Hinweise und ergänzende Angaben	542	193
	5.	Abstimmungsprobleme zwischen Jahresbescheinigung und der Anlage KAP	543	193
		a) Kursdifferenzpapiere und Marktrendite	543	193
		b) Kursdifferenzpapiere und Emissionsrendite	544	193
		c) Kursdifferenzpapiere und Pauschalbemessungsgrundlage	545	194
		d) Thesaurierte Erträge ausländischer Investmentfonds	546	194
	6.	Abstimmungsprobleme zwischen der Jahresbescheinigung und der Anlage SO	547	195
		a) Anschaffungstag bei Aktien-/Umtauschanleihen und Aktienzertifikaten	547	195
		b) Anschaffungswert bei Aktientausch	548	195
		c) Anschaffungskosten bei Aktienoptionen	549	196
		d) Veräußerungsgewinne bei Kursdifferenzpapieren	550	196
		e) Veräußerungsgewinne bei ausländischen thesaurierenden Investmentfonds	551	196
		f) Zwischengewinne	552	197
		g) Fremdwährungsanlagen	553	197
II.		Neue Kontrollmöglichkeiten der Finanzverwaltung	561	198
	1.	Automatischer Kontenabruf nach § 93 Abs. 7 AO	567	200
		a) Möglichkeiten des Kontenabrufs	568	200
		b) Entscheidung des BVerfG im Eilverfahren	570	201

		Rdnr.	Seite
c) Gesetzliche Voraussetzungen für einen automatischen Kontenabruf		571	202
d) Verfassungsrechtliche Bedenken gegen die Kontenabfrage		575	204
e) Rechtsschutzmöglichkeiten gegen den automatischen Kontenabruf gemäß § 93 Abs. 7 AO		578	205
aa) Rechtsschutz bei vorheriger Information des Steuerpflichtigen		579	205
bb) Rechtsschutz bei heimlicher Kontenabfrage		581	206
2. Informationsaustausch über Zinseinkünfte nach der EU-Zinsrichtlinie		582	206
a) Kontrolle grenzüberschreitender Zinszahlungen		582	206
b) Anwendungsregeln der EU-Zinsrichtlinie		585	207
c) Nur Zinszahlungen betroffen		588	208
d) Steuerpflicht richtet sich nach nationalem Recht		590	209
e) Staaten ohne personalisierten Informationsaustausch		591	209

G. Einzeldarstellung des § 20 EStG

I.	Einnahmen aus der Beteiligung an Kapitalgesellschaften und sonstigen Körperschaften (§ 20 Abs. 1 Nr. 1 und 2 EStG)	621	211
	1. Allgemeine Erläuterungen	621	211
	2. Steuerpflichtige Einnahmen i. S. d. § 20 Abs. 1 Nr. 1 EStG	630	213
	a) Bezüge aus Aktien	630	213
	aa) Sonstige Bezüge aus Aktien	635	215
	bb) Bezugsrechte	640	216
	cc) Freiaktien (Zusatz- oder Berechtigungsaktien)	642	217
	dd) Freigenussrechte	646	218
	b) Bezüge aus Genussrechten	647	219

	Rdnr.	Seite
c) Bezüge aus GmbH-Anteilen	656	221
aa) Vorabausschüttungen	667	224
bb) Rückzahlung von Gewinnanteilen	671	226
d) Bezüge aus Anteilen an Erwerbs- und Wirtschaftsgenossenschaften	671/1	226
e) Verdeckte Gewinnausschüttungen (§ 20 Abs. 1 Nr. 1 Satz 2 EStG)	672	229
aa) Begriff der verdeckten Gewinnausschüttung	674	230
bb) Zurechnung verdeckter Gewinnausschüttungen	680	232
cc) Anwendung des Halbeinkünfteverfahrens	682	233
dd) Umfang der steuerpflichtigen Einnahmen aus verdeckter Gewinnausschüttung	685	234
ee) Grundfälle der verdeckten Gewinnausschüttung	688	236
ff) Rückgewähr verdeckter Gewinnausschüttungen	690	238
f) Steuerfreie Ausschüttung aus dem steuerlichen Einlagekonto (§ 20 Abs. 1 Nr. 1 Satz 3 EStG i. V. m. § 27 KStG)	692	239
aa) Verfahrensfragen	693	240
bb) Rechtsfolgen	694	241
cc) Steuerfreie Ausschüttung aus dem EK 04 (altes Recht)	695	241
g) Bezüge aufgrund Kapitalherabsetzung oder nach Liquidation (§ 20 Abs. 1 Nr. 2 EStG)	696	242
aa) Steuerpflichtige Einnahmen aus Kapitalvermögen	696	242
bb) Halbeinkünfteverfahren	699	243
h) Anzurechnende oder zu vergütende Körperschaftsteuer (§ 20 Abs. 1 Nr. 3 EStG a. F.)	706	243
aa) Funktionsweise des Anrechnungsverfahrens	706	243

Inhaltsverzeichnis 21

		Rdnr.	Seite
	bb) Anrechnung ausländischer Körperschaftsteuer nach EU-Recht	707	244
II.	Einnahmen aus stiller Gesellschaft und partiarischen Darlehen (§ 20 Abs. 1 Nr. 4 EStG)	721	246
	1. Stille Gesellschaft bei Auslandsbeziehungen . .	722	246
	2. Zurechnung der Einkünfte	725	247
	3. Ermittlung der Einkünfte	726	248
	a) Ermittlung der laufenden Einkünfte	728	248
	b) Verlustanteil als Werbungskosten	735	250
	c) Anwendung des Zu- und Abflussprinzips . .	742	253
	d) Ermittlung der Gewinn- und Verlustanteile nach Handels- und Steuerbilanz	743	253
	e) Einkünfte bei Beendigung der Gesellschaft	746	254
	f) Auflösung und Auseinandersetzung	752	255
	g) Veräußerung der Beteiligung	764	260
	4. Verfahrensfragen	771	262
	5. Stille Gesellschaft und partiarische Darlehen . .	772	263
	a) Abgrenzung zwischen stiller Gesellschaft und partiarischem Darlehen	773	263
	b) Merkmale der stillen Gesellschaft	776	265
	c) Rechte und Pflichten der Gesellschafter . . .	780	266
	d) Einlageleistung des stillen Gesellschafters .	784	267
	e) Gewinnbeteiligung	789	269
	f) Beteiligung an einem Handelsgewerbe	793	270
	g) Abgrenzung zu anderen Rechtsformen	798	271
	h) Partiarische Darlehen	808	275
	i) Anwendung des § 20 Abs. 1 Nr. 4 EStG bei Mitunternehmerstellung des Gesellschafters	810	276
	j) Sinngemäße Anwendung des § 15 Abs. 4 und § 15a EStG auf Verlustanteile des stillen Gesellschafters	816	278
III.	Zinseinnahmen aus Grundpfandrechten und Renten aus Rentenschulden (§ 20 Abs. 1 Nr. 5 EStG)	831	281

		Rdnr.	Seite
IV.	Zinseinnahmen aus Kapitallebensversicherungen (§ 20 Abs. 1 Nr. 6 EStG)	851	283
	1. Der neue Besteuerungstatbestand des § 20 Abs. 1 Nr. 6 EStG	851	283
	2. Umfang der von der Neuregelung betroffenen Versicherungsverträge	852	284
	3. Zeitlicher Anwendungsbereich der Besteuerung von Versicherungsleistungen	855	285
	4. Missbrauch von Gestaltungsmöglichkeiten durch Vertragsanpassungen	857	285
V.	Kapitalerträge aus Wertpapieren und sonstigen Kapitalforderungen (§ 20 Abs. 1 Nr. 7 EStG)	871	286
	1. Erträge aus sonstigen Kapitalforderungen jeder Art	871	287
	2. Fallgruppen des § 20 Abs. 1 Nr. 7 EStG	876	289
	a) Kapitalforderungen mit ungleichmäßiger Verzinsung (Finanzinnovationen)	876	289
	b) Ab- und aufgezinste Kapitalforderungen ..	878	290
	c) Kapitalforderungen mit ungewissem Ertrag, aber zugesagter Kapitalrückzahlung	882	292
	d) Kapitalforderungen mit zugesagtem Ertrag, aber ungewisser Kapitalrückzahlung	888	294
	3. Kapitalertragsteuerabzug bei sonstigen Kapitalforderungen	890	295
VI.	Diskontbeträge aus Wechseln, Anweisungen und Schatzwechseln (§ 20 Abs. 1 Nr. 8 EStG)	911	295
VII.	Erträge aus in- und ausländischen Investmentfonds	941	297
	1. Kapitalerträge aus Anteilen an in- und ausländischen Investmentfonds im Privatvermögen ...	941	298
	a) Grundsätze der Besteuerung	941	298
	b) Erträge aus Investmentanteilen im Privatvermögen	945	299
	2. Umfang der Investmenterträge allgemein	951	302
	3. Umfang der steuerpflichtigen Ausschüttungen .	955	304
	4. Zufluss der Erträge	956	305

		Rdnr.	Seite
	5. Pauschalbesteuerung bei intransparenten Investmentfonds	958	308
	6. Veräußerung von Investmentanteilen durch den Anleger	960	310
VIII.	Einnahmen aus der Veräußerung bestimmter Wertpapiere und Kapitalforderungen (§ 20 Abs. 2 EStG) .	981	312
	1. Besondere Entgelte und Vorteile (§ 20 Abs. 2 Satz 1 Nr. 1 EStG)	982	312
	2. Einnahmen aus der Veräußerung von Dividendenscheinen und sonstigen Ansprüchen (§ 20 Abs. 2 Satz 1 Nr. 2 Buchst. a EStG)	988	314
	a) Veräußerung künftiger Ansprüche	995	316
	b) Dividendenscheine und sonstige Ansprüche	1004	318
	c) Besteuerung des Veräußerungsentgelts anstelle der Kapitalerträge (§ 20 Abs. 2 Satz 1 Nr. 2 Buchst. a Satz 2 EStG)	1008	319
	d) Anwendung des § 20 Abs. 2 Satz 1 Nr. 2 EStG bei beschränkter Steuerpflicht	1009	319
	e) Kapitalertragsteuerabzug	1010	319
	f) Besteuerung des Dividendenscheinerwerbers	1011	320
	3. Isolierte Veräußerung von Zinsscheinen und Zinsforderungen (§ 20 Abs. 2 Satz 1 Nr. 2 Buchst. b Satz 1 EStG)	1012	320
	a) Veräußerung durch den Inhaber oder früheren Inhaber des Stammrechts	1013	321
	b) Umfang der von § 20 Abs. 2 Satz 1 Nr. 2 Buchst. b EStG erfassten Wertpapiere	1015	321
	c) Veräußerung von Zinsscheinen und Zinsforderungen	1018	322
	4. Einlösung von Zinsscheinen und Zinsforderungen durch den ehemaligen Inhaber der Schuldverschreibung (§ 20 Abs. 2 Satz 1 Nr. 2 Buchst. b Satz 2 EStG)	1022	323

			Rdnr.	Seite
	5.	Einnahmen aus der Veräußerung von Zinsscheinen und Zinsforderungen zusammen mit der dazugehörigen Schuldverschreibung unter Stückzinsausweis (§ 20 Abs. 2 Satz 1 Nr. 3 EStG)..	1031	324
		a) Einheitliche Veräußerung von Schuldverschreibung und Zinsschein	1035	325
		b) Steuerliche Behandlung der Stückzinsen beim Erwerber	1039	326
	6.	Sinngemäße Anwendung des § 20 Abs. 2 Satz 1 Nr. 2 und Nr. 3 EStG bei nicht verbrieften Anteilsrechten, Schuldverschreibungen und Schuldbuchforderungen (§ 20 Abs. 2 Satz 2 und 3 EStG)	1041	327
IX.		Einnahmen aus der Veräußerung oder Abtretung verschiedener Finanzinnovationen (§ 20 Abs. 2 Satz 1 Nr. 4 EStG)	1051	327
	1.	Überblick	1051	328
	2.	Umfang und Ermittlung der steuerpflichtigen Einnahmen	1055	330
		a) Berechnung der steuerpflichtigen Kapitalerträge nach der Emissionsrendite	1057	331
		b) Berechnung der steuerpflichtigen Kapitalerträge nach der Differenzmethode (Marktrendite)	1061	332
		c) Wahlrecht zwischen Emissions- und Marktrendite	1074	336
	3.	Berücksichtigung von Zinsen und Stückzinsen (§ 20 Abs. 2 Satz 1 Nr. 4 Satz 3 EStG)	1079	338
	4.	Entsprechende Anwendung der Veräußerungsvorschriften auf Fälle der Einlösung (§ 20 Abs. 2 Satz 1 Nr. 4 Satz 4 EStG)	1080	339
	5.	Einnahmen aus der Veräußerung oder Abtretung ab- oder aufgezinster Schuldverschreibungen und Schuldbuchforderungen (§ 20 Abs. 2 Satz 1 Nr. 4 Buchst. a EStG)	1082	339

			Rdnr.	Seite
	6.	Einnahmen aus der isolierten Veräußerung oder Abtretung von Stammrechten oder Zinsforderungen zu einem ab- oder aufgezinsten Preis (§ 20 Abs. 2 Satz 1 Nr. 4 Satz 1 Buchst. b EStG) ...	1091	340
	7.	Einnahmen aus der Veräußerung oder Abtretung von Stammrechten mit dazugehörigen Zinsscheinen oder Zinsforderungen ohne Stückzinsausweis oder bei Abhängigkeit der Erträge von einem ungewissen Ereignis (§ 20 Abs. 2 Satz 1 Nr. 4 Satz 1 Buchst. c EStG)	1094	341
	8.	Einnahmen aus der Veräußerung oder Abtretung von Schuldverschreibungen oder Schuldbuchforderungen mit Zinsscheinen oder Zinsforderungen und Erträgen, die in unterschiedlicher Höhe oder für unterschiedlich lange Zeiträume gezahlt werden (§ 20 Abs. 2 Satz 1 Nr. 4 Satz 1 Buchst. d EStG)	1097	343
X.	Sparer-Freibetrag (§ 20 Abs. 4 EStG)		1100	344
	1.	Allgemeine Erläuterungen	1100	344
		a) Steuerliche Auswirkungen der Freibeträge..	1102	345
		b) Gestaltungsmöglichkeiten durch Ausnutzung der Freibeträge	1103	345
	2.	Geltungsbereich des § 20 Abs. 4 EStG	1104	346
	3.	Anwendungsvoraussetzungen für den Freibetrag	1106	346
	4.	Höhe des Freibetrags	1107	347
	5.	Aufteilung des Freibetrags bei Ehegatten	1108	348
		a) Übertragung des Freibetrags bei negativen Einkünften eines Ehegatten	1109	349
		b) Übertragung des Freibetrags bei insgesamt negativen Einkünften (Werbungskostenüberschuss)	1110	349
	6.	Sparer-Freibetrag und Kapitalertragsteuerabzug	1111	350
H.	**Private Veräußerungsgeschäfte**			
	I.	Veräußerung von Wertpapieren (§ 23 Abs. 1 Satz 1 Nr. 2 EStG)	1121	351
		1. Überblick	1121	351

	Rdnr.	Seite
2. Verfassungsmäßigkeit des § 23 Abs. 1 Satz 1 Nr. 2 EStG	1125	352
a) Besteuerung von Wertpapierverkäufen für die Jahre 1997 und 1998 verfassungswidrig	1126	353
b) Verfassungsmäßigkeit ab dem Veranlagungszeitraum 1999 weiter fraglich	1127	354
c) Verfassungsmäßigkeit für Veranlagungszeiträume vor 1997	1128	354
d) Verfassungsmäßigkeit der Neuregelung ab dem 1. 1. 1999	1129	355
3. Besteuerungsgegenstand	1131	356
4. Entgeltliche Anschaffung und Veräußerung	1132	359
5. Behaltefrist	1134	360
a) Dauer der Behaltefrist	1134	360
b) Fristberechnung	1137	361
6. Identität (Nämlichkeit) der Wertpapiere	1140	362
a) Identität	1140	362
b) Girosammelverwahrung	1142	363
7. Ermittlung der Einkünfte	1145	365
8. Verlustverrechnung	1149	366
9. Halbeinkünfteverfahren	1153	368
II. Termin- und Optionsgeschäfte (§ 23 Abs. 1 Satz 1 Nr. 4 EStG)	1156	368
1. Begriffsbestimmungen	1156	368
a) Optionsgeschäfte	1156	368
b) Auflösung des Optionsgeschäfts	1158	369
c) Financial Futures	1161	371
2. Verlustrisiken bei Options- und Termingeschäften	1163	372
a) Grundsätzliches zum Verlustrisiko	1163	372
b) Verlustrisiken bei einzelnen Geschäftsarten	1164	373
aa) Kauf von Optionen auf Aktien	1164	373
bb) Kauf von Optionen auf Terminkontrakte	1165	373
cc) Verkauf einer Option auf Terminkontrakte mit Erfüllung per Termin	1166	373

		Rdnr.	Seite
dd) Kauf auf Termin und Verkauf einer Verkaufsoption		1167	374
ee) Verkauf einer Option auf Terminkontrakte		1168	374
ff) Options- und Termingeschäfte mit Differenzausgleich		1169	374
3. Ertragsteuerliche Behandlung von privaten Optionsgeschäften		1170	375
a) Kauf einer Kaufoption auf Aktien		1170	375
aa) Steuerliche Behandlung der Optionsprämie beim Optionsnehmer		1170	375
bb) Ausübung einer Kaufoption		1171	375
cc) Verfall einer Kaufoption		1172	375
dd) Glattstellung einer Kaufoption		1173	375
ee) Veräußerung einer Kaufoption		1174	376
b) Kauf einer Verkaufsoption auf Aktien		1175	376
aa) Erwerb einer Verkaufsoption		1175	376
bb) Ausübung einer Verkaufsoption		1176	376
cc) Verfall einer Verkaufsoption		1177	377
dd) Glattstellung einer Verkaufsoption		1178	377
c) Verkauf einer Kaufoption auf Aktien		1179	377
aa) Verkauf		1179	377
bb) Ausübung der Kaufoption durch den Optionsnehmer		1180	377
cc) Glattstellung der Kaufoption		1182	378
d) Verkauf einer Verkaufsoption auf Aktien		1183	378
e) Optionen auf Namensaktien und den Deutschen Aktienindex (DAX)		1184	378
aa) Kauf von Kauf- oder Verkaufsoptionen		1184	378
bb) Verkauf von Kauf- oder Verkaufsoptionen		1185	379
f) Kombinationsgeschäfte		1186	379
4. Einkommensteuerrechtliche Behandlung von Finanztermingeschäften		1187	379
a) Besteuerung des Differenzausgleichs		1188	379

			Rdnr.	Seite
	b) Besteuerung bei Glattstellung		1190	380
	5.	Ertragsteuerrechtliche Behandlung von Zertifikaten, die Aktien vertreten	1191	381
	6.	Einkommensteurrechtliche Behandlung von Capped Warrants (gekappte „Optionsscheine")	1195	386

Teil 2: Die Zinsinformationsverordnung (ZIV) – Ein Überblick 1200 389

I.	EU-Zinsrichtlinie	1200	389
II.	Inkrafttreten der Zinsinformationsverordnung	1200	389
III.	Inhalt der Zinsinformationsverordnung	1200	389
IV.	Ablauf des Meldeverfahrens	1200	390
V.	Von der Meldung betroffener Personenkreis	1200	390
VI.	Meldedaten	1200	390
VII.	Umfang der zu meldenden Zinserträge	1200	391
VIII.	Sonderregelung für Österreich, Belgien und Luxemburg	1200	391

Teil 3: ABC der Wertpapiere, Kapitalforderungen, Anlageprodukte und Erträge

Abfindungen	1201	401
Abgeld	1202	401
Abschlagsdividenden	1203	401
Abschlagsfloater	1204	401
Abspaltung	1205	401
Abzinsungspapiere	1206	402
à-conto-Dividende	1207	402
Agio	1208	402
Agio-Anleihen	1209	403
Agio-Zero-Bonds	1210	403
Aktien	1211	403
Aktienanleihen	1212	404
Aktienerwerbsrecht	1213	404
Aktienfonds	1214	404
Aktiengewinn	1215	404
Aktienindex-Optionsscheine	1216	405
Aktienoptionen	1217	405
Aktiensplit	1218	405
Aktientausch	1219	406

	Rdnr.	Seite
Aktienverkauf mit Rücknahmegarantie	1220	407
Alt-Anleihen	1221	407
American Depository Receipts (ADR)	1222	407
Anleihen	1223	408
Annuitäten-Bonds (Tilgungs-Anleihen)	1224	408
Annuitäten-Pfandbrief	1225	408
Anteilscheine (Investmentzertifikate)	1226	408
Arbeitgeber-Darlehen	1227	409
Argentinien-Anleihen	1228	409
Aufgeld (Agio)	1229	410
Aufzinsungspapiere	1230	410
Ausgleichsbeträge (Ertragsausgleichsbeträge)	1231	410
Ausgleichszahlungen (Dividendengarantie)	1232	411
Auslandsanleihen	1233	411
Auslandsfonds	1234	412
Außerrechnungsmäßige Zinsen	1235	413
Bandbreiten-Optionsscheine (Range Warrants)	1236	413
Bandbreiten-Zertifikate	1237	414
Bankanleihen	1238	415
Bankinternes Sondervermögen	1239	415
Bankobligationen	1240	415
Bankwechsel	1241	415
Bardividende	1242	415
Barrier Optionen	1243	415
Basket Optionsscheine	1244	426
Basket Zertifikate	1245	416
Bausparzinsen	1246	416
Bear Anleihen	1247	417
Bear Warrants	1248	417
Belegschaftsaktien	1249	418
Bereitstellungszinsen	1250	418
Berichtigungsaktien	1251	418
Besserungsscheine	1252	418
Bezugsrechte (subscription rights)	1253	419
Bobl-Futures	1254	419
Bonds	1255	420
Bond-Warrants	1256	420
Bonifikationen	1257	420
Bonus	1258	420
Bonusaktien	1259	420
Bonus-Sparvertrag	1260	421

	Rdnr.	Seite
Boost-Optionsscheine	1261	421
Break-Aktienanleihen	1262	422
Bundesanleihen	1263	422
Bundesobligationen	1264	422
Bundesschatzanweisungen	1265	422
Bundesschatzbriefe	1266	422
Bundeswertpapiere	1267	424
Bund-Futures	1268	424
Buxl-Futures	1269	424
Call Optionen (Kaufoptionen)	1270	424
Call Warrants	1271	424
Cap-Anleihen	1272	424
Capped Floater	1273	424
Capped Warrants (gekappte Optionsscheine)	1274	425
Caps (Zinsausgleichszertifikate)	1275	427
Cash-Flow-Notes	1276	427
Cash-or-share Bonds (Aktienanleihen)	1277	428
Cat-Anleihen	1278	428
Certificates of Deposit (Einlagenzertifikate)	1279	428
Collared Floater	1280	429
Collars (Zinsausgleichszertifikate)	1281	429
Comax-Anleihen	1282	429
Commercial Paper	1283	430
Condor-Anleihen	1284	430
Convertible Bonds	1285	431
Convertible Floater (Umtausch-Floater)	1286	431
Count-Down-Floating Notes	1287	431
Covered Warrants	1288	431
Currency Future-Contracts	1289	432
Currency Warrants	1290	432
Damnum	1291	432
Darlehen	1292	432
Darlehen nach § 7a FördG	1293	433
Darlehenszinsen bei Grundstücksverkauf mit Ratenzahlung	1294	434
DAX-Futures	1295	434
DAX-Hochzinsanleihen	1296	434
DAX-Partizipationsscheine	1297	434
Deep-Discount-Anleihen	1298	435
Derivate	1299	435
Devisenoptionen	1300	435

	Rdnr.	Seite
Devisenoptionsscheine	1301	436
Devisentermingeschäfte	1302	436
Differenzgeschäfte	1303	436
Digital-Optionsscheine	1304	436
Disagio (Abgeld)	1305	437
Disagio-Anleihen (deep discount bonds)	1306	437
Discount-Zertifikate	1307	438
Diskont	1308	438
Dividende	1309	438
Dividendenscheine (Kupons)	1310	439
Dividenden-Stripping	1311	439
DM-Auslandsanleihen	1312	440
Doppelwährungs-Anleihen	1313	440
Down-Rating-Anleihen	1314	440
Dreimonatsgeld	1315	441
Drittwährungs-Anleihen	1316	441
Drop-Lock Floater	1317	441
Dual Currency Issues oder Bonds	1318	441
Dual Index Floating Rate Notes	1319	441
Duo-Anleihen	1320	442
Einlagen bei Kreditinstituten	1321	442
Einlagenzertifikate	1322	442
Emissionsdisagio	1323	442
Emissionsdiskont	1324	442
Entschädigungen	1325	443
Equity Linked Bonds	1326	443
Erstattungszinsen (§ 236 AO)	1327	443
Ertragausgleichsbeträge	1328	444
Euro-Bonds	1329	444
Exchange Traded Funds (ETF)	1330	444
Festzinsanleihen	1331	444
Financial Futures	1332	444
Finanzierungsschätze	1333	445
Finanzinnovationen (Finanzproduktinnovationen)	1334	445
Floating Rate Notes (Floater)	1335	446
Floors (Zinsausgleichszertifikate)	1336	447
Fondsgebundene Lebensversicherungen	1337	447
Fondsindex-Zertifikate	1338	448
Freiaktien (Zusatz- oder Berichtigungsaktien)	1339	448
Fremdwährungsanleihen	1340	449
Fremdwährungsdarlehen	1341	449

	Rdnr.	Seite
Full-Index-Link-Anleihen	1342	450
Fundierungsanleihen	1343	450
Futures	1344	450
Garantiedividenden	1345	450
Garantiespannen-Zertifikate	1346	450
Gekappte Optionsscheine	1347	451
Geldmarktfonds (money market fonds)	1348	451
Genossenschaftsdividenden	1349	452
Genussrechte	1350	452
Genussscheine	1351	453
Gewinnobligationen	1352	453
Gewinnschuldverschreibungen	1353	453
G.I.R.O. (guaranteed investment return options)	1354	453
Girokonto	1355	453
Gleitzins-Anleihen	1356	453
GmbH-Anteile	1357	454
Grabpflegekonten	1358	454
Gratisaktien	1359	454
G.R.O.I.S. (guaranteed return on investments)	1360	454
Grundschulden	1361	454
Grundschuldzinsen	1362	454
Grundstücks-Sondervermögen	1363	455
Guthaben	1364	455
Hamster-Optionsscheine	1365	455
Hedge Fonds	1366	456
Heimdarlehen	1367	456
Hochkupon-Anleihen	1368	456
Hybrid-Anleihen (Nachrangigkeits-Anleihen)	1369	456
Hypothekenzinsen	1370	457
I.G.L.U. (investment growth linked unit)	1371	457
Immobilienfonds	1372	457
Index-Aktien	1373	457
Index-Anleihen	1374	458
Index-Optionsscheine	1375	458
Index-Optionsscheine mit garantierter Kapitalrückzahlung (guaranteed investment return options – G.I.R.O. –)	1376	458
Index-Zertifikate	1377	458
Industrieanleihen	1378	458
Inhaberaktien	1379	459
Inhaberschuldverschreibungen	1380	459
Inhouse-Fund	1381	459

Inhaltsverzeichnis

	Rdnr.	Seite
Instandhaltungsrücklagen	1382	459
Interamerikanische-Entwicklungsbank-Anleihen	1383	460
Interimsdividenden	1384	460
Investmenterträge	1385	460
Investmentfonds	1386	460
Junk Bonds (Schrottanleihen)	1387	463
Kapitalanlagegesellschaft	1388	463
Kassenobligationen	1389	463
Katastrophen-Anleihen (Cat-Anleihen)	1390	463
Kaufpreisraten	1391	464
Kaufpreiszinsen (Verzugszinsen)	1392	464
KickStart Zertifikate	1393	464
Knock-out Optionsscheine (barrier options)	1394	465
Kombizins-Anleihen	1395	465
Kommunalanleihen	1396	465
Kommunalobligationen	1397	465
Kontokorrentzinsen	1398	465
Kursdifferenzpapiere	1399	466
Kursgewinne	1400	466
Kursverluste	1401	466
Kuxe	1402	467
Laufzeitfonds	1403	467
Lebensversicherungen	1404	468
Lock-Back-Put-Optionsscheine (Schlüssel-Verkaufsoptionen)	1405	469
Longshort-Zertifikate	1406	469
Mega-Zertifikate (Marktabhängiger Ertrag mit garantierter Kapitalrückzahlung)	1407	469
Mietkautionen	1408	469
Minus-Stückzinsen (Defektiv- oder Antizipationszinsen)	1409	470
Money-Back-Zertifikate	1410	470
Namensaktien	1411	471
Notaranderkonten	1412	471
Nullkupon-Anleihen (Zero-Bonds)	1413	472
Nutzung einer Ferienwohnung gegen Beteiligung an einer AG (Time-Sharing-Gesellschaften)	1414	472
Obligationen	1415	473
Open End Zertifikate	1416	473
Optionsanleihen (Warrant Bonds)	1417	473
Optionsgenussscheine	1418	474
Optionsgeschäfte	1419	475

	Rdnr.	Seite
Optionsprämie	1420	475
Optionsscheine (Warrants)	1421	476
Partiarische Darlehen	1422	476
Partizipationsscheine	1423	476
Penny stocks	1424	477
Pensionsgeschäfte	1425	477
Pfandbriefe	1426	477
Private-Equity-Fonds	1427	477
Protect Anleihen	1428	478
Protect-Discount-Zertifikate	1429	478
Prozesszinsen	1430	479
Put-Optionen	1431	479
Range Warrants (Bandbreiten-Optionsscheine)	1432	479
Rating-Anleihen	1433	480
Rechnungsmäßige Zinsen	1434	480
Renten	1435	480
Rentenfonds	1436	480
Repay Bonds	1437	480
Reverse Floater	1438	481
Rex-Anleihen	1439	481
S.A.R.O.S. (safe return options)	1440	481
Samurai-Anleihen	1441	482
Schatzanweisungen	1442	482
Schatzwechsel	1443	482
Schlussgewinnanteile	1444	482
Schuldbuchforderungen	1445	482
Schuldscheindarlehen	1446	483
Schuldverschreibungen	1447	483
Sichteinlagen	1448	483
Single Stock Marathon Call	1449	483
Sondervermögen	1450	483
Sozialpfandbriefe	1451	484
Sparbriefe	1452	484
Sparkonto	1453	484
Sparpläne	1454	485
Spekulationsgeschäfte	1455	485
Spekulationsverluste	1456	485
Staffelanleihen (graduated rate cupon bonds)	1457	485
Step up-/Step down-Anleihen	1458	485
Steuererstattungsansprüche	1459	486
Steuerzinsen	1460	486

Inhaltsverzeichnis 35

	Rdnr.	Seite
Stock Dividends (Dividendenaktien)	1461	486
Stock Options	1462	486
Stripped Bonds	1463	487
Strukturierte Finanzprodukte	1464	487
Stückzinsen	1465	488
Stufenzins-Anleihen (step up/step down Anleihen)	1466	488
Surf-Anleihen (constant maturit treasur step up/ecover floating rate notes)	1467	488
Swapgeschäfte	1468	489
Switch-Anleihen	1469	489
Systemorientierte Finanzanlagen (Sofia)	1470	489
Teilschuldverschreibungen	1471	490
Telekommunikations-Anleihen	1472	490
Terminfonds	1473	490
Termingeld	1474	490
Termingeschäfte (Futures)	1475	491
Tilgungsanleihen (Annuitäten-Bonds)	1476	491
Treueaktien	1477	492
Treuhandkonten	1478	492
Turbo-Zertifikate	1479	492
Umtauschanleihen	1480	493
Verdeckte Gewinnausschüttungen	1481	493
Versicherungszinsen	1482	493
Verzugszinsen	1483	493
Vorabausschüttungen	1484	494
Vorfälligkeitsentschädigungen	1485	494
Vorschusszinsen	1486	494
Vorzugszinsen	1487	495
Währungsanleihen	1488	495
Währungsswap (cross currency swap)	1489	495
Wandelanleihen (convertible bonds)	1490	495
Wandelgenussscheine	1491	495
Warentermingeschäfte	1492	496
Warrant Bonds	1493	496
Warrants	1494	496
Wasseraktien	1495	496
Wechsel	1496	496
Weltbankanleihen	1497	496
Wertpapier-Sondervermögen	1498	496
Wertrechtsanleihen	1499	497

	Rdnr.	Seite
W-I-N Zertifikate (World-Index-Nominal Backed Zertifikate)	1500	497
Zero-Bonds	1501	497
Zertifikate	1502	497
Zinsausgleichszertifikate	1503	498
Zinsen	1504	499
Zinsscheine	1505	499
Zinssicherungs-Zertifikate	1506	500
Zinsswap (interest rate swap)	1507	500
Zuschlagsfloater	1508	500
Zwangsversteigerungszinsen	1509	501
Zwischengewinne	1510	501

Anhang

I. Gesetzestexte (Auszüge) 503
   1. Einkommensteuergesetz (EStG) 503
   2. Investmentsteuergesetz (InvStG) 510

II. Verwaltungsanweisungen 517
   1. BMF-Schreiben vom 24. 1. 1985 (Zero-Bonds-Erlass) . 517
   2. BMF-Schreiben vom 24. 11. 1986 (Emissionsdisagio-Erlass) 521
   3. BMF-Schreiben vom 2. 2. 1993 (Einzelfragen zur Anwendung des Zinsabschlaggesetzes) 523
   4. BMF-Schreiben vom 30. 4. 1993 (Neue Kapitalanlagemodelle) 524
   5. BMF-Schreiben vom 1. 7. 1993 (Verfahrensrechtliche Fragen zu § 45d EStG) 526
   6. BMF-Schreiben vom 24. 1. 1994 (Berücksichtigung von gezahlten Stückzinsen bei Ehegatten) 527
   7. BMF-Schreiben vom 15. 3. 1994 (Berücksichtigung von gezahlten Stückzinsen bei Personenverschiedenheit von Käufer und Depotinhaber) 527
   8. BMF-Schreiben vom 24. 5. 2000 (Veräußerung einer Umtauschanleihe; Einlösung einer Umtauschanleihe durch einen Zweiterwerber) 528
   9. BMF-Schreiben vom 2. 3. 2001 (Besteuerung von Hochzins- und Umtauschanleihen) 529

Inhaltsverzeichnis 37

Seite

10. BMF-Schreiben vom 30. 5. 2001 (Anrechnung von Dividenden, die nach § 3 Nr. 40 EStG dem Halbeinkünfteverfahren unterliegen, auf den Freistellungsauftrag) 530
11. BMF-Schreiben vom 27. 11. 2001 (Termingeschäfte im Bereich der privaten Vermögensverwaltung) 531
12. BMF-Schreiben vom 12. 6. 2002 (Aufteilung von Werbungskosten bei Einkünften aus Kapitalvermögen, die teilweise dem Halbeinkünfteverfahren unterliegen – § 3c Abs. 2 EStG) 546
13. BMF-Schreiben vom 5. 11. 2002 (Einzelfragen bei Entrichtung, Abstandnahme und Erstattung von Kapitalertragsteuer – §§ 44 – 44c EStG) 548
14. BMF-Schreiben vom 5. 11. 2002 (Ausstellung von Steuerbescheinigungen für Kapitalerträge nach § 45 Absätze 2 und 3 EStG) 559
15. BMF-Schreiben vom 4. 8. 2006 (Änderung der Freistellungsaufträge aufgrund des Steueränderungsgesetzes 2007) 577
16. BMF-Schreiben vom 14. 7. 2004 (Ertragsteuerliche Behandlung der Einnahmen aus der Veräußerung oder Abtretung einer Kapitalanlage bei vorübergehender oder endgültiger Zahlungseinstellung des Emittenten im Rahmen des § 20 Abs. 2 Satz 1 Nr. 4 EStG) 579
17. BMF-Schreiben vom 31. 8. 2004 (Jahresbescheinigung über Kapitalerträge und Veräußerungsgeschäfte aus Finanzanlagen nach § 24c EStG) 581
18. BMF-Schreiben vom 25. 10. 2004 (Zweifelsfragen bei der Besteuerung privater Veräußerungsgeschäfte nach § 23 Abs. 1 Satz 1 Nr. 2 EStG) 587
19. BMF-Schreiben vom 2. 6. 2005 (Investmentsteuergesetz – InvStG, Zweifels- und Auslegungsfragen) 606
20. BMF-Schreiben vom 20. 12. 2005 (Zweifelsfragen bei der Besteuerung privater Veräußerungsgeschäfte nach § 23 Abs. 1 Satz 1 Nr. 2 EStG; Kapitalerhöhung gegen Einlage sowie Veräußerung und Ausübung von Bezugsrechten bei einer Kapitalerhöhung) 621

		Seite
	21. BMF-Schreiben vom 22. 12. 2005 (Neuregelung der Besteuerung der Erträge aus nach § 20 Abs. 1 Nr. 6 EStG steuerpflichtigen Versicherungen durch das Alterseinkünftegesetz)	624
III.	Berechnungstools	648

Stichwortverzeichnis 655

Literaturverzeichnis

Biagosch/Greiner, Rechtliche und steuerliche Behandlung von Lebensversicherungsfonds, DStR 2004, 1365.

Bödecker/Geitzenauer, Kapitalrückzahlungsgarantie kraft Ausgestaltung – Abgesicherte Kapitalanlagen und ihre steuerliche Behandlung im System von § 20 Abs. 1 Nr. 7 EStG, FR 2003, 1209.

Blümich/Stuhrmann, Einkommensteuer-, Körperschaftsteuer- und Gewerbesteuergesetz, Kommentar, Loseblatt, München.

Bullinger/Radke, Handkommentar zum Zinsabschlag, Düsseldorf 1993.

Dautel, Werbungskostenabzug von Verwaltungsgebühren privater Kapitalvermögen im Halbeinkünfteverfahren unter Berücksichtigung des BMF-Schreibens vom 12. 6. 2002, DStR 2002, 1605.

Delp, Besteuerung von Anleihen mit ratingabhängiger Verzinsung, INF 2002, 417.

Dreyer/Herrmann, Besteuerung von Aktien-, Wandel- und Umtauschanleihen nach dem BMF-Schreiben vom 2. 3. 2001, FR 2001, 722.

Eisgruber, Unternehmenssteuerreform 2001: Das Halbeinkünfteverfahren auf der Ebene der Körperschaft, DStR 2000, 1493.

Fechner, Einkommensteuerrechtliche Behandlung der Bonusaktien der Deutschen Telekom AG, NWB F. 3, 11889.

Fleischmann, Besteuerung von Inhaberschuldverschreibungen mit Aktien-Andienungsrecht des Emittenten, NWB F. 3, 10659.

ders., Werbungskostenabzug von Darlehenszinsen, SteuStud 2002, 540.

Götzenberger, Der gläserne Steuerbürger, Herne/Berlin 2006.

Guerts, Besteuerung von Finanzderivaten im Privatvermögen, DB 2002, 110.

Grotherr, Das neue Körperschaftsteuersystem mit Anteilseignerentlastung bei der Besteuerung von Einkünften aus Beteiligungen, BB 2000, 849.

Haisch, Grundsätze der Besteuerung von Zertifikaten im Privatvermögen, DStR 2005, 2108.

ders., Die Besteuerung von Fremd- und Doppelwährungsanleihen im Privatvermögen, DStR 2003, 2202.

ders., Besteuerung von niedrigverzinslichen Optionsanleihen im Privatvermögen, DStR 2001, 1968.

ders., Steuerliche Behandlung der Umschuldung von Argentinienbonds beim Privatanleger, DStZ 2005, 291.

Harenberg, Besteuerung der Spekulationsgewinne nach 1999 verfassungsgemäß, NWB F. 3, 13819.

ders., „Gewinne" aus einem Schneeball-System: Kapitaleinkünfte oder Spekulationsgewinne?, GStB 2005, 1.

ders., Das Stückzinsmodell auf dem Prüfstand, FR 1999, 196.

ders., Besteuerung von Zertifikaten, Garantiezertifikaten, Garantiespannenzertifikaten und systemorientierten Finanzanlagen (Sofia), NWB F. 3, 3613.

ders., Die neuen stripped Bonds des Bundes und ihre Besteuerung, NWB F. 3, 10145.

ders., Besteuerung von Hochzinsanleihen mit Tilgungswahlrecht (Cash-or-share Bonds), NWB F. 3, 10713.

ders., Besteuerung von privaten Devisentermingeschäften, NWB F. 3, 2059.

ders., Kapitalanlage in Bundeswertpapieren und ihre Besteuerung, NWB F. 21, 1257.

ders., Funktionsweise und Risiken von Index-Zertifikaten (participation units), NWB F. 21, 1381.

ders., Kapitalanlage in Floater, StB 1998, 343.

Harenberg/Intemann, Zweifelsfragen zur Besteuerung von Investmenterträgen, NWB F. 3, 13529.

Harenberg/Irmer, Die Neuregelung der Zinsbesteuerung, NWB F. 3, 8411.

Hollatz, Verluste aus gewerblichen Wertpapierhandel, insbesondere Börsen- bzw. Finanztermingeschäfte, NWB F. 3, 12859.

Heuermann, Halbeinkünfteverfahren und private Veräußerungsgeschäfte, DB 2005, 2708.

Herrmann/Heuer/Raupach (H/H/R), Einkommensteuer- und Körperschaftsteuergesetz, Kommentar, Loseblatt, Köln.

Intemann, Anwendungsbereich des Halbeinkünfteverfahrens bei Anteilsveräußerungen, DStR 2006, 1447.

ders., Verfassungswidrigkeit des § 23 EStG – Übersicht über die praxisrelevanten Fragestellungen, NWB F. 3, 14207.

Jonas, Kapitalerträge aus Optionsgeschäften? – Zur Besteuerung synthetischer Zero-Bonds, BB 1993, 2421.

Kirchhof/Söhn/Mellinghoff (K/S/M), Einkommensteuergesetz, Kommentar, Loseblatt, Heidelberg.

Lohr, Kapitalanlage nach der Unternehmenssteuerreform (Steuersenkungsgesetz), München 2001.

Lorenz, Auswirkungen der Unternehmenssteuerreform 2001 auf die Gestaltung von Venture Capital-Fonds, DStR 2001, 821.

Mühlhäuser/Stoll, Besteuerung von Wertpapierdarlehens- und Wertpapierpensionsgeschäften, DStR 2002, 1597.

Muscat, Private Stillhaltergeschäfte – steuerpflichtige private Veräußerungsgeschäfte oder sonstige Einkünfte?, BB 2001, 2293.

Oppenhoff/Rädler, Reform der Unternehmensbesteuerung – Steuersenkungsgesetz, Stuttgart 2000.

Palandt/Heinrichs, Bürgerliches Gesetzbuch, 63. Auflage, München 2005.

Pflüger, Dividenden-Stripping auch im Halbeinkünfteverfahren?, GStB 2003, 369.

Philipowski, Verfall wertlos gewordener Kauf- und Verkaufsoptionen, DStR 2004, 978.

ders., Steuern sparen durch schenkweise Übertragung von Kapitalvermögen auf Kinder, BankInf 12/1994, 27.

ders., Verausgabte Stückzinsen und gezahlte Zwischengewinne – Rechtsfolgen und Gestaltungsmöglichkeiten bei der ESt und ZASt, DStR 1994, 1593.

Plewka/Watrin, Besteuerung von Auslandsinvestmentfonds auf dem Prüfstand von Verfassungs- und Europarecht, DB 2001, 2264.

Pohl, Die gesonderte Feststellung von Verlusten aus privaten Veräußerungsgeschäften, DStR 2006, 1308.

Ratschow, Verfassungswidrigkeit der Zinsbesteuerung?, DStR 2005, 2006.

Rodin/Veith, Zur Abgrenzung zwischen privater Vermögensverwaltung und gewerblicher Tätigkeit bei Private Equity-Pools – Zur aktuellen Diskussion der Zukunft von Private Equity in Deutschland, DB 2001, 883.

Schmitt, Zuordnung von Schuldzinsen bei Aktienanlagen, NWB F. 3, 12295.

Schmidt, Einkommensteuergesetz, Kommentar, 25. Auflage, München 2006.

Schultze/Spudy, Auswirkungen des BFH-Urteils vom 24. 10. 2000 (VIII R 28/99) auf die Besteuerung von Finanzinnovationen, DStZ 2001, 1143.

Schumacher, Gestaltungsmöglichkeiten bei der privaten Kapitalanlage, DStR 1996, 1505.

Seiler/Lohr, Ausländische Zinseinkünfte von EU-Bürgern sind kein (Bank-)Geheimnis mehr – die EU-Zinsrichtlinie aus Sicht des BMF, DStR 2005, 537.

Tipke, Die Steuerrechtsordnung, Band I, Köln 1993.

Wagner, Glattstellung von Aktienoptionsgeschäften, NWB F. 3, 13323.

Wahl, Handbuch der privaten Kapitalanlage, 2. Auflage, Herne/Berlin 2006.

ders., Die Besteuerung von Finanzinnovationen im Privatvermögen, Bp 2002, 331.

Wellmann, Sind notleidende Anleihen des Privatvermögens Kursdifferenzpapiere i. S. des § 20 Abs. 2 Satz 1 Nr. 4 EStG?, DStZ 2002, 179.

ders., Anschaffung und Veräußerung von Wertpapieren gegen Fremdwährung – Aus den „Zweifelfragen bei der Besteuerung von privaten Veräußerungsgeschäften" des BMF, DStZ 2002, 791.

Wiese, Verfassungswidrigkeit der „Spekulationsbesteuerung" auch in den Jahren 1999 ff.?, DStR 2004, 1420.

Wengenroth/Maier, Zinseinkünfte und private Veräußerungsgeschäfte, EStB 2006, 73.

Abkürzungsverzeichnis

a. A.	anderer Auffassung
a. a. O.	am angegebenen Ort
Abs.	Absatz
Abschn.	Abschnitt
abzgl.	abzüglich
a. E.	am Ende
ÄndG	Änderungsgesetz
a. F.	alte Fassung
AG	Aktiengesellschaft
AktG	Aktiengesetz
Anm.	Anmerkung
AO	Abgabenordnung
AO-StB	AO-Steuerberater (Zeitschrift)
AStG	Außensteuergesetz
Aufl.	Auflage
AuslInvestmG	Auslandinvestmentgesetz
Az.	Aktenzeichen
BaFin	Bundesanstalt für Finanzdienstleistungsaufsicht
BankInf	Bankinformation (Zeitschrift)
BausparG	Gesetz über die Bausparkassen
BB	Betriebs-Berater (Zeitschrift)
BBergBauG	Bundesbergbaugesetz
BerlinFG	Berlinförderungsgesetz
Beschl.	Beschluss
betr.	betrifft, betreffend
BfF	Bundesamt für Finanzen
BFH	Bundesfinanzhof
BFHE	Amtliche Entscheidungssammlung des Bundesfinanzhofs
BFH/NV	Sammlung amtlich nicht veröffentlichter Entscheidungen des Bundesfinanzhofs (Zeitschrift)
BGB	Bürgerliches Gesetzbuch
BGBl	Bundesgesetzblatt
BGH	Bundesgerichtshof
BGHZ	Amtliche Entscheidungssammlung des Bundesgerichtshofs in Zivilsachen
BMF	Bundesminister(ium) der Finanzen
BStBl	Bundessteuerblatt
BT-Drucks.	Bundestags-Drucksache
Buchst.	Buchstabe

BVerfG	Bundesverfassungsgericht
bzw.	beziehungsweise
DB	Der Betrieb (Zeitschrift)
DBA	Doppelbesteuerungsabkommen
DepotG	Depotgesetz
ders.	derselbe
d. h.	das heißt
DStJG	Deutsche Steuerjuristische Gesellschaft
DStR	Deutsches Steuerrecht
DStZ	Deutsche Steuer-Zeitung (Zeitschrift)
EFG	Entscheidungen der Finanzgerichte (Zeitschrift)
EGV	EG-Vertrag
Erl.	Erlass
ESt	Einkommensteuer
EStB	Der Ertrag-Steuer-Berater (Zeitschrift)
EStDV	Einkommensteuer-Durchführungsverordnung
EStG	Einkommensteuergesetz
EStH	Einkommensteuer-Handbuch
EStR	Einkommensteuer-Richtlinien
EURLUmsG	Richtlinien-Umsetzungsgesetz
f., ff.	folgend, folgende
FA	Finanzamt
FG	Finanzgericht(e)
FinMin.	Finanzministerium
FinVerw.	Finanzverwaltung
Fn	Fußnote
FördG	Fördergebietsgesetz
FR	Finanz-Rundschau (Zeitschrift)
GenG	Genossenschaftsgesetz
GewSt	Gewerbesteuer
GewStDV	Gewerbesteuer-Durchführungsverordnung
GewStG	Gewerbesteuergesetz
GG	Grundgesetz
gl. A.	gleicher Ansicht
GmbH	Gesellschaft mit beschränkter Haftung
GmbHG	Gesetz betreffend die Gesellschaften mit beschränkter Haftung
GmbHR	GmbH-Rundschau (Zeitschrift)
grds.	grundsätzlich
GrS	Großer Senat

GStB	Gestaltende Steuerberatung (Zeitschrift)
H	Hinweis
H/B/N/B	Hartmann/Böttcher/Nissen (u. a.)/Bordewin, Kommentar zum Einkommensteuergesetz
HFR	Höchstrichterliche Finanzrechtsprechung (Zeitschrift)
HGB	Handelsgesetzbuch
H/H/R	Hermann/Heuer/Raupach, Kommentar zur Einkommensteuer und Körperschaftsteuer mit Nebengesetzen
i. d. F.	in der Fassung
i. d. R.	in der Regel
i. H. v.	in Höhe von
INF	Die Information (Zeitschrift)
InvStG	Investmentsteuergesetz
i. S. d.	im Sinne des
IStR	Internationales Steuerrecht (Zeitschrift)
i. S. v.	im Sinne von
i. V. m.	in Verbindung mit
JbFfStR	Jahrbuch der Fachanwälte für Steuerrecht
JStG	Jahressteuergesetz
KAGG	Gesetz über Kapitalanlagegesellschaften
Kap.	Kapitel
KapErhG	Gesetz über die Kapitalerhöhung aus Gesellschaftsmitteln
KapErhStG	Kapitalerhöhungs-Steuergesetz
KapESt	Kapitalertragsteuer
KFR	Kommentierte Finanzrechtsprechung (Zeitschrift)
KG	Kommanditgesellschaft
KGaA	Kommanditgesellschaft auf Aktien
Kj	Kalenderjahr
K/S/M	Kirchof/Söhn/Mellinghoff, Einkommensteuergesetz, Kommentar
KSt	Körperschaftsteuer
KStG	Körperschaftsteuergesetz
KStRG	Körperschaftsteuerreformgesetz
KVStG	Kapitalverkehrsteuer-Gesetz
KWG	Kreditwesengesetz
LAG	Lastenausgleichsgesetz
L/B/H	Littmann/Bitz/Hellwig, Die Einkommensteuer (Kommentar)
lfd.	laufend(e)

Lfg.	Lieferung
L/S/B	Lademann/Söffing/Brockhoff, Kommentar zum Einkommensteuergesetz
LSt	Lohnsteuer
LStR	Lohnsteuer-Richtlinien
m. w. N.	mit weiteren Nachweisen
n. F.	neue Fassung
NJW	Neue Juristische Wochenschrift (Zeitschrift)
Nr.	Nummer
nrkr.	nicht rechtskräftig
NRW	Nordrhein-Westfalen
NV	Nichtveranlagung
NV-Bescheinigung	Bescheinigung über die Nichtveranlagung zur Einkommensteuer
NWB	Neue Wirtschafts-Briefe (Zeitschrift)
NWB-DokID	NWB Dokumenten-Identifikationsnummer Online-Datenbank (www.nwb.de)
OFD	Oberfinanzdirektion
OHG	offene Handelsgesellschaft
OLG	Oberlandesgericht
R	Richtlinie
Rdnr.	Randnummer(n)
Rev.	Revision
RFH	Reichsfinanzhof
RGBl	Reichsgesetzblatt
RiW	Recht der internationalen Wirtschaft (Zeitschrift)
rkr.	rechtskräftig
Rs.	Rechtssache
RStBl	Reichssteuerblatt
S.	Seite
s.	siehe
sog.	so genannte
SolZ	Solidaritätszuschlag
StÄndG	Steueränderungsgesetz
StB	Der Steuerberater (Zeitschrift)
Stbg	Die Steuerberatung (Zeitschrift)
StbJb	Steuerberater-Jahrbuch
StBp	Die steuerliche Betriebsprüfung (Zeitschrift)

StEK	Steuererlasse in Karteiform
StEntlG	Steuerentlastungsgesetz
Steuer-ReformG	Steuerreformgesetz
SteuStud	Steuer und Studium (Zeitschrift)
StMBG	Gesetz zur Bekämpfung des Missbrauchs und zur Bereinigung des Steuerrechts
Stpfl./stpfl.	Steuerpflichtige(r)/steuerpflichtig
str.	strittig
StuW	Steuer und Wirtschaft (Zeitschrift)
StVergAbG	Steuervergünstigungsabbaugesetz
StVj	Steuerliche Vierteljahresschrift (Zeitschrift)
StW	Die Steuerwarte (Zeitschrift)
Tz.	Textziffer
U.	Urteil
u. a.	unter anderem
u. Ä.	und Ähnliche(s)
u. E.	unseres Erachtens
USt	Umsatzsteuer
UStG	Umsatzsteuergesetz
UStR	Umsatzsteuer-Richtlinien
u. U.	unter Umständen
v.	vom
VermBG	Gesetz zur Vermögensbildung der Arbeitnehmer (Vermögensbildungsgesetz)
Vfg.	Verfügung
vGA	verdeckte Gewinnausschüttung
vgl.	vergleiche
v. H.	vom Hundert
VZ	Veranlagungszeitraum
WG	Wechsel- und Scheckgesetz
Wj	Wirtschaftsjahr
WK	Werbungskosten
WM	Wertpapier-Mitteilungen (Zeitschrift)
WoPG	Wohnungsbauprämiengesetz
WPg	Die Wirtschaftsprüfung (Zeitschrift)
ZASt	Zinsabschlagsteuer
z. B.	zum Beispiel
ZfB	Zeitschrift für das gesamte Bankwesen

ZIV	Zinsinformationsverordnung
ZR	Zinsrichtlinie
zz.	zurzeit
zzgl.	zuzüglich

Teil 1:
Besteuerung der Einkünfte aus Kapitalvermögen

A. Allgemeine Erläuterungen

I. Rechtsgrundlagen

Natürliche Personen, die im Inland ihren Wohnsitz oder gewöhnlichen Aufenthalt haben (§ 1 Abs. 1 EStG), unterliegen mit ihren Einkünften aus der Anlage von privatem Kapitalvermögen nach § 2 Abs. 1 Nr. 5 EStG i. V. m. § 20 EStG unbeschränkt der deutschen ESt.[1] Unerheblich ist, ob die Einkünfte im In- oder Ausland bezogen werden. Besteuert wird das Welteinkommen.

1

Die Besteuerung der Einkünfte aus Kapitalvermögen (§ 2 Abs. 1 Nr. 5 EStG) ist in unterschiedlichsten Rechtsnormen geregelt. Für den unbeschränkt Stpfl.[2] sind zu nennen:[3]

2

§ 2 Abs. 1 Nr. 5 EStG	– Steuerpflicht
§ 3 Nr. 21, 40 Buchst. d bis h und 54	– steuerfreie Einnahmen
§ 8 Abs. 1 und 2 EStG	– Einnahmen
§§ 9, 9a EStG	– Werbungskosten
§ 11 EStG	– Vereinnahmung und Verausgabung
§ 20 EStG	– Umfang der Besteuerung
§ 24c EStG	– Jahresbescheinigung über Kapitalerträge und Veräußerungsgewinne aus Finanzanlagen
§§ 34c und d EStG	– Steuerermäßigung bei ausländischen Einkünften
§ 36 Abs. 2 Nr. 2 EStG	– Anrechnung der KapESt[2]

---

1 Für natürliche Personen i. S. d. § 1 Abs. 2 EStG (erweiterte unbeschränkte Steuerpflicht) gilt dies gleichermaßen.
2 Für beschränkt Stpfl. sind §§ 49 Abs. 1 Nr. 5 und 50, 50a EStG anzuwenden.
3 Die Anrechnung oder Vergütung von KSt ist grds. mit Einführung des Halbeinkünfteverfahrens ab 1. 1. 2001 aufgehoben worden (§§ 36 Abs. 2 Nr. 3, 36a – e EStG a. F.; § 52 Abs. 50c u. d EStG).

§§ 43 bis 45d EStG	– KapESt-Abzug
§ 45e	– Ermächtigung für Zinsinformationsverordnung
§ 46 Abs. 2 Nr. 8 EStG	– Antrag auf Veranlagung zur Anrechnung von KapESt
§ 50b EStG	– Prüfungsrecht
§ 50d EStG	– Besonderheiten im Fall von Doppelbesteuerungsabkommen

Außer im EStG finden sich **weitere Regelungen** im

- Investmentsteuergesetz (InvStG)[1]

- Gesetz über steuerrechtliche Maßnahmen bei Erhöhung des Nennkapitals aus Gesellschaftsmitteln (KapErhStG),

- Gesetz über den Lastenausgleich (LAG),[2]

- Gesetz zur Abgeltung von Reparations-, Restitutions-, Zerstörungs- und Rückerstattungsschäden (RepG),[3]

- Gesetz über die Besteuerung bei Auslandsbeziehungen (Außensteuergesetz/AStG).

3 Zu beachten ist ferner die Rechtsprechung des BFH und der Finanzgerichte, sowie eine Vielzahl[4] von Erlassen und Verfügungen der FinVerw.

Für ausländische Einkünfte aus Staaten, mit denen Abkommen zur Vermeidung der Doppelbesteuerung (DBA) abgeschlossen sind, gelten die darin vereinbarten Sondervorschriften.

II. Die Vorschrift des § 20 EStG im Überblick

4 Eine Definition des Begriffs „Einkünfte aus Kapitalvermögen" enthält § 20 EStG nicht.

---

1 Die Besteuerung in- und ausländischer Investmenterträge erfolgt ab dem 1. 1. 2004 nach den Vorschriften des Investmentsteuergesetzes; das Gesetz über Kapitalanlagegesellschaften (§§ 37n – 50d KAGG) und das Gesetz über den Vertrieb ausländischer Investmentanteile und über die Besteuerung der Erträge aus ausländischen Investmentanteilen (§§ 16 – 20 AuslInvestmG) sind aufgehoben worden.
2 § 252 Abs. 3 und 4 LAG; H 3.0 EStH 2005.
3 § 41 Abs. 5 RePG; H 3.0 EStH 2005.
4 Zu § 20 EStG sind ca. 200 Erlasse und Verfügungen ergangen.

§ 20 Abs. 1 Nr. 1 bis 10 EStG zählt vielmehr verschiedene **Einnahmearten** auf, die zu den Einkünften aus Kapitalvermögen gehören. Diese Aufzählung ist nicht abschließend.[1]

Durch § 20 Abs. 2 Satz 1 Nr. 1 EStG wird klargestellt, dass zu den Einkünften auch besondere Entgelte und Vorteile zählen, die neben den in Abs. 1 bezeichneten Einnahmen oder an deren Stelle gewährt werden.[2] Außerdem erfasst § 20 Abs. 2 Satz 1 Nr. 2 bis 4 EStG bestimmte Veräußerungstatbestände und regelt u. a. die Behandlung der Einnahmen aus der Veräußerung von Dividenden- und Zinsscheinen, die Behandlung von Stückzinsen sowie die Veräußerung oder Abtretung bestimmter Wertpapiere und Forderungen. Für Dividenden- und Zinsansprüche aus Wertrechten und Wertrechtsanleihen wird in Abs. 2 Satz 2 und 3 auf die sinngemäße Anwendung von Abs. 2 Satz 1 Nr. 2 und 3 verwiesen.

Die Zurechnung von Dividendeneinkünften i. S. d. Abs. 1 erfolgt nach Abs. 2a beim Anteilseigner.

Wann Erträge aus einer Kapitalanlage anderen Einkunftsarten zuzurechnen sind, regelt Abs. 3 des § 20 EStG. Diese Vorschrift ordnet Kapitaleinkünfte, die im Rahmen der Land- und Forstwirtschaft, eines Gewerbebetriebs, bei selbständiger Arbeit oder der Vermietung und Verpachtung anfallen, diesen Einkunftsarten zu (Subsidiarität der Kapitaleinkünfte).

Über § 20 Abs. 4 EStG wird ein Sparer-Freibetrag in Höhe von 1 370 € bzw. 2 740 € gewährt.[3] Ab dem Veranlagungszeitraum 2007 beträgt er nur noch 750 € für Alleinstehende bzw. 1 500 € für zusammenveranlagte Ehegatten.

III. Umfang der Besteuerung

1. Einnahmen – Einkünfte – Erträge

Die Vorschrift des § 20 EStG zählt – entgegen ihrem Wortlaut – verschiedene Einnahmearten auf, die zu Einkünften aus Kapitalvermögen führen.

5

---

1 BFH, U. v. 24. 6. 1966, BStBl III 1966, 579, und v. 23. 9. 1970, BStBl II 1971, 47, m. w. N. für die Ausschüttungen einer Forstgenossenschaft – Realgemeinde –, einer Jahnschaft, für die Braugelder von Brauberechtigten.
2 BFH, U. v. 11. 2. 1981, BStBl II 1981, 465.
3 Die Freibeträge wurden durch das Zinsabschlag-Gesetz v. 9. 11. 1992, BGBl I 1992, 1853, gegenüber der früheren Regelung verzehnfacht; ab VZ 2000 betrugen sie 3 000 DM bzw. 6 000 DM, ab VZ 2002 1 550 € bzw. 3 100 €; ab VZ 2004 1 370 € bzw. 2 740 €; ab dem VZ 2007 betragen sie 750 € bzw. 1 500 €.

Dabei ist zu beachten, dass nicht Einnahmen, sondern nur **Einkünfte** der ESt unterliegen. Diese sind nach § 2 Abs. 2 Nr. 2 EStG als Überschuss der Einnahmen über die Werbungskosten zu ermitteln. Von den Einnahmen sind die mit ihnen unmittelbar zusammenhängenden Aufwendungen als Werbungskosten abzuziehen. Diese Art der Einkunftsermittlung ist zwingend. Im Einzelfall ist somit zu ermitteln, in welcher Höhe „Einnahmen" und „Werbungskosten" vorliegen. Auszugehen ist dabei von den Einnahmen jeder einzelnen Kapitalanlage.[1]

Es gilt folgendes Schema:

Einnahmen aus Kapitalanlage A

./. Werbungskosten zur Kapitalanlage A

+ Einnahmen aus Kapitalanlage B

./. Werbungskosten zur Kapitalanlage B

./. verausgabte Stückzinsen oder verausgabte Zwischengewinne sowie zurückgezahlte Einnahmen (negative Einnahmen)

./. Werbungskosten-Pauschbetrag sofern kein Einzelnachweis erfolgt

./. Sparerfreibetrag

= Einkünfte aus Kapitalvermögen

6 Überschreiten die Werbungskosten insgesamt nicht den **Werbungskosten-Pauschbetrag** des § 9a Nr. 2 EStG, so ist mindestens dieser in Höhe von 51 € – oder 102 € bei zusammenveranlagten Ehegatten – abzuziehen.

7 Der im Schrifttum häufig verwendete Begriff „Kapitalerträge" bezeichnet je nach Zusammenhang entweder Einnahmen oder Einkünfte aus Kapitalvermögen.

a) Begriff der Einnahmen

8 Nach § 8 Abs. 1 EStG sind „Einnahmen alle Güter, die in Geld oder Geldeswert bestehen und dem Stpfl. im Rahmen einer den Einkunftsarten des § 2 Abs. 1 Satz 1 Nr. 4 bis 7 EStG zufließen". Unter Einnahmen aus Kapitalvermögen sind alle Einnahmen zu verstehen, die ein Gläubiger (Kapitalanleger) vom Schuldner – über die Rückzahlung des Kapitalvermögens

---

[1] BFH, U. v. 26. 11. 1974, BStBl II 1975, 331; U. v. 15. 12. 1987, BStBl II 1989, 16, und U. v. 27. 6. 1989, BStBl II 1989, 934; zur Bildung möglicher Gruppen s. Rdnr. 176 und Rdnr. 260.

III. Umfang der Besteuerung

hinaus – als Nutzungsentgelt für die Überlassung eines bestimmten Kapitals erhält.[1]

Bezieht ein Gläubiger für die Überlassung eines Kapitals in Geldeswert bestehende Güter, z. B. Waren oder Dienstleistungen, so erzielt er damit Einnahmen aus Kapitalvermögen. In Geldeswert bestehende Güter sind alle Sachen, Rechte oder sonstigen Vorteile, denen ein wirtschaftlicher Wert zukommt. Der Ansatz derartiger Einnahmen hat nach der Bewertungsregel des § 8 Abs. 2 Satz 1 EStG (üblicher Endpreis am Abgabeort gemindert um übliche Preisnachlässe) zu erfolgen.

Der Begriff, der Einnahmen in § 8 EStG umfasst auch die in § 20 Abs. 2 Satz 1 Nr. 1 EStG aufgenommenen besonderen Entgelte oder Vorteile.[2] Die Vorschrift des § 20 Abs. 2 Satz 1 Nr. 1 EStG stellt klar, dass alles, was für die Nutzung von Kapital gewährt wird, zu den Einnahmen aus Kapitalvermögen gehört. Es kommt weder auf die Bezeichnung der Einnahmen noch darauf an, ob sie in **offener** oder in **verdeckter** Form geleistet werden.[3]

Keine Einnahme ist die Rückzahlung des überlassenen Kapitals. Für die steuerliche Erfassung der Kapitaleinkünfte ist somit eine klare Trennung zwischen dem eigentlichen Kapitalvermögen und den aus der Nutzungsüberlassung zufließenden Einnahmen erforderlich. 9

Veräußerungsgewinne, die auf **Wertsteigerungen** des Kapitalvermögens beruhen, sind ebenfalls keine Einnahmen im vorgenannten Sinne. Bei ihnen kann es sich um private Veräußerungsgeschäfte i. S. d. § 23 EStG (vgl. Rdnr. 1121 ff.) handeln.

Die Einnahmen sind in voller Höhe einschließlich der abgezogenen KapESt anzusetzen. Ausländische Steuern (anrechenbare und nicht anrechenbare) zählen ebenfalls zu den Einnahmen.[4] 10

Zu versteuern sind die Einnahmen, die dem Stpfl. innerhalb eines Kalenderjahres zufließen.

---

1 BFH, U. v. 13. 10. 1987, BStBl II 1988, 252; zu den Einkünften aus Kapitalvermögen gehören alle Vermögensmehrungen, die bei wirtschaftlicher Betrachtung Entgelt für die Kapitalnutzung sind.
2 BFH, U. v. 23. 10. 1985, BStBl II 1985, 178.
3 BFH, U. v. 13. 10. 1987, BStBl II 1988, 252; zur Bezeichnung vgl. auch § 20 Abs. 1 Nr. 7 Satz 2 EStG.
4 Zur Anrechnung oder zum Abzug ausländischer Steuern vgl. Rdnr. 506 ff.

Steuerpflichtige Einnahmen liegen auch vor, wenn die Einnahmen dem Stpfl. nur vorübergehend wirtschaftlich zur Verfügung stehen.[1]

b) Rückzahlung von Einnahmen/negative Einnahmen

11 Einnahmen, die zurückgezahlt werden, sind trotz Rückzahlung zugeflossen. Die Rückzahlung macht den Zufluss der Einnahmen nicht ungeschehen.[2] Die Steuerveranlagung des Jahres, in dem die Einnahmen zugeflossen waren, wird nicht geändert.

12 Nach der Rechtsprechung handelt es sich bei zurückgezahlten Einnahmen nicht um Werbungskosten, sondern um **negative Einnahmen**, vorausgesetzt die Rückzahlung erfolgt aufgrund einer rechtlichen (gesetzlichen) oder tatsächlichen Verpflichtung.[3] Eine Verpflichtung in diesem Sinne besteht z. B., wenn der Stpfl. um die Einnahmen ungerechtfertigt bereichert ist (§ 812 BGB), weil sie ihm nicht zustanden. Liegt keine Verpflichtung zur Rückzahlung vor, kann eine Schenkung oder Einlage anzunehmen sein.

Negative Einnahmen sind im Veranlagungszeitraum zu berücksichtigen, in dem die Rückzahlung erfolgt. Sie mindern die positiven Kapitalerträge des betreffenden Jahres. Der Werbungskosten-Pauschbetrag (§ 9a Nr. 2 EStG) wird dadurch nicht aufgebraucht. Übersteigt die Rückzahlung die positiven Erträge, ist ein Verlust auszuweisen.[4]

Beispiele:

(1) Rückzahlung von Zinsen

Zurückgezahlte Zinsen sind einkommensteuerrechtlich im Jahr der Rückzahlung zu erfassen. Sie sind negative Einnahmen, nicht Werbungskosten aus Kapitalvermögen, wenn der Zinsgläubiger zur Rückzahlung verpflichtet ist. Der Werbungskosten-Pauschbetrag des § 9a EStG wird durch die Rückzahlung nicht verbraucht.[5]

(2) Rückzahlung von Gewinnausschüttungen

Wird ein Gewinnausschüttungsbeschluss aufgehoben, so führt das grds. nicht zu negativen Einnahmen. Eine Gewinnausschüttung führt selbst dann zu stpfl. (posi-

---

1 BFH, U. v. 1. 3. 1977, BStBl II 1977, 545.
2 BFH, U. v. 13. 12. 1963, BStBl III 1964, 184.
3 BFH, U. v. 19. 1. 1977, BStBl II 1977, 847, und U. v. 6. 3. 1979, BStBl II 1979, 510; s. auch Rdnr. 668.
4 BFH, U. v. 13. 12. 1963, BStBl III 1964, 184, und U. v. 2. 4. 1974, BStBl II 1974, 540.
5 BFH, U. v. 13. 12. 1963, a. a. O., und U. v. 2. 4. 1974, a. a. O.

III. Umfang der Besteuerung 55

tiven) Einnahmen, wenn gleichzeitig mit der Ausschüttung oder später ein Rückforderungsanspruch der Gesellschaft entsteht. Liegt eine rechtliche (gesetzliche) oder tatsächliche Verpflichtung zur Rückzahlung vor, ist diese als negative Einnahme zu berücksichtigen.[1] Keine negativen Einnahmen liegen nach Auffassung der FinVerw. bei der Rückzahlung von verdeckten Gewinnausschüttungen vor.[2]

c) Steuerfreie Einnahmen

In den Nr. 21 und 54 des § 3 EStG sind steuerfreie Zinseinnahmen aufgeführt. Diese Vorschriften haben nur noch geringe Bedeutung. 13

Weitere Steuerbefreiungen ergeben sich aus dem KapErhStG[3], dem LAG und dem RepG, sowie aufgrund zwischenstaatlicher Vereinbarungen.[4]

Eine **hälftige Steuerfreistellung** erfolgt bei Dividendeneinnahmen i. S. d. § 20 Abs. 1 Nr. 1 EStG (§ 3 Nr. 40 Buchst. d – h EStG; zum Halbeinkünfteverfahren vgl. Rdnr. 111 ff. und 186 ff.).

Zinsen aus Kapital-Lebensversicherungen (§ 20 Abs. 1 Nr. 6 EStG) sind unter bestimmten Voraussetzungen keine Einkünfte aus Kapitalvermögen bzw. ab dem 1. 1. 2005 nur zur Hälfte Kapitaleinkünfte, so dass es zu einer vollständigen bzw. hälftigen Steuerfreistellung kommt.

Ausgaben, die mit steuerfreien Einnahmen **in unmittelbarem wirtschaftlichen Zusammenhang** stehen, dürfen nicht als Werbungskosten abgezogen werden (§ 3c Abs. 1 EStG). Werbungskosten, die mit den nach § 3 Nr. 40 EStG steuerbefreiten Einnahmen des Halbeinkünfteverfahrens **in wirtschaftlichem Zusammenhang** stehen, sind nur zur Hälfte abzugsfähig (§ 3c Abs. 2 EStG; Halbabzugsverfahren[5]).

Durch den Sparer-Freibetrag (§ 20 Abs. 4 EStG) werden **Einkünfte** in Höhe von 1 370 € bzw. 2 740 € bei zusammenveranlagten Ehegatten von der Besteuerung freigestellt. Wird lediglich der Werbungskosten-Pauschbetrag geltend gemacht, können zusätzlich zum Sparer-Freibetrag Einnahmen in Höhe von 51 €/102 € steuerfrei erzielt werden. 14

---

1 BFH, U. v. 19. 1. 1977, BStBl II 1977, 847, und U. v. 6. 3. 1979, BStBl II 1979, 510, zur Rückzahlung einer Vorabausschüttung.
2 BMF-Schreiben v. 6. 8. 1981, BStBl I 1981, 599; zur Frage im Schrifttum vgl. H/H/R, a. a. O., EStG § 20 Anm. 300.
3 Gesetz über steuerrechtliche Maßnahmen bei Erhöhung des Nennkapitals aus Gesellschaftsmitteln.
4 Vgl. H 3.0 EStH 2005.
5 Vgl. Rdnr. 179, 186 ff.; BMF-Schreiben vom 12. 6. 2002; s. Anhang.

Nicht besteuert und damit steuerfrei belassen werden Veräußerungsgewinne aufgrund von Wertsteigerungen, die nach Ablauf der noch geltenden Spekulationsfrist von einem Jahr (§ 23 Abs. 1 EStG) realisiert werden. Das Gleiche gilt für Gewinne aus Termingeschäften i. S. d. § 23 Abs. 1 Satz 1 Nr. 4 EStG.

15 Stpfl. mit Einkünften aus nichtselbständiger Arbeit können neben ihrem Arbeitslohn noch andere Einkünfte bis zu 410 € (Summe aller anderen Einkunftsarten; Freigrenze) erzielen, ohne dass eine Veranlagung erfolgt (§ 46 Abs. 2 Nr. 1 EStG). Somit ist es unter bestimmten Voraussetzungen möglich, neben dem Sparer-Freibetrag noch weitere Kapitaleinkünfte bis zu 410 € ohne Besteuerung zu beziehen.

d) Welteinkommen

16 Bei unbeschränkt Stpfl. werden grds. die gesamten, d. h. in- und ausländischen Kapitaleinkünfte erfasst (§ 2 Abs. 1 Satz 1 EStG; Welteinkommensprinzip). Dieser Grundsatz kann durch Doppelbesteuerungsabkommen (DBA) eingeschränkt sein. Manche Abkommen weisen dem ausländischen Staat, aus dem die Einnahmen stammen, das ausschließliche Besteuerungsrecht zu.

Sind ausländische Kapitalerträge im Inland zu versteuern, ist es für die Ermittlung der Einkünfte ohne Bedeutung, dass die ausländischen Kapitaleinnahmen bereits im Ausland besteuert wurden. Maßgebend für die Besteuerung der aus dem Ausland stammenden Einnahmen sind die inländischen Vorschriften.

e) Doppelbesteuerungsabkommen

17 Werden Kapitaleinkünfte im Ausland erzielt und vom ausländischen Staat besteuert, kommt es aufgrund des Welteinkommensprinzips zu einer doppelten steuerlichen Erfassung. Um diese zu beseitigen, bestehen mit zahlreichen Staaten völkerrechtliche Verträge über die Vermeidung der Doppelbesteuerung (DBA). Als Spezialnormen gehen sie den übrigen steuerlichen Regelungen vor (§ 2 AO).

Die Beseitigung der internationalen Doppelbesteuerung erfolgt durch Freistellung von der Besteuerung im Wohnsitzstaat – **Freistellungsmethode** – oder durch Anrechnung der ausländischen auf die inländische Steuer – **Anrechnungsmethode** –.

Bei der Freistellungsmethode sind die freigestellten Einkünfte jedoch nach § 32b Abs. 1 Nr. 3 EStG (Progressionsvorbehalt) bei der Ermittlung des Steuersatzes zu berücksichtigen. Danach ist auf das im Inland zu versteuernde Einkommen (§ 2 Abs. 5 EStG) – ohne die steuerfrei gestellten Einkünfte – der Steuersatz anzuwenden, der sich einschließlich der ausländischen Einkünfte ergeben würde. Ausgaben, z. B. Depotgebühren, die mit den freigestellten Einnahmen in unmittelbarem Zusammenhang stehen, dürfen nicht als Werbungskosten abgezogen werden (§ 3c EStG). Bei der Berechnung des Steuersatzes nach § 32b Abs. 1 Nr. 3 EStG ist allerdings ein Abzug geboten, da hier von den freigestellten Einkünften auszugehen ist.

18

Im Ausland gezahlte ESt (KapESt) ist nach § 12 Nr. 3 EStG grds. vom Abzug ausgeschlossen. Sieht jedoch ein DBA die Anrechnungsmethode vor, so sind die Vorschriften der § 34c EStG, §§ 68a und 68b EStDV anzuwenden, die die **Anrechnung** bzw. den **Abzug** ausländischer Steuern im Einzelnen regeln. Bei der Freistellungsmethode können ausländische Steuern nicht abgezogen werden.

f) Überschusserzielungsabsicht

Die Rechtsprechung des BFH[1] geht nur dann von einer steuerlich zu berücksichtigenden Kapitalnutzung aus, wenn die Absicht besteht, auf Dauer nachhaltig Einnahmeüberschüsse zu erzielen. Das positive Gesamtergebnis der voraussichtlichen Vermögensnutzung ist maßgebend. Dabei sind **realisierte Wertsteigerungen** – mit Ausnahme der Tatbestände der §§ 17 und 23 EStG – außer Betracht zu lassen.[2] Sie sind nicht steuerbar und erfüllen nicht die Voraussetzung einer Einkunftserzielung i. S. v. § 20 EStG.

19

Die Absicht des Stpfl. Überschüsse zu erzielen, ist anhand äußerlich erkennbarer Merkmale zu beurteilen. So kann es von besonderer Bedeutung sein, ob die Kapitalanlage aus eigenen Mitteln erfolgt oder fremdfinanziert ist. Bei fremdfinanzierten Kapitalanlagen steht nicht die Überschusserzielungsabsicht, sondern die Substanzverwertung im Vordergrund, wenn die Kapitalanlage mit Gewinn veräußert wird, ohne dass deren Finanzierungs-

---

1 BFH, U. v. 23. 3. 1982, BStBl II 1982, 463; Beschl. v. 25. 6. 1984, BStBl II 1984, 751, 766, und U. v. 27. 7. 1999, BStBl II 1999, 769 – Stückzinsurteil; Harenberg, Das Stückzinsmodell auf dem Prüfstand, FR 1999, 196.
2 BFH, U. v. 5. 3. 1991, BStBl II 1991, 744.

kosten durch die laufenden Erträge gedeckt sind. Wird eine Kapitalanlage langfristig gehalten und übersteigen die Finanzierungskosten ständig die laufenden Erträge, ist die Absicht, Einnahmeüberschüsse zu erzielen, ebenfalls zu verneinen.

20 **Schuldzinsen** einer auf Kredit erworbenen Kapitalanlage sind nur dann als Werbungskosten abziehbar, wenn die Absicht, Überschüsse zu erzielen, im Vordergrund steht.[1] Strebt der Stpfl. in erster Linie Wertzuwächse seiner Kapitalanlage an, sind Schuldzinsen nicht abziehbar.

2. Das Kapital

a) Begriff des Kapitalvermögens

21 Der Begriff „Kapitalvermögen" wird in § 20 EStG nicht erläutert. Es handelt sich hierbei um einen rein steuertechnischen Begriff, der durch eine katalogmäßige Aufzählung umschrieben wird. Beim Kapitalvermögen handelt es sich grds. um Geldvermögen, das dem **Privatvermögen** des Stpfl. zuzurechnen ist. Durch § 20 Abs. 3 EStG werden Kapitaleinnahmen, die nicht aus privatem Geldvermögen stammen, anderen Einkunftsarten zugeordnet.

b) Kapitalrückzahlung

22 Rückzahlungen des angelegten Kapitals gehören nicht zu den Einkünften aus Kapitalvermögen. Bei der Ermittlung der Einkünfte ist deshalb eindeutig zu trennen zwischen Kapitalrückzahlungen und Kapitalerträgen.[2]

Beispiele:
(1) Bei einer Darlehensgewährung ist sowohl die Hingabe des Darlehenskapitals als auch seine Rückzahlung steuerlich unbeachtlich.
(2) Dividendenscheine, Zinsscheine oder sonstige Ansprüche, die losgelöst von ihrem Stammrecht verkauft werden, führen bei der späteren Einlösung durch den Erwerber zu keinen Einnahmen aus Kapitalvermögen. Es handelt sich vielmehr um die Einziehung von Forderungen.
(3) Wird Gesellschaftskapital an die Gesellschafter einer Kapitalgesellschaft zurückgezahlt, so liegt grds. keine Einnahme im Sinne des § 20 EStG vor. Ob es sich um eine „echte" Kapitalrückzahlung oder um eine verdeckte Gewinnausschüttung handelt, richtet sich nach den handelsrechtlichen Vorschriften. Eine

---

[1] BFH, U. v. 23. 3. 1982, BStBl II 1982, 463; zum Schuldzinsenabzug bei wesentlicher Beteiligung i. S. d. § 17: BFH, U. v. 8. 10. 1985, BStBl II 1986, 596.
[2] BFH, U. v. 19. 10. 1982, BStBl II 1983, 295.

III. Umfang der Besteuerung

Kapitalherabsetzung ist rechtlich erst wirksam mit ihrer Eintragung ins Handelsregister (§ 54 GmbHG, § 224 AktG). Für die steuerliche Anerkennung einer Kapitalherabsetzung verlangt die Rechtsprechung ebenfalls die Eintragung ins Handelsregister.[1]

Nach § 366 BGB steht dem Darlehensschuldner das **Bestimmungsrecht** zu, festzulegen, ob seine Leistungen an den Darlehensgläubiger als Darlehensrückzahlung oder als Zinszahlung anzusehen sind. Der Schuldner muss seinen Willen gegenüber dem Leistungsempfänger erklären.[2] Gibt er keine Willensäußerung ab, ist eine zur Schuldentilgung nicht ausreichende Leistung zunächst auf die Kosten, dann auf die Zinsen und zuletzt auf die Hauptleistung anzurechnen (§ 367 Abs. 1 BGB).

23

Erfolgt die Rückzahlung in **Raten** über mehrere Jahre, sind die Raten in Tilgungs- und Zinsanteile zu zerlegen.[3] Gleiches gilt bei Stundung und Verrentung. Für die Berechnung des Zinsanteils[4] ist i. d. R. unter Anwendung der Barwertformel ein Rechnungszinsfuß von 5,5 v. H. zugrunde zu legen. Die Vertragspartner können jedoch von einem höheren Rechnungszinsfuß ausgehen. Eine Aufteilung ist selbst dann vorzunehmen, wenn eine Verzinsung vertraglich ausdrücklich ausgeschlossen wurde.

24

Beispiel:

Beim Verkauf eines zum Privatvermögen gehörenden Grundstücks wird vereinbart, dass der Kaufpreis in 20 Jahresraten à 46 000 € zu leisten ist. Die dem Verkäufer zufließenden Kaufpreisraten enthalten neben der Tilgungsleistung auf den Kaufpreis auch einen Zinsanteil. Dieser ist Entgelt für die darlehensweise Stundung der Kaufpreisschuld und ist in jeder einzelnen Rate mit enthalten.

c) Werterhöhungen, Wertverluste

Positive und negative Wertänderungen der Kapitalanlage wirken sich auf die Ermittlung der Einkünfte nicht aus. Wertsteigerungen, die kein Nutzungsentgelt darstellen, sind keine Kapitaleinnahmen i. S. d. § 20 EStG.[5]

25

---

1 BFH, U. v. 6. 4. 1976, BStBl II 1976, 341.
2 BFH, U. v. 10. 6. 1975, BStBl II 1975, 847.
3 BFH, U. v. 21. 10. 1980, BStBl II 1981, 160; die Abzinsung von Kaufpreisraten ist bei allen Forderungen vorzunehmen, deren Laufzeit mehr als ein Jahr beträgt und die zu einem bestimmten Zeitpunkt fällig werden, und U. v. 26. 11. 1992, BStBl II 1993, 298.
4 BFH, U. v. 25. 6. 1974, BStBl II 1975, 431; Kaufpreisraten sind regelmäßig auch dann – nach § 12 Abs. 3 BewG (hierzu vgl. gleich lautende Erlasse der obersten Finanzbehörden der Länder v. 15. 9. 1997, BStBl I 1997, 837, mit Tabellen 1 u. 2) – abzuzinsen, wenn die Vertragsparteien eine Verzinsung ausdrücklich ausgeschlossen haben.
5 BFH, U. v. 9. 10. 1979, BStBl II 1980, 116.

Von diesem Grundsatz wird jedoch abgewichen, sobald die sog. Differenz-Methode/Marktrendite (s. Rdnr. 1055 ff.) zur Anwendung kommt. Kapitalwertänderungen aufgrund eines Währungsverfalls sind steuerrechtlich unerheblich. Es ist gleichgültig, ob die Wertänderung auf einer inländischen Geldwertverschlechterung beruht oder darauf zurückzuführen ist, dass eine Forderung in ausländischer Währung wegen einer nachhaltigen Änderung des Wechselkurses an Wert verloren hat.[1] Wertänderungen der Kapitalanlage haben selbst bei völligem Wertverlust der Anlage keine Auswirkung auf die Besteuerung der tatsächlich erzielten Nominalerträge.

Wertverluste sind nicht **wie** Werbungskosten oder negative Einnahmen zu berücksichtigen,[2] **Ausnahme**: Einlösungsverluste bei Aktienanleihen (s. Rdnr. 1212).

d) Veräußerungsgewinne und -verluste

26 Die Realisierung von Wertveränderungen privater Geldanlagen bleibt – abgesehen von den in den §§ 17, 20 Abs. 2 Satz 1 Nr. 4 Satz 2 (Marktrendite) und 23 EStG geregelten Ausnahmen[3] – wie die Wertveränderung selbst bei der Einkunftsermittlung außer Betracht. Der Gewinn aus der Veräußerung einer zum Privatvermögen gehörenden Kapitalanlage führt grds. nicht zu steuerpflichtigen Einkünften aus Kapitalvermögen.[4] Die Veräußerung hat als Vorgang in der Vermögenssphäre – abgesehen von den oben genannten Fällen – keine einkommensteuerlichen Auswirkungen.[5] Dies gilt u. E. selbst dann, wenn ein Teil des Veräußerungspreises auf mitveräußerte Gewinn- oder Zinsansprüche entfällt. Ebenso sind Verluste aus der Veräußerung privaten Kapitalvermögens bei der Ermittlung der Einkünfte unbeachtlich.

Kommt allerdings bei der Veräußerung oder Abtretung von Finanzinnovationen die Marktrendite[6] (§ 20 Abs. 2 Satz 1 Nr. 4 Satz 2 EStG) zum An-

---

1 BFH, U. v. 9. 10. 1979, a. a. O.
2 Vgl. BFH, U. v. 24. 3. 1981, BStBl II 1981, 505, zum Verlust einer Spareinlage wegen Zusammenbruchs des Schuldners.
3 Ausführungen zu §§ 17 und 23 EStG (Veräußerung einer wesentlichen Beteiligung und Spekulationsgeschäfte) s. Rdnr. 1131 und Rdnr. 1357 ff.
4 BFH, U. v. 27. 6. 1989, BStBl II 1989, 934.
5 BFH, U. v. 11. 2. 1981, BStBl II 1981, 465; BMF-Schreiben v. 24. 11. 1986, unter 2. Buchst. b; s. Anhang.
6 Zur Marktrendite vgl. Rdnr. 1055 ff., 1061 ff.

satz, ergeben sich Wertveränderungen (Veräußerungsgewinne/-verluste), die sich entgegen dem obigen Grundsatz steuerlich auswirken.[1]

3. Nominalwertprinzip

Das deutsche Steuerrecht basiert auf dem Nominalwertprinzip (€ = €). Infolgedessen sind bei der Einkunftsermittlung nur Nennbeträge und nicht Realwerte anzusetzen. Die Geldentwertung wird steuerrechtlich nicht berücksichtigt.[2]

27

Der BFH[3] hat das Nominalwertprinzip mehrfach bestätigt. Das BVerfG hat diese Rechtsprechung mit Beschluss vom 19. 12. 1978[4] als verfassungsrechtlich unbedenklich eingestuft.

28

Abweichend von diesem Nominalismus vertritt der Zweite Senat des BVerfG in seiner Entscheidung vom 27. 6. 1991[5] die Auffassung, dass es insbesondere verfassungsrechtlich unbedenklich wäre, „die Geldwertabhängigkeit und damit die gesteigerte Inflationsanfälligkeit der Einkunftsart Kapitalvermögen bei der Besteuerung zu berücksichtigen."

Ausgleichszahlungen, die aufgrund einer Wertsicherungsklausel für die Wertminderung eines Darlehens geleistet werden, sind dagegen den Einkünften aus Kapitalvermögen zuzurechnen.[6]

29

IV. Verfassungsmäßigkeit der Besteuerung

Im Urteil vom 20. 6. 1989[7] hat der BFH festgestellt, dass die Besteuerung von Kapitalerträgen i. S. d. § 20 Abs. 1 Nr. 8 EStG 1979 (§ 20 Abs. 1 Nr. 7

30

---

1 Hierzu vgl. Niedersächsisches FG v. 25. 11. 2004, EFG 2005, 698 – Rev., Az. des BFH: VIII R 6/05.
2 Die Geldentwertung kann weder durch einen Abschlag von den Einnahmen (BFH, U. v. 27. 7. 1967, BStBl III 1967, 690) noch als Werbungskosten bei Spareinlagen und festverzinslichen Wertpapieren (BFH, U. v. 10. 11. 1967, BStBl II 1968, 143) berücksichtigt werden.
3 BFH, U. v. 14. 5. 1974, BStBl II 1974, 582; für die Besteuerung der Kapitaleinkünfte 1971, und U. v. 30. 4. 1975, BStBl II 1975, 673, für die in 1973 und 1974 erzielten Kapitaleinkünfte.
4 BVerfG, Beschl. v. 19. 12. 1978, BStBl II 1979, 308. Danach liegt kein Verstoß gegen das aus Art. 3 Abs. 1 GG abgeleitete Gebot der Besteuerung nach der wirtschaftlichen Leistungsfähigkeit vor, wenn Zinsen mit ihrem Nominalbetrag zur ESt herangezogen werden.
5 BStBl II 1991, 654, 669; s. auch Rdnr. 30 f.
6 BFH, U. v. 25. 6. 1974, BStBl II 1974, 735.
7 BStBl II 1989, 836.

EStG) mit dem Grundgesetz vereinbar ist und nicht gegen den allgemeinen Gleichheitsgrundsatz des Art. 3 Abs. 1 GG verstößt.

Die Kläger hatten in diesem Verfahren geltend gemacht, dass die Besteuerung ihrer Kapitaleinkünfte aus festverzinslichen Wertpapieren, Bauspar- und Spargutaben rechtswidrig sei. Sie verstoße gegen den Gleichheitsgrundsatz, weil die stpfl. Einkünfte aus Kapitalvermögen – soweit nicht KapESt einbehalten werde – nur zu einem verhältnismäßig geringen Teil von den Finanzbehörden erfasst würden.

31 Die gegen das Urteil eingelegte Verfassungsbeschwerde , die der Frage galt, ob ein Stpfl. aus seinem Grundrecht nach Art. 3 Abs. 1 GG die Besteuerung seiner Kapitaleinkünfte abwehren kann, weil die Vorschriften über die Steuererhebung zu einer unvollständigen und ungleichmäßigen Besteuerung dieser Einkünfte führen, hatte Erfolg.

Das BVerfG hat über die Verfassungsbeschwerden durch Urteil vom 27. 6. 1991[1] entschieden und erhebliche Mängel in der Durchsetzung des Steueranspruchs hinsichtlich der Erfassung von Kapitaleinkünften gesehen. Dieses Defizit habe der Gesetzgeber innerhalb einer angemessenen Frist zu beseitigen. Das Urteil verpflichtete den Gesetzgeber, spätestens mit Wirkung vom 1. 1. 1993 durch hinreichende gesetzliche Vorkehrungen den Grundsatz der Besteuerungsgleichheit zu gewährleisten.

Mit dem sog. **Zinsabschlag-Gesetz** vom 9. 11. 1992[2] ist der Gesetzgeber der Aufforderung des BVerfG nachgekommen und hat die Besteuerung der Kapitalerträge neu geordnet;[3] ausführlich dazu unter Rdnr. 316.

Die Verfassungsmäßigkeit der Besteuerung von Kapitaleinkünften ist jedoch weiterhin Gegenstand von Verfassungsbeschwerden[4], mit der das BVerfG erneut die Gelegenheit erhalten hat, zur Verfassungsmäßigkeit der Besteuerung von privaten Kapitaleinkünften Stellung zu nehmen.

Diese Verfassungsbeschwerde richtet sich allerdings gegen ein Strafurteil des Bayerischen OLG vom 11. 3. 2003 (4 St RR 7/2203) mit dem ein Stpfl.

---

1 BStBl II 1991, 654.
2 BGBl I 1992, 1853.
3 Nach BFH, U. v. 18. 2. 1997, BStBl II 1997, 499, für 1993 verfassungsgemäß.
4 Az. des BVerfG: 2 BvR 620/03; Einzelheiten dazu Julius, Steuerpflicht auf Zinseinnahmen?, NWB Heft 17, 2005, 1381; ferner ist unter Az. 2 BvR 2077/05 eine Verfassungsbeschwerde betreffend die Jahre nach 1993 anhängig. Im Vorverfahren (VIII R 90/04) hatte der BFH die Besteuerung der Zinseinkünfte nach 1993 für verfassungsgemäß gehalten.

wegen Steuerhinterziehung im Bereich der Einkünfte aus Kapitalvermögen verurteilt wurde. Er hatte Zinserträge i. S. d. § 20 Abs. 1 Nr. 7 EStG nicht erklärt.

In der Entscheidung vom 27. 6. 1991 hat das BVerfG ausgeführt, „sollte der Gesetzgeber diesen verfassungsrechtlichen Auftrag zur Nachbesserung nicht erfüllen, wird die materielle Steuernorm selbst verfassungswidrig. Sie würde damit als Rechtsgrundlage für eine steuerliche Hinterziehung entfallen." Ob dem Gesetzgeber also in den Jahren nach 1992 mit dem Zinsabschlaggesetz und den anderen Maßnahmen zur besseren Kontrolle der erklärten Kapitalerträge (Neugestaltung der Erklärungsvordrucke, Jahresbescheinigung nach § 24c EStG, Kontenabfragemöglichkeit nach § 93b AO, Erweiterung der Mitteilungspflichten in § 45d EStG) den Anforderungen des BVerfG entsprochen hat, bleibt weiterhin abzuwarten. Steuerbescheide, in denen Kapitalerträge besteuert wurden ‚sind deshalb weiterhin offen zu halten', auch wenn der BFH mit Urteil vom 7. 9. 2005 VIII R 90/04[1] seine Rechtsprechung zur Verfassungsmäßigkeit der Zinsbesteuerung nach 1993[2] bestätigt. Der VIII. Senat des Gerichts geht nunmehr bis zum Jahr 2001 von der Verfassungsmäßigkeit der Zinsbesteuerung aus. Aus einem obiter dictum ist zu entnehmen, dass das Gericht diese Auffassung bis zum Jahr 2005 fortgeschrieben wissen will. Gesetzgeber und Verwaltung hätten sich in den Jahren nach 1993 durch die verschiedensten Maßnahmen ausreichend bemüht, dass strukturelle Vollzugsdefizit zu beseitigen.

Das FG Köln hat mit **Vorlagebeschluss vom 22. 9. 2005**[3] direkt beim BVerfG (Az. 2 BvL 14/05) eine Entscheidung darüber eingefordert, ob die Besteuerungsvorschrift für Zinserträge (§ 20 Abs. 1 Nr. 7 EStG) wegen des nach wie vor bestehenden Vollzugsdefizits mit dem Gleichheitsgebot des Art 3 Abs. 3 GG vereinbar ist.[4] Deshalb sollten weiterhin alle Steuerbescheide, in denen Kapitalerträge erfasst und besteuert werden, mit dem Einspruch offen gehalten werden.

(einstweilen frei) 32–40

---

1 DStR/E 2005, 1432.
2 BFH, U. v. 18. 2. 1997 VIII R 33/95, BStBl II 1997, 499, betreffend das Jahr 1993.
3 DStR/E 2005, 1398.
4 Dazu Ratschow, DStR 2005, 2006.

B. Grundsätze der Besteuerung
I. Verhältnis zu anderen Einkunftsarten
1. Subsidiarität der Kapitaleinkünfte (§ 20 Abs. 3 EStG)

41 Kapitaleinnahmen, die im Rahmen der Gewinneinkunftsarten Land- und Forstwirtschaft, Gewerbebetrieb und selbständige Arbeit oder im Rahmen der Einkünfte aus Vermietung und Verpachtung anfallen, sind diesen Einkünften zuzurechnen (§ 20 Abs. 3 EStG).

Die Regelung des § 20 Abs. 3 EStG enthält keinen eigenständigen Besteuerungstatbestand, sondern lediglich eine Klarstellung über den Vorrang der Gewinneinkünfte und Einkünfte aus Vermietung und Verpachtung. Der Vorrang selbst ergibt sich bereits daraus, dass Kapitaleinnahmen im Rahmen eines Betriebsvermögens oder der Einkunftsart Vermietung und Verpachtung zufließen. Einkünfte aus Kapitalvermögen liegen somit grds.[1] nur dann vor, wenn sie aus **privatem** Geldvermögen erzielt werden. Kapitaleinkünfte werden insoweit subsidiär besteuert.

Beispiele:
(1) Zinsen, die auf einem betrieblichen Konto gutgeschrieben werden, sind bei der Ermittlung der Einkünfte aus Gewerbebetrieb (§ 15 EStG) als Einnahmen zu erfassen.

(2) Zinsen, die für ein Bausparguthaben gezahlt werden, gehören über § 20 Abs. 3 EStG zu den Einkünften aus Vermietung und Verpachtung, wenn der Bausparvertrag in engem zeitlichen und wirtschaftlichen Zusammenhang mit der Erzielung von Vermietungseinkünften steht.[2]

(3) Guthabenzinsen aus Konten, die der Abrechnung von Betriebskosten eines Gebäudes dienen, gehören zu den Einkünften aus Kapitalvermögen.

Die sich aus § 20 Abs. 3 EStG ergebende Subsidiarität der Kapitaleinkünfte besteht nicht gegenüber den Einkünften aus nichtselbständiger Arbeit (§ 19 EStG). Überlässt ein Arbeitnehmer seinem Arbeitgeber ein Darlehen, so richtet sich die Zuordnung der vom Arbeitgeber gezahlten Zinsen danach, welche Einkunftsart im Vordergrund steht. Ist die Darlehensgewährung vorrangig durch das Arbeitsverhältnis veranlasst (Erhalt/Sicherung des Arbeitsplatzes), so sind die Zinsen den Einkünften aus nichtselbständiger Arbeit zuzuordnen.

---

1 Ausnahmen: Kapitaleinkünfte i. S. d. § 20 Abs. 1 Nr. 9 und 10 EStG.
2 BFH, U. v. 8. 2. 1983, BStBl II 1983, 355; U. v. 9. 11. 1982, BStBl II 1983, 172, und U. v. 8. 12. 1992, BStBl II 1993, 301.

I. Verhältnis zu anderen Einkunftsarten

Die Zuordnung von Einnahmen zu einer bestimmten Einkunftsart ist ohne Einfluss auf den Abzug der **KapESt**. Auch wenn die Einnahmen nicht den Einkünften aus Kapitalvermögen zuzuordnen sind, hat der Schuldner der Erträge oder die auszahlende Stelle den gesetzlich vorgeschriebenen KapESt-Abzug vorzunehmen (§ 43 Abs. 4 EStG). Bei Einnahmen i. S. v. § 20 Abs. 1 Nr. 1 und Nr. 2 EStG wird die auf die Ausschüttung entfallende KapESt auch dann einbehalten und berechtigt zur Anrechnung, wenn die Einnahmen beim Anteilseigner als solche aus Gewerbebetrieb zu erfassen sind.

42

2. Vermögensverwaltung

a) Gewerbliche Vermögensverwaltung

Die Anlage von privatem Kapitalvermögen kann unter gewissen Umständen eine gewerbliche Tätigkeit sein mit der Folge, dass die Kapitaleinnahmen als Einkünfte aus Gewerbebetrieb zu behandeln sind. Nach der Rechtsprechung des BFH liegt ein Gewerbebetrieb vor, wenn eine selbständige nachhaltige Betätigung mit Gewinnabsicht unternommen wird, sich als Beteiligung am allgemeinen wirtschaftlichen Verkehr darstellt und über den Rahmen einer reinen Vermögensverwaltung hinausgeht.[1] Diese Definition geht weit über die Abgrenzungsmerkmale des § 15 Abs. 2 EStG hinaus, die in der Praxis häufig als unzureichend angesehen werden. Die Vorschrift lautet:

43

> „Eine selbständige nachhaltige Betätigung[2], die mit der Absicht, Gewinn zu erzielen, unternommen wird und sich als Beteiligung am allgemeinen wirtschaftlichen Verkehr[3] darstellt, ist Gewerbebetrieb, wenn die Betätigung weder als Ausübung von Land- und Forstwirtschaft noch als Ausübung eines freien Berufes noch als andere selbständige Arbeit anzusehen ist . . .''

Danach wäre auch jede selbständige, privates Vermögen verwaltende Tätigkeit als gewerbliche Betätigung anzusehen. Die Rechtsprechung nimmt dagegen einen Gewerbebetrieb nur dann an, wenn nach allen Umständen

---

1 R 15.7 Abs. 1 EStR 2005; BFH, U. v. 11. 7. 1968, BStBl II 1968, 775; U. v. 8. 11. 1971, BStBl II 1972, 63; U. v. 17. 1. 1973, BStBl II 1973, 260.

2 Zur Nachhaltigkeit s. BFH, U. v. 31. 7. 1990, BStBl II 1991, 66; wonach der An- und Verkauf festverzinslicher Wertpapiere auch dann ein Gewerbebetrieb sein kann, wenn die Tätigkeit von vornherein auf die Dauer von fünf Wochen angelegt ist.

3 Für die Teilnahme am allgemeinen wirtschaftlichen Verkehr ist nicht erforderlich, dass die Tätigkeit allgemein für das Publikum erkennbar ist. Vielmehr genügt die Erkennbarkeit für die beteiligten Kreise. Auch ist nicht notwendig, dass der Stpfl. seine Leistungen einer Mehrzahl von Interessenten anbietet; s. BFH, U. v. 6. 3. 1991, BStBl II 1991, 631.

des Einzelfalles die Tätigkeit dem Bild entspricht, das nach der Auffassung des Verkehrs einen Gewerbebetrieb ausmacht und einer privaten Vermögensnutzung wesensfremd ist.[1]

Anzeichen für eine gewerbliche Tätigkeit können sein:
- die Verwertung beruflicher Erfahrungen aus einer gleich oder anders gearteten, bereits ausgeübten gewerblichen Tätigkeit;
- die Intensität und Organisation der Tätigkeit, wie z. B. das Unterhalten eines Büros und regelmäßige Börsenbesuche;
- häufige Kapitalüberlassung an Privatpersonen;[2]
- der Handel mit Wertpapieren unter Einsatz erheblicher Kreditmittel;
- der Handel mit Wertpapieren, bei dem die Häufigkeit der Vorfälle und die Kürze der Zeiträume darauf hinweist, dass die Erzielung von Wertsteigerungen des Vermögens im Vordergrund steht;
- der Erwerb von Wertpapieren in der Absicht, sie alsbald wieder zu veräußern.[3]

b) Private Vermögensverwaltung

44 Eine private Vermögensverwaltung liegt vor, wenn sich die Kapitalanlage als Nutzung von Vermögen darstellt, die darauf ausgerichtet ist, Erträge zu erzielen, und eine Substanzverwertung durch Umschichtung nicht entscheidend in den Vordergrund tritt. Werden diese Voraussetzungen erfüllt, sind die entsprechenden Kapitaleinnahmen § 20 EStG zuzuordnen. Bei der Verwaltung von Wertpapieren – auch bei fortgesetztem An- und Verkauf in erheblichem Umfang – gehört die Umschichtung der Wertpapiere regelmäßig noch zur privaten Vermögensverwaltung, so dass ein Gewerbebetrieb erst bei Vorliegen besonderer Umstände anzunehmen ist.[4] Besondere Umstände können z. B. die oben unter Rdnr. 43 genannten Anzeichen sein.

---

1 BFH, U. v. 11. 7. 1968, BStBl II 1968, 775; als ungeschriebenes Tatbestandsmerkmal wird verlangt, dass die Betätigung den Rahmen einer reinen Vermögensverwaltung überschreitet; s. BFH, Beschl. des GrS v. 25. 6. 1984, BStBl II 1984, 751, 762; U. v. 15. 12. 1999, BStBl II 2000, 404; v. 20. 12. 2000, BStBl II 2001, 706; FG München v. 5. 2. 2001, EFG 2002, 397, Rev., Az. des BFH: IX R 35/01.

2 BFH, U. v. 11. 7. 1968, BStBl II 1968, 775; die Annahme eines Gewerbebetriebes wird näher liegen, wenn Kapital statt einer Bank oder Sparkasse häufig Privatpersonen gegen Entgelt überlassen wird.

3 BFH, U. v. 6. 3. 1991, BStBl II 1991, 631.

4 BFH, U. v. 4. 3. 1980, BStBl II 1980, 389.

Im Urteil vom 20. 12. 2000 (X R 1/97); hat der BFH entschieden[1], dass der An- und Verkauf von Optionskontrakten selbst in größerem Umfang im Allgemeinen keinen Gewerbebetrieb begründet. Eine gewerbliche Betätigung setzt jedenfalls voraus, dass der Stpfl. sich wie ein (professioneller) Wertpapierhändler verhält. Solange die vom Stpfl. entfaltete Tätigkeit (An- und Verkauf von Wertpapieren) nicht mit dem Bild eines „Wertpapierhandelsunternehmens" i. S. d. § 1 Abs. 3d Satz 2 KredWG bzw. eines „Finanzunternehmens" i. S. d. § 1 Abs. 3 KredWG vergleichbar ist, hat er grds. noch nicht den Rahmen einer privaten Vermögensverwaltung überschritten.[2]

II. Zurechnung der Einkünfte

Nach § 2 Abs. 1 EStG sind Einkünfte dem Stpfl. zuzurechnen, der sie erzielt. Das ist derjenige, der den Tatbestand der Einkunftserzielung erfüllt.[3]

45

Im Rahmen des § 20 EStG erzielt derjenige Einkünfte, der im eigenen Namen und auf eigene Rechnung eigenes oder fremdes Vermögen zur Nutzung überlässt. Demgemäß erfolgt die Zurechnung in der Regel beim Inhaber des Kapitals, so z. B. beim Gesellschafter oder Gläubiger.[4] Wer Inhaber einer Forderung (Gläubiger) ist, richtet sich primär nach den zivilrechtlichen Vorschriften. Kapitaleinnahmen können aber auch – abweichend von der Inhaberstellung – demjenigen zuzurechnen sein, dem sie zivilrechtlich gebühren, so z. B. bei Rechtsnachfolge und Verpfändung.

Stimmen zivilrechtliches und wirtschaftliches Eigentum (§ 39 AO) nicht überein, wie z. B. beim Treuhandkonto, so ist das wirtschaftliche Eigentum maßgebend.[5]

---

[1] BStBl II 2001, 706.
[2] BFH, U. v. 30. 7. 2003, BStBl II 2004, 408; in der Urteilsbegründung sind die „Bilder" des unternehmerisch tätigen Händlers und Dienstleisters ausführlich dargestellt. So ist z. B. für ein Wertpapierhandelsunternehmen vor allem ein Tätigwerden für fremde Rechnung kennzeichnend und bedarf einer Erlaubnis für die Ausübung der Geschäftstätigkeit (§ 32 KredWG). Finanzunternehmen zeichnen sich dadurch aus, dass sie den Handel mit institutionellen Partnern betreiben, also nicht lediglich über eine Depotbank am Marktgeschehen teilnehmen.
[3] BFH, U. v. 12. 10. 1982, BStBl II 1983, 128; Beschl. v. 29. 11. 1982, BStBl II 1983, 272.
[4] BFH, U. v. 24. 4. 1990, BStBl II 1990, 539; U. v. 23. 4. 1980, BStBl II 1980, 643.
[5] BFH, U. v. 23. 4. 1980, BStBl II 1980, 643; H/H/R, a. a. O., EStG § 20 Anm. 45.

46 Bei **Verlagerung** von Kapitaleinkünften ist darauf zu achten, dass die entsprechenden Vereinbarungen vor dem Zufluss der Einnahmen abgeschlossen werden.[1] So darf z. B. bei der Übertragung eines Zinsanspruchs der betreffende Zinszahlungszeitraum noch nicht abgelaufen sein.[2] Nachträgliche Vereinbarungen werden steuerrechtlich nicht anerkannt.

III. Einzelfälle der Zurechnung

1. Zurechnung von Einnahmen i. S. d. § 20 Abs. 1 Nr. 1 und 2 EStG

47 Die aktuelle Rechtsprechung des BFH[3] zur Zurechnung von Einnahmen i. S. d. § 20 Abs. 1 Nr. 1 und 2 EStG ist in § 20 Abs. 2a EStG wiedergegeben. Danach erzielt die Einkünfte i. S. d. § 20 Abs. 1 Nr. 1 und 2 EStG der Anteilseigner. **Anteilseigner** ist derjenige, dem nach § 39 AO die Kapitalbeteiligung im Zeitpunkt des Gewinnverteilungsbeschlusses zuzurechnen ist.

Handelt es sich beim zivilrechtlichen Inhaber und demjenigen, dem die Anteile im wirtschaftlichen Sinne zuzurechnen sind, nicht um ein und dieselbe Person, so erfolgt die Zurechnung der Einkünfte beim wirtschaftlichen Inhaber. Die Vorschrift des § 20 Abs. 2a EStG besagt demnach nur, dass die Erträge von demjenigen zu versteuern sind, der im **Zuflusszeitpunkt** steuerrechtlich Inhaber des Stammrechts oder der Kapitalbeteiligung ist.

Dieser Zuordnungsgrundsatz gilt u. E. nicht nur für Kapitalerträge i. S. d. § 20 Abs. 1 Nr. 1 und 2 EStG, sondern für alle Einnahmen des § 20 EStG.[4]

48 Gebühren einem Stpfl. bei einer Einzelrechtsnachfolge besitzzeitanteilige Kapitalerträge nach einer Vereinbarung i. S. d. § 101 Nr. 2, 2. Halbsatz BGB, so ändert die Vereinbarung u. E. die **steuerrechtliche** Zurechnung

---

1 Vgl. Authenrieth, Schenkung einer Darlehensforderung vom Vater an Kinder, BB 1985, 168; Philipowski, Steuern sparen durch schenkweise Übertragung von Kapitalvermögen auf Kinder, BankInf 12/1994, 27.
2 BFH, U. v. 9. 3. 1982, BStBl II 1982, 540.
3 BFH, U. v. 18. 12. 1986, BStBl II 1988, 521; U. v. 16. 10. 1991, BStBl II 1992, 199.
4 A. A. Schmidt/Heinicke, XXV., EStG § 20 Rdnr. 13.

nicht. Derartige Vereinbarungen betreffen nur die Einkommensverwendung.[1]

Nach § 20 Abs. 2a Satz 3 EStG gelten der **Nießbraucher** oder **Pfandgläubiger** als Anteilseigner, wenn ihnen Kapitalerträge i. S. d. § 20 Abs. 1 Nr. 1 oder 2 EStG zuzurechnen sind. Wann eine Zurechnung beim Nießbraucher oder Pfandgläubiger erfolgt, besagt das Gesetz nicht. In beiden Fällen können demnach nur die allgemeinen Zurechnungsgrundsätze zur Anwendung kommen.[2] 49

2. Rechtsnachfolge

Hier ist zwischen Einzelrechtsnachfolge und Gesamtrechtsnachfolge zu unterscheiden. Für die **Einzelrechtsnachfolge** gilt: 50

Wird ein bestehendes Rechtsverhältnis zur Kapitalüberlassung auf einen Nachfolger übertragen, so erfüllt dieser den Tatbestand der Einkunftserzielung, soweit ihm die Einnahmen aus Kapitalvermögen **zivilrechtlich** gebühren.[3] Nach § 101 Nr. 2 BGB gebühren dem Veräußerer und dem Erwerber nach dem Verhältnis der Dauer ihrer Beteiligung der entsprechende Teil des Nutzungsentgelts. Davon abweichende Vereinbarungen werden nach der Rechtsprechung des BFH auch steuerrechtlich anerkannt.[4] Somit kann der Rechtsnachfolger Kapitaleinkünfte erzielen, die eigentlich auf die Zeit des Vorbesitzers entfallen.

Beispiele:

(1) Werden GmbH-Anteile während des Geschäftsjahres der Gesellschaft veräußert und soll der Erwerber ein Gewinnbezugsrecht ab Beginn des Geschäftsjahres haben, werden diesem auch die Gewinne zugerechnet, die vor dem Erwerb angefallen sind.[5]

---

1 A. A. die noch herrschende Rspr. des BFH. Der BFH hat mehrfach entschieden, dass eine von der Regel des § 101 Nr. 2, 2. Halbsatz BGB abweichende Vereinbarung – von rechtsmissbräuchlichen Gestaltungen abgesehen – steuerlich ebenso zu beachten ist wie die Regel selbst, vgl. U. v. 30. 4. 1991, BStBl II 1991, 574.
2 Harenberg in H/H/R, a. a. O., EStG § 20 Anm. 1230.
3 BFH, U. v. 4. 3. 1980, BStBl II 1980, 389.
4 Siehe Fn. 2 zu Rdnr. 48.
5 BFH, U. v. 22. 5. 1984, BStBl II 1984, 746.

(2) Werden Aktien und Schuldverschreibungen mit dem laufenden Dividenden- oder Zinsschein veräußert, werden die Erträge aus diesen Scheinen dem Erwerber zugerechnet.[1]

51 Im Erbfall tritt der Erbe als **Gesamtrechtsnachfolger** in die Rechtsstellung des Erblassers ein (§ 1922 BGB). Das hat zur Folge, dass dem Erben die gesamten Kapitalerträge, die nach dem Tod des Erblassers zufließen, zuzurechnen sind, einschließlich der Erträge, die noch auf die Besitzzeit des Erblassers entfallen.[2]

3. Abtretung von Kapitaleinnahmen

52 Kapitalforderungen können vom Gläubiger durch Vertrag (Abtretung) übertragen werden. Mit Vertragsabschluss tritt der neue Gläubiger an die Stelle des bisherigen Gläubigers (§ 398 BGB).

Einkommensteuerrechtlich stellt die unentgeltliche Abtretung eines Gewinnanspruchs oder sonstiger Kapitaleinnahmen – ohne Übertragung der Kapitalanlage selbst – eine unbeachtliche **Einkommensverwendung** dar. Die Einnahmen werden – ohne Beachtung der Abtretung – dem Abtretenden (Altgläubiger) und nicht dem Abtretungsempfänger (Neugläubiger) bei Fälligkeit zugerechnet.[3]

Beispiel:
Die Großmutter schenkt ihrem Enkel Zinsscheine ohne die dazugehörige Schuldverschreibung. Der Enkel löst die Scheine ein, gleichwohl fließen der Großmutter bei Fälligkeit die Zinsen zu und müssen von ihr versteuert werden.

4. Sicherungsübereignung

53 Einnahmen aus sicherheitshalber übereigneten Kapitalforderungen sind dem Sicherungsgeber zuzurechnen (§ 39 Abs. 2 Nr. 1 AO).

---

1 Umkehrschluss aus § 20 Abs. 2 Satz 1 Nr. 2 Buchst. a und b EStG; BFH, U. v. 8. 2. 1983, BStBl II 1983, 355; U. v. 14. 5. 1982, BStBl II 1982, 469, und U. v. 9. 11. 1982, BStBl II 1983, 172; s. auch Rdnr. 988.
2 BFH, U. v. 11. 8. 1971, BStBl II 1972, 55.
3 Scholtz, Vereinbarungen über die Zurechnung von Einnahmen aus Kapitalvermögen, DStZ 1990, 602, m. w. N.; zur Abtretung von Gewinnanteilen einer GmbH-Beteiligung: BFH, U. v. 12. 10. 1982, BStBl II 1983, 128.

III. Einzelfälle der Zurechnung 71

5. Treuhandverhältnisse

Bei Treuhandverhältnissen erfolgt die Zurechnung beim Treugeber (Kapitalgeber). Der Treuhänder (Kapitalverwalter) erzielt zwar die Einnahmen aus dem zu treuen Händen überlassenen Kapital in eigenem Namen, nicht aber auf eigene Rechnung. Sobald sich aber die Kapitalnutzung durch den Treuhänder nicht mehr im Rahmen des Geschäftsbesorgungsverhältnisses bewegt, werden die Einnahmen nicht mehr dem Treugeber, sondern dem Treuhänder selbst zugerechnet.[1]

54

Auch **Sparguthaben** können treuhänderisch verwaltet werden. Voraussetzung für die Zurechnung der Sparzinsen beim Treugeber ist der Nachweis einer konkreten und eindeutigen Treuhandvereinbarung sowie die klare Trennung des Treugutes (Ander- oder Sonderkonten) vom Vermögen des Treuhänders.[2]

6. Verpfändung

Die Einnahmen aus verpfändetem Kapital sind dem Pfandgeber (Kapitalinhaber), nicht dem Pfandnehmer (Pfandgläubiger) zuzurechnen. Werden allerdings Vereinbarungen getroffen, die dem Pfandgläubiger erlauben, das Kapital auf eigene Rechnung zu nutzen, tritt er in die Rechtsstellung des Kapitalinhabers ein, mit der Folge, dass ihm auch die Einnahmen zuzurechnen sind.

55

7. Wertpapierdarlehen

Beim Wertpapierdarlehen wird der Darlehensnehmer zeitlich begrenzt Inhaber der überlassenen Wertpapiere. Nach § 607 BGB ist der Darlehensempfänger verpflichtet, Wertpapiere von gleicher Art, Güte und Menge zurückzugeben. Es brauchen nicht dieselben Papiere zurückgewährt zu werden. Der Darlehensnehmer kann die Wertpapiere verkaufen und den Erlös anderweitig anlegen. Im Schrifttum wird der Darlehensnehmer als derjenige angesehen, der den Tatbestand der Einkunftserzielung erfüllt.[3]

56

---

1 § 39 Abs. 2 Nr. 1 AO; FG Hamburg v. 3. 9. 1985, EFG 1986, 100.
2 Hessisches FG v. 2. 2. 1983, EFG 1983, 565.
3 Blümich/Stuhrmann, a. a. O., EStG § 20 Rdnr. 39, m. w. N.

8. Gemeinschaftskonten (Oder-/Und-Konten)

57 Einnahmen aus Gemeinschaftskonten, wie sie von Eheleuten häufig unterhalten werden, sind je zur Hälfte dem einzelnen Ehepartner zuzurechnen. Auf die Herkunft des jeweiligen Kapitalvermögens kommt es nicht an.[1] Kann allerdings der Nachweis erbracht werden, von welchem Kontoinhaber das Kapitalvermögen stammt, muss u. E. auch eine entsprechende Zuordnung möglich sein.

9. Sparkonto auf den Namen eines Dritten

58 Wird ein Sparkonto auf den Namen eines Dritten eröffnet, ist gegenüber dem Kreditinstitut der Gläubiger der Spareinlage festzulegen. Entweder wird der Dritte (Kontoinhaber, auf dessen Namen das Konto lautet) oder der das Konto Errichtende (Antragsteller, Einzahler) zum Gläubiger bestimmt. Entscheidend für die Frage, wer Inhaber (Gläubiger) der Guthabenforderung sein soll, ist der für das **Kreditinstitut erkennbare Wille** desjenigen, der das Konto eröffnet und die Einzahlung leistet.[2]

Beispiel:
Die Großmutter eröffnet auf den Namen ihres Enkels (Dritter) ein Sparkonto. Sie entscheidet, ob sie selbst oder der Enkel Gläubiger des der Bank überlassenen Kapitals sein soll. Bestimmt sie sich selbst zum Gläubiger, sind ihr und nicht dem Enkel die Erträge aus der Anlage zuzurechnen. Soll der Enkel Gläubiger der Sparforderung sein, so muss dies aus den Kontounterlagen der Bank eindeutig hervorgehen.

10. Wertpapiere

59 Für den Inhaber eines Wertpapiers besteht nach § 793 Abs. 1 BGB die Vermutung, dass er auch Gläubiger der Forderung ist.

11. Wertpapierpensionsgeschäfte

Hier ist zwischen echten/unechten Pensionsgeschäften zu unterscheiden.

60 **Echte Pensionsgeschäfte** liegen vor, wenn der Pensionsgeber eigene Wertpapiere zeitweise dem Pensionsnehmer überlässt. Der Pensionsgeber überträgt die Wertpapiere gegen Entgelt oder Hingabe anderer Vermögensgegenstände (Kauf). Der Pensionsnehmer verpflichtet sich, das Pensionsgut zu einem bestimmten Preis rückzuübertragen (Rückkauf). Der Rückkaufspreis kann aus dem erhaltenen Entgelt, den anderen Vermögensge-

---

1 FG München v. 14. 1. 1981, EFG 1981, 563.
2 BFH, U. v. 24. 4. 1990, BStBl II 1990, 539, und U. v. 3. 11. 1976, BStBl II 1977, 205.

III. Einzelfälle der Zurechnung

genständen oder einem im Voraus vereinbarten Betrag bestehen. Der Zeitpunkt, zu dem die Wertpapiere zurückzugeben sind, kann zuvor bestimmt oder vom Pensionsgeber bestimmt werden.

Für die Dauer der Pension wird der **Pensionsnehmer** zum zivilrechtlichen Eigentümer der in Pension genommenen Wertpapiere.[1] Während dieser Zeit bezieht er die Wertpapiererträge aus eigenem Recht, so dass sie ihm auch steuerlich zuzurechnen sind.

Besteht für den Pensionsnehmer nur eine Rückgabeberechtigung, aber keine Verpflichtung, liegt ein **unechtes Pensionsgeschäft** vor. Die Erträge aus Wertpapieren eines unechten Wertpapierpensionsgeschäfts fließen (wie beim echten Pensionsgeschäft) dem Pensionsnehmer zu. 61

Die FinVerw. erkennt Wertpapierpensionsgeschäfte zwischen nahen Angehörigen nicht an, wenn das Pensionsgeschäft „im wirtschaftlichen Ergebnis wie ein Nießbrauch ausgestaltet ist."[2] Das ist beispielsweise der Fall, 62

> „wenn bei einem solchen Geschäft zwischen Eltern und Kindern dem Pensionsnehmer (Kind) die vereinbarte Gegenleistung bis zum Zeitpunkt der Rückübertragung gestundet wird und im Zeitpunkt der Rückübertragung eine Aufrechnung der Ansprüche von Pensionsgeber und Pensionsnehmer stattfindet oder wenn dem Pensionsnehmer das zu leistende Entgelt zuvor vom Pensionsgeber schenkweise zur Verfügung gestellt worden ist".[3]

12. Mietkautionskonto

Das auf den Namen des Vermieters lautende Mietkautionskonto (Sparkonto bzw. Depotkonto) ist ein Treuhandkonto. Die Zinsen stehen nach § 551 Abs. 3 BGB dem **Mieter** zu und sind von ihm zu versteuern. 63

13. Zinsen aus Kontoverbindungen

Nach der Rechtsprechung des BGH sind Zinseinkünfte aus einer Kontoverbindung grds. dem Gläubiger der Kontoforderung zuzurechnen. Dieser wird durch Vereinbarung zwischen dem Kontoinhaber (Gläubiger) und dem Geldinstitut bestimmt.[4] Aus wessen Einkommen oder Vermögen die Gelder stammen, ist für die Zurechnung der Zinsen unerheblich.[5] 64

---

1 BFH, Beschl. v. 29. 11. 1982, BStBl II 1983, 272.
2 BMF-Schreiben v. 28. 6. 1984, BStBl I 1984, 394.
3 BMF-Schreiben v. 28. 6. 1984, a. a. O.
4 BGH, U. v. 9. 11. 1966, BGHZ 46, 198.
5 BGH, U. v. 25. 6. 1956, BGHZ 21, 148.

14. Nießbrauch

65 Nach § 1068 Abs. 2 BGB i. V. m. § 1030 Abs. 1 BGB ist derjenige, zu dessen Gunsten Kapitalvermögen mit einem Nießbrauch belastet wird, berechtigt, die Nutzungen aus dem Vermögen zu ziehen, d. h. aus zivilrechtlicher Sicht sind stets dem Nießbraucher (Berechtigten) die Einnahmen aus belastetem Kapital zuzuordnen. Abweichend von dieser Regelung fließen nach der Auffassung[1] der FinVerw. und Rechtsprechung beim Zuwendungsnießbrauch dem Nießbrauchbesteller die Einnahmen zu.

Die FinVerw. hat ihre Auffassung im sog. Nießbraucherlass v. 23. 11. 1983[2] und v. 24. 7. 1998[3] festgeschrieben. Danach gilt Folgendes:

66 Beim **Vorbehaltsnießbrauch** behält sich der ursprüngliche Kapitalinhaber (Nießbraucher) bei Übertragung des Kapitalvermögens den Nießbrauch daran vor. Die Einnahmen aus dem übertragenen Kapital sind deshalb weiterhin ihm zuzurechnen. Ihm steht auch der Anspruch auf Anrechnung der anzurechnenden KapESt zu. Die KapESt ist daher ebenfalls vom Nießbraucher zu versteuern.

67 **Vermächtnisnießbrauch:** Von einem Vermächtnisnießbrauch ist auszugehen, wenn der Erblasser seinen Erben durch letztwillige Verfügung verpflichtet, an dem ererbten Kapitalvermögen zugunsten eines Dritten einen Nießbrauch zu bestellen. Die FinVerw. rechnet auch in diesem Fall die Kapitaleinnahmen dem Nießbraucher und nicht dem Erben als Inhaber des Kapitals zu. Hinsichtlich der KapESt-Anrechnung ergeben sich keine Besonderheiten zum Vorbehaltsnießbrauch.

68 **Zuwendungsnießbrauch:** Ein Zuwendungsnießbrauch liegt vor, wenn der Inhaber einer Kapitalanlage einem Dritten einen Nießbrauch an seinem Kapital bestellt. Die Nießbrauchbestellung wird steuerrechtlich nur als in vollem Umfang entgeltlich oder unentgeltlich anerkannt. Teilentgeltlichkeit ist nicht möglich.

---

[1] Zur Entwicklung der Rechtsprechung und des Meinungsstands im Schrifttum s. H/H/R, a. a. O., EStG § 2 Anm. 260.

[2] BMF-Schreiben v. 23. 11. 1983, BStBl I 1983, 508 (Nießbraucherlass).

[3] BMF-Schreiben v. 24. 7. 1998, BStBl I 1998, 914, betr. Einkünfte aus Vermietung und Verpachtung.

III. Einzelfälle der Zurechnung

Sind der Wert der Nutzungsüberlassung und der Wert der Gegenleistung nach wirtschaftlichen Gesichtspunkten gegeneinander abgewogen, handelt es sich um eine **entgeltliche** Nießbrauchbestellung. Wird der Nießbrauch unter Fremden vereinbart, so ist von einer entgeltlichen Bestellung auszugehen, wenn sich kein deutliches Missverhältnis zwischen Leistung und Gegenleistung ergibt. Bei Nießbrauchbestellungen zwischen Eltern und Kindern sowie zwischen anderen nahen Angehörigen besteht im Allgemeinen eine Vermutung der Unentgeltlichkeit.

69

Erfolgt die Bestellung des Zuwendungsnießbrauchs **unentgeltlich,** sind die Einnahmen aus dem überlassenen Kapitalvermögen dem Nießbrauchbesteller zuzurechnen.[1] Dass die Einnahmen tatsächlich dem Nießbraucher zufließen, ändert an der Zurechnung beim Nießbrauchbesteller nichts. Nur ihm steht die Anrechnung von KapESt zu. Die Anrechnungsbeträge sind daher von ihm zu versteuern.

70

Das Entgelt für einen entgeltlich bestellten Nießbrauch an Kapitalvermögen ist dem Nießbrauchbesteller als Kapitaleinnahme zuzurechnen (§ 20 Abs. 2a Satz 3 EStG). Der Nießbraucher selbst zieht nur eine Forderung ein. Daher sind die Erträge aus den nießbrauchbelasteten Kapital nicht von ihm zu versteuern.[2]

Der Anspruch auf **Anrechnung** von KapESt steht ebenfalls dem Nießbrauchbesteller zu.

15. Beteiligung mehrerer Personen

Sind an Kapitaleinkünften mehrere Personen beteiligt (z. B. private Investmentclubs) und die Einkünfte diesen Personen steuerlich auch zuzurechnen, ist nach § 180 Abs. 1 Nr. 2 Buchst. a AO vom Finanzamt eine einheitliche und gesonderte Feststellung durchzuführen. In einem Feststellungsbescheid werden Art und Höhe der Einkünfte festgestellt und den beteiligten Personen zugerechnet. Die im Feststellungsbescheid getroffenen Feststellungen sind für die ESt-Veranlagung der einzelnen Beteiligten bindend (§ 182 Abs. 1 AO). Die Aufteilung der Einkünfte erfolgt nach dem Verhältnis der Anteile (§§ 743, 748 BGB) oder nach einem vertraglich festgelegten Verteilungsschlüssel.

71

---

1 BFH, U. v. 14. 12. 1976, BStBl II 1977, 115.
2 BFH, U. v. 12. 12. 1969, BStBl II 1970, 212.

Werbungskosten-Pauschbetrag und Sparer-Freibetrag werden im Rahmen der einheitlichen und gesonderten Feststellung nicht berücksichtigt. Sie betreffen die gesamten Kapitaleinkünfte eines Stpfl. und wirken sich erst bei der anschließenden ESt-Veranlagung aus.

Die **anrechenbare KapESt** wird nach dem Verteilungsschlüssel den Beteiligten anteilig zugerechnet.

16. Minderjährige Kinder

72 Guthabenzinsen aus einem Sparkonto, das Eltern zugunsten (auf den Namen) ihres minderjährigen Kindes eingerichtet haben, sind dem Kind zuzurechnen, wenn die Guthabenforderung endgültig in das Vermögen des Kindes übergegangen ist. Hierfür müssen alle Folgerungen gezogen werden, die sich aus einer endgültigen Vermögensübertragung ergeben.

Die Eltern müssen das Sparguthaben wie fremdes Vermögen verwalten; sie dürfen es nicht wie eigenes Vermögen behandeln.

Auslegungsschwierigkeiten werden vermieden, wenn bei der Eröffnung des Sparkontos klargestellt wird (Vermerk in den Kontounterlagen der Bank), dass eine Verfügungsbefugnis der Eltern nur auf dem elterlichen Sorgerecht entsprechend den §§ 1626 ff. BGB beruht.[1]

Bei einem Wertpapierdepot eines minderjährigen Kindes ist ein dazugehöriges Erträgniskonto, das ebenfalls auf den Namen des Kindes lautet, angesagt.

Wegen der Rechtsprechung des BFH ist es aus steuerrechtlichen Gründen nicht empfehlenswert, die Guthabenzinsen für den Unterhalt des Kindes zu verwenden.[2]

IV. Zeitpunkt der Besteuerung

73 Die Besteuerungsgrundlagen für die Festsetzung der ESt sind jeweils für ein Kalenderjahr zu ermitteln (§ 2 Abs. 7 EStG). Als Zuordnungsvorschrift bestimmt § 11 EStG u. a. auch für die Einkünfte nach § 20 EStG, dass sich der Zeitpunkt der Besteuerung für Kapitaleinnahmen nach ihrem Zufluss, die Berücksichtigung von Aufwendungen nach ihrem Abfluss richtet.

---

[1] BFH, U. v. 24. 4. 1990, BStBl II 1990, 539.
[2] BFH, U. v. 3. 11. 1976, BStBl II 1977, 205, 206; zur Kritik s. Meincke, Zivilrechtliche Vorfragen bei der einkommensteuerrechtlichen Übertragung von Einkunftsquellen aus der Sicht des Zivilrechtlers, in: Tipke (Hrsg.), Übertragung von Einkunftsquellen im Steuerrecht, 2. Aufl., S. 70 ff.

1. Zufluss der Einnahmen

Einnahmen sind nach ständiger Rechtsprechung des BFH zugeflossen, wenn der Empfänger die **wirtschaftliche Verfügungsmacht** über sie erlangt hat.[1] Wann die wirtschaftliche Verfügungsmacht auf ihn übergegangen ist, muss im Einzelfall entschieden werden.

Es reicht aus, dass der Empfänger über die Einnahmen nur vorübergehend wirtschaftlich verfügen kann. Einnahmen fließen auch dann zu, wenn noch nicht zweifelsfrei feststeht, ob sie endgültig dem Empfänger verbleiben. Eine Rückzahlungsverpflichtung hebt den Zufluss der betreffenden Einnahmen nicht auf. Das „Behaltendürfen" der Einnahmen ist kein Merkmal des Zuflusses i. S. d. § 11 Abs. 1 EStG. Die Verfügungsmacht muss nicht endgültig erlangt sein.[2]

Geldbeträge fließen in der Regel dadurch zu, dass sie bar ausgezahlt, verrechnet oder einem Konto des Empfängers gutgeschrieben werden.

Zufluss ohne Zahlung ist in folgenden Fällen denkbar:

a) Gutschrift

Einnahmen sind auch dann zugeflossen, wenn sie dem Stpfl., vom Schuldner in dessen Büchern am Fälligkeitstag gutgeschrieben werden. Die Gutschrift stellt einen Zufluss dar, wenn durch Gutschriftsanzeige zum Ausdruck gebracht wird, dass der Betrag dem Gläubiger zur Verfügung steht. Das ist i. d. R. der Fall, wenn die Gutschrift auf einem Konto des Gläubigers erfolgt, und er dadurch so gestellt ist, dass er den Betrag jederzeit abheben, abrufen oder verrechnen kann.[3] **Ausnahme:** Gewinnausschüttungen an den beherrschenden Gesellschafter oder Alleingesellschafter einer Kapitalgesellschaft sind diesem bereits im Zeitpunkt des Gewinnverwendungsbeschlusses zugeflossen, da er aufgrund seiner Gesellschafterstellung vom Zeitpunkt des Gewinnverteilungsbeschlusses an über die Auszahlung selbst bestimmen kann. Einer Auszahlung oder Gutschrift auf einem Verrechnungskonto bedarf es für den Zufluss nicht.[4]

---

1 BFH, U. v. 1. 3. 1977, BStBl II 1977, 545, und U. v. 26. 1. 1984, BStBl II 1984, 480.
2 BFH, U. v. 13. 10. 1989, BStBl II 1990, 287, und U. v. 2. 4. 1974, BStBl II 1974, 540; U. v. 1. 3. 1977, BStBl II 1977, 545, zur Rückgewähr einer GmbH-Gewinnausschüttung.
3 BFH, U. v. 14. 2. 1984, BStBl II 1984, 480; U. v. 14. 5. 1982, BStBl II 1982, 469, und U. v. 9. 4. 1968, BStBl II 1968, 525.
4 BFH, U. v. 14. 2. 1984, BStBl II 1984, 480.

Trotz Gutschrift liegt kein Zufluss vor, wenn der Schuldner zahlungsunfähig ist. **Wertlosigkeit** der Forderung schließt den Zufluss aus.[1]

Im Fall von stillen Gesellschaftsbeteiligungen hat der BFH entgegen seiner bisherigen Rechtsprechung[2] keine ernstlichen Zweifel mehr daran, ob Gutschriften zum Zufluss von Kapitalerträgen führen, wenn die gutgeschriebenen Erträge im Grunde nur aus den Einlagen der Kapitalanleger stammen (sog. Schneeballsystem).[3] Damit führen die in einem Schneeballsystem erteilten **Gutschriften/Scheinrenditen** zu (stpfl.) Kapitalerträgen beim Anleger. Dies gilt u. E. nicht nur für Einnahmen aus stiller Gesellschaft, sondern auch für jede andere Art von Kapitalerträgen.

b) Schuldumwandlung (Novation)

76 Vereinbart der Gläubiger mit seinem Schuldner, dass die bisherige Forderung vom Schuldner fortan aus einem anderen Rechtsgrund (Novation) geschuldet sein soll (z. B. Umwandlung eines Gewinnanspruchs in ein Darlehen), kann darin der Zufluss der betreffenden Einnahmen liegen. Die Rechtsprechung erkennt allerdings einen Zufluss nur dann an, wenn die Novation im Interesse des Gläubigers liegt und keine modifizierte Stundungsvereinbarung anzunehmen ist. Der Zufluss erfolgt in dem Zeitpunkt, in dem die Novation wirksam wird.[4]

77 Fließen in einem Veranlagungszeitraum Einnahmen zu, die mehrere Kalenderjahre betreffen, z. B. bei Fälligkeit eines Sparbriefs oder eines Zero-Bonds, so ist damit keine Steuerermäßigung nach § 34 EStG (ermäßigter Steuersatz) verbunden.

78 Die zeitlichen Bestimmungen über die Entrichtung der KapESt in § 44 Abs. 2, 3 und 4 EStG haben keine Auswirkung auf den Zuflusszeitpunkt i. S. d. § 11 EStG.

---

1 BFH, U. v. 21. 7. 1987, BFH/NV 1988, 224; zum Zufluss von Gewinnanteilen bei Konkursreife der Gesellschaft: BFH, U. v. 22. 5. 1973, BStBl II 1973, 815.
2 BFH, Beschl. v. 20. 12. 1994, BStBl II 1995, 262; Beschl. v. 8. 2. 1995, BFH/NV 1995, 773; und Beschl. v. 16. 3. 1995, BFH/NV 1995, 680.
3 BFH, U. v. 22. 7. 1997, BStBl II 1997, 755, 761 u. 767; U. v. 10. 7. 2001, BStBl II 2001, 646.
4 BFH, U. v. 14. 2. 1984, BStBl II 1984, 480; U. v. 14. 5. 1982, BStBl II 1982, 469, und U. v. 9. 4. 1968, BStBl II 1968, 525.

IV. Zeitpunkt der Besteuerung 79

2. Zufluss in besonderen Fällen

a) Abgezinste Sparbriefe

Bei abgezinsten Sparbriefen ist der Unterschied zwischen Kaufpreis (Ausgabepreis) und Nennbetrag (Rückzahlungsbetrag) Zins i. S. d. § 20 Abs. 1 Nr. 7 EStG. Die Zinsen für die gesamte Laufzeit fließen mit Fälligkeit des Rückzahlungsbetrages zu.[1]   79

b) Bausparzinsen

Die Guthabenzinsen aus einem Bausparvertrag fließen jährlich zu, auch wenn sie nicht ausgezahlt werden, sondern das Bauspargutheben erhöhen.[2]   80

c) Bundesschatzbriefe Typ A

Die Zinsen des Bundesschatzbriefs Typ A sind jährlich zu einem bestimmten Zeitpunkt zur Auszahlung fällig. Somit sind sie auch jährlich zu versteuern.   81

d) Bundesschatzbriefe Typ B

Im Gegensatz zum Bundesschatzbrief Typ A fließen die Zinsen des Typ B erst bei **Einlösung** zu. Entgegen ihrer früheren Auffassung hat die FinVerw. mit BMF-Schreiben vom 20. 12. 1988[3] festgelegt, dass beim Bundesschatzbrief Typ B die Zinsen grds. erst am Ende der Laufzeit oder – bei (vorzeitiger) Rückgabe – nach Ablauf der Sperrfrist zufließen.   82

e) Disagio einer Schuldverschreibung

Zur einkommensteuerlichen Erfassung des sog. Emissionsdisagios s. Rdnr. 1323. Sofern die Billigkeitsregelung des BMF-Schreibens v. 24. 11. 1986[4] (Disagiostaffel) nicht greift und das Disagio bei der Ermittlung der Kapitaleinkünfte zu erfassen ist, fließt es bei Rückzahlung der Schuldverschreibung zum Nennwert zu.[5]   83

---

1 BFH, U. v. 9. 3. 1982, BStBl II 1982, 540.
2 BFH, U. v. 8. 12. 1992, BStBl II 1993, 301.
3 BStBl I 1988, 540.
4 BStBl I 1986, 539.
5 BFH, U. v. 13. 10. 1987, BStBl II 1988, 252.

f) Dividendenscheine

84 Die Erträge aus Dividendenscheinen fließen erst bei Einlösung zu.[1]

g) Finanzierungsschätze

85 Die Zinsen aus Finanzierungsschätzen des Bundes bestehen aus dem Unterschiedsbetrag zwischen Erwerbspreis und dem späteren Einlösungsbetrag. Sie fließen dem Anleger im Zeitpunkt der Einlösung, also bei Endfälligkeit zu. Werden Finanzierungsschätze an einen Dritten veräußert, sind dem Verkäufer die rechnerisch auf seine Besitzzeit entfallenden Zinsen zuzurechnen (§ 20 Abs. 2 Satz 1 Nr. 4 Buchst. a EStG). Sie sind im Veräußerungszeitpunkt zu versteuern.

h) Gesamtgläubiger

86 Eine Gesamtgläubigerschaft (§ 428 BGB) liegt vor, wenn bei einer Mehrheit von Gläubigern jeder berechtigt ist, die ganze Leistung an sich selbst zu fordern, der Schuldner aber die Leistung nur einmal zu bewirken hat. Der Schuldner kann nach seinem Belieben an jeden der Gläubiger mit schuldenbefreiender Wirkung leisten. Abweichend hiervon, ist es zulässig, dass der Schuldner mit den Gesamtgläubigern vereinbart, dass er nur an einen bestimmten Gesamtgläubiger leistet. Derjenige Gesamtgläubiger, der die ganze Leistung empfangen hat, muss den anderen Gesamtgläubigern den ihnen zustehenden Leistungsanteil erstatten (Ausgleichsanspruch nach § 430 BGB).

Für den Fall, dass die Leistung an einen bestimmten Gesamtgläubiger erfolgt, hat der BFH[2] entschieden, dass bei jedem der Gesamtgläubiger ein anteilsmäßiger Zufluss in dem Zeitpunkt vorliegt, in dem die Einnahmen bei dem bestimmten Gesamtgläubiger eingehen.

Beispiel:
A und B gewähren C zum 1. 1. 2005 ein Darlehen. Im Darlehensvertrag wird vereinbart, dass C die Darlehenszinsen an A und B als Gesamtgläubiger, zu Händen des A, zu zahlen hat. Ende 2005 überweist C die Zinsen auf das Girokonto des A.
Anfang 2006 erhält B seinen Anteil von A ausgezahlt, gleichwohl hat er den Anteil bereits 2005 zu versteuern. B sind die Zinsen bereits Ende 2005 zugeflossen.

---

[1] Trzaskalik in K/S/M, a. a. O., EStG § 11 Rdnr. B 120.
[2] BFH, U. v. 10. 12. 1985, BStBl II 1986, 342.

IV. Zeitpunkt der Besteuerung

Wird kein Leistungsempfänger bestimmt, fließen den anderen Gesamtgläubigern erst dann Einnahmen zu, wenn ihr Ausgleichsanspruch befriedigt ist und sie somit wirtschaftlich über die Einnahmen verfügen können.

i) Gewinnausschüttungen

Die Erfassung von Gewinnausschüttungen beim Gesellschafter einer Kapitalgesellschaft ist allein nach § 11 Abs. 1 EStG zu beurteilen. Maßgebend ist der Übergang der wirtschaftlichen Verfügungsmacht. Bei nicht ausgezahlten Gewinnanteilen kann die wirtschaftliche Verfügungsmacht durch Gutschrift oder Novation übergehen.

87

Gewinnausschüttungen an den **beherrschenden Gesellschafter** oder Alleingesellschafter fließen im Zeitpunkt der Beschlussfassung zu.[1] Die für den Abzug der KapESt geltende Sonderregelung des § 44 Abs. 2 EStG gilt nicht für das Veranlagungsverfahren.[2]

88

j) Nullkupon-Anleihen (Zero-Bonds)

Ihrer Natur nach sind Zero-Bonds festverzinsliche Wertpapiere. Die Zinsen werden nicht wie bei herkömmlichen Anleihen zu bestimmten Terminen ausgezahlt, sondern bestehen aus dem Unterschiedsbetrag von Emissionspreis und Einlösungsbetrag. Die Zinsen fließen bei Einlösung am Ende der Laufzeit oder bei vorzeitiger Veräußerung im Veräußerungszeitpunkt zu.[3]

89

k) Rückzahlung von Kapitalerträgen

Werden Kapitaleinnahmen zurückgezahlt, beeinflusst das den ursprünglichen Zufluss nicht.[4]

90

l) Schatzanweisungen

Werden unverzinsliche Schatzanweisungen vor ihrer Einlösung durch die Bundesbank an einen Dritten veräußert, so gehört der Diskontanteil, also der Anteil am Differenzbetrag zwischen Emissionspreis und Rückzahlungsbetrag, der rechnerisch auf die Besitzzeit des Veräußerers entfällt,

91

---

1 BFH, U. v. 30. 4. 1974, BStBl II 1974, 541.
2 Vgl. dazu Rdnr. 308.
3 BMF-Schreiben v. 24. 1. 1985, BStBl I 1985, 77; s. Anhang.
4 Vgl. dazu Rdnr. 11 f.

beim Veräußerer zu den Einkünften aus Kapitalvermögen i. S. d. § 20 Abs. 1 Nr. 7 EStG.[1]

m) Sperrkonten

92 Trotz Sperrklausel fließen gesperrte Einnahmen zu. Nach Auffassung des BFH[2] ist in der vereinbarten Sperre bereits eine Vorwegverfügung zu sehen.

> **Beispiel:**
> Die Zinsen auf einem Sperrkonto sind jeweils zum Jahresende fällig und fließen jährlich zu, obwohl der Stpfl. erst nach Ablauf der Sperrfrist über die Zinsbeträge verfügen kann.

n) Stille Beteiligung

93 Der Zuflusszeitpunkt bei Gewinnanteilen aus einer stillen Beteiligung richtet sich beim Gesellschafter danach, wann er die wirtschaftliche Verfügungsmacht erlangt hat (§ 11 EStG). Im Regelfall wird der Gesellschafter die Gewinnanteile durch Gutschrift erhalten. Die für den Abzug der KapESt geltende Sonderregelung des § 44 Abs. 3 EStG gilt nicht im Veranlagungsverfahren.[3]

o) Stückzinsen

94 Die bei der Veräußerung von Schuldverschreibungen an den Veräußerer gezahlten Stückzinsen (§ 20 Abs. 2 Satz 1 Nr. 3 EStG), fließen dem Veräußerer im Zeitpunkt der Zahlung zu.

p) Thesaurierte Erträge aus Investmentanteilen

95 Bei Inhabern von Investmentfondsanteilen zählen nicht nur die Ausschüttungen zu den Einnahmen aus Kapitalvermögen. Auch die von der Investmentgesellschaft thesaurierten (wieder angelegten) Zinsen und Dividenden sind stpfl. Einnahmen, sofern sie nicht steuerbefreit sind.[4] Sie gelten mit Ablauf des Geschäftsjahres als zugeflossen, in dem sie durch den Fonds vereinnahmt werden.[5] **Ausnahme**: Altersvorsorgefonds nach dem „Ries-

---

1 BMF-Schreiben v. 24. 11. 1986, BStBl I 1986, 539.
2 BFH, U. v. 23. 4. 1980, BStBl II 1980, 643.
3 Vgl. dazu Rdnr. 308.
4 § 2 Abs. 1 Satz 1 InvStG (§§ 39, 43a, 45 KAGG).
5 § 2 Abs. 1 Satz 2 InvStG.

ter-Modell", Zufluss bei Auszahlung; s. § 22 Nr. 5 EStG, § 2 Abs. 1 Satz 2 InvStG (nachgelagerte Besteuerung).

q) Unentgeltlicher Zuwendungsnießbrauch

Die vom Nießbraucher vereinnahmten Kapitalerträge sind dem Nießbrauchbesteller mit ihrem Zufluss beim Nießbraucher zugeflossen.[1]   96

r) Verdeckte Gewinnausschüttungen

Verdeckte Gewinnausschüttungen fließen im Zeitpunkt der Vorteilsgewährung zu;[2] Einzelheiten dazu unter Rdnr. 672 ff.   97

s) Zinsen für Spareinlagen

Zinsen fließen als regelmäßig wiederkehrende Einnahmen nach § 11 Abs. 1 Satz 2 EStG in dem Jahr zu, zu dem sie wirtschaftlich gehören. Die wirtschaftliche Zugehörigkeit richtet sich allein nach dem Jahr, in dem die Zinsen **fällig** sind[3] und der Sparer darüber verfügen kann.   98

> **Beispiel:**
> Zinsen, die am 2. 1. eines Jahres fällig sind, sind im Jahr der Fälligkeit zugeflossen, auch wenn sie bereits am 30. 12. des Vorjahres gutgeschrieben werden.
> Zinsen, die am 31. 12. fällig sind, unterliegen in diesem Jahr der Besteuerung, auch wenn sie erst am 2. 1. des Folgejahres gutgeschrieben werden.

Es reicht aus, wenn die Zinsen ihrer Natur nach wiederkehren.[4] Sie müssen beim jeweiligen Stpfl. nicht regelmäßig oder in gleich bleibender Höhe zufließen.

t) Zinsscheine

Der Zeitpunkt, zu dem ein Zinsschein eingelöst wird ist für die Besteuerung der Zinseinnahmen ohne Bedeutung. Allein maßgebend ist der Zeitpunkt der Fälligkeit, ab dem die Zinsen aus dem festverzinslichen Wertpapier dem Gläubiger zur Verfügung stehen. Wird ein in 2005 fälliger Zinsschein in 2006 eingelöst, so sind die Zinsen in 2005 zugeflossen.[5] Der   99

---

1 BFH, U. v. 14. 12. 1976, BStBl II 1977, 115.
2 BFH, U. v. 24. 1. 1989, BStBl II 1989, 419.
3 BFH, U. v. 9. 5. 1974, BStBl II 1974, 547, 549.
4 BFH, U. v. 3. 6. 1975, BStBl II 1975, 696.
5 Zur abweichenden Behandlung von Zinsscheinen der Cash-Flow-Notes s. Rdnr. 1276.

Einlösungszeitpunkt kann nur für Zwecke des KapESt-Abzugs von Bedeutung sein (vgl. Rdnr. 308, 335).

u) Zwischengewinne

100 Zwischengewinne (§ 1 Abs. 4 InvStG, s. Rdnr. 954, 960) fließen bei Vereinnahmung des Veräußerungserlöses zu (§ 2 Abs. 1 Satz 5 InvStG).

101–110 *(einstweilen frei)*

C. Halbeinkünfteverfahren

I. Rechtsentwicklung

1. Überblick

Die Besteuerung von Körperschaften hat mit dem StSenkG vom 23. 10. 2000 eine grundsätzliche Änderung erfahren, die auch wesentliche Auswirkungen auf die Besteuerung privater Kapitaleinkünfte hat. Dies trifft insbesondere für den Bereich der Kapitalgesellschaften und Genossenschaften zu. Zu den Kapitalgesellschaften gehören die Aktiengesellschaft (AG), die Kommanditgesellschaft auf Aktien (KGaA) und die Gesellschaft mit beschränkter Haftung (GmbH). Für das neue System der Unternehmensbesteuerung hat sich schon im Vorfeld des Gesetzgebungsverfahrens der Begriff **„Halbeinkünfteverfahren"** eingebürgert.[1] Das seit der Körperschaftsteuerreform 1977 geltende Anrechnungsverfahren wurde von einem **modifizierten klassischen Körperschaftsteuersystem** abgelöst. Das Anrechnungsverfahren sah im Falle der Gewinnausschüttung eine Berücksichtigung der auf der Ebene der Körperschaft gezahlten KSt bei der privaten ESt des Gesellschafters vor. Das Körperschaftsteueranrechnungsverfahren wurde durch das **Halbeinkünfteverfahren** ersetzt.

Ein klassisches Körperschaftsteuersystem ist durch eine **klare Trennung** zwischen der Besteuerung der Gesellschaft und der Besteuerung des Gesellschafters gekennzeichnet. Neben die Besteuerung des Gewinns der Gesellschaft tritt die Besteuerung der Ausschüttung beim Gesellschafter. Die Vorbelastung des ausgeschütteten Gewinns mit KSt bleibt bei der Besteuerung des Gesellschafters unberücksichtigt. Dies hat eine vollständige Doppelbelastung zur Folge. Eine Anrechnung der von der Gesellschaft gezahlten KSt findet bei diesem Besteuerungssystem nicht statt. Eine vollständige **Doppelbelastung** wollte der Gesetzgeber aber vermeiden, so dass er zwar eine Trennung der Besteuerungsebenen grundsätzlich herbeigeführt hat, aber die Vorbelastung des ausgeschütteten Gewinns mit KSt zukünftig in pauschalierter Form berücksichtigt.

Daher hat sich der Gesetzgeber bei der Gestaltung der Besteuerung von Gesellschaft und Gesellschafter nach dem StSenkG für eine **modifizierte**

---

1 Der Begriff „Halbeinkünfteverfahren" geht auf die „Brühler Empfehlungen zur Reform der Unternehmensbesteuerung" zurück, die die von der Bundesregierung eingesetzte Kommission zur Reform der Unternehmensbesteuerung vorgelegt hat (veröffentlicht in Schriftenreihe des Bundesministeriums der Finanzen, Band 66 S. 50 f.).

Variante des klassischen Körperschaftsteuersystems entschieden. Wie nach dem bisher geltenden System soll keine echte **Doppelbelastung** stattfinden. Eine vollständige Anrechnung der von der Gesellschaft gezahlten KSt wird nicht vorgenommen. Die Vollanrechnung machte bisher die sehr verwaltungsintensive und komplizierte Gliederung des verwendbaren Eigenkapitals der Gesellschaft notwendig. Hier wollte der Gesetzgeber eine Vereinfachung erreichen. Gleichzeitig sollte die **Missbrauchsanfälligkeit** des Systems beseitigt und die **Europatauglichkeit** der deutschen Unternehmensbesteuerung gesichert werden.[1]

114 Eine individuelle Vollanrechnung der KSt findet beim Anteilseigner zukünftig nicht mehr statt. Die Vorbelastung des Gewinns der Gesellschaft mit KSt wird nunmehr dadurch pauschal berücksichtigt, dass eine Gewinnausschüttung nach § 3 Nr. 40 EStG beim Anteilseigner **zur Hälfte steuerfrei** gestellt wird. Gleichzeitig wird der Gewinn bei der Gesellschaft nur noch mit einem Steuersatz von 25 % besteuert. Die Besteuerung der Gesellschaft wirkt definitiv. Eine Differenzierung zwischen ausgeschüttetem und thesauriertem Gewinn findet nicht mehr statt.

2. Besteuerung von Kapitalgesellschaften und ihrer Anteilseigner bis 2001/2002 (Anrechnungsverfahren)

115 Die Kapitalgesellschaft ist ein eigenständiges Steuersubjekt. Sie unterliegt der Körperschaftsteuer nach dem KStG. Das bis zum Jahre 2001/2002 geltende Körperschaftsteuerrecht differenzierte danach, ob die Gewinne thesauriert oder ausgeschüttet wurden. Der Steuersatz für thesaurierte Gewinne betrug zuletzt 40 %; ausgeschüttete Gewinne unterlagen dagegen nur einem Steuersatz von 30 %.

116 Der Anteilseigner (Gesellschafter) musste Gewinnausschüttungen als Einkünfte aus Kapitalvermögen nach § 20 Abs. 1 Nr. 1 EStG (nochmals) versteuern. Eine echte Doppelbelastung des Gewinns sollte jedoch vermieden werden. Dies war das erklärte Ziel der Körperschaftsteuerreform 1977. Daher konnte der private Anteilseigner die von der Kapitalgesellschaft gezahlte KSt im Falle der Ausschüttung auf seine Einkommensteuerschuld **anrechnen**. Dieses Anrechnungsverfahren führte im Ergebnis dazu, dass die von der Kapitalgesellschaft gezahlte KSt wirtschaftlich betrachtet lediglich eine **Vorauszahlung** auf die vom Anteilseigner geschuldete ESt darstellte. Die Besteuerung erfolgt nach den jeweigen Einkommensver-

---

[1] BT-Drucks. 14/2683, 95.

I. Rechtsentwicklung

hältnissen des einzelnen Anteilseigners, so dass die Gewinnausschüttung mit dem individuellen Einkommensteuersatz des Gesellschafters besteuert wurde. Die anrechenbare KSt gehörte zu den stpfl. Einnahmen des Anteilseigners (§ 20 Abs. 1 Nr. 3 EStG a. F.).

Beispiel:
Die X-AG erzielt einen Gewinn von 100 000 €, den sie an ihren Anteilseigner ausschütten will. Dieser hat einen persönlichen Steuersatz von 40 %. GewSt und KapESt bleiben unberücksichtigt.

Gewinn AG	100 000 €
abzüglich KSt 30 %	./. 30 000 €
tatsächliche Ausschüttung	70 000 €
zuzüglich anrechenbare KSt	30 000 €
stpfl. Einkünfte	100 000 €
Steuer bei 40 % ESt-Satz	40 000 €
abzüglich anrechenbare KSt	30 000 €
tatsächliche Steuerzahllast des Gesellschafters	10 000 €

3. Besteuerung von Kapitalgesellschaften und ihre Anteilseigner ab 2001/2002 (Halbeinkünfteverfahren)

Mit dem StSenkG findet eine grundlegende Änderung der Besteuerungspraxis statt. Der Gewinn einer Kapitalgesellschaft wird mit einem einheitlichen KSt-Satz von 25 % belegt. Die Steuer wirkt **definitiv,** weil diese beim Anteilseigner nicht mehr angerechnet werden kann. Um der Vorbelastung des Gewinns mit KSt Rechnung zu tragen, muss der Anteilseigner, soweit es sich um eine natürliche Person handelt, die Gewinnausschüttung nach § 3 Nr. 40 EStG nur noch zur Hälfte versteuern.[1] Allerdings kann er die mit den Beteiligungserträgen in Zusammenhang stehenden Aufwendungen (Werbungskosten) ebenfalls nur noch zur Hälfte steuermindernd geltend machen (§ 3c Abs. 2 EStG; vgl. Rdnr. 186 ff.). 117

Damit berücksichtigt der Gesetzgeber die Vorbelastung nur in pauschalierter Form. Während nach dem bisher geltenden Anrechnungsverfahren die Gewinnausschüttung immer mit dem individuellen Einkommensteuersatz des Gesellschafters belegt wurde, ist dies nunmehr nur noch der Fall, wenn der individuelle Steuersatz des Anteilseigners 40 % beträgt. Liegt der persönliche Steuersatz unter 40 %, so ist die steuerliche Belastung, die auf der Dividende ruht, höher als der persönliche Steuersatz; liegt der persönliche 118

---

1 Bei Körperschaften findet nach § 8b KStG eine vollständige Steuerfreistellung statt.

Steuersatz über 40 %, wird die Gewinnausschüttung im Vergleich hierzu niedriger belastet.[1]

Beispiel:
Die X-AG erzielt einen Gewinn von 100 000 €, den sie an ihren Anteilseigner ausschütten will. Dieser hat einen persönlichen Steuersatz von 40 %. GewSt und KapESt bleiben unberücksichtigt.

Gewinn AG	100 000 €
KSt 25 %	./. 25 000 €
tatsächliche Ausschüttung	75 000 €
davon beim Anteilseigner	
nach § 3 Nr. 40 EStG stpfl. 50 %	37 500 €
Steuer bei 40 % ESt-Satz	15 000 €

Der Gewinn der Gesellschaft ist – betrachtet man die Belastung mit KSt, und ESt gemeinsam – mit 40 000 € (KSt 25 000 € + ESt 15 000 €) belastet.

119 **Ausländische Gesellschaft:** Ausdrückliches Ziel des Gesetzgebers war die europatauglische Ausgestaltung der Unternehmensbesteuerung.[2] Daher differenziert § 3 Nr. 40 EStG nicht zwischen in- und ausländischen Gesellschaften. Auch eine Dividende, die ein Inländer von einer ausländischen Gesellschaft erhält, wird zur Hälfte steuerfrei gestellt, unabhängig von der Frage, ob die Dividende im Ausland tatsächlich mit einer der deutschen Besteuerung vergleichbaren Ertragssteuer belastet ist.[3]

120 **KapESt:** Die Ausschüttung wird gemäß § 43 EStG weiterhin dem KapESt-Abzug unterworfen. Sie wird auf die private ESt des Anteilseigners angerechnet. Der Steuersatz beträgt 20 %, wobei die **volle Dividende** zugrunde gelegt wird. Die hälftige Steuerfreistellung nach § 3 Nr. 40 EStG wird beim KapESt-Abzug also nicht berücksichtigt, so dass es hier regelmäßig zu einer Überzahlung kommt.

121 **Zinsen:** Die hälftige Steuerbefreiung ist nicht auf Zinserträge anzuwenden. Hier fehlt es an einer steuerlichen Vorbelastung, die durch die Steuerfreistellung des § 3 Nr. 40 EStG auszugleichen wäre.

---

1 Zur Frage der Verfassungsmäßigkeit dieser Regelung s. i. E. Nacke in H/H/R, a. a. O., EStG § 3 Nr. 40 Anm. 23 ff.; Hey, DStJG 24 (2001), 155; Desens, Das Halbeinkünfteverfahren, S. 343 ff.

2 BT-Drucks. 14/2683, 95.

3 Es ist jedoch zu beachten, dass bei Dividenden aus einem Niedrigsteuerland eine Hinzurechnungsbesteuerung nach dem AStG stattfinden kann (zu Einzelheiten s. Rdnr. 143).

Sparer-Freibetrag: Der Sparer-Freibetrag ist erst nach der Gewährung der Steuerbefreiung abzuziehen, so dass er sich faktisch verdoppelt.[1]

122

II. Besteuerung des privaten Kapitalanlegers nach dem Halbeinkünfteverfahren

Der **private Kapitalanleger** wird unmittelbar durch die Einführung des Halbeinkünfteverfahrens betroffen. Sowohl für die Besteuerung der laufenden Kapitalerträge als auch für die Besteuerung bestimmter Veräußerungsgewinne wird eine hälftige Steuerbefreiung nach § 3 Nr. 40 EStG gewährt.

123

1. Besteuerung laufender Kapitalerträge

a) Dividenden

Hauptanwendungsfall des Halbeinkünfteverfahrens ist die **Dividendenzahlung** einer Kapitalgesellschaft an ihre Anteilseigner. Nach § 3 Nr. 40 Satz 1 Buchst. d EStG sind alle Bezüge i. S. d. § 20 Abs. 1 Nr. 1 EStG zur Hälfte steuerfrei. Dabei wird die Bardividende vor Abzug etwaiger Werbungskosten steuerfrei gestellt. Voraussetzung ist, dass es sich bei dem Anteilseigner um eine natürliche Person handelt. Ist eine Körperschaft Gesellschafter, so ist die gesamte Dividende nach § 8b Abs. 1 KStG steuerbefreit.

124

> **Beispiel:**
> Anleger A mit einem persönlichen Steuersatz von 35 % erhält eine Gewinnausschüttung von der X AG in Höhe von 100 000 €.
>
> | | |
> |---|---:|
> | Ausschüttung | 100 000 € |
> | abzüglich steuerfreier Betrag (50 %) | 50 000 € |
> | stpfl. Einnahmen | 50 000 € |
> | persönliche Steuer auf die Ausschüttung (35 %) | 17 500 € |

Mittelverwendung: Die ausschüttende Körperschaft wird auch nach Einführung des neuen Körperschaftsteuersystems über Gewinne verfügen, die noch nach dem (alten) Anrechnungsverfahren besteuert wurden. Für die Anwendung der hälftigen Steuerbefreiung nach § 3 Nr. 40 EStG beim privaten Anteilseigner spielt es jedoch keine Rolle, ob für die Ausschüttung „alte" oder „neue" Gewinne verwendet werden. Die Ausschüttung ist unter der Ägide des Halbeinkünfteverfahrens grundsätzlich zur Hälfte steuerfrei

125

---

1 Grotherr, BB 2000, 849.

(Ausnahme: Ausschüttungen für die Eigenkapital i. S. d. § 27 KStG n. F. als verwendet gilt; vgl. Rdnr. 126). Lediglich auf der Ebene der Gesellschaft kann die Verwendung von Altgewinnen noch Folgen haben, die der private Anteilseigner nicht zu beachten hat.[1]

126 **Steuerliches Einlagekonto nach § 27 KStG n. F.:** Lediglich für den Fall, dass für die Ausschüttung Eigenkapital i. S. d. § 27 KStG n. F. als verwendet gilt, ist dies für die Besteuerung des Anteilseigners zu beachten. Gehört der Gesellschaftsanteil zum Privatvermögen und ist der Gesellschafter nicht wesentlich i. S. d. § 17 EStG an der ausschüttenden Gesellschaft beteiligt, ist die Ausschüttung **insgesamt nicht zu besteuern.** Die Mittel, die im steuerlichen Einlagekonto erfasst werden, sind die nicht in das Nennkapital geleisteten Einlagen. Werden diese ausgeschüttet, handelt es sich um eine reine Kapitalrückzahlung, die beim privaten Anleger steuerneutral erfolgt. Daher hat die Gesellschaft nach § 27 Abs. 3 KStG n. F. dem Anteilseigner eine entsprechende **Bescheinigung** auszustellen.

127 **Steuerpflichtig** ist die Ausschüttung von Eigenkapital i. S. d. § 27 KStG n. F. lediglich, wenn die Anteile entweder **im Betriebsvermögen** gehalten werden oder der Anteilseigner gemäß § 17 EStG wesentlich an der Gesellschaft beteiligt war. Ist die Ausschüttung stpfl., greift die Steuerbefreiung des § 3 Nr. 40 EStG ein.[2]

b) Verdeckte Gewinnausschüttungen

128 Die verdeckte Gewinnausschüttung (vGA) ist ein nach § 20 Abs. 1 Nr. 1 Satz 2 EStG stpfl. sonstiger Bezug.[3] Damit unterliegt auch die vGA nach § 3 Nr. 40 Satz 1 Buchst. d dem Halbeinkünfteverfahren. Der Anteilseigner, dem eine vGA zuzurechnen ist, muss diese also nur noch zur Hälfte versteuern. Die hälftige Steuerfreistellung ist auch für die vGA gerechtfertigt, weil diese den Gewinn der ausschüttenden Gesellschaft wie nach altem Recht nicht mindern darf und daher mit KSt vorbelastet ist. Die Neuregelung gilt für die vGA bereits ab dem Jahre 2001, wenn die ausschüttende Gesellschaft ein kalendergleiches Wirtschaftsjahr hat.[4]

---

1 Zur Besteuerung der Gesellschaften in der Übergangsphase s. Eisgruber, DStR 2000, 1493.
2 Zu Einzelheiten s. Intemann in H/H/R, a. a. O., EStG § 3 Nr. 40 Anm. 154.
3 Zum Begriff der vGA s. Rdnr. 674 ff.
4 Zu Einzelheiten s. Rdnr. 146 ff.

c) Sonstige Bezüge

Nach § 20 EStG sind nicht nur **Dividenden** stpfl. Auch solche Einnahmen werden als Kapitaleinkünfte erfasst, die wirtschaftlich betrachtet an die Stelle einer Gewinnausschüttung treten, rechtlich aber einen anderen Charakter besitzen (§ 20 Abs. 2 Satz 1 Nr. 1 EStG).

129

Für diese Zuwendungen gilt das Halbeinkünfteverfahren mit der Folge, dass diese Einnahmen ebenfalls nur zur Hälfte stpfl. sind. Die Anwendung des Halbeinkünfteverfahrens ist gerechtfertigt, weil diese Einnahmen mit einer regulären Gewinnausschüttung wirtschaftlich vergleichbar sind.[1]

Zu diesen zur Hälfte steuerfreien Einnahmen gehören:

- Bezüge i. S. d. § 20 Abs. 1 Nr. 2 EStG (§ 3 Nr. 40 Satz 1 Buchst. e EStG);

- **besondere Entgelte oder Vorteile** i. S. d. § 20 Abs. 2 Satz 1 Nr. 1 EStG, die neben den in § 20 Abs. 1 Nr. 1 EStG und § 20 Abs. 2 Satz 1 Nr. 2 Buchst. a EStG bezeichneten Einnahmen oder an deren Stelle gewährt werden (§ 3 Nr. 40 Satz 1 Buchst. f EStG);

- Einnahmen aus der **Veräußerung von Dividendenscheinen** und sonstigen Ansprüchen i. S. d. § 20 Abs. 2 Satz 2 EStG (§ 3 Nr. 40 Satz 1 Buchst. g EStG);

- Einnahmen aus der **Abtretung von Dividendenansprüchen** oder sonstigen Ansprüchen i. S. d. § 20 Abs. 2 Satz 2 (§ 3 Nr. 40 Satz 1 Buchst. h EStG).

d) Investmenterträge

Erträge aus Investmentsfonds werden in das Halbeinkünfteverfahren einbezogen. Im Wesentlichen ist der Gesetzgeber dem **Transparenzgrundsatz** gefolgt und stellt nur die Erträge des Anteilsscheininhabers zur Hälfte steuerfrei, die auch bei einem Direktanleger nach § 3 Nr. 40 Satz 1 EStG steuerbefreit sind. Zu Einzelheiten s. Rdnr. 950 ff.

130

---

1 Intemann in H/H/R, a. a. O., EStG § 3 Nr. 40 Anm. 175.

2. Besteuerung von Veräußerungsgewinnen

a) Veräußerung von Beteiligungen an Körperschaften im Privatvermögen

131 Die **Veräußerung** von Beteiligungen an Körperschaften (z. B. Aktien, GmbH-Anteile), die im Privatvermögen gehalten werden, sind grundsätzlich steuerfrei. Eine Besteuerung ist gesetzlich nur in zwei Fällen vorgesehen:
- Bei Anschaffung und Veräußerung der Anteile innerhalb einer Frist von einem Jahr. Dieser Vorgang ist nach **§ 23 Abs. 1 Satz 1 Nr. 2 EStG** steuerpflichtig.[1]
- Bei der Veräußerung von Anteilen an Kapitalgesellschaften i. S. d. **§ 17 Abs. 1 EStG**, wenn der Anteilseigner innerhalb der letzten fünf Jahre zu mindestens einem Prozent an der Gesellschaft beteiligt war.[2]

132 Das **Halbeinkünfteverfahren** begünstigt beide wirtschaftlichen Vorgänge, so dass der bei der Veräußerung erzielte Veräußerungserlös – nicht Veräußerungsgewinn – zur Hälfte steuerfrei gestellt wird (§ 3 Nr. 40 Satz 1 Buchst. c und j EStG). Der Begünstigung liegt der Gedanke zugrunde, dass laufende Ausschüttungen und Veräußerungserlöse gleich zu behandeln sind; nach der Vorstellung des Gesetzgebers ist die Veräußerung eines Gesellschaftsanteils mit einer Totalausschüttung gleichzustellen.[3]

133 Anteilig steuerbefreit ist jedoch lediglich die Veräußerung von Anteilen an einer Körperschaft, Personenvereinigung oder Vermögensmasse, deren Leistungen beim Empfänger zu Einnahmen i. S. d. § 20 Abs. 1 Nr. 1 EStG führen. Darüber hinaus wird auch die Veräußerung von Bezugsrechten zur Hälfte steuerfrei gestellt.[4] Die Steuerbefreiung erfasst den (Brutto-) Veräußerungserlös. Die **Anschaffungskosten** der Beteiligung und die **Veräußerungskosten** können nach § 3c Abs. 2 EStG nur zur Hälfte steuermindernd berücksichtigt werden.[5]

134 **Die Freigrenze** nach § 23 Abs. 3 Satz 6 EStG von 512 € wird erst nach Gewährung der hälftigen Steuerbefreiung berücksichtigt, so dass sich die Freigrenze faktisch verdoppelt.

---

1 Zu Einzelheiten s. Rdnr. 1121 ff.
2 Zu Einzelheiten s. Rdnr. 1357.
3 BT-Drucks. 14/2683, 96.
4 BFH, U. v. 27. 10. 2005, BFH/NV 2006, 191.
5 Zu Einzelheiten s. Rdnr. 186 ff.

b) Veräußerung von Investmentfonds-Anteilen

Die Rückgabe oder Veräußerung von Investmentanteilen, die im Privatvermögen gehalten werden, ist unter den Voraussetzungen des § 23 Abs. 1 Satz 1 Nr. 2 EStG steuerpflichtig, da das InvStG der Anwendung des § 23 EStG nicht entgegen steht.[1] Nach den Vorstellungen des Gesetzgebers soll § 3 Nr. 40 EStG auf diesen Vorgang **nicht** anzuwenden sein; auch nicht soweit der Erlös auf die Veräußerung von Kapitalgesellschaftsanteilen entfällt.[2] Dabei hat der Gesetzgeber aber wohl zunächst übersehen, den Anwendungsausschluss für das Halbeinkünfteverfahren ausdrücklich zu kodifizieren. Mangels ausdrücklicher gesetzlicher Regelung fand bis 2004 die hälftige Steuerfreistellung des § 3 Nr. 40 EStG auf den gesamten Erlös aus der Veräußerung von Investmentanteilen Anwendung.[3] Ab 2005 ist – durch gesetzliche Klarstellung in § 8 Abs. 5 InvStG – auf die Einnahmen aus der Rückgabe oder Veräußerung von zum Privatvermögen gehörenden Investmentanteilen das **Halbeinkünfteverfahren nicht anzuwenden.** Der Gesetzgeber hat zwar die Anwendung der Gesetzesänderung des § 8 Abs. 5 InvStG auch für das Jahr 2004 vorgesehen. Gegen diese rückwirkende Anwendung der Neuregelung für das Jahr 2004 bestehen jedoch erhebliche verfassungsrechtliche Bedenken.[4]

135

Gehören die Investmentanteile dagegen zum Betriebsvermögen des Anlegers, wird der Veräußerungserlös nach § 8 InvStG insoweit nach § 3 Nr. 40 EStG bzw. § 8b KStG steuerfrei gestellt, als er auf Anteile an einer Kapitalgesellschaft entfällt.[5]

136

III. Besteuerung von ausländischen Aktien bei inländischen Kapitalanlegern

1. Laufende Kapitalerträge (Dividenden)

Die Reform der Besteuerung von Körperschaften sollte die Europatauglichkeit des deutschen Steuerrechts sicherstellen. Das Anrechnungsverfahren war ausschließlich binnenorientiert.[6] Ausländische Kapitalanleger

137

---

1 Intemann in H/H/R, § 8 InvStG Anm. J 03-21; Kayser/Steinmüller, FR 2004, 137.
2 BT-Drucks. 15/1944, 18.
3 Str., zu Einzelheiten vgl. auch Harenberg/Intemann, NWB F. 3, 13529.
4 Ausführlich Intemann in H/H/R, § 8 InvStG Anm. J 04-21.
5 Vgl. ausführlich Intemann in H/H/R, § 8 InvStG Anm. J 03-21 ff. und Anm. J 04-17.
6 BT-Drucks. 14/2683, 95.

konnten die deutsche KSt nicht anrechnen lassen. Umgekehrt unterlag die Dividende einer ausländischen Körperschaft an einen inländischen Kapitalanleger grundsätzlich der vollen deutschen Besteuerung. Eine uneingeschränkte Anrechnung der im Ausland entrichteten Ertragsteuer auf die deutsche ESt des Anteilseigners erfolgte nicht (s. aber § 34c EStG).

138 Diese Binnenorientierung des alten Anrechnungsverfahrens war mit den europäischen Grundfreiheiten nicht vereinbar. Der EuGH hat dies in der Zwischenzeit für die mit dem deutschen Recht vergleichbare finnische Regelung entschieden (Manninen-Entscheidung).[1] Es wird einhellig davon ausgegangen, dass das deutsche Anrechnungsverfahren ebenfalls für europarechtswidrig erklärt wird. Der EuGH muss in der Rechtssache Meilicke[2] über das deutsche Anrechnungsverfahren entscheiden. Der Generalanwalt Tizzano vertritt in seinen Schlussanträgen dementsprechend die Auffassung, dass die (alten) Regelungen eurpoarechtswidrig sind. Er schlägt jedoch vor, dass die Europarechtswidrigkeit keine uneingeschränkte Rückwirkung entfalten soll. Es sollen sich nur die Stpfl. darauf berufen dürfen, die die Dividendenzahlung nach dem 6. 6. 2000 erhalten haben, oder die vor diesem Termin oder bis zum 11. 9. 2004 einen Antrag auf Anrechnung der ausländischen Steuer beim deutschen Fiskus gestellt haben.[3] Der EuGH ist an die Schlussanträge des Generalanwalts zwar nicht gebunden, entscheidet aber dennoch in den meisten Fällen in Sinne der Schlussanträge.[4]

139 Nach der Änderung der Unternehmensbesteuerung kommt auch ein im Inland **unbeschränkt Stpfl.**, der eine Ausschüttung von einer **ausländischen Gesellschaft** erhält, in den Genuss der hälftigen Steuerbefreiung des § 3 Nr. 40 Satz 1 Buchst. d EStG. Die Befreiungsvorschrift differenziert nämlich nicht mehr danach, ob die Dividende von einer inländischen oder von einer ausländischen Körperschaft stammt.[5] Voraussetzung ist lediglich, dass die ausländische Gesellschaft mit einer deutschen Körperschaft

---

1 EuGH, U. v. 7. 9. 2004 - Rs. C-319/02 - Manninen; vgl. dazu Intemann, NWB F. 4, 4955; Balster/Petereit, DStR 2005, 1985; de Weerth, DStR 2005, 1992.
2 EuGH, Rs. C-292/04 – Meilicke.
3 Schlussanträge in der Rs. Meilicke v. 10. 11. 2005,
4 Zur Anrechnung ausländischer Steuern vgl. Rdnr. 506 ff.
5 Spengel/Jaeger/Müller, IStR 2000, 257.

III. Besteuerung von ausländischen Aktien 95

vergleichbar ist, denn nur in diesem Fall handelt es sich bei der Ausschüttung um einen Bezug i. S. d. § 20 Abs. 1 Nr. 1 EStG.[1]

Unerheblich ist dagegen, ob der ausgeschüttete Gewinn im Ausland tatsächlich mit einer der deutschen Besteuerung **vergleichbaren Steuer** belastet ist. Der Gesetzgeber unterstellt eine entsprechende Belastung und gewährt die hälftige Steuerbefreiung ohne Prüfung einer Vorbelastung. Zu beachten ist lediglich eine etwaige Hinzurechnungsbesteuerung nach dem AStG. 140

Auch eine Dividende, die aus einem Staat stammt, mit dem ein **Doppelbesteuerungsabkommen (DBA)** besteht, ist i. d. R. in Deutschland und nicht im Staat der ausschüttenden Gesellschaft zu besteuern. Nach Artikel 10 OECD-Musterabkommen steht das Besteuerungsrecht nämlich dem Wohnsitzstaat des Gesellschafters und nicht dem Sitzstaat der Gesellschaft zu. Der Sitzstaat kann nur eine **Quellensteuer** erheben. Daher greift die hälftige Steuerbefreiung nach § 3 Nr. 40 EStG auch ein, wenn die Dividende aus einem Staat mit DBA stammt. 141

Ausländische Quellensteuer: Soweit der ausländische Staat Quellensteuer erhebt, kann diese weiterhin in den Grenzen des § 34c EStG angerechnet werden. Die im ursprünglichen Gesetzentwurf vorgesehene Halbierung der anrechenbaren ausländischen Quellensteuer wurde tatsächlich nicht umgesetzt, weil es trotz hälftiger Steuerfreistellung der (ausländischen) Dividende nicht sachgerecht erschien, deutsche und ausländische Quellensteuer unterschiedlich zu behandeln.[2] 142

2. Hinzurechnungsbesteuerung

Stammt die ausländische Dividende aus einem Niedrigsteuerland i. S. d. AStG, greift die Hinzurechnungsbesteuerung nach §§ 7 ff. AStG ein, wenn die niedrig besteuerten Einkünfte aus einer passiven Tätigkeit herrühren. Die Abschirmwirkung der ausländischen Kapitalgesellschaft wird dadurch durchbrochen, dass dem Gesellschafter eine Ausschüttung zugerechnet wird, ohne dass die Gesellschaft tatsächlich ausgeschüttet hat (Ausschüttungsfiktion). Dieser Hinzurechnungsbetrag (§ 10 Abs. 2 Satz 1 AStG) wird wie eine Dividende nach § 20 Abs. 1 Nr. 1 EStG besteuert. 143

---

1 Zur Vergleichbarkeit einer ausländischen mit einer inländischen Kapitalgesellschaft s. BFH, U. v. 16. 12. 1998, BStBl II 1999, 437 sowie Rdnr. 629.
2 BT-Drucks. 14/3366, 119.

Auf den **Hinzurechnungsbetrag** ist das **Halbeinkünfteverfahren nicht anzuwenden** (§ 10 Abs. 2 Satz 3 AStG). Vielmehr fließt der volle Hinzurechnungsbetrag in die Einkünfteermittlung ein, so dass auch eine Verrechnung mit anderen inländischen Verlusten möglich ist. Die Hinzurechnungsbesteuerung ist definitiv. Eine später tatsächlich vorgenommene Ausschüttung der ausländischen Gesellschaft ist nach § 3 Nr. 41 EStG in voller Höhe steuerfrei.

3. Veräußerung von Auslandsaktien

144 Die Veräußerung von ausländischen Aktien ist nach § 3 Nr. 40 Satz 1 Buchst. a EStG begünstigt. Die Erstreckung der Begünstigung auf ausländische Beteiligungen soll die Europatauglichkeit der deutschen Unternehmensbesteuerung sicher stellen.[1] Voraussetzung ist jedoch, dass die ausländische Gesellschaft mit einer deutschen Kapitalgesellschaft vergleichbar ist.[2] Weist ein **DBA** das Besteuerungsrecht für den Veräußerungserlös einem ausländischen Staat zu, so geht die hälftige Steuerbefreiung ins Leere, da der Gewinn im Inland nicht besteuert werden darf.

IV. Besteuerung beschränkt steuerpflichtiger Kapitalanleger

145 Der Verkauf von Anteilen an einer Kapitalgesellschaft durch einen Steuerausländer ist nach § 49 Abs. 1 Nr. 2 Buchst. e und Nr. 8 EStG in Deutschland nur stpfl., wenn der Steuerausländer nach § 17 EStG wesentlich an der Gesellschaft beteiligt ist oder ein Fall des § 23 EStG vorliegt und ein DBA der deutschen Besteuerung nicht entgegensteht. Ist der Vorgang hier steuerpflichtig, greift das Halbeinkünfteverfahren ein, so dass die Hälfte des Veräußerungserlöses steuerfrei ist.[3]

V. Zeitliche Anwendung

1. Laufende Erträge

146 Die gesetzlichen Regelungen über die zeitliche Anwendung des Halbeinkünfteverfahrens sind äußerst kompliziert. Die Anwendungsregeln sind nur vom angestrebten Zweck her zu verstehen: Eine Dividende soll beim

---

1 BT-Drucks. 14/2683, 95.
2 BFH, U. v. 16. 12. 1992, BStBl II 1993, 399.
3 Fock, RIW 2001, 108, 113.

V. Zeitliche Anwendung

Anteilseigner nach dem Halbeinkünfteverfahren besteuert werden, wenn der Gewinn auf der Ebene der ausschüttenden Körperschaft bereits dem neuen Körperschaftsteuersystem unterliegt. Daher knüpft die Anwendung des Halbeinkünfteverfahrens beim Anteilseigner an die Besteuerung bei der ausschüttenden Gesellschaft an. Für die ausschüttende Gesellschaft regelt § 34 KStG, dass die Anwendung des neuen Körperschaftsteuersystems von der Gestaltung des Wirtschaftsjahres abhängt.

Entspricht das Wirtschaftsjahr der ausschüttenden Gesellschaft dem Kalenderjahr, so ist das neue Körperschaftsteuersystem ab 2001 anzuwenden. Nach § 52 Abs. 4b Nr. 1 EStG ist das Halbeinkünfteverfahren beim Anteilseigner auf **offene Gewinnausschüttungen** anzuwenden, die auf einem Gewinnverteilungsbeschluss im Jahre 2002 für 2001 oder Vorjahre beruhen. Besitzt die ausschüttende Gesellschaft ein abweichendes Wirtschaftsjahr, so verzögert sich die Anwendung des Halbeinkünfteverfahrens entsprechend. 147

Für die **verdeckte Gewinnausschüttung (vGA)** sowie die **Vorabausschüttung** gilt jedoch, dass diese beim Anteilseigner bereits im Jahre 2001 dem Halbeinkünfteverfahren unterliegen, wenn die ausschüttende Gesellschaft ein kalendergleiches Wirtschaftsjahr hat.[1] Dies ist gerechtfertigt, weil sich die vGA und die Vorabausschüttung bei der Gesellschaft steuerlich im laufenden Wirtschaftsjahr auswirken, für das bereits das neue Körperschaftsteuerrecht gilt. 148

Das Halbeinkünfteverfahren findet bei Ausschüttungen von **ausländischen Kapitalgesellschaften** bereits für Ausschüttungen Anwendung, die dem Anteilseigner ab dem Jahre 2001 zufließen. 149

Die zeitliche Anwendung des Halbeinkünfteverfahrens auf Gewinnausschüttungen beim **Anteilseigner** lässt sich wie folgt zusammenfassen: 150

Wj der ausschüttenden Gesellschaft	Offene Gewinnausschüttung	Verdeckte Gewinnausschüttung Vorabausschüttung
Wj = Kj	Ab VZ 2002	Ab VZ 2001
Wj = abweichendes Kj	Ab VZ 2002/2003	Ab VZ 2001/2002
Ausländische Gesellschaft	Ab VZ 2001	Ab VZ 2001

---

1 Schaumburg/Rödder, Unternehmenssteuerreform 2001, S. 240.

2. Veräußerungsgewinne

151 Die zeitliche Anwendungsregel des § 52 Abs. 4b Nr. 2 EStG soll auch für **Veräußerungserträge** i. S. d. § 3 Nr. 40 Satz 1 Buchst. a, b, c und j EStG sicherstellen, dass das Halbeinkünfteverfahren erst Anwendung findet, wenn die neue Körperschaftsbesteuerung für die Gesellschaft, deren Anteile verkauft werden, gilt. Damit entscheidet die Besteuerung der Gesellschaft, deren Anteile verkauft werden, über die Besteuerung der Veräußerungserlöse beim Anteilseigner. Erst nach Ablauf des Wirtschaftsjahres der Gesellschaft, für das erstmals das neue Körperschaftsteuerrecht anzuwenden ist, gilt die hälftige Steuerbefreiung für den Veräußerungserlös. Das neue Körperschaftsteuerrecht ist bei einer Gesellschaft mit kalendergleichem Wirtschaftsjahr erstmals im Jahre 2001 anzuwenden. Somit ist der Veräußerungserlös erst für **Verkäufe ab 2002** begünstigt. Hat die Gesellschaft ein abweichendes Wirtschaftsjahr, ist ein Verkauf nur begünstigt, der nach Ablauf des abweichenden Wirtschaftsjahres vollzogen wird.

152–170   *(einstweilen frei)*

D. Werbungskosten bei Kapitaleinkünften

Verwaltungsanweisungen: OFD München v. 15. 4. 1991, ESt-Kartei § 20 K. 17.2, betr. Abzug von Schuldzinsen als Werbungskosten bei einem fremdfinanzierten Berlin-Darlehen; v. 13. 2. 1968, ESt-Kartei Mün./Nürnbg. § 9 K. 1.1, betr. Aufwendungen für den Besuch von Hauptversammlungen, BMF-Schreiben v. 12. 6. 2002, BStBl I 2002, 647, betr. Aufteilung von Werbungskosten bei Einkünften aus Kapitalvermögen, die teilweise dem Halbeinkünfteverfahren unterliegen – § 3c Abs. 2 EStG.

I. Der Werbungskostenbegriff im Allgemeinen

Steuerpflichtige Einkünfte aus Kapitalvermögen sind der Überschuss der Kapitaleinnahmen über die Werbungskosten (§ 2 Abs. 2 Nr. 2 EStG). Werbungskosten werden definiert als Aufwendungen, die der Stpfl. zur Erwerbung, Sicherung und Erhaltung der Einnahmen macht. Sie sind immer bei der Einkunftsart abzuziehen, bei der sie entstanden sind (§ 9 Abs. 1 EStG). 171

Nach der Rechtsprechung des BFH sind alle Aufwendungen als Werbungskosten abziehbar, die durch die Erzielung von stpfl. Einnahmen veranlasst sind. Diese „Veranlassung" ist gegeben, wenn die Aufwendungen **objektiv** mit stpfl. Einnahmen zusammenhängen und der Stpfl. sie **subjektiv** zur Förderung der Einnahmen macht.[1] Die subjektive Förderungsabsicht ist kein in jedem Fall notwendiges Merkmal, der objektive Zusammenhang dagegen ist zwingend.[2] Ein mittelbarer Zusammenhang genügt.

Besteht kein Bezug zu stpfl. Einnahmen, sind die Aufwendungen nicht als Werbungskosten abziehbar. Erfolgt eine Kapitalanlage mit der vordergründig erkennbaren Absicht, **nicht steuerbare Wertsteigerungen** zu erzielen, liegt kein Zusammenhang zwischen Aufwendungen und Kapitaleinnahmen vor. Die mit einer Kapitalanlage verbundene Hoffnung auf Wertsteigerungen ist unschädlich, solange aus der Anlage auch stpfl. Einkünfte erwirtschaftet werden.[3] 172

Beispiel:
Ein Anleger kauft teilweise fremdfinanziert niedrig verzinste Anleihen mit äußerst kurzen Restlaufzeiten, um die Differenz zwischen niedrigem Anschaffungs-

---

1 BFH, U. v. 21. 7. 1981, BStBl II 1982, 37; U. v. 9. 8. 1983, BStBl II 1984, 27; U. v. 15. 12. 1987, BStBl II 1989, 16, und U. v. 27. 6. 1989, BStBl II 1990, 934.
2 BFH, U. v. 15. 5. 1981, BStBl II 1981, 735.
3 BFH, U. v. 21. 7. 1981, BStBl II 1982, 37.

kurs und Rückzahlung der Anleihen zum Nennwert steuerfrei zu vereinnahmen. In diesem Fall sind Schuldzinsen nicht als Werbungskosten abziehbar.

173 Stehen die Werbungskosten mit den zur Hälfte **steuerbefreiten Einnahmen i. S. d. § 3 Nr. 40 EStG** in wirtschaftlichem Zusammenhang, dürfen sie nur zur Hälfte abgezogen werden – **Halbabzugsverfahren** nach § 3c Abs. 2 EStG (vgl. Rdnr. 186 ff.). Die Steuerbefreiung des § 3 Nr. 40 EStG betrifft nur ganz bestimmte Einnahmen und Bezüge. Für den Privatanleger wird die größte Bedeutung des Halbabzugsverfahrens bei den Dividendenerträgen (§ 20 Abs. 1 Nr. 1 EStG) und im Bereich der Spekulationsgewinne (§ 23 Abs. 1 Nr. 2 EStG) liegen.

174 Werbungskosten, die mit **mehreren** Einkunftsarten in Zusammenhang stehen, sind grds. aufzuteilen. Liegt kein geeigneter Aufteilungsmaßstab vor, so sind sie bei der Einkunftsart abzuziehen, mit der sie die engere Beziehung haben.[1]

Beispiel:

A nutzt seinen PC zur Erzielung verschiedener Einkunftsarten, so u. a. auch zur Erzielung von Einkünften aus Kapitalvermögen. Aufzeichnungen für einen geeigneten Aufteilungsmaßstab liegen nicht vor. Die von ihm eingesetzte Software (PC-Programme) dient überwiegend der Verwaltung und Auswertung von Charts im Rahmen seiner Kapitalanlagen. In diesem Fall sind die Aufwendungen für die Software als Werbungskosten bei den Einkünften aus Kapitalvermögen zu berücksichtigen.

175 Für die Anerkennung von Aufwendungen als Werbungskosten ist es unerheblich, ob die Aufwendungen nach objektiven Gesichtspunkten üblich, notwendig oder zweckmäßig sind.[2]

176 Bei Ermittlung der Einkünfte ist jede einzelne Kapitalanlage, z. B. das einzelne Wertpapier oder eine einzelne Wertpapiergattung, gesondert zu betrachten. Nicht von der – einheitlich zu beurteilenden – Gesamtheit der Kapitalanlagen, sondern von der Summe der – jeweils gesondert zu beurteilenden – Kapitalanlagen ist auszugehen. Für jede Einkunftsquelle (Kapitalanlage) ist das Ergebnis durch gesonderte Erfassung von Einnahmen und Werbungskosten getrennt von den anderen Quellen zu ermitteln.[3]

---

1 BFH, U. v. 21. 4. 1961, BStBl III 1961, 431.
2 BFH, U. v. 15. 5. 1981, BStBl II 1981, 735.
3 BFH, U. v. 24. 3. 1993, BStBl II 1993, 18; OFD Nürnberg, Vfg. v. 27. 12. 1989, DStR 1990, 216.

I. Der Werbungskostenbegriff im Allgemeinen

Durch diese **getrennte Ergebnisermittlung** wird vermieden, dass Aufwendungen, die nicht mit stpfl. Erträgen im Zusammenhang stehen als Werbungskosten berücksichtigt werden.[1] Der Grundsatz der getrennten Erfassung von Einnahmen und Ausgaben schließt allerdings eine **Gruppenbildung** nicht aus. So kann bei einem Wertpapierdepot für die schätzungsweise Zuordnung von Aufwendungen eine Gruppe von Wertpapieren zu einer wirtschaftlichen Einheit zusammengefasst werden. Die Wertpapiere einer Gruppe müssen dabei wirtschaftlich die gleiche Funktion erfüllen; dabei ist zwischen ertragbringenden und ertraglosen sowie zwischen stpfl. und steuerbefreiten Papieren zu unterscheiden.[2]

Die direkte Zuordnung der Werbungskosten zum einzelnen Wertpapier (Kapitalanlage) hat mit Einführung des Halbeinkünfteverfahrens und dem damit verbundenem Halbabzugsverfahren weiter an Bedeutung gewonnen. Legt man die o. g. Grundsätze des BFH zugrunde, so ist der Werbungskostenabzug bei Kapitalerträgen, die teilweise dem Halbeinkünfteverfahren unterliegen, kaum noch ermittelbar. Aufgrund dessen hat die FinVerw. mit BMF-Schreiben vom 12. 6. 2002[3] eine Vereinfachungsregelung zur Aufteilung von Werbungskosten bei Einkünften aus Kapitalvermögen, die teilweise dem Halbabzugsverfahren unterliegen, bekannt gegeben.

Danach sind Werbungskosten, die durch die einzelne Kapitalanlage veranlasst sind, weiterhin der jeweiligen Kapitalanlage zuzuordnen (Grundsatz). Werbungskosten, die sich nicht unmittelbar zuordnen lassen, sind auf folgende zwei Gruppen aufzuteilen:

- Gruppe der Kapitalanlagen, die unter das Halbeinkünfteverfahren fallen,
- Gruppe der übrigen Kapitalanlagen.

Eine weitere Gruppierung ist nicht vorzunehmen.

Als Aufteilungsmaßstab ist grundsätzlich die vertraglich vereinbarte Gebührenregelung zugrunde zu legen. Dies wird z. B. bei Depotgebühren häufig der Kurswert der im Depot verwahrten Wertpapiere zu einem bestimmten Stichtag sein. Ermöglicht die Gebührenregelung keine einwandfreie Zuordnung der Werbungskosten, kann eine sachgerechte Aufteilung

---

1 BFH, U. v. 15. 12. 1987, BStBl II 1989, 16, und U. v. 27. 6. 1989, BStBl II 1989, 934.
2 BFH, U. v. 24. 3. 1992, BStBl II 1993, 18, und U. v. 26. 11. 1974, BStBl II 1975, 331.
3 BMF-Schreiben v. 12. 6. 2002, a. a. O.; s. Anhang.

auch durch Schätzung erfolgen. Diese hat grundsätzlich unter Berücksichtigung der Kurswerte der Wertpapiere zum Abrechnungsstichtag zu erfolgen.

Die Aufteilungsproblematik besteht ebenfalls bei inländischen Investmentfonds, zu deren Fondsvermögen Kapitalanlagen gehören, die zu Erträgen nach dem Halbeinkünfteverfahren führen. Die Aufteilung ist zum jeweiligen Stichtag nach der Zusammensetzung des Fondsvermögens in die o. g. zwei Gruppen vorzunehmen. Die Zusammensetzung des Fondsvermögens wird dem Stpfl. im Regelfall nicht bekannt sein. Als Aufteilungsmaßstab ist dann das Verhältnis der voll zu versteuernden Erträge zu den Erträgen des Halbeinkünfteverfahrens heranzuziehen.

Ausländische Investmentfonds sind der Gruppe der voll stpfl. Kapitalanlagen zuzuordnen.

Lassen sich Werbungskosten nicht unmittelbar der einzelnen Kapitalanlage zuordnen, wird die FinVerw. regelmäßig einer vom Stpfl. vorgenommenen Aufteilung nach dem vorgenannten Verfahren folgen, sofern die Werbungskosten im Kalenderjahr nicht mehr als 500 € (für Alleinstehende)/ 1 000 € (für zusammenveranlagte Ehegatten) betragen.[1]

177 Den Werbungskosten-Abzug darf derjenige vornehmen, dem die Einnahmen aus Kapitalvermögen zugerechnet werden und der die Aufwendungen tatsächlich getragen hat. Unerheblich ist, ob die Aufwendungen zwangsläufig entstanden sind.

178 Aufwendungen sind als Werbungskosten in dem Veranlagungszeitraum (Kalenderjahr) abziehbar, in dem sie geleistet worden sind, d. h. beim Anleger abgeflossen sind (§ 11 Abs. 2 Satz 1 EStG). Entscheidend für den **Zeitpunkt** der „Leistung" ist der Verlust der wirtschaftlichen Verfügungsmacht über die Geldmittel. Die „Leistungshandlung" ist beendet, wenn der Stpfl. von sich aus alles Erforderliche getan hat, um den Leistungserfolg herbeizuführen.[2]

Beispiel:
Die Zahlung des Jahresabonnements für eine Kapitalanlage-Zeitschrift durch Überweisung im Dezember 2005 ist bereits im Zeitpunkt ihres Eingangs bei der Bank abgeflossen, sofern für eine genügende Deckung auf dem Konto gesorgt ist. Unerheblich ist, dass der Zahlungsbetrag erst im Januar 2006 vom Konto abge-

---

[1] BMF-Schreiben v. 12. 6. 2002, a. a. O.
[2] BFH, U. v. 14. 1. 1986, BStBl II 1986, 453.

bucht wird. Die Aufwendungen sind als Werbungskosten des Jahres 2005 zu berücksichtigen.

Stehen die Ausgaben mit steuerfreien Einnahmen in unmittelbarem wirtschaftlichen Zusammenhang, so dürfen sie nicht als Werbungskosten abgezogen werden (§ 3c Abs. 1 EStG). 179

Beispiel:
A lässt in seinem Depot u. a. festverzinsliche Wertpapiere verwalten und verwahren, deren Zinsen nach § 3 Nr. 21 EStG steuerbefreit sind. Soweit die Depotgebühren auf diese steuerfreien Zinseinnahmen entfallen, sind sie nicht als Werbungskosten abziehbar.

Bei Arbeitnehmern sind bei der Ermittlung des auf der **Lohnsteuerkarte einzutragenden Freibetrages** die Einkünfte aus Kapitalvermögen nur zu berücksichtigen, soweit sie negativ sind (§ 39a Abs. 1 Nr. 5b EStG). Damit können bei den Einkünften aus Kapitalvermögen die Werbungskosten oder ein bestimmter Prozentsatz davon nicht als Freibetrag auf der Lohnsteuerkarte eingetragen werden.[1] 180

(einstweilen frei) 181–185

II. Das Halbabzugsverfahren

Im Rahmen des Halbeinkünfteverfahrens wird die hälftige Steuerbefreiung der Einnahmen nach § 3 Nr. 40 EStG durch ein Abzugsverbot gemäß **§ 3c Abs. 2 EStG** ergänzt. Alle Werbungskosten, Betriebsausgaben, Veräußerungskosten und Betriebsvermögensminderungen, die mit Einnahmen, die nach § 3 Nr. 40 EStG begünstigt sind, im wirtschaftlichen Zusammenhang stehen, können nur zur Hälfte steuermindernd berücksichtigt werden **(Halbabzugsverfahren)**. 186

Damit besteht für den Privatanleger bei nach § 3 Nr. 40 EStG steuerbefreiten

- Dividendenerträgen und
- Veräußerungsgewinnen

nur die Möglichkeit, Werbungskosten und Anschaffungs- sowie Veräußerungskosten zur Hälfte in Abzug zu bringen.

Der Gesetzgeber wollte sicherstellen, dass im Ergebnis nur die Hälfte des Gewinns bzw. der Einkünfte steuerfrei gestellt werden. Technisch hat er

---

1 BFH, U. v. 21. 11. 1997, BStBl II 1998, 208.

dies nunmehr so gelöst, dass für die Einnahmen und für die Ausgaben eigenständige Vorschriften geschaffen wurden.

187 Das (hälftige) Abzugsverbot des § 3c Abs. 2 EStG ist in der Literatur auf heftige Kritik gestoßen. Entscheidender Kritikpunkt ist, dass das Abzugsverbot gegen das verfassungsrechtliche Gebot der Besteuerung nach der Leistungsfähigkeit verstoße. Bei § 3 Nr. 40 EStG handelt es sich u. E. nicht um eine echte Steuerbefreiung im Sinne einer Steuerbegünstigung.[1] Das Halbeinkünfteverfahren soll auf der Ebene der Anteilseigner lediglich die definitive Vorbelastung des ausgeschütteten Gewinns mit KSt berücksichtigen und ausgleichen. Mit der Besteuerung des ausgeschütteten Gewinns beim Anteilseigner ist eine **vollständige Besteuerung** gewährleistet. Da der Gewinn aber – betrachtet man die Besteuerung der Gesellschaft und des Gesellschafters als integrales Ganzes – insgesamt einmal besteuert wurde, ist es nicht gerechtfertigt, die mit den Einnahmen in Zusammenhang stehenden Aufwendungen im Abzug zu beschränken.[2]

188 **Höhe des Abzugsverbots:** Solange ein wirtschaftlicher Zusammenhang mit nach § 3 Nr. 40 EStG steuerbefreiten Einnahmen besteht, ist das Abzugsverbot der Höhe nach nicht beschränkt.[3] Dies führt dazu, dass auch ein Verlust aus einer Investition, die grundsätzlich nach § 3 Nr. 40 EStG begünstigt ist, zukünftig nur noch zur Hälfte geltend gemacht werden kann.[4]

Beispiel:
Kauf von 100 Aktien zu 5 000 €, die nach acht Monaten für 3 000 € verkauft werden. Die Veräußerungskosten betragen 40 €. Es ergibt sich ein berücksichtigungsfähiger Spekulationsverlust i. S. d. § 23 EStG in Höhe von 1 020 €.

189 **Wirtschaftlicher Zusammenhang mit den Einnahmen des § 3 Nr. 40 EStG:** Das Abzugsverbot des § 3c Abs. 2 EStG für Werbungs-, Anschaffungs- und Veräußerungskosten greift bereits dann ein, wenn ein **mittelbarer wirtschaftlicher Zusammenhang** mit den steuerfreien Einnahmen des § 3 Nr. 40 EStG besteht. Dabei ist auch im Unterschied zu § 3c Abs. 1 EStG ausreichend, wenn die Einnahmen in einem anderen VZ als die Aus-

---

1 Gl. A. Schön, StuW 2000, 151, 154.
2 H/H/R, a. a. O., „Einführung in die Steuerreform" Anm. R 16.
3 Das Abzugsverbot nach § 3c Abs. 1 EStG ist dagegen nur bis zur Höhe der steuerfreien Einnahmen begrenzt.
4 Schaumburg/Rödder, Unternehmenssteuerreform 2001, S. 252.

II. Das Halbabzugsverfahren

gaben anfallen. Ein zeitlicher Zusammenhang muss nicht bestehen.[1] Damit werden auch **vorab entstandene** und **nachträgliche Werbungskosten** von dem Abzugsverbot erfasst.[2]

Problembehaftet sind die Fälle, in denen die Aufwendungen sowohl mit steuerbefreiten Einnahmen des § 3 Nr. 40 EStG als auch mit stpfl. Einnahmen im Zusammenhang stehen. Hierzu siehe unten Rdnr. 193. 190

Zusammenhang mit Einnahmen: Fraglich ist, ob das Abzugsverbot auch eingreift, wenn gar **keine Einnahmen erzielt werden,** die Investition also vollständig fehlgeschlagen ist und nur zu einem Verlust geführt hat. Hier wird die Auffassung vertreten, dass in diesem Fall ein uneingeschränkter Abzug der Aufwendungen möglich ist, weil § 3c Abs. 2 EStG den tatsächlichen Zufluss von (teilweise) steuerbefreiten Einnahmen voraussetzt.[3] Bis zur Klärung dieser Rechtsfrage sollte der vollständige Abzug der Aufwendungen mit der Steuererklärung beantragt werden, damit kein unnötiger Rechtsverlust eintritt. 191

Das Abzugsverbot hat keinen Einfluss auf den 192

- Werbungskosten-Pauschbetrag,
- die Freibeträge nach §§ 20 Abs. 4, 17 Abs. 3 EStG,
- sowie die Freigrenze des § 23 Abs. 3 Satz 6 EStG,

die nicht zu kürzen sind.[4]

Anteilige Berücksichtigung des Abzugsverbots – Aufteilung von Werbungskosten, die teilweise dem Halbeinkünfteverfahren unterliegen (§ 3c Abs. 2 EStG): Stehen die Aufwendungen sowohl mit steuerbefreiten als auch mit stpfl. Einnahmen in wirtschaftlichem Zusammenhang, so ist nur der Teil im Abzug beschränkt, der auf den steuerfreien Teil entfällt. Soweit eine eindeutige Zuordnung der Aufwendungen zu den steuerbefreiten Einnahmen möglich ist, wird die Aufteilung leicht möglich sein. Kann keine eindeutige Zuordnung vorgenommen werden, muss im Schätzungs- 193

---

1 Zum „Ballooning-Modell" nach § 3c Abs. 1 EStG s. Haep in H/H/R, a. a. O., EStG § 3c Anm. R 14; Eilers/Wienand, GmbHR 2000, 957, 961.
2 Schmidt/Heinicke, XXV., EStG § 3c Rdnr. 37.
3 Für einen vollständigen Abzug der Aufwendungen sprechen sich aus: Clausen in Oppenhoff & Rädler, Reform der Unternehmensbesteuerung, 2000, S. 58; Riotte in Erle/Sauter, Reform der Unternehmensbesteuerung, 2000, S. 66; Korn/Strunk, § 3c Tz. 25; für eine Abzugsbeschränkung sprechen sich aus: H/H/R, a. a. O., EStG § 3c Anm. R 26; Schmidt/Heinicke, XXV., EStG § 3c Rdnr. 35; Blümich/Erhard, a. a. O., EStG § 3c Rdnr. 42.
4 H/H/R, a. a. O., EStG § 3c Anm. R 25.

wege eine Aufteilung erfolgen, wobei sich der Aufteilungsmaßstab i. d. R. am Verhältnis der stpfl. zu den steuerbefreiten Einnahmen orientieren kann.[1]

194–199 *(einstweilen frei)*

III. ABC der Werbungskosten

200 Die nachfolgend aufgeführten Werbungskosten können auch Dividendenerträge bzw. private Veräußerungsgeschäfte betreffen, die unter das **Halbabzugsverfahren** des § 3c Abs. 2 EStG (vgl. Rdnr. 186 ff.) fallen. Bei ihnen wird häufig eine Aufteilung in solche Werbungskosten, die vollständig abziehbar sind und in solche, die unter das Halbabzugsverfahren fallen notwendig sein. Für die Aufteilung bietet sich u. E. das Verhältnis der verschiedenen Erträge zueinander an.[2] Die FinVerw. will dagegen als Maßstab den Kurswert der einzelnen Kapitalanlagen heranziehen.[3] Im ABC wird jeweils nur ein Kurzhinweis auf das Halbabzugsverfahren gegeben.

201 • **Abgeld:** s. Disagio.

202 • **Abschlussgebühren** für einen Bausparvertrag können Werbungskosten bei den Einkünften aus Kapitalvermögen sein, wenn die jeweiligen Guthabenzinsen Einkünfte aus Kapitalvermögen darstellen.[4] Sie können Werbungskosten bei den Einkünften aus Vermietung und Verpachtung sein, wenn es alleiniger Zweck des Vertragsabschlusses ist, das Baudarlehen zu erlangen und die Kreditmittel zur Erzielung von Einkünften aus Vermietung und Verpachtung zu verwenden.[5]

203 • **Abschlusskosten** bei Lebensversicherungsverträgen sind Anschaffungsnebenkosten für den Erwerb einer Kapitalanlage i. S. v. § 20 EStG und daher nicht als Werbungskosten abzugsfähig.[6]

---

1 Diesen Aufteilungsmaßstab wendet die Rspr. bereits bei § 3c Abs. 1 EStG in Fällen an, in denen die Aufwendungen sowohl mit steuerfreien als auch mit steuerpflichtigen Einnahmen in Zusammenhang steht; vgl. BFH, U. v. 29. 5. 1996, BStBl II 1997, 57, zur Auffassung der FinVerw. vgl. BMF-Schreiben v. 12. 6. 2002; s. Anhang.
2 Vgl. auch Rdnr. 193.
3 BMF-Schreiben v. 12. 6. 2002; s. Anhang.
4 Zu der Frage, ob Bausparzinsen Einkünfte aus Kapitalvermögen oder Einkünfte aus Vermietung und Verpachtung sind, s. Rdnr. 1246.
5 BFH, U. v. 8. 2. 1983, BStBl II 1983, 355.
6 BFH, U. v. 12. 10. 2005, BFH/NV 2006, 288.

III. ABC der Werbungskosten

- **Abschreibungen** sind bei Wertpapieren nicht möglich. Ihre Anschaffungskosten können nicht im Wege der Absetzung für Abnutzung (AfA) berücksichtigt werden,[1] da sie keinem laufenden Wertverzehr unterliegen. Selbst der völlige Wertverlust einer Kapitalanlage ist im Rahmen des Werbungskosten-Abzugs nicht zu berücksichtigen;[2] zur AfA auf Arbeitsmittel s. Rdnr. 209.

204

- **Abzinsungsbeträge,** die bei vorzeitiger Kaufpreiszahlung vom Käufer einbehalten werden, sind beim Verkäufer entgangene Einnahmen und keine Werbungskosten.[3]

205

- **Ankaufspesen:** s. Anschaffungs- und Anschaffungsnebenkosten.

206

- **Anschaffungs- und Anschaffungsnebenkosten,** die beim Erwerb einer Kapitalanlage anfallen, gehören nicht zu den Werbungskosten. Gebühren, Bankspesen, Provisionen, Maklergebühren, die beim Erwerb von Wertpapieren als Anschaffungsnebenkosten anfallen, sind nicht abziehbar.[4]

207

- **Anwaltskosten:** s. Prozesskosten.

208

- **Arbeitsmittel:** Aufwendungen für Arbeitsmittel (§ 9 Abs. 1 Nr. 6 EStG) sind Werbungskosten, wenn das Arbeitsmittel ausschließlich oder ganz überwiegend zur Erzielung von Kapitaleinkünften genutzt wird. Wird ein Arbeitsmittel auch im privaten Bereich genutzt, ist eine Aufteilung der Anschaffungskosten in nichtabziehbare Aufwendungen für die Lebensführung und in Werbungskosten möglich. Allerdings wird eine Aufteilung nur dann von der FinVerw. anerkannt, wenn objektive Merkmale und Unterlagen eine zutreffende und leicht nachprüfbare Trennung ermöglichen und außerdem der Nutzungsanteil, der auf die Einkünfte aus Kapitalvermögen entfällt, nicht von untergeordneter Bedeutung ist.[5] Erfolgt eine Trennung nach nicht erkennbaren Gesichtspunkten, liegt eine griffweise Schätzung (§ 162 AO) vor, die keine geeignete Aufteilungsmethode darstellt. In diesem Fall müssen

209

---

1 BFH, U. v. 9. 10. 1979, BStBl II 1980, 116.
2 BFH, U. v. 24. 3. 1981, BStBl II 1981, 505.
3 BFH, U. v. 21. 10. 1980, BStBl II 1981, 160.
4 BFH, U. v. 9. 10. 1979, BStBl II 1980, 116, und U. v. 15. 12. 1987, BStBl II 1989, 16.
5 BFH, Beschl. des GrS v. 19. 10. 1970, BStBl II 1971, 17, und U. v. 18. 2. 1977, BStBl II 1977, 464.

die Anschaffungskosten in vollem Umfang den nichtabziehbaren Kosten der Lebensführung zugerechnet werden.[1]
Unter Umständen ist das Halbabzugsverfahren des § 3c Abs. 2 EStG (vgl. Rdnr. 186 ff., 201) zu beachten.

210 Abziehbar sind die Anschaffungskosten, jedoch ist bei solchen Arbeitsmitteln, deren Nutzung sich erfahrungsgemäß über einen Zeitraum von mehr als einem Jahr erstreckt, ein Werbungskostenabzug nur über die Verteilung der Anschaffungskosten auf die voraussichtliche Nutzungsdauer (AfA) möglich (§ 9 Abs. 1 Nr. 7 EStG).[2]

211 Wird ein Arbeitsmittel im Laufe eines Jahres angeschafft, so dürfen nur zeitanteilige Abschreibungen – pro rata temporis, einschließlich des Monats der Anschaffung – vorgenommen werden (§ 7 Abs. 1 Satz 4 EStG).[3]

Aus Vereinfachungsgründen können die Aufwendungen für ein abnutzbares bewegliches Arbeitsmittel in voller Höhe einschließlich der **USt** im Jahr ihrer Verausgabung abgezogen werden, wenn die Anschaffungskosten ohne USt 410 € nicht übersteigen.[4]

Aufwendungen für Arbeitsmittel sind auch dann als Werbungskosten abziehbar, wenn sie ungewöhnlich hoch sind.[5]

Beispiele:
Personal Computer (PC), BTX-Anschluss, Einrichtungsgegenstände u. Ä.

212 • **Arbeitszimmer:** Aufwendungen für ein häusliches Arbeitszimmer in der eigenen oder angemieteten Wohnung werden als Werbungskosten anerkannt, wenn feststeht, dass das Zimmer so gut wie ausschließlich zur Erzielung von Einkünften aus Kapitalvermögen genutzt wird.[6] Ob das der Fall ist, entscheidet sich nach den von der Rechtsprechung entwickelten Abgrenzungskriterien. Seit 1. 1. 1996 ist ein vollständiger Abzug der Aufwendungen nur noch möglich, wenn das Arbeitszimmer

---

1 BFH, U. v. 29. 1. 1971, BStBl II 1971, 327.
2 BFH, U. v. 8. 2. 1974, BStBl II 1974, 306.
3 Die sog. Halbjahresregelung (vgl. R 44 Satz 3 LStR 2001) ist seit dem 1. 1. 2004 nicht mehr anwendbar.
4 Vgl. R 44 LStR 2005.
5 BFH, U. v. 25. 5. 1981, BStBl 1981, 735.
6 BFH, U. v. 21. 1. 1966, BStBl III 1966, 219.

III. ABC der Werbungskosten

den Mittelpunkt der gesamten beruflichen und betrieblichen Betätigung bildet (§ 4 Abs. 5 Nr. 6b EStG). Diese Voraussetzung kann praktisch nur dann gegeben sein, wenn der Stpfl. ausschließlich Einkünfte aus Kapitalvermögen erzielt und dazu ein Arbeitszimmer nutzt. Werden daneben noch andere Einkünfte erzielt, so ist der Werbungskosten-Abzug auf einen Betrag von 1 250 € jährlich begrenzt, wenn die berufliche oder betriebliche Nutzung des Arbeitszimmers mehr als 50 v. H. beträgt oder dem Stpfl. kein anderer (auf Dauer) eingerichteter Arbeitsplatz zur Verfügung steht. Liegen auch diese Voraussetzungen nicht vor, so können die Aufwendungen für das Arbeitszimmer nicht abgezogen werden. Diese Regelung ist nach Auffassung des BFH verfassungsgemäß.[1] Kosten der **Ausstattung** des Arbeitszimmers können nach dieser Entscheidung – gegen den Wortlaut des § 4 Abs. 5 Nr. 6b EStG – weiterhin uneingeschränkt als Werbungskosten abgezogen werden.

Sind Dividendenerträge bzw. Veräußerungsgewinne gegeben, die nach § 3 Nr. 40 EStG steuerbefreit sind, kommt das Halbabzugsverfahren (vgl. Rdnr. 186 ff., 201) zur Anwendung.

Ab dem Veranlagungszeitraum 2007 wird ein Arbeitszimmer aus steuerlicher Sicht nur noch dann anerkannt, wenn es den Mittelpunkt der gesamten betrieblichen und beruflichen Tätigkeit darstellt.

- **Ausgabeaufschlag** bei Fondsanteilen: keine Werbungskosten, sondern Anschaffungskosten.[2]   213
- **Auslosungskosten:** Bankgebühren, die bei der Rückzahlung (durch Auslosung) von festverzinslichen Wertpapieren anfallen, sind keine Werbungskosten.[3]   214
- **Bankgebühren:** s. Anschaffungskosten und Depotgebühren.   215
- **Beratungskosten,** die in unmittelbarem Zusammenhang mit stpfl. Kapitaleinnahmen stehen, sind als Werbungskosten abziehbar. Erfolgt eine Beratung ausschließlich um nicht steuerbare Wertsteigerungen zu erzielen, liegen keine Werbungskosten vor. Bezieht sich die Beratung auf Einnahmen, die unter das Halbeinkünfteverfahren fallen, dürfen die Beratungskosten nur zur Hälfte abgezogen werden (Halbabzugsverfahren vgl. Rdnr. 186 ff., 201).   216

---

1 BFH, U. v. 27. 9. 1996, BStBl II 1997, 68.
2 BFH, U. v. 3. 8. 1977, BStBl II 1977, 65.
3 BFH, U. v. 9. 10. 1979, BStBl II 1980, 116.

217 • **Bewirtungskosten:** Bewirtungsaufwendungen sind u. E. grds. entsprechend § 4 Abs. 5 Nr. 2 EStG (in Höhe von 70 %) abziehbar. Bei der Bewirtung eines GmbH-Geschäftsführers durch den GmbH-Gesellschafter ist nach dem Halbabzugsverfahren des § 3c Abs. 2 EStG der Werbungskostenabzug auf 35 % der Aufwendungen begrenzt.

218 • **Börsenbriefe:** Aufwendungen für spezielle Börseninformationsdienste sind Werbungskosten.

Beispiele:
Die Actien Börse, Capital-Vertraulich, Platow Brief, Bernecker Brief.

Liegen Einnahmen vor, die dem Halbeinkünfteverfahren unterliegen, sind die Aufwendungen nur zur Hälfte abziehbar (Halbabzugsverfahren vgl. Rdnr. 186 ff., 201).

219–220 *(einstweilen frei)*

221 • **Bücher:** s. Fachliteratur.

222 • **Buchführungskosten:** Aufwendungen für ausschließlich die Kapitaleinkünfte betreffende Buchführung sind u. E. als Werbungskosten abziehbar. Bei den Einnahmen des Halbeinkünfteverfahrens ist das Halbabzugsverfahren (vgl. Rdnr. 186 ff., 201) zu beachten.

223 • **Chart-Zeitschriften:** Kosten für Chart-Informationen, die die Kursentwicklung einzelner Aktien oder Optionsscheine darstellen, sind Werbungskosten. Bei den steuerbefreiten Dividendenerträgen bzw. Veräußerungsgewinnen des § 3 Nr. 40 EStG sind Werbungskosten nach § 3c Abs. 2 EStG nur zur Hälfte abziehbar (Halbabzugsverfahren vgl. Rdnr. 186 ff., 201).

224 • **Courtagen:** s. Anschaffungs- und Anschaffungsnebenkosten.

225 • **Damnum:** s. Disagio.

226 • **Depotgebühren** für die Verwahrung und Verwaltung von Wertpapieren sind als Werbungskosten abziehbar.[1] Wird bei den im Depot verwahrten Wertpapieren vordergründig auf einen Wertzuwachs abgestellt, liegen keine Werbungskosten vor. Enthält ein Depot unterschiedliche Arten von Wertpapieren, die z. B. zu Dividenden, Zinsen, Gewinnen aus privaten Veräußerungsgeschäften und zu nicht steuerbaren Vermögensmehrungen führen, sind die Gebühren aufzuteilen; zur Aufteilung s. Schuldzinsen. Im Fall von steuerbefreiten Dividendenerträgen und Ver-

---

[1] BFH, U. v. 26. 11. 1974, BStBl II 1975, 331.

III. ABC der Werbungskosten

äußerungsgewinnen (§ 3 Nr. 40 EStG) ist das Halbabzugsverfahren (vgl. Rdnr. 186 ff., 201) anzuwenden.

- **Disagio (Damnum, Abgeld):** Wird bei Aufnahme eines Darlehens ein Disagio – Unterschiedsbetrag zwischen dem Nennbetrag des Darlehens und dessen Auszahlungsbetrag – gezahlt, hat es Zinscharakter. Erfolgt die Darlehensaufnahme zur Anschaffung einer ertragbringenden Kapitalanlage, kann das Disagio wie Schuldzinsen als Werbungskosten berücksichtigt werden. Der Werbungskostenabzug des Disagios hat in dem Veranlagungszeitraum zu erfolgen, in dem es geleistet wird. Der Abzug ist auch dann möglich, wenn dem Stpfl. im selben Jahr aus der fremdfinanzierten Kapitalanlage noch keine Kapitalerträge zugeflossen sind.[1] Die Zahlung eines Disagios vor Darlehensauszahlung wird von der FinVerw. anerkannt, wenn dies vertraglich vereinbart wurde und zwischen Zahlung des Disagios und Auszahlung oder Teilauszahlung des Darlehens nicht mehr als ein Monat liegt.[2] 227

  Der Abzug der Werbungskosten ist bei den steuerbefreiten Einnahmen des § 3 Nr. 40 EStG auf die Hälfte beschränkt (Halbabzugsverfahren vgl. Rdnr. 186 ff., 201).

- **Einnahmeverzicht:** Keine Werbungskosten liegen vor, wenn Einnahmen dadurch entgehen, dass darauf verzichtet wird, Einkünfte zu erzielen. 228

  Beispiel:

  Wird ein gestundeter Kaufpreis mit Einverständnis des Kaufpreisgläubigers vorzeitig abgezinst gezahlt, so verzichtet der Gläubiger darauf, durch weitere Stundung, die im Kaufpreis enthaltenen Zinsen zu erzielen. Der Abzinsungsbetrag stellt keine Werbungskosten bei den Kapitaleinnahmen aus dem vorzeitig zugeflossenen Kaufpreis dar.[3]

- **Einrichtungsgegenstände** sind als Arbeitsmittel anzuerkennen, wenn im Einzelfall einwandfrei feststeht, dass sie überwiegend zur Erzielung von Einkünften aus Kapitalvermögen benutzt werden.[4] Sie müssen 229

---

1 BFH, U. v. 25. 10. 1979, BStBl II 1980, 353.
2 BFH, U. v. 13. 12. 1983, BStBl II 1984, 428.
3 BFH, U. v. 21. 10. 1980, BStBl II 1981, 160.
4 BFH, U. v. 18. 2. 1977, BStBl II 1977, 464.

nicht in einem als „häusliches Arbeitszimmer" anerkannten Zimmer aufgestellt sein.[1]

Beispiele:
Schreibtisch, Schreibtischsessel, Bücherregal, Bücherschrank.

Liegen steuerbefreite Einnahmen nach § 3 Nr. 40 EStG vor, ist das Halbabzugsverfahren (vgl. Rdnr. 186 ff., 201) anzuwenden.

230 • **Ertragausgleichsbeträge,** die in den Ausgabepreis von Investmentanteilen eingerechnet sind, sind keine Werbungskosten.

231 • **Fachliteratur:** Erfüllen Bücher und Zeitschriften die für Arbeitsmittel geforderten Merkmale, d. h. handelt es sich um reine Fachbücher oder Fachzeitschriften, sind die Aufwendungen dafür als Werbungskosten anzuerkennen; s. Tageszeitung, Zeitschriften. Entfallen die Aufwendungen auf steuerbefreite Einnahmen nach § 3 Nr. 40 EStG kann der Werbungskostenabzug nur zur Hälfte erfolgen.

232 • **Fahrtkosten:** s. Reisekosten.

233 • **Fernsehgerät:** Da ein Fernsehgerät auch privat genutzt werden kann und eine objektive und leicht nachprüfbare Trennung nicht möglich ist, hat die Rechtsprechung im Falle eines Fernsehjournalisten das Fernsehgerät nicht als Arbeitsmittel anerkannt.[2] Kann eine Privatnutzung dagegen so gut wie ausgeschlossen werden – z. B. bei einem Zweitgerät – und dient das Gerät nahezu ausschließlich dazu, Informationen über das aktuelle Börsengeschehen zu erlangen, liegt u. E. ein Arbeitsmittel vor, mit der Folge, dass die Anschaffungskosten als Werbungskosten abziehbar sind.

Besteht ein Zusammenhang zu den nach § 3 Nr. 40 EStG steuerbefreiten Einnahmen, können die Werbungskosten nur hälftig abgezogen werden (Halbabzugsverfahren nach § 3c Abs. 2 EStG; vgl. Rdnr. 186 ff., 201).

234 • **Finanzierungskosten** (Geldbeschaffungskosten), wie z. B. Bereitstellungszinsen, Damnum und sonstige Kosten, die mit einem Kredit in Zusammenhang stehen, sind wie Schuldzinsen zu behandeln; s. Schuldzinsen und Disagio.

---

1 FG Rheinland-Pfalz v. 24. 4. 1996, EFG 1996, 695; BFH, U. v. 27. 9. 1996, BStBl II 1997, 68.
2 BFH, Beschl. des GrS v. 19. 10. 1970, BStBl II 1971, 21.

III. ABC der Werbungskosten

- **Geldbeschaffungskosten,** die bei der Kreditaufnahme entstehen (Bereitstellungszinsen, Kreditbearbeitungsgebühren, Vermittlungsprovisionen, Damnum (Disagio) oder Notargebühren, sind unter den gleichen Voraussetzungen abziehbar wie Schuldzinsen. 235
- **GmbH-Anteile:** Keine Werbungskosten im Zusammenhang mit GmbH-Anteilen sind die folgenden Aufwendungen des Gesellschafters gegenüber der GmbH: Kapitalnachschüsse wegen eintretender Verluste oder Wertminderung, Hingabe eines Darlehens,[1] Verlustdeckung.[2] Werbungskosten auf GmbH-Anteile werden regelmäßig dem Halbabzugsverfahren des § 3c Abs. 2 EStG unterliegen (vgl. Rdnr. 186 ff., 201). 236
- **Gutachterkosten** bei Rechtsstreitigkeiten über die Prospekthaftung der Banken sind Werbungskosten; s. Prozesskosten. 237
- **Internet-Anschluss:** Die Aufwendungen für die Einrichtung des Anschlusses und die laufenden Kosten können Werbungskosten bei den Einkünften aus Kapitalvermögen und privaten Veräußerungsgeschäften sein, wenn der Anschluss nahezu ausschließlich zur Informationsbeschaffung über das Börsengeschehen oder Durchführung von Bankgeschäften genutzt wird. Der Stpfl. hat dies zumindest glaubhaft zu machen. Bei privater Mitbenutzung ist u. E. wie bei den Telefonkosten aufzuteilen. 238

(einstweilen frei) 239–245

- **Kompensationszahlungen** des Wertpapier-Darlehensnehmers („Wertpapierentleiher") an den Darlehensgeber („Leihgeber") sind Werbungskosten, wenn der Entleiher aus den entliehenen Wertpapieren Kapitalerträge erzielt.[3] 246
  Betreffen die Kompensationszahlungen steuerbefreite Einnahmen nach § 3 Nr. 40 EStG, können sie nur zur Hälfte in Abzug gebracht werden (Halbabzugsverfahren; vgl. Rdnr. 186 ff., 201).
- **Kontoführungsgebühren,** sofern sie der Erzielung von Einnahmen aus Kapitalvermögen dienen, sind Werbungskosten.[4] 247
  Zum Halbabzugsverfahren siehe Rdnr. 186 ff., 201.

---

1 BFH, U. v. 19. 10. 1982, BStBl II 1983, 295; die Darlehenshingabe wie auch die Darlehensrückzahlung sind steuerlich unbeachtlich.
2 FG Karlsruhe v. 20. 7. 1956, DStZ/B 1956, 422.
3 OFD Frankfurt/M., Vfg. v. 25. 6. 1996, DB 1996, 1702.
4 BFH, U. v. 25. 10. 1979, BStBl II 1980, 352.

248 • **Kreditkosten:** s. Schuldzinsen.
249 • **Kursverluste:** keine Werbungskosten.[1]
250 • **Maklercourtagen, -provisionen:** s. Anschaffungs- und Anschaffungsnebenkosten.
251 • **Mitgliedsbeiträge** zur Deutschen Schutzvereinigung für Wertpapierbesitz e. V. (DSW) sind Werbungskosten.

Entfallen die Mitgliedsbeiträge auf steuerbefreite Einnahmen des § 3 Nr. 40 EStG gilt das Halbabzugsverfahren nach § 3c Abs. 2 EStG (vgl. Rdnr. 186 ff., 201).

252 • **Personal-Computer:** s. Arbeitsmittel; allerdings darf es sich nicht um einen sog. „Spielecomputer" handeln, der dem Bereich der privaten Lebensführung zuzurechnen ist.[2]

253 • **Portokosten,** die wirtschaftlich mit Kapitaleinkünften in Zusammenhang stehen, sind Werbungskosten.

Der Abzug der Kosten ist bei den steuerbefreiten Einnahmen des § 3 Nr. 40 EStG auf die Hälfte beschränkt; vgl. Rdnr. 186 ff., 201.

254 • **Provisionen:** s. Anschaffungs- und Anschaffungsnebenkosten.
255 • **Prozesskosten** zur Rechtsverfolgung bei Streitigkeiten mit Kapitalschuldnern (Emittenten), bei Anfechtung von Hauptversammlungsbeschlüssen oder Prospekthaftungsstreitigkeiten mit Banken sind Werbungskosten.

Bezieht sich der Rechtsstreit auf steuerbefreite Einnahmen nach § 3 Nr. 40 EStG sind die Prozesskosten nur zur Hälfte abziehbar (Halbabzugsverfahren vgl. Rdnr. 186 ff., 201).

256 • **Reisekosten:** Fahrtkosten, Verpflegungsmehraufwand, Unterbringungskosten, Nebenkosten, die unmittelbar durch Kapitaleinnahmen veranlasst werden, bilden Werbungskosten.

Beispiel:
Fahrt eines GmbH-Gesellschafters zur Gesellschafterversammlung; Reise eines Aktionärs zur Hauptversammlung oder zu Aktionärsmessen.

Für die Beurteilung, ob Reisekosten durch Kapitaleinnahmen oder privat veranlasst sind, gelten die von der Rechtsprechung entwickelten

---

1 Vgl. Rdnr. 25.
2 BFH, U. v. 15. 1. 1993, BStBl II 1993, 348.

III. ABC der Werbungskosten

Abgrenzungskriterien.[1] Stehen sie im Zusammenhang mit steuerbefreiten Einnahmen nach § 3 Nr. 40 EStG können sie nur zur Hälfte abgezogen werden (Halbabzugsverfahren vgl. Rdnr. 186 ff., 201).

- **Schuldzinsen**, die für einen Kredit zur Anschaffung einer im Privatvermögen gehaltenen Kapitalanlage anfallen, sind in vollem Umfang als Werbungskosten abziehbar, wenn sie mit der Einkunftsart Einkünfte aus Kapitalvermögen im wirtschaftlichen Zusammenhang stehen (§ 9 Abs. 1 Satz 3 Nr. 1 EStG; Veranlassungsprinzip). Nach der höchstrichterlichen Rechtsprechung ist für den Abzug von Schuldzinsen allein ihre Veranlassung bzw. der Zweck der Kreditaufnahme maßgebend. Besteht der Zweck darin, Kapitaleinkünfte zu erzielen, und werden die aufgenommenen Mittel zweckentsprechend verwandt, sind die Schuldzinsen als Werbungskosten abziehbar. Liegen steuerbefreite Einnahmen nach § 3 Nr. 40 EStG vor, ist das Halbabzugsverfahren anzuwenden (vgl. Rdnr. 186 ff., 201).

257

Werbungskosten liegen nicht vor, wenn eine Kapitalanlage vordergründig in der Absicht erworben wird, nicht steuerbare Wertsteigerungen (Vermögenssphäre) zu erzielen.[2] Waren die Kurssteigerungen nur mitursächlich für die Kaufentscheidung, ist dies für den Werbungskosten-Abzug unschädlich. In diesem Fall ist keine Aufteilung der Schuldzinsen in Werbungskosten und Kosten der privaten Vermögenssphäre vorzunehmen. Mit welcher Absicht eine Kapitalanlage erworben wurde oder gehalten wird, kann nur anhand äußerlich erkennbarer Merkmale beurteilt werden. Wenn auf die Gesamtdauer der Anlage gesehen ein Überschuss der Einnahmen (laufende Erträge) über die Ausgaben – auch bei einer nur bescheidenen Rendite – erwartet werden kann, steht nicht die Wertsteigerung der Anlage, sondern die Einkunftserzielung im Vordergrund, mit der Folge, dass Schuldzinsen für einen Anschaffungskredit Werbungskosten sind.[3] Nach umstrittener Auffassung der FinVerw. sind Schuldzinsen beim Zwischenerwerb von festverzinsli-

258

---

[1] Vgl. H 12.2 EStH 2005.
[2] BFH, U. v. 9. 8. 1983, BStBl II 1984, 27; zum Kreditkauf einer GmbH-Beteiligung: BFH, U. v. 21. 7. 1981, BStBl II 1982, 36; zum Kreditkauf von Aktien: BFH, U. v. 21. 7. 1981, BStBl II 1982, 37; zum Kreditkauf von festverzinslichen Wertpapieren: BFH, U. v. 21. 7. 1981, BStBl II 1982, 40.
[3] BFH, U. v. 21. 7. 1981, BStBl II 1982, 40; die Entstehung eines Überschusses muss zeitlich überschaubar sein; BFH, U. v. 5. 3. 1991, BStBl II 1991, 744.

chen Wertpapieren (Restläufer) in dem Verhältnis aufzuteilen, wie stpfl. Zinsen und steuerfreie Kursgewinne anfallen.[1]

259 Fallen Schuldzinsen bei **unterschiedlichen Wertpapieren** an, ist aufgrund der getrennten Erfassung von Einnahmen und Werbungskosten eine Aufteilung[2] erforderlich.[3] Umfasst der kreditfinanzierte Wertpapierbestand u. a. auch Kapitalanlagen, deren Erträge dem Halbeinkünfteverfahren unterliegen, sind die Zinsaufwendungen aufzuteilen, damit das Halbabzugsverfahren angewandt werden kann. Die Aufteilung kann durch einfache Verhältnisrechnung oder nach der sog. Zinsstaffelmethode vorgenommen werden.[4] Lassen sich die Zinsanteile der steuerlich relevanten Erwerbs- und der steuerlich unbeachtlichen Privatsphäre nicht hinreichend ermitteln, so sind sie zu schätzen.[5] Innerhalb der steuerlich relevanten Erwerbssphäre ist auf die Kapitalanlagen, die dem Halbeinkünfteverfahren unterliegen und auf die übrigen Kapitalanlagen aufzuteilen.

260 Zur Aufteilung von Schuldzinsen können Wertpapiere auch zu einzelnen **Gruppen** zusammengefasst werden.[6] Die Gruppenbildung darf allerdings nicht dazu führen, dass ein Werbungskostenabzug, der hinsichtlich bestimmter Wertpapiere nicht möglich wäre, eröffnet wird. Es dürfen nur Wertpapiere zusammengefasst werden, aus denen in einem überschaubaren Zeitraum mit stpfl. Einnahmen gerechnet werden kann.[7]

261 Der Schuldzinsenabzug ist nicht erst möglich, wenn bereits Einnahmen fließen, sondern auch dann, wenn noch keine Einnahmen erzielt werden (vorab entstandene Werbungskosten). Ergibt sich bei der einzelnen Kapitalanlage ein Verlust, so ist dieser mit anderen positiven Einkünften – vorrangig mit Einkünften aus Kapitalvermögen – auszugleichen. Schuldzinsen sind keine Anschaffungs(neben)kosten.[8]

---

1 Vgl. OFD Nürnberg, Vfg. v. 6. 8. 1991, StEK § 9 Nr. 568.
2 BMF-Schreiben v. 12. 6. 2002; s. Anhang.
3 BFH, U. v. 24. 3. 1992, BStBl II 1993, 18.
4 Zur Verhältnisrechnung: BFH, U. v. 21. 2. 1973, BStBl II 1973, 509; zur Zinsstaffelmethode: BFH, Beschl. v. 4. 7. 1990, BStBl II 1990, 817.
5 Zur Schätzung der Schuldzinsen: BFH, Beschl. v. 4. 7. 1990, BStBl II 1990, 817.
6 Zur Gruppenbildung s. Rdnr. 176.
7 BFH, U. v. 24. 3. 1992, BStBl II 1993, 18.
8 BFH, U. v. 2. 8. 1977, BStBl II 1978, 143.

III. ABC der Werbungskosten

- **Schuldzinsen** zum Erwerb von Anteilen an einer Kapitalgesellschaft durch deren Arbeitnehmer sind regelmäßig Werbungskosten bei den Einkünften aus Kapitalvermögen. Nur ausnahmsweise kann die Annahme in Betracht kommen, dass ein Arbeitnehmer mit dem Erwerb von Gesellschaftsanteilen nicht die mit der Gesellschafterstellung verbundenen Rechte, sondern nahezu ausschließlich die Sicherung seines bestehenden oder die Erlangung eines höherwertigen Arbeitsplatzes erstrebt.[1] Dies kann insbesondere bei einer negativen Überschussprognose der Fall sein.   261/1

- **Seminarkosten:** Werbungskosten, wenn das Seminar vordergründig die Erzielung von Einnahmen aus Kapitalanlagen zum Inhalt hat. Handelt es sich dabei um steuerbefreite Erträge nach § 3 Nr. 40 EStG, sind die Seminarkosten nach dem Halbabzugsverfahren (vgl. Rdnr. 186 ff., 201) nur zur Hälfte abziehbar.   262

- **Software:** Aufwendungen für Software zur Depotverwaltung am eigenen PC sind abziehbar, sofern es sich bei einem der Programme um Arbeitsmittel (s. Arbeitsmittel Rdnr. 209 f.) handelt.   263

- **Steuerberatungskosten** sind ab dem Veranlagungszeitraum 2006 nicht mehr als unbeschränkt abziehbare Sonderausgaben zu berücksichtigen. Handelt es sich um Kosten, die speziell für eine Beratung zu den Einkünften aus Kapitalvermögen aufgewendet wurden, liegen u. E. Werbungskosten vor (s. Beratungskosten Rdnr. 216), die unbeschränkt abzugsfähig sind.   264

- **Stückzinsen,** die beim Ankauf eines festverzinslichen Wertpapiers bezahlt werden, sind keine Werbungskosten.[2]   265

- **Tageszeitung:** Aufwendungen sind nicht als Werbungskosten abziehbar, auch wenn sie einen Wirtschaftsteil mit börsentäglichen Notierungen enthält.[3] **Ausnahme:** Handelsblatt.[4] Beziehen sich die Aufwendungen auf steuerbefreite Einnahmen nach § 3 Nr. 40 EStG, ist der Werbungskostenabzug auf die Hälfte beschränkt (vgl. Rdnr. 186 ff., 201).   266

- **Telefongebühren** (Gesprächs- und Grundgebühren) können Werbungskosten sein. Ihre Veranlassung im Rahmen der Einkünfte aus Kapital-   267

---

1 BFH, U. v. 5. 4. 2006, BFH/NV 2006, 1559.
2 BFH, U. v. 13. 12. 1963, BStBl III 1964, 184.
3 BFH, U. v. 5. 4. 1962, BStBl III 1962, 368 und U. v. 30. 6. 1983, BStBl II 1983, 715.
4 BFH, U. v. 12. 11. 1982, DB 1983, 372; a. A. FG Baden-Württemberg v. 17. 10. 1996, EFG 1997, 467, rkr.

vermögen ist vom Stpfl. nachzuweisen und gegebenenfalls zu schätzen. Die Rechtsprechung lässt bei den Telefongebühren ausnahmsweise eine Aufteilung in privat und durch die Einkünfte veranlasste Aufwendungen zu.[1] Der Privatanteil kann geschätzt werden, wenn keine geeigneten Aufzeichnungen über die Nutzung des Telefons vorliegen. Telefonkosten, die mit Einnahmen in wirtschaftlichem Zusammenhang stehen, die nach § 3 Nr. 40 EStG zur Hälfte von der ESt befreit sind, unterliegen dem Halbabzugsverfahren (vgl. Rdnr. 186 ff., 201).

268 • **Testamentsvollstreckergebühren:** Ausschlaggebend sind Art und Zweck der Tätigkeit.[2] Bei einer Auseinandersetzungs- oder Abwicklungsvollstreckung (§ 2204 BGB) sind die Kosten, die für die Konstituierung (Inbesitznahme des Nachlasses, Errichtung eines Inventarverzeichnisses, Feststellung und Bezahlung der Nachlassverbindlichkeiten) und Verteilung des Reinnachlasses anfallen, keine Werbungskosten. Liegt dagegen eine Verwaltungs- oder Dauervollstreckung (§§ 2205, 2209, 2210 BGB) vor, können die Aufwendungen als Werbungskosten berücksichtigt werden, da hier die Tätigkeit darauf gerichtet ist, den Nachlass zu erhalten und Erträge zu erzielen.[3] Besteht ein wirtschaftlicher Zusammenhang zu steuerbefreiten Einnahmen nach § 3 Nr. 40 EStG, können die Aufwendungen nur zur Hälfte abgezogen werden (Halbabzugsverfahren, vgl. Rdnr. 186 ff., 201).

269 • **Transaktionskosten** fallen beim Kauf oder Verkauf eines Wertpapiers an. Als Anschaffungsnebenkosten oder Veräußerungskosten sind sie keine Werbungskosten bei den Kapitaleinkünften, anders jedoch bei den privaten Veräußerungsgeschäften i. S. d. § 23 EStG. Bei diesen ist das Halbabzugsverfahren (vgl. Rdnr. 186 ff., 201) anzuwenden.

270 • **Übernachtungskosten:** s. Reisekosten.

271 • **Überziehungszinsen:** s. Schuldzinsen.

272 • **Umsatzsteuer:** Die Umsatzsteuer teilt das Schicksal derjenigen Aufwendungen, auf die sie entfällt.

---

[1] BFH, U. v. 21. 11. 1980, BStBl II 1981, 131. Nach der Rechtsprechung gilt bei Telefongebühren das Aufteilungs- und Abzugsverbot des § 12 Nr. 1 Satz 2 EStG nicht.
[2] BFH, U. v. 1. 6. 1978, BStBl II 1978, 499.
[3] BFH, U. v. 22. 1. 1980, BStBl II 1980, 351.

Beispiel:
Gebühren, die für die Verwahrung und Verwaltung von Wertpapierbeständen erhoben werden unterliegen der USt. Sind die Depotgebühren als Werbungskosten abziehbar, so gilt das auch für die darauf lastende USt.

- **Veräußerungskosten,** die unmittelbar durch die Veräußerung (oder Einlösung) von Kapitalvermögen veranlasst sind, sind keine Werbungskosten bei den Einkünften aus Kapitalvermögen, weil sie in keinem Zusammenhang mit bereits zugeflossenen oder künftigen stpfl. Kapitalerträgen stehen.[1] Sie können nur bei der Ermittlung eines privaten Veräußerungsgeschäfts (§ 23 EStG) oder der Veräußerung einer wesentlichen Beteiligung an einer Kapitalgesellschaft (§ 17 EStG) abziehbar sein. Zum Halbabzugsverfahren vgl. Rdnr. 186 ff, 201.   273

- **Verwahrungskosten:** Depotgebühren, Schließfachgebühren, Safemiete zur Verwahrung ertragbringender Kapitalanlagen sind Werbungskosten. Betreffen die Aufwendungen Kapitalanlagen, die dem Halbeinkünfteverfahren unterliegen, ist ihr Abzug auf die Hälfte begrenzt (Halbabzugsverfahren nach § 3c Abs. 2 EStG, vgl. Rdnr. 186 ff., 201).   274

- **Verwaltungskosten:** Bei erfolgsabhängigem Verwalterentgelt, das sich nach den erwirtschafteten Erträgen und Wertsteigerungen richtet, ist nur der Teil des Entgelts den Werbungskosten zuzurechnen, der auf die stpfl. Erträge des verwalteten Vermögens entfällt.[2] Handelt es sich bei den Erträgen und Wertsteigerungen um steuerbefreite Einnahmen nach § 3 Nr. 40 EStG, sind die Verwaltungskosten nur zur Hälfte abziehbar (vgl. Rdnr. 186 ff., 201). Aufwendungen, die ausschließlich nicht stpfl. Wertsteigerungen zuzuordnen sind, werden nach der Rechtsprechung des BFH nicht als Werbungskosten anerkannt. Verwaltungsgebühren, die sich nach dem Substanzwert des Vermögens ermitteln, können als Werbungskosten berücksichtigt werden.   275

- **Vorfälligkeitsentschädigungen,** kein Abzug als Werbungskosten bei den Kapitaleinkünften, wenn ein bisher für Vermietungseinkünfte eingesetztes Darlehen abgelöst und die verbleibenden Mittel als Kapitalanlage verwendet werden.[3]   276

---

1 BFH, U. v. 15. 12. 1987, BStBl II 1989, 16, und U. v. 27. 6. 1989, BStBl II 1989, 934.
2 BFH, U. v. 15. 12. 1987, a. a. O.
3 BFH, U. v. 6. 12. 2005, BStBl II 2006, 265.

277 • **Zeitschriften,** die ausschließlich über Kapitalanlagen informieren, dienen dem Erwerb, der Sicherung und Erhaltung von Kapitalerträgen. Aufwendungen dafür sind als Werbungskosten abziehbar.

Beispiele:
BÖRSE Online, Effekten-Spiegel, Geld und Kapital, Finanztest, Finanzen, Das Wertpapier.

Aufwendungen für allgemein gehaltene Wirtschaftszeitschriften sind keine Werbungskosten.

Beispiele:
Capital[1], Wirtschafts-Woche[2], Impulse, Wirtschaftsbild[3].

Stehen die Aufwendungen in wirtschaftlichem Zusammenhang mit steuerbefreiten Einnahmen nach § 3 Nr. 40 EStG, ist für sie das Halbabzugsverfahren (vgl. Rdnr. 186 ff., 201) anzuwenden.

278–300 *(einstweilen frei)*

---

1 FG Düsseldorf v. 4. 10. 1983, EFG 1984, 228.
2 FG Düsseldorf v. 4. 10. 1983, a. a. O.
3 FG Baden-Württemberg, Außensenate Freiburg, v. 28. 4. 1988, EFG 1988, 461.

E. Kapitalertragsteuer und Zinsabschlag

I. Grundzüge des Kapitalertragsteuerabzugs

Die Steuererhebung im Bereich der Kapitaleinkünfte ist durch den Steuerabzug vom Kapitalertrag geprägt. Für bestimmte Kapitalerträge regelt das EStG in den §§ 43 ff., dass die ESt durch den Abzug vom Kapitalertrag – vergleichbar dem LSt-Abzug – zu erheben ist. Im Investmentsteuergesetz (InvStG) sind die entsprechenden Vorschriften für in- und ausländische Investmenterträge enthalten.[1]

301

Die KapESt ist – wie die LSt – keine eigenständige Steuerart, sondern nur eine besondere Erhebungsform der ESt.[2] Das hat zur Folge, dass sie im Rahmen des Veranlagungsverfahrens auf die individuelle Steuerschuld des Kapitalanlegers anrechenbar ist. Die Anrechnung setzt voraus, dass dem Finanzamt eine Bescheinigung eingereicht wird, die die in § 45a Abs. 2 EStG genannten Angaben enthält (§ 36 Abs. 2 Nr. 2 Satz 2 EStG). Die KapESt hat grds. keine abgeltende Wirkung. In der ESt-Erklärung sind auch die Kapitalerträge anzugeben, von denen bereits KapESt abgezogen wurde. Die KapESt wird von der sich bei der Veranlagung ergebenden ESt in Anrechnung gebracht. Der Umfang der Besteuerung wird durch die KapESt nicht erweitert. Die KapESt erfasst nur einkommensteuerpflichtige Kapitalerträge.

Die Kapitalerträge, von denen KapESt einzubehalten ist, werden in § 43 Abs. 1 Satz 1 Nr. 1 – Nr. 8 und Satz 2 EStG abschließend aufgezählt.[3] Diese Aufzählung stimmt allerdings nicht mit der Aufzählung stpfl. Einnahmen des § 20 EStG überein. Folgende Einnahmen sind vom KapESt-Abzug ausgeschlossen:

302

- Zinsen aus Hypotheken sowie Grundschulden und Renten aus Rentenschulden (§ 20 Abs. 1 Nr. 5 EStG),
- Diskontbeträge von Wechseln und Anweisungen einschließlich der Schatzwechsel (§ 20 Abs. 1 Nr. 8 EStG).

---

1 Das InvStG gilt erstmalig für ein Investmentvermögen, dessen Geschäftsjahr nach dem 31. 12. 2003 beginnt; zuvor gelten die Vorschriften des KAGG und des AuslInvestmG.
2 BFH, U. v. 14. 2. 1973, BStBl II 1973, 452.
3 Der KapESt-Abzug ist auf Einnahmen aus der Veräußerung von Dividendenscheinen und sonstigen Ansprüchen (§ 20 Abs. 2 Satz 1 Nr. 2 Buchst. a und Satz 2 EStG) erstmals anzuwenden, die nach dem 31. 12. 2004 zufließen, es sei denn die Veräußerung ist vor dem 29. 7. 2004 erfolgt (§ 52 Abs. 53a EStG).

303 Der Abzug der KapESt wird vom Schuldner der Kapitalerträge (Quellensteuer) oder der die Erträge auszahlenden Stelle (Zahlstellensteuer), i. d. R. von den Banken, Sparkassen u. a., vorgenommen. Schuldner der KapESt ist jedoch der Gläubiger der Erträge. Der Schuldner der Erträge und die die Kapitalerträge auszahlende Stelle – die Abzugsverpflichteten – haben den Steuerabzug für Rechnung des Gläubigers der Kapitalerträge vorzunehmen (§ 44 Abs. 1 EStG). Die persönlichen Verhältnisse des Kapitalanlegers werden dabei nur eingeschränkt berücksichtigt. Alter, Familienstand u. Ä. beeinflussen erst im Veranlagungsverfahren die Höhe der festzusetzenden Steuer.

304 Der KapESt-Abzug ist bei den einzelnen Kapitaleinkünften unterschiedlich ausgestaltet. So unterscheidet er sich insbesondere dadurch, dass er in unterschiedlicher Höhe vorgenommen wird. Der Steuerabzug beträgt 20, 25, 30 oder 35 v. H. des Kapitalertrags, wenn der Gläubiger die KapESt trägt (§ 43a Abs. 1 EStG). Der jeweilige Steuersatz erhöht sich auf 25, 33⅓, 42,85 bzw. 53,84 v. H., wenn der Schuldner der Kapitalerträge die Zahlung der KapESt übernimmt. Damit lässt sich über den Steuersatz rückschließen, um welche Kategorie von Kapitalerträgen bzw. um was für Kapitalerträge es sich handelt.

Für den inländischen Privatanleger sind drei Gruppen von Bedeutung:

305
- KapESt auf Dividenden mit einem Steuersatz von 20 v. H. (§§ 43 Abs. 1 Satz 1 Nr. 1, 43a Abs. 1 Nr. 1 EStG);

- KapESt auf Zinsen aus Wandelanleihen, Gewinnobligationen, Genussrechten, Einnahmen aus stiller Gesellschaft, Zinsen aus partiarischen Darlehen und Kapitalerträge aus Lebensversicherungen mit einem Steuersatz von 25 v. H. (§§ 43 Abs. 1 Satz 1 Nr. 2 bis 4, 43a Abs. 1 Nr. 2 EStG);

- KapESt auf Zinsen und zinsähnliche Erträge (Zinssurrogate) mit einem Steuersatz von 30 bzw. 35 v. H. (§§ 43 Abs. 1 Satz 1 Nr. 7, 8 und Satz 2, 43a Abs. 1 Nr. 3 EStG); Zinsabschlagsteuer.

Größte Bedeutung hat seit 1. 1. 1993 der sog. Zinsabschlag, auf den unter Rdnr. 316 ff. ausführlich eingegangen wird.

306 Dem KapESt-Abzug unterliegen grds. die **vollen** Kapitalerträge (Bruttobeträge) ohne jeden Abzug (§ 43a Abs. 2 Satz 1 EStG). Lediglich gezahlte Stückzinsen und Zwischengewinne können in bestimmten Fällen die Bemessungsgrundlage der Zinsabschlagsteuer mindern; s. hierzu Rdnr. 338.

I. Grundzüge des Kapitalertragsteuerabzugs

Werbungskosten, ob nachgewiesen oder in Form des Werbungskosten-Pauschbetrags, mindern die Bemessungsgrundlage der KapESt nicht.

Die Bemessung des Zinsabschlags kann bei der Veräußerung/Abtretung von Finanzinnovationen i. S. d. § 20 Abs. 2 Satz 1 Nr. 4 EStG von dem jeweils einkommensteuerpflichtigen Kapitalertrag abweichen (vgl. Rdnr. 357, 360).

Der KapESt-Abzug erfolgt bei allen **inländischen** Kapitalerträgen i. S. d. § 43 Abs. 1 Satz 1 EStG. Der Steuerabzug bei **ausländischen** Kapitalerträgen ist dagegen auf die folgenden Erträge begrenzt (§ 43 Abs. 1 Satz 1 EStG): 307

- Zinserträge aus ausländischen Anleihen (§ 43 Abs. 1 Satz 1 Nr. 7 Buchst. a EStG);

- Einnahmen aus der Veräußerung von Zinsscheinen und Zinsforderungen (§ 43 Abs. 1 Satz 1 Nr. 8 i. V. m. § 20 Abs. 2 Satz 1 Nr. 2 Buchst. b und Nr. 3 EStG);

- Einnahmen aus der Veräußerung oder Abtretung bestimmter Finanzinnovationen i. S. d. § 20 Abs. 2 Nr. 4 EStG (§ 43 Abs. 1 Satz 1 Nr. 8 i. V. m. § 20 Abs. 2 Satz 1 Nr. 4 EStG).

- Besondere Entgelte oder Vorteile i. S. d. § 20 Abs. 2 Satz 1 Nr. 1 EStG (§ 43 Abs. 1 Satz 1 i. V. m. Satz 2 EStG).

Die KapESt entsteht in dem Zeitpunkt, in dem die Kapitalerträge dem Gläubiger (Stpfl.) zufließen (§ 44 Abs. 1 Satz 2 EStG). Von § 11 EStG abweichende Sonderregelungen über den Zuflusszeitpunkt bei Gewinnanteilen (Dividenden) und Einnahmen aus stiller Beteiligung ergeben sich aus § 44 Abs. 2 und Abs. 3 EStG, deren Anwendungsbereich auf den KapESt-Abzug beschränkt ist.[1] 308

(einstweilen frei) 309–310

---

[1] Trzaskalik in K/S/M, a. a. O., EStG § 11 Rdnr. A 16.

II. Kapitalertragsteuer – auf Gewinnanteile (Dividenden) und ähnliche Bezüge (§ 20 Abs. 1 Nr. 1 und 2 EStG) – auf Einnahmen aus der Veräußerung von Dividendenscheinen (§ 20 Abs. 2 Satz 1 Nr. 2 Buchst. a und Satz 2 EStG)

1. Dividenden

311 Mit der Einführung des Halbeinkünfteverfahrens (Wegfall des körperschaftsteuerlichen Anrechnungsverfahrens) ist der KapESt-Abzug bei Gewinnanteilen und ähnlichen Bezügen dem neuen Verfahren entsprechend angepasst worden. Die Grundsätze des Kapitalertragsteuerabzugs sind dabei erhalten geblieben und gelten unverändert fort. Die Neuregelungen der §§ 43 bis 45c EStG sind erstmalig auf Gewinnausschüttungen und ähnliche Bezüge anzuwenden, für die nicht mehr das körperschaftsteuerliche Anrechnungsverfahren gilt (§ 52 Abs. 53 EStG).

Wie bisher betrifft der Steuerabzug offene und verdeckte Gewinnausschüttungen sowie sonstige Bezüge (§ 20 Abs. 1 Nr. 1 und 2 EStG).

Die Bemessungsgrundlage umfasst die volle Dividende. Hierzu bestimmt § 43 Abs. 1 Satz 3 EStG, dass der Steuerabzug auch von den „nach § 3 Nr. 40 steuerfreien Erträgen" zu erfolgen hat, auch wenn sie im Rahmen der Veranlagung des Anteilseigners nur zur Hälfte der Besteuerung unterliegen (§ 3 Nr. 40 EStG; Halbeinkünfteverfahren).

Der Steuersatz beläuft sich auf 20 v. H.

Erteilt der Anteilseigner einen Freistellungsauftrag, so führt dieser dazu, dass die KapESt erstattet wird.

Der Verbrauch des erteilten Freistellungsvolumens erfolgt bei Dividenden, die dem Halbeinkünfteverfahren unterliegen, nur in Höhe des hälftigen stpfl. Anteils der Dividende.[1]

Beispiel:

Dividende	4 000 €
abzüglich stpfl. Hälfte	2 000 €
abzüglich Freistellungsvolumen	1 200 €
verbleiben einkommensteuerpflichtig	800 €

---

1 BMF-Schreiben v. 30. 5. 2001; s. Anhang.

Damit unterliegen dem Kapitalertragsteuerabzug 1 600 € (800 € einkommensteuerpflichtiger Kapitalertrag und der entsprechende steuerfrei bleibende Kapitalertrag nach § 3 Nr. 40 EStG in Höhe von 800 €)

Anders dargestellt:

Dividende	4 000 €
abzüglich Freistellungsvolumen (doppelte Wirkung)	2 400 €
verbleiben kapitalertragsteuerpflichtig	1 600 €

Die einbehaltene KapESt auf Gewinnanteile (Dividenden) und ähnliche Bezüge sind in dem Zeitpunkt an das Finanzamt abzuführen, in dem sie dem Gläubiger zufließen (§ 44 Abs. 1 Satz 5 EStG). 312

2. Dividendenscheine

Nach § 43 Abs. 1 Satz 1 Nr. 1 EStG unterliegen nicht nur Dividenden und ähnliche Bezüge dem KapESt-Abzug, sondern auch die Einnahmen aus der Veräußerung von Dividendenscheinen und sonstigen Ansprüchen (§ 20 Abs. 2 Satz 1 Nr. 2 Buchst. a und Satz 2 EStG).[1] 313

(einstweilen frei) 314–315

III. Der Zinsabschlag

Verwaltungsanweisungen: BMF-Schreiben v. 26. 10. 1992, BStBl I 1992, 693, betr. Einzelfragen zur Anwendung des Zinsabschlaggesetzes; v. 18. 12. 1992, BStBl I 1993, 58, betr. Zinsabschlaggesetz; Anwendung bei Personenzusammenschlüssen; v. 2. 2. 1993, DB 1993, 813, betr. Einzelfragen zur Anwendung des Zinsabschlags; v. 1. 7. 1993, BStBl I 1993, 526, betr. Verfahrensrechtliche Fragen zu § 45d; v. 15. 3. 1994, BStBl I 1994, 230, betr. Berücksichtigung von gezahlten Stückzinsen bei Personenverschiedenheit von Käufer und Depotinhaber; v. 23. 12. 1996, BStBl I 1997, 101, betr. Verfahrensrechtliche Fragen zu § 45d EStG; v. 5. 11. 2002, BStBl I 2002, 1346, betr. Einzelfragen bei Entrichtung, Abstandnahme und Erstattung von Kapitalertragsteuer (§§ 44 – 44c EStG); v. 5. 11. 2002, BStBl I 2002, 1338, betr. Ausstellung von Steuerbescheinigungen für Kapitalerträge nach § 45a Absätze 2 und 3 EStG; OFD Cottbus, Vfg. v. 13. 4. 1994, FR 1994, 512, betr. Anrechnung bzw. Erstattung des Zinsabschlags.

---

1 Zur erstmaligen Anwendung s. § 52 Abs. 53a EStG.

1. Allgemeine Erläuterungen

316 Nach der Entscheidung des BVerfG vom 27. 6. 1991[1] wurde eine verfassungskonforme Neuordnung der Besteuerung der Einkünfte aus Kapitalvermögen notwendig. Das Gericht forderte, Zinseinkünfte spätestens mit Wirkung ab 1. 1. 1993 nicht nur rechtlich, sondern auch tatsächlich steuerlich gleich zu belasten. Der Gesetzgeber ist dieser Aufforderung gefolgt und hat mit dem sog. Zinsabschlaggesetz die KapESt-Pflicht auf Zinsen und zinsähnliche Erträge ausgedehnt.[2]

317 Durch das Zinsabschlaggesetz[3] erfolgte keine Änderung des Umfangs der stpfl. Kapitalerträge. Der Katalog stpfl. Einnahmen in § 20 Abs. 1 und 2 EStG wurde nicht geändert. Der Sparer-Freibetrag (§ 20 Abs. 4 EStG) wurde mit Wirkung vom 1. 1. 1993 von 600/1 200 DM auf 6 000/12 000 DM erhöht.[4]

Bei solchen Erträgen, die schon immer der KapESt unterlagen (Dividenden und dividendenähnliche Erträge), ist der KapESt-Abzug beibehalten worden. Erweitert wurde die KapESt-Pflicht mit einem Steuersatz von 30 v. H. oder 35 v. H. (Zinsabschlag) auf Zinsen (§ 20 Abs. 1 Nr. 7 EStG) und zinsähnliche Erträge (§ 20 Abs. 2 Satz 1 Nr. 1 EStG).

Die Vorschriften über den Zinsabschlag sind seit ihrer Einführung mehrfach ergänzt bzw. geändert worden.[5]

Seit 1. 1. 1994 sind vereinnahmte (gezahlte) Stückzinsen (§ 20 Abs. 2 Satz 1 Nr. 3 EStG) und Einnahmen aus der Veräußerung oder Einlösung von ab- oder aufgezinsten Wertpapieren (§ 20 Abs. 2 Satz 1 Nr. 4 EStG) in den Zinsabschlag einbezogen.

---

1 BStBl II 1991, 654.

2 Gesetz zur Neuregelung der Zinsbesteuerung (Zinsabschlaggesetz) v. 9. 11. 1992, BGBl I 1992, 1853; OFD Erfurt, Vfg. v. 3. 11. 1992, DStR 1993, 16; Harenberg/Irmer, Die Neuregelung der Zinsbesteuerung, NWB F. 3, 8411; nach Streck, Besteuerung inländischer und ausländischer Einkünfte aus Kapitalvermögen, DStR 1993, 342, ein „Zinssteuerhinterzieherprivilegierungsgesetz"; vgl. auch Rdnr. 30 f.

3 Zinsabschlaggesetz v. 9. 11. 1992, BGBl I 1992, 1853.

4 Danach ist er wie folgt geändert worden: ab VZ 2000 auf 3 000/6 000 DM; ab 2002 im Rahmen der Euro-Umstellung auf 1 550/3 100 €; ab 2004 auf 1 370/2 740 €, ab 2007 auf 750/1 500 €.

5 Insbesondere durch das Gesetz zur Bekämpfung des Missbrauchs und zur Bereinigung des Steuerrechts vom 21. 12. 1993, BGBl I 1993, 2310.

III. Der Zinsabschlag

2. Überblick

- Grundsätzlich wird bei Zinsen aus verbrieften und nichtverbrieften Kapitalforderungen (§ 20 Abs. 1 Nr. 7 EStG) KapESt (Zinsabschlag) von 30 v. H. einbehalten, sofern es sich beim Gläubiger der Zinsen (Kapitalanleger) um einen **Steuerinländer** handelt (seit 1. 1. 1993) – § 43 Abs. 1 Satz 1 Nr. 7 EStG –; 318
- vereinnahmte Stückzinsen und Einnahmen aus der **Veräußerung** oder **Einlösung** von ab- oder aufgezinsten Wertpapieren sowie sog. Finanzinnovationen unterliegen seit 1. 1. 1994 ebenfalls der KapESt (Zinsabschlag) – § 43 Abs. 1 Satz 1 Nr. 8 EStG –;
- weiterhin wird KapESt (Zinsabschlag) von ausgeschütteten und thesaurierten Investmenterträgen, wie auch auf Einnahmen aus der Veräußerung bzw. Rückgabe von Investmentanteilen (Zwischengewinne) erhoben (seit 1. 1. 1994);
- gezahlte Stückzinsen und Zwischengewinne mindern bei bestimmten Kapitalerträgen die Bemessungsgrundlage der KapESt (seit 1. 1. 1994) – § 43a Abs. 3 EStG (Stückzinstopf) –;
- Sparer-Freibetrag und Werbungskosten-Pauschbetrag können bereits beim Zinsabschlag berücksichtigt werden, indem der Anleger dem Abzugsverpflichteten (z. B. seiner Bank) einen **Freistellungsauftrag** (3 100 DM/6 200 DM; ab 2002: 1 601 €/3 202 €; ab 2004: 1 421 €/ 2 842 €; ab 2007: 801/1 602 €) nach amtlichem Muster erteilt;
- durch einen Freistellungsauftrag kann bei Dividenden und ähnlichen Kapitalerträgen die Erstattung von KapESt beantragt werden;
- kaufen inländische Kreditinstitute Zinsscheine an (Tafelgeschäft) oder nehmen sie solche Scheine zum Einzug herein, wird immer ein KapESt-Abzug (Zinsabschlag) in Höhe von 35 v. H. der Einnahmen vorgenommen;
- die KapESt (Zinsabschlag) hat keine abgeltende Wirkung; sie ist auf die ESt oder KSt anrechenbar;
- Privatpersonen, die Zinsen z. B. für ein von ihnen gewährtes Darlehen erhalten, sind nicht verpflichtet, den Zinsabschlag vorzunehmen;
- der Zinsabschlag ist von der auszahlenden Stelle, z. B. der Bank, einzubehalten (Zahlstellensteuer);
- der Zinsabschlag wird von den Kreditinstituten anonym an das Finanzamt abgeführt;

- Steuerausländer unterliegen außer bei sog. Tafelgeschäften nicht dem Zinsabschlag.

3. Begriffsbestimmungen

a) Sparer-Freibetrag

319 Der Sparer-Freibetrag beträgt seit dem 1. 1. 2004 1 370 € für Alleinstehende und 2 740 € für gemeinsam veranlagte Ehepaare. In den davor liegenden Veranlagungszeiträumen ist der Sparer-Freibetrag bereits mehrfach geändert worden.[1] Durch das Steueränderungsgesetz 2007 hat er eine weitere Absenkung auf 750/1 500 € erfahren.

Der Sparer-Freibetrag steht **jedem** Steuerinländer (unbeschränkt Stpfl.) zu, der Einkünfte aus Kapitalvermögen erzielt.[2] Somit kann auch jedes Kind, dem Einkünfte aus Kapitalvermögen zuzurechnen sind den Sparer-Freibetrag in Anspruch nehmen (zur Zurechnung s. Rdnr. 45 ff.).

Der Sparer-Freibetrag gilt für alle Kapitalerträge, die im privaten Bereich erzielt werden (Einkünfte aus Kapitalvermögen).

b) Steuerinländer – Steuerausländer

320 **Steuerinländer** ist jede natürliche Person, die ihren Wohnsitz oder gewöhnlichen Aufenthalt im Inland hat. Die Staatsangehörigkeit spielt keine Rolle.

Kreditinstitute, die zum Steuerabzug verpflichtet sind, müssen den „steuerlichen" Wohnsitz ihrer Kunden nicht gesondert feststellen. Sie können vielmehr die Anschrift, die ihr der Anleger im Rahmen der sog. Legitimationsprüfung (§ 154 AO) nachweist, mit dem „steuerlichen" Wohnsitz gleichsetzen.

321 **Steuerausländer** haben ihren Wohnsitz oder gewöhnlichen Aufenthalt (Geschäftsleitung oder Sitz) dagegen im Ausland. Im Rahmen der Legitimationsprüfung nach § 154 AO ist die Ausländereigenschaft (Anschrift) nachzuweisen.

---

1 Für die VZ 1993 bis 1999 betrug der Sparer-Freibetrag 6 000 DM für Alleinstehende bzw. 12 000 DM für zusammenveranlagte Ehepaare. Ab dem VZ 2000 waren 3 000 DM bzw. 6 000 DM abzuziehen. Für die Jahre 2002 und 2003 belief er sich auf 1 550 € bzw. 3 100 €. Ab 2007 beträgt er nur noch 750/1 500 €

2 Zur Kritik an der Privilegierung der Kapitaleinkünfte durch den Sparer-Freibetrag s. Tipke, Die Steuerrechtsordnung, Band I, 2. Aufl., S. 659 ff.

III. Der Zinsabschlag 129

Kapitalerträge, die Steuerausländern zufließen, sind grds. vom Zinsabschlag ausgenommen, da nach § 49 Abs. 1 Nr. 5 Buchst. c EStG nur solche Zinsen der beschränkten Steuerpflicht unterliegen, die im Inland dinglich gesichert sind (Grundbuch, Schiffsregister). Lediglich bei sog. Tafelgeschäften, die über inländische Kreditinstitute abgewickelt werden, erfolgt immer ein Steuerabzug von 35 v. H. (§ 49 Abs. 1 Nr. 5 Buchst. c Doppelbuchst. cc EStG). Davon betroffen sind Kapitalerträge i. S. d. § 43 Abs. 1 Satz 1 Nr. 7 Buchst. a, Nr. 8 und Satz 2 EStG.

4. Der Zinsabschlag auf Zinsen aus verbrieften und einfachen Forderungen

Beim Zinsabschlag handelt es sich um die auf Zinsen und zinsähnliche Erträge (z. B. Bonus, Prämien) zu erhebende KapESt.   322

Nach § 43 Abs. 1 Satz 1 Nr. 7 EStG unterliegen Kapitalerträge i. S. d. § 20 Abs. 1 Nr. 7 EStG (Erträge aus sonstigen Kapitalforderungen jeder Art) dem KapESt-Abzug. Ausgenommen vom Zinsabschlag sind die Erträge i. S. d. § 20 Abs. 1 Nr. 7 EStG, die bereits nach § 43 Abs. 1 Satz 1 Nr. 2 EStG (Zinsen aus Wandelanleihen, Gewinnobligationen und Genussrechten) dem Steuerabzug unterliegen.

Das Gesetz unterscheidet zwischen Kapitalerträgen aus:

- **verbrieften Forderungen** (z. B. festverzinsliche Wertpapiere, Anleihen, § 43 Abs. 1 Satz 1 Nr. 7 Buchst. a EStG) – sog. **a-Fälle** und
- **einfachen Forderungen** (z. B. Bankguthaben, § 43 Abs. 1 Satz 1 Nr. 7 Buchst. b EStG) – sog. **b-Fälle.**

a) Verbriefte Forderungen

Nach § 43 Abs. 1 Satz 1 Nr. 7 Buchst. a EStG ist von Zinsen aus Anleihen   323
und Forderungen, die in ein öffentliches Schuldbuch oder in ein ausländisches Register eingetragen oder über die Sammelurkunden i. S. d. § 9a des Depotgesetzes oder Teilschuldverschreibungen ausgegeben sind, der Zinsabschlag vorzunehmen.

Bei den verbrieften Forderungen, kann es sich auch um **ausländische**   324
Wertpapiere handeln, von deren Erträgen der Steuerabzug vorzunehmen ist (§ 43 Abs. 1 Satz 1 EStG). Somit werden sämtliche Zinsen erfasst, unabhängig davon, ob es sich um DM/Euro-Anleihen oder Fremdwährungsanleihen handelt oder ob die Anleihen von in- oder ausländischen Emittenten begeben wurden.

b) Einfache Forderungen

325 Nach § 43 Abs. 1 Satz 1 Nr. 7 Buchst. b EStG handelt es sich bei den Kapitalerträgen aus sog. einfachen Forderungen um Kapitalerträge i. S. d. § 20 Abs. 1 Nr. 7 EStG, die nicht aus verbrieften Forderungen stammen und deren Schuldner ein inländisches Kreditinstitut oder inländisches Finanzdienstleistungsinstitut i. S. d. KWG ist.

5. Der Zinsabschlag auf Einnahmen aus der Veräußerung, Abtretung oder Einlösung bestimmter Wertpapiere und Kapitalforderungen

326 Der Zinsabschlag wird seit dem 1. 1. 1994 nicht nur von laufenden Zinserträgen, sondern auch von Einnahmen aus der Veräußerung, Abtretung oder Einlösung bestimmter Wertpapiere und Kapitalforderungen erhoben (§ 43 Abs. 1 Satz 1 Nr. 8 EStG). Die Vorschrift des § 43 Abs. 1 Satz 1 Nr. 8 EStG erfasst im Einzelnen:

- **Stückzinsen,** also Einnahmen aus der Veräußerung von isolierten Zinsscheinen und Zinsforderungen (§ 20 Abs. 2 Satz 1 Nr. 2 Buchst. b EStG) und Einnahmen aus der Veräußerung von Zinsscheinen und Zinsforderungen, wenn die dazugehörigen Schuldverschreibungen mitveräußert werden (§ 20 Abs. 2 Satz 1 Nr. 3 EStG), und

- **Erträge aus der Veräußerung,** Abtretung oder Einlösung bestimmter Kapitalforderungen i. S. d. § 20 Abs. 2 Satz 1 Nr. 4 EStG, z. B. von abgezinsten oder aufgezinsten Kapitalforderungen und Wertpapieren wie Sparbriefen, Finanzierungsschätzen und Zero-Bonds (Finanzinnovationen).

Wie bei den laufenden Zinserträgen (§ 43 Abs. 1 Satz 1 Nr. 7 EStG) sind Zinsen aus Wandelanleihen (§ 43 Abs. 1 Satz 1 Nr. 2 EStG) ausgenommen.

6. Abzugsverpflichteter (§ 44 EStG)

327 Die KapESt ist entweder vom Schuldner der Erträge oder der Stelle, die die Kapitalerträge auszahlt (Banken, Sparkassen u. a. = auszahlende Stellen), einzubehalten und abzuführen.

a) Schuldner der Erträge

328 Der KapESt-Abzug, z. B. bei Dividenden, Erträgen aus Wandelanleihen, Gewinnobligationen, Genussrechten, beträgt grds. 20 bzw. 25 v. H. (§ 43a

III. Der Zinsabschlag

Abs. 1 Nr. 1 und 2 EStG). Er ist vom Schuldner der Kapitalerträge, z. B. dem Emittenten eines Wertpapiers, vorzunehmen (Quellensteuer).

b) Die auszahlende Stelle

Der Zinsabschlag i. H. v. 30 v. H. (§ 43a Abs. 1 Nr. 3 EStG) ist dagegen von der auszahlenden Stelle (§ 44 Abs. 1 Satz 4 EStG) einzubehalten (Zahlstellensteuer). 329

Bei Erträgen aus **verbrieften Forderungen** wie auch in den Veräußerungsfällen des § 43 Abs. 1 Satz 1 Nr. 8 und Satz 2 EStG ist grds. das inländische Kreditinstitut oder Finanzdienstleistungsinstitut die auszahlende Stelle (im Depotfall: § 44 Abs. 1 Satz 4 Nr. 1 Buchst. a Doppelbuchst. aa EStG; bei Zinsscheinen, die am Schalter angekauft oder zum Einzug hereingenommen werden: § 44 Abs. 1 Satz 4 Nr. 1 Buchst. a Doppelbuchst. bb EStG).

Zahlt ein Schuldner, der kein inländisches Kredit- oder Finanzdienstleistungsinstitut ist, Kapitalerträge aus verbrieften Forderungen (s. Rdnr. 323) aus, so gilt er als auszahlende Stelle (§ 44 Abs. 1 Satz 4 Nr. 1 Buchst. b EStG).

Zinsen aus **einfachen Forderungen** sind dagegen nur dann kapitalertragstpfl., wenn der Schuldner ein inländisches Kredit- oder Finanzdienstleistungsinstitut i. S. d. KWG ist (§ 43 Abs. 1 Satz 1 Nr. 7 Buchst. b EStG). Als auszahlende Stelle, die den Steuerabzug vorzunehmen hat, kommt bei Erträgen aus einfachen Forderungen demnach nur ein inländisches Kreditinstitut oder Finanzdienstleistungsinstitut i. S. d. KWG in Frage (§ 44 Abs. 1 Satz 4 Nr. 2 EStG). Kreditinstitute sind neben den Geschäftsbanken und Sparkassen auch die Kreditanstalt für Wiederaufbau, Bausparkassen, die Deutsche Postbank AG, die Deutsche Bundesbank, bei Geschäften mit jedermann einschließlich ihrer Betriebsangehörigen i. S. d. §§ 22 u. 25 des Gesetzes über die Deutsche Bundesbank, und die inländische Zweigstelle eines ausländischen Kreditinstituts oder eines ausländischen Finanzdienstleistungsinstituts i. S. d. §§ 53 und 53b KWG. Die Zweigstellen inländischer Kredit- oder Finanzdienstleistungsinstitute im Ausland sind dagegen keine Kreditinstitute in diesem Sinne (§ 43 Abs. 1 Satz 1 Nr. 7 Buchst. b Satz 2 EStG). 330

Privatpersonen und Unternehmen, die keine Kreditinstitute i. S. d. KWG sind, haben somit von Zinsen, die von ihnen auf einfache Forderungen 331

(z. B. Darlehen zwischen Privatpersonen) ausgezahlt werden, keinen Abzug vorzunehmen.

7. Steuersätze (§ 43a EStG)

332 Nach § 44 Abs. 1 EStG ist grds. der Kapitalanleger als Gläubiger der Kapitalerträge Steuerschuldner der KapESt. Übernimmt ausnahmsweise der Schuldner der Erträge die KapESt selbst (wie z. B. bei bestimmten Altanleihen), kommt ein höherer Steuersatz zur Anwendung.

Der Steuersatz beträgt

- bei Kapitalerträgen i. S. d. § 43 Abs. 1 Satz 1 Nr. 1 EStG (bei Dividenden und ähnlichen Gewinnanteilen):

    20 v. H. wenn der Gläubiger die KapESt trägt;

    25 v. H. des tatsächlich ausgezahlten Betrags, wenn der Schuldner die KapESt übernimmt,

- bei Kapitalerträgen i. S. d. § 43 Abs. 1 Satz 1 Nr. 2 bis 4 EStG (z. B. bei Erträgen aus Genussrechten, Wandelanleihen, Gewinnobligationen, stillen Beteiligungen):

    25 v. H. wenn der Gläubiger die KapESt trägt;

    33⅓ v. H. des tatsächlich ausgezahlten Betrags, wenn der Schuldner die KapESt übernimmt.

- bei Kapitalerträgen i. S. d. § 43 Abs. 1 Satz 1 Nr. 7 und 8 sowie Satz 2 EStG (bei Zinsen und zinsähnlichen Erträgen):

    30 v. H. wenn der Gläubiger die KapESt trägt;

    42,85 v. H. des tatsächlich ausgezahlten Betrags, wenn der Schuldner die KapESt übernimmt;

    35 v. H. beim Ankauf oder Einzug von Zinsscheinen, wenn der Gläubiger die KapESt trägt;

    53,84 v. H. beim Ankauf oder Einzug von Zinsscheinen, wenn der Schuldner die KapESt übernimmt.

8. Ausnahmen von der Abzugspflicht

333 Der Steuerabzug wird bei einfachen Forderungen (Fälle des § 43 Abs. 1 Satz 1 Nr. 7 Buchst. b EStG) nicht vorgenommen,

III. Der Zinsabschlag

- im **Interbankengeschäft**[1] (§ 43 Abs. 1 Satz 1 Nr. 7 Buchst. b Doppelbuchst. aa EStG);
- wenn es sich um **Sichteinlagen** handelt, für die kein höherer Zins oder Bonus als 1 v. H. gezahlt wird (sog. Bagatellzinssatz; § 43 Abs. 1 Satz 1 Nr. 7 Buchst. b Doppelbuchst. bb EStG);
- bei Zinserträgen aus **Bausparguthaben,** wenn kein höherer Zins oder Bonus als 1 v. H. gezahlt wird oder für den Stpfl. im Kalenderjahr der Gutschrift der Erträge oder im Jahr zuvor für die Bausparaufwendungen eine Arbeitnehmer-Sparzulage oder eine Wohnungsbauprämie festgesetzt oder ermittelt worden ist (§ 43 Abs. 1 Satz 1 Nr. 7 Buchst. b Doppelbuchst. cc EStG);
- wenn die Kapitalerträge bei den einzelnen Guthaben im Kalenderjahr nur einmal gutgeschrieben werden und 10 Euro (bis 31. 12. 2001 20 DM) nicht übersteigen (Bagatellgrenze; § 43 Abs. 1 Satz 1 Nr. 7 Buchst. b Doppelbuchst. dd EStG).

Der Abzug wird bei Kapitalerträgen i. S. d. § 43 Abs. 1 Satz 1 Nr. 3, 4, 7 und 8 sowie Satz 2 EStG nicht vorgenommen, wenn der Stpfl. der zum Abzug verpflichteten Stelle einen **Freistellungsauftrag** oder eine **NV-Bescheinigung** (§ 44a Abs. 1 EStG) vorlegt. 334

Der Steuerabzug entfällt auch dann, wenn der Stpfl. Steuerausländer ist, da bei beschränkter Steuerpflicht i. d. R. Zinseinkünfte nicht stpfl. sind (§ 49 Abs. 1 Satz 1 Nr. 5 Buchst. c EStG). **Ausnahme:** Verkauf von Zinsscheinen an die Bank (Tafelgeschäft) oder Hingabe der Scheine zum Einzug der Zinsen (§ 49 Abs. 1 Satz 1 Nr. 5 Buchst. c Doppelbuchst. cc EStG).

Unterhält der inländische Anleger sein Depot im Ausland oder löst er Zinsscheine im Ausland bei einem Kreditinstitut ein, fällt ebenfalls keine KapESt an.

9. Zufluss der Zinserträge

Zinsen fließen zu, wenn sie zahlbar, d. h. fällig sind. Bei Kapitalanlagen mit jährlicher Zinsfälligkeit, bei denen über die Zinsen während der Vertragslaufzeit nicht verfügt werden kann, fließen die Zinsen erst bei End- 335

---

1 Z. B. Festgeld der A-Bank bei der B-Bank; für Privatpersonen ohne Bedeutung, die Aufzählung erfolgt nur vollständigkeitshalber.

fälligkeit zu. Für welchen Zeitraum die Zinsen gezahlt werden oder wann ihre Gutschrift tatsächlich erfolgt, ist unerheblich.[1]
Bei der Einreichung von Zinsscheinen wird der Zuflusszeitpunkt für Zwecke des KapESt-Abzugs (§ 44 Abs. 1 Satz 2 EStG) regelmäßig vom eigentlichen Zuflusszeitpunkt der Zinsen (hierzu vgl. Rdnr. 98) abweichen.
Werden Zinsscheine, die vor dem 1. 1. 1993 fällig waren, erst später zur Einlösung vorgelegt, so darf kein Zinsabschlag einbehalten werden.[2]

10. Bemessungsgrundlage für den Steuerabzug (§ 43a EStG)

Verwaltungsanweisungen: BMF-Schreiben v. 15. 3. 1994, BStBl I 1994, 230, betr. Berücksichtigung von gezahlten Stückzinsen bei Personenverschiedenheit von Käufer und Depotinhaber; BMF-Schreiben v. 5. 11. 2002, BStBl I 2002, 1346, betr. Einzelfragen bei Entrichtung, Abstandnahme und Erstattung von Kapitalertragsteuer (§§ 44 – 44c EStG).

a) Grundsatz (Bruttoprinzip)

336 Nach § 43a Abs. 2 Satz 1 EStG sind als Bemessungsgrundlage für den Steuerabzug die ungekürzten Erträge heranzuziehen (Bruttoprinzip). Der Abzug von Werbungskosten, Sonderausgaben usw. ist ausgeschlossen.

337 Das Bruttoprinzip gilt für alle Einnahmen i. S. d. § 43 Abs. 1 Satz 1 Nr. 7 Buchst. b EStG (Zinsen aus einfachen Forderungen), also beispielsweise für Zinseinnahmen aus Spareinlagen und Sparbriefen mit laufender Verzinsung. Bei Zinserträgen aus Sichteinlagen (Kontokorrentzinsen) erfolgt der Steuerabzug vom ungekürzten Habenbetrag. Die Saldierung mit Sollzinsen ist ausgeschlossen.[3]

Ausnahmen vom Bruttoprinzip:

- bei bestimmten Zins- und Investmenterträgen ist der Abzug von gezahlten Stückzinsen und Zwischengewinnen zugelassen (Nettoprinzip); s. Rdnr. 351;
- bei Einnahmen aus der Veräußerung, Abtretung oder Einlösung bestimmter Kapitalforderungen i. S. d. § 20 Abs. 2 Satz 1 Nr. 4 EStG (§ 43a Abs. 2 Satz 2 EStG) werden nur die besitzzeitanteiligen Erträge erfasst; s. Rdnr. 357 ff.;

---

1 BFH, U. v. 9. 5. 1974, BStBl II 1974, 547.
2 BMF-Schreiben v. 5. 11. 2002; s. Anhang.
3 BMF-Schreiben v. 5. 11. 2002, Tz. 9; s. Anhang.

III. Der Zinsabschlag

- bei vorzeitiger Rückzahlung von Spareinlagen ist der Abzug von Vorschusszinsen zulässig; s. Rdnr. 1486.

b) Minderung der Bemessungsgrundlage durch verausgabte Stückzinsen und Zwischengewinne

Bei Stückzinsen und Zwischengewinnen ist zwischen **vereinnahmten** und **verausgabten** (gezahlten) Stückzinsen und Zwischengewinnen zu unterscheiden; zur einkommensteuerlichen Behandlung s. Rdnr. 1031 ff. (vereinnahmte Stückzinsen), Rdnr. 1039 (verausgabte Stückzinsen), Rdnr. 953 f. (vereinnahmte Zwischengewinne) und Rdnr. 341 (verausgabte Zwischengewinne). Vereinnahmte Stückzinsen und Zwischengewinne unterliegen dem Zinsabschlag; s. hierzu Rdnr. 433 und 451.

338

aa) Verausgabte Stückzinsen

Der Erwerber eines festverzinslichen Wertpapiers muss für die im Zeitpunkt des Kaufes seit dem letzten Zinszahlungszeitpunkt bereits vergangenen Zinstage Zinsen, sog. Stückzinsen, an den Veräußerer zahlen (verausgabte Stückzinsen). Nach dem Zufluss/Abflussprinzip sind im Rahmen der Einkommensteuerveranlagung bei der Ermittlung der Einkünfte die verausgabten Stückzinsen abziehbar.[1] Der Abzug der Stückzinsen als **negative Einnahme** kann nur im Jahr der Verausgabung erfolgen; zum Stückzinsenabzug im Bereich der ESt s. Rdnr. 1039.

339

Damit es im Bereich der KapESt bei mehrfacher Veräußerung eines Wertpapiers mit Zinsscheinen innerhalb eines Zinszahlungszeitraums zu keiner mehrfachen Besteuerung ein und derselben Kapitalerträge kommt, hat der Gesetzgeber das sog. Nettoprinzip eingeführt (§ 43a Abs. 3 EStG). Bei der Einkommensteuerveranlagung führen verausgabte Stückzinsen immer zu einer Minderung der stpfl. Einnahmen aus Kapitalvermögen. Beim KapESt-Abzug (Zinsabschlag) wirken sich die Stückzinsen dagegen nur bei ganz bestimmten Kapitalerträgen aus.

340

Vereinfacht dargestellt bedeutet das Nettoprinzip, dass die verausgabten Stückzinsen von den vereinnahmten Wertpapierzinsen und vereinnahmten Stückzinsen abgezogen werden, so dass als Bemessungsgrundlage des

---

1 Wie bereits in den Vorjahren sieht die Anlage KAP 2005 keine gesonderte Zeile für verausgabte Stückzinsen vor. Lediglich in der Anleitung zur Anlage KAP ist ein entsprechender Hinweis enthalten.

Zinsabschlags – wie bei der veranlagten ESt – nur der Nettoertrag zugrunde zu legen ist.

Beispiel:
Stpfl. A erwirbt für sein Depot am 5. 6. eine festverzinsliche Schuldverschreibung. Er hat Stückzinsen i. H. v. 600 € an den Verkäufer zu zahlen. Am 30. 6. fließen ihm Wertpapierzinsen von 1 000 € zu. Einen Freistellungsauftrag hat er seiner Bank nicht erteilt und auch keine NV-Bescheinigung vorgelegt.

Die Bemessungsgrundlage für die KapESt (Zinsabschlag) errechnet sich aus den Zinserträgen (1 000 €) abzüglich der gezahlten Stückzinsen (600 €), so dass lediglich auf 400 € KapESt zu zahlen sind.

bb) Verausgabte Zwischengewinne

341 Beim Erwerb von Investmentzertifikaten (Anteilscheinen) hat der Anleger über den Ausgabepreis den bis zum Kauftag aufgelaufenen, anteiligen **Zwischengewinn** zu zahlen. Dieser ist als negative Einnahme – vergleichbar den gezahlten Stückzinsen – bei der veranlagten ESt abziehbar.[1]

Bei der **mehrfachen Veräußerung** eines Investmentzertifikats während eines Fonds-Geschäftsjahres wird bei jedem Veräußerungsvorgang vom vereinnahmten Zwischengewinn KapESt einbehalten. Damit es dabei nicht zu einer Überbesteuerung kommt, werden die gezahlten Zwischengewinne in den sog. Stückzinstopf eingestellt; s. Rdnr. 342. Das bedeutet, dass für den KapESt-Abzug die gezahlten Zwischengewinnanteile wie gezahlte Stückzinsen zu behandeln sind. Sie mindern für den Steuerabzug ebenfalls die Bemessungsgrundlage (§ 7 Abs. 1 Nr. 4 Satz 2 InvStG i. V. m. § 43a Abs. 3 EStG).[2]

cc) Der Stückzinstopf

342 Für den Abzug verausgabter Stückzinsen und Zwischengewinne wird von den Kreditinstituten eine besondere Datei, der sog. **Stückzinstopf** (Topflösung), geführt. In diese Datei werden für jeden unbeschränkt[3] stpfl. Anle-

---

1 Der Abzug bestand seit 1994; er war für den VZ 2004 ausgesetzt und ist seit dem 1. 1. 2005 wieder möglich.
2 Bis zum 31. 12. 2003 galten: § 38b Abs. 1 Satz 2 KAGG, § 18a Abs. 2 AuslInvestmG.
3 Beschränkt Stpfl. unterliegen mit den Zinseinnahmen des Stückzinstopfes nicht der deutschen Besteuerung. Die von ihnen verausgabten Stückzinsen sind dementsprechend unbeachtlich und wirken sich bei einem späteren Wechsel in die unbeschränkte Steuerpflicht nicht aus; vgl. Philipowski, Verausgabte Stückzinsen und gezahlte Zwischengewinne – Rechtsfolgen und Gestaltungsmöglichkeiten bei ESt und ZASt, DStR 1994, 1593.

III. Der Zinsabschlag

ger die von ihm während eines Kalenderjahres gezahlten Stückzinsen und Zwischengewinne eingestellt (§ 43a Abs. 3 EStG). Fließen dem Stpfl., nachdem er Stückzinsen oder Zwischengewinne gezahlt hat, bestimmte Kapitalerträge (i. S. d. § 43 Abs. 1 Satz 1 Nr. 7 Buchst. a, Nr. 8 und Satz 2 EStG) zu, so vermindert der im Stückzinstopf vorhandene Bestand an gezahlten Stückzinsen und Zwischengewinnen im Zeitpunkt des Zuflusses der Kapitalerträge die Bemessungsgrundlage für den KapESt-Abzug. Ein u. U. verbleibender Überhang an Kapitalerträgen wird dem Steuerabzug unterworfen, soweit kein Freistellungsauftrag erteilt oder eine NV-Bescheinigung vorgelegt wird.

dd) Depotverwahrung als Voraussetzung der Topflösung

Die Anwendung der Topflösung setzt voraus, dass die Wertpapiere und/oder Kapitalforderungen in einem Depot verwahrt oder verwaltet werden. **Die Ausgabenseite der Topflösung:** Der Stpfl. muss nach § 43a Abs. 3 Satz 1 EStG die betreffenden Wertpapiere für **sein Depot**[1] erworben haben. Gezahlte Stückzinsen/Zwischengewinne, die bei einem Schaltergeschäft (Auslieferung effektiver Stücke an den Erwerber) anfallen, finden keinen Eingang in den Stückzinstopf (§ 43a Abs. 3 Satz 2 EStG). Sie können erst im Veranlagungsverfahren berücksichtigt werden.

343

Das Gesetz (§ 43a Abs. 3 Satz 1 EStG) schreibt nicht vor, dass das Depot zum Privatvermögen gehören muss. Die Topflösung wird deshalb auch dann angewendet, wenn die Erträge zu den **Betriebseinnahmen** des Stpfl. gehören. Allerdings kann in diesem Fall kein Freistellungsauftrag erteilt werden.

Gezahlte Stückzinsen/Zwischengewinne und später vereinnahmte Kapitalerträge, die in den Stückzinstopf eingestellt werden, müssen nach der Formulierung des § 43a Abs. 3 EStG bei ein und demselben Gläubiger anfallen („. . . die ihr der Gläubiger gezahlt hat"). Die Kreditinstitute haben danach ein **Wahlrecht,** ob sie den Stückzinstopf pro Depot oder pro Kunde, beispielsweise für das private und betriebliche Depot einrichten.[2] Das Eigendepot des Stpfl. darf nicht mit **Treuhand-, Nießbrauchs- oder Anderdepots** in einem Stückzinstopf zusammengefasst werden. Es fehlt in diesen Fällen an der erforderlichen Gläubigeridentität. Der Depotinhaber

344

---

1 Im Fall des Schaltergeschäfts (§ 44 Abs. 1 Satz 4 Nr. 1 Buchst. a Doppelbuchst. bb EStG) ist § 43a Abs. 3 EStG nicht anwendbar.
2 Philipowski, DStR 1994, 1593.

ist nur beim Eigendepot zugleich steuerlicher Gläubiger der betreffenden Depoterträge. Sind einem Kreditinstitut Treuhand- und/oder Nießbrauchsdepot bekannt, so hat es für jeden „steuerlichen Gläubiger" gesondert einen Stückzinstopf einzurichten.[1]

345 Soweit **Ehegatten** jeweils auf ihren Namen lautende Einzeldepots führen, ist ein gemeinsamer Stückzinstopf nicht zulässig, auch wenn das Ehepaar einen gemeinsamen Freistellungsauftrag erteilt hat. Trotz Zusammenveranlagung werden die Kapitalerträge getrennt nach dem jeweiligen „steuerlichen Gläubiger" ermittelt, denn nur ihm steht ein eigener Stückzinstopf zu. Für jedes Depot wird ein eigener Stückzinstopf eingerichtet.[2]

Gezahlte Stückzinsen eines Ehepartners können bei den Kapitalerträgen des anderen Ehepartners nur dann berücksichtigt werden, wenn das Depot auf den Namen beider Ehegatten lautet,[3] also ein **Gemeinschaftsdepot** besteht.

Bei Gemeinschaftsdepots einer **nichtehelichen Lebensgemeinschaft**, einer **Lebenspartnerschaft** oder einer **Erbengemeinschaft** muss der Stückzinstopf als Einzeltopf geführt werden.

346 Handelt es sich beim Depotinhaber um eine **GbR** (z. B. einem Investmentclub), so hat das depotführende Institut für die GbR ebenfalls nur einen Topf zu führen. Kommt es zu einem Gesellschafterwechsel, ist die Datei zu schließen und für die GbR in ihrer geänderten Zusammensetzung eine neue Datei zu eröffnen.[4]

347 Bei einem **Depotübertrag** von einer Bank zur anderen kann der im Übertragungszeitpunkt vorhandene Bestand des Stückzinstopfs für steuerliche Zwecke nicht mitübertragen werden, da die die Kapitalerträge auszahlende Stelle nicht mehr identisch ist mit der Stelle, über die Stückzinsen oder Zwischengewinne gezahlt wurden.

Beispiel:
Bank A führt im Stückzinstopf des Stpfl. einen Bestand von 100 € aus gezahlten Stückzinsen (negative Einnahmen). Das Depot wird auf Bank B übertragen. Nach dem Übertrag erhält der Stpfl. 100 € Zinserträge von B ausgezahlt, von denen Zinsabschlag einbehalten werden muss, obwohl in seinem Stückzinstopf

---

[1] Philipowski, a. a. O.
[2] Vgl. BMF-Schreiben v. 24. 1. 1994, DB 1994, 252; DStR 1994, 324, mit gleichem Ergebnis für ein Gemeinschaftsdepot.
[3] BMF-Schreiben v. 24. 1. 1994, DStR 1994, 324.
[4] Philipowski, DStR 1994, 1593.

bei A negative Einnahmen von 100 € zur Saldierung vorhanden wären. Wegen der fehlenden Identität zwischen A und B als auszahlende Stelle findet keine Saldierung statt.

Es muss in jedem Fall Identität zwischen der Stelle (Bank) bestehen, über die die Stückzinsen/Zwischengewinne gezahlt und später vereinnahmt werden (§ 43a Abs. 3 Satz 1 EStG). Die Übertragung des Zinstopfes ist deshalb nur bei einem **Wechsel der Zweigstelle** möglich, weil der Stpfl. hier mit seinen Depot innerhalb des Instituts verbleibt.

Werden **Wertpapiere** entgeltlich erworben und anschließend auf einen Dritten **übertragen** (z. B. Schenkung an Kinder), so vertritt die FinVerw.[1] zur Berücksichtigung der vom Käufer gezahlten Stückzinsen die Auffassung, dass Stückzinsen beim Kauf von Wertpapieren nur so weit als negative Einnahmen zu berücksichtigen sind, als der Stpfl. die Absicht hat, aus den Wertpapieren Einkünfte zu erzielen (Einkunftserzielungsabsicht). Das gelte unabhängig davon, ob er die Wertpapiere kurze Zeit vor dem Zinstermin oder früher erwirbt. Für den Empfänger, auf den die Wertpapiere übertragen werden und für den sie von der Bank verwahrt oder verwaltet werden, sind die Stückzinsen ebenfalls nicht zu berücksichtigen, da er sie nicht gezahlt hat. 348

Verstirbt der Stpfl., so endet seine Stückzinsdatei (Wechsel des steuerlichen Gläubigers). Der im Todeszeitpunkt noch nicht verrechnete Bestand an gezahlten Stückzinsen/Zwischengewinnen geht nicht auf seine(n) Erben über. Dies gilt auch für den überlebenden Ehegatten. Erfährt ein Kreditinstitut verspätet vom Tod eines Kunden und kommt es dadurch zu einem nicht gerechtfertigten Stückzinsen-/Zwischengewinn-Abzug und damit zu einem zu geringen Steuerabzug, braucht das Kreditinstitut den Abzug (Zinsabschlag) nicht nachzuholen.[2] 349

Die Einnahmenseite der Topflösung: Die in den Stückzinstopf eingehenden Zinseinnahmen müssen aus einem **Depot heraus zufließen.** Erträge, die aus einem sog. **Schaltergeschäft** zufließen, finden keinen Eingang in den Zinstopf (§ 43a Abs. 3 Satz 2 EStG).[3] Das gilt auch für Erträge aus Wertpapieren, die im Tafelgeschäft erworben und erst später in ein Depot eingebracht wurden. 350

---

1 BMF-Schreiben v. 15. 3. 1994, BStBl I 1994, 230; s. Anhang.
2 Philipowski, DStR 1994, 1593, der auf den im BMF-Schreiben v. 2. 2. 1993, DB 1993, 813 geregelten Parallelfall beim Freistellungsauftrag verweist.
3 Vgl. Rdnr. 342 ff., 351.

ee) Die auf der Einnahmenseite des Stückzinstopfs zu berücksichtigenden Kapitalerträge

351 Auf der Einnahmenseite des Zinstopfs werden nach § 43a Abs. 3 Satz 1 EStG berücksichtigt:

- Zinseinnahmen (fällige) i. S. d. § 43 Abs. 1 Satz 1 Nr. 7 Buchst. a EStG, z. B. aus in- und ausländischen Teilschuldverschreibungen, Wertrechten, Schuldbuchforderungen, Zinsen aus ausländischen Wandelanleihen, ausländischen Genussrechten und Gewinnobligationen.[1] Der KapESt-Abzug beträgt hier 30 v. H. der Erträge, diejenigen, die mit einem Abzug von 25 v. H. belegt sind, scheiden aus;

- vereinnahmte Stückzinsen aus der Veräußerung von Zinsscheinen – mit oder ohne Stammrecht – und Zinsforderungen i. S. d. § 43 Abs. 1 Satz 1 Nr. 8 EStG (z. B. von Schuldverschreibungen, Wertrechten und Schuldbuchforderungen; § 20 Abs. 2 Satz 1 Nr. 2 Buchst. b und Nr. 3 EStG);

- besitzzeitanteilige Erträge i. S. d. § 20 Abs. 2 Satz 1 Nr. 4 EStG, die ebenfalls unter § 43 Abs. 1 Satz 1 Nr. 8 EStG fallen, z. B. aus Nullkupon-Anleihen, Index-Anleihen, flat gehandelten Anleihen, nicht aber Zinsen aus der Veräußerung von inländischen Wandelanleihen i. S. d. § 43 Abs. 1 Satz 1 Nr. 2 EStG;

- die besonderen Entgelte oder Vorteile i. S. d. § 20 Abs. 2 Satz 1 Nr. 1 EStG, die neben oder anstelle von Zinsen zufließen (§ 43 Abs. 1 Satz 2 EStG);

- von Investmenterträgen nur derjenige Teil, der dem KapESt-Abzug (Zinsabschlag) von 30 v. H. unterliegt (§ 7 InvStG[2]). Darunter fallen auch vereinnahmte Zwischengewinne (§ 7 Abs. 1 Nr. 4 und Satz 2 InvStG[3]).

---

1 Zu den Kapitalerträgen des § 43 Abs. 1 Satz 1 Nr. 7 Buchst. a EStG gehören in- und ausländische Erträge. Die Vorschrift grenzt jedoch solche Erträge i. S. d. § 43 Abs. 1 Satz 1 Nr. 2 EStG (Wandelanleihen, Gewinnobligationen, Genussrechte), die wiederum nur inländische Erträge erfasst, aus, so dass ausländische Erträge i. S. d. Nr. 2 unter die Nr. 7 Buchst. a fallen.

2 Die Vorschriften des InvStG sind erstmals anzuwenden auf Erträge, die dem Investmentvermögen in dem Geschäftsjahr zufließen, das nach dem 31. 12. 2003 beginnt (§ 18 InvStG); zuvor galten: § 38b Abs. 1 Satz 2 KAGG i. V. m. § 38b Abs. 1 Satz 1 Nr. 1 – 4 KAGG, § 18a Abs. 2 i. V. m. § 18a Abs. 1 Nr. 1 und 2 AuslInvestmG).

3 Zur erstmaligen Anwendung des InvStG s. Fn. 1; zuvor galten: §§ 38b Abs. 4, 39 Abs. 2 KAGG, § 18a Abs. 1 Nr. 3 AuslInvestmG.

III. Der Zinsabschlag

Weiterhin werden sog. **Defektivzinsen**[1] (s. Rdnr. 1409) in den Zinstopf eingestellt.

Andere Kapitalerträge, wie z. B. Erträge nach § 43 Abs. 1 Satz 1 Nr. 1 (z. B. Dividenden), Nr. 2 (z. B. inländische Genussrechtserträge), Nr. 7 Buchst. b EStG (z. B. Zinserträge aus Sparguthaben, Termingeldern, Sparbriefen), werden im Stückzinstopf nicht berücksichtigt.

Die vereinnahmten und gezahlten Zinsbeträge müssen nicht bei ein und derselben Wertpapiergattung angefallen sein. Fließen die oben genannten Zinseinnahmen zu einem Zeitpunkt zu, in dem es keinen Bestand an gezahlten Stückzinsen/Zwischengewinnen gibt, unterliegen sie dem Steuerabzug, sofern kein entsprechendes Freistellungsvolumen vorhanden ist oder keine NV-Bescheinigung eingereicht wurde. Eine rückwirkende Kürzung der Bemessungsgrundlage, die aus bereits zugeflossenen Zinseinnahmen besteht, durch Stückzinsen, die nach dem Zufluss gezahlt werden, kommt nicht in Betracht. 352

Beispiel:
Im Stückzinstopf enthaltene, gezahlte Stückzinsen 0 €;
Zufluss von 1 000 € Zinsen unter vollem Steuerabzug (30 v. H.); Kauf von Wertpapieren unter Zahlung von Stückzinsen über 1 000 €. Der vorherige Steuerabzug kann nicht rückgängig gemacht werden.

Gezahlte Stückzinsen, die zum Jahresende – mangels weiterer Einnahmen – nicht berücksichtigt worden sind (sog. Überhang), können nicht auf das folgende Kalenderjahr übertragen werden. Die Stückzinsdatei beginnt zu jedem 1. 1. eines Jahres mit 0 €. Da in der Einkommensteuererklärung die insgesamt in einem Kalenderjahr verausgabten Stückzinsen angegeben werden können, geht ein **Überhang** aus dem Stückzinstopf nicht verloren. 353

Gezahlte bzw. vereinnahmte Stückzinsen/Zinsen in **ausländischer Währung** werden von den Kreditinstituten für die steuerlichen Zwecke des Stückzinstopfs mit dem jeweiligen Devisengeldkurs[2] im Zeitpunkt des Zu- bzw. Abflusses umgerechnet. Die Umrechnung erfolgt unabhängig davon, ob der Stpfl. mit den vereinnahmten Zinsen in der Fremdwährung bleibt oder nicht. 354

Kommt bei Wertpapieren und Kapitalforderungen in ausländischer Währung die Marktrendite (besitzzeitanteiliger Ertrag i. S. d. § 20 Abs. 2 Satz 1

---

1 Philipowski, DStR 1994, 1593.
2 BMF-Schreiben v. 5. 11. 2002, Tz. 10 f.; s. Anhang.

Nr. 4 und Satz 2 EStG; vgl. Rdnr. 358) zur Anwendung, so ist der Unterschied zwischen dem Entgelt für den Erwerb und den Einnahmen aus der Veräußerung oder Einlösung in der ausländischen Währung zu ermitteln (§ 43a Abs. 2 Satz 7 EStG[1]). Die Umrechnung in € erfolgt erst beim Unterschiedsbetrag. Währungskursschwankungen wirken sich somit nicht aus.

ff) Beispiel zum Stückzinstopf

355 Stpfl. A hat sein Freistellungsvolumen bis auf 1 000 € bereits verbraucht. Zu seinem Wertpapierdepot sind folgende Vorgänge zu verzeichnen:

30. 6.   verausgabte Stückzinsen i. H. v. 500 €
12. 7.   Zinseinnahmen i. H. v. 1 000 €
15. 7.   Zinseinnahmen i. H. v. 1 500 €
1. 8.   verausgabte Zwischengewinne i. H. v. 2 000 €
31. 12. Zinseinnahmen i. H. v. 2 000 €

Die am 12. 7. zufließenden Zinseinnahmen über 1 000 € sind um die in der Stückzinsdatei sich befindenden 500 € verausgabter Stückzinsen zu kürzen. Der Restbetrag von 500 € mindert das verbleibende Freistellungsvolumen auf 500 €. A erhält die Zinseinnahmen ohne Abzug gutgeschrieben. Die am 15. 7. vereinnahmten Zinsen von 1 500 € unterliegen bis auf 500 € (restliches Freistellungsvolumen) dem KapESt-Abzug (Zinsabschlag). Die Bank schreibt 1 200 € gut (1 500 € ./. 300 € KapESt auf eine Bemessungsgrundlage von 1 000 €). Die am 1. 8. verausgabten Zwischengewinne verändern den am 15. 7. vorgenommenen Steuerabzug nicht. Sie können nur vorgetragen werden und mindern die Bemessungsgrundlage der am 31. 12. zufließenden Zinseinnahmen auf 0 €.

Eine gesonderte Bescheinigung über gezahlte Stückzinsen wird das Kreditinstitut für A nicht ausstellen. In der Jahresbescheinigung nach § 24c EStG ist ebenfalls kein gesonderter Ausweis vorgesehen. Für seine Veranlagung genügen die Kaufabrechnungen über die betreffenden Wertpapiere. A benötigt keine Bescheinigung über die im Kalenderjahr nicht verrechneten Stückzinsen (Überhang der gezahlten Stückzinsen im Stückzinstopf); zur Steuerbescheinigung i. S. d. § 45a EStG s. Rdnr. 368.

---

[1] Nach § 52 Abs. 55 EStG ist für den KapESt-Abzug § 43a Abs. 2 Satz 7 EStG erstmals auf Erträge aus Wertpapieren und Kapitalforderungen anzuwenden, die nach dem 31. 12. 2001 erworben worden sind.

III. Der Zinsabschlag 143

gg) Sonderregelung für die Bundes- und Landesschuldenverwaltung
Ein direkter Erwerb von Wertpapieren über die Bundes-/Landesschulden- 356
verwaltung ist nicht möglich. Die Verwaltungen haben deshalb über gezahlte Stückzinsen keine Kenntnis. Werden Bundeswertpapiere oder Schuldbuchforderungen mit der Maßgabe der Verwahrung und Verwaltung durch die Schuldenverwaltung über ein Kreditinstitut erworben, so ist durch § 43a Abs. 4 EStG gewährleistet, dass die Bundes-/Landesschuldenverwaltung als auszahlende Stelle gleichfalls das modifizierte Nettoprinzip anwenden kann. Es genügt, dass das Kreditinstitut der Schuldenverwaltung die notwendigen Daten liefert und mitteilt, dass es die Wertpapiere/Forderungen erworben oder veräußert hat und seitdem verwahrt oder verwaltet.

c) Marktrendite oder Pauschalbemessungsgrundlage für besitzzeitanteilige Erträge bei Einnahmen i. S. d. § 20 Abs. 2 Satz 1 Nr. 4 EStG
Bei Einnahmen aus der Veräußerung, Abtretung oder Einlösung bestimm- 357
ter Kapitalforderungen i. S. d. § 20 Abs. 2 Satz 1 Nr. 4 EStG kommt als Bemessungsgrundlage für den KapESt-Abzug (Zinsabschlag) nur die Marktrendite (§ 43a Abs. 2 Satz 2 EStG) oder die Pauschalbemessungsgrundlage (§ 43a Abs. 2 Satz 3 EStG) nicht die Emissionsrendite in Betracht. Der Steuerabzug kann – anders als bei der veranlagten ESt – nicht anhand der Emissionsrendite (s. Rdnr. 1057) ermittelt werden.
Zu den unter § 20 Abs. 2 Satz 1 Nr. 4 EStG fallenden Einnahmen gehören die Erträge aus

- ab- oder aufgezinsten Forderungen; § 20 Abs. 2 Satz 1 Nr. 4 Buchst. a EStG (s. Rdnr. 1082);
- Forderungen, die durch den Zweit- und jeden weiteren Erwerber zu einem ab- oder aufgezinsten Preis veräußert oder abgetreten werden; § 20 Abs. 2 Satz 1 Nr. 4 Buchst. b EStG (s. Rdnr. 1091 f.);
- flat gehandelten Wertpapieren und Forderungen, bei denen die Höhe der Erträge von einem ungewissen Ereignis abhängt; § 20 Abs. 2 Satz 1 Nr. 4 Buchst. c EStG (s. Rdnr. 1094 ff.);
- Forderungen, bei denen Kapitalerträge in unterschiedlicher Höhe oder für unterschiedlich lange Zeiträume gezahlt werden; § 20 Abs. 2 Satz 1 Nr. 4 Buchst. d EStG (s. Rdnr. 1097 ff.).

Die größte Bedeutung kommt den Kapitalerträgen aus auf- oder abgezinsten Wertpapieren und ähnlichen Kapitalforderungen zu. Dazu gehören u. a.

Zero-Bonds, Disagio-Anleihen, deren Emissionsdisagio außerhalb der Werte aus der Disagio-Staffel[1] liegt, Optionsanleihen, sofern die Differenz zwischen dem Emissionswert der niedrig verzinslichen Schuldverschreibung ex Optionsschein und dem Rückzahlungsbetrag die Grenzwerte der Disagio-Staffel übersteigt.

aa) Marktrendite (Differenz-Methode)

358 Die KapESt (Zinsabschlag) bemisst sich bei Veräußerung, Abtretung oder Einlösung von Kapitalforderungen i. S. d. § 20 Abs. 2 Satz 1 Nr. 4 Buchst. a – d EStG grds. nach dem Kapitalertrag, der rechnerisch auf die Besitzzeit des Veräußerers entfällt. Die Rechtslage für den KapESt-Abzug stimmt insoweit mit derjenigen der veranlagten ESt überein. Bemessungsgrundlage ist jeweils der Unterschied zwischen dem Entgelt für den Erwerb und den Einnahmen aus der Veräußerung oder Einlösung der Wertpapiere oder Kapitalforderungen (§ 43a Abs. 2 Satz 2 EStG).

Voraussetzungen für die besitzzeitanteilige Besteuerung ist, dass die Wertpapiere oder Kapitalforderungen von der auszahlenden Stelle (i. d. R. Kreditinstitut) für den Gläubiger der Erträge

- erworben oder an ihn veräußert

- und seit dem für ihn verwahrt oder verwaltet worden sind.

Die Marktrendite scheidet als Bemessungsgrundlage für den Steuerabzug aus, wenn eine dieser Voraussetzungen nicht erfüllt ist. In einem solchen Fall hat die Bank die Pauschalbemessungsgrundlage heranzuziehen; s. Rdnr. 360.

359 Die Marktrendite kann nicht eindeutig ermittelt werden, wenn ein in **Girosammelverwahrung** gehaltener Bestand, z. B. eines auf- oder abgezinsten Wertpapiers, der zu unterschiedlichen Zeitpunkten erworben wurde, teilweise veräußert wird. In diesen Fällen ist nicht bekannt, ob früher oder später erworbene Papiere den Bestand verlassen. Das Entgelt für den Erwerb des ausscheidenden Papiers ist nicht nachvollziehbar. In diesem Fall wurde bis zu 31. 12. 2005 von der Bank unterstellt, dass die zuletzt erworbenen Papiere das Depot als erste verlassen (last in first out, LIFO-Methode).[2] Die Marktrendite wurde also nach den zuletzt erworbenen Papieren ermittelt und für den Steuerabzug als Bemessungsgrundlage he-

---

1 BMF-Schreiben v. 24. 11. 1986, BStBl I 1986, 539; s. Anhang.
2 OFD München/Nürnberg, Vfg. v. 24. 7. 2001, ESt-Kartei, §§ 43 bis 45d, Karte 3.4.

III. Der Zinsabschlag 145

rangezogen. Seit dem 1. 1. 2005 ist für private Veräußerungsgeschäfte als Verbrauchsfolge die FIFO-Methode (first in first out) gesetzlich vorgeschrieben. Bei der Ermittlung der Marktrendite ist nach Auffassung der FinVerw. ab dem 1. 1. 2006 die FIFO-Methode gleichfalls anzuwenden.

bb) Die Pauschalbemessungsgrundlage

Der Steuerabzug bemisst sich bei Kapitalerträgen i. S. d. § 20 Abs. 2 Satz 1 Nr. 4 EStG nach der sog. Pauschalbemessungsgrundlage (§ 43a Abs. 2 Satz 3 EStG), wenn die o. g. Voraussetzungen für die Anwendung der Marktrendite (Differenz-Methode; § 43a Abs. 2 Satz 2 EStG) nicht erfüllt sind. Die Pauschalbemessungsgrundlage beträgt 30 v. H. der Einnahmen aus der Veräußerung oder Einlösung der Wertpapiere und Kapitalforderungen. 360

Beispiel:
A erzielt aus der Veräußerung einer flat gehandelten Auslandsanleihe (§ 20 Abs. 2 Satz 1 Nr. 4 Buchst. c EStG) Einnahmen in Höhe von 10 000 €. Die Anleihe ist ihm schenkungsweise übertragen worden. Der Übertrag erfolgte vom Kreditinstitut X in sein Depot beim Kreditinstitut Y. Die Bemessungsgrundlage für den Steuerabzug beträgt 30 v. H. der Einnahmen, also 3 000 € (§ 43a Abs. 2 Satz 3 EStG). Darauf ist der Steuersatz von ebenfalls 30 v. H. anzuwenden (§ 43a Abs. 1 Nr. 3 EStG). Der Zinsabschlag beläuft sich demnach auf 900 €.

Die Pauschalbemessung greift immer bei der Veräußerung und Einlösung im **Tafelgeschäft** (Übergabe effektiver Stücke der Wertpapiere i. S. d. § 20 Abs. 2 Satz 1 Nr. 4 EStG). Gleiches gilt bei der Einlösung von Wertpapieren i. S. d. § 20 Abs. 2 Satz 1 Nr. 4 EStG, die der Stpfl. zunächst selbst verwahrt und erst später in ein Depot eingelegt hat. Eine durch die Pauschalbemessungsgrundlage eingetretene Überbesteuerung wird im Rahmen der Veranlagung korrigiert, wenn der Stpfl. die Kapitalerträge nach der für ihn günstigeren zeitanteiligen Emissionsrendite (s. Rdnr. 1057) nachweist oder die stpfl. Kapitalerträge anhand der Marktrendite (Differenz-Methode) ermittelt.

Bei einem **Depotübertrag** von Bank zu Bank wird der Steuerabzug ebenfalls mit Hilfe der pauschalen Bemessungsgrundlage vorgenommen. Erfolgt der Übertrag innerhalb eines Kreditinstituts, so ist u. E. die Pauschalbemessungsgrundlage nicht anzuwenden, sofern das übertragene Wertpapier vom Kreditinstitut erworben wurde. 361

362 Die Pauschalbemessungsgrundlage ist auch bei der **Einlösung** der in § 20 Abs. 2 Satz 1 Nr. 4 EStG genannten Wertpapiere und Kapitalforderungen durch den **Ersterwerber** anzuwenden (§ 43a Abs. 2 Satz 5 EStG), wenn die Voraussetzungen für die Marktrendite nicht erfüllt sind. Damit weicht das Gesetz in derartigen Einlösungsfällen für die Bemessung der KapESt von der Ermittlungsweise im Veranlagungsverfahren ab. Bei der veranlagten ESt hat der Ersterwerber im Einlösungsfall seine Erträge gemäß § 20 Abs. 2 Satz 1 Nr. 4 Satz 4 EStG nach der Emissionsrendite oder Marktrendite zu versteuern.

363 Die Pauschalbemessungsgrundlage mindert nach Auffassung der FinVerw. das vom Stpfl. bestimmte Freistellungsvolumen. Da es sich bei der Bemessungsgrundlage aber nicht um Kapitalertrag, sondern um eine fiktive Ausgangsgröße zur Steuerermittlung handelt, ist diese Auffassung u. E. sehr fragwürdig. Nach § 44a Abs. 1 EStG fallen nur die Kapitalerträge i. S. d. § 43 Abs. 1 Satz 1 Nr. 3, 4, 7 und 8 sowie Satz 2 EStG unter das Freistellungsvolumen. Die Kreditinstitute werden allerdings schon aus Haftungsgründen regelmäßig der Auffassung der Verwaltung folgen.

364 In der Praxis wird zum Teil übersehen, dass es sich bei der Pauschalbemessungsgrundlage nur um eine Rechengröße für Zwecke des Kapitalertragsteuerabzugs handelt. Sie entspricht nicht dem im Rahmen der Veranlagung zu erfassenden Kapitalertrag. Dies ist insbesondere beim Ausweis der Pauschalbemessungsgrundlage in der Steuerbescheinigung und Jahresbescheinigung nach § 24c EStG (s. Rdnr. 545) irreführend.

d) Bemessungsgrundlage bei schuldbuchfähigen Wertpapieren des Bundes und der Länder, die nicht für einen marktmäßigen Handel bestimmt sind

365 Nach § 43a Abs. 2 Satz 6 EStG gilt für schuldbuchfähige Wertpapiere des Bundes und der Länder, die nicht für einen marktmäßigen Handel bestimmt sind, als Bemessungsgrundlage der „volle Kapitalertrag ohne jeden Abzug". Demnach bemisst sich der Zinsabschlag bei ihnen nach dem im Rückzahlungsbetrag enthaltenen Kapitalertrag ohne jeden Abzug. Unter diese Vorschrift fallen z. B. Bundesschatzbriefe Typ A und B. Finanzierungsschätze und unverzinsliche Schatzanweisungen. Für sie kommt weder die Marktrendite noch die Pauschalbemessungsgrundlage zur Anwendung.

Beispiel:
Ein Bundesschatzbrief Typ B wird während seiner Laufzeit über ein Kreditinstitut erworben, verwahrt und verwaltet und bei Endfälligkeit eingelöst. Bemessungsgrundlage für die KapESt (Zinsabschlag) ist ohne Berücksichtigung der Besitzzeit der „volle Kapitalertrag ohne jeden Abzug" (§ 43a Abs. 2 Satz 6 i. V. m. Satz 1 EStG), der sich aus Rückgabekurs ./. Ausgabekurs ermittelt.

Bei Bundesschatzbriefen Typ A und verzinslichen Bundesschatzanweisungen handelt es sich dagegen nicht um abgezinste Papiere. Bei ihnen kann, auch wenn sie zu den Papieren des § 43a Abs. 2 Satz 6 EStG gehören, nicht der volle Kapitalertrag als Bemessungsgrundlage (der im Rückzahlungbetrag enthaltene Zinszuwachs) herangezogen werden. Bemessungsgrundlage ist hier vielmehr der auf die Besitzzeit entfallende Ertrag. 366

e) Bemessungsgrundlage für bestimmte „einfache Forderungen" (sog. b-Fälle)

Für einfache Forderungen (§ 43 Abs. 1 Satz 1 Nr. 7 Buchst. b EStG; s. Rdnr. 325), die nicht in Inhaber- oder Orderschuldverschreibungen verbrieft sind[1] und die zu den Kapitalanlagen i. S. d. § 20 Abs. 2 Satz 1 Nr. 4 Buchst. a – d EStG gehören, bemisst sich die KapESt (Zinsabschlag) ebenfalls nach dem vollen Kapitalertrag ohne jeden Abzug (§ 43a Abs. 2 Satz 6 i. V. m. Satz 1 EStG). Die Marktrendite oder die Pauschalbemessungsgrundlage können nicht als Bemessungsgrundlage herangezogen werden. 367

11. Steuerbescheinigung

Über die Zinseinnahmen (aber auch die Dividendeneinnahmen), von denen KapESt einbehalten wurde, erteilt die abzugsverpflichtete Stelle, allerdings nur **auf Verlangen** des Stpfl. (Gläubiger der Kapitalerträge), eine Steuerbescheinigung nach amtlich vorgeschriebenem Muster. Der Schuldner bzw. die auszahlende Stelle der Kapitalerträge ist zur Ausstellung einer solchen Bescheinigung verpflichtet (§ 45a Abs. 2 EStG). Nur bei Vorlage dieser Bescheinigung werden die einbehaltenen Steuerbeträge bei der ESt-Veranlagung durch das Finanzamt auf die Steuerschuld angerechnet. Kontoauszüge, Kopien des Sparbuchs, Zahlungsbestätigungen etc. reichen nicht aus;[2] zur Steuerbescheinigung bei Gemeinschaftskonten nichtehelicher Gemeinschaften s. Rdnr. 465. 368

---

1 Ausgenommen sind auch Teilschuldverschreibungen; s. § 43 Abs. 1 Satz 1 Nr. 7 Buchst. a EStG.
2 OFD Cottbus, Vfg. v. 13. 4. 1994, FR 1994, 412.

369 Reicht das Freistellungsvolumen des Stpfl. nicht mehr aus, um Kapitalerträge vollkommen vom Steuerabzug freizustellen (sog. Splittingfall), so ist der gesamte Bruttoertrag (einschließlich des freigestellten Anteils) in der Steuerbescheinigung auszuweisen (§ 45a Abs. 2 Nr. 2 EStG).

Hat die Bank KapESt abgezogen, obwohl gezahlte Stückzinsen/Zwischengewinne abgezogen wurden, so muss in der Steuerbescheinigung ebenfalls „die Art und Höhe der Kapitalerträge unabhängig von der Vornahme eines Steuerabzugs" (§ 45a Abs. 2 Nr. 2 EStG), d. h. der Bruttoertrag, angegeben werden.

370 Kommt die Pauschalbemessungsgrundlage (vgl. Rdnr. 360) zur Anwendung, wird sie in der Steuerbescheinigung als Kapitalertrag ausgewiesen. Hierbei ist allerdings zu beachten, dass es sich bei der Pauschalbemessunggrundlage nicht um den im Rahmen der Veranlagung anzusetzenden Kapitalertrag handelt.

12. Steueranmeldung

371 Die KapESt entsteht in dem Zeitpunkt, in dem die Kapitalerträge dem Anleger zufließen (§ 44 Abs. 1 Satz 2 EStG). Die monatlich einzubehaltenden KapESt-Beträge sind vom Abzugsverpflichteten (Bank, Finanzdienstleistungsinstitut) dem Finanzamt grds.[1] bis zum 10. des Folgemonats in einer Summe auf amtlich vorgeschriebenem Vordruck anzumelden und abzuführen.

Der Steuerabzug erfolgt **anonym,** also ohne dass der Name oder das Konto des jeweiligen Zinsgläubigers dem Finanzamt genannt wird.

13. Abstandnahme vom Kapitalertragsteuerabzug (§ 44a EStG)

372 Bis zum 31. 12. 1992 war in bestimmten Fällen eine Abstandnahme vom KapESt-Abzug nur bei Vorlage einer NV-Bescheinigung vorgesehen. Seit 1. 1. 1993 ist eine Abstandnahme vom Abzug auf die Kapitalerträge i. S. d. § 43 Abs. 1 Satz 1 Nr. 3, 4, 7 und 8 sowie Satz 2 EStG möglich (§ 44a EStG). Voraussetzung für die Abstandnahme ist, dass
- ein Freistellungsauftrag (§ 44a Abs. 2 Satz 1 Nr. 1 EStG) oder
- eine NV-Bescheinigung (§ 44a Abs. 2 Satz 1 Nr. 2 EStG)

beim zum Steuerabzug Verpflichteten vorliegt.

---

[1] Zur abweichenden Regelung für Gewinnanteile (Dividenden) und ähnliche Bezüge s. Rdnr. 312.

III. Der Zinsabschlag

Liegt dem zum Steuerabzug Verpflichteten im Zeitpunkt des Zuflusses der Kapitalerträge kein Freistellungsauftrag oder keine NV-Bescheinigung vor, so muss die KapESt (Zinsabschlag) einbehalten werden, selbst dann, wenn der Gläubiger der Kapitalerträge die Voraussetzungen für einen Freistellungsauftrag oder eine NV-Bescheinigung erfüllt. 373

14. Der Freistellungsauftrag
Verwaltungsanweisungen: BMF-Schreiben v. 3. 9. 1992, BStBl I 1992, 582, betr. Freistellungsauftrag; v. 2. 2. 1993, DB 1993, 813, betr. Einzelfragen zur Anwendung des Zinsabschlags, BMF-Schreiben v. 13. 12. 2005, BStBl I 2005, 1051, betr. Erteilung und Änderung von Freistellungsaufträgen im elektronischen Verfahren.

Sparer-Freibetrag und Werbungskosten-Pauschbetrag für Einkünfte aus Kapitalvermögen können vom Stpfl. bereits vorab, außerhalb des Veranlagungsverfahrens beansprucht werden, indem er einen Freistellungsauftrag erteilt (§ 44a Abs. 2 Satz 1 Nr. 1 EStG). Dadurch werden auf einfache Weise Kapitalerträge, die nicht stpfl. sind, vom KapESt-Abzug verschont. 374

Durch den Freistellungsauftrag werden grds. alle Arten von Kapitaleinnahmen, die von Kreditinstituten gutgeschrieben werden, von der KapESt freigestellt (**Abstandnahme** § 44a EStG, **Erstattung** § 44b EStG). Er kann auch für Kapitalerträge aus einer typisch stillen Beteiligung, einem partiarischen Darlehen und einer nicht steuerbegünstigten Lebensversicherung erteilt werden (§ 44a Abs. 1 EStG). Empfänger des Freistellungsauftrags ist in diesen Fällen der jeweilige Schuldner der Kapitalerträge. Wer einen Freistellungsauftrag falsch oder mehrere Aufträge mit insgesamt zu hohen Beträgen erteilt, macht sich nach § 370 AO strafbar.[1] 375

Der Freistellungsauftrag enthält zweierlei: 376

- einen **Freistellungsauftrag** und/oder
- einen Auftrag, einen **Sammelerstattungsantrag** zu stellen.

Liegt einem Kreditinstitut in dem Zeitpunkt, in welchem die Kapitalerträge zufließen, ein Freistellungsauftrag vor, so bedeutet das,

- dass es bei Zinseinnahmen, die es dem Kunden gutschreibt, **vom KapESt-Abzug abzusehen** hat (Abstandnahme § 44a EStG) und
- dass es vom Kunden beauftragt ist, bei Dividenden und ähnlichen Kapitalerträgen einen Sammelantrag beim Bundesamt für Finanzen für die

---
1 Streck, DStR 1993, 342.

Erstattung (§ 44b EStG) bereits durch den Schuldner einbehaltener KapESt zu stellen.

377 Die **Abstandnahme** (§ 44a EStG) ist nur bei den kapitalertragstpfl. Erträgen i. S. d.

§ 43 Abs. 1 Satz 1 Nr. 3 EStG	Einnahmen aus typisch stiller Gesellschaft und partiarischem Darlehen,
§ 43 Abs. 1 Satz 1 Nr. 4 EStG	stpfl. Kapitalerträge aus Lebensversicherungen,
§ 43 Abs. 1 Satz 1 Nr. 7 EStG	Zinseinnahmen,
§ 43 Abs. 1 Satz 1 Nr. 8 EStG	Stückzinsen und Zinssurrogate,
§ 43 Abs. 1 Satz 2 EStG	besondere Entgelte und Vorteile möglich.

Die **Erstattung** (§ 44b EStG) betrifft die kapitalertragstpfl. Erträge i. S. d.

§ 43 Abs. 1 Satz 1 Nr. 1 EStG	Gewinnausschüttungen, Bezüge aufgrund Kapitalherabsetzung oder nach Liquidation, Veräußerung von Dividendenscheinen.
§ 43 Abs. 1 Satz 1 Nr. 2 EStG	Zinsen aus Wandelanleihen, Gewinnobligationen, Genussrechten.

378 Voraussetzung für die Abstandnahme bzw. Erstattung ist, dass jeweils im Zuflusszeitpunkt ein entsprechendes Freistellungsvolumen vorhanden ist.

Beide Aufträge beziehen sich nur auf **private** Kapitalerträge. Bei Kapitalerträgen, die einer anderen Einkunftsart als den Einkünften aus Kapitalvermögen (z. B. gewerblichen Einkünften) zuzuordnen sind, ist grds. **immer** KapESt einzubehalten und abzuführen.

Fließen Kapitalerträge zu, nachdem der erteilte Freistellungsbetrag bereits ausgeschöpft ist, so unterliegen sie dem vollen KapESt-Abzug.

379 Bei **Zinseinnahmen** (§ 43 Abs. 1 Satz 1 Nr. 7, 8 und Satz 2 EStG) entfaltet der Freistellungsauftrag seine Wirkung nur dann, wenn die entsprechenden Stammrechte von der auszahlenden Stelle, also dem Kreditinstitut oder Finanzdienstleistungsinstitut unter dem **Namen des Gläubigers** verwahrt oder verwaltet werden (§ 44a Abs. 6 EStG). Zinsscheine von selbstverwalteten Papieren, die am Schalter eines inländischen Kreditinstituts verkauft

III. Der Zinsabschlag 151

(Tafelgeschäft) oder zum Einzug eingereicht werden, unterliegen immer einem KapESt-Abzug von 35 v. H. (§ 43a Abs. 1 Nr. 3 EStG).
Bei der Einlösung von Dividendenscheinen im Schaltergeschäft beträgt der Steuerabzug nur 20 v. H., da § 44 Abs. 1 Satz 4 Nr. 1 Buchst. a Doppelbuchst. bb EStG ausdrücklich nur Zinsscheine, nicht aber Dividendenscheine aufführt. Einnahmen aus der Veräußerung von Dividendenscheinen und sonstigen Ansprüchen durch den Inhaber des Stammrechts, ohne dass dieses mitveräußert wird (§ 20 Abs. 2 Satz 1 Nr. 2 Buchst. a und Satz 2 EStG) sind ab dem 1. 1. 2005 ebenfalls kapitalertragstpfl.

a) Antragsberechtigter

Jeder unbeschränkt einkommenstpfl. Kapitalanleger (Wohnsitz oder gewöhnlicher Aufenthalt im Inland) kann einen Freistellungsauftrag erteilen. Voraussetzung ist, dass er auch **Gläubiger** der freizustellenden Kapitalerträge ist. Zusätzlich verlangt das Gesetz, dass die Kapitalanlagen unter dem Namen des Gläubigers verwahrt oder verwaltet werden, damit vom Steuerabzug Abstand genommen werden kann (§ 44a Abs. 6 EStG). 380

Somit ist in den Fällen, in denen die auszahlende Stelle die Identität des Gläubigers nicht eindeutig kennt, eine Abstandnahme vom KapESt-Abzug aufgrund eines Freistellungsauftrags nicht möglich. Hierunter fallen: 381

- Treuhandkonten (z. B. Mietkautionskonto, das nicht auf den Namen des Mieters lautet, Anderkonten);
- Nießbrauchfälle;
- Gemeinschaftskonten oder -depots (**Ausnahme:** zusammenveranlagte Ehegatten);
- Wertpapiere, die nicht im Depot verwaltet werden (sog. Tafelgeschäfte/ bzw. Schaltergeschäfte).

Für **Steuerausländer** (Wohnsitz oder gewöhnlichen Aufenthalt im Ausland, vgl. Rdnr. 320 f.) erübrigt sich die Abgabe eines Freistellungsauftrags, da Zinserträge bei ihnen grds. keinem Steuerabzug unterliegen. **Ausnahme:** Verkauf oder Inkasso von Zinsscheinen (§ 49 Abs. 1 Satz 1 Nr. 5 Buchst. c Doppelbuchst. cc EStG). 382

Für unbeschränkt Stpfl. mit Wohnsitz im Ausland (Fälle des § 1 Abs. 2 EStG) ist die Möglichkeit einen Freistellungsauftrag zu erteilen gleichwohl gegeben. 383

Kinder (minderjährige) haben ebenfalls die Möglichkeit, einen Freistellungsauftrag zu erteilen, sofern sie Gläubiger der Kapitalerträge sind. Der 384

Freistellungsauftrag für ein minderjähriges Kind ist von beiden Erziehungsberechtigten bzw. der/dem alleinerziehenden Mutter/Vater als gesetzliche(r) Vertreter(in) zu unterschreiben. Mit Eintritt der Volljährigkeit muss der bereits erteilte Freistellungsauftrag nicht neu erteilt werden. Er gilt unverändert fort. Der Freistellungsauftrag kann nach Eintritt der Volljährigkeit vom Kind jederzeit geändert werden.

Die Gläubigereigenschaft eines Kindes wird u. E. nicht allein dadurch ausgeschlossen, dass die Erträge, z. B. aus Sparbriefen, Wertpapieren und Festgeldanlagen, auf einem laufenden Konto der Eltern gutgeschrieben werden. Auch in diesen Fällen ist der Freistellungsauftrag des Kindes von den Banken/Finanzdienstleistungsinstituten zu berücksichtigen, es sei denn, dass den Eltern ein Nießbrauchsrecht zusteht, das der Bank/dem Finanzdienstleistungsinstitut bekannt ist. Bei Kapitalvermögen, das von den Eltern geschenkt wurde, sollte für das Kind jedoch ein eigenes Ertragniskonto eingerichtet werden, um die steuerrechtliche Anerkennung der Schenkung und die (gewollte) Zurechnung der Kapitalerträge beim Kind nicht zu gefährden.[1]

385 **Ehepaare,** die unbeschränkt einkommensteuerpflichtig sind und nicht dauernd getrennt leben, können nach Auffassung der FinVerw. nur einen gemeinsamen Freistellungsauftrag erteilen.[2] Einzelaufträge eines Ehegatten bis zum Freistellungsvolumen von 1 421 € sind danach nicht möglich. Das ist insoweit unverständlich, als auch für solche Ehegatten eine getrennte Veranlagung (§ 26 Abs. 2 EStG) in Betracht kommen kann.[3] Die Wahl der Veranlagungsform ist jedoch unbedeutend. Nach Auffassung der FinVerw. kann nicht davon ausgegangen werden, dass ein Ehegatte, der einen Einzel-Freistellungsauftrag erteilt, damit konkludent erklärt, getrennt veranlagt zu werden.[4] Beim gemeinsamen Freistellungsauftrag sind die

---

1 Hierzu Philipowski, BankInf 12/1994, 27.
2 BMF-Schreiben v. 5. 11. 2002, Tz. 21 f., s. Anhang; BMF-Schreiben v. 2. 2. 1993, DB 1993, 813, s. Anhang.
3 Die FinVerw. begründet den gemeinsamen Freistellungsauftrag wie folgt: „Zusammenveranlagten Ehegatten wird ein gemeinsamer Sparer-Freibetrag gewährt; daher ist wegen der Versicherung, das Freistellungsvolumen nicht zu überschreiten, für die Erteilung eines wirksamen Freistellungsauftrags bei Verheirateten die Unterschrift beider Ehegatten unverzichtbar"; s. BMF-Schreiben v. 2. 2. 1993, DB 1993, 813. Die Auffassung der FinVerw. ist in dem ab 1. 1. 2002 gültigen Muster des Freistellungsauftrags nochmals klargestellt worden.
4 BMF-Schreiben v. 2. 2. 1993, DB 1993, 813, s. Anhang; Sächsisches Staatsministerium der Finanzen, Erlass v. 22. 3. 1993, DStZ 1993, 351.

persönlichen Unterschriften beider Ehegatten unverzichtbar.[1] Eine Vollmacht des anderen Ehegatten reicht nicht aus. Ein gemeinsamer Freistellungsauftrag gilt sowohl für Kapitalerträge, die dem einzelnen Ehegatten oder den Ehegatten gemeinsam (Gemeinschaftskonten) zufließen; zur Behandlung des Freistellungsauftrags im Jahr der Eheschließung s. Rdnr. 411.

Nach einer **Scheidung** sind nur noch Einzel-Freistellungsaufträge möglich; zur Behandlung des Freistellungsauftrags im Jahr der Scheidung s. Rdnr. 412. 386

Verstirbt ein Ehegatte, so sind die Erben Gläubiger der Kapitalerträge. Der vom Ehepaar gemeinsam erteilte Freistellungsauftrag kann nicht mehr Grundlage für die Freistellung vom KapESt-Abzug für die Konten des Verstorbenen (Einzel- und Gemeinschaftskonten) sein. Die nach § 44a Abs. 6 EStG geforderte Identität zwischen Kontoinhaber und Gläubiger der Kapitalerträge ist nicht mehr gegeben. Für die Einzelkonten des überlebenden Ehegatten gilt der gemeinsame Freistellungsauftrag für das Todesjahr jedoch unverändert fort. Ihm steht im Todesjahr noch der gemeinsame Sparer-Freibetrag und der doppelte Werbungskosten-Pauschbetrag zu. Der überlebende Ehegatte kann u. E. den gemeinsamen Freistellungsauftrag einseitig abändern bzw. erstmalig einen Freistellungsauftrag bis zu einem Höchstbetrag von 2 842 € erteilen. Bei einer Änderung sind die in Rdnr. 404 genannten Voraussetzungen zu beachten.

Eine Verpflichtung zur Nachholung des Zinsabschlags besteht nicht, wenn die Bank erst verspätet vom Tod des Kunden (Gläubigers) erfährt.

Zur rückwirkenden Umschreibung von Nachlasskonten auf den Namen des alleinerbenden Ehepartners vgl. Rdnr. 424 f.

Gemeinschaften, für die keine Zusammenveranlagung in Frage kommt, steht der Weg über einen Freistellungsauftrag nicht offen. Zu nennen sind hier z. B. Und- bzw. Oder-Konten sowie Gemeinschafts-Depots von eheähnlichen Lebensgemeinschaften, Lebenspartnerschaften, Konten von Wohnungseigentümergemeinschaften und Investmentclubs. 387

Sind Kapitalerträge einer solchen Gemeinschaft zuzurechnen, ist grds. nach § 180 Abs. 1 Nr. 2 Buchst. a AO eine einheitliche und gesonderte Feststellung der Einkünfte durchzuführen.[2] Die vom Schuldner oder der

---

[1] BMF-Schreiben v. 2. 2. 1993, DB 1993, 813, s. Anhang.
[2] Zu Zinsen aus der Anlage von Instandhaltungsrücklagen von Wohnungseigentümergemeinschaften vgl. BMF-Schreiben v. 5. 11. 2002, Tz. 43 ff.; s. Anhang.

auszahlenden Stelle (i. d. R. Kreditinstitute) auszustellende Steuerbescheinigung wird auf den Namen der Gemeinschaft ausgestellt. Die anrechenbaren Steuerbeträge des einzelnen Mitglieds der Gemeinschaft ergeben sich aus dem Feststellungsbescheid des Finanzamts.

388 Lautet ein **Konto auf den Namen eines Dritten** (Gläubigervorbehalt), wird beim Steuerabzug weder der Freistellungsauftrag des Kontoinhabers noch der des Gläubigers berücksichtigt.

389 Der Freistellungsauftrag hat schriftlich nach amtlich vorgeschriebenem Vordruck[1] zu erfolgen (§ 44a Abs. 2 Satz 1 Nr. 1 EStG). Die Vordrucke werden den Stpfl. von der Kreditwirtschaft, nicht von den Finanzbehörden, zur Verfügung gestellt.

b) Empfänger des Freistellungsauftrags

390 Der Freistellungsauftrag ist nur dann wirksam, wenn er vom Gläubiger der Kapitalerträge (Kapitalanleger) dem Schuldner oder der auszahlenden Stelle – i. d. R. einem Kreditinstitut – vorgelegt wird. Einer Mitwirkung der FinVerw. bedarf es nicht.

Jeder Stpfl. kann das ihm zustehende Freistellungsvolumen nach Bedarf und Belieben auf mehrere auszahlende Stellen bzw. Schuldner verteilen. Dabei darf das insgesamt aufgeteilte Freistellungsvolumen die jeweilige Höchstgrenze von 1 421 € bzw. 2 842 € nicht übersteigen.

Als Empfänger von Freistellungsaufträgen kommen z. B. Kredit-/Finanzdienstleistungsinstitute, Bausparkassen, Fondsgesellschaften, Lebensversicherungsunternehmen, Genossenschaften, GmbHs, Bundes- und Landesschuldenverwaltungen in Betracht.

c) Form der Antragstellung

391 Für die Erteilung eines Freistellungsauftrags hat der Stpfl. einen amtlich vorgeschriebenen Vordruck zu verwenden (§ 44a Abs. 2 Satz Nr. 1 EStG). Die Kreditinstitute haben darauf zu achten, dass ein Freistellungsauftrag korrekt ausgefüllt ist.

aa) Antragstellung mittels Vordruck

392 Mit BMF-Schreiben v. 16. 5. 2001 ist das Muster des Freistellungsauftrags für Kapitalerträge, die nach dem 31. 12. 2001 zufließen veröffentlicht worden. Der Vordruck darf von dem veröffentlichtem Muster nach Inhalt und

---

[1] BMF-Schreiben v. 3. 9. 1992, BStBl I 1992, 582; BMF-Schreiben v. 16. 5. 2001, BStBl I 2001, 346; s. Anhang.

III. Der Zinsabschlag 155

Reihenfolge nicht abweichen. Der Vordruck sieht die Unterschrift des Antragstellers vor. Bei Ehepaaren, die einen gemeinsamen Freistellungsauftrag erteilen, bedarf es der Unterschrift beider Ehegatten, unabhängig davon, ob sie die Zusammenveranlagung oder die getrennte Veranlagung wählen. Eine Vertretung ist zulässig. Der Freistellungsauftrag von Minderjährigen ist von den/vom Erziehungsberechtigten zu unterschreiben. Der Freistellungsauftrag kann per Fax erteilt werden.

bb) Antragstellung im elektronischen Verfahren

Die Erteilung und Änderung[1] eines Freistellungsauftrags im elektronischen Verfahren ist zulässig. Hierzu bedarf es einer elektronischen Authentifizierung des/der Antragsteller/s durch das banküblich gesicherte PIN/TAN-Verfahren. Zur Identifikation dient die persönliche Identifikationsnummer (PIN). Die Unterschrift wird durch die Transaktionsnummer (TAN) ersetzt.

393

Wird von einem **Ehepaar** ein Freistellungsauftrag im elektronischem Verfahren erteilt oder geändert, so ist der amtlich vorgeschriebene Vordruck vom Kreditinstitut mit der Maßgabe anzuwenden, dass der erstgenannte Ehegatte als Auftraggeber gilt. Dieser hat zu versichern, dass er von seinem Ehegatten bevollmächtigt wurde. Für die Versicherung hat das Kreditinstitut eine Abfragemöglichkeit einzurichten. Der vertretene Ehegatte erhält eine gesonderte schriftliche Benachrichtigung mit der er über die Erteilung oder Änderung informiert wird und auch eine Kopie des Freistellungsauftrags. Die Benachrichtigung und die Kopie des Freistellungsauftrags kann auch per E-Mail übermittelt werden, sofern der vertretene Ehegatte über eine eigene E-Mail-Adresse bzw. ein eigenes elektronisches Postfach verfügt.

Wird für ein minderjähriges **Kind**, das nur von einem Elternteil rechtsgeschäftlich vertreten wird, im elektronischen Verfahren ein Freistellungsauftrag erteilt bzw. geändert, muss nur eine einzige Unterschrift durch das PIN/TAN-Verfahren ersetzt werden. Einer zusätzlichen Benachrichtigung bedarf es nicht. Üben Eltern das Sorgerecht gemeinsam aus, bedarf es der Unterschrift beider Elternteile. Hierbei kann wie bei Ehegatten (s. o.) vorgegangen werden. Eine zusätzliche schriftliche Benachrichtigung des ver-

---

1 BMF-Schreiben v. 13. 12. 2005, BStBl I 2005, 1051. In einem weiteren nicht veröffentlichten Schreiben an die Bankenverbände hat das BMF zur Erteilung und Änderung von Freistellungsaufträgen im elektronischen Verfahren ergänzend Stellung bezogen. Die dort gemachten Aussagen sind nachfolgend eingearbeitet worden.

tretenen Elternteils ist nicht erforderlich, sofern dieser den anderen Elternteil nachweislich bevollmächtigt hat.

Gegen eine Unterschriftsleistung auf einem PenPad bestehen keine Bedenken.

d) Das Freistellungsvolumen

394 Das Freistellungsvolumen beträgt für

	Alleinstehende	Ehegatten
bis zur Höhe des Sparer-Freibetrags	1 370 €	2 740 €
und Werbungskosten-Pauschbetrags	51 €	102 €
Ein Freistellungsbetrag von insgesamt	**1 421 €**	**2 842 €**

kann von jedem Stpfl. beansprucht werden.

Bei zusammenveranlagten Ehegatten kommt es nicht darauf an, ob die jeweiligen Kapitalerträge den Ehegatten gemeinsam oder nur dem einzelnen Ehegatten zufließen.

Im Rahmen des Freistellungsauftrags muss der Stpfl. entscheiden, ob er über seinen gesamten Freistellungsbetrag oder nur über einen Teilbetrag verfügen will. Bei der Aufteilung des Freistellungsvolumens auf mehrere Stellen ist darauf zu achten, dass der jeweils zulässige Höchstbetrag nicht überschritten wird.

395 Über die Mitteilung i. S. d. § 45d EStG hat die FinVerw. die Möglichkeit zu überprüfen, ob ein Stpfl. das ihm insgesamt zustehende Freistellungsvolumen überschritten hat.

396 Der Empfänger des Freistellungsauftrags hat die ihm vom Auftraggeber mitgeteilte Freistellungsgrenze zu überwachen, indem er die einzelnen in zeitlicher Abfolge zufließenden Kapitalerträge des Auftraggebers summiert. Ist das beantragte Freistellungsvolumen erreicht, so kann weder vom KapESt-Abzug abgesehen noch ein Sammelerstattungsantrag gestellt werden. Die auszahlende Stelle bzw. der Schuldner ist dann verpflichtet, KapESt einzubehalten.

397 Fließen Kapitalerträge in einem Zeitpunkt zu, in dem das Freistellungsvolumen nicht mehr zur vollständigen Freistellung der Erträge ausreicht, muss vom übersteigenden Betrag KapESt einbehalten werden (Splitting).

398 Wird über den Freistellungsauftrag bei Dividenden und ähnlichen Erträgen die Erstattung von KapESt (Sammelerstattungsantrag) durchgeführt, wird

III. Der Zinsabschlag

bei der Fortschreibung des Freistellungsvolumens die Dividende zur Hälfte berücksichtigt (§ 44a Abs. 1 Nr. 1 EStG).

Beispiel:
Aktionär A hat seiner Depotbank einen Freistellungsauftrag über 1 000 € erteilt. Erhält er im Jahr 2005 eine Dividende von 200 €, so wird ihm die Bank 200 € auszahlen. Ohne Freistellungsauftrag hätte er lediglich 160 € erhalten (200 € Dividende ./. 40 € KapESt). Mit Gutschrift der Dividende mindert sich das Freistellungsvolumen für 2005 um 100 €.

Der Freistellungsauftrag kann nur für Einnahmen aus **privatem** Kapitalvermögen erteilt werden, da nur für solche Einnahmen der Sparer-Freibetrag und der Werbungskosten-Pauschbetrag in Anspruch genommen werden können. 399

Beispiel:
Ein Einzelunternehmer unterhält ein betriebliches und ein privates Festgeldkonto. Die Guthabenzinsen aus beiden Konten sind kapitalertragstpfl. Für die Zinsen aus dem privaten Festgeldkonto kann er einen Freistellungsauftrag erteilen und somit den Zinsabschlag vermeiden. Für die Zinsen aus dem betrieblichen Festgeldkonto ist keine Freistellung möglich.

In einer **ergänzenden Angabe** zum Freistellungsauftrag (sog. Negativerklärung) hat der Stpfl. die Kapitalanlagen zu benennen, deren Erträge vom Freistellungsauftrag auszuschließen sind. Aufzuführen sind auf jeden Fall die Kapitalerträge, die nicht den Einkünften aus Kapitalvermögen (Privatbereich) zuzuordnen sind. Diese Angaben unterliegen nicht der Kontrolle durch das BfF (Umkehrschluss aus § 45d EStG). Im Vordruck für den Freistellungsauftrag wird darauf hingewiesen, dass der Auftrag nicht für Betriebseinnahmen und Einnahmen aus Vermietung und Verpachtung gilt.

Der Stpfl. kann aber auch Kapitalerträge aus seinem Privatbereich benennen, die er vom KapESt-Abzug nicht freigestellt haben will.

Die rechtliche Einordnung, ob Kapitalerträge zu den Einkünften aus Kapitalvermögen oder zu einer anderen Einkunftsart (z. B. Einkünfte aus Gewerbebetrieb, selbständiger Arbeit oder Land- und Forstwirtschaft) gehören, hat allein der Stpfl. oder sein steuerlicher Berater vorzunehmen. Der Empfänger eines Freistellungsauftrags kann diese Entscheidung nicht treffen. 400

e) Geltungsdauer des Freistellungsauftrags

Ein Freistellungsauftrag gilt grds. so lange bis ein neuer erteilt wird, es sei denn, er ist von vornherein zeitlich befristet worden. Der amtliche Vor- 401 druck des Freistellungsauftrags unterscheidet zwischen einem zeitlich unbegrenzten („... gilt ... so lange, bis Sie einen anderen Auftrag von mir/ uns erhalten") und zeitlich begrenzten Freistellungsauftrag („... bis zum ..."); zur Änderung eines bereits erteilten Freistellungsauftrags s. Rdnr. 404.

402 Mit dem **Tod des Steuerpflichtigen** werden dessen Erben Gläubiger der Kapitalerträge. Der Freistellungsauftrag des Erblassers verliert seine Gültigkeit und kann nicht mehr berücksichtigt werden; s. Rdnr. 415 ff.

403 Bei Wohnsitzverlagerung ins Ausland (Wechsel zur beschränkten Steuerpflicht) wird der Freistellungsauftrag ebenfalls ungültig.

f) Änderung und Widerruf von Freistellungsaufträgen

404 Ein bereits erteilter Freistellungsauftrag kann während des laufenden Kalenderjahres jederzeit vom Stpfl. widerrufen oder geändert (erhöht, gemindert) werden. Die Änderungen sind mittels des amtlich vorgeschriebenen Vordrucks vorzunehmen.[1]

Ist im laufenden Kalenderjahr KapESt einbehalten worden, weil das erteilte Freistellungsvolumen nicht ausgereicht hat, kann das Volumen nachträglich erhöht werden. Hierbei gelten die unter Rdnr. 408 f. gemachten Ausführungen sinngemäß. Die Erhöhung des freizustellenden Betrags kann nur mit Wirkung für das Kalenderjahr, in dem der Auftrag geändert wird, und spätere Jahre erfolgen.[2] Bei einer späteren **Erhöhung** ist darauf zu achten, dass das zulässige Freistellungsvolumen insgesamt nicht überschritten wird. Eine **Minderung** ist nur so weit möglich, als das angegebene Freistellungsvolumen noch nicht ausgeschöpft ist.[3]

Beispiel:
Ein zusammenveranlagtes Ehepaar hat seinem Kreditinstitut einen gemeinsamen Freistellungsauftrag über 2 842 € erteilt. Zum 2. 7. und 3. 8. sind jeweils 1 000 € zugeflossen. Wegen Wohnsitzwechsel mindert es zum 4. 9. seinen Freistellungsauftrag auf 2 000 € (dem bis zum Änderungszeitpunkt verbrauchten Freistellungsvolumen). Das verbleibende freizustellende Volumen über 842 € kann das Paar anderweitig verwerten.

---

1 BMF-Schreiben v. 5. 11. 2002, Rz. 19, BStBl I 2002, 1346; s. Anhang.
2 BMF-Schreiben v. 5. 11. 2002, Rz. 18, a. a. O.
3 BMF-Schreiben v. 5. 11. 2002, Rz. 18, a. a. O.

III. Der Zinsabschlag

Der **Widerruf** (vollständige Rücknahme) eines Freistellungsauftrags ist nur so lange möglich, wie das erteilte Freistellungsvolumen noch nicht beansprucht wurde. Da es hierbei zu keiner Steuerverkürzung kommen kann, bedarf es u. E. für den Widerruf keines amtlichen Vordrucks. Vielmehr genügt einfache Schriftform.[1] 405

Löst z. B. ein Bankkunde die Geschäftsbeziehung zu seinem Kreditinstitut auf (Kontoauflösung), so wird bezüglich seines Freistellungsauftrags wie folgt verfahren: Das Kreditinstitut kann i. d. R. nicht davon ausgehen, dass der Bankkunde mit Kontoauflösung die Minderung bzw. Befristung seines Freistellungsauftrags durch schlüssiges Handeln (konkludent) erklärt hat. Hierzu bedarf es vielmehr einer ausdrücklichen Willenserklärung, die unter Verwendung des amtlichen Vordrucks abzugeben ist. In dem korrigierten Freistellungsauftrag ist als freizustellender Betrag das im laufenden Kalenderjahr bereits verbrauchte Freistellungsvolumen anzugeben. Außerdem ist der Freistellungsauftrag auf das Ende des laufenden Jahres zu befristen. Auf diese Weise steht Freistellungsvolumen zur anderweitigen Verwendung im laufenden und für zukünftige Kalenderjahre zur Verfügung. 406

Das Kreditinstitut wird ausnahmsweise die Kontoauflösung doch als **konkludente Erklärung** auffassen und den Freistellungsauftrag löschen, wenn der Bankkunde nicht mehr zu erreichen ist.

Der **Widerruf** eines gemeinsam erteilten Freistellungsauftrags kann nur durch beide Ehegatten erfolgen. 407

Haben Eheleute einen **gemeinsamen Freistellungsauftrag** erteilt und sind die Voraussetzungen für eine Zusammenveranlagung nicht mehr gegeben (z. B. Scheidung, dauerndes Getrenntleben), ist der Auftrag zu ändern. Der amtliche Vordruck des Freistellungsauftrags enthält einen entsprechenden Hinweis.

g) Nachträglich erteilte bzw. erhöhte Freistellungsaufträge

Der Freistellungsauftrag kann nachträglich erteilt oder nachträglich erhöht werden, wenn im laufenden Kalenderjahr bereits KapESt (Zinsabschlag) einbehalten wurde. Die Vorschrift des § 44b Abs. 5 EStG sieht die Möglichkeit einer Rückwirkung des Freistellungsauftrags vor. Eine nachträgliche Erteilung/Erhöhung eines Freistellungsauftrags ist nach Auffassung 408

---

1 Gl. A. Eisendick, BankInf 12/1995, 39.

der Finanzverwaltung nur für das laufende Kalenderjahr möglich, nicht dagegen für abgelaufene Kalenderjahre.[1]
Für den Gläubiger der Kapitalerträge bedeutet das u. a., dass
- die KapESt erstattet wird;
- die betreffenden Ertragsgutschriften zu korrigieren und
- Steuerbescheinigungen an den Aussteller zurückzugeben sind.

409 Nach § 45a Abs. 6 EStG ist eine Steuerbescheinigung, die den gesetzlichen Vorgaben nicht entspricht, vom Aussteller zurückzufordern und durch eine berichtigte Bescheinigung zu ersetzen. Werden Steuerbescheinigungen nicht innerhalb eines Monats ab Rückgabeaufforderung an den Aussteller zurückgegeben, so hat dieser das nach seinen Unterlagen für den Empfänger zuständige Finanzamt schriftlich zu benachrichtigen (§ 45a Abs. 6 Satz 3 EStG).

410 Die auszahlende Stelle (i. d. R. Kreditinstitute) oder der Schuldner der Kapitalerträge ist nicht verpflichtet, einen nachträglich erteilten Freistellungsauftrag anzunehmen. Dem Stpfl. bleibt, falls sein nachträglich erteilter/erhöhter Freistellungsauftrag nicht angenommen wird, nur die Möglichkeit, über eine Einkommensteuerveranlagung die Anrechnung der KapESt zu erreichen.[2]

Ist ein Freistellungsauftrag von der auszahlenden Stelle irrtümlicherweise nicht oder nicht richtig berücksichtigt worden, so kann dieser Fehler von ihr berichtigt werden.[3]

h) Freistellungsauftrag und Eheschließung

411 Ehepaare können nach Auffassung der FinVerw. nur einen gemeinsamen Freistellungsauftrag erteilen, d. h., mit dem Tag der Eheschließung verlieren die Einzel-Freistellungsaufträge der Eheleute ihre Wirkung. Liegt zum Zeitpunkt des Zuflusses der Kapitalerträge kein von beiden Ehegatten unterschriebener Freistellungsauftrag vor, so hat der Abzugsverpflichtete, i. d. R. die Bank, den Steuerabzug vorzunehmen.[4] Der für das Jahr der Eheschließung zu erteilende gemeinsame Freistellungsauftrag darf maximal in Höhe des Differenzbetrages zwischen 2 842 € und dem bereits ver-

---

1 BMF-Schreiben v. 5. 11. 2002, Rz. 18, a. a. O.
2 OFD Cottbus, Vfg. v. 13. 4. 1994, FR 1994, 412.
3 Eisendick, BankInf 12/1995, 39, z. B. bei Eingabefehlern in die EDV.
4 BMF-Schreiben v. 2. 2. 1993, DB 1993, 813; s. Anhang.

III. Der Zinsabschlag 161

brauchten Freistellungsvolumen der Einzel-Freistellungsaufträge erteilt werden.[1]

Beispiel:
Einzel-Freistellungsauftrag von Frau A über 1 100 €, davon sind bis zur Eheschließung 600 € verbraucht.
Einzel-Freistellungsauftrag von Herrn B 1 421 €, davon sind 601 € verbraucht.
Das Ehepaar kann für das Jahr der Eheschließung einen gemeinsamen Freistellungsauftrag in Höhe von max. 1 641 € (2 842 € ./. 600 € ./. 601 €) erteilen.

Mit Erteilung des gemeinsamen Freistellungsauftrags sind die Einzel-Freistellungsaufträge auf das verbrauchte Volumen zu reduzieren und ihre Gültigkeitsdauer auf das Jahr der Eheschließung zu befristen. Die Reduzierung auf das verbrauchte Volumen ist angeraten, da neben dem Verbrauch des gemeinsamen Freistellungsauftrags vom (von den) Abzugsverpflichteten auch der Verbrauch der Einzel-Freistellungsaufträge an das Bundesamt für Finanzen zu übermitteln sind.[2] Für das Folgejahr kann das Ehepaar dann ein gemeinsames Freistellungsvolumen von maximal 2 842 € in Anspruch nehmen.

i) Freistellungsauftrag bei dauernd getrennt lebenden Ehepaaren

Für dauernd getrennt lebende Ehepaare, die ihre Lebens-, Haushalts- und Wirtschaftsgemeinschaft aufgegeben haben (ununterbrochen seit Beginn des Jahres), entfällt das Wahlrecht zwischen Zusammenveranlagung und getrennter Veranlagung. Sie können keinen gemeinsamen Freistellungsauftrag erteilen. Sie sind verpflichtet, sobald die Voraussetzungen für eine Zusammenveranlagung nicht mehr vorliegen, den Empfänger eines gemeinsam erteilten Freistellungsauftrags über die Veränderung zu informieren. Der amtliche Vordruck enthält einen entsprechenden Hinweis.[3] 412

Da im Trennungsjahr den Ehegatten noch ein gemeinsames Freistellungsvolumen (§ 20 Abs. 4 Satz 2 EStG) zusteht, dürfen sie nach Auffassung der FinVerw. für das Kalenderjahr der Trennung (auch für die Zeit nach der Trennung) nur gemeinsame Freistellungsaufträge erteilen.[4] Dies gelte so- 413

---

1 BMF-Schreiben v. 1. 7. 1993, BStBl I 1993, 526; s. Anhang und BMF-Schreiben v. 5. 11. 2002, Rz. 23, BStBl I 2002, 1346; s. Anhang.
2 BMF-Schreiben v. 1. 7. 1993, a. a. O.
3 „Der Freistellungsauftrag ist z. B. nach Auflösung der Ehe oder bei dauerndem Getrenntleben zu ändern."
4 BMF-Schreiben v. 5. 11. 2002, Rz. 24, a. a. O.

wohl für Gemeinschaftskonten als auch für nur auf den Namen eines Ehegatten lautenden Einzelkonten. Im Trennungsjahr vom gemeinsamen Freistellungsauftrag zu Einzel-Freistellungsaufträgen zu wechseln ist somit nicht möglich.[1] Das vom Ehepaar gemeinsam erteilte Freistellungsvolumen ist zumindest auf das Ende des Trennungsjahres zeitlich zu befristen, denn für die dem Trennungsjahr folgenden Jahre dürfen nur noch Einzel-Freistellungsaufträge erteilt werden.

414 Nach Auffassung der FinVerw. hat das Kreditinstitut einen gemeinsamen Freistellungsauftrag eines Ehepaares nach § 671 BGB zu kündigen, sobald es davon Kenntnis erlangt, dass die Voraussetzungen für eine Zusammenveranlagung nicht mehr vorliegen.[2] Eine Kündigung kommt bei dauernd getrennt lebenden Ehepaaren nur für das auf das Jahr der Trennung folgende Jahr in Frage (s. Rdnr. 413).

Wird dem Kreditinstitut erst verspätet bekannt, dass ein Kontoinhaber zwischenzeitlich geschieden ist, so ist es nicht verpflichtet, den Zinsabschlag nachzuholen.[3]

j) Freistellungsauftrag im Todesfall (Einzelperson)

415 Dem Stpfl. sind Kapitalerträge nur bis zu seinem Tode zuzurechnen. Mit dem Ableben werden die Rechtsnachfolger Gläubiger der Kapitalerträge. Das Kapitalvermögen geht im Ganzen auf sie über (§ 1922 BGB). Der vom Verstorbenen erteilte Freistellungsauftrag kann nicht mehr Grundlage für die Abstandnahme vom KapESt-Abzug bzw. für eine Erstattung der KapESt sein.[4] Kapitalerträge i. S. d. § 43 Abs. 1 Satz 1 Nr. 7, 8 und Satz 2 EStG, die nach dem Todestag zufließen, können nicht mehr freigestellt werden, weil die Voraussetzung des § 44a Abs. 6 EStG (Verwaltung und Verwahrung der Kapitalanlagen im Zuflusszeitpunkt unter dem Namen des Gläubigers) nicht mehr erfüllt ist.

Sobald die Bank als abzugsverpflichtete Stelle vom Ableben erfährt, darf sie den Freistellungsauftrag des Verstorbenen nicht mehr berücksichtigen. Auf welche Art und Weise der Tod bekannt wird, ist ohne Bedeutung.

---

1 Entgegen der in der vorhergehenden Auflage noch vertretenen Auffassung.
2 OFD Koblenz, Vfg. v. 26. 11. 1992, DStR 1993, 165.
3 Sächsisches Staatsministerium der Finanzen, Erlass v. 22. 3. 1993, DStZ 1993, 351.
4 BMF-Schreiben v. 2. 2. 1993, DB 1993, 813; s. Anhang.

III. Der Zinsabschlag 163

Erfährt ein Kreditinstitut erst verspätet vom Tod eines Kontoinhabers, so ist es allerdings nicht verpflichtet, den Steuerabzug nachzuholen.[1]
Kapitalerträge, die an dem Tag fällig sind, an dem der Tod bekannt wird, fallen noch unter diese **Billigkeitsregelung,** da sie zu Beginn des Tages fällig sind. Vom darauf folgenden Tag an hat der Freistellungsauftrag des Verstorbenen seine Wirkung verloren. 416

Eine **zeitanteilige Aufteilung** der nach dem Todestag fälligen Erträge auf Erblasser und Rechtsnachfolger erfolgt nicht. Für die Zuordnung der Erträge ist allein maßgebend, wer im Zeitpunkt der Fälligkeit Gläubiger der Erträge ist bzw. war. Der Zahlungszeitraum der Kapitalerträge spielt dabei keine Rolle. Erträge, die am Todestag fällig sind, sind noch dem Verstorbenen zuzurechnen. 417

Ist die Erbfolge geklärt, können die Kapitalanlagen des Erblassers auf den/die Namen der Rechtsnachfolger umgeschrieben werden. Nach der **Umschreibung** kann u. E. der Freistellungsauftrag des Erben zur Freistellung vom Steuerabzug herangezogen werden. Das gilt auch für den gemeinsamen Freistellungsauftrag eines allein erbenden Ehepaares. Für Kapitalerträge, die zwischen Todestag und Umschreibung zugeflossen sind und dem Steuerabzug unterworfen wurden, ist der **Freistellungsauftrag rückwirkend zu berücksichtigen.**[2] Von der Finanzverwaltung wird diese Auffassung allerdings nicht geteilt.[3]

Nach rückwirkender Umschreibung kann die einbehaltene KapESt von der Bank ausgezahlt werden. Eine Verpflichtung dazu besteht allerdings nicht. Ist über den Steuerabzug eine Steuerbescheinigung ausgehändigt worden, so kann die Erstattung nur unter Rückgabe der Bescheinigung erfolgen. Wird die Bescheinigung nicht innerhalb eines Monats zurückgegeben, ist der Aussteller der Bescheinigung verpflichtet, das für den Empfänger zuständige Finanzamt zu benachrichtigen (§ 45a Abs. 6 Satz 3 EStG).

Bei der **rückwirkenden Anwendung** eines Freistellungsauftrags ist zu beachten, dass in die Fortschreibung des Freistellungsvolumens nicht nur die nachträglich freigestellten Erträge, sondern auch diejenigen Erträge einbezogen werden, bei denen der Steuerabzug aufgrund der verspäteten Information über den Tod des Kontoinhabers unterblieben ist. 418

---

1 BMF-Schreiben v. 2. 2. 1993, a. a. O.
2 Vgl. auch Rdnr. 424 f.
3 Ministerium für Finanzen und Energie des Landes Schleswig-Holstein, Erlass v. 16. 2. 2004, DStR 2004, 1128; OFD Münster v. 6. 11. 1996, FR 1996, 868.

Beispiel:
Stpfl. A hat seinem Kreditinstitut einen Freistellungsauftrag über 1 421 € erteilt. Am 12. 4. sind 100 € Ausschüttungen aus einem Genussschein fällig, der in seinem Depot verwahrt wird. A verstirbt am 13. 4. Aus einem endfälligen Sparbrief fließen am 1. 7. Zinsen über 500 € zu. Sein Alleinerbe B benachrichtigt das Kreditinstitut am 8. 7. vom Tod des A und erteilt einen Freistellungsauftrag über 1 421 €. Am 8. 8. werden A 800 € aus einem einjährigen Termingeld gutgeschrieben. Durch Vorlage eines Erbscheins am 9. 9. weist B seine Erbberechtigung nach. Das Kreditinstitut schreibt sofort die Kapitalanlagen des verstorbenen A auf den Namen des B um. Zum Jahresende werden Zinsen über 50 € aus einem Sparkonto fällig.

Die Ausschüttung von 100 € auf den Genussschein sind A zuzurechnen. Sie betreffen seinen Freistellungsauftrag. Der Zinsertrag von 500 € aus dem Sparbrief ist zu einem Zeitpunkt fällig, in dem das betreffende Konto vom Kreditinstitut noch auf dem Namen des A geführt wird. Der Freistellungsauftrag des A findet weiterhin Berücksichtigung. Der KapESt-Abzug (Zinsabschlag) muss vom Kreditinstitut nicht nachgeholt werden, nachdem es vom Tod des A erfahren hat. Die Termingeldzinsen über 800 € unterliegen dem Steuerabzug. Weder der Freistellungsauftrag des verstorbenen A, noch der seines Alleinerben B findet zunächst Berücksichtigung. Das Termingeldkonto wird vom Kreditinstitut als „Nachlasskonto" geführt. Die Voraussetzungen des § 44a Abs. 6 EStG sind im Zuflusszeitpunkt nicht erfüllt. Jedoch erstattet die Bank nach rückwirkender Umschreibung der Konten den einbehaltenen Steuerabzug an B. Auf das von B erteilte Freistellungsvolumen rechnet die Bank neben dem nachträglich freigestellten 800 € (Festgeldzinsen) die 500 € (Zinsertrag Sparbrief) an. Die Sparzinsen über 50 € sind B zuzurechnen; hier wirkt sein Freistellungsauftrag.

419 Bei der **Auflösung eines Nachlasskontos** kann der Steuerabzug dadurch vermieden werden, dass das Konto vor seiner Auflösung auf den Namen des Erben umgeschrieben wird. Erst dann kann dessen Freistellungsauftrag für die im Zusammenhang mit der Auflösung zufließenden Kapitalerträge Berücksichtigung finden (§ 44a Abs. 6 EStG).

k) Gemeinsamer Freistellungsauftrag im Todesfall (Ehepaar)

420 Der gemeinsame Freistellungsauftrag eines Ehepaares entfaltet seine Wirkung beim Ableben eines Partners nur noch für die Konten, für die der überlebende Ehegatte alleiniger Gläubiger (Einzelkonten) ist. Er gilt allerdings nur bis zum Ende des Todesjahres, so lange wie dem überlebenden Ehegatten im Todesjahr noch der doppelte Sparerfreibetrag und Werbungskosten-Pauschbetrag zusteht. Im nachfolgenden Jahr kann der überlebende Ehegatte nur noch das Freistellungsvolumen für Alleinstehende von 1 421 € in Anspruch nehmen.

III. Der Zinsabschlag 165

Dem überlebenden Ehegatten steht u. E. für das Todesjahr das Recht zu, den gemeinsamen Freistellungsauftrag zu mindern, zu erhöhen bzw. erstmalig einen gemeinsamen Freistellungsauftrag bis zum Höchstbetrag von 2 842 € zu erteilen.

Für Einzelkonten und Gemeinschaftskonten des Verstorbenen verliert der gemeinsame Freistellungsauftrag seine Wirkung.

l) Freistellungsauftrag und Erbengemeinschaft

Eine Freistellung vom Steuerabzug ist bei Erbengemeinschaften nicht möglich. Das gilt auch dann, wenn jedes Mitglied der Erbengemeinschaft einen eigenen Freistellungsauftrag erteilt. 421

Sollte die Erbengemeinschaft für das Kapitalvermögen des Erblassers eine (Teil-) **Erbauseinandersetzung** durchführen, so kann die Auseinandersetzung von der Bank rückwirkend berücksichtigt werden. Voraussetzung hierzu ist, dass die Auseinandersetzung innerhalb von sechs Monaten[1] nach dem Todestag zustande kommt und die Bank die Kapitalanlagen auf den jeweiligen Erben umschreibt. 422

m) Vertrag zugunsten eines Dritten auf den Todesfall

Bei Verträgen zugunsten Dritter auf den Todesfall müssen bei Fälligkeit von Kapitalerträgen nach dem Todestag die Konten auf den Dritten bereits umgeschrieben sein, damit der Freistellungsauftrag des Dritten berücksichtigt werden kann. 423

n) Rückwirkende Anwendung eines Freistellungsauftrags im Todesfall (rückwirkende Umschreibung von Konten)

Kapitalanlagen werden von den Banken i. d. R. erst mit Vorlage des Erbscheins auf den Erben umgeschrieben. In gesondert gelagerten Fällen, in denen die Erbfolge dem Institut bereits bekannt ist, erfolgt die Umschreibung unter Haftungsfreistellung grds. auch ohne Erbschein. Die Umschreibung bedingt keine Zinskapitalisierung. Der Tod des Zinsgläubigers und die Umschreibung der Kapitalanlagen haben keinen Einfluss auf die Fälligkeit der Erträge. 424

Im Bereich der KapESt kann unserer Meinung nach die Umschreibung rückwirkend berücksichtigt werden, d. h., dass die Kapitalanlagen des Ver- 425

---

1 BMF-Schreiben v. 11. 1. 1993, BStBl I 1993, 62; dagegen ist die Umschreibung bei einem Alleinstehenden jederzeit ohne zeitliche Befristung möglich.

storbenen von der Bank so zu behandeln sind, als wären sie am Todestag auf den Namen des Erben umgeschrieben worden. Die Umschreibung stellt letztlich nur eine Anpassung an die geänderte Rechtszuständigkeit dar. Ein vom Alleinerben bzw. einem alleinerbenden Ehepaar erteilter Freistellungsauftrag kann demnach rückwirkend für die Kapitalerträge berücksichtigt werden, die auf den „Nachlasskonten" des Erblassers zugeflossen sind. Die Voraussetzung des § 44a Abs. 6 EStG (Verwahrung/Verwaltung unter dem Namen des Gläubigers) ist erfüllt, da sich hinter der Bezeichnung des Nachlasskontos der Alleinerbe als Gläubiger verbirgt. Der Steuerabzug kann u. E. erstattet werden. Nach Auffassung der Finanzverwaltung kommt dies in den genannten Fällen allerdings nicht in Betracht.[1] Bereits ausgestellte **Steuerbescheinigungen** sind von der abzugsverpflichteten Bank einzufordern.

426 Die Vertragsbedingungen für **Gemeinschaftskonten** (Kontoeröffnungsantrag) können die Möglichkeit vorsehen, dass der überlebende Kontoinhaber das Konto jederzeit – ohne Vorlage eines Erbscheins – auf seinen alleinigen Namen umschreiben lassen kann. Für ein auf diese Weise neu entstandenes Einzelkonto gilt der vom Überlebenden erteilte Einzel-Freistellungsauftrag. Beim überlebenden Ehegatten gilt im Todesjahr der gemeinsam erteilte Freistellungsauftrag.

15. Nichtveranlagungs-Bescheinigung

427 Das NV-Verfahren für natürliche Personen wurde ab 1. 1. 1993 auf Zinserträge ausgedehnt (§ 44a Abs. 1 Nr. 2 i. V. m. Abs. 2 Nr. 2 EStG). Bei Kapitalerträgen i. S. d. § 43 Abs. 1 Satz 1 Nr. 3, 4, 7 und 8 sowie Satz 2 EStG ist vom Steuerabzug Abstand zu nehmen, wenn dem Abzugsverpflichteten, z. B. der Bank, eine NV-Bescheinigung vorliegt.

Liegen die Kapitalerträge des Anlegers über der maximalen Freistellungsgrenze und hat er nur geringe andere Einkünfte, kann es in bestimmten Fällen sinnvoller sein, eine NV-Bescheinigung beim Finanzamt zu beantragen und der Bank vorzulegen als einen Freistellungsauftrag zu erteilen.

Beispiel:

Ein verheirateter Rentner – Renteneintritt in 2002 mit 65 Jahren – bezieht 2005 eine Rente von 12 000 €. Daneben fließen dem Ehepaar 9 000 € an Kapitalerträgen zu.

---

1 Vgl. Rdnr. 417.

III. Der Zinsabschlag

Steuerberechnung:
Besteuerungsanteil der Rente (50 v. H., §22 EStG)	6 000 €
Werbungskosten-Pauschbetrag	./. 102 €
Kapitaleinnahmen	9 000 €
Sparer-Freibetrag und Werbungskosten-Pauschbetrag	./. 2 842 €
Altersentlastungsbetrag	./. 1 900 €
Gesamtbetrag der Einkünfte	10 156 €
Sonderausgaben-Pauschbetrag	72 €
zu versteuerndes Einkommen	10 084 €
ESt nach Splittingtabelle	0 €

Die Stpfl. würden auf Antrag eine NV-Bescheinigung erhalten, mit der die Kapitaleinnahmen in voller Höhe von der KapESt befreit wären. Würden sie nur einen Freistellungsauftrag über 2 842 € erteilen, würde von dem übersteigenden Betrag KapESt einbehalten werden.

Freistellungsauftrag oder NV-Bescheinigung können **alternativ** genutzt werden. In beiden Fällen erfolgt kein KapESt-Abzug. Die NV-Bescheinigung kann nur beim Finanzamt[1] beantragt werden, während der Freistellungsauftrag ohne Antragsverfahren vom Stpfl. selbst erteilt wird. Im Gegensatz zum Freistellungsauftrag wirkt eine NV-Bescheinigung betragsmäßig unbegrenzt, hat aber nur eine Geltungsdauer von drei Jahren. 428

Kinder können Einkünfte aus Kapitalvermögen bis zu 9 156 € erzielen, ohne dass ESt anfällt, da jedem Kind 429

- ein eigener Sparer-Freibetrag   1 370 €
- ein Werbungskosten-Pauschbetrag für Kapitaleinkünfte   51 €
- der Sonderausgaben-Pauschbetrag   36 €
- sowie der Grund-Freibetrag[2]   7 699 €
- insgesamt   9 156 €

zusteht.

Bezieht das Kind Kapital**einnahmen,** die über 1 421 € liegen, aber den Betrag von 9 156 € nicht übersteigen, kommt nur eine NV-Bescheinigung in Betracht, um die KapESt zu vermeiden.

Arbeitnehmer erhalten wegen der Möglichkeit einer Antragsveranlagung (§ 46 Abs. 2 Nr. 8 EStG) keine NV-Bescheinigung.

---

[1] Zur Echtheitskontrolle bei NV-Bescheinigungen s. OFD-Koblenz, Vfg. v. 26. 11. 1992, DStR 1993, 166.
[2] Hierbei handelt es sich um den Eingangsbetrag nach der Grundtabelle.

430 Die **verspätete Vorlage** einer NV-Bescheinigung bei der abzugsverpflichteten Stelle (z. B. der Bank) berechtigt diese zu einer rückwirkenden Änderung des Steuerabzugs. Eine Verpflichtung dazu besteht ihrerseits nicht. Der Stpfl. muss dazu die früheren Steuerbescheinigungen an die Bank zurückgeben. Bringt der Stpfl. diese Bescheinigungen nicht bei, so hat die Bank das Finanzamt davon zu unterrichten (§ 45a Abs. 6 Satz 3 EStG).

16. Besteuerung bestimmter Kapitalerträge

Verwaltungsanweisungen: FinMin. Brandenburg, Erl. v. 28. 4. 1994, FR 1994, 412, DB 1994, 1014, betr. Gemeinschaftskonten bei nicht ehelichen Lebensgemeinschaften; BMF v. 12. 10. 1994, BStBl I 1994, 815, betr. Zinsabschlag von Kapitalerträgen aus unverzinslichen Schatzanweisungen des Bundes einschließlich Bundesbank-Liquiditäts-U-Schätzen.

a) Endfällige Zinsscheine

431 Nach § 20 Abs. 2 Satz 1 Nr. 2 Buchst. b EStG sind Einnahmen aus der **Veräußerung** von abgetrennten Zinsscheinen, also ohne das dazugehörige Wertpapier (Stammrecht), einkommensteuerpflichtig. Über § 43 Abs. 1 Satz 1 Nr. 8 EStG unterliegen diese Einnahmen dem KapESt-Abzug. Der Steuersatz beträgt 35 v. H., da es sich bei der Abtrennung und Veräußerung im Regelfall um ein **Tafelgeschäft** und nicht um ein Depotgeschäft handeln dürfte.

Das Gesetz verwendet den Begriff „Tafelgeschäft" zwar nicht, doch nach § 43a Abs. 1 Nr. 3 i. V. m. § 44 Abs. 1 Satz 4 Nr. 1 Buchst. a Doppelbuchst. bb EStG unterliegen Kapitalerträge, die gegen „Aushändigung" von Zinsscheinen ausgezahlt oder gutgeschrieben werden, dem erhöhtem Steuersatz von 35 v. H.

Unter Aushändigung ist der Verkauf von endfälligen Zinsscheinen Zug um Zug gegen Barzahlung am Bankschalter, aber ohne Verkauf des Stammrechts (Tafelgeschäft) oder die **Hingabe** von endfälligen Zinsscheinen **zum Einzug** zu verstehen. Der erhöhte Steuersatz gilt auch für die Veräußerung durch Steuerausländer (§ 49 Abs. 1 Satz 1 Nr. 5 Buchst. c Doppelbuchst. cc EStG).

432 Sparer-Freibetrag und Werbungskosten-Pauschbetrag können bei Tafelgeschäften und bei Hingabe zum Einzug nicht über den Freistellungsauftrag, sondern nur im Wege der Veranlagung geltend gemacht werden. Eine Steuerbescheinigung mit einem entsprechenden Hinweis, z. B. „Wertpapiere

III. Der Zinsabschlag 169

nicht im Depot" kann von der auszahlenden Stelle dem Einreicher auf Verlangen hin ausgestellt werden.

b) Vereinnahmte Stückzinsen

Bei festverzinslichen Wertpapieren, die während einer Zinsperiode veräußert werden, hat der Erwerber an den Veräußerer Stückzinsen (s. Rdnr. 1031 ff.) zu zahlen. Sie werden besitzzeitanteilig bezogen auf den letzten Zinskapitalisierungszeitpunkt ermittelt.   433

Beispiel:
Eine Schuldverschreibung über 1 000 € mit einer laufenden Verzinsung von 3 v. H. und Zinstermin 31. 12. wird am 1. 7. veräußert. Der Veräußerer erhält für die Zeit vom 1. 1. – 30. 6. vom Erwerber Stückzinsen in Höhe von 15 €.

Stückzinsen (Einnahmen aus der Veräußerung von Zinsscheinen **mit Stammrecht**, § 20 Abs. 2 Satz 1 Nr. 3 EStG) unterliegen dem KapESt-Abzug (§ 43 Abs. 1 Satz 1 Nr. 8 EStG).

Ursprünglich sollte sich der Steuerabzug nach den vereinnahmten Zinsen abzüglich des Entgelts für den Erwerb der Zinsscheine (sog. Nettolösung) bemessen. Die direkte Zuordnung gezahlter Stückzinsen zu den vereinnahmten Zinsen aus dem erworbenen Wertpapier ist durch das StMBG aufgehoben worden. Es gilt nun das modifizierte Nettoprinzip; s. Rdnr. 338 ff.   434

Die einkommensteuerliche Stückzinsregelung wurde um die Einnahmen aus der **Veräußerung von Schuldverschreibungen** mit nicht verbrieften Zinsforderungen (§ 20 Abs. 2 Satz 1 Nr. 3 EStG) mit Wirkung ab 1. 1. 1994 erweitert.

Stückzinsen aus der **Veräußerung von Zinsforderungen** unterliegen ebenfalls dem Steuerabzug (§ 43 Abs. 1 Satz 1 Nr. 8 EStG).

Der **Steuersatz** beträgt 30 v. H. Er erhöht sich auf 35 v. H., wenn die Veräußerung im Tafelgeschäft (Zug um Zug gegen Barzahlung am Schalter) erfolgt (§§ 43a Abs. 1 Nr. 3, 44 Abs. 1 Satz 4 Nr. 1 Buchst. a Doppelbuchst. bb EStG).   435

Stückzinsen aus der Veräußerung **in- und ausländischer** Wandelanleihen unterliegen keinem Steuerabzug (§ 43 Abs. 1 Satz 1 Nr. 8 EStG).   436

c) Ab- oder aufgezinste Wertpapiere und Kapitalforderungen

437 Werden ab- oder aufgezinste Wertpapiere/Kapitalforderungen, z. B. Sparbriefe, Zero-Bonds, 1994 oder später endfällig, so ist der besitzzeitanteilige **Zinszuwachs** kapitalertragstpfl. Das gilt auch für den Zinszuwachs, der rechnerisch auf die Jahre vor 1993 entfällt.

438 Der Zinsabschlag beträgt 30 v. H., wenn die Verwahrung der auf- oder abgezinsten Wertpapiere im Depot erfolgt und sie bei Fälligkeit eingelöst werden. Obwohl diese Papiere keine Zinsscheine haben, ist nach Auffassung der FinVerw. bei Einlösung am Bankschalter (Tafelgeschäft) der erhöhte Abschlag von 35 v. H. vorzunehmen.[1]

d) Bundesschatzbriefe Typ B

439 Bei Rückzahlung/Veräußerung eines Bundesschatzbriefs Typ B unterliegt der volle Kapitalertrag ohne jeden Abzug dem Zinsabschlag (Rückgabekurs ./. Ausgabekurs; § 43 Abs. 1 Satz 1 Nr. 8 i. V. m. § 43a Abs. 2 Satz 6 und 1 EStG). Der Steuerabzug erfolgt damit unabhängig von der Besitzzeit; s. Rdnr. 365.

e) Einnahmen aus der Veräußerung, Abtretung bzw. Einlösung bestimmter Kapitalanlagen i. S. d. § 20 Abs. 2 Satz 1 Nr. 4 EStG

440 In § 20 Abs. 2 Satz 1 Nr. 4 Buchst. a – d EStG ist die einkommensteuerliche Behandlung der Veräußerung, Abtretung oder Einlösung bei Endfälligkeit von

- auf- oder abgezinsten Kapitalforderungen (z. B. Nullkupon-Anleihen, Sparbriefe, Bundesschatzbrief Typ B) – Buchst. a –,
- abgetrennten Kapitalforderungen (z. B. stripped bonds) oder Zinsscheinen und Zinsforderungen zu einem ab- oder aufgezinsten Preis – Buchst. b –,
- „flat" gehandelten Kapitalforderungen (z. B. Index-Anleihen) – Buchst. c –,
- Kapitalforderungen mit unterschiedlicher Zinsausstattung (Kombizins-, Gleitzinsanleihen, Floater) – Buchst. d – geregelt.

Diese Erträge unterliegen nach § 43 Abs. 1 Satz 1 Nr. 8 EStG dem Steuerabzug.

---

[1] BMF-Schreiben v. 26. 10. 1992, BStBl I 1992, 693, unter 2.2; aufgehoben durch BMF-Schreiben v. 5. 11. 2002, BStBl I 2002, 1346.

III. Der Zinsabschlag

Bemessungsgrundlage ist grds. der Unterschied zwischen dem Entgelt für den Erwerb und den Einnahmen aus der Veräußerung oder Einlösung der Wertpapiere und Kapitalforderungen (§ 43a Abs. 2 Satz 2 EStG; Differenz-Methode oder Marktrendite; zu den Anwendungsvoraussetzungen der Differenz-Methode s. Rdnr. 358). Sind die Voraussetzungen für die Ermittlung der stpfl. Erträge nach der Differenz-Methode nicht erfüllt, kommt die sog. Pauschalbemessungsgrundlage zur Anwendung (s. Rdnr. 360 ff.).

Werden bei der Veräußerung derartiger Kapitalanlagen (§ 20 Abs. 2 Satz 1 Nr. 4 EStG) Stückzinsen gesondert in Rechnung gestellt (§ 20 Abs. 2 Satz 1 Nr. 3 EStG), so wird der Steuerabzug nicht nur von diesen, sondern auch vom Kapitalertrag nach § 20 Abs. 2 Satz 1 Nr. 4 EStG vorgenommen. Die Bemessungsgrundlage setzt sich dann aus den Stückzinsen und dem Ertrag zusammen, der nach der Differenz-Methode oder auf der Pauschalbemessungsgrundlage ermittelt wurde. **441**

f) Investmentanteile

Die kapitalertragsteuerliche Behandlung der Investmenterträge ist wie auch deren einkommensteuerliche Behandlung im InvStG [1]geregelt. **442**

Aus der nachfolgenden Übersicht sind diejenigen Ertragsbestandteile ersichtlich, bei denen es bei Investmenterträgen zum KapESt-Abzug kommt:

Ertragsbestandteil	Steuersatz
Zinsen, ausgeschüttet oder thesauriert	30 %
Zwischengewinne	30 %
Inländische Dividenden, ausgeschüttet oder thesauriert	20 %
Erträge aus Vermietung und Verpachtung	20 %
Veräußerungsgewinne aus Grundstücken innerhalb der 10-Jahresfrist	30 %

Bei anderweitigen Ertragsbestandteilen sieht das InvStG keine Erhebung von KapESt vor.

Bei dem auf Dividenden entfallenden Anteil der Ausschüttung unterliegt der gesamte anteilige Betrag dem Steuerabzug, obwohl sein hälftiger Betrag nach § 3 Nr. 40 EStG steuerfrei gestellt wird. Enthält die Ausschüttung Gewinne aus der Veräußerung von Wertpapieren, Aktien und Bezugs- **443**

---

[1] Bis zum 31. 12. 2003 galten grundsätzlich die Regelungen des KAGG bzw. AuslInvestmG.

rechten auf Anteile an Kapitalgesellschaften, wird kein Steuerabzug vorgenommen.

444–450 *(einstweilen frei)*

g) Zwischengewinne

451 Nach der Rechtslage bis 1993 flossen einem Privatanleger Kapitalerträge aus der Beteiligung an einem Investmentfonds nur in Form von Ausschüttungen oder als ausschüttungsgleiche (thesaurierte) Erträge zu. Die Rückgabe von Investmentanteilen an die Fondsgesellschaft oder die Veräußerung von Fondsanteilen führte außerhalb der Spekulationsfrist nicht zu stpfl. Einnahmen. Der im Rücknahmepreis enthaltene Wertzuwachs, der sich durch die Erträgnisse seit der letzten Ausschüttung gebildet hatte, wurde steuerlich nicht erfasst. Inhaber von Investmentzertifikaten waren insoweit besser gestellt als Direktanleger.

Seit 1. 1. 1994 wurde auch der **Zwischengewinn** (§ 39 Abs. 2 KAGG) den stpfl. Einnahmen aus Kapitalvermögen i. S. d. § 20 Abs. 1 Nr. 1 EStG zugerechnet und nach § 38b Abs. 4 KAGG der KapESt (Zinsabschlag) unterworfen. Für den Veranlagungszeitraum 2004 sah das KAGG und das InvStG keine Zwischengewinnbesteuerung vor. Seit dem 1. 1. 2005 ist die Zwischengewinnbesteuerung wieder eingeführt worden (§ 7 Abs. 1 Satz 1 Nr. 4 InvStG).

452 Zwischengewinn (§ 1 Abs. 4 InvStG) ist das Entgelt für die dem Anteilscheininhaber (seit der letzten Ausschüttung oder Thesaurierung) noch nicht zugeflossenen oder als zugeflossen geltenden

- dem Wertpapier-Sondervermögen zugeflossenen Zinserträge i. S. d. § 20 Abs. 1 Nr. 7 und Abs. 2 EStG außer Nr. 2 Buchst. a (Zinsen und Stückzinsen abzüglich verausgabter Stückzinsen),

- die angewachsenen Ansprüche auf derartige Einnahmen,

- Einnahmen aus Anteilen an anderen Investmentvermögen, soweit darin Einnahmen i. S. d. § 20 Abs. 1 Nr. 7 und Abs. 2 mit Ausnahme der Nr. 2 Buchst. a des EStG enthalten sind,

- Zwischengewinne des Investmentvermögens,

- zum Zeitpunkt der Rückgabe oder Veräußerung des Anteilscheins veröffentlichten Zwischengewinne oder stattdessen anzusetzende Werte von Investmentvermögen, an denen das Wertpapier-Sondervermögen Anteile hält (betrifft nur Dachfonds vgl. Rdnr. 1386).

III. Der Zinsabschlag

Nicht zum Zwischengewinn gehören Dividendenerträge und Veräußerungsgewinne aus der Veräußerung von Wertpapieren und Bezugsrechten auf Anteile an Kapitalgesellschaften.   453

Bei der Ermittlung des Zwischengewinns wurden nach dem KAGG (§ 39 Abs. 2 KAGG) auch Verluste aus Termingeschäften (§ 23 Abs. 1 Satz 1 Nr. 4 EStG) berücksichtigt. Da das Gesetz eine unbeschränkte Verlustverrechnung mit anderen Bestandteilen des Zwischengewinns vorsah, konnte sich ein negativer Zwischengewinn ergeben. Dieser minderte ebenso wie verausgabte Zwischengewinne über den Stückzinstopf bei zukünftigen Erträgen die Bemessungsgrundlage für den KapESt-Abzug. Der Zwischengewinn nach dem InvStG erfasst die Termingeschäfte des § 23 Abs. 1 Satz 1 Nr. 4 EStG nicht mehr, so dass es zu keinem negativen Zwischengewinn mehr kommen kann.   454

Damit geht der Zwischengewinn seit dem 1. 1. 2005 nur noch als vereinnahmter oder verausgabter Zwischengewinn in den Stückzinstopf (vgl. Rdnr. 342 ff.) ein.

Der Zwischengewinn ist mit den Stückzinsen bei einer Anleihe vergleichbar.

Der Zwischengewinn gilt als in den Einnahmen aus der Rückgabe oder Veräußerung von Anteilscheinen oder aus der Abtretung der in den Anteilscheinen verbrieften Ansprüchen enthalten (§ 2 Abs. 1 Satz 5 InvStG). Dementsprechend sind die Investmentgesellschaften verpflichtet, den Zwischengewinn börsentäglich zu ermitteln und zusammen mit dem Rücknahmepreis zu veröffentlichen (§ 5 Abs. 3 InvStG). Wird gegen diese Verpflichtung verstoßen, sind ersatzweise 6 v. H. des Entgelts für die Rückgabe oder Veräußerung anzusetzen (§ 5 Abs. 3 Satz 2 InvStG).   455

Die Zwischengewinnbesteuerung gilt sowohl für inländische als auch für ausländische Investmentfonds (§§ 1 Abs. 1 Nr. 2 i. V. m. 5 Abs. 3 InvStG), wenn die Anteile über ein inländisches Kreditinstitut veräußert oder zurückgegeben werden. Der Zwischengewinn unterliegt einem KapESt-Abzug von 30 v. H. (Zinsabschlag/§ 7 Abs. 1 Satz 1 Nr. 4 und Satz 2 InvStG).

h) Ausländische Wandelanleihen und Genussrechte

Zinsen aus ausländischen Wandelanleihen und Genussrechten unterliegen nach § 43 Abs. 1 Satz 1 Nr. 7 Buchst. a EStG (bei den Kapitalerträgen des § 43 Abs. 1 Satz 1 Nr. 2 EStG handelt es sich nur um inländische Erträge)   456

dem 30 %igen Zinsabschlag. Von Zinsen aus inländischen Wandelanleihen und Genussrechten wird dagegen nur KapESt i. H. v. 25 v. H. erhoben.

i) Konto auf den Namen eines Dritten

457 Für die Abstandnahme vom Steuerabzug nach § 44a EStG ist Voraussetzung, dass Gläubiger und Kontoinhaber identisch sind (§ 44a Abs. 6 EStG). Das ist nicht der Fall, wenn das Konto auf den Namen eines Dritten (Gläubigervorbehaltskonto) geführt wird. Weder der Gläubiger noch der Kontoinhaber können hier einen wirksamen Freistellungsauftrag erteilen.

j) Vorschusszinsen

458 Werden Spareinlagen vorzeitig zurückgezahlt und fallen deshalb Vorschusszinsen an, so kann der Zinsabschlag vom saldierten Zinsbetrag (Habenzinsen abzüglich Vorschusszinsen) vorgenommen werden, vorausgesetzt die Vorschusszinsen werden für keinen längeren Zeitraum als 2 ½ Jahre berechnet und übersteigen die Habenzinsen nicht.[1]

k) Kontokorrentzinsen

459 Bei Kontokorrentzinsen findet keine Saldierung der Habenzinsen mit Sollzinsen statt. Der Steuerabzug wird von den einzelnen Habenzinsbeträgen vor Saldierung erhoben.[2]

l) Mietkautions-Konten

460 Zinsen aus Mietkautions-Konten fließen in dem Zeitpunkt zu, in dem sie auf dem Kautionskonto fällig werden. Sie sind immer vom Mieter zu versteuern.

461 Lautet das Konto auf den Namen des Mieters, können die Zinserträge durch dessen Freistellungsauftrag vom Abzug freigestellt werden. Das gilt selbst dann, wenn die Kontoforderung einschließlich der Zinserträge an den Vermieter zur Sicherheit abgetreten ist.

462 Hat der Vermieter das Konto auf seinen Namen als **Treuhandkonto** errichtet, kann der Mieter für diese Zinserträge keinen Freistellungsauftrag erteilen (§ 44a Abs. 6 EStG). Die Steuerbescheinigung (§ 45a Abs. 2 EStG) wird trotzdem auf den Namen des Mieters ausgestellt, wenn das Kreditinstitut vom Treuhandverhältnis und Namen des Mieters Kenntnis hat. Der

---

1 BMF-Schreiben v. 5. 11. 2002, Rz. 7, BStBl I 2002, 1346 und Rdnr. 1486.
2 BMF-Schreiben v. 5. 11. 2002, Rz. 9, a. a. O.; s. Anhang.

III. Der Zinsabschlag 175

Vermieter hat dem Mieter die Bescheinigung zur Verfügung zu stellen, damit dieser die Zinsen und den vorgenommenen Zinsabschlag bei seiner Veranlagung angeben kann.[1]

m) Instandhaltungsrücklagen bei Wohnungseigentümergemeinschaften

Zinserträge aus einer Instandhaltungsrücklage sind nach § 180 Abs. 1 Nr. 2 Buchst. a AO gesondert und einheitlich festzustellen. Eine Freistellung vom Zinsabschlag ist selbst dann nicht möglich, wenn von allen Wohnungseigentümern Freistellungsaufträge erteilt werden. 463

Die FinVerw.[2] sieht es allerdings als ausreichend an, wenn der Verwalter der Eigentümergemeinschaft die Zinseinnahmen nach dem Verhältnis der Miteigentümeranteile aufteilt und den Eigentümern mitteilt. Auf eine Feststellung der Einkünfte nach § 180 Abs. 1 Nr. 2 Buchst. a AO kann dann verzichtet werden. 464

Zur Anrechnung des KapESt-Abzugs im Rahmen der Veranlagung des einzelnen Eigentümers ist neben der Mitteilung des Verwalters eine Ablichtung der Steuerbescheinigung des Kreditinstituts notwendig. Führt dieses Verfahren zu keiner beachtlichen Erleichterung, so kann im Einzelfall eine einheitliche und gesonderte Feststellung der Kapitalerträge nach § 180 Abs. 1 Nr. 2 Buchst. a AO in Frage kommen.

n) Gemeinschaftskonten bei nichtehelichen Lebensgemeinschaften

Für Gemeinschaftskonten (Und-Konten; Oder-Konten) von nichtehelichen Lebensgemeinschaften können keine Freistellungsaufträge erteilt werden. Vom Kreditinstitut ist die KapESt (Zinsabschlag) einzubehalten. Die entsprechende Steuerbescheinigung hat auf die Namen beider Kontoinhaber zu lauten. Streng genommen wäre eine gesonderte und einheitliche Feststellung gemäß § 180 Abs. 1 Nr. 2 Buchst. a AO durchzuführen. Aus Vereinfachungsgründen lässt die FinVerw. nachfolgendes Verfahren zu:[3] 465

Auf dem Original der Steuerbescheinigung kann von beiden Kontoinhabern der jeweilige Anteil am Kapitalertrag und Zinsabschlag vermerkt werden. Von der mit diesem Vermerk versehenen Steuerbescheinigung kann

---

1 BMF-Schreiben v. 5. 11. 2002, Rz. 40, BStBl I 2002, 1338; s. Anhang.
2 BMF-Schreiben v. 5. 11. 2002, Rz. 43 ff., a. a. O.; s. Anhang.
3 FinMin. Brandenburg; Zinsabschlag – Gemeinschaftskonten bei nichtehelichen Lebensgemeinschaften, Erl. v. 28. 4. 1994, DB 1994, 1014; FR 1994, 412.

eine Kopie gefertigt werden. Sowohl die Originalbescheinigung als auch die Kopie sind von den beiden Kontoinhabern zu unterschreiben. Die Originalbescheinigung, als auch die Kopie können im Veranlagungsverfahren beider Kontoinhaber berücksichtigt werden. Spätere Meinungsverschiedenheiten über die Aufteilung können bis zum Ablauf der Festsetzungsfrist in einer gesonderten und einheitlichen Feststellung ausgetragen werden. Die obigen Ausführungen sind ebenso auf Gemeinschaftskonten von **Lebenspartnerschaften** anzuwenden.

o) Grabpflegekonten

466 Mit der Einrichtung eines Grabpflegekontos bezweckt der Stpfl., die zur Erfüllung eines von ihm bereits abgeschlossenen oder noch abzuschließenden Grabpflegevertrags zugunsten seiner eigenen Grabstätte erforderlichen Geldmittel bereits zu Lebzeiten bereitzustellen und ihre tatsächliche Verwendung für den angestrebten Zweck zu sichern. Hierzu richtet er regelmäßig ein Sparkonto ein und erteilt der Bank den Auftrag, die spätere Erfüllung des Grabpflegevertrags zu überwachen und die Rechnungen der Gärtnerei zu Lasten des Sparkontos zu begleichen.

467 Die FinVerw. qualifiziert Grabpflegekonten als sonstiges Zweckvermögen i. S. v. § 1 Abs. 1 Nr. 5 KStG.[1] Lautet das Konto auf den Namen des Zweckvermögens (z. B. Grabpflegekonto XX), so können sowohl das beauftragte Geldinstitut als auch der Erbe oder Testamentsvollstrecker wirksam einen Freistellungsauftrag erteilen oder eine NV-Bescheinigung (§ 44a Abs. 2 Nr. 2 EStG) beantragen.

468 Ist bereits KapESt einbehalten worden, so kommt eine Erstattung nur im Wege einer KSt-Veranlagung für das Zweckvermögen in Betracht. Die Steuererklärung kann vom Geldinstitut oder den Erben (Testamentsvollstrecker) unterschrieben und eingereicht werden.

17. Zinseinkünfte und Auslandsbeziehungen

469 Steuerausländer sind vom KapESt-Abzug (Zinsabschlag) grds. nicht betroffen, da nach § 49 Abs. 1 Satz 1 Nr. 5 Buchst. c EStG nur solche Zinsen der beschränkten Steuerpflicht unterliegen, die im Inland dinglich gesichert sind (Grundbuch, Schiffsregister). Lediglich bei Veräußerung von Zinsscheinen im Tafelgeschäft oder bei der Einreichung der Zinsscheine zum Einzug durch ein inländisches Kredit- oder Finanzdienstleistungsinstitut

---

1 OFD Köln, Vfg. v. 10. 7. 1995, FR 1995, 627.

III. Der Zinsabschlag

wird auch bei Steuerausländern 35 v. H. KapESt einbehalten (§ 49 Abs. 1 Satz 1 Nr. 5 Buchst. c Doppelbuchst. cc EStG).
Der Steuerabzug unterbleibt, wenn ein Steuerinländer sein Depot im Ausland bei einem ausländischen Kredit- oder Finanzdienstleistungsinstitut, bei einer selbständigen Tochter oder einer unselbständigen Zweigstelle eines inländischen Kredit- oder Finanzdienstleistungsinstituts verwalten lässt. 470

a) Erträge aus ausländischen Wertpapieren
Kapitalerträge aus ausländischen Anleihen unterliegen bei einem inländischen Stpfl. der KapESt, sofern er die Papiere bei einem inländischen Kreditinstitut im Depot verwahren lässt oder die Zinsscheine einem inländischen Institut im Tafelgeschäft verkauft oder zum Einzug einreicht (§ 43 Abs. 1 Satz 1 i. V. m. § 44 Abs. 1 Satz 4 Nr. 1 Buchst. a EStG). Die Abzugspflicht besteht unabhängig davon, ob es sich um eine DM-Anleihe/Euro-Anleihe oder eine Fremdwährungsanleihe handelt; Einzelheiten zum Steuerabzug in Veräußerungsfällen i. S. d. § 43 Abs. 1 Satz 1 Nr. 8 EStG s. Rdnr. 326. 471

b) Wertpapiere im ausländischen Depot
Die Kapitalerträge eines inländischen Wertpapierinhabers werden nicht mit KapESt belastet, wenn er die Papiere bei einem ausländischen Kreditinstitut im Depot verwahren lässt. Das gilt unabhängig davon, ob der Emittent seinen Sitz im In- oder Ausland hat. Die Anleihe-Währung spielt ebenfalls keine Rolle. Das ausländische Institut erhält die Zinsen vom deutschen Emittenten ausgezahlt und schreibt sie seinem Kunden ohne Abschlag gut. **Diese Erträge unterliegen nach wie vor der deutschen ESt.** Sie sind in der ESt-Erklärung anzugeben. 472

c) Tafelgeschäfte im Ausland
Verwahrt ein Stpfl. Wertpapiere selbst und reicht er die Zinsscheine bei einem Institut im Ausland zum Einzug ein oder verkauft er sie im Tafelgeschäft, werden die Zinsen nicht mit KapESt belastet. Auch in diesen Fällen sind die Erträge einkommensteuerpflichtig. 473

18. Haftung
Nach § 44 Abs. 5 Satz 1 EStG haften grds. der **Schuldner** oder die auszahlende Stelle für die richtige Abführung der KapESt. Die Haftung ist auf 474

leichte Fahrlässigkeit beschränkt. In den nachfolgenden Fällen kann auch der **Gläubiger** der Kapitalerträge (Stpfl.) als Haftender in Anspruch genommen werden (§ 44 Abs. 5 Satz 2 Nr. 1 – 3 EStG):

- Die zum Abzug verpflichtete Stelle (Bank) hat die Kapitalerträge nicht vorschriftsmäßig gekürzt.
- Der Gläubiger weiß, dass die einbehaltene KapESt nicht vorschriftsmäßig abgeführt wird und teilt dies den Finanzbehörden nicht unverzüglich mit.
- Die auszahlende Stelle zahlt die Kapitalerträge vorschriftswidrig ohne Abzug von KapESt aus.

19. Kontrollmaßnahmen der Finanzverwaltung

Verwaltungsanweisungen: BMF-Schreiben v. 1. 7. 1993, BStBl I 1993, 526, und v. 23. 12. 1996, BStBl I 1997, 101, betr. Verfahrensrechtliche Fragen zu § 45d EStG.

a) Mitteilungen an das Bundeszentralamt für Steuern

475 Die zum Steuerabzug verpflichteten Stellen (Banken, Sparkassen, Finanzdienstleistungsinstitute, Kapitalanlagegesellschaften u. a.) haben nach § 45d Abs. 1 EStG dem Bundeszentralamt für Steuern nach Ablauf eines Kalenderjahres bis zum 31. 5. des Folgejahres die nachfolgenden Angaben mitzuteilen:

- Vor- und Zuname, Geburtsdatum – ggf. auch des Ehegatten – sowie Anschrift des Stpfl., der den Freistellungsauftrag erteilt hat;
- die Höhe der jeweiligen Kapitalerträge, für die vom Steuerabzug Abstand genommen bzw. eine Erstattung beim Bundeszentralamt für Steuern beantragt worden ist unterteilt nach
  - Zinsen und ähnlichen Kapitalerträgen
  - Kapitalerträgen i. S. d. § 43 Abs. 1 Nr. 2 EStG (z. B. Genussrechten)
  - Dividenden und ähnlichen Kapitalerträgen, die allerdings nur zur Hälfte anzugeben sind (§ 45d Abs. 1 Nr. 3 Buchst. d EStG)

  Einzelne Kontostände oder Depotwerte dürfen nicht gemeldet werden.
- Name und Anschrift des Empfängers des Freistellungsauftrags.

476 Die Vorschrift soll verhindern, dass die dem Stpfl. zustehende Freistellungsgrenze mehrfach in Anspruch genommen wird. Hierfür gleicht das Bundeszentralamt für Steuern in einem Stichprobenverfahren die gemel-

III. Der Zinsabschlag

deten Daten daraufhin ab, ob der Stpfl. über die ihm zustehenden Freibeträge hinaus Freistellungsvolumen beansprucht hat.

Die Mitteilungen an das Bundeszentralamt für Steuern umfassen nicht die Summe aller Kapitalerträge.[1] Die Abführung der KapESt erfolgt anonym durch das jeweilige Institut in einer Summe für den gesamten Zahlungszeitraum.

Bei Ehegatten werden für das Jahr der Eheschließung neben den gemeinsamen Erträgen auch die vor der Eheschließung bereits dem einzelnen Ehegatten freigestellten Erträge gemeldet.[2] Im Scheidungsfall ist u. E. entsprechend zu verfahren. 477

Die **Finanzämter** sind an dem Mitteilungsverfahren nicht beteiligt. Stellt das Bundeszentralamt für Steuern einen Verstoß gegen die Begrenzung des Freistellungsauftrags fest, erfolgt eine Mitteilung an das Wohnsitz-Finanzamt des Stpfl., das dann im Rahmen der Steuerveranlagung die Einnahmen aus Kapitalvermögen zu überprüfen hat. Es ist deshalb dem Finanzamt – abgesehen vom Mitteilungsfall – grds. nicht möglich, aus den erteilten Freistellungsaufträgen Rückschlüsse auf die Höhe der Einnahmen zu ziehen. 478

Allerdings können die Finanzbehörden seit 1999 die Mitteilungen zur Durchführung eines Verwaltungsverfahrens oder eines gerichtlichen Verfahrens in Steuersachen oder eines Steuerstrafverfahrens oder eines steuerlichen Bußgeldverfahrens verwenden. 479

Weiterhin darf das Bundeszentralamt für Steuern die Daten nach § 45d Abs. 1 EStG den Sozialleistungsträgern mitteilen, soweit dies zur Überprüfung des bei der Sozialleistung zu berücksichtigenden Einkommens oder Vermögens erforderlich ist. Zu diesem Zweck darf es die von den Sozialleistungsträgern übermittelten Daten mit den vorhandenen Daten im Wege des automatisierten Datenabgleichs prüfen und das Ergebnis den Sozialleistungsträgern mitteilen (§ 45d Abs. 2 EStG). 480

b) Bankgeheimnis

Die Besteuerung von Kapitaleinnahmen ist eng mit dem sog. (steuerrechtlichen) Bankgeheimnis verbunden. Jeder Kapitalanleger ist daran interessiert, dass sein Kreditinstitut keine Auskünfte über ihn und seine finanzi- 481

---

1 OFD Erfurt, Vfg. v. 3. 11. 1992, DStR 1993, 16, 18.
2 BMF-Schreiben v. 1. 7. 1993, BStBl I 1993, 526; s. Anhang.

ellen Verhältnisse erteilt. Ein Bankgeheimnis in dem Sinne, dass Kreditinstitute gegenüber der FinVerw. keinerlei Auskünfte zu erteilen haben, besteht allerdings nicht. Das deutsche Steuerrecht kennt keine derartige Vorschrift. Die Ermittlungsmöglichkeiten der Finanzbehörden sind jedoch über § 30a AO stark eingeschränkt. Auch nach Einführung des erweiterten KapESt-Abzugs (Zinsabschlag) gilt § 30a AO unverändert fort. Die Vorschrift, überschrieben mit „Schutz von Bankkunden", regelt im Einzelnen

- den Schutz des Vertrauensverhältnisses zwischen Kreditinstitut und Kunden (§ 30a Abs. 1 AO),
- das Verbot einer allgemeinen Kontoüberwachung (§ 30a Abs. 2 AO),
- den Grundsatz, keine Kontrollmitteilungen anlässlich von Außenprüfungen bei Kreditinstituten zu erstellen (§ 30a Abs. 3 AO),
- den grundsätzlichen Verzicht in den Steuererklärungen die Angabe von Kontonummern zu verlangen (§ 30a Abs. 4 AO),
- die Erteilung von Auskünften im Rahmen des Besteuerungsverfahrens (§ 93 AO) und der Steuerfahndung (§§ 208, 30a Abs. 5 AO).

482 Nach § 30a Abs. 1 AO haben die Finanzbehörden bei der Ermittlung des Sachverhalts „auf das Vertrauensverhältnis zwischen den Kreditinstituten und deren Kunden besonders Rücksicht zu nehmen" (Generalklausel). Die Vorschrift enthält keine Sonderregelung für Kreditinstitute und deren Kunden. Sie ist als **„Mahnung"** an die Finanzbehörden zu verstehen, bei ihren Ermittlungen den Grundsatz der Erstbefragung (§ 93 Abs. 1 Satz 3 AO), d. h. Befragung des Stpfl. selbst, zu berücksichtigen.[1] Weiter enthält die Generalklausel des Abs. 1 in Zweifelsfällen einen allgemeinen Auslegungsgrundsatz zugunsten des Bankkunden.[2]

483 Zum Zwecke der allgemeinen Überwachung dürfen die Finanzbehörden von den Kreditinstituten keine einmaligen oder periodischen Mitteilungen von Konten bestimmter Art oder bestimmter Höhe verlangen (§ 30a Abs. 2 AO). Eine **„Rasterfahndung"** oder Ermittlungen „ins Blaue hinein" sind grds. unzulässig.[3] Im Besteuerungsverfahren haben die Finanzbehören nur in **Einzelfällen** die Möglichkeit, ein Auskunftsersuchen gemäß § 93 AO zu stellen.

---

1 Müller-Brühl, Ermittlungen bei Kreditinstituten in Steuerverfahren ihrer Kunden, S. 45 f.
2 Paus, Die neue Zinsbesteuerung, S. 58.
3 Sammelauskunftsersuchen sind grds. unzulässig; s. BMF-Schreiben v. 23. 3. 1993, BStBl I 1993, 330. Zu Sammelauskunftsersuchen, die der BFH als zulässig anerkannt hat, s. BFH, U. v. 24. 10. 1989, BStBl II 1990, 198, und U. v. 24. 3. 1987, BStBl II 1987, 484.

III. Der Zinsabschlag 181

Nach § 93 Abs. 1 Satz 3 AO sollen andere Personen als die Beteiligten erst dann zur Auskunft angehalten werden, wenn die Sachverhaltsaufklärung durch die Beteiligten nicht zum Ziele führt oder keinen Erfolg verspricht. Für Auskunftsersuchen an Kreditinstitute gilt § 93 AO ebenfalls (§ 30a Abs. 5 AO).

Die zentrale Regelung im Hinblick auf das Bankgeheimnis findet sich in § 30a Abs. 3 AO. Danach dürfen Guthabenkonten und Depots, bei deren Errichtung eine **Legitimationsprüfung** nach § 154 Abs. 2 AO vorgenommen worden ist, anlässlich einer Außenprüfung bei einem Kreditinstitut nicht zwecks Nachprüfung der ordnungsgemäßen Versteuerung festgestellt oder abgeschrieben werden. **Kontrollmitteilungen** sollen insoweit unterbleiben. Somit sind auch heute noch weder flächendeckende noch stichprobenartige Kontrollmitteilungen an die Wohnsitz-Finanzämter der Bankkunden möglich. 484

Bei **Zufallserkenntnissen,** die im Einzelfall den Verdacht einer Steuerverkürzung begründen, können jedoch auch bei solchen Guthabenkonten oder Depots, für die eine Legitimationsprüfung vorgenommen wurde, Kontrollmitteilungen gefertigt werden.[1] 485

Von dem Verbot, Kontrollmitteilungen zu fertigen, sind die sog. **CpD-Konten**[2] sowie bestimmte Sonderfälle (Verdacht auf Steuerhinterziehung) ausgenommen. 486

Bei **Tafelgeschäften** erfolgt keine Legitimationsprüfung. Sie werden über CpD-Konten abgewickelt. Dem steuerlichen Bankenprüfer stehen somit die entsprechenden Unterlagen zur Verfügung. Aus diesen ist jedoch der Name des Bankkunden nicht (unbedingt) ersichtlich, womit sich Kontrollmitteilungen erübrigen. 487

Ergänzend bestimmt § 30a Abs. 4 AO, dass die Finanzbehörden in den **Vordrucken** für Steuererklärungen keine Nummern von Konten und Depots verlangen sollen. Handelt es sich jedoch um steuermindernde Ausgaben (z. B. Werbungskosten), Vergünstigungen oder um die Abwicklung des 488

---

1 BMF-Schreiben v. 23. 3. 1993, BStBl I 1993, 330.
2 CpD (Conto pro Diverse) sind bankinterne personenbezogene Sammelkonten, über die bestimmte Geschäftsvorfälle erfasst werden (Fehlbuchungs- oder Restantenkonto). Eine Legitimationsprüfung nach § 154 AO erfolgt hier nicht. Nach dieser Vorschrift sind Kreditinstitute verpflichtet, sich vor Eröffnung eines Kontos Gewissheit über die Person und Anschrift des Verfügungsberechtigten (Gläubiger, Bevollmächtigter) zu verschaffen und festzuhalten; zu Einzelheiten s. Müller-Brühl, a. a. O., S. 66 f.

Zahlungsverkehrs mit dem Finanzamt, kann die Finanzbehörde entsprechende Auskünfte verlangen.

489 Die Zulässigkeit von Einzelauskunftsersuchen ist in § 30a Abs. 5 AO klarstellend erwähnt. Weiterhin bestimmt die Vorschrift, dass die Steuerfahndung, sofern gegen einen Stpfl. kein Steuerstraf- oder Steuerordnungswidrigkeitsverfahren eingeleitet ist, ein Kreditinstitut erst dann um Auskunft und Vorlage von Urkunden bitten kann, wenn ein Auskunftsersuchen an den Stpfl. nicht zum Ziele führt oder keinen Erfolg verspricht.

490–495 *(einstweilen frei)*

IV. Verfassungsmäßigkeit des Zinsabschlags

496 Die Verfassungsmäßigkeit des Zinsabschlags wurde bereits im Gesetzgebungsverfahren heftig und kontrovers diskutiert, wobei sich die Diskussion im Wesentlichen darum drehte, ob mit den Vorschriften über einen erweiterten KapESt-Abzug den verfassungsrechtlichen Vorgaben des BVerfG aus seiner Entscheidung vom 27. 6. 1991[1] nachgekommen ist.[2] Die Auseinandersetzung ist mit Inkrafttreten des Zinsabschlaggesetzes zum 1. 1. 1993 nicht beendet. Für den stpfl. Kapitalanleger, seinen steuerlichen Berater und Anlageberater der Kreditinstitute ist die verfassungsrechtliche Problematik zwar müßig, weil sie von der Geltung des Gesetzes ausgehen müssen. Gleichwohl ist sie nicht nur von akademischer Natur. Die Kernpunkte der Diskussion sind nach wie vor,

- ob die Vorschriften über den Zinsabschlag die vom BVerfG geforderte Gleichheit der steuerlichen Belastung, also die Gleichmäßigkeit der Besteuerung auch im tatsächlichen Vollzug der Steuergesetze, gewährleisten und

- ob in der Gewährung hoher Freibeträge (1 370 €/2 740 €)[3] nicht ein Verstoß gegen den Gleichheitsgrundsatz aus Art. 3 Abs. 1 GG liegt, da die anderen Einkunftsarten nicht in gleicher Weise von der Besteuerung ausgenommen sind.

497 Der erste Punkt berührt unmittelbar das aus § 30a AO abgeleitete Bankgeheimnis. Für alle Stpfl., die mit ihren Kapitaleinkünften die Freibeträge

---

1 BStBl II 1991, 654.
2 Siehe dazu Schumacher, Die Verfassungswidrigkeit der neuen Zinsbesteuerung, FR 1997, 1.
3 Ab 2007: 750 €/1 500 €.

IV. Verfassungsmäßigkeit des Zinsabschlags

des § 20 Abs. 4 EStG überschreiten, hat sich hinsichtlich der Erfassung und Kontrollierbarkeit der Einkünfte mit Einführung des Zinsabschlags nichts geändert. Die Durchsetzbarkeit des Steueranspruchs ist in diesen Fällen weiterhin gehemmt. Das Ermittlungsverbot des § 30a Abs. 3 AO gilt aufgrund einer ausdrücklichen politischen Vorgabe weiter.

Sollte sich das BVerfG erneut mit der Besteuerung der Kapitaleinkünfte befassen müssen, ist unter rein steuersystematischen Gesichtspunkten nicht auszuschließen, dass es das Zinsabschlaggesetz an dieser Stelle für verfassungswidrig erachten wird. Allerdings darf nicht übersehen werden, dass das Gericht dem Gesetzgeber einen Gestaltungsspielraum bei der verfassungskonformen Ausgestaltung der Besteuerung eingeräumt hat. So können die gesamtwirtschaftlichen Anforderungen, die Inflationsanfälligkeit des Kapitalvermögens und die Bedeutung dieser Einkunftsart für die Altersvorsorge bei der Besteuerung berücksichtigt werden. Zieht man die kapitalmarktpolitischen Notwendigkeiten und die sich daraus für den Gesetzgeber ergebenden Zwänge (Verhinderung der Kapitalflucht) in die verfassungsrechtlichen Überlegungen ein, ist eine Vorhersage über den Ausgang eines erneuten Verfahrens vor dem BVerfG nicht möglich.[1] Diese Ungewissheit muss allerdings nicht dazu verleiten, Steuerveranlagungen im Hinblick auf die mögliche Verwerfung der neuen Vorschriften über den KapESt-Abzug in jedem Fall durch Einlegen von Rechtsbehelfen offen zu halten. Sollte das BVerfG das Zinsabschlaggesetz für verfassungswidrig erklären und den Gesetzgeber erneut auffordern nachzubessern, so ist – aus politischen (fiskalischen) Gründen – nicht damit zu rechnen, dass es § 20 EStG definitiv für verfassungswidrig erklären wird.

498

Nach seiner Einführung ist der Zinsabschlag in verschiedenen Gerichtsverfahren auf seine Verfassungsmäßigkeit hin überprüft worden. So haben die FG München[2] und Nürnberg[3] den Zinsabschlag für verfassungsgemäß gehalten. Gegen die Münchner Entscheidung liegt ein Urteil des BFH[4] vor, der die Besteuerung für 1993 als verfassungsgemäß ansieht. Die gegen das Nürnberger Urteil eingelegte Nichtzulassungsbeschwerde hat der BFH zu-

---

1 Zutreffend insoweit Paus, a. a. O., Rdnr. 780.
2 U. v. 30. 3. 1995, EFG 1995, 723; bestätigt durch BFH, U. v. 18. 2. 1997, BStBl II 1997, 499.
3 U. v. 7. 12. 1994, EFG 1995, 981, rkr.
4 U. v. 18. 2. 1997, BStBl II 1997, 499.

rückgewiesen.[1] Die dagegen erhobene Verfassungsbeschwerde hat das BVerfG durch Beschluss v. 21. 3. 1996 (2 BvR 2473/95) nicht zur Entscheidung angenommen. Denkbar ist, dass sich das BVerfG noch einmal mit dem Zinsabschlag wird beschäftigen müssen, sei es, dass ein FG über einen Vorlagebeschluss an das Gericht herantritt oder die Kläger gegen eine ablehnende Entscheidung des BFH Verfassungsbeschwerde erheben werden.[2]

Sollte das BVerfG zu der Auffassung gelangen, der Gesetzgeber habe mit dem Zinsabschlag verfassungsrechtlich nicht die richtigen Konsequenzen aus seiner Entscheidung gezogen, müsste folgerichtig die Besteuerung der Kapitaleinkünfte nach § 20 EStG insgesamt als verfassungswidrig eingestuft werden. Mit einer solchen Entscheidung ist aus den dargelegten Gründen kaum zu rechnen. Es ist deshalb realistischer davon auszugehen, dass der Gesetzgeber aufgefordert wird, bestimmte Teile des Zinsabschlags – möglicherweise die Herabsetzung der Freibeträge oder Lockerung des Bankgeheimnisses – nachzubessern. Vorstellbar ist dann, dass der Gesetzgeber darauf mit einer Abgeltungsteuer (Definitivsteuer) zwischen 30 und 35 v. H. reagieren wird.

499–505 *(einstweilen frei)*

V. Anrechnung oder Abzug ausländischer Steuern

Verwaltungsanweisungen: BMF-Schreiben v. 8. 10. 1996, StEd 1996, 742, betr. Anrechnung ausländischer Steuern bei Zinseinkünften unter Berücksichtigung von Stückzinsen.

506 Unbeschränkt Stpfl. haben nach dem Welteinkommensprinzip nicht nur ihre inländischen, sondern auch die aus dem Ausland zufließenden Kapitalerträge zu versteuern. Um eine doppelte steuerliche Erfassung zu vermeiden hat die Bundesrepublik Deutschland eine Vielzahl von DBA mit anderen Staaten abgeschlossen.[3] Darüber hinaus sieht § 34c EStG die Anrechnung ausländischer Steuern auf die deutsche ESt vor.

507 Die Höhe der ausländischen Einkünfte, die Festsetzung und Zahlung der ausländischen Steuern hat der Stpfl. durch Vorlage entsprechender Bescheinigungen nachzuweisen (§ 68b EStDV). Die abzuziehende ausländi-

---

1 Beschluss v. 1. 9. 1995, BFH/NV 1996, 228.
2 Zur Verfassungsmäßigkeit der Zinsbesteuerung s. Rdnr. 30 f.
3 Eine Übersicht über den Stand der DBA und der Vertragsverhandlungen mit ausländischen Staaten wird jährlich im BStBl Teil I veröffentlicht.

V. Anrechnung oder Abzug ausländischer Steuern

sche Steuer ist, sofern sie in einer anderen Währung als Euro gezahlt wurde, nach dem für den Tag ihrer Zahlung von der Europäischen Zentralbank täglich veröffentlichten Kurs umzurechnen.[1] Zur Vereinfachung werden von der FinVerw. für die Verrechnung auch die von ihr monatlich veröffentlichten Umsatzsteuer-Umrechnungskurse akzeptiert.

1. Anrechnung unter DBA

Die DBA sehen bei Kapitaleinkünften i. d. R. die sog. Anrechnungsmethode vor. Wie im Einzelfall die Anrechnung der ausländischen Steuer zu erfolgen hat, regelt vorrangig das jeweilige DBA. Verweist es auf die Vorschriften des deutschen Steuerrechts, sind § 34c Abs. 1 EStG (Anrechnung) oder § 34c Abs. 2 EStG (Abzug) anzuwenden.[2] Nach § 34c Abs. 1 Sätze 2 und 3 EStG ist die ausländische Steuer nur begrenzt anrechenbar. Der Höchstbetrag beträgt:[3]

508

$$\text{Deutsche Einkommensteuer} \times \frac{\text{Ausländische Einkünfte}}{\text{Summe der Einkünfte}}$$

Unter „Deutsche Einkommensteuer" ist die für den Stpfl. festgesetzte ESt vor Steuerabzugsbeträgen und Vorauszahlungen zu verstehen. Die „ausländischen Einkünfte" sind nach deutschem Steuerrecht zu ermitteln, d. h. Werbungskosten, die mit den ausländischen Einnahmen in wirtschaftlichem Zusammenhang stehen, sind abzuziehen. Die ausländische Steuer ist voll anrechenbar, wenn sie unter dem Höchstbetrag liegt. Übersteigt sie den Höchstbetrag, wird nur der Höchstbetrag berücksichtigt.

Anstelle einer Steueranrechnung kann der Stpfl. beantragen, die ausländische Steuer bei der Ermittlung der Einkünfte abzuziehen (§ 34c Abs. 2 EStG). Der **Abzug** ist insbesondere in Verlustjahren sinnvoll, da er den Verlust erhöht und die ESt-Schuld durch einen Verlustrück- oder -vortrag gemindert wird.

509

Stellt das DBA ausländische Kapitalerträge im Inland von der Besteuerung frei, können die darauf entfallenden ausländischen Steuern nicht angerechnet oder abgezogen werden.

---

1 Vgl. R 34c Abs. 1 EStR 2005.
2 Vgl. auch § 34c Abs. 6.
3 Vgl. R 34c Abs. 3 EStR 2005.

2. Steuerermäßigung ohne DBA

510　Stammen ausländische Kapitalerträge aus einem Staat, mit dem kein DBA besteht, kommen die Vorschriften des § 34c Abs. 1 (Anrechnung der ausländischen Steuer) oder Abs. 2 EStG (Abzug der ausländischen Steuer bei der Ermittlung der Einkünfte auf Antrag) zur Anwendung.

3. Fiktive ausländische Quellensteuer

511　In DBA, die vornehmlich mit „Entwicklungsländern" abgeschlossen wurden, ist die Anrechnung **fiktiver** ausländischer Quellensteuer vorgesehen. „Fiktiv" bedeutet, dass der deutsche Kapitalanleger keine ausländische Steuer gezahlt hat, gleichwohl aber im Rahmen seiner ESt-Veranlagung einen bestimmten Steuerbetrag berücksichtigen darf. Ermittlung, Höhe und Art der Anrechnung richten sich im Einzelfall nach den Bestimmungen des betreffenden DBA. Dieses Verfahren stellt für den inländischen Anleger durch Erhöhung der Rendite nach Steuern einen besonderen Anreiz dar, insbesondere Anleihen von Entwicklungsländern zu erwerben. Die Anrechnung fiktiver Quellensteuer ist für Kapitalerträge u. a. aus folgenden Ländern vorgesehen: Brasilien, China, Indien, Malaysia, Portugal und Korea. Eine Anrechnung fiktiver Steuern ist nicht möglich, wenn die ausländischen Kapitalerträge im Inland nicht zu versteuern sind, z. B. weil sie den Sparer-Freibetrag und Werbungskosten-Pauschbetrag nicht übersteigen.

512　Ein **Abzug** von fiktiven ausländischen Quellensteuern ist ausgeschlossen (§ 34c Abs. 2 i. V. m. Abs. 6 Satz 2 EStG).

513–530　*(einstweilen frei)*

F. Das Besteuerungsverfahren

I. Die zusammenfassende Jahresbescheinigung der Banken zu den Kapitalerträgen und Veräußerungsgewinnen

Verwaltungsanweisung: BMF-Schreiben v. 31. 8. 2004, BStBl I 2004, 854, betr. Jahresbescheinigung über Kapitalerträge und Veräußerungsgeschäfte aus Finanzanlagen nach § 24c EStG

Nach § 24c EStG haben Banken oder Finanzdienstleistungen sowie Wertpapierhandelsunternehmen und Wertpapierhandelsbanken ihren Kunden (dem Gläubiger der Kapitalerträge oder dem Hinterleger der Wertpapiere) für alle bei ihnen geführten Wertpapierdepots und Konten eine zusammenfassende Jahresbescheinigung **auszustellen**.[1] Nach dem Gesetzeswortlaut hat die Bescheinigung die zur Besteuerung der Einkünfte aus Kapitalvermögen und aus privaten Veräußerungsgeschäften bei Wertpapieren sowie Termingeschäften erforderlichen Angaben zu enthalten. Die Bescheinigung hat auf amtlich vorgeschriebenem Muster (einschl. des Hinweisblattes) zu erfolgen.

531

Die Jahresbescheinigung ersetzt nicht die **Steuerbescheinigung** nach § 45a EStG. Für die Anrechnung einbehaltener KapESt/ZASt ist weiterhin eine Steuerbescheinigung erforderlich.

Die Jahresbescheinigung soll dem Stpfl. das Ausfüllen seiner Einkommensteuererklärung erleichtern. Zur Abstimmungsproblematik zwischen der Jahresbescheinigung und den Anlagen KAP, SO und AUS s. Rdnr. 538.

Fester Bestandteil der Jahresbescheinigung ist das **amtliche Hinweisblatt**. Aus diesem ergibt sich, dass die in der Bescheinigung angegebenen Werte nicht in allen Fällen mit denen übereinstimmen, die in der Einkommensteuererklärung anzugeben sind. Die amtlichen Hinweise sind von den Kreditinstituten häufig um institutseigene ausführlichere Hinweise ergänzt worden.

Die Jahresbescheinigungen sind von den dazu verpflichteten Instituten „auszustellen". Ihrem Zweck entsprechend (Ausfüllhilfe) werden die Institute die Bescheinigungen nicht an alle ihre Kunden unaufgefordert ver-

---

1 Nach § 52 Abs. 39a EStG sind erstmals die Kapitalerträge und Veräußerungsgeschäfte i. S. d. § 23 EStG zu bescheinigen, die in 2004 zufließen.

senden, sondern nur bereithalten. Allerdings sollten die Kunden über das Vorliegen der Jahresbescheinigung informiert werden.

1. Vorlage- und Aufbewahrungspflichten

532 Weder § 24c EStG noch die AO verpflichten den Stpfl. zur Vorlage der Jahresbescheinigung. Die Steuererklärungen können mit den Anlagen KAP und SO also ohne die neue Jahresbescheinigung abgegeben werden. Lediglich die Steuerbescheinigung des § 45a Abs. 2 EStG sollte wegen der Anrechnung oder Erstattung der Steuerabzugsbeträge beigefügt werden. Eine Anrechnung ohne Steuerbescheinigung ist nach § 36 Abs. 2 Nr. 2 Satz 2 EStG nicht möglich. Die Jahresbescheinigung des § 24c EStG reicht zur Anrechnung oder Erstattung der Abzugsbeträge nicht aus. Ob im Veranlagungsverfahren durch die Finanzämter generell die Jahresbescheinigung angefordert wird, ist von den Dienstanweisungen der einzelnen Länder abhängig.

533 Legt der Stpfl. auf Anforderung die Jahresbescheinigung nicht vor, z. B. weil er diese vernichtet hat oder weil er sich mangels Rechtsgrundlage nicht dazu verpflichtet fühlt, muss sich das Finanzamt damit nicht zufrieden geben. Unter den Voraussetzungen der §§ 93, 97 i. V. m. § 30a Abs. 5 Satz 1 AO ist ein **Einzelauskunftsersuchen** an die Bank möglich. Sind die Angaben in den Anlagen KAP, AUS und SO plausibel und machen sie den Eindruck der Vollständigkeit, müssen weitere Ermittlungsmaßnahmen allerdings dem Verhältnismäßigkeitsgrundsatz entsprechen. Die Weigerung, die Jahresbescheinigung vorzulegen, berechtigt im Normalfall nicht zu Hinzuschätzungen. Ebensowenig zu einem Kontenabruf i. S. d. § 93 Abs. 7 AO, da hierbei keine Erträge (Kontobewegungen) abgefragt werden können.

2. Verfahrensfragen zur Ausstellung der Bescheinigung

534 Es ist damit zu rechnen, dass die Institute, die Jahresbescheinigungen ausstellen, ihren Kunden des öfteren zwei Bescheinigungen zukommen lassen, da die Konten und/oder Depots nicht zentral verwaltet werden und eine Zusammenführung der Daten nicht möglich ist. Investmentgesellschaften dürfen die Bescheinigung für das Depotkonto des einzelnen Fonds ausstellen.[1] Dies kann dazu führen, dass Anleger zu jedem Fonds eine eigene Bescheinigung erhalten. Mehrfache Bescheinigungen können

---

1 BMF-Schreiben v. 31. 8. 2004, BStBl I 2004, 854, unter 2.1.

I. Die zusammenfassende Jahresbescheinigung der Banken   189

auch dann vorkommen, wenn das Bankinstitut im Verlauf eines Jahres das Rechenzentrum oder den Wertpapierdienstleister gewechselt hat. Banken, die unterschiedliche Rechenzentren für das eigene Institut und ihre hauseigene Investmentgesellschaft haben, können die geforderten Daten möglicherweise ebenfalls nicht in einer Bescheinigung zusammenführen, so dass die Kunden mehrere Bescheinigungen erhalten werden.

3. Empfänger der zusammenfassenden Jahresbescheinigung

a) Privatkonten

§ 24c EStG verlangt nur Angaben, die für die Besteuerung der Kapitalerträge und privaten Veräußerungsgewinne erforderlich sind. Daraus folgt, dass nur unbeschränkt stpfl. natürliche Personen die Bescheinigung erhalten, wenn die Konten und/oder Depots ihrem Privatvermögen zuzurechnen sind (s. Tz. 2.2 des BMF-Schreibens). Für die ausstellenden Institute ist es nicht zwingend eine Trennung zwischen privaten und betrieblichen Konten/Depots vorzunehmen.[1] Denn bei einer Konto- oder Depoteröffnung müssen keine Angaben darüber gemacht werden, ob es sich um ein privates oder ein betriebliches Konto handelt. Die Zuordnung der Konten/Depots zum Privatvermögen oder Betriebsvermögen kann nur durch den Stpfl. selber erfolgen. Hierzu wird im amtlichen Hinweisblatt der nachfolgende Hinweis gegeben: 535

„Soweit die bescheinigten Erträge und/oder Aufwendungen zu den Einkünften aus Land- und Forstwirtschaft, aus Gewerbebetrieb, aus selbständiger Arbeit oder aus Vermietung und Verpachtung gehören, sind sie diesen Einkünften zuzurechnen und in den dafür vorgesehenen Anlagen zur Einkommensteuer-/Feststellungserklärung anzugeben."

Bei einem Wechsel zwischen unbeschränkter und beschränkter Steuerpflicht (und umgekehrt) sowie bei einem Gläubigerwechsel im Erbfall wird die Jahresbescheinigung die bescheinigten Beträge des öfteren nicht richtig zuordnen können, da die dafür notwendigen Daten nicht rechtzeitig bekannt werden.

b) Gemeinschaftskonten/Nichtveranlagungsbescheinigung

Bescheinigungen für **Gemeinschaftskonten von Ehegatten** werden unter dem Namen beider Ehegatten erstellt. Dies gilt nach Tz. 2.2 des BMF- 536

---

1 Gemäß dem BMF-Schreiben v. 31. 8. 2004 Punkt 2.2 besteht keine Ausstellungsverpflichtung, sofern das Institut erkennt, dass es sich um ein betriebliches Konto/Depot handelt.

Schreibens darüber hinaus für alle anderen Gemeinschaftskonten (eheähnliche Lebensgemeinschaften oder eingetragene Lebenspartnerschaften, private Investmentclubs, Sparclubs u. Ä.), auch wenn für die steuerrechtliche Zurechnung der Einkünfte und der Steuerabzugsbeträge in einem gesonderten Feststellungsverfahren nach § 180 Abs. 1 Nr. 2 Buchst. a AO zu entscheiden ist. Für **Treuhandkonten, Wohnungseigentümergemeinschaften** und **Notaranderkonten** haben die Institute die für die Ausstellung der Steuerbescheinigung nach § 45a Abs. 2 EStG geltenden Regelungen aus dem BMF-Schreiben v. 5. 11. 2002 (BStBl I 2002, 1338) sinngemäß zu beachten. Stpfl., die eine **Nichtveranlagungsbescheinigung** vorgelegt haben, erhalten ebenfalls eine Jahresbescheinigung.

4. Inhalt der Jahresbescheinigung

537 Die Jahresbescheinigung enthält nach § 24c EStG alle zur Besteuerung der **Kapitalerträge** und **Veräußerungsgewinne** aus Finanzanlagen erforderlichen Angaben. Damit soll dem Stpfl. das Ausfüllen der Anlagen KAP, AUS und SO erleichtert werden.

Die erforderlichen Angaben lassen sich – so sollte man meinen – aus der **Anlage KAP**, der auch das amtliche Bescheinigungsmuster nachgebildet ist, ablesen.

Allerdings sind die Institute bei privaten Veräußerungsgeschäften **nur verpflichtet, die Daten zu bescheinigen, die bei ihnen vorhanden sind**. Entsprechendes gilt, wenn nicht alle für die Besteuerung nach § 20 EStG erforderlichen Daten vorhanden sind.[1]

Liegen bei einem Stpfl. die im amtlichen Muster enthaltenen Sachverhalte nicht vor, so können die entsprechenden Zeilen und Hinweise entfallen. Beträge die 10 € nicht überschreiten brauchen nicht bescheinigt zu werden.

a) Nach Anlage KAP zu bescheinigende Daten

538 Legt man die **Anlage KAP** zugrunde, handelt es sich bei den **zu bescheinigenden Daten** um folgende Angaben:
- aus- und inländische Kapitalerträge,
- Höhe der vollbesteuerten Kapitalerträge (z. B. Zinsen),
- Höhe der nur zur Hälfte in die Einkunftsermittlung eingehenden Kapitalerträge (z. B. Dividenden),

---

1 BMF-Schreiben v. 31. 8. 2004, BStBl I 2004, 854, unter Punkt 4.

I. Die zusammenfassende Jahresbescheinigung der Banken   191

- Höhe der noch anrechnungsberechtigten Dividendenerträge aus Investmentanteilen (nur noch für 2004),
- Höhe der Steuerabzugsbeträge (Kapitalertragsteuer und Zinsabschlag sowie Solidaritätszuschlag),
- Höhe der mit der Erzielung der Kapitalerträge zusammenhängenden Aufwendungen,
- Höhe der ausländischen Steuern zum Zwecke der Anrechnung oder des Abzugs als Werbungskosten.

Die Erträge werden einschließlich der freigestellten Einnahmen (Freistellungsauftrag), der einbehaltenen KapESt/ZASt sowie dem Solidaritätszuschlag bescheinigt.

Da die Jahresbescheinigung in Aufbau und Systematik der Anlage KAP nachempfunden ist, werden gezahlte Stückzinsen, Zwischengewinne und Verluste aus der Veräußerung von Finanzinnovationen (negative Marktrendite) mit den anderweitigen positiven Erträgen saldiert und unter der jeweiligen Ertragsart in einer Summe ausgewiesen.

Nach dem amtlichen Muster sind in der Jahresbescheinigung die **Erträge als Summen** auszuweisen. Damit dürfte es sich im Einzelfall für den Stpfl. als schwierig erweisen, die in der Bescheinigung ausgewiesenen Beträge zu überprüfen. Dies ist nur über die jeweiligen Einzelabrechnungen oder über eine Erträgnisaufstellung möglich.

Nicht erforderlich sind **konkrete Angaben zur Herkunft der Erträge,** jedenfalls soweit es sich um inländische Quellen handelt. Nach der **Anlage AUS** muss der Stpfl. hingegen jede einzelne Quelle seiner ausländischen Erträge nach Staaten oder Fonds benennen. Sind keine ausländischen Steuern angefallen, ist die Abgabe einer Anlage AUS ab 2003 nicht mehr notwendig.

Aufwendungen sind nur insoweit zu bescheinigen, als   539

- sie im Zusammenhang mit der Konto- oder Depotführung entstanden sind (Depotgebühren, Kosten der Erträgnisaufstellung, Beratungsgebühren, Entgelte für Verwaltungsdienstleistungen; Anlage KAP),
- es sich um Transaktionskosten bei Wertpapiergeschäften (Anlage SO) oder

– es sich um Aufwendungen für den Erwerb des Rechts bei Termingeschäften (Anlage SO) handelt.[1]

540 Ob es sich bei den Aufwendungen um Werbungskosten handelt wird im Rahmen der Einkommensteuerveranlagung des Stpfl. entschieden.

Über den amtlichen Hinweis wird der Stpfl. darauf hingewiesen, dass wenn er weitere nicht in der Bescheinigung aufgeführte Einnahmen aus Kapitalvermögen erzielt oder private Veräußerungsgeschäfte getätigt hat, diese zusätzlich zu erklären sind.

b) Erforderliche Angaben bei den Einkünften aus Wertpapierveräußerungen und Termingeschäften

541 Auch hier ist das amtliche Muster der Jahresbescheinigung der **Anlage SO** angenähert. Die erforderlichen Angaben zur Besteuerung ergeben sich aus der Norm selbst. In jedem Fall erforderlich ist die Angabe

- des Anschaffungszeitpunkts eines Wertpapiers oder Begründung des Termingeschäfts,
- der Anschaffungskosten,
- des Veräußerungszeitpunkts,
- des Veräußerungserlöses,
- der mit dem Veräußerungsvorgang zusammenhängenden Aufwendungen (nicht der Werbungskosten) und
- des Hinweises, ob auf den Vorgang das Halbeinkünfteverfahren des § 3 Nr. 40 EStG anzuwenden ist (z. B. bei Aktienverkäufen des Direktanlegers).

Das amtliche Muster begnügt sich allerdings nicht mit diesen Angaben. Die Institute müssen darüber hinaus noch das „Ergebnis" aus den einzelnen Veräußerungsvorgängen mitteilen. Dieses „Ergebnis" heißt in der Anlage SO „Gewinn" und stellt den Überschuss aus dem Veräußerungserlös und den Aufwendungen für die Anschaffung abzüglich der Werbungskosten dar. Diese mathematische Operation ist u. E. allerdings nicht Aufgabe der Institute, sondern des Stpfl., denn sie suggeriert, dass sämtliche bescheinigten mathematischen „Ergebnisse" steuerbare „Gewinne", also Überschüsse aus privaten Veräußerungsgeschäften sind. Das muss aber nicht der Fall sein, da nicht nur Veräußerungen innerhalb der Jahresfrist des § 23 EStG, sondern auch außerhalb der Frist bescheinigt werden. Die

---

1 BMF-Schreiben v. 31. 8. 2004, BStBl I 2004, 854, unter Punkt 6.

I. Die zusammenfassende Jahresbescheinigung der Banken 193

Entscheidung, ob es sich um ein steuerbares Veräußerungsgeschäft handelt, müssen zunächst der Stpfl. bei der Deklaration und später der Veranlagungsbeamte treffen.

c) Amtliche Hinweise und ergänzende Angaben
Die amtlichen Hinweise sind fester Bestandteil der Jahresbescheinigung. Die Institute können den Bescheinigungen weitere institutseigene Erläuterungen beifügen, sofern diese Ergänzung getrennt vom amtlichen Muster erfolgt.[1]

542

5. Abstimmungsprobleme zwischen der Jahresbescheinigung und der Anlage KAP
Nachfolgend werden beispielhaft einige (nicht alle) Abstimmungsprobleme zwischen der Jahresbescheinigung und der Anlage KAP dargestellt.

a) Kursdifferenzpapiere und Marktrendite
Die Veräußerung von Finanzinnovationen wird sofern die Veräußerung innerhalb der Jahresfrist des § 23 EStG erfolgt in der Jahresbescheinigung sowohl unter den Angaben zur Zeile 6 der Anlage KAP wie auch unter den privaten Veräußerungsgeschäften ausgewiesen werden. Für den Stpfl. birgt dies die Gefahr der doppelten Erfassung in seiner Einkommensteuererklärung. Um dieser Fehlerquelle zu begegnen haben die ausstellenden Institute beim Ausweis der privaten Veräußerungsgeschäfte unter der Spalte „Art des Wirtschaftsguts" z. B. die Möglichkeit **Finanzinnovation** anzugeben. Damit ist erkennbar, dass es sich um einen Veräußerungsvorgang handelt, der einer genaueren Überprüfung hinsichtlich des Vorrangs der Einkünfte des § 20 EStG und der Ermittlung der Einkünfte (Marktrendite/Emissionsrendite/Pauschalbemessungsgrundlage) bedarf. Ebenso überprüfungswürdig sind die mit der Veräußerung von Finanzinnovationen im Zusammenhang stehenden Veräußerungsnebenkosten (Transaktionskosten).

543

b) Kursdifferenzpapiere und Emissionsrendite
Die Marktrendite ist nur eine Möglichkeit, aus der Veräußerung von Kursdifferenzpapieren (Finanzinnovationen) des § 20 Abs. 2 Satz 1 Nr. 4 Buchst. a – d EStG Kapitaleinnahmen zu erklären. Die u. U. günstigere **Emis-**

544

---
1 BMF-Schreiben v. 31. 8. 2004, BStBl I 2004, 854, unter Punkt 7.

sionsrendite wird in der Jahresbescheinigung nicht ausgewiesen. Die Prüfung und Entscheidung, ob die Emissionsrendite anstatt der bescheinigten Marktrendite zugrunde gelegt werden soll, ist vom Stpfl. vorzunehmen und ggf. individuell zu berechnen.[1]

c) Kursdifferenzpapiere und Pauschalbemessungsgrundlage

545 Mangels Ermittlungsmöglichkeiten zur Marktrendite erlaubt § 43a Abs. 2 Satz 3 EStG bei Kursdifferenzpapieren, für den KapESt-Steuerabzug 30 v. H. des Einlösungs- oder Veräußerungserlöses zugrunde zu legen. Hierauf ist dann der Zinsabschlag von 30 v. H. einzubehalten und abzuführen. Diese Pauschal-/Ersatzbemessungsgrundlage hat mit der Besteuerung der Kapitalerträge nach § 20 Abs. 1 Nr. 7, Abs. 2 Satz 1 Nr. 4 EStG nichts zu tun. Wird in der Jahresbescheinigung die Ersatzbemessungsgrundlage angegeben, da beim ausstellenden Institut die für die Ermittlung der Marktrendite erforderlichen Daten nicht vorliegen, müssen durch den Stpfl. „die Erträge in jedem Fall nach der Marktrendite oder ggf. nach der Emissionsrendite ermittelt werden".[2]

d) Thesaurierte Erträge ausländischer Investmentfonds

546 Nach Tz. 4 des BMF-Schreibens sind die **Institute nicht verpflichtet, Daten zu recherchieren oder aus fremden Datenbeständen abzurufen.** Problematisch ist dies z. B. bei **Erträgen eines thesaurierenden ausländischen Investmentfonds.** In diesem Fall wird in der Praxis keine EDV-mäßige Abrechnung der Bank erstellt. Die Bank hat dazu keine Informationen. Die ausländische Investmentgesellschaft wiederum ist zur Erstellung einer Bescheinigung nach § 24c EStG nicht verpflichtet, da sie keine Steuerbescheinigung nach § 45a Abs. 2 EStG erstellt. Der Steuerabzug findet in Thesaurierungsfällen erst bei der Einlösung bzw. Veräußerung der Investmentanteile durch eine inländische Bank statt. Thesaurierte Investmenterträge aus ausländischen Investmentanteilen werden demnach **nicht** in der **Jahresbescheinigung** erscheinen können.

Werden die **ausländischen Anteilscheine** über eine **inländische Bank** verkauft oder eingelöst, muss diese in der Jahresbescheinigung die gesamten, während der Laufzeit thesaurierten Erträge bescheinigen. Der Stpfl. hat

---

1 BMF-Schreiben v. 31. 8. 2004, BStBl I 2004, 854 im amtlichen Hinweisblatt.
2 Vgl. die amtlichen Hinweise zur Jahresbescheinigung.

dann die Aufgabe, den schon in den Vorjahren versteuerten Ertrag[1] periodengerecht abzugrenzen. Er hat in seiner Anlage KAP nur den **im Verkaufs- oder Einlösungsjahr angefallenen thesaurierten Anteil** anzugeben, da es sonst zu einer doppelten Besteuerung des in den Vorjahren erzielten Ertrags kommt. Auf diesen Sachverhalt wird in den amtlichen Hinweisen verwiesen.

6. Abstimmungsprobleme zwischen der Jahresbescheinigung und der Anlage SO

Zwischen der Jahresbescheinigung und der Anlage SO bestehen wie bei der Anlage KAP Abstimmungsprobleme, von denen nachfolgend einige dargestellt werden.

a) Anschaffungstag bei Aktien-/Umtauschanleihen und Aktienzertifikaten

Bei der Anlieferung von Aktien aus der Einlösung von **Aktienanleihen** (Schuldverschreibungen mit Rückzahlungswahlrecht des Emittenten) ist es angeraten den in der Jahresbescheinigung angegebenen Anschaffungstag der Aktien zu überpüfen. Für die Berechnung der Jahresfrist des § 23 Abs. 1 Satz 1 Nr. 2 EStG ist nicht der Tag der Einlieferung (technisch gleich dem Kauftag) maßgebend. Anschaffungstag im steuerrechtlichen Sinne ist vielmehr der Tag, an dem der Emittent von seinem **Rückzahlungswahlrecht** Gebrauch macht und sich für die Rückzahlung der Aktienanleihe durch Aktien entscheidet. Mit Ausübung dieser Option ist das für den Anschaffungsvorgang entscheidende schuldrechtliche Rechtsgeschäft zustande gekommen. Der Tag der Optionsausübung durch den Emittenten der Aktienanleihe liegt regelmäßig ca. eine Woche vor dem Auslaufen der Anleihe und ist aus den Emissionsbedingungen zu entnehmen. Die gleiche Problematik stellt sich bei der **Einlösung von Umtauschanleihen** und **Aktien-Zertifikaten**.

547

b) Anschaffungswert bei Aktientausch

Bei einem **Aktientausch** stellt sich die Frage nach dem Anschaffungswert der Tauschaktien. In der Jahresbescheinigung wird der niedrigste Kurs der Aktien am Umtauschstichtag bescheinigt werden. Steuerrechtlich kommt

548

---

1 Thesaurierte Erträge gelten im Zeitpunkt der Thesaurierung als zugeflossen und sind in dem VZ zu versteuern, in den der Thesaurierungszeitpunkt fällt.

es aber für die Bestimmung der Jahresfrist auf den Tag und den Kurswert an, an dem der Stpfl. das Umtauschangebot angenommen hat. Diese Information ist nicht aus der Jahresbescheinigung zu entnehmen.

c) Anschaffungskosten bei Aktienoptionen

549 Eine ähnliche Problematik stellt die **Ausübung einer Aktienoption** dar. Bei der Ausübung des Optionsrechts stellt die Optionsprämie **Anschaffungskosten** der Aktien dar. Die Höhe der Optionsprämie könnte von den Instituten wohl ermittelt werden. Die Ermittlung „der Anschaffungskosten" durch die Institute durch Hinzurechnung der Prämie zu den anderweitigen Anschaffungskosten der Aktien ist allerdings nicht notwendig. Die Jahresbescheinigung enthält nur solche Angaben, die bei den Instituten vorhanden sind.[1] Hier muss es Aufgabe des Stpfl. oder seines Beraters sein, die steuerrechtlich korrekten Anschaffungskosten im Fall einer Weiterveräußerung innerhalb der Jahresfrist zu ermitteln. Das auszuweisende mathematische „Ergebnis" bei einer Veräußerung darf grundsätzlich nicht mit dem zu erklärenden Gewinn aus einem privaten Veräußerungsgeschäft gleichgesetzt werden.

d) Veräußerungsgewinne bei Kursdifferenzpapieren

550 Bei der Veräußerung von Finanzinnovationen besteht bei privaten Veräußerungsgeschäften i. S. d. § 23 Abs. 1 Satz 1 Nr. 2 EStG die Problematik des Doppelausweises. Hierzu vgl. Rdnr. 543. Für den Stpfl. bzw. seinem steuerlichen Berater besteht ein **erhöhter Prüfbedarf** worauf in den amtlichen Hinweisen zur Jahresbescheinigung hingewiesen wird.

e) Veräußerungsgewinne bei ausländischem thesaurierenden Investmentfonds

551 Der Verkauf eines Anteilscheins an einem **ausländischen thesaurierenden Investmentfonds** ist ebenfalls problembehaftet. Der Stpfl. kauft einen solchen Anteil bspw. zu 100 € und veräußert ihn innerhalb der Jahresfrist zu 108 €. Während der Besitzzeit wurde ein Ertrag von 5 € thesauriert. Unter der Anlage SO wird auf dem amtlichen Muster ein „Ergebnis" aus dieser Transaktion von 8 € bescheinigt werden. Somit stimmt die Bescheinigung nicht mit der ertragsteuerlichen Rechtslage überein, denn der thesaurierte Teil von 5 € ist Kapitalertrag. Der Kapitalertrag von 5 € muss für

---

1 Vgl. die amtlichen Hinweise zur Jahresbescheinigung.

I. Die zusammenfassende Jahresbescheinigung der Banken 197

die Steuerdeklaration aus dem bescheinigten „Ergebnis" herausgerechnet werden und in der Anlage KAP erklärt werden. Lediglich die Differenz von 3 € ist als privater Veräußerungsgewinn zu verarbeiten. Ergänzend sei auf die entsprechenden Ausführungen unter Rdnr. 546 zur Anlage KAP zu den thesaurierten Erträgen ausländischer Investmentfonds hingewiesen.

f) Zwischengewinne

Seit dem Veranlagungszeitraum 2005 sind Zwischengewinne wieder stpfl. Für sie besteht ebenfalls die Problematik der Doppelerfassung. Einerseits handelt es sich bei ihnen um Kapitalertrag anderseits sind sie in den Anschaffungskosten und im Veräußerungspreis der Investmentfondsanteile enthalten. Um den Veräußerungsgewinn i. S. d. § 23 EStG zu erhalten sind der Veräußerungspreis um die vereinnahmten Zwischengewinne und die Anschaffungskosten um die gezahlten Zwischengewinne zu berichtigen. 552

g) Fremdwährungsanlagen

Finanzinnovationen in Fremdwährung machen wegen ihrer unterschiedlichen steuerrechtlichen Überschussermittlung besondere Probleme. Bei finanzinnovativen Schuldverschreibungen i. S. d. § 20 Abs. 2 Satz 1 Nr. 4 EStG (Kursdifferenzpapiere) erfolgt die Berechnung der Bemessungsgrundlage „Marktrendite" bei der Veräußerung oder Einlösung zunächst in der Fremdwährung (§ 20 Abs. 2 Satz 1 Nr. 4 Satz 2 letzter Halbsatz EStG). Erst das Ergebnis wird mit dem Devisenkurs im Veräußerungszeitpunkt in Euro umgerechnet und in der Anlage KAP deklariert. Hintergrund ist die Eliminierung der Währungsschwankungen aus dem Kapitalertrag. Bei der Ermittlung des privaten Veräußerungsgewinns i. S. d. § 23 EStG wird entgegen der Vorgehensweise bei der „Marktrendite" der private Veräußerungsgewinn in Euro dergestalt ermittelt, dass die Anschaffungskosten und der Veräußerungserlös mit dem Devisenkurs des jeweiligen Tages umgerechnet werden. Dabei werden Währungsschwankungen – systemgerecht – im privaten Veräußerungsgewinn mit erfasst. Diese Problematik wird in der Jahresbescheinigung nicht verarbeitet werden können. Zur Gefahr der Doppelerfassung vgl. Rdnr. 543. Hinzu kommt, dass darauf zu achten ist, dass bei der „Marktrendite" die Währungsschwankungen nicht zu Lasten des Stpfl. und gegen § 20 Abs. 2 Satz 1 Nr. 4 Satz 2 letzter Halbsatz EStG versteuert werden. 553

„Die Jahresbescheinigung über Kapitalerträge und Veräußerungsgeschäfte aus Finanzanlagen soll dem Stpfl. das Ausfüllen der Anlagen KAP, AUS und SO zur Einkommensteuer-/Feststellungserklärung erleichtern". Mit diesem Satz beginnen die vom BMF vorgegebenen Hinweise zur Jahresbescheinigung – ein u. E. untauglicher Versuch. Die Bescheinigung führt vielmehr zu **Unsicherheiten** bei Banken und anderen Finanzdienstleistern, zu noch **mehr Kontrollarbeit** bei den steuerlichen Beratern und zu einer **weiteren Hilflosigkeit der Stpfl.**

554–560 *(einstweilen frei)*

II. Neue Kontrollmöglichkeiten der Finanzverwaltung

561 Der Gesetzgeber hat in den vergangenen Jahren immer wieder das EStG um weitere Steuertatbestände erweitert. Beispielhaft sei hier an die Änderungen des § 23 EStG erinnert, der um den Besteuerungstatbestand für Termingeschäfte ergänzt und dessen Fristen bezüglich der Steuerpflicht von privaten Veräußerungsgeschäften erheblich verlängert wurde. Der Gesetzgeber hat darüber hinaus auch die Kontrollmöglichkeiten der FinVerw. in einem beträchtlichen Maße verbessert. Zur Rechtfertigung der erweiterten Kontrollmöglichkeiten kann sich der Gesetzgeber auf die Rechtsprechung des BVerfG berufen. Das BVerfG hat bereits in seiner bekannten Zinsentscheidung aus dem Jahre 1991[1] die Besteuerung von Kapitaleinkünften für verfassungswidrig erklärt, weil die Durchsetzung des materiellen Steueranspruchs aufgrund eines strukturellen Vollzugsdefizits nicht gewährleistet war. Das BVerfG hat in dieser Entscheidung betont, dass nicht nur die materiellen gesetzlichen Regelungen dem Gleichheitsgrundsatz entsprechen müssen. Vielmehr müsse die Durchsetzung des materiellen Steueranspruchs durch ausreichende gesetzliche Maßnahmen zur Kontrolle der Angaben des Stpfl. gewährleistet sein. Auch der tatsächliche Belastungserfolg müsse dem Gleichheitssatz des Grundgesetzes genügen.

562 Ganz auf der Linie dieser Entscheidung hat das BVerfG auch die Vorschriften über die Steuerpflicht von Wertpapierveräußerungsgeschäften gemäß § 23 Abs. 1 Nr. 2 EStG für verfassungswidrig erklärt, weil die FinVerw. nicht ausreichend in der Lage gewesen sei, die Angaben der Stpfl. zu verifizieren. Nach Auffassung des BVerfG[2] besteht auch im Bereich der privaten Wertpapierveräußerungsgeschäfte ein strukturelles Vollzugsdefizit, so dass die materielle Steuernorm verfassungswidrig ist. Nach Art. 3 Abs. 1 GG müssen Steuergesetze jeden Stpfl. rechtlich und tatsächlich

---

1 BVerfG v. 27. 6. 1991, BStBl II 1991, 654.
2 BVerfG v. 9. 3. 2004, BStBl II 2005, 56.

II. Neue Kontrollmöglichkeiten der Finanzverwaltung 199

gleich belasten. Wird die Gleichheit im Belastungserfolg durch die rechtliche Gestaltung des Erhebungsverfahrens prinzipiell verfehlt, kann dies die Verfassungswidrigkeit der materiellen Steuernorm nach sich ziehen. Verfassungsrechtlich verboten ist der Widerspruch zwischen dem normativen Befehl der materiellen Steuernorm und den nicht auf Durchsetzung angelegten Erhebungsregel. Nicht ausreichend sind allerdings tatsächliche Mängel in der Durchsetzung des materiellen Steueranspruchs. Ein verfassungsrechtlich zu beanstandender Verstoß gegen den Gleichheitssatz kann nur angenommen werden, wenn die mangelhafte Durchsetzung auf einem normativen Defizit der Erhebungsregelungen beruht, der dem Gesetzgeber zugerechnet werden kann.

Diese Entscheidungen des BVerfG setzen den Rahmen, in dem sich der Gesetzgeber bei den neuen Maßnahmen zur effektiveren Kontrolle der Stpfl. bewegt. Er hat diese Entscheidungen zum Anlass genommen, der FinVerw. insbesondere im Bereich der Besteuerung von Kapitaleinkünfte nach § 20 EStG und der privaten Wertpapiergeschäfte nach § 23 EStG, weitreichende Ermittlungsbefugnisse einzuräumen. Damit ist die Kontrolldichte in diesem Bereich beträchtlich erhöht worden. 563

Die Effizienz des Steuererhebungsverfahrens wurde darüber hinaus auch durch Maßnahmen auf der Ebene der Europäischen Gemeinschaft (EU) gesteigert. Nach langem Tauziehen haben sich die Regierungen der EU auf die Einführung der EU-Zinsrichtlinie geeinigt, die zu einem standardisierten Informationsaustausch über grenzüberschreitende Zinseinkünfte innerhalb der EU geführt hat. Die EU-Zinsrichtlinie (Richtlinie 2003/48/EG) ist zum 1. 7. 2005 in Kraft getreten. 564

Auf nationaler Ebene wurde zunächst die Mitteilungspflicht der Banken gemäß § 45d EStG im Rahmen von Freistellungsaufträgen erweitert. Anschließend wurde mit § 24c EStG die Verpflichtung für Kreditinstitute und Finanzdienstleistungsinstitute eingeführt, jedem Kunden eine zusammenfassende Jahresbescheinigung auszustellen, die die für die Besteuerung nach den §§ 20 und 23 Abs. 1 Satz 1 Nr. 2 – 4 EStG erforderlichen Angaben enthält. Seinen vorläufigen Abschluss haben die gesetzgeberischen Aktivitäten mit der Möglichkeit eines automatischen Kontenabrufs nach § 93 Abs. 7 und 8 AO als weiteres Instrument zur Prüfung der Kapitaleinkünfte eines jeden Stpfl. gefunden. Die Möglichkeit des automatischen Kontenabrufs steht der FinVerw. seit dem 1. 4. 2005 zur Verfügung. 565

Im Weiteren sollen die verschiedenen Kontrollmöglichkeiten der FinVerw. im Einzelnen dargestellt werden. 566

1. Automatischer Kontenabruf nach § 93 Abs. 7 AO

567 Der automatische Kontenabruf nach § 93 Abs. 7 AO ermöglicht es den Finanzbehörden, **Bestandsdaten zu Konto- und Depotverbindungen**, die bei einem inländischen Kreditinstitut geführt werden, **EDV-gestützt abzufragen**. Die Kontenabfrage erfolgt dabei individualisiert, so dass für jeden Stpfl. festgestellt werden kann, welche Konten und Depots von ihm bei inländischen Kreditinstituten unterhalten werden.

a) Möglichkeiten des Kontenabrufs

568 Alle Kreditinstitute sind nach § 24c KWG bereits seit dem 1. 6. 2002 verpflichtet, ein automatisiertes Kontenabrufsystem vorzuhalten (**Kontenevidenzzentrale**). Die Kreditinstitute haben zu diesem Zweck alle Kontenstammdaten der bei ihnen geführten Konten und Depots zum EDV-gestützten Abruf bereit zu halten. Die Vorschrift des § 24c KWG ist Teil der Antiterrorgesetze, die das Parlament unter dem Eindruck der Terroranschläge auf das Wold Trade Center in New York in Kraft gesetzt hat. Mit Hilfe dieser Daten war beabsichtigt, die Finanzierung des internationalen Terrorismus zu bekämpfen. Nunmehr erhalten auch die Finanzbehörden die Möglichkeit, Daten für steuerliche Zwecke abzurufen. Die den Kontenabruf regelnde Vorschrift des § 93 Abs. 7 AO ist im Zusammenhang mit dem Steueramnestiegesetz eingeführt worden. Daher darf ein behördlicher Kontenabruf erst seit dem 1. 4. 2005 vorgenommen werden. Vor dem Hintergrund zukünftig einen automatischen Kontenabruf durchführen zu können, sollten die Stpfl. dazu angehalten werden, die Möglichkeiten, die das Steueramnestiegesetz gewährt, auszunutzen, um den Weg in die Steuerehrlichkeit zu finden.

569 Bei der Kontenabfrage hat die FinVerw. die Möglichkeit, unter Einsatz moderner EDV-Technik sämtliche Konten und Depots aus einer **zentral geführten Computerdatei** abzufragen. Die gespeicherten Informationen beschränken sich jedoch auf die Nummer eines Kontos oder Depots, den Tag der Errichtung und den Tag der Auflösung des Kontos oder Depots sowie den Namen der Inhaber oder eines anderen Verfügungsberechtigten. Dagegen sind in der zentralen Datei der Kontenevidenzzentrale keine Informationen über Kontenstände, Kontenbewegungen, Zinserträge oder Höhe erzielter Wertpapierveräußerungsgewinne enthalten.[1] Daher kann die Finanzbehörde den automatischen Kontenabruf nur zur Feststellung nut-

---

[1] Cöster/Intemann, DStR 2005, 1249.

zen, bei welchen Kreditinstituten ein bestimmter Stpfl. Konten oder Depots unterhält. Der Kontenabruf ermöglicht es der Behörde dagegen nicht unmittelbar, Erkenntnisse über die Höhe der Zinseinnahmen oder die Anzahl von Wertpapierverkäufen zu erhalten. Um die von einem Stpfl. erzielten Zinseinkünfte oder Wertpapierveräußerungsgewinne der Höhe nach konkret zu ermitteln, muss die Finanzbehörde daher nach Durchführung der automatischen Kontenabfrage in einem zweiten Schritt direkt die betroffenen Kreditinstitute um spezifizierte Auskunft bitten.

b) Entscheidung des BVerfG im Eilverfahren

Das Bundesverfassungsgericht hat in einer Entscheidung vom 22. 3. 2005[1] den Erlass einer einstweiligen Anordnung gegen das Inkrafttreten der Vorschrift abgelehnt. Das BVerfG teilt nicht die von den Beschwerdeführern vorgebrachten verfassungsrechtlichen Bedenken gegen die Einführung der automatischen Kontenabfrage im Rahmen eines einstweiligen Anordnungsverfahrens. Zunächst betont das Gericht, dass die Möglichkeit eines Datenabrufs der verfassungsrechtlich gebotenen gleichmäßigen Erhebung von Steuern dient. Der Gesetzgeber verfolgt damit ein verfassungsrechtlich legitimiertes Ziel. Dennoch äußert es erhebliche Zweifel, ob die Vorschrift des § 93 Abs. 7 AO in seiner konkreten Ausgestaltung verfassungsrechtlichen Ansprüchen genügt. Insbesondere bemängelt es die fehlende Informationspflicht gegenüber den Betroffenen und sieht Defizite bei der verfassungsgerichtlich gebotenen Dokumentation eines Kontenabrufs. Damit sei insbesondere der verfassungsrechtlich verbürgte Anspruch auf effektiven Rechtsschutz gefährdet, da dieser voraussetze, dass der Betroffene (rechtzeitig) Kenntnis von einer behördlichen Maßnahme erlange. Trotz dieser Bedenken hat das BVerfG jedoch den Erlass einer einstweiligen Anordnung abgelehnt, weil seine Bedenken durch die zu dieser Vorschrift ergangenen Verwaltungsanweisungen hinreichend abgemildert werden würden. Damit hat das Gericht aber nicht zum Ausdruck bringen wollen, dass die verfassungsrechtlichen Bedenken, die gegen das Gesetz bestehen, durch den Erlass einer abmildernden Verwaltungsanweisung endgültig behoben werden könnten.[2] In diesem Zusammenhang muss daran erinnert werden, dass das Gericht lediglich im einstweiligen Anordnungsverfahren eine Entscheidung treffen musste. Es hat daher im Rahmen der Folgenab-

---

1 BVerfG v. 22. 3. 2005, DStRE 2005, 482.
2 Cöster/Intemann, DStR 2005, 1249; Mack, DStR 2006, 394.

wägung, die bei der Prüfung eines Anspruches auf Erlass einer einstweiligen Anordnung vorzunehmen ist, genügen lassen, dass die FinVerw. sich im Erlasswege zu einer rechtzeitigen Information des Betroffenen sowie einer ausreichenden Dokumentation des Kontenabrufs verpflichtet hat. Nur im Rahmen eines Verfahrens über den Erlass einer einstweiligen Anordnung gegen ein Inkrafttreten des Gesetzes werde nach Auffassung des Gericht die Mängel des Gesetzes bis zur Entscheidung in der Hauptsache ausreichend abgemildert.[1]

c) Gesetzliche Voraussetzungen für einen automatischen Kontenabruf

571 Ein automatischer Kontenabruf durch die Finanzbehörden ist nicht voraussetzungslos möglich. Es ist nicht in das Belieben des einzelnen Sachbearbeiters gestellt, einen Kontenabruf durchzuführen. Nach § 93 Abs. 7 AO dürfen Daten nur abgerufen werden, wenn dies zur Festsetzung oder Erhebung von Steuern erforderlich ist und ein Auskunftsersuchen an den Stpfl. nicht zum Ziel geführt hat oder keinen Erfolg verspricht. Die Finanzverwaltung hat darüber hinaus in einem BMF-Schreiben vom 10. 3. 2005[2] den Anwendungserlass zur Abgabenordnung ergänzt und die gesetzlichen Regelungen des Kontenabrufverfahrens präzisiert. Die Finanzverwaltung will danach den Kontenabruf nur anlassbezogen und zielgerichtet vornehmen. Eine Abfrage soll sich auf eine bestimmte Person beziehen und nicht zu einer flächendeckenden Durchleuchtung aller Konten genutzt werden. Eine solche Maßnahme im Rahmen einer Rasterfahndung wäre auch rechtswidrig. Insoweit wiederholt der Erlass auch nur eine Selbstverständlichkeit. Das Verbot einer Rasterfahndung ergibt sich sowohl aus der Verfassung als auch aus der Formulierung des Gesetzes nach § 93 Abs. 7 AO.

572 Nach dem BMF-Schreiben soll die Finanzbehörde von dem Instrumentarium des Kontenabrufs erst Gebrauch machen, wenn es zunächst ein Auskunftsersuchen an den Stpfl. über die von ihm unterhaltenen Konten und Depots gerichtet hat[3]. Darüber hinaus muss der Stpfl. entweder eine Auskunft insgesamt verweigert haben oder es müssen berechtigte Zweifel an der Richtigkeit der erteilten Auskunft bestehen. Erst nach einer Anfrage beim Stpfl. darf ein automatischer Kontenabruf erfolgen. Trotz Anfrage der

---

1 BVerfG v. 22. 3. 2005, DStRE 2005, 482.
2 BMF-Schreiben v. 10. 3. 2005, BStBl I 2005, 422.
3 BMF-Schreiben v. 10. 3. 2005, BStBl I 2005, 422.

II. Neue Kontrollmöglichkeiten der Finanzverwaltung

Finanzbehörde kann der Stpfl. noch wirksam eine **Selbstanzeige** nach § 371 AO erstatten.[1] Lediglich in Ausnahmefällen soll auf ein Auskunftsersuchen gegenüber dem Stpfl. verzichtet werden, weil von vornherein zu erwarten ist, dass diesem kein Erfolg beschieden sein wird. Für die Annahme, dass das Auskunftsersuchen keinen Erfolg verspricht, müssen sich im Einzelfall konkrete Anhaltspunkte aus dem bisherigen Verhalten des Stpfl. ergeben. Dies ist zum Beispiel der Fall, wenn der Stpfl. schon in der Vergangenheit generell Auskünfte über seine Kapitaleinkünfte bzw. privaten Spekulationsgeschäfte konsequent verweigert hatte. Somit sind Ermittlungen „ins Blaue hinein" durch die Finanzbehörden unzulässig. Im Einzelfall müssen konkrete Anhaltspunkte dafür sprechen, dass die Angaben in der Steuererklärung unrichtig oder unvollständig sind. Zweifel an der Richtigkeit des Erklärungsverhaltens der Stpfl. in ihrer Allgemeinheit reicht jedoch nicht aus. Vielmehr müssen in jedem Einzelfall berechtigte Zweifel an der Richtigkeit und Vollständigkeit der Angaben bestehen, die auf Ungereimtheiten oder Widersprüchlichkeiten beruhen. Anlass für eine solche Ermittlung kann dabei insbesondere die Weigerung des Stpfl. sein, die nach § 24c EStG von den Banken ausgestellte **zusammenfassende Jahresbescheinigung** vorzulegen. Die Finanzverwaltung will nunmehr bei Vorliegen entsprechender Anhaltspunkte verstärkt vom Kontenabruf Gebrauch machen.[2]

573 Erteilt der Stpfl. trotz Aufforderung keine Auskunft oder ist die Auskunft aus Sicht der FinVerw. nicht ausreichend, kann von dem Mittel des automatischen Kontenabrufs Gebrauch gemacht werden. Erhält die FinVerw. durch den Kontenabruf Informationen von bisher unbekannten Konten oder Depots eines Stpfl., wird dieser über das Ergebnis informiert. Gleichzeitig weist die Finanzbehörde darauf hin, dass sie sich wegen weiterer Informationen nach § 93 Abs. 1 AO direkt an das betroffene Kreditinstitut wenden kann, wenn die Sachaufklärung durch den Stpfl. nicht zum Ziel führt.

574 Für den Fall, dass eine vorherige Information des Stpfl. den Ermittlungszweck gefährdet oder sich aus den Umständen ergibt, dass eine Aufklärung durch den Stpfl. nicht zu erwarten ist, sieht das BMF-Schreiben vor, dass sich die Finanzbehörde unmittelbar an das betreffende Kreditinstitut wenden darf. Die in diesem Fall fehlende rechtzeitige Information des Stpfl.

---

1 Mack, DStR 2006, 394.
2 OFD Münster v. 2. 6. 2006, AO – StB 2006, 176.

soll dann durch eine nachträgliche Unterrichtung des Stpfl. über den **Kontenabruf** ersetzt werden. Sollte der Kontenabruf keine von der Steuererklärung abweichenden Erkenntnisse erbringen, wenn also mit anderen Worten die Angaben des Stpfl. bestätigt werden, sieht das BMF-Schreiben eine nachträgliche Information des Stpfl. durch einen erläuternden Hinweis im Steuerbescheid vor.[1]

d) Verfassungsrechtliche Bedenken gegen die Kontenabfrage

575 Es bestehen trotz der Entscheidung des BVerfG im Verfahren über die einstweilige Anordnung erhebliche verfassungsrechtliche Bedenken gegen die gesetzliche Ausgestaltung des **automatischen Kontenabrufs**. Dabei richten sich die Bedenken nicht gegen das Instrument der Kontenabfrage als solches. Eher hat das BVerfG nochmals deutlich ausgesprochen, dass die Durchsetzung des materiellen Steueranspruchs durch Einführung effektiver gesetzlicher Regelungen zur Überprüfung der Angaben des Stpfl. verfassungsrechtlich geboten ist. Jedoch ist es zweifelhaft, ob es dem Gesetzgeber gelungen ist, die gesetzliche Regelung verfassungskonform auszugestalten. § 93 Abs. 7 AO sieht weder eine vorhergehende Information des Stpfl. über eine beabsichtigte Kontenabfrage noch eine nachträgliche Information des Stpfl. vor. Damit könnte das Recht auf informationelle Selbstbestimmung, das das BVerfG aus Art. 2 GG ableitet, nicht ausreichend geschützt werden. Mangels Kenntnis über eine beabsichtigte Kontenabfrage ist es dem betroffenen Stpfl. nicht möglich, eine gerichtliche Überprüfung des Verwaltungshandelns der Finanzbehörde rechtzeitig herbeizuführen. Der Gesetzgeber hat nämlich auch gesetzliche Vorsorge für die Sicherung effektiven Rechtsschutzes, den Art. 19 Abs. 4 GG mit Verfassungsrang ausstattet, zu treffen. Zwar ist der Gesetzgeber in der konkreten Ausgestaltung der Regelungen über den **effektiven Rechtsschutz** frei. Jedoch muss eine wirksame gerichtliche Kontrolle öffentlichen Handelns gewährleistet werden.

576 Der effektive Rechtsschutz setzt bei der Kontenabfrage voraus, dass der betroffene Stpfl. vorab über den beabsichtigten Kontenabruf informiert wird. Denn nur so wird ihm die Möglichkeit gegeben, vorbeugenden Rechtsschutz gegen die drohende Verletzung seines Rechtes auf informationelle Selbstbestimmung (Art. 2 GG) durch eine rechtswidrige Kontenabfrage vor Gericht zu erreichen. Ein **vorbeugender Rechtsschutz** ist in

---

1 BMF-Schreiben v. 10. 3. 2005, BStBl I 2005, 422.

diesem Fall von besonderer Bedeutung, da es um die Abwehr drohender Grundrechtsverletzungen geht. Allein eine nachträgliche Überprüfung einer bereits durchgeführten automatischen Kontenabfrage kann u. E. nicht als ausreichend angesehen werden.

Diese Bedenken gegen die gesetzliche Ausgestaltung des § 93 Abs. 7 AO kann nicht durch die in der Zwischenzeit ergangenen Verwaltungsanweisungen beseitigt werden. Für die Folgeabwägung im Rahmen des einstweiligen Anordnungsverfahrens mag eine Sicherung der Rechte des betroffenen Stpfl. im Wege einer Verwaltungsanweisung ausreichend gewesen sein. Jedoch ist eine Verwaltungsanweisung nicht geeignet, die verfassungswidrige Ausgestaltung eines Gesetztes nachträglich zu heilen. Entscheidend ist allein, ob die gesetzliche Regelung an sich den verfassungsrechtlichen Anforderungen genügt. Hier bestehen – wie aufgezeigt – erhebliche Zweifel, ob dem Gesetzgeber eine verfassungsrechtlich unbedenkliche Abwägung zwischen seinem berechtigten Interesse an der Verifizierung der Steuererklärungen und dem Recht des Bürgers auf informationelle Selbstbestimmung gemäß Art. 2 GG gelungen ist.

577

e) Rechtsschutzmöglichkeiten gegen den automatischen Kontenabruf gemäß § 93 Abs. 7 AO

Bei der Frage, welche Möglichkeiten dem Stpfl. zustehen, um sich gegen einen automatischen Kontenabruf zu wehren, ist zu differenzieren, ob die Finanzbehörde unter Beachtung der zwischenzeitlich ergangenen Verwaltungsanweisungen den Stpfl. vorab über den beabsichtigten Kontenabruf in Kenntnis setzt oder ob die Finanzbehörde eine heimliche Kontenabfrage startet.

578

aa) Rechtsschutz bei vorheriger Information des Steuerpflichtigen

Die Mitteilung, die Finanzbehörde beabsichtige einen Kontenabruf nach § 93 Abs. 7 AO, ist kein Verwaltungsakt i. S. d. § 118 Satz 1 AO. Mangels Verwaltungsaktcharakters kann sich der Stpfl. nur mit der Leistungsklage in Form einer vorbeugenden Unterlassungsklage gegen die drohende Kontenabfrage wenden. Die Klage ist nicht fristgebunden und ohne vorherige Durchführung eines außergerichtlichen Vorverfahrens zulässig. Ein **Rechtsschutzbedürfnis für die vorbeugende Unterlassungsklage** besteht, weil die drohende Verletzung des Grundrechts auf informationelle

579

Selbstbestimmung nicht anders verhindert werden kann und auch eine nachträgliche Überprüfung die Rechtsverletzung nicht beseitigen kann.[1]

580 Der betroffene Stpfl. kann die Finanzbehörde an der Durchführung der Kontenabfrage durch einen Antrag auf Erlass einer einstweiligen Anordnung nach § 114 FGO hindern. Auch hier dürfte das Rechtsschutzbedürfnis regelmäßig gegeben sein, weil anderenfalls die endgültige und unheilbare Verletzung des Grundrechts auf informationelle Selbstbestimmung drohen würde.[2]

bb) Rechtsschutz bei heimlicher Kontenabfrage

581 Es liegt im Wesen der heimlichen Kontenabfrage, dass der betroffene Stpfl. sich nicht rechtzeitig gegen diese Maßnahme gerichtlich zur Wehr setzen kann. Daher stellt sich die Frage, ob die Erkenntnisse steuerlich ausgewertet werden dürfen, wenn die Kontenabfrage rechtswidrig gewesen ist.[3] Der Streit über die Rechtmäßigkeit der Kontenabfrage und des Eingreifens eines Verwertungsverbots ist im Verfahren über die die Feststellungen auswertenden Steuerbescheide zu führen.[4] Es ist unter Berücksichtigung der Rechtsprechung des BFH zum **formellen Verwertungsverbot**[5] aber ratsam, schon das Auskunftsersuchen, das die Finanzbehörde an die kontoführende Bank zur Ermittlung der Kontostände richtet, vorsorglich anzufechten.

2. Informationsaustausch über Zinseinkünfte nach der EU-Zinsrichtlinie

a) Kontrolle grenzüberschreitender Zinszahlungen

582 Die Erhöhung der Kontrolldichte im Rahmen der Einkünfte aus Kapitalvermögen macht seit dem 1. 7. 2005 nicht mehr an den nationalen Grenzen halt. Mit dem Inkrafttreten der EU-Zinsrichtlinie zum 1. 7. 2005 findet innerhalb der Europäischen Union ein automatischer Informationsaustausch zwischen den Finanzbehörden der Mitgliedstaaten über Zinszahlungen statt, die dem Bürger eines Mitgliedstaates von Institutionen eines

---

1 Cöster/Intemann, DStR 2005, 1249.
2 Vgl. ausführlich Cöster/Intemann, DStR 2005, 1249.
3 Zum Verwertungsverbot s. BFH, U. v. 23. 1. 2002, BStBl II 2002, 328, und Intemann in Pahlke/Koenig, § 196 Rz. 63 ff.; Tipke/Kruse, § 196 Rz. 32 ff.
4 Cöster/Intemann, DStR 2005, 1249; Mack, DStR 2006, 394.
5 BFH, U. v. 25. 11. 1997, BStBl II 1998, 461.

anderen Mitgliedsstaates gezahlt werden. Mit der EU-Zinsrichtlinie ist beabsichtigt, die grenzüberschreitende Besteuerung von Zinseinkünften innerhalb der Europäischen Union sicher zu stellen. Allerdings nehmen nicht alle Mitgliedstaaten an dem System des Informationsaustausches teil. Österreich, Belgien und Luxemburg erteilen weiterhin keine **personenbezogenen Auskünfte über erzielte Zinserträge von Bürgern anderer Mitgliedstaaten.** Sie erheben dafür eine Quellensteuer auf diese Zinserträge, die anteilig dem Mitgliedstaat zusteht, in dem der Stpfl. seinen Wohnsitz hat. Eine solche Regelung konnte auch mit der Schweiz getroffen werden, die nunmehr eine entsprechende Quellensteuer auf Zinserträge erhebt, die von Bürgern der EU erzielt werden.

Ziel der EU-Zinsrichtlinie ist es, die Besteuerung der Zinseinkünfte innerhalb der Europäischen Union für den Fall der **grenzüberschreitenden Zahlung** zu sichern. Die Ermittlungsmöglichkeiten der jeweiligen Finanzbehörde erstreckte sich grundsätzlich nur auf das eigene Staatsgebiet. Die Erkenntniserlangung über Zinseinkünfte seiner Bürger, die diese im Ausland erzielen, war praktisch nur auf seltene Einzelfälle beschränkt. Das bisher geltende Auskunftsverfahren zwischen den Mitgliedstaaten ist sehr umständlich und wurde daher nur selten von den Finanzbehörden genutzt.   583

Mit Inkrafttreten der EU-Zinsrichtlinie wird nunmehr ein **automatischer Informationsaustausch** über die Grenze durchgeführt. Die Mitteilung über die Zinszahlung erfolgt dabei jeweils personenbezogen, so dass die Finanzbehörden der einzelnen Mitgliedstaaten die Informationen unproblematisch einer konkreten Person zuordnen können. Mit der Einführung dieses umfangreichen Informationsaustausches wird der Wohnsitzstaat des Beziehers von Zinseinkünften nunmehr in die Lage versetzt, diese Einnahmen der inländischen Besteuerung zu unterwerfen.[1]   584

b) Anwendungsregeln der EU-Zinsrichtlinie

Der Informationsaustausch erstreckt sich dabei ausschließlich auf **grenzüberschreitende Zinszahlungen.** Zinserträge der eigenen Bürger des jeweiligen Mitgliedstaates werden dagegen von der EU-Zinsrichtlinie nicht erfasst. Grenzüberschreitende Zinszahlungen unterliegen nur der Mitteilungspflicht, wenn sie von natürlichen Personen erzielt werden. Zahlungen an Kapitalgesellschaften oder Stiftungen sind daher nicht betroffen.[2]   585

---

1 Vgl. ausführlich Intemann, NWB F. 3, 13635.
2 Seiler/Lohr, DStR 2005, 537.

586 **Das Mitteilungsverfahren gliedert sich in zwei Schritte:**

Die Zahlstelle der Zinsen hat zunächst die Identität des Konteninhabers zu ermitteln, wenn der Inhaber in einem anderen Mitgliedstaat der EU ansässig ist. Die Bank teilt die dem Inhaber gezahlten Zinsen personenbezogen den Steuerbehörden des Staates mit, in dem die Bank niedergelassen ist. Diese Informationen werden anschließend mindestens einmal im Jahr an die Behörde des Mitgliedstaates weitergeleitet, in dem der Empfänger der Zinszahlung ansässig ist. Für ausländische Finanzbehörden ist in Deutschland das Bundeszentralamt für Steuern (BZSt) Ansprechpartner des Informationsaustauschs. Um die Informationen tatsächlich bei der Besteuerung der einzelnen Stpfl. berücksichtigen zu können, leitet das BZSt die vom Ausland erhaltenen Informationen an die Landesfinanzbehörden weiter, die wiederum die örtlich zuständigen Finanzämter über die im Ausland erzielten Zinserträge in Kenntnis setzten.

587 Nach Art. 4 der EU-Zinsrichtlinie sind die als Zahlstelle bezeichneten Institutionen zur Informationserhebung verpflichtet. Dies werden im Wesentlichen Banken sein.[1] Sie haben die Identität des Empfängers der Zinszahlung anhand geeigneter Unterlagen festzustellen, wenn dieser in einem anderen Mitgliedstaat der EU ansässig ist.

c) Nur Zinszahlungen betroffen

588 Die EU-Zinsrichtlinie erstreckt sich nicht auf alle denkbaren Formen von Kapitalerträgen i. S. d. § 20 EStG. Es werden lediglich Zinszahlungen, die mit Forderungen jeglicher Art zusammenhängen, in die Mitteilungspflicht aufgenommen (Art. 6 EU-Zinsrichtlinie). Damit erfasst die Zinsrichtlinie insbesondere alle Erträge i. S. d. § 20 Abs. 1 Nr. 4, 5 und 7 EStG.[2] Keine Anwendung findet die Richtlinie auf Renten sowie Zahlungen aus Lebensversicherungen, auch wenn die Erträge aus Lebensversicherungen Zinsanteile i. S. d. § 20 Abs. 1 Nr. 6 EStG enthalten.[3] Ausgenommen vom automatischen Mitteilungsverfahren sind darüber hinaus **Dividendenzahlungen aus Beteiligungen** an Kapitalgesellschaften. Werden dagegen Zinserträge i. S. von Art. 6 EU-Zinsrichtlinie über Fonds erzielt, greift die Mitteilungspflicht ein, jedoch nur, wenn der Fonds mehr als 40 % seines

---

1 Seiler/Lohr, DStR 2005, 537.
2 Seiler, IStR 2004, 781.
3 Kracht, GStB 2004, 294.

Vermögens in verzinslichen Forderungen angelegt hat (Art. 6 Abs. 1d EU-Zinsrichtlinie).

Mit der engen Definition der Zinserträge in Art. 4 EU-Zinsrichtlinie werden viele Finanzinnovationen von der automatischen Mitteilungspflicht nicht betroffen; dazu gehören insbesondere **Zertifikate und Optionsscheine**.[1]

589

d) Steuerpflicht richtet sich nach nationalem Recht

Die Regelungen der EU-Zinsrichtlinie haben keinen Einfluss auf die Frage, ob die Erträge aus einer Anlage überhaupt nach dem Steuerrecht des Mitgliedstaates, in dem der Zahlungsempfänger ansässig ist, steuerpflichtig sind. Für in Deutschland ansässige Stpfl. bedeutet dies, dass sich die materielle Steuerpflicht allein nach § 20 EStG richtet. Da die entsprechenden Mitteilungen, die ausländische Steuerbehörden den deutschen Finanzbehörden übermitteln, eine entsprechende Wertung, ob Zinserträge überhaupt steuerpflichtig sind, nicht vorsehen, ist jeweils im Einzelfall zu prüfen, ob Erträge aufgeführt sind, die nach deutschem Steuerrecht zu besteuern sind. Diese Frage ist allein im Veranlagungsverfahren des jeweils betroffenen Steuerpflichtigen durch die örtlich zuständige Finanzbehörde zu beantworten.[2]

590

e) Staaten ohne personalisierten Informationsaustausch

Nicht alle Mitgliedstaaten der EU waren bereit, am personenbezogenen Informationsaustausch teilzunehmen. Österreich, Belgien und Luxemburg wurde für eine Übergangszeit daher ein Sonderstatus eingeräumt. Statt personalisierte Daten der Anleger mitzuteilen, erheben diese Staaten gemäß Art. 10 EU-Zinsrichtlinie eine Quellensteuer, die zunächst 15 % beträgt und sich nach 3 Jahren auf 20 % erhöht bis sie ab dem Jahre 2011 auf 35 % angehoben wird (Art. 11 Abs. 1 EU-Zinsrichtlinie). 75 % des Ertrages aus dieser Quellensteuer steht dem Ansässigkeitsstaat des Anlegers zu. Es handelt sich dabei um ein **anonymisiertes Verfahren**.

591

Die Erhebung der Quellensteuer hat **keine abgeltende Wirkung** für den Anleger. Er ist weiterhin verpflichtet, die Zinserträge in seiner Steuererklärung anzugeben. Das Besteuerungsrecht steht uneingeschränkt dem Ansässigkeitsstaat des Anlegers zu, soweit dem nicht besondere Regelun-

592

---

1 Sailer/Ismer, IStR 2005, 1.
2 Intemann, NWB F. 3, 13635.

gen eines Doppelbesteuerungsabkommens entgegenstehen. Werden die Zinserträge der deutschen Besteuerung unterworfen, so kann sich der deutsche Anleger die im Ausland gezahlte Quellensteuer auf die inländische Steuer gemäß Art. 14 Abs. 2 Satz 2 EU-Zinsrichtlinie anrechnen lassen. § 34c EStG ist nicht anzuwenden. Eine vergleichbare Regelung enthält die EU-Zinsrichtlinie nicht, so dass es dazu kommen kann, dass der deutsche Fiskus die ausländische Quellensteuer dem Anleger sogar erstatten muss. Mit der Möglichkeit zur Anrechnung der ausländischen Quellensteuer soll eine **Doppelbesteuerung der Zinserträge** vermieden werden.

593–620   *(einstweilen frei)*

G. Einzeldarstellung des § 20 EStG

I. Einnahmen aus der Beteiligung an Kapitalgesellschaften und sonstigen Körperschaften (§ 20 Abs. 1 Nr. 1 und 2 EStG)

1. Allgemeine Erläuterungen

§ 20 Abs. 1 Nr. 1 EStG erfasst die Zuwendungen der in der Vorschrift genannten Körperschaften an ihre Anteilseigner (Gesellschafter, Aktionäre), soweit diese durch das Beteiligungsverhältnis veranlasst sind.[1] Daher werden die Bezüge, die aus einem anderen Rechtsgrund gezahlt werden – z. B. Arbeitslohn oder Darlehenszinsen für ein Gesellschafterdarlehen –, nicht von § 20 Abs. 1 Nr. 1 EStG erfasst. Bei solchen Zahlungen ist eine Abgrenzung zur verdeckten Gewinnausschüttung (vGA) vorzunehmen (zu Einzelheiten s. Rdnr. 560 ff.). Es werden nur ausgeschüttete, nicht aber thesaurierte (einbehaltene) Gewinne beim Anteilseigner besteuert. Ebenso schlagen Verluste der Gesellschaft nicht auf die Gesellschafterebene durch.

621

Halbeinkünfteverfahren: Die Bezüge i. S. d. § 20 Abs. 1 Nr. 1 EStG unterliegen dem Halbeinkünfteverfahren, so dass sie beim Gesellschafter zur Hälfte steuerfrei sind (§ 3 Nr. 40 Satz 1 Buchst. d EStG). Zu Einzelheiten s. Rdnr. 123 ff.

622

Definition des Beteiligungsertrags i. S. d. § 20 Abs. 1 Nr. 1 EStG: Grundlage aller in § 20 Abs. 1 Nr. 1 Satz 1 EStG aufgeführten Einnahmen sind bestimmte **Vermögensrechte,** die dem Gesellschafter (Anteilseigner) aufgrund seiner Beteiligung oder dem Inhaber der Genussrechte aufgrund seiner Kapitalüberlassung das Recht auf Bezug bestimmter Ausschüttungen der in der Vorschrift genannten jur. Personen gewähren. Ausschüttungen sind **Zuwendungen** von **Vermögensvorteilen** durch die genannten Körperschaften. Die Zuwendungen müssen dem Gesellschafter, dem Genussrechtsinhaber oder einer ihnen nahe stehenden Person zufließen und durch das Beteiligungs- oder Genussrechtsverhältnis veranlasst sein.[2] Die Bezeichnung der Ausschüttung (Gewinnanteil, Dividende, Tantieme, Bonus u. Ä.) ist ebenso wie der Umstand, dass sie auf einem offenen Gewinnverteilungsbeschluss beruht oder verdeckt gezahlt wird, unerheblich. Zu den steuerpflichtigen Bezügen gehören auch **Vorabausschüttun-**

623

---
1 BFH, U. v. 13. 9. 2000, BFH/NV 2001, 584.
2 BFH, U. v. 13. 9. 2000, BFH/NV 2001, 584.

gen auf den erwarteten, aber noch nicht festgestellten Gewinn.[1] Der I. Senat des BFH hat aus Sicht der Gesellschaft eine von den Beteiligungsverhältnissen abweichende Gewinnausschüttung anerkannt.[2] Eine solche **disquotale Gewinnausschüttung** berücksichtigt die FinVerw. jedoch generell nicht.[3]

624 Die Zuwendung des Vermögensvorteils muss das Beteiligungs- oder Genussrechtsverhältnis unberührt lassen.

Die Zuwendungen müssen beim Gesellschafter (Anteilsinhaber), Genussrechtsinhaber oder einer ihnen nahe stehenden Person zu einer Vermögensmehrung führen, die ihrerseits eine Vermögensminderung bei der gewährenden Körperschaft zur Folge hat. Umgekehrt resultiert aber nicht aus jeder Vermögensminderung bei der Körperschaft auch eine Vermögensmehrung beim Gesellschafter oder Genussrechtsinhaber.

Beispiel:
Keine Vermögensmehrung liegt vor, wenn die Körperschaft eine unangemessen hohe Pensionszusage gewährt (Vermögensminderung), der Gesellschafter aber vor Ablauf der vereinbarten Wartezeit verstirbt und die Pension deshalb niemals ausgezahlt wird.[4]

625 Die Zuwendung des Vermögensvorteils durch die Körperschaft setzt eine Vermögensübertragung auf den Gesellschafter oder Genussrechtsinhaber voraus. Der Vermögensvorteil muss nicht aus dem Vermögen der Körperschaft selbst stammen. Kommt der zugewendete Vermögensvorteil aus dem Vermögen der Körperschaft, ist es unerheblich, ob er aus dem Gewinn des laufenden Geschäftsjahres oder Gewinnrücklagen vorangegangener Jahre gezahlt wird. Unerheblich ist, ob die Vermögensmehrung bei der Körperschaft erfolgsneutral zu behandeln oder eine Hinzurechnung als vGA (§ 8 Abs. 3 KStG) vorzunehmen ist.

626 **Körperschaften i. S. d. § 20 Abs. 1 Nr. 1 EStG sind:**
- AG (§§ 1 ff. AktG);
- GmbH (§§ 1 ff. GmbHG);
- KGaA (§§ 278 ff. AktG);

---

1 BFH, U. v. 19. 8. 2003 BFH/NV 2004, 925; Schmidt/Weber-Grellet, XXV., EStG, § 20 Rdnr. 53.
2 BFH, U. v. 19. 8. 1999, BStBl II 2001, 42.
3 BMF-Schreiben v. 7. 12. 2000, BStBl I 2001, 47.
4 BFH, U. v. 14. 3. 1990, BStBl II 1990, 795.

I. Einnahmen aus der Beteiligung an Kapitalgesellschaften

- Erwerbs- und Wirtschaftsgenossenschaften (§§ 1 ff. GenG);
- Bergbautreibende Vereinigungen i. S. d. § 20 Abs. 1 Nr. 1 Satz 1 EStG sind Personenvereinigungen, soweit sie mit den Rechten einer jur. Person ausgestattet sind.

Aber auch die Bezüge aus einer **Vorgesellschaft** gehören zu den Einnahmen i. S. d. § 20 Abs. 1 Nr. 1 EStG, wenn sie tatsächlich im Handelsregister eingetragen wird, weil sie bereits körperschaftlich strukturiert ist.[1] Eine Vorgesellschaft entsteht, wenn der notarielle Gesellschaftsvertrag abgeschlossen wurde, die Handelsregistereintragung der GmbH jedoch noch nicht erfolgt ist. Eine Vorgründungsgesellschaft vermittelt ihren Beteiligten dagegen noch keine Einnahmen i. S. d. § 20 Abs. 1 Nr. 1 EStG, weil sie steuerlich als Personengesellschaft behandelt wird.[2]

627

§ 20 Abs. 1 Nr. 1 EStG ist auch auf die **Einmann-GmbH** und auf Ausschüttungen der persönlich haftenden Gesellschafterin einer **GmbH & Co KG** anwendbar. Der Gesellschafter einer GmbH, der gleichzeitig Kommanditist der KG ist, erzielt dagegen Einkünfte aus Gewerbebetrieb (§ 20 Abs. 3, § 15 Abs. 1 Nr. 2 EStG).

628

Ausländische Beteiligungen: Auch Einnahmen aus der Beteiligung an Rechtsgebilden nach ausländischem Recht können zu stpfl. Einkünften i. S. d. § 20 Abs. 1 Nr. 1 EStG führen, wenn sich das Rechtsgebilde seinem Typus und seiner Struktur nach einer deutschen Kapitalgesellschaft oder einer anderen in Nr. 1 genannten Körperschaft zuordnen lässt, und die Kapitalerträge den in § 20 Abs. 1 Nr. 1 EStG genannten Einnahmen aus Kapitalvermögen vergleichbar sind.[3] Bezüge von ausländischen Gesellschaften unterliegen nach § 3 Nr. 40 EStG dem Halbeinkünfteverfahren und sind daher beim Gesellschafter zur Hälfte steuerbefreit.

629

2. Steuerpflichtige Einnahmen i. S. d. § 20 Abs. 1 Nr. 1 EStG

a) Bezüge aus Aktien

Aktien verkörpern die anteilmäßige Beteiligung des Aktionärs (Gesellschafters) am Grundkapital einer AG (§ 1 AktG) oder KGaA (§ 278 AktG). Der **Nennwert** einer Aktie muss mindestens 1 € betragen. Höhere Werte sind zulässig. Aktien können sowohl auf den Inhaber (Inhaberaktien) oder

630

---

1 BFH, U. v. 14. 10. 1992, BStBl II 1993, 352.
2 Feyerabend in Erle/Sauter, KStG, § 20 EStG Rz. 39.
3 BFH, U. v. 16. 12. 1992, BStBl II 1993, 399.

den Namen des Aktionärs (Namensaktien) ausgestellt werden. Je nach Umfang der in den Aktien verbrieften Rechte wird zwischen Stamm- und Vorzugsaktien unterschieden:

- **Stammaktien** gewähren regelmäßig Rechte am laufenden Gewinn und am Liquidationsgewinn sowie verschiedene Stimmrechte (§ 12 AktG).
- **Vorzugsaktien** sind häufig mit einem erhöhten Gewinnbezugsrecht als Ausgleich für fehlende Stimmrechte ausgestattet.

631 **Gewinnanteile (Dividenden)** i. S. d. § 20 Abs. 1 Nr. 1 EStG sind alle Bezüge des **Aktionärs** (Kommanditaktionärs), die ihm aufgrund seiner Beteiligung an einer AG (§§ 1 ff., 278 ff. AktG) als Inhaber von Aktien (Anteilsinhaber) der Gesellschaft (AG, KGaA) zufließen. Das Gewinnbezugsrecht (§ 58 Abs. 4 AktG für die AG, § 278 Abs. 3 AktG für die KGaA) ist unselbständiger Bestandteil der gesellschaftsrechtlichen Beteiligung.

Ausnahme: Der persönlich haftende Gesellschafter (Komplementär) einer KGaA bezieht keine Einnahmen aus Kapitalvermögen, sondern solche nach § 15 Abs. 1 Nr. 3 EStG (Einkünfte aus Gewerbebetrieb).[1] Ist der Komplementär gleichzeitig auch am Grundkapital der Gesellschaft beteiligt, sind die Dividenden als Einnahmen aus Kapitalvermögen zu versteuern.[2]

632 Die Ausschüttung der Gewinnanteile, die nicht nur in Geld bestehen müssen,[3] setzt einen entsprechenden Beschluss der Hauptversammlung voraus (§ 119 Abs. 1 Nr. 2 AktG). Gewinnanteile liegen nur vor, wenn sie aus dem Reinvermögen der Gesellschaft stammen und die Zuwendung auf einem förmlichen Ausschüttungsverfahren beruhen. Gewinnanteile stammen i. d. R. aus den Ausschüttungen des laufenden Gewinns eines abgelaufenen Geschäftsjahres. Als Gewinnanteil werden aber auch Ausschüttungen aus offenen oder gesetzlichen Rücklagen bezeichnet. Ebenso sind Ausschüttungen aus steuerfreien Einnahmen der Gesellschaft den Gewinnanteilen zuzurechnen.[4]

---

1 BFH, U. v. 21. 6. 1989, BStBl II 1989, 881.
2 BFH, U. v. 21. 6. 1989, a. a. O.
3 BFH, U. v. 16. 12. 1992, BStBl II 1993, 399, für den Fall der Wohnungsüberlassung, sog. Hapimag-Fall; werden z. B. anstelle einer Bardividende Freiaktien übertragen, liegen auch Einkünfte gem. § 20 Abs. 1 Nr. 1 EStG vor, vgl. BFH, U. v. 14. 2. 2006, BFH/NV 2006, 1202.
4 BFH, U. v. 27. 6. 1990, BStBl II 1991, 150.

Vorabausschüttungen sind nur dann Gewinnanteile, wenn sie auf einem 633
Gesellschafterbeschluss beruhen, der vor Feststellung des Jahresabschlusses gefasst wurde. Der Beschluss kann vor oder nach Ablauf des Wirtschaftsjahres der Gesellschaft gefasst werden, bei einer AG allerdings nur nach Ablauf des Wirtschaftsjahres (§ 59 Abs. 1 AktG). Sind die Ausschüttungen nach Gesellschaftsrecht unzulässig, so liegen vGA i. S. d. § 20 Abs. 1 Nr. 1 Satz 2 EStG vor; zur Rückgängigmachung einer Vorabausschüttung s. Rdnr. 668 ff.

Rechtswidrige Ausschüttungen, die ohne förmliches Ausschüttungsverfahren vorgenommen werden, führen nicht zu Gewinnanteilen, sondern zu 634
sonstigen Bezügen. Wird ein im förmlichen Verfahren getroffener Gewinnverteilungsbeschluss angefochten, ist – soweit die Ausschüttung vor einer gerichtlichen Entscheidung über die Wirksamkeit des Beschlusses durchgeführt wird – von Gewinnanteilen auszugehen. Eine gerichtliche Aufhebung des Gewinnverteilungsbeschlusses hindert die Annahme von Gewinnanteilen nicht.

aa) Sonstige Bezüge aus Aktien

Sonstige Bezüge stammen im Gegensatz zu Gewinnanteilen nicht aus dem 635
Reinvermögen der Gesellschaft. Ihnen liegt kein formeller Gewinnverteilungsbeschluss zugrunde, weshalb insbesondere vGA zu den sonstigen Bezügen gehören. Ob die Bezüge aus der Vermögenssubstanz der Gesellschaft ausgeschüttet werden, ob sie zu Lasten des Gewinns gehen oder aus dem Zeichnungskapital stammen, ist für die Besteuerung unerheblich (zur Rückzahlung von Beträgen aus dem steuerlichen Einlagekonto gem. § 27 KStG s. Rdnr. 692). Eine Umschreibung sonstiger Bezüge stellen die in § 20 Abs. 2 Satz 1 Nr. 1 EStG erwähnten **besonderen Entgelte und Vorteile** dar. Auf die Bezeichnung der zugewendeten Vorteile im Einzelfall kommt es nicht an.[1] Sonstige Bezüge müssen ihre Veranlassung aber – wie Gewinnanteile auch – im Gesellschaftsverhältnis haben.

Rückgewähr von Einlagen an den Aktionär unter Missachtung des entsprechenden aktienrechtlichen Verbots ist keine nichtsteuerbare Kapital- 636
rückzahlung, sondern stpfl. Bezug sonstiger Vorteile in Form einer vGA.[2]

---

1 BFH, U. v. 21. 12. 1972, BStBl II 1973, 449; U. v. 14. 2. 1984, BStBl II 1984, 580.
2 BFH, U. v. 17. 10. 1984, BStBl II 1985, 69.

637 **Nutzung eine Ferienwohnung durch Beteiligung an einer AG** (z. B. Hapimag) ist sonstiger Bezug i. S. v. § 20 Abs. 1 Nr. 1 Satz 1 EStG.[1] Die Einnahmen fließen mit der Wohnungsüberlassung, nicht bereits mit der Gutschrift der Wohnrechtspunkte zu.[2] Die Einnahmen sind in Höhe des nach § 8 Abs. 2 Satz 1 EStG mit dem üblichen Mittelpreis des Verbrauchsorts bewerteten Nutzungswerts anzusetzen.[3]

638 **Kapitalrückzahlungen** sind keine sonstigen Bezüge,[4] sondern nicht steuerbare Vermögensmehrungen. Inwieweit Ausschüttungen als Kapitalrückzahlungen anzusehen sind, bestimmt sich nach § 20 Abs. 1 Nr. 1 Satz 3 und Abs. 1 Nr. 2 EStG; s. Rdnr. 692 ff.

Fälle nicht steuerbarer Kapitalrückzahlungen:

- Wiederaufleben einer Gesellschaftsforderung aufgrund eines Besserungsscheins nach vorherigem auflösend bedingten Forderungsverzicht;[5]

- Rückgewähr von Kapitaleinlagen, nach vorhergehender, handelsrechtlich wirksamer Kapitalherabsetzung.[6]

639 **Verdeckte Gewinnausschüttungen** (vGA) sind der Hauptanwendungsfall des sonstigen Bezugs i. S. d. § 20 Abs. 1 Nr. 1 Satz 1 EStG. Ihre besondere Erwähnung in § 20 Abs. 1 Nr. 1 Satz 2 EStG hat nur klarstellende Bedeutung;[7] s. Rdnr. 672 ff. Gleichzeitig werden vGA noch über § 20 Abs. 2 Satz 1 Nr. 1 EStG als sonstige Entgelte und Vorteile erfasst.

bb) Bezugsrechte

640 Bezugsrechte enthalten das Recht der Aktionäre (Altaktionäre) einer AG, nach einer Kapitalerhöhung der Gesellschaft am Bezug neuer (junger) Aktien entsprechend ihrem bisherigen Anteil am Grundkapital teilnehmen zu können (§ 186 AktG). Das Bezugsrecht ist **kein steuerbarer Ertrag** der

---

1 BFH, U. v. 26. 8. 1993, BFH/NV 1994, 318.
2 A. A. noch OFD Münster v. 9. 2. 1989, StEK § 20 Nr. 133.
3 BFH, U. v. 16. 12. 1992, BStBl II 1993, 399.
4 BFH, U. v. 25. 10. 1979, BStBl II 1980, 247; U. v. 30. 5. 1990, BStBl II 1991, 588.
5 BFH, U. v. 30. 5. 1990, a. a. O.
6 BFH, U. v. 9. 8. 1963, BStBl III 1963, 454; v. 1. 12. 1967, BStBl II 1968, 145; Ausnahme: BFH, U. v. 25. 10. 1979, BStBl II 1980, 247, für den Fall einer missbräuchlichen Kapitalherabsetzung und Ausschüttung der Kapitaleinlagen.
7 A. A. Wassermeyer, StVj 1993, 208, der für bestimmte Fälle von einer konstitutiven Wirkung ausgeht.

I. Einnahmen aus der Beteiligung an Kapitalgesellschaften 217

bisher gehaltenen Aktien[1], sondern ein durch Abspaltung vom Stammrecht der alten Aktie entstandenes, **verselbständigtes Sonderrecht**.[2]

Veräußerung von Bezugsrechten: Bezugsrechte können selbständig an der Börse veräußert werden. Der Veräußerungserlös ist keine steuerbare Einnahme aus Kapitalvermögen, wenn die ihm zugrunde liegende Aktie oder das Bezugsrecht selbst zum Privatvermögen gehören. Werden die im Privatvermögen gehaltenen, aufgrund des Bezugsrechts erworbenen jungen Aktien innerhalb der **Behaltefrist** des § 23 Abs. 1 Satz 1 Nr. 2 EStG mit Gewinn veräußert, liegt ein steuerpflichtiges privates Veräußerungsgeschäft vor.[3]

641

cc) Freiaktien (Zusatz- oder Berechtigungsaktien)

Gewährt die Gesellschaft im Zuge einer **Kapitalerhöhung** Aktien, für die sie vollständig oder teilweise die Verpflichtung der Aktionäre zur Leistung einer bestimmten Einlage übernimmt, so liegen aus der Sicht der Aktionäre **Freiaktien** (fälschlicherweise oft als Gratisaktien bezeichnet) vor. Der Aktionär wird von seiner Einlageverpflichtung freigestellt. Der Bezug von Freiaktien erfüllt alle Merkmale eines stpfl. sonstigen Bezugs i. S. d. § 20 Abs. 1 Nr. 1 Satz 1 EStG und eines besonderen Entgelts oder Vorteils i. S. d. § 20 Abs. 2 Satz 1 Nr. 1 EStG. Insbesondere führt der Bezug zu einem Vermögensvorteil beim Aktionär und zu einer Vermögensminderung bei der Gesellschaft, die aus ihrem Gesellschaftsvermögen die Einlage der Aktionäre zu erbringen hat. Der geldwerte Vorteil der Aktionäre kann u. E. nicht mit der durch die Kapitalerhöhung eintretenden Wertminderung der Altaktien verrechnet werden. Altaktien und Freiaktien sind selbständige Wirtschaftsgüter, weshalb sich eine Saldierung der Vorteile durch den Bezug der Freiaktien mit der Wertminderung der Altaktien verbietet. Der Bezug von Freiaktien stellt deshalb grds. eine **steuerbare Einnahme** i. S. d. § 20 Abs. 1 Nr. 1 Satz 1 EStG dar.

642

Der Bezug von Freiaktien ist unter den Voraussetzungen des § 1 KapErhStG allerdings steuerfrei, wenn die Kapitalerhöhung aus Gesell-

643

---

1 BMF-Schreiben v. 20. 12. 2005, DStR 2006, 95.
2 BFH, U. v. 22. 5. 2003, BStBl II 2003, 712; U. v. 21. 1. 1999, BStBl II 1999, 638, zur Ermittlung der Anschaffungskosten nach der Gesamtwertmethode für Anteile im Betriebsvermögen und für wesentliche Beteiligungen i. S. d. § 17 EStG.
3 BMF-Schreiben v. 20. 12. 2005, DStR 2006, 95.

schaftsmitteln (Umwandlung von Rücklagen in Grundkapital bzw. Nennkapital)
- **einer inländischen Kapitalgesellschaft** i. S. d. § 1 Abs. 1 Nr. 1 KStG (AG, GmbH, KGaA, bergrechtliche Gewerkschaft) erfolgt oder aber
- **einer ausländischen Gesellschaft,** die einer inländischen AG, GmbH oder KGaA vergleichbar ist, und die Freiaktien nach mit inländischen Kapitalerhöhungsvorschriften vergleichbaren Regelungen (§§ 207 – 220 AktG) ausgegeben werden (§ 7 Abs. 1 KapErhStG).

Ersetzen Freiaktien entsprechend einem vereinbarten Wahlrecht die Bardividende, liegen Einkünfte i. S. d. § 20 Abs. 1 Nr. 1 EStG vor.[1]

Zur Steuerpflicht von Treueaktien (z. B. Telekom/Post AG) s. Treueaktien Rdnr. 1581.

644 **Gratisaktien** sind keine Freiaktien. Sie werden vielmehr zu Lasten des Gewinns der AG z. B. an Mitarbeiter oder Vorstandsmitglieder, nicht aber an Aktionäre verschenkt und stellen beim Beschenkten keine steuerbaren Einnahmen aus Kapitalvermögen dar. Gratisaktien sind vielmehr den anderen Einkunftsarten (§ 19 EStG) zuzuordnen (§ 20 Abs. 3 EStG).

645 **Einziehung von Aktien:** Zieht eine AG Aktien ein (§§ 237 ff. AktG) und zahlt sie anschließend das anteilige Grundkapital an die ausscheidenden Aktionäre zurück, liegt kein steuerbarer sonstiger Bezug vor. Gleiches gilt für die nach Einziehung von Aktien erfolgende Werterhöhung der verbleibenden Aktien. Die Werterhöhung stellt einen Vorgang in der Vermögenssphäre der Aktionäre dar und gehört nicht zur Ertragsphäre der Aktien.[2]

dd) Freigenussrechte

646 Gewährt eine der in § 20 Abs. 1 Nr. 1 EStG genannten Körperschaften ihren Gesellschaftern oder Mitgliedern verbriefte oder unverbriefte Genussrechte mit der Verpflichtung, die Einzahlung des Genussrechtskapitals selbst zu übernehmen, liegen sog. Freigenussrechte vor. Sie sind als Ausschüttungen jeder Art. i. S. d. § 8 Abs. 3 Satz 2 KStG und als **stpfl. Einnahme** nach § 20 Abs. 1 Nr. 1 Satz 1 EStG (sonstige Bezüge) einzuordnen, wenn sie eine Beteiligung am **Gewinn und Liquidationserlös** vorsehen.[3] Die Einnahmen unterliegen nach § 43 Abs. 1 Satz 1 Nr. 1 EStG dem

---

1 BFH, U. v. 14. 2. 2006, BFH/NV 2006, 1202.
2 BFH, U. v. 28. 8. 1964, BStBl III 1964, 578.
3 BFH, U. v. 19. 1. 1994, BStBl II 1996, 77.

I. Einnahmen aus der Beteiligung an Kapitalgesellschaften

KapESt-Abzug. Mit der Ausgabe der Freigenüsse ist keine Gewinnminderung bei der Körperschaft verbunden (§ 8 Abs. 3 Satz 2 KStG).

b) Bezüge aus Genussrechten

Seit dem VZ 1985 gehören sowohl Erträge aus unverbrieften als auch – wie bereits früher schon – aus verbrieften Genussrechten (Genussscheinen) zu den Einnahmen aus Kapitalvermögen. Eine gesetzliche Definition der Genussrechte fehlt. Sie werden lediglich in §§ 160 Abs. 1 Nr. 6 und 221 Abs. 3 und 4 AktG als solche erwähnt. Die Emissionsbedingungen im Einzelnen sind den ausgebenden Körperschaften überlassen, die die Ausgabe von Genussrechten und ihre Ausgestaltung zweckorientiert an die jeweiligen Verhältnisse ihrer Unternehmen anpassen können.

647

Genussrechte gewähren i. d. R. gegen eine zeitlich befristete Überlassung von Kapital (Genussrechtskapital) einen festen oder variablen Gewinnanteil, wobei die Bemessungsgrundlage für die Höhe des Anteils – z. B. die Dividende der Stamm- oder Vorzugsaktie – der Bilanzgewinn, der Jahresüberschuss oder die Gesamtkapitalrendite der emittierenden Körperschaft sein kann. Der Genussrechtsinhaber erhält für die Kapitalüberlassung bestimmte Gläubigerrechte (Anspruch auf Erträge, Beteiligung am Liquidationserlös, Rückzahlungsansprüche, Kündigungsrechte u. Ä.), die **ausschließlich schuldrechtlicher,** nicht aber gesellschaftsrechtlicher **Natur** sind.[1] Der Genussrechtsinhaber ist nicht an der emittierenden Körperschaft beteiligt. Ihm stehen deshalb – anders als dem Aktionär – keine Mitgliedschaftsrechte (Stimmrechte, Auskunftsrechte u. Ä.) zu. Die Genussrechtsbedingungen können auch eine Beteiligung am Verlust der Körperschaft vorsehen.

648

▷ **Gestaltungshinweis**

Umwandlung von Gesellschafter-Darlehen in Genussrechte ist steuerneutral möglich. Die Ausschüttungen können im Gegensatz zu festverzinslichen Darlehen ertragsorientiert gestaltet werden und sind als Betriebsausgaben bei der Gesellschaft (Emittent) abziehbar, wenn die Genussrechtsbedingungen eindeutig eine Beteiligung am Liquidationserlös ausschließen. Die Ausgabe von Genussrechten an Gesellschafter ist keine vGA, solange sich die Ausschüttungen im Rahmen der bisherigen Zinsverpflichtungen halten.

---

1 BFH, U. v. 14. 6. 2005, BStBl II 2005, 861; v. 19. 1. 1994, BStBl II 1996, 77.

649 **Genussscheine** sind in einer Urkunde (Wertpapier) verbriefte und dadurch börsengängige Genussrechte. Je nach Ausgestaltung der Genussrechte haben sie mehr aktienrechtlichen – bei gewinn- oder dividendenabhängiger Ausschüttung – oder – bei konstanter Ausschüttung – anleiheähnlichen Charakter.

650 **Optionsgenussscheine** enthalten neben dem Recht auf Bezug bestimmter Erträge das ebenfalls verbriefte Recht (Optionsscheine), innerhalb einer bestimmten Frist oder zu einem vorausbestimmten Zeitpunkt weitere Genussscheine, Aktien oder Schuldverschreibungen der emittierenden Kapitalgesellschaft i. d. R. gegen Zuzahlung eines bestimmten Geldbetrags erwerben zu können. Die Emission von Optionsgenussscheinen erlaubt dem Emittenten als Ausgleich für das Optionsrecht einen Abschlag auf die im Emissionszeitpunkt gültige Marktrendite vorzunehmen. Die Genussscheine können vom Optionsschein getrennt werden. Beide Wertpapiere sind in diesem Fall selbständig an der Börse handelbar. Der Genussschein erhält nach Abtrennung des Optionsscheins den Kurszusatz „ex O.". Der ungetrennte Genussschein wird mit „cum O." gehandelt; zur Steuerpflicht des Optionsrechts s. Rdnr. 1418.

651 **Beteiligung am Liquidationserlös:** Genussrechte können unterschiedliche Ertragnisansprüche mit unterschiedlichen steuerlichen Folgen für die ausschüttende Körperschaft und den Genussrechtsinhaber gewähren. Möglich ist eine

- Beteiligung nur am Gewinn,
- Beteiligung nur am Liquidationserlös oder
- Beteiligung am Gewinn und am Liquidationserlös.

§ 20 Abs. 1 Nr. 1 Satz 1 EStG erfasst nur Einnahmen aus Genussrechten, mit denen **das Recht am Gewinn und am Liquidationserlös** verbunden ist.[1] Die Ausschüttungen auf solchermaßen ausgestattete Genussrechte dürfen den Gewinn der Kapitalgesellschaft nicht mindern (§ 8 Abs. 3 Satz 2 KStG).[2]

652 Von den Erträgen des Genussrechtsinhabers wird nach § 43 Abs. 1 Satz 1 Nr. 1 EStG **KapESt einbehalten,** soweit kein Freistellungsauftrag (§ 44a Abs. 2 Satz 1 Nr. 1 EStG) oder keine NV-Bescheinigung (§ 44a Abs. 2 Satz 1 Nr. 2 EStG) vorgelegt wird.

---

1 BFH, U. v. 14. 6. 2005, BStBl II 2005, 861.
2 BFH, U. v. 19. 1. 1994, BStBl II 1996, 77.

I. Einnahmen aus der Beteiligung an Kapitalgesellschaften

Bei Genussrechten, die nur eine **Beteiligung am Gewinn oder am Liqui-** 653
dationserlös der Kapitalgesellschaft gewähren, mindern die Ausschüttungen den Gewinn der Gesellschaft (Betriebsausgaben). Die Erträge des Genussrechtsinhabers werden nicht über § 20 Abs. 1 Nr. 1 EStG, sondern nach h. M. über § 20 Abs. 1 Nr. 7 Satz 1 EStG als stpfl. Einnahmen (Zinsen) aus Kapitalforderungen jeder Art erfasst.[1] Auch diese Einnahmen unterliegen der KapESt (§ 43 Abs. 1 Satz 1 Nr. 2 EStG).

Verlust des Genussrechtskapitals: Zahlt die Kapitalgesellschaft das Ge- 654
nussrechtskapital am Ende der Laufzeit nicht oder nur teilweise zurück, so sind die dadurch entstehenden Verluste der steuerlich unbeachtlichen **Vermögensebene** zuzuordnen. Die Verlustbeträge sind weder Werbungskosten noch negative Einnahmen bei den Einkünften aus Kapitalvermögen. Wird das Kapital zu einem späteren Zeitpunkt nachgezahlt, so liegen keine steuerbaren Einnahmen vor.

Genussrechte ohne Rückzahlungsanspruch: Die Emissionsbedingungen 655
können vorsehen, dass das Genussrechtskapital nicht zurückgezahlt oder erst nach der Liquidation zurückgezahlt wird. Die FinVerw. geht in einem solchen Fall davon aus, dass der Genussrechtsinhaber stets am Liquidationsgewinn beteiligt ist.[2] Der BFH wird sich nach dem U. v. 19. 1. 1994[3] dieser Auffassung offensichtlich nicht anschließen wollen. Genussrechte ohne Rückzahlungsanspruch und ohne ausdrückliche Beteiligung am Liquidationserlös gewähren ein reines Gewinnbezugsrecht, ohne dass dadurch ein beteiligungsähnliches Verhältnis des Inhabers zum emittierenden Unternehmen geschaffen wird.[4]

c) Bezüge aus GmbH-Anteilen

Nach § 20 Abs. 1 Nr. 1 Satz 1 EStG gehören die auf die Geschäftsanteile 656
an einer GmbH ausgeschütteten Gewinnanteile zu den Einnahmen aus Kapitalvermögen. Geschäftsanteile drücken die vom Gesellschafter übernommene, nominale Beteiligung (Stammeinlage) am Stammkapital der Gesellschaft aus (§ 5 GmbHG). Die Einlage muss nach § 5 Abs. 3 GmbHG

---

1 F. Dötsch und Wassermeyer in K/S/M, a. a. O., EStG § 20 Rdnr. C 47 und I 93; Blümich/Stuhrmann, a. a. O., EStG § 20 Rdnr. 310; Schmidt/Weber-Grellet, XXV., EStG § 20 Rdnr. 52.
2 BMF-Schreiben v. 8. 12. 1986, BB 1987, 667.
3 BStBl II 1996, 77.
4 Brenner, KFR F. 4 KStG § 8, 3/94, 195.

in Euro durch 50 teilbar sein. Die mit den Geschäftsanteilen verbundenen Gesellschaftsrechte können nach der Satzung der Gesellschaft – vergleichbar mit Stamm- oder Vorzugsaktien einer AG – mit unterschiedlichen Gewinnbezugs- oder Stimmrechten ausgestattet sein.

657 Der **Gewinnausschüttung** hat i. d. R. ein Gesellschafterbeschluss über die Gewinnverteilung vorauszugehen (§ 46 Nr. 1 GmbHG), mit dem der Gewinnauszahlungsanspruch des Gesellschafters entsteht. Die Höhe der Ausschüttung richtet sich regelmäßig nach dem Verhältnis der Geschäftsanteile des einzelnen Gesellschafters zum Stammkapital der Gesellschaft (§ 29 Abs. 2 Satz 1 GmbHG), soweit der Gesellschaftsvertrag keine anderen Regelungen vorsieht (§ 29 Abs. 2 Satz 2 GmbHG). Der BFH[1] lässt aber auch eine Ausschüttung von Gewinnen zu, die von dem Beteiligungsverhältnis abweicht (disquotale Gewinnverteilung).

658 Nach § 20 Abs. 2a EStG ist demjenigen eine Einnahme i. S. d. § 20 Abs. 1 EStG zuzurechnen, der zum Zeitpunkt des Gewinnverteilungsbeschlusses Anteilseigner ist. § 39 AO ist zu beachten.

659 (*einstweilen frei*)

660 **Ohne Stammrecht abgetretene Gewinnanteile** sind dem Abtretenden, nicht dem Abtretungsempfänger zuzurechnen. Die Abtretung bedeutet für den Abtretenden lediglich Einkommensverwendung.[2]

661 **Bezugsrechte** sind im GmbHG nicht ausdrücklich geregelt. Nach einer Erhöhung des Stammkapitals der Gesellschaft stehen den bisherigen Gesellschaftern gleichwohl Bezugsrechte auf neue Geschäftsanteile zu, sofern die Gesellschaft nicht den Nennwert der bestehenden Anteile erhöht. Der Bezug neuer Geschäftsanteile führt nicht zu stpfl. Einnahmen aus Kapitalvermögen. Etwas anderes gilt für den Bezug von Freianteilen, bei denen die Gesellschaft die Einlage übernimmt und die Gesellschafter insoweit von ihrer Einzahlungsverpflichtung freistellt. Dadurch entstehen grds. stpfl. sonstige Bezüge i. S. d. § 20 Abs. 1 Nr. 1 Satz 1 EStG; s. Rdnr. 642 f.

662 **Werterhöhungen durch Einziehung von Geschäftsanteilen** sind keine steuerbaren Einnahmen. Zieht die Gesellschaft Geschäftsanteile ein und findet sie den ausscheidenden Gesellschafter nicht mit dem gemeinen Wert seiner Anteile ab, so kommt es zu einer Werterhöhung der verbleibenden

---

1 BFH, U. v. 19. 8. 1999, BStBl II 2001, 43; zur Kritik s. Schmidt/Weber-Grellet, XXV., EStG § 20 Rdnr. 52.
2 BFH, U. v. 12. 10. 1982, BStBl II 1983, 128.

I. Einnahmen aus der Beteiligung an Kapitalgesellschaften

Geschäftsanteile. Dieser Vorgang berührt die Ertragssphäre der anderen Gesellschafter nicht. Die Werterhöhung beeinflusst lediglich die nicht steuerbare **Vermögensebene.**

Entgeltlicher Erwerb eigener Anteile durch die Gesellschaft führt nicht zu steuerbaren Einnahmen aus Kapitalvermögen beim veräußernden Gesellschafter, solange der Kaufpreis angemessen oder unangemessen niedrig ist.[1] Wird zwischen der Gesellschaft und dem Gesellschafter ein unangemessen hoher Kaufpreis vereinbart und gezahlt, so liegt in der Differenz zwischen angemessenem und vereinbartem Kaufpreis eine stpfl. Einnahme aus Kapitalvermögen in Gestalt einer vGA i. S. d. § 20 Abs. 1 Nr. 1 Satz 2 EStG;[2] s. Rdnr. 672 ff.

663

Werden die **eingezogenen Anteile** in unmittelbarem Zusammenhang mit der Einziehung **weiterveräußert,** so liegt u. E. ebenfalls ein der Veräußerung der Anteile durch den Gesellschafter gleichzustellender Vorgang und keine Teilliquidation vor.

Übernahme von Geschäftsanteilen bei Verschmelzung: Übernehmen die Gesellschafter einer GmbH bei Verschmelzung ihrer Gesellschaft mit einer anderen GmbH (§ 13 UmwStG) Geschäftsanteile der aufnehmenden Gesellschaft, so führt der Erwerb der neuen Geschäftsanteile nicht zu stpfl. Einnahmen aus Kapitalvermögen.[3] **Ausnahme:** Erhalten die aufgenommenen Gesellschafter von der aufnehmenden Gesellschaft neben den Geschäftsanteilen der aufnehmenden Gesellschaft besondere Zuzahlungen, liegen in Höhe dieser Zahlungen stpfl. Einnahmen vor.[4] Dies stellt einen sonstigen Bezug i. S. d. § 20 Abs. 1 Nr. 1 EStG dar.[5]

664

Einziehung von Fremdgeschäftsanteilen gegen Entgelt (§ 34 GmbHG): Die Zahlung des Einziehungsentgelts an die Gesellschafter führt nach h. M. nicht zu einer Gewinnausschüttung oder Kapitalauskehrung. Das Einziehungsentgelt ist vielmehr als Veräußerungsentgelt zu sehen. Wirt-

665

---

1 BMF-Schreiben v. 2. 12. 1998, BStBl I 1998, 1505, Tz. 19.
2 BFH, U. v. 16. 7. 1965, BStBl III 1965, 618; v. 16. 2. 1977, BStBl II 1977, 572; a. A. Schmidt/Weber-Grellet, XXV., EStG § 17 Rdnr. 101; der entgeltliche Erwerb Anteile soll danach wirtschaftlich einer Teilliquidation gleichstehen, mit der Folge, dass – soweit verwendbares Eigenkapital als verwendet gilt – das Anrechnungsverfahren – Herstellung der Ausschüttungsbelastung – ausgelöst wird.
3 BFH, U. v. 23. 1. 1959, BStBl III 1959, 97.
4 RFH, U. v. 6. 10. 1932, RStBl 1933, 97.
5 BMF-Schreiben v. 25. 3. 1998, BStBl I 1998, 268, Tz. 13.04; Haritz/Benkert, UmwStG, 2. Aufl., § 13 Rz. 13.

schaftlich betrachtet ist die entgeltliche Einziehung von Geschäftsanteilen einer Veräußerung der Anteile (Wirtschaftsgüter) durch den Gesellschafter ähnlicher als einer Kapitalherabsetzung, wenn auch die Anteile nicht auf einen anderen (neuen) Gesellschafter übertragen werden, sondern untergehen.[1]

666 **Die unentgeltliche Einziehung eigener Anteile** nach Kapitalherabsetzung und Auskehrung des Herabsetzungsbetrags an die Gesellschafter löste das Anrechnungsverfahren (Herstellung der Ausschüttungsbelastung i. S. d. § 27 Abs. 1 KStG) aus.[2] Die Auskehrung des durch die Kapitalherabsetzung „frei gewordenen" Betrags erfüllt nach der Rechtsprechung des BFH auf der Ebene des Gesellschafters den Tatbestand des § 20 Abs. 1 Nr. 1 EStG.[3] Dies gilt auch nach Einführung des Halbeinkünfteverfahrens.

aa) Vorabausschüttungen

667 Ausschüttungen in Erwartung eines entsprechenden Gewinns sind beim Gesellschafter einer GmbH grds. stpfl. Einnahmen aus Kapitalvermögen. Nach § 46 Nr. 1 GmbHG bedürfen sie eines Gesellschafterbeschlusses. Liegt ein ordnungsgemäßer Beschluss vor, ergibt sich die Steuerpflicht der Ausschüttungen aus § 20 Abs. 1 Nr. 1 Satz 1 EStG.[4] Fehlt es dagegen an einem ordnungsgemäßen Beschluss, so stellen die Ausschüttungen sonstige Bezüge i. S. d. § 20 Abs. 1 Nr. 1 Satz 1 EStG dar.

668 **Rückzahlung von Vorabausschüttungen:** Die steuerrechtlichen Folgen von Vorabausschüttungen können nicht dadurch rückgängig gemacht werden, dass der Gesellschafter die ausgezahlten Beträge an die Gesellschaft zurückzahlt.[5] Eine solche Rückzahlung kommt in Betracht, wenn die Gesellschaft keinen oder einen, gemessen an der Höhe der Vorabausschüttungen, niedrigeren Reingewinn erwirtschaftet hat. Rückzahlungen sind steuerrechtlich keine negativen Einnahmen aus Kapitalvermögen, sondern als **Einlagen** zu behandeln.[6] Dies gilt auch für Vorabausschüttungen, für

---

1 Ausführlich Wrede in H/H/R, § 20 EStG Anm. 186.
2 BFH, U. v. 29. 7. 1992, BStBl II 1993, 369.
3 BFH, U. v. 29. 7. 1992, a. a. O.
4 BFH, U. v. 27. 1. 1977, BStBl II 1977, 491.
5 BFH, U. v. 1. 4. 2003, BStBl II 2003, 779; U. v. 21. 7. 1999, BStBl II 2001, 127.
6 BFH, U. v. 1. 4. 2003, BStBl II 2003, 779; U. v. 29. 5. 1996, BStBl II 1997, 92; FG Rheinland-Pfalz v. 4. 12. 1989, EFG 1990, 315; OFD Berlin, Vfg. v. 23. 1. 1996, GmbHR 1996, 388.

I. Einnahmen aus der Beteiligung an Kapitalgesellschaften

die sich nach Feststellung der Bilanz herausstellt, dass kein ausreichender Jahresüberschuss vorhanden ist.[1] Unerheblich ist der Grund für die Rückzahlung der Ausschüttung. Selbst wenn die Gesellschaft einen gerichtlich durchsetzbaren Rückforderungsanspruch hat, den der Gesellschafter durch die Rückzahlung befriedigt, kann die Gewinnausschüttung nicht mit steuerlicher Wirkung rückgängig gemacht werden.[2]

Umwandlung von Vorabausschüttungen: Vorabausschüttungen, die ohne gesellschaftsrechtlichen Beschluss vorgenommen werden, sind als sonstige Bezüge (vGA) i. S. v. § 20 Abs. 1 Nr. 1 Satz 1 oder Satz 2 EStG stpfl. Der BFH hat in einem Einzelfall die Umwandlung unzulässiger Vorabausschüttungen einer AG an einen Aktionär durch Aktivierung einer Rückzahlungsverpflichtung mit anschließendem Gewinnverteilungsbeschluss in offene Ausschüttungen für zulässig erklärt.[3] Diese Rechtsprechung ist u. E. bedenklich. **669**

Es ist zwischen der **Ausschüttung** und dem den gesellschaftsrechtlichen Vorschriften entsprechenden **Gewinnverteilungsbeschluss** zu unterscheiden. Liegt der Ausschüttung ein **wirksamer Beschluss** zugrunde, so richten sich die steuerrechtlichen Folgen nach dem Zufluss bzw. Abfluss der Ausschüttung. Die Ausschüttung ist mit dem Abfluss der Vermögensteile bei der Gesellschaft vollzogen. Der Gesellschafter hat sie nach § 11 EStG im Zeitpunkt des Zuflusses zu versteuern. Zu- und Abfluss erfolgen in diesem Fall regelmäßig nach der Beschlussfassung. Die steuerrechtlichen Folgen können nicht durch nachträglichen Gewinnverteilungsbeschluss oder eine Abänderung oder Aufhebung eines früheren Beschlusses beseitigt werden. Dieser Grundsatz gilt auch für Ausschüttungen, die ohne wirksamen Verteilungsbeschluss (vGA) vorgenommen worden sind. Es ist für die steuerrechtlichen Folgen allein der Zu- bzw. Abfluss maßgebend. Zu- und Abfluss können nachträglich nicht aufgehoben werden. Damit können ihre steuerrechtlichen Wirkungen nicht, auch nicht durch Umwandlung in eine normale Ausschüttung, rückgängig gemacht werden. **670**

---

1 BFH, U. v. 1. 4. 2003, BStBl II 2003, 779; a. A. FG Berlin v. 8. 11. 1993, EFG 1994, 409: danach steht der Vorabausschüttungsbeschluss unter der Bedingung, dass ein ausreichender Gewinn vorhanden ist.
2 BFH, U. v. 25. 5. 1999, BStBl II 2001, 226.
3 BFH, U. v. 26. 1. 1976, BStBl II 1976, 547; zustimmend Döllerer, JbFfSt 1978/79, 365, 371; a. A. Wassermeyer in K/S/M, a. a. O., EStG § 20 Rdnr. C 42.

bb) Rückzahlung von Gewinnanteilen

671 Die Besteuerung einmal ausgezahlter Gewinnanteile kann nicht dadurch rückgängig gemacht werden, dass der Gesellschafter entsprechend einer vorher eingegangenen Verpflichtung die Gewinnanteile ganz oder teilweise zurückzahlt (Schütt-aus-hol-zurück-Verfahren). Rückzahlungen stellen **keine negativen Einnahmen oder Werbungskosten** dar, sondern sind als Einlage in das Gesellschaftsvermögen zu werten.[1] Die Ausschüttung von Gewinnanteilen mit anschließender Rückzahlung wird sowohl vom Gesetzgeber[2], der Rechtsprechung[3] und der FinVerw. als zulässiges Gestaltungsmittel anerkannt.

d) Bezüge aus Anteilen an Erwerbs- und Wirtschaftsgenossenschaften

Genossenschaften sind Gesellschaften von nicht geschlossener Mitgliederzahl, welche die Förderung des Erwerbs oder der Wirtschaft ihrer Mitglieder (Genossen) mittels gemeinschaftlichen Geschäftsbetriebs bezwecken (§ 1 Abs. 1 GenG). Dazu gehören insbesondere Kreditvereine, Vereine zum gemeinschaftlichen Verkauf landwirtschaftlicher oder gewerblicher Erzeugnisse (Absatzgenossenschaften) und Vereine zur Herstellung von Wohnungen (Wohnungsgenossenschaften). Ausschüttungen der Genossenschaften gehören bei den Mitgliedern unter den gleichen Voraussetzungen zu den Einnahmen aus Kapitalvermögen wie Gewinnausschüttungen einer AG an ihre Aktionäre.

Realgemeinden sind Vereinigungen des älteren agrarwirtschaftlichen Genossenschaftsrechts, bei denen mit der Mitgliedschaft das Recht zur gemeinsamen land- und forstwirtschaftlichen Nutzung des Grund und Bodens (im Wege der Selbstbewirtschaftung) verbunden ist.[4] Dazu gehören insbesondere Hauberg-, Wald-, Forst- und Landgenossenschaften. Ausschüttungen einer Realgemeinde gehören grds. zu den Einkünften aus Land- und Forstwirtschaft (§ 13 Abs. 1 Nr. 4 EStG). Unterhält die Genossenschaft einen Gewerbebetrieb, der über einen landwirtschaftlichen Nebenbetrieb hinausgeht, oder hat sie einen solchen Betrieb verpachtet, so

---

1 BFH, U. v. 3. 8. 1993, BFHE 174, 24; U. v. 21. 7. 1999, BStBl II 2001, 127; U. v. 29. 8. 2000, BStBl II 2001, 173; FG Rheinland.-Pfalz v. 4. 12. 1989, EFG 1990, 315.
2 BT-Drucks. 7/5310, 9.
3 So auch BFH U. v. 19. 8. 1999, BStBl II 2001, 43.
4 RFH, U. v. 31. 5. 1938, RStBl 1938, 736.

I. Einnahmen aus der Beteiligung an Kapitalgesellschaften 227

gehören die Ausschüttungen zu den Einnahmen aus Kapitalvermögen. Der Gewinn der Genossenschaft ist in diesem Fall kstpfl.[1]

Umfang der steuerpflichtigen Einnahmen:

Braugelder: Gewinnausschüttungen, die die brauberechtigten Bürger einer Stadt („Braubürger"), die eine Realgemeinde bilden, von der gemeinsam betriebenen Brauerei erhalten, sind Einnahmen aus Kapitalvermögen.[2] Gleiches gilt für **Jahnschaften**[3] und **Forstgenossenschaften**, bei denen eine kapitalmäßige Beteiligung der Mitglieder besteht.[4]

Rückvergütungen an Mitglieder der Genossenschaft sind Preisverbilligungen, die nach Ablauf eines Geschäftsjahres beschlossen und ausgezahlt werden. Sie gehören nicht zu den Einnahmen aus Kapitalvermögen, wenn sie aus Mitteln stammen, die im Mitgliedergeschäft erwirtschaftet wurden und die die weiteren Voraussetzungen des § 22 KStG erfüllen. Liegen diese Voraussetzungen vor, so sind die Rückvergütungen bei der Genossenschaft wie Betriebsausgaben abzuziehen. Genossenschaftliche Rückvergütungen, die die Bedingungen des § 22 KStG nicht erfüllen, sind bei den Empfängern als vGA zu versteuern.[5] Ob im Einzelfall eine als Betriebsausgabe abziehbare Rückvergütung vorliegt, richtet sich nach den vertraglichen Vereinbarungen.[6] Die Einordnung der Rückvergütungen als Betriebsausgaben ist verfassungsgemäß.[7]

Preisnachlässe (Rabatte, Boni) sind bereits vor oder bei Abschluss eines Rechtsgeschäfts vereinbarte Preisreduzierungen, die unabhängig davon, ob sie Nichtmitgliedern oder Mitgliedern gewährt werden, bei der Genossenschaft immer als Betriebsausgabe abziehbar sind. Die Frage, ob beim Empfänger Einnahmen aus Kapitalvermögen vorliegen, stellt sich bei derartigen Preisnachlässen nicht.

---

1 BFH, U. v. 3. 11. 1961, BStBl III 1962, 7.
2 BFH, U. v. 24. 5. 1966, BStBl III 1966, 579.
3 BFH. U. v. 5. 9. 1963, BStBl III 1964, 117.
4 BFH, U. v. 3. 3. 1965, BStBl III 1965, 319.
5 Zur Abgrenzung genossenschaftlicher Rückvergütungen (Milchgelder) und vGA: BFH, U. v. 9. 3. 1988, BStBl II 1988, 592; Herzig, Verdeckte Gewinnausschüttungen bei Mitgliedergeschäften von Genossenschaften, BB 1990, 603.
6 BFH, U. v. 8. 3. 1972, BStBl II 1972, 448.
7 BFH, U. v. 10. 12. 1975, BStBl II 1976, 351 zu § 23 Nr. 2 KStG 1954.

Sonstige Bezüge: Zu den Einnahmen aus Kapitalvermögen der Genossenschaftsmitglieder gehört alles, was ihnen von der Genossenschaft aufgrund der Beteiligung ohne Veränderung des Geschäftsanteils zugewendet wird. Dazu gehören auch vGA. Vorteile, die sowohl Mitgliedern als auch Nichtmitgliedern gewährt werden, sind keine Gewinnausschüttungen,[1] da sie nicht durch das Beteiligungsverhältnis veranlasst sind.

Zu den sonstigen Bezügen (vGA) gehören

- Umbuchungen von Rücklagen in Erhöhungen der Geschäftsanteile;[2]
- Bewirtschaftungsaufwendungen für Mitglieder und Ehefrau;[3]
- Übernahme der Kfz-Kosten für Mitglieder;
- Übernahme von Reiseaufwendungen, wenn kein betrieblicher Anlass für die Reiseteilnahme von Mitgliedern einer anderen Genossenschaft bestand;[4]
- Kostenerstattung an Mitglieder zur Teilnahme an der Generalversammlung.[5]

Keine sonstigen Bezüge liegen vor bei

- angemessener Bewirtung der Mitglieder in der Generalversammlung, wobei als angemessen ein Betrag von nicht mehr als 12,78 € je Mitglied angesehen wird;[6]
- Erstattung von Fahrtkosten, Verpflegungs- und Übernachtungskosten und Gewährung von Sitzungsgeldern für Mitglieder der Vertreterversammlung;[7]
- Erhöhung der Geschäftsanteile (Erhöhung der Geschäftsguthaben) durch Auflösung offener Rücklagen ist keine stpfl. Gewinnausschüttung, es sei denn, die Mitglieder werden durch die Gutschriften von

---

1 A. A. RFH, U. v. 28. 2. 1933, RStBl 1933, 392.
2 RFH, U. v. 17. 10. 1933, RStBl 1934, 359.
3 BFH, U. v. 11. 6. 1963, HFR 1963, 406.
4 BFH, U. v. 9. 2. 1972, BStBl II 1972, 361.
5 BMF-Schreiben v. 26. 11. 1984, BStBl I 1984, 591, betr. Fahrtkosten, Sitzungsgelder u. Ä. anlässlich einer Haupt- oder Generalversammlung.
6 BMF-Schreiben v. 26. 11. 1984, BStBl I 1984, 591.
7 BFH, U. v. 24. 8. 1983, BStBl II 1984, 273; U. v. 21. 11. 1961, BStBl III 1962, 89.

I. Einnahmen aus der Beteiligung an Kapitalgesellschaften

ihrer Verpflichtung zur Einzahlung ihrer Geschäftsguthaben im Wege der Aufrechnung befreit.[1]

e) Verdeckte Gewinnausschüttungen (§ 20 Abs. 1 Nr. 1 Satz 2 EStG)

Nach § 20 Abs. 1 Nr. 1 Satz 2 EStG gehören zu den stpfl. Einnahmen aus der Beteiligung an Kapitalgesellschaften und sonstigen Körperschaften auch Gewinnausschüttungen, die nicht aufgrund eines förmlichen Gewinnverteilungsbeschlusses, sondern verdeckt an die Gesellschafter ausgezahlt werden. VGA sind gleichzeitig immer auch sonstige Bezüge i. S. d. § 20 Abs. 1 Nr. 1 Satz 1 EStG und besondere Entgelte oder Vorteile i. S. d. § 20 Abs. 2 Satz 1 Nr. 1 EStG; s. Rdnr. 982 ff. Die besondere Erwähnung der vGA in § 20 Abs. 1 Nr. 1 Satz 2 EStG hat insoweit lediglich klarstellende Bedeutung und stellt keinen eigenen Besteuerungstatbestand dar.[2]

672

Die vGA hat **in der Praxis** besondere Bedeutung für die Frage, ob die Zahlung einer Kapitalgesellschaft an ihre Gesellschafter ihren (steuerrechtlichen) Grund im **Gesellschaftsverhältnis** oder in einer daneben bestehenden (schuldrechtlichen) **Leistungsbeziehung** hat. Erhält ein Gesellschafter Zahlungen aufgrund eines Anstellungs-, Miet-, Pacht- oder Darlehensvertrages, so mindert dies grds. das stpfl. Einkommen der Gesellschaft. Dies führt insbesondere zu einer GewSt-Entlastung, die nicht durch die Besteuerung beim Gesellschafter ausgeglichen wird, da Einkünfte aus nichtselbständiger Arbeit, aus Vermietung und Verpachtung oder aus Kapitalvermögen nicht der GewSt unterliegen. Um diesen **Steuerspareffekt** auszunutzen, ist es im Interesse der Gesellschafter, möglichst hohe Beträge aufgrund von schuldrechtlichen Leistungsvergütungen zu erhalten. Die Rechtsprechung versucht nun, mit der Rechtsfigur der vGA die Zahlungen zu ermitteln, die wirtschaftlich tatsächlich durch die Leistungsbeziehung verursacht sind und diese von den Zahlungen abzugrenzen, die ihren wahren Ursprung im Gesellschaftsverhältnis haben. Vor diesem Hintergrund ist die umfangreiche Rechtsprechung zur Rechtsfigur der vGA zu beurteilen.

673

---

1 BFH, U. v. 21. 7. 1976, BStBl II 1977, 76; Niedersächsisches FinMin. v. 6. 8. 1974, BB 1974, 1286, betr. Gewährung von Freianteilen bei Erhöhung des Nennkapitals aus Gesellschaftsmitteln.
2 BFH, U. v. 21. 12. 1972, BStBl II 1973, 449; U. v. 11. 10. 1977, BStBl I 1978, 109; U. v. 23. 10. 1985, BStBl II 1986, 178.

aa) Begriff der verdeckten Gewinnausschüttung

674 Eine vGA ist eine Vermögensminderung oder verhinderte Vermögensmehrung bei der Kapitalgesellschaft, die durch das Gesellschaftsverhältnis veranlasst ist, sich auf die Höhe des Einkommens auswirkt und in keinem Zusammenhang mit einer offenen Ausschüttung steht.[1] Die Zuwendung an den Gesellschafter ist durch das Gesellschaftsverhältnis veranlasst, wenn ein **ordentlicher und gewissenhafter** Geschäftsleiter sie einer außerhalb der Gesellschaft stehenden Person unter sonst gleichen Umständen nicht zugewandt hätte.[2] In diesem Rahmen ist ein **Fremdvergleich** anzustellen. Erfolgt die Zuwendung an einen beherrschenden Gesellschafter, ist zu prüfen, ob diese auf einer klaren, im Voraus getroffenen zivilrechtlich wirksamen und tatsächlich durchgeführten Vereinbarung basiert.[3] Bei der Beurteilung der Frage, ob die Zuwendung durch das Gesellschaftsverhältnis veranlasst ist, stellen die einzelnen Anforderungen an einen Fremdvergleich keine absoluten Tatbestandsmerkmale dar, sondern sind nur Indizien, die einer **Gesamtwürdigung** zu unterziehen sind.[4]

675 **Aus Sicht der Gesellschaft** kann eine vGA auch vorliegen, wenn dem Gesellschafter zwar noch kein Vorteil zugeflossen ist, eine Vermögensminderung bzw. verhinderte Vermögensmehrung auf der Ebene der Gesellschaft bereits eingetreten war.[5] Allerdings liegt eine vGA nur vor, wenn die Vermögensminderung auf der Ebene der Gesellschaft die Eignung hat, beim Gesellschafter einen sonstigen Bezug i. S. d. § 20 Abs. 1 Nr. 1 Satz 2 EStG auszulösen.[6]

676 Die vGA setzt nach der Rechtsprechung nicht mehr voraus, dass die **Vermögensminderung** bzw. verhinderte Vermögensmehrung auf der Ebene der Körperschaft auf einer **Rechtshandlung** der Organe der Körperschaft beruht. Auch rein tatsächliche Handlungen können den Tatbestand der vGA erfüllen.[7]

---

1 BFH, U. v. 9. 11. 2005, BFH/NV 2006, 456; v. 29. 10. 1997, BStBl II 1998, 574.
2 BFH, U. v. 15. 3. 2000, BStBl II 2000, 504.
3 BFH, U. v. 17. 12. 1997, BStBl II 1998, 545; v. 14. 3. 1990, BStBl II 1990, 795.
4 BFH, U. v. 29. 10. 1998, BStBl II 1998, 574.
5 BFH, U. v. 22. 2. 1989, BStBl II 1989, 475.
6 BFH, U. v. 7. 8. 2002, BStBl II 2004, 131; vgl ausführlich Wassermeyer, DB 2002, 2668; ders., FR 2003, 234; Frotscher, DStR 2004, 754.
7 BFH, U. v. 14. 10. 1992, BStBl II 1993, 353.

I. Einnahmen aus der Beteiligung an Kapitalgesellschaften

Veranlassung im Gesellschaftsverhältnis: Von einer vGA i. S. d. § 20 Abs. 1 Nr. 1 Satz 2 EStG ist nur dann auszugehen, wenn die Ausschüttung durch das Gesellschaftsverhältnis veranlasst ist. Der Leistungsempfänger, dem die Zuwendung als Einnahme zugerechnet werden soll, muss im Zeitpunkt der Entstehung des Zuwendungsanspruchs, also z. B. im Zeitpunkt der Entstehung eines überhöhten Kaufpreisanspruchs, einer überhöhten Miete oder Pacht, Gesellschafter (Anteilsinhaber) der zuwendenden Körperschaft sein. Auf den Zeitpunkt des Zuflusses des Vermögensvorteils kommt es nicht an. Ist der Gesellschafter im Zeitpunkt des Zuflusses bereits aus der Gesellschaft ausgeschieden, so ist ihm der Vermögensvorteil zuzurechnen, wenn er im **Zeitpunkt der Entstehung des Anspruchs** der Gesellschaft noch angehörte (§ 20 Abs. 2a Satz 2 EStG).

677

Beispiel:

Eine GmbH vereinbart mit ihrem Gesellschafter-Geschäftsführer eine überhöhte Pension, die nach Ablauf von 10 Jahren auszuzahlen ist. Der Gesellschafter scheidet 6 Jahre nach der Pensionszusage aus der Gesellschaft aus. Die Pension wird vereinbarungsgemäß vom 11. Jahr an ausgezahlt. In Höhe des unangemessenen Teil der Pension liegt eine vGA vor, die nach § 20 Abs. 1 Nr. 1 Satz 2 EStG als Einnahmen aus Kapitalvermögen zu versteuern ist.[1]

Veranlassung durch frühere oder künftige Gesellschaftsverhältnisse: Ausnahmsweise geht die Rechtsprechung auch dann von einer vGA aus, wenn die Vorteilsgewährung durch ein früheres oder zukünftiges Gesellschaftsverhältnis veranlasst ist.[2] Voraussetzung für solche nachträglichen oder vorab entstandenen Gewinnausschüttungen ist jedoch ein enger zeitlicher Zusammenhang mit dem ehemaligen oder zukünftigen Gesellschaftsverhältnis. Bei Leistungen vor Begründung des Gesellschaftsverhältnisses liegt eine vGA nur vor, wenn der Empfänger auch tatsächlich Gesellschafter wird.[3]

678

Veranlassungsprinzip beim beherrschenden Gesellschafter: Nach der zu § 8 Abs. 3 Satz 2 KStG ergangenen Rechtsprechung, die im Rahmen des § 20 Abs. 1 Nr. 1 Satz 1 EStG entsprechend anwendbar ist, ist bei einem beherrschenden Gesellschafter immer dann von einer Veranlassung durch das Gesellschaftsverhältnis auszugehen, wenn die Vorteile ohne

679

---

1 Wassermeyer, GmbHR 1989, 423.
2 BFH, U. v. 24. 1. 1989, BStBl II 1989, 419; U. v. 31. 10. 1990, BStBl II 1991, 255.
3 BFH, U. v. 24. 1. 1989, BStBl II 1989, 419.

zivilrechtlich wirksame, klare, vorher abgeschlossene und tatsächlich auch so durchgeführte Vereinbarungen gewährt werden.[1]

bb) Zurechnung verdeckter Gewinnausschüttungen

680 VGA sind dem Gesellschafter zuzurechnen (§ 2 Abs. 1 Satz 1 EStG), dem der Vermögensvorteil unmittelbar zufließt. Von einem Zufluss beim Gesellschafter ist auch dann auszugehen, wenn der Vorteil unmittelbar von der Körperschaft einer dem Gesellschafter nahe stehenden Person gewährt wird. Die notwendige Beziehung zwischen Gesellschafter und Dritten kann familienrechtlicher, gesellschaftsrechtlicher, schuldrechtlicher oder rein tatsächlicher Art sein.[2] Die Gewinnausschüttung ist in diesem Fall vom Gesellschafter zu versteuern, wenn er zumindest einen mittelbaren Vorteil erhält.[3] Die FinVerw. geht davon aus, dass der Gesellschafter, dem der Empfänger der vGA nahe steht, die vGA stets – auch ohne eigenen Vermögensvorteil – zu versteuern hat.[4] Voraussetzung dafür ist, dass die **Gewährung an den Dritten** (nahe stehende Person)[5] durch das Gesellschaftsverhältnis der Körperschaft zu ihrem Gesellschafter veranlasst ist. Die nahe stehende Person selbst kann mangels Gesellschaftsverhältnis keine Einnahmen i. S. d. § 20 Abs. 1 Nr. 1 Satz 2 EStG erzielen,[6] auch wenn sie unmittelbar Nutznießer des gewährten Vorteils ist. Der Zurechnung der nur mittelbar dem Gesellschafter zugeflossenen vGA verstößt nicht gegen § 11 Abs. 1 EStG, der lediglich der periodengerechten Ermittlung der Einnahmen, nicht aber der steuerrechtlichen Zurechnung dient (zur Zurechnung allg. s. Rdnr. 45 ff.).

681 Wendet eine Kapitalgesellschaft einer anderen Kapitalgesellschaft einen Vermögensvorteil zu und sind an beiden Gesellschaften dieselben Personen beteiligt, so ist darin eine **mittelbare vGA** der ersten Kapitalgesellschaft an ihre Anteilseigner zu sehen.[7] Der BFH unterstellt in diesem Fall,

---

1 BFH, U. v. 29. 10. 1997, BStBl II 1998, 574.
2 BFH, U. v. 18. 12. 1996, BStBl II 1997, 301.
3 BFH, U. v. 18. 7. 1985, BStBl II 1985, 635; gl. A. Schmidt/Weber-Grellet, XXV., § 20 Rdnr. 75.
4 BMF v. 20. 5. 1999, BStBl I 1999, 514.
5 Zur neuen Definition der nahe stehenden Person aus Sicht der Gesellschaft s. BFH, U. v. 18. 12. 1996, BStBl II 1997, 301.
6 BFH, U. v. 25. 10. 1963, BStBl III 1964, 17.
7 BFH, U. v. 28. 1. 1991, BStBl II 1991, 605.

I. Einnahmen aus der Beteiligung an Kapitalgesellschaften

die Gesellschafter würden den ihnen von der ersten Kapitalgesellschaft zugewendeten Vermögensvorteil in die zweite Gesellschaft einlegen.

cc) Anwendung des Halbeinkünfteverfahrens

Die vGA darf nach § 8 Abs. 3 Satz 2 KStG den Gewinn der Kapitalgesellschaft nicht mindern.[1] Daher ist sie mit KSt (vor-)belastet. Der Anteilseigner muss aus diesem Grund die vGA nach § 3 Nr. 40 Satz 1 Buchst. d EStG nur zur Hälfte versteuern (Halbeinkünfteverfahren). Die hälftige Steuerbefreiung ist grds. auf alle vGA anzuwenden, die ab dem 1. 1. 2001 dem Anteilseigner zugewendet werden. Zu Einzelheiten s. Rdnr. 111 ff., 148. 682

Verfahrensrechtliche Probleme: Die hälftige Steuerfreistellung nach § 3 Nr. 40 Satz 1 Buchst. d EStG bereitet keine Schwierigkeiten, wenn der Steuerbescheid des Gesellschafters noch geändert werden kann. Probleme bereitet jedoch der Fall, dass die vGA erst später, z. B. im Rahmen einer Außenprüfung bei der Gesellschaft, aufgedeckt wird. Die von der Gesellschaft gezahlten (überhöhten) Vergütungen für die Geschäftsführertätigkeit oder die Überlassung von Wirtschaftsgütern wurde beim Gesellschafter vor der Aufdeckung der vGA als Einkünfte aus nichtselbstädiger Arbeit bzw. Einkünfte aus Vermietung und Verpachtung in voller Höhe besteuert. Nach der Korrektur des Körperschaftsteuerbescheids der Gesellschaft nach § 8 Abs. 3 KStG werden die bisher als Betriebsausgaben behandelten Zahlungen gewinnhöhend berücksichtigt. Sie sind nunmehr mit Körperschaftsteuer belastet. Zum Ausgleich der Vorbelastung müsste der Gesellschafter die hälftige Steuerbefreiung nach § 3 Nr. 40 EStG erhalten. Ist der Einkommensteuerbescheid des Gesellschafters jedoch schon bestandskräftig – was nach Abschluss einer Außenprüfung der Gesellschaft häufig der Fall sein wird –, so kann die Umqualifizierung der Zahlungen in Einkünfte aus Kapitalvermögen nur noch umgesetzt werden, wenn eine Änderungsnorm nach der AO zur Verfügung steht. Die Voraussetzungen für eine Änderungsnorm werden i. d. R. aber nicht erfüllt sein. Eine Änderung nach § 175 Abs. 1 Satz 1 Nr. 1 AO scheidet aus, weil nach ständiger Rechtsprechung des BFH der KSt- und der ESt-Bescheid nicht im Verhältnis von Grundlagen- zu Folgebescheid stehen.[2] Auch eine Änderung nach § 173 683

---

[1] Zur Korrektur der vGA bei der Gesellschaft innerhalb und außerhalb der Bilanz s. BMF v. 28. 5. 2002, BStBl II 2002, 603 sowie BFH, U. v. 29. 6. 1994, BStBl II 2002, 366.
[2] BFH, U .v. 12. 3. 2002, BFH/NV 2002, 1273, m. w. N.

AO dürfte nur in Ausnahmefällen in Betracht kommen.[1] Die Finanzverwaltung will die Steuerfestsetzung des Anteilseigners nicht nach § 165 AO mit einem Vorläufigkeitsvermerk versehen.[2] Somit kann es zu einer unberechtigten Mehrbelastung kommen, denn die vGA ist auf der Ebene der Kapitalgesellschaft definitiv mit KSt belastet, der Gewährung einer hälftigen Steuerbefreiung auf der Ebene des Gesellschafters steht aber die Bestandskraft des ESt-Bescheids entgegen. Der Gesetzgeber beabsichtigt daher eine gesetzliche Regelung für dieses Problem zu schaffen.

684 **Anwendung des alten Anrechnungsverfahrens:** Auch die vGA unterlag dem alten Anrechnungsverfahren, so dass sich der Gesellschafter die von der Kapitalgesellschaft gezahlte KSt auf seine (private) ESt anrechnen lassen konnte. Dies gilt aber nur noch für vGA, die vor dem 1. 1. 2001 erfolgten.

dd) Umfang der steuerpflichtigen Einnahmen aus verdeckter Gewinnausschüttung

685 Während Gewinnausschüttungen i. S. d. § 20 Abs. 1 Nr. 1 Satz 1 EStG auf der Grundlage eines Gewinnverteilungsbeschlusses erfolgen und dadurch als solche erkennbar sind, werden Ausschüttungen i. S. d. § 20 Abs. 1 Nr. 1 Satz 2 EStG durch die Art ihrer Benennung oder zivilrechtlichen Gestaltung verdeckt. Sie sind deshalb nicht als Ausschüttung eines Beteiligungsertrags erkennbar, sondern fließen dem Gesellschafter häufig im Rahmen eines **Kauf-, Tausch-, Miet-, Pachtgeschäfts** oder **Dienstleistungsvertrags** zu. Unabhängig davon, in welchem zivilrechtlichen Kleid die Vermögensmehrung steckt, wird steuerrechtlich ausschließlich auf den wirtschaftlichen Gehalt und die wirtschaftliche Veranlassung der Zuwendung abgestellt. Ob die Beteiligten subjektiv eine vGA wollten oder i. S. einer verdeckten Ausschüttung zusammengewirkt haben, ist unbeachtlich.[3] Die Rechtsprechung hat gelegentlich gefordert, dass dem Geschäftsleiter der Körperschaft die Möglichkeit einer Zuwendung an den Gesellschafter bewusst gewesen sein muss.[4] U. E. kann die Annahme einer vGA beim Gesellschafter nicht davon abhängen, mit welchen tatsächlichen oder mög-

---

1 BMF-Schreiben v. 29. 9. 2005, BStBl I 2005, 903 NWB DokID: OAAAB-66510.
2 BMF-Schreiben v. 29. 9. 2005, BStBl I 2005, 903 NWB DokID: OAAAB-66510.
3 BFH, U. v. 19. 5. 1982, BStBl II 1982, 631.
4 BFH, U. v. 16. 11. 1965, BStBl III 1966, 97; U. v. 10. 1. 1973, BStBl II 1973, 322; U. v. 11. 10. 1977, BStBl II 1978, 109.

I. Einnahmen aus der Beteiligung an Kapitalgesellschaften

lichen Vorstellungen der Geschäftsleiter die Vermögensmehrung beim Gesellschafter veranlasst hat. Ausschlaggebend für eine vGA und damit eine stpfl. Einnahme i. S. d. § 20 Abs. 1 Nr. 1 Satz 2 EStG sind nicht die subjektiven Vorstellungen des Geschäftsleiters, sondern seine **rechtlichen Befugnisse,** dem Gesellschafter aus dem Gesellschaftsvermögen einen Vermögensvorteil zuwenden zu können.[1]

Als Einnahmen i. S. d. § 20 Abs. 1 Nr. 1 Satz 2 EStG ist der Teil des Vermögensvorteils zu versteuern, der als unangemessen hoch anzusehen ist, der also einem Nichtgesellschafter nicht gewährt worden wäre. Im Fall der mittelbaren Zuwendung an den Gesellschafter muss der Vorteil, der der nahe stehenden Person zugewendet wurde, der Höhe nach identisch sein mit der vom Gesellschafter als vGA zu versteuernden Einnahme. 686

> **Beispiel:**
> Veräußert die Gesellschaft einen gesellschaftseigenen Pkw mit einem Marktwert von 10 000 € an den Gesellschafter zum Preis von 5 000 €, so liegt i. H. v. 5 000 € eine vom Gesellschafter zu versteuernde vGA vor. Das Gleiche gilt, wenn der Pkw zu diesen Bedingungen an die Ehefrau des Gesellschafters veräußert wird.

Als vGA sind alle Leistungen der Körperschaft in Geld oder geldwerten Gütern zu versteuern, die die Voraussetzungen des § 8 Abs. 1 EStG erfüllen. Die Leistung muss bestimmbar und messbar sein; ob sie materieller oder immaterieller Natur ist, ist unbeachtlich.[2] Dienstleistungen sind mit der erzielbaren Vergütung anzusetzen,[3] einschließlich eines angemessenen Gewinnzuschlags.[4] Sachleistungen werden in der Praxis üblicherweise mit den nach § 8 Abs. 2 EStG bestimmten ortsüblichen Endpreisen angesetzt. Ob dies unter Zugrundelegung der zu den Dienstleistungen ergangenen BFH-Rechtsprechung Bestand haben wird, ist fraglich.

Zufluss einer vGA beim nichtbilanzierenden Anteilseigner kann nicht vor deren Abfluss bei der GmbH liegen. Von einem Zufluss ist grds. erst dann auszugehen, wenn 687

---
1 BFH, U. v. 13. 9. 1989, BStBl II 1989, 1029; U. v. 18. 7. 1990, BStBl II 1991, 484; U. v. 14. 10. 1992, BStBl II 1993, 351.
2 BFH, U. v. 3. 7. 1968, BStBl II 1969, 15; U. v. 4. 3. 1970, BStBl II 1970, 470; U. v. 7. 10. 1970, BStBl II 1971, 69; U. v. 31. 3. 1971, BStBl II 1971, 536; U. v. 25. 11. 1976, BStBl II 1977, 467.
3 BFH, U. v. 28. 2. 1990, BStBl II 1990, 649.
4 BFH, U. v. 23. 6. 1993, BStBl II 1993, 801.

- die vGA tatsächlich gezahlt wird,
- sie einvernehmlich in ein Darlehen umgewandelt oder
- mit einem Gegenanspruch aufgerechnet wird.[1]

Es gelten die Grundsätze des § 11 EStG.[2] Der Anteilseigner hat daher die vGA als Einnahmen erst mit ihrem tatsächlichen Zufluss zu versteuern. Die steuerliche Berücksichtigung der vGA kann bei der Gesellschaft bzw. dem Anteilseigner zeitlich auseinander fallen.

Allerdings ist einem beherrschenden Gesellschafter sein Gewinnanteil bereits mit dem Gewinnverwendungsbeschluss zuzurechnen, weil er über diese Beträge frei verfügen kann.[3] Die Gesellschaft muss zahlungsfähig sein und ein Leistungsverweigerungsrecht darf nicht bestehen.

ee) Grundfälle der verdeckten Gewinnausschüttung

688 Herkömmlich werden fünf Grundfälle vGA unterschieden:[4]

- **Erwerb von Wirtschaftsgütern des Gesellschafters** durch die Körperschaft zu einem unangemessen hohen Preis;

Beispiele:
Erwerb eines Kfz, eines bebauten oder unbebauten Grundstücks, von Maschinen oder Produktionsanlagen, von Warenzeichen oder Patenten.

- **Nutzung von Dienstleistungen,** Kapital oder Wirtschaftsgütern des Gesellschafters durch die Körperschaft gegen ein unangemessen hohes Entgelt;

Beispiele:
Zahlung überhöhter Bezüge (Gehalt, gewinn- oder umsatzabhängige Tantiemen, Reisekosten und Nebenleistungen) an den Gesellschafter-Geschäftsführer.[5]

Für die Ermittlung der zulässigen Höhe einer Gewinntantieme für den Gesellschafter-Geschäftsführer hat der BFH wichtige Grundsätze aufgestellt, die im Regelfall in der Praxis beachtet werden sollten; insbesondere der prozentuale Anteil der Gewinntantieme zum Jahresgewinn und das

---

1 FG München v. 13. 12. 1993, EFG 1994, 998, rkr.
2 BFH, U. v. 14. 7. 1998, HFR 1998, 986.
3 BFH, U. v. 17. 11. 1998, BStBl II 1999, 223; v. 19. 7. 1994, BStBl II 1995, 362.
4 Döllerer, Verdeckte Gewinnausschüttungen, S. 38.
5 BFH, U. v. 6. 4. 2005, BFH/NV 2005, 2058; v. 23. 7. 2003, BStBl II 2003, 926; v. 11. 9. 1968, BStBl II 1968, 809.

I. Einnahmen aus der Beteiligung an Kapitalgesellschaften 237

Verhältnis von Grundgehalt zur Tantieme sind ausgeurteilt worden.[1] Entscheidend ist, ob die Gesamtausstattung des Geschäftsführers als angemessen anzusehen ist.[2] Eine reine Umsatztantieme wird i. d. R. unangemessen sein.[3]

- **Darlehensaufnahme zu überhöhtem Zinssatz (Anmietung betrieblicher Räume zu überhöhtem Mietzins)**

  Trotz eines Verstoßes gegen das Selbstkontrahierungsverbot liegt keine vGA vor, wenn der Geschäftsleitervertrag mit dem GmbH-Gesellschafter vor der BGH-Entscheidung v. 28. 2. 1993[4] abgeschlossen worden war.[5] **Zinsen für eigenkapitalersetzende Darlehen** sind nur dann als vGA zu behandeln, wenn ihre Vereinbarung dem Grunde und/oder der Höhe nach unangemessen oder die Zinsverbindlichkeit zivilrechtlich nicht wirksam entstanden ist oder die Zinszahlung nicht zur Tilgung der Zinsverbindlichkeit führte und/oder bereits wegen eines Verstoßes gegen § 30 Abs. 1 GmbHG als eine durch das Gesellschaftsverhältnis veranlasste Leistung anzusehen ist.[6]

- **Veräußerung von Wirtschaftsgütern der Körperschaft** an den Gesellschafter zu einem unangemessen niedrigen Preis.[7]

- **Wahrnehmung von Geschäftschancen** durch den Gesellschafter auf eigene Rechnung oder Überlassung bestimmter, für die Körperschaft günstiger Geschäftsabschlüsse an den Gesellschafter;

Beispiele:

Verstöße des Gesellschafters gegen das Wettbewerbsverbot; Verzicht der Körperschaft auf eine Schadensersatzforderung gegen den Gesellschafter nach Verstoß gegen das Wettbewerbsverbot; Verstöße gegen das Selbstkontrahierungsver-

---

1 Zu Einzelheiten der Rechtsprechung: BFH, U. v. 4. 6. 2003, BStBl II 2004, 136; v. 15. 3. 2000, BStBl II 2000, 547; U. v. 26. 1. 1999, BStBl II 1999, 240; U. v. 25. 10. 1995, BStBl II 1997, 703; U. v. 5. 10. 1994, BStBl II 1995, 549; Herlinghaus, GmbHR 2002, 397, 471; zur Verwaltungsauffassung vgl. OFD Hannover v. 23. 4. 2002, FR 2002, 850.
2 BFH, U. v. 4. 6. 2003, BStBl II 2004, 139; Kirchhof/v. Beckerath, § 20 Rz. 73.
3 BFH, U. v. 6. 4. 2005, BFH/NV 2005, 2058.
4 BGHZ 87, 59.
5 BFH, U. v. 31. 5. 1995, BStBl II 1996, 246.
6 BFH, U. v. 14. 8. 1991, BStBl II 1991, 935.
7 BFH, U. v. 2. 2. 1994, DStR 1994, 1978, betr. Umsatzrückvergütungen einer gewinnlosen Einkaufs-GmbH; U. v. 23. 3. 1994, BFH/NV 1994, 786, zum Zufluss einer vGA durch nachträglich verbilligten Erwerb von Eigentumswohnungen.

bot des § 181 BGB,[1] wenn das Kontrahierungsverbot nicht eingetragen ist und der Geschäftsleitervertrag vor der BGH-Entscheidung v. 28. 2. 1993[2] abgeschlossen wurde; nach BFH v. 30. 8. 1995[3] ist die vGA keine geeignete Rechtsgrundlage, um Geschäfte, die für Rechnung des Gesellschafter-Geschäftsführer getätigt worden seien, der GmbH zuzurechnen (Änderung der Rechtsprechung). Steuerrechtlich setzt die Annahme einer vGA i. S. d. § 8 Abs. 3 Satz 2 KStG durch Verletzung eines Wettbewerbsverbots vielmehr voraus, dass der Gesellschafter-Geschäftsführer Informationen oder Geschäftschancen der Gesellschaft nutzte, für deren Überlassung ein fremder Dritter ein Entgelt gezahlt hätte.[4]

689 **Entgeltlicher Erwerb eigener Anteile durch die Kapitalgesellschaft** bedeutet für den übertragenden Gesellschafter ein Veräußerungs-, für die Kapitalgesellschaft ein Anschaffungsgeschäft, das weder gegenüber den verbleibenden noch gegenüber dem ausscheidenden Gesellschafter eine vGA auslöst, solange die Gesellschaft für die Gesellschaftsanteile einen angemessenen Preis zahlt. Dies gilt unabhängig davon, ob die Anteile unmittelbar nach dem Erwerb oder später eingezogen oder weiterveräußert werden; s. Rdnr. 663. Zur vGA beim übertragenden Gesellschafter kommt es erst, wenn die Gesellschaft einen unangemessen hohen Preis für ihre Anteile zahlt. Werden die Anteile an einen verbleibenden oder neuen Gesellschafter zu einem unangemessen niedrigen Preis weiterveräußert, so liegt in Höhe der Differenz zwischen angemessenem und tatsächlich gezahltem Kaufpreis eine vGA i. S. d. § 20 Abs. 1 Nr. 1 Satz 2 EStG vor.[5]

ff) Rückgewähr verdeckter Gewinnausschüttungen

690 Verdeckt ausgeschüttete Gewinne sind auch dann als Einnahmen i. S. d. § 20 Abs. 1 Nr. 1 Satz 2 EStG zuzurechnen, wenn sie nach Zufluss beim Gesellschafter von diesem an die Kapitalgesellschaft zurückgezahlt werden. Die Rückzahlung hat keinen Einfluss auf die Besteuerung des einmal erlangten Vermögensvorteils als vGA. Sie kann den Zufluss der Einnahmen nicht ungeschehen machen. Der Tatbestand des § 20 Abs. 1 Nr. 1

---

1 BFH, U. v. 22. 9. 1976, BStBl II 1977, 15; a. A. Hessisches FG v. 15. 3. 1994, EFG 1995, 385, bestätigt durch BFH, U. v. 31. 5. 1995, BStBl II 1996, 246.
2 BGHZ 87, 59.
3 BB 1995, 2513; s. a. U. v. 22. 11. 1995, BFH/NV 1995, 645.
4 BFH, U. v. 9. 7. 2003, BFH/NV 2003, 1666.
5 BFH, U. v. 31. 10. 1990, BStBl II 1991, 255; gl. A. Wassermeyer in K/S/M, a. a. O., EStG § 20 Rdnr. C 77; ders., in FS f. L. Schmidt, 1993, 621.

I. Einnahmen aus der Beteiligung an Kapitalgesellschaften 239

Satz 2 EStG bleibt erfüllt, unabhängig davon, ob der Gesellschafter zur Rückzahlung rechtlich verpflichtet ist oder nicht.[1]

Die Rückzahlung führt zu einer Einlage bei der Gesellschaft, auch wenn der Gesellschafter rechtlich aufgrund der §§ 30, 31 GmbHG, §§ 57, 58, 61 AktG oder aufgrund einer Satzungs- oder Steuerklausel dazu verpflichtet ist.[2] Der Gesellschafter hat keine negativen Einnahmen.[3] Damit kann der Gesellschafter die Rückzahlung nicht steuermindernd geltend machen. Lediglich eine Erhöhung der Anschaffungskosten im Rahmen des § 17 EStG ist möglich. 691

Auch nach Auffassung der FinVerw. ist die zurückgewährte vGA immer **verdeckte Einlage** des Gesellschafters. Sie nimmt bei Rückzahlung einer Gewinnausschüttung grds. **keine negative Einnahme** an, sondern geht von einer zu zusätzlichen Anschaffungskosten der Gesellschaftsanteile führenden verdeckten Einlage aus,[4] weil die Rückzahlung durch das Gesellschaftsverhältnis verursacht sei.

f) Steuerfreie Ausschüttung aus dem steuerlichen Einlagekonto (§ 20 Abs. 1 Nr. 1 Satz 3 EStG i. V. m. § 27 KStG)

§ 20 Abs. 1 Nr. 1 Satz 3 EStG ordnet ausdrücklich an, dass keine Einkünfte aus Kapitalvermögen vorliegen, wenn für die Ausschüttung Eigenkapital i. S. d. § 27 KStG als verwendet gilt. In diesem Fall handelt es sich nicht um die Auskehrung von Gewinnen der Kapitalgesellschaft, sondern um eine Kapitalrückzahlung, die im Rahmen der Kapitaleinkünfte **nicht besteuert** wird. Die Kapitalgesellschaft hat im steuerlichen Einlagekonto des § 27 KStG die nicht in das Nennkapital geleisteten Einlagen zu erfassen. Es stellt eine Fortführung des alten EK 04 dar. Daher gelten für die steuerliche Behandlung einer Ausschüttung aus dem steuerlichen Einlagekonto gemäß § 27 KStG die gleichen Grundsätze wie für die Ausschüttung aus dem EK 04 nach dem alten Körperschaftsteuerrecht.[5] Nach § 39 KStG wird daher ein positiver Endbestand des EK 04 auf das steuerliche Einla- 692

---

1 Für den Fall des Erstattungsanspruchs der Gesellschaft gegen den Gesellschafter aus § 31 Abs. 1 GmbHG: BFH, U. v. 2. 3. 1988, BFH/NV 1989, 460.
2 BFH, U. v. 13. 10. 1999, BFH/NV 2000, 749.
3 BFH, U. v. 29. 8. 2000, BStBl II 2001, 173.
4 BMF-Schreiben v. 8. 8. 1981, BStBl I 1981, 599.
5 Schmidt/Weber-Grellet, XXV., EStG § 20 Rdnr. 91.

gekonto übertragen.[1] Soweit also die Kapitalgesellschaft für die Ausschüttung Beträge aus dem steuerlichen Einlagekonto nach § 27 KStG verwendet, kann der Anteilseigner diese Beträge steuerfrei vereinnahmen. Allerdings gilt dies nur, wenn die Anteile an der Kapitalgesellschaft im Privatvermögen gehalten werden und es sich nicht um eine wesentliche Beteiligung i. S. d. § 17 EStG handelt (zu Einzelheiten s. Rdnr. 694). Die Regelung des § 20 Abs. 1 Nr. 1 Satz 3 EStG findet nur auf unbeschränkt stpfl. Kapitalgesellschaften Anwendung. Ausschüttungen **ausländischer Kapitalgesellschaften,** die nicht unbeschränkt stpfl. sind, werden durch die Vorschrift nicht erfasst.

aa) Verfahrensfragen

693 Für die Qualifikation einer Ausschüttung als (steuerfreie) Einnahme i. S. d. § 20 Abs. 1 Nr. 1 Satz 3 EStG ist ausschließlich die Behandlung dieses Vorgangs bei der Kapitalgesellschaft maßgeblich. Ob die Kapitalgesellschaft für eine Ausschüttung Eigenkapital aus dem steuerlichen Einlagekonto verwendet, richtet sich nach § 27 Abs. 1 Satz 3 KStG. Ist dies der Fall, muss die Kapitalgesellschaft nach § 27 Abs. 3 KStG dem Anteilseigner eine entsprechende **Bescheinigung** ausstellen. Hierauf hat der Gesellschafter einen einklagbaren Anspruch.

Die Bescheinigung ist keine **materiell-rechtliche Voraussetzung** für die Steuerfreistellung der Ausschüttung aus dem steuerlichen Einlagekonto.[2] Das Finanzamt kann also auch jedes andere zugängliche Beweismittel zur Feststellung, ob Eigenkapital i. S. d. § 27 KStG als verwendet gilt, heranziehen. Dennoch ist die Bescheinigung für den Anteilseigner das wichtigste Beweismittel.[3] Darüber hinaus ist zu berücksichtigen, dass nach § 27 Abs. 1 Satz 4 KStG nunmehr eine einmal ausgestellte Bescheinigung der Verwendung unverändert zugrunde gelegt wird. Damit bleibt die Auswirkung auf das steuerliche Einlagekonto auch erhalten, wenn spätere Änderungen des Gewinns, z. B. aufgrund einer Außenprüfung, eigentlich eine andere Verwendungsreihenfolge ergeben hätten.[4] Dies müsste u. E. auch für den Anteilseigner gelten, so dass im Falle des § 27 Abs. 1 Satz 4 KStG der Betrag, der nach § 20 Abs. 1 Nr. 1 Satz 3 EStG steuerfrei bleibt, dem

---

1 Dörner, INF 2000, 545.
2 BFH, U. v. 19. 7. 1994, BStBl II 1995, 362, zur Bescheinigung nach § 44 KStG a. F.
3 Schaumburg/Rödder, Unternehmenssteuerreform 2001, S. 595.
4 Köster in H/H/R, a. a. O., § 27 KStG Anm. R 13.

I. Einnahmen aus der Beteiligung an Kapitalgesellschaften

einmal bescheinigten Betrag entspricht. Das Finanzamt darf unter diesen Umständen nicht von der Bescheinigung abweichen.

Ein **Kapitalertragsteuerabzug** ist aufgrund der fehlenden Steuerpflicht nicht vorzunehmen.

bb) Rechtsfolgen

Soweit für die Ausschüttung Eigenkapital i. S. d. § 27 KStG als verwendet gilt, ist sie grds. nicht steuerbar.[1] Auch für den Fall, dass es sich um eine wesentliche Beteiligung gemäß § 17 EStG handelt, führt eine solche Ausschüttung beim Anteilseigner nicht zu Einnahmen aus Kapitalvermögen.[2] Dennoch kann die Ausschüttung eine Steuerpflicht auslösen. Eine Steuerpflicht kommt in Betracht, wenn die Anteile vom Gesellschafter entweder im Betriebsvermögen gehalten werden oder er wesentlich i. S. d. § 17 EStG an der Gesellschaft beteiligt ist.

694

Gehören die **Anteile zu einem Betriebsvermögen,** so führt die Ausschüttung zu einem stpfl. Ertrag, wenn sie den Buchwert der Beteiligung übersteigt.[3] Es handelt sich bei der Ausschüttung nämlich um die Rückzahlung von Kapital, die zu negativen Anschaffungskosten führt.[4] Daher entsteht ein stpfl. Ertrag erst nach Verrechnung der Ausschüttung mit dem Buchwert der Beteiligung. Der Ertrag ist u. E. nach § 3 Nr. 40 Satz 1 Buchst. a EStG hälftig steuerbefreit.[5]

Hält der Gesellschafter eine **wesentliche Beteiligung i. S. d. § 17 EStG** an der Kapitalgesellschaft, löst die Ausschüttung aus dem steuerlichen Einlagekonto ebenfalls stpfl. Einkünfte aus, wenn sie die Anschaffungskosten der Beteiligung übersteigt. Nach § 17 Abs. 4 EStG wird dieser Vorgang der Veräußerung einer wesentlichen Beteiligung gleichgestellt. Der Gewinn ist nach § 3 Nr. 40 Satz 1 Buchst. c EStG zur Hälfte steuerfrei.

cc) Steuerfreie Ausschüttung aus dem EK 04 (altes Recht)

Die steuerliche Behandlung einer Ausschüttung, für die Eigenkapital i. S. d. § 27 KStG als verwendet gilt, ist identisch mit der Behandlung einer Ausschüttung aus dem alten EK 04. Daher sind die oben dargestellten

695

---

1 BFH, U. v. 7. 11. 1990, BStBl II 1991, 177.
2 BFH, U. v. 19. 7. 1994, BStBl II 1995, 362.
3 BFH, U. v. 20. 4. 1999, BStBl II 1999, 647.
4 Str., s. i. E. Schmidt/Weber-Grellet, XXV., EStG § 20 Rdnr. 89.
5 Zu Einzelheiten s. Intemann in H/H/R, a. a. O., EStG § 3 Anm. 154.

Grundsätze auch anzuwenden, wenn die Kapitalgesellschaft dem Anteilseigner gemäß § 44 Abs. 1 Nr. 6 KStG a. F. bescheinigt, dass die Ausschüttung aus dem EK 04 stammt. Auch dieser Betrag kann steuerfrei vereinnahmt werden, wenn die Anteile an der Kapitalgesellschaft im Privatvermögen gehalten werden und es sich nicht um eine wesentliche Beteiligung i. S. d. § 17 EStG handelt.[1]

g) Bezüge aufgrund Kapitalherabsetzung oder nach Liquidation (§ 20 Abs. 1 Nr. 2 EStG)

aa) Steuerpflichtige Einnahmen aus Kapitalvermögen

696 Zu den stpfl. Einnahmen aus Kapitalvermögen gehören nach § 20 Abs. 1 Nr. 2 EStG Bezüge,

- die nach Auflösung einer Körperschaft oder Personenvereinigung i. S. d. § 20 Abs. 1 Nr. 1 EStG anfallen und die nicht in der Rückzahlung von Nennkapital bestehen oder
- die aufgrund einer Kapitalherabsetzung oder nach Auflösung einer Körperschaft anfallen und
- die als Gewinnausschüttung i. S. d. § 28 Abs. 2 Satz 2 KStG gelten.

697 Die Regelung soll die **vollständige Erfassung** aller Gewinne einer Körperschaft oder Personenvereinigung i. S. d. § 20 Abs. 1 Nr. 1 EStG sicherstellen, wenn sie dem Anteilseigner zugeführt werden. Die Beträge des § 28 Abs. 2 Satz 2 KStG können aus der Umwandlung von Gewinnrücklagen in Nennkapital stammen. Mit der Regelung des § 20 Abs. 1 Nr. 2 EStG soll gewährleistet werden, dass es unmöglich ist, Gewinnrücklagen vor der Ausschüttung an den Anteilseigner zunächst in Nennkapital umzuwandeln, um es anschließend als Eigenkapital steuerfrei auszukehren. Denn die Rückzahlung von Nennkapital führt grds. nicht zu Einkünften aus Kapitalvermögen.[2] Damit nicht über den Weg der Umwandlung von Gewinnrücklagen in Nennkapital mit anschließender Kapitalherabsetzung die Besteuerung einer Gewinnausschüttung beim Anteilseigner vermieden wird, ordnet § 20 Abs. 1 Nr. 2 EStG die Steuerpflicht für Beträge i. S. d. § 28 Abs. 2 Satz 2 KStG an.

698 Die Vorschrift des § 20 Abs. 1 Nr. 2 EStG erfasst darüber hinaus auch Liquidationsraten und Abschlusszahlungen, die nicht in der Rückzahlung

---

1 BFH, U. v. 19. 7. 1994, BStBl II 1995, 362.
2 Köster in H/H/R, a. a. O., § 28 KStG Anm. R 1.

I. Einnahmen aus der Beteiligung an Kapitalgesellschaften 243

von Nennkapital bestehen.[1] Die Regelung ist zur Klarstellung durch das UntStFG geändert worden.[2] Damit werden auch Bezüge erfasst, die aus der Rückzahlung sonstiger (Gewinn-) Rücklagen stammen. Die praktische Bedeutung der Vorschrift ist gering, da nach der Verwendungsfiktion des § 28 KStG zunächst die Beträge des steuerlichen Einlagekontos (§ 27 KStG) als für die Umwandlung von Rücklagen in Nennkapital als verwendet gelten.[3]

bb) Halbeinkünfteverfahren

Die nach § 20 Abs. 1 Nr. 2 EStG stpfl. Beteiligungserträge unterliegen auf der Gesellschafterebene dem **Halbeinkünfteverfahren.** Nach § 3 Nr. 40 Satz 1 Buchst. e EStG sind die Einnahmen beim Gesellschafter zur Hälfte steuerfrei. Dies ist konsequent, da die Beträge des § 28 Abs. 2 Satz 2 KStG ursprünglich als Gewinne mit **KSt vorbelastet** sind, so dass dem Gesellschafter insoweit eine Entlastung in Form der hälftigen Steuerfreistellung zu gewähren ist. 699

(einstweilen frei) 700–705

h) Anzurechnende oder zu vergütende Körperschaftsteuer (§ 20 Abs. 1 Nr. 3 EStG a. F.)

aa) Funktionsweise des Anrechnungsverfahrens

Mit der Einführung des Halbeinkünfteverfahrens ab dem Veranlagungszeitraum 2001 wurde das KSt-Anrechnungsverfahren abgeschafft.[4] Das KSt-Anrechnungsverfahren zeichnete sich dadurch aus, dass der Gesellschafter einer GmbH oder AG die von der Kapitalgesellschaft gezahlte KSt im Falle der Gewinnausschüttung auf seine (private) ESt-Schuld anrechnen konnte. Daher gehörte die von der GmbH oder AG gezahlte KSt nach § 20 Abs. 1 Nr. 3 EStG a. F. zu den Einnahmen aus Kapitalvermögen. Im Gegenzug konnte sich der Gesellschafter diese KSt nach § 36 EStG a. F. auf die eigene Steuerschuld anrechnen. In diesem System wirkte die KSt-Zahlung der GmbH oder AG wie eine Vorauszahlung auf die Steuerschuld des Gesellschafters. Zu Einzelheiten s. 2. Auflage Rdnr. 488 – 504. 706

---

1 Kirchhof/von Beckerath, § 20 RZ 101.
2 BT-Drucks. 14/7344, 17.
3 Schaumburg/Rödder, Unternehmenssteuerreform 2001, S. 599.
4 Zu Einzelheiten der zeitlichen Anwendung des Halbeinkünfteverfahrens s. Rdnr. 144 ff.

bb) Anrechnung ausländischer Körperschaftsteuer nach EU-Recht

707 Das deutsche Körperschaftsteueranrechungsverfahren steht in dem Verdacht, europarechtswidrig zu sein. Obwohl das Anrechnungsverfahren bereits seit dem Veranlagungszeitraum 2001 nicht mehr gilt, ist die Frage von hoher praktischer Relevanz. Denn sollte der EuGH das deutsche Anrechnungsverfahren für europarechtswidrig erklären, könnten inländische Anleger die Anrechnung ausländischer Körperschaftsteuer für ihre ausländischen Beteiligungen beim deutschen Fiskus rückwirkend verlangen.

708 Zwischenzeitlich überprüft der EuGH in der Rs. Meilicke[1] die Europarechtskonformität des Anrechnunsgverfahrens. Der deutsche Staatsangehörige Heinz Meilicke besaß Aktien an niederländischen und dänischen Gesellschaften. In den Jahren 1995 bis 1997 bezog er von diesen ausländischen Gesellschaften Dividenden, die der deutschen Besteuerung unterlagen. Die Erben des zwischenzeitlich verstorbenen Herrn Meilicke beantragten beim zuständigen Finanzamt Bonn-Innenstadt eine Steuergutschrift von 3/7 der in den Streitjahren erzielten Dividenden. Das Finanzamt lehnte eine Steuergutschrift mit dem Hinweis darauf ab, dass gemäß § 36 Abs. 2 Nr. 3 EStG a. F. eine Anrechnung nur für Dividendenzahlungen von unbeschränkt körperschaftsteuerpflichtigen Kapitalgesellschaften zulässig sei. Das von den Klägern daraufhin angerufene FG Köln hat dem EuGH die Frage nach der Europarechtskonformität des Anrechnungsverfahrens nach Art. 234 EGV zur Entscheidung vorgelegt.

709 Der EuGH ist zur Überprüfung des deutschen Einkommen- und Körperschaftsteuerrechts grundsätzlich befugt. Zwar liegt die Rechtsetzungskompetenz im Bereich der direkten Steuern in der EU allein bei den einzelnen Mitgliedstaaten. Dennoch sind die Mitgliedstaaten in der Gestaltung der direkten Steuern nicht (mehr) völlig frei. Nach ständiger Rechtsprechung des EuGH haben die Mitgliedstaaten ihre Befugnisse unter Wahrung des Gemeinschaftsrechts auszuüben.[2] Bei der Ausgestaltung ihrer Steuersysteme haben sie insbesondere die Grundfreiheiten des EG-Vertrags zu beachten. Die Auslegung des EG-Vertrags obliegt allein dem EuGH.[3]

---

1 Az. des EuGH: C-292/04.
2 EuGH, U. v. 13. 12. 2005, Rs. C-446/03, Marks & Spencer,; v. 14. 2. 1995, Rs. C-279/93, Schumacker.
3 Scheunemann, IStR 2005, 303.

I. Einnahmen aus der Beteiligung an Kapitalgesellschaften 245

Seit der Entscheidung des EuGH in der Rs. Manninen[1] ist davon auszugehen, dass das deutsche Anrechnungsverfahren gegen die Grundfreiheiten den EG-Vertrags verstößt. In der Rs. Manninen hat der EuGH das mit dem deutschen Recht vergleichbare Anrechnungsverfahren Finnlands wegen Verstoßes gegen die Kapitalverkehrsfreiheit (Art. 56 EGV) für europarechtswidrig erklärt. Danach ist es unzulässig, die Steueranrechnung auf inländische Körperschaftsteuer zu beschränken. Vielmehr muss der Ansässigkeitsstaat des Anteilseigners auch die ausländische Körperschaftsteuer anrechnen.[2]

710

Der Generalanwalt am EuGH Tizzano vertritt in seinen Schlussanträgen in der Rs. Meilicke daher die Auffassung, dass auch das deutsche Anrechnungsverfahren europarechtswidrig ist. Er will jedoch die Wirkung der Entscheidung zeitlich befristen. Eine zeitliche Befristung hat der EuGH in der Vergangenheit nur in seltenen Ausnahmefällen vorgenommen. Der Generalanwalt schlägt nunmehr vor, dass die Entscheidung nur für diejenigen Stpfl. gelten soll, die ausländische Dividenden nach der Veröffentlichung der Entscheidung des EuGH in der Rs. Verkooijen v. 6. 6. 2000 erhalten haben. Erst nach dieser Entscheidung sei die bis dahin bestehende objektive Unsicherheit über die Tragweite der Vorschriften über den freien Kapitalverkehr im Verhältnis zu den Steuermechanismen von Steuergutschriftenverfahren beseitigt gewesen. Darüber hinaus bestehe aufgrund der Höhe der zu erwartenden Steuererstattungen ohne eine zeitliche Befristung die „Gefahr schwerwiegender wirtschaftlicher Auswirkungen". Des Weiteren sollen sich diejenigen Stpfl. auf die Entscheidung berufen können, die bis zur Veröffentlichung des Vorlagebeschlusses des FG Köln am 11. 9. 2004 im Amtsblatt der EU eine Steuergutschrift für ausländische Dividenden beantragt hatten, soweit die Ansprüche nach deutschen Recht nicht bereits verjährt waren. Diesen Steuerpflichtigen soll eine positive Entscheidung des EuGH nach Auffassung des Generalanwalts zugute kommen, weil sie sich rechtzeitig um die Geltendmachung ihrer Anrechnungsansprüche bemüht haben.

711

---

[1] EuGH, U. v. 7. 9. 2004, Rs. C-319/02, ABl. EU 2004 Nr. C 262 S. 4; vgl. dazu de Weerth, DStR 2004, 1992.
[2] Zur praktischen Umsetzung der Entscheidung s. Intemann, NWB F. 4, 4955.

712 Sollte der EuGH entsprechend entscheiden, kann eine rückwirkende Anrechnung ausländischer Körperschaftsteuer darüber hinaus nur insoweit erfolgen, als der Anrechung das deutsche Verfahrensrecht nicht entgegen steht.[1]

713 Ob der EuGH eine zeitliche Befristung seiner Entscheidung tatsächlich aussprechen wird, kann noch nicht abgesehen werden. Es ist daher ratsam, die Anrechnung ausländischer Körperschaftsteuer ohne zeitliche Beschränkung beim Finanzamt zu beantragen. Gegen ablehnende Entscheidungen sollte Einspruch eingelegt und unter Hinweis auf das noch anhängige Verfahren Meilicke um Ruhen des Einspruchsverfahrens gebeten werden.

714–720 *(einstweilen frei)*

II. Einnahmen aus stiller Gesellschaft und partiarischen Darlehen (§ 20 Abs. 1 Nr. 4 EStG)

721 Die Vorschrift erfasst nur die Einnahmen des **typisch stillen** Gesellschafters; der atypisch stille Gesellschafter bezieht als Mitunternehmer i. S. d. § 15 Abs. 1 Nr. 2 EStG Einkünfte aus Gewerbebetrieb; zur Abgrenzung s. Rdnr. 798. Die Einkünfte des stillen Gesellschafters gehören nur dann zu den Einkünften aus Kapitalvermögen, wenn die Beteiligung Privatvermögen ist, also nicht zum notwendigen oder gewillkürten Betriebsvermögen eines eigenen Betriebs des stillen Gesellschafters gehört (§ 20 Abs. 3 EStG).

1. Stille Gesellschaft bei Auslandsbeziehungen

722 Es gelten hinsichtlich der Gewinnbeteiligung und der Gewinnermittlung keine Besonderheiten. Aufnahme z. B. eines liechtensteinischen Unternehmens als stillen Gesellschafter stellt Rechtsmissbrauch (§ 42 AO) dar, wenn die Beteiligung vom inländischen Unternehmen finanziert worden ist und ihm die Gewinnanteile des stillen Gesellschafters abzgl. Provision wieder zufließen.[2]

Bei einer stillen Gesellschaft mit einem ausländischen Geschäftsinhaber richtet sich die inländische Berücksichtigung von Gewinnen und Verlusten aus der Beteiligung nach dem maßgebenden DBA. In der Regel erfolgt danach bei einer typischen zum Privatvermögen des stillen Gesellschafters

---

1 Balster/Petereit, DStR 2004, 1985; Gosch, DStR 2004, 1988; Intemann, NWB F. 4, 4955.
2 FG Hamburg v. 17. 9. 1969, EFG 1970, 87, rkr.

II. Einnahmen aus stiller Gesellschaft und partiarischen Darlehen

gehörenden Beteiligung eine Berücksichtigung im Wohnsitzstaat. In diesem Fall erfolgt die einkommensteuerliche Erfassung im Inland, unbeschadet des Rechts des anderen Staats zum Abzug von Quellensteuer, die ggf. nach dem DBA und § 34c EStG erstattet oder angerechnet wird.

Die **gesellschaftsrechtliche Qualifikation** der Beteiligten richtet sich nach den für das Gesellschaftsverhältnis maßgebenden gesetzlichen Bestimmungen und den Vereinbarungen. Haben die Beteiligten nicht die Anwendung einer bestimmten Rechtsordnung vereinbart, so kann zweifelhaft sein, welche Rechtsordnung maßgebend ist; i. d. R. wird das Recht desjenigen Staats gelten, in dem sich die Geschäftsleitung des Unternehmens befindet, an dem der inländische Stpfl. sich als stiller Gesellschafter beteiligt hat. In der Wahl der anzuwendenden Rechtsordnung sind die Parteien frei; es muss nur irgendein anerkennenswertes Interesse an der Herrschaft des gewählten Rechts erkennbar sein. Die Vereinbarung ausländischen Rechts setzt für die Annahme einer stillen Gesellschaft in der Art der deutschen stillen Gesellschaft voraus, dass die betreffende Rechtsordnung das Institut der stillen Gesellschaft entweder unmittelbar enthält oder eine entsprechende Gestaltung zulässt.[1]

Ob der inländische Stpfl. einkommensteuerlich als typisch stiller Gesellschafter zu behandeln ist, hängt davon ab, ob die Gesellschaft – unter Berücksichtigung des für sie maßgebenden Gesellschaftsrechts – der typisch stillen Gesellschaft des inländischen Rechts entspricht, da ausländische Rechtsformen im Inland steuerrechtlich so zu behandeln sind wie diejenigen des inländischen Rechts, denen sie nach ihrem rechtlichen Aufbau und ihrer wirtschaftlichen Stellung entsprechen.

Gewinn- und Verlustbeteiligung: Ein Verlust, der auf ausländischen Sonderabschreibungen und sonstigen ausländischen Steuervergünstigungen beruht, wird im Inland nicht erkannt, da für die Einkunftsermittlung deutsches Steuerrecht gilt.

2. Zurechnung der Einkünfte

Einnahmen i. S. d. § 20 Abs. 1 Nr. 4 EStG sind dem stillen Gesellschafter oder Darlehensgeber zuzurechnen, es sei denn, die stille Beteiligung oder das partiarische Darlehen sind unter Anwendung des § 39 AO einem anderen als dem nach außen Berechtigten zuzurechnen. Sind die Rechtsverhältnisse für Rechnung eines Dritten begründet worden, so müssen die

---

1 Dazu Bopp in Rädler/Raupach, Handbuch der stbeg. Kapitalanlagen, S. 540.

Einnahmen (Gewinnbeteiligung, Zinsen) dem Dritten zugerechnet werden (§ 39 Abs. 2 Nr. 1 Satz 1 AO); zur Zurechnung allg. s. Rdnr. 45 ff.; zur Rechtsnachfolge während des Kalenderjahres s. Rdnr. 50; zu Kapitalanlagen auf den Namen der Kinder s. Rdnr. 72.

3. Ermittlung der Einkünfte

726 Die Einkünfte eines stillen Gesellschafters i. S. d. § 20 Abs. 1 Nr. 4 EStG bestehen aus seinen **Gewinnanteilen abzgl. der Werbungskosten** (s. Rdnr. 730 ff.). „Grundsätzlich gehören alle Bezüge, die ein stiller Gesellschafter erhält, soweit sie nicht die Rückzahlung seiner Einlage sind, als Erträge seiner Beteiligung zu den Einnahmen aus Kapitalvermögen."[1] Am Gewinn und Verlust ist der stille Gesellschafter handelsrechtlich so beteiligt, wie es der Gesellschaftsvertrag und bei Fehlen einer vertraglichen Regelung § 231 Abs. 1 HGB („angemessener Anteil") bestimmt.

727 **Handelsrechtlich** ist die Handelsbilanz maßgebend, sofern nicht Maßgeblichkeit der Steuerbilanz vereinbart ist;[2] s. Rdnr. 743 ff.

Steuerrechtlich ist ebenfalls die handelsrechtlich vereinbarte Gewinnverteilung maßgebend, wenn anzunehmen ist, dass die Vertragsbedingungen wie unter einander fremden Personen ausgehandelt worden sind.[3]

a) Ermittlung der laufenden Einkünfte

728 Einnahmen i. S. d. § 20 Abs. 1 Nr. 4 Satz 1 EStG bezieht der typisch stille Gesellschafter nur, wenn die Beteiligung zum Privatvermögen gehört. Stellt sich die Gesellschaft als atypisch stille dar, so liegen Einnahmen aus Gewerbebetrieb (§ 15 Abs. 1 Nr. 2 EStG) vor. Nach der Zuordnungsregel des § 20 Abs. 3 EStG sind die Einnahmen bei den Einkünften aus Land- und Forstwirtschaft oder selbständiger Arbeit zu erfassen, wenn die stille Beteiligung im notwendigen oder gewillkürten Betriebsvermögen des Gesellschafters gehalten wird.

729 Die Einkünfte des stillen Gesellschafters ergeben sich aus den Gewinnanteilen abzüglich der **Werbungskosten**. Dazu gehören eine neben den Gewinnanteilen gewährte feste Verzinsung ebenso wie eine für Verlustjahre vereinbarte Mindestverzinsung der Einlage und die besonderen Entgelte oder Vorteile, „die neben den in § 20 Abs. 1 EStG bezeichneten Ein-

---

1 BFH, U. v. 4. 8. 1961, BStBl III 1961, 468.
2 BFH, U. v. 9. 7. 1969, BStBl II 1969, 690; U. v. 22. 4. 1971, BStBl II 1971, 600.
3 BFH, U. v. 15. 11. 1967, BStBl II 1968, 152.

II. Einnahmen aus stiller Gesellschaft und partiarischen Darlehen 249

künften oder an deren Stelle gewährt werden" (§ 20 Abs. 2 Satz 1 Nr. 1 EStG). Gewinnanteile, die der Auffüllung der durch Verluste geminderten Einlage dienen, sind auch beim beschränkt stpfl. Gesellschafter Einnahmen nach § 20 Abs. 1 Nr. 4 Satz 1 EStG. Dem steht eine KapESt-Pflicht nach DBA nicht entgegen.[1] Die **Höhe der Gewinnanteile** betimmt sich grds. nach dem Gesellschaftsvertrag; im Zweifel gilt ein den Umständen nach angemessener Anteil als ausbedungen (§ 231 Abs. 1 HGB).

Werbungskosten des stillen Gesellschafters sind neben den Verlustanteilen alle Aufwendungen (§ 9 Abs. 1 Satz 1 EStG), die durch die stille Beteiligung veranlasst worden sind, z. B. Kosten der Beratung, Bewertung u. Ä., die der Gesellschafter anlässlich der Beteiligung oder des Erwerbs einer bestehenden Beteiligung aufwendet; ebenso Kosten der Reisen zum Betrieb des Geschäftsinhabers zur Ausübung der Kontrollrechte. 730

Der **Zeitpunkt des Zufließens der Gewinnanteile** ist für die Erfüllung des Besteuerungstatbestands unerheblich. Deshalb sind Bezüge, die erst nach Beendigung der stillen Gesellschaft ausgezahlt werden, aber dem Zeitraum des Bestehens der Gesellschaft zuzurechnen sind,[2] als Einnahmen i. S. d. § 20 Abs. 1 Nr. 4 Satz 1 EStG stpfl. Die Bestimmung des Zuflusszeitpunkts ist jedoch für die **periodengerechte Ermittlung** der stpfl. Einkünfte unerlässlich. Die Gewinnanteile des stillen Gesellschafters sind steuerrechtlich in dem Jahr zu berücksichtigen, in dem sie bezogen wurden. Davon ist nach § 11 Abs. 1 Satz 1 EStG auszugehen, wenn ihm die Einnahmen zugeflossen sind. Zufluss bedeutet die Erlangung der wirtschaftlichen Verfügungsmacht über die Gewinnanteile. Sobald der stille Gesellschafter über seine Gewinnanteile wirtschaftlich verfügen kann oder bereits verfügt hat, sind ihm die Einnahmen i. S. d. § 20 Abs. 1 Nr. 4 Satz 1 EStG zugeflossen.[3] Das ist regelmäßig bei Barauszahlung durch den Geschäftsinhaber oder durch Überweisung auf ein Konto des Gesellschafters der Fall. Aber auch die Gutschrift auf dem Einlagen- oder einem Darlehenskonto nach Ermittlung des Unternehmensgewinns und des Gewinnanteils des Stillen bewirkt den Zufluss i. S. d. § 11 Abs. 1 EStG.[4] Mit Zustimmung zur Gutschrift der Gewinnanteile zwecks Auffüllung oder 731

---

1 BFH, U. v. 24. 1. 1990, BStBl II 1990, 645.
2 BFH, U. v. 17. 2. 1972, BStBl II 1972, 586; U. v. 1. 6. 1978, BStBl II 1978, 570.
3 BFH, U. v. 26. 7. 1983, BStBl II 1983, 755.
4 BFH, U. v. 6. 9. 1963, HFR 1964, 42.

Erhöhung der Einlage[1] hat der Gesellschafter über seine Anteile wirtschaftlich verfügt (verkürzter Zahlungsweg), so dass vom Zufluss der Einnahmen auszugehen ist. Gleiches gilt für die Auszahlung, Überweisung oder Gutschrift von Gewinnvorauszahlungen oder -abschlägen.

732 **Kein Zufluss** liegt vor, wenn der Gewinnanteil des stillen Gesellschafters zwar ermittelt worden ist, der Geschäftsinhaber aber wegen Zahlungsunfähigkeit die Anteile nicht an den Gesellschafter auszahlen kann.[2] Der stille Gesellschafter ist hier faktisch nicht in der Lage über seine Gewinnanteile zu verfügen; zur Zahlungsunfähigkeit des Schuldners allgemein s. Rdnr. 75.

733 Müssen vorausgezahlte Gewinnanteile später nach Ermittlung des tatsächlichen Gewinnanteils ganz oder teilweise zurückgezahlt werden, weil das Unternehmen keinen ausreichenden Gewinn erwirtschaftet hat, so liegen im Zeitpunkt der Rückzahlung oder Minderung der Vermögenseinlage **negative Einnahmen** vor.

734 Die Beteiligung des stillen Gesellschafters an **nachträglichen Gewinnänderungen,** z. B. aufgrund einer beim Geschäftsherrn durchgeführten Außenprüfung, hängt von den gesellschaftsvertraglichen Regelungen und den Änderungen ab, die sich aufgrund der Außenprüfung ergeben.

Bestimmt der Gesellschaftsvertrag, dass der Steuerbilanzgewinn des Unternehmens Grundlage der Gewinnverteilung sein soll, so muss der stille Gesellschafter grds. an allen Gewinnänderungen beteiligt werden.[3] Die Mehrgewinne fließen dem Gesellschafter nicht bereits mit Feststellung durch die Außenprüfung, sondern erst bei Auszahlung oder Gutschrift zu. Im Fall eines nachträglich niedriger festgestellten Gewinns hat der stille Gesellschafter die zu viel gezahlten Gewinnanteile an den Geschäftsherrn zurückzuzahlen. Die Rückzahlungsbeträge stellen nach h. M. negative Einnahmen bei den Einkünften aus Kapitalvermögen dar.

b) Verlustanteil als Werbungskosten

735 Das Handelsrecht geht davon aus, dass der stille Gesellschafter grds. auch am Verlust des Handelsgewerbes teilnimmt, allerdings nur bis zum Betrag seiner eingezahlten oder rückständigen Einlage (§ 232 Abs. 2 Satz 1

---

1 BFH, U. v. 24. 1. 1990, BStBl II 1991, 147.
2 FG Köln v. 28. 11. 1980, EFG 1981, 505, rkr.
3 OFD Hannover v. 27. 4. 1979, StEK EStG § 20 Nr. 69; Schulze zur Wiesche, StBp 1978, 73.

HGB). Nach § 231 Abs. 1 HGB können die Beteiligten vereinbaren, dass der Stille am Verlust des Handelsgewerbes nicht beteiligt sein soll. Wurde die **Verlustbeteiligung** nicht ausgeschlossen, so ist der Gesellschafter nicht verpflichtet, die schon bezogenen Gewinnanteile zurückzuzahlen, wenn später Verluste entstehen; doch wird der jährliche Gewinn solange zur Deckung der Verluste verwendet, wie die Einlage durch Verlustanteile gemindert ist (§ 232 Abs. 2 Satz 2 HGB). Das **Risiko** des stillen Gesellschafters beschränkt sich danach lediglich auf den Verlust der Vermögenseinlage und den Verzicht auf zukünftige Gewinnanteile. Über diese gesetzliche Regelung hinaus können die Gesellschafter jedoch vereinbaren, dass der Stille immer, also unabhängig von zukünftigen Gewinnen, zum Ausgleich entstandener Verluste beitragen soll. Da der stille Gesellschafter i. d. R. jedoch keinen Einfluss auf die Geschäftsführung des Unternehmens hat, wird er sich diesem Risiko kaum unterwerfen.

Verlustanteile des stillen Gesellschafters sind steuerrechtlich nur von Bedeutung, wenn er sie aufgrund gesellschaftsvertraglicher Verpflichtungen zu tragen hat.[1] Nur dann, wenn sich die Beteiligung am Verlust aus dem Gesellschaftsvertrag ergibt, können Verlustanteile bei der Ermittlung der Einkünfte aus Kapitalvermögen i. S. d. § 20 Abs. 1 Nr. 4 Satz 1 EStG berücksichtigt werden. Der **Verlust der Einlage** selbst, z. B. durch Konkurs oder Vergleich des Geschäftsinhabers, stellt einen Vermögensverlust dar, der einkommensteuerrechtlich unbeachtlich ist, soweit die stille Beteiligung zum Privatvermögen des Gesellschafters gehört.

736

Soweit die **Verlustanteile** steuerrechtlich zu berücksichtigen sind, sind sie bei der Ermittlung der Einkünfte aus Kapitalvermögen als **Werbungskosten,** nicht als negative Einnahmen, von den Einnahmen i. S. d. § 20 Abs. 1 Nr. 4 Satz 1 EStG abzuziehen.[2]

737

Der nach § 9 Abs. 1 Satz 1 EStG erforderliche Zusammenhang der Verlustanteile mit den Einnahmen aus Kapitalvermögen muss darin gesehen werden, dass sich ein Gesellschafter, der sich zur Übernahme einer Verlustbeteiligung bereit erklärt, das dadurch eingegangene Risiko durch eine höhere Gewinnbeteiligung und somit höhere Einnahmen vergüten lassen

---

1 FG München v. 5. 11. 1980, EFG 1981, 341, rkr.
2 H. M., BFH, U. v. 10. 11. 1987, BStBl II 1988, 186; FG München v. 5. 11. 1980, a. a. O.; RFH, U. v. 15. 1. 1936, RStBl 1936, 554; Döllerer, BB 1981, 1371, unter Hinweis auf BFH, U. v. 30. 9. 1980 VIII B 84/79, n. v.; Meilicke, BB 1989, 465; a. A. Fichtelmann, BB 1989, 1461.

wird.¹ Die Verluste sind somit durch Einnahmen aus der Beteiligung veranlasst. Der Begriff „negative Einnahmen" trifft – soweit er überhaupt als steuerrechtlich Kategorie anerkannt wird – auf Verluste des stillen Gesellschafters nicht zu, weil es sich nicht um frühere, von Anfang an ohne rechtliche oder tatsächliche Verpflichtung, gezahlte Einnahmen handelt, die später zurückgezahlt werden.² Eine Verpflichtung zur Rückzahlung früherer Gewinne ergibt sich aus § 232 Abs. 2 Satz 2 HGB nicht.

738 Für den Zeitpunkt der steuerlichen Berücksichtigung von Verlustanteilen gilt § 11 Abs. 1 EStG, wie für andere Werbungskosten des stillen Gesellschafters auch. Die Verlustanteile sind erst dann abgeflossen, wenn sie zu einer Minderung der Vermögenseinlage und damit zum Verlust der wirtschaftlichen Verfügungsmacht über die Einlage geführt haben.

Danach können Verluste als Werbungskosten erst abgezogen werden, wenn

- der Verlust des Handelsgewerbes festgestellt,

- der Verlustanteil des stillen Gesellschafters ermittelt ist und

- der Verlust die Vermögenseinlage oder ein anderes Guthaben des Stillen beim Geschäftsinhaber gemindert hat.³

739 **Maßgeblicher Abflusszeitpunkt:** Solange die Unternehmensbilanz noch nicht aufgestellt und mit ihr der Unternehmensverlust noch nicht ermittelt ist, steht die Höhe der Verlustanteile des Stillen noch nicht fest; ein Abfluss von Verlustanteilen als Werbungskosten ist vorher nicht möglich.⁴ Das Jahr, in dem die Verluste entstanden sind, ist für den Verlustabzug nicht maßgebend, weil allein mit Ablauf des betreffenden Geschäftsjahres die Höhe des Verlustes noch nicht festgestellt ist.⁵

Unerheblich ist, für welches Jahr die Bilanz erstellt wird. Maßgebend ist vielmehr der Zeitpunkt, in dem die Bilanz aufgestellt und der Unternehmensverlust ermittelt und die Verrechnung vorgenommen wird.⁶ Der Ab-

---

1 RFH, U. v. 23. 5. 1933, RStBl 1933, 1078; U. v. 15. 1. 1936, RStBl 1936, 554; FG Düsseldorf/Köln v. 31. 1. 1957, EFG 1957, 363.
2 BFH, U. v. 6. 3. 1979, BStBl II 1979, 510; U. v. 19. 1. 1977, BStBl II 1977, 847; Schmidt/Heinicke, XXV., EStG § 20 Rdnr. 143.
3 BFH, Beschl. v. 30. 9. 1980 VIII B 84/79, n. v.; U. v. 10. 11. 1987, BStBl II 1988, 186, betr. eine typische Unterbeteiligung; FG München v. 5. 11. 1980, EFG 1981, 341, rkr.; Döllerer; BB 1981, 1371; Schmidt/Heinicke, XXV., EStG § 20 Rdnr. 143.
4 Schmidt/Heinicke, XXV., EStG § 20 Rdnr. 143.
5 A. A. Paus. FR 1979, 90.
6 Döllerer, BB 1981, 1371.

II. Einnahmen aus stiller Gesellschaft und partiarischen Darlehen   253

fluss der Verlustanteile liegt nicht erst dann vor, wenn der Stille seine Vermögenseinlage entsprechend auffüllt und Nachschusszahlungen leistet oder seine Verluste mit zukünftigen Gewinnanteilen verrechnet werden.

Setzt der Abfluss Minderung der Vermögenseinlage und Verlust der wirtschaftlichen Verfügungsmacht voraus, so ist der Nachzahlungszeitpunkt oder der Zeitpunkt späterer Verrechnung unerheblich.

Führen die Verluste zu einem **negativen Einlagenkonto,** so können sie allerdings erst in dem Zeitpunkt als Werbungskosten berücksichtigt werden, in dem sie mit zukünftigen Gewinnen verrechnet werden. Vorher stellen sie lediglich verrechenbare Verluste i. S. d. § 15a Abs. 1 Satz 1 i. V. m. § 20 Abs. 1 Nr. 4 Satz 2 EStG dar; s. Rdnr. 816.   740

Über den Verlustanteil als Werbungskosten hinaus kann der stille Gesellschafter **sonstige Aufwendungen** als Werbungskosten geltend machen, soweit sie durch die stille Beteiligung veranlasst worden sind.   741

c) Anwendung des Zu- und Abflussprinzips

Einnahmen aus stiller Beteiligung fließen am Tag der vertraglich vereinbarten Ausschüttung zu. Enthält der Gesellschaftsvertrag keine Regelungen über den Ausschüttungszeitpunkt, so fließen die Einnahmen am Tag nach der Bilanzaufstellung oder nach sonstiger Feststellung des Gewinnanteils zu, spätestens 6 Monate nach Ende des Kalender- oder Wirtschaftsjahres, für das die Ausschüttung vorgenommen wird; zum Zufluss allgemein s. Rdnr. 74 ff.   742

d) Ermittlung der Gewinn- und Verlustanteile nach Handels- und Steuerbilanz

Maßgeblicher Gewinn ist – soweit eine anderweitige Vereinbarung fehlt – der **Handelsbilanzgewinn** des Geschäftsinhabers.[1] Die Beteiligung des stillen Gesellschafters bezieht sich grds. nur auf den **Betriebsgewinn,** sofern die Gesellschafter nichts anderes vereinbart haben.[2]   743

Wertänderungen des Umlaufvermögens hängen – anders als Wertänderungen des Betriebsvermögens – mit dem Betrieb des Handelsgeschäfts zusammen und beeinflussen den maßgeblichen Gewinn.   744

---

1 BFH, U. v. 9. 7. 1969, BStBl II 1969, 690; U. v. 22. 4. 1971, BStBl II 1971, 600.
2 RG, U. v. 17. 4. 1928, RGZ 120, 268.

Wertänderungen des Anlagevermögens sind daraufhin zu überprüfen, inwieweit sie durch den Betrieb des Handelsgeschäfts hervorgerufen werden. Ist das der Fall, wird die Höhe des maßgeblichen Gewinns von ihnen beeinflusst.

745 **Maßgeblichkeit der Steuerbilanz:** Der Gewinnverteilung kann auch die Steuerbilanz zugrunde gelegt werden. In der Regel ist dann die endgültige, von der FinVerw. anerkannte und u. U. korrigierte Bilanz maßgeblich.[1] Da der Gewinnanteil des stillen Gesellschafters den Steuerbilanzgewinn mindert, ist im Zweifel vom Gewinn vor Abzug des Gewinnanteils auszugehen.[2]

e) Einkünfte bei Beendigung der Gesellschaft

746 Als reine Innengesellschaft bedeutet die Auflösung der stillen Gesellschaft **keine Liquidation.** Das Gesellschaftsvermögen verbleibt beim Inhaber des Handelsgeschäfts. Lediglich die schuldrechtlichen Ansprüche des stillen Gesellschafters sind abzuwickeln. Nach § 235 Abs. 1 HGB ist das Guthaben des stillen Gesellschafters zu ermitteln und zu berücksichtigen, wobei er auch an den im Zeitpunkt der Auflösung bestehenden schwebenden Geschäften teilnimmt (§ 235 Abs. 2 HGB).

747 Die stille Gesellschaft ist Gesellschaft i. S. d. §§ 705 ff. BGB. Es gelten folglich die Auflösungsgründe der §§ 723 – 728 BGB:

- Zeitablauf bei auf Zeit abgeschlossenen Gesellschaften;
- ordentliche Kündigung durch die Gesellschafter oder einen Gläubiger des Stillen (§ 234 Abs. 1 Satz 1 i. V. m. §§ 132 – 135 HGB);
- außerordentliche Kündigung (§ 234 Abs. 1 Satz 2 HGB i. V. m. § 723 Abs. 1 Satz 2 BGB),
- Zweckvereitelung bei unmöglicher Erreichung des Gesellschaftszwecks (§ 726 BGB),
- Aufhebungsvertrag,
- Tod des Geschäftsinhabers, nicht des stillen Gesellschafters,
- Konkurs der Gesellschafter,[3]
- Konfusion bei Rechtsnachfolge (z. B. Erbfall).

---

1 BFH, U. v. 2. 4. 1971, BStBl II 1971, 600; Schulze zur Wiesche, StBp 1978, 73.
2 BFH, U. v. 14. 8. 1974, BStBl II 1974, 774.
3 RG, U. v. 28. 9. 1928, RGZ 122, 70.

II. Einnahmen aus stiller Gesellschaft und partiarischen Darlehen

Die **nachträgliche** Vereinbarung der Gesellschafter, dass der Geschäftsherr auch ohne Zustimmung des stillen Gesellschafters neue Gesellschafter aufnehmen oder die Form und den Gegenstand des Handelsgeschäfts ändern kann, führt nicht zur Beendigung der stillen Gesellschaft.[1] 748

Die Veräußerung des Handelsgeschäfts ist kein Auflösungsgrund. Sie gibt dem stillen Gesellschafter grds. aber einen außerordentlichen Kündigungsgrund, sofern der Gesellschaftszweck nach der Veräußerung noch erreicht wird. Andernfalls liegt Zweckvereitelung vor. Die Veräußerung bedarf grds. der Zustimmung des stillen Gesellschafters. 749

Die Einbringung einer stillen Gesellschaft in eine Personengesellschaft führt nur bei einer ausdrücklichen Vereinbarung des Geschäftsinhabers mit dem Stillen zur Fortsetzung der stillen Gesellschaft.[2] 750

Verschmelzung und Umwandlung mit oder in eine andere Gesellschaft führen nicht zur Auflösung. 751

f) Auflösung und Auseinandersetzung

Nach Auflösung der stillen Gesellschaft haben sich die Beteiligten auseinanderzusetzen. Der ausscheidende stille Gesellschafter hat Anspruch auf eine Abfindung in Höhe des tatsächlichen Wertes (Verkehrswert) seines Gesellschaftsanteils. Er kann deshalb die Erstellung einer entsprechenden Abschichtungsbilanz (Vermögensbilanz) verlangen. Dieser Anspruch besteht unabhängig davon, ob der Gesellschafter seine Einlage geleistet hat.[3] 752

Der Geschäftsinhaber hat insbesondere die Einlage zurückzuzahlen. Der stille Gesellschafter hat gegen den Geschäftsinhaber einen auf einen **Geldbetrag** gerichteten Auseinandersetzungsanspruch (§ 235 Abs. 1 HGB), einerlei, ob er zuvor eine Geld- oder Sacheinlage geleistet hat. Dieser Anspruch entspricht dem Guthaben eines aus einer OHG oder KG ausscheidenden Gesellschafters, jedoch mit der für den Stillen – im Gegensatz zu den Gesellschaftern der OHG, KG – geltenden beschränkten Teilnahme an den Wertänderungen des Geschäftsvermögens. Der Anspruch wird erst nach der Gesamtabrechnung fällig, es sei denn, er erscheint schon vorher als sicher.[4] Der Geschäftsinhaber hat für die Berechnung des Auseinandersetzungsguthabens eine **Auseinandersetzungsbilanz** auf den Zeitpunkt 753

---

1 BFH, U. v. 27. 1. 1982, BStBl II 1982, 374.
2 BFH, U. v. 18. 12. 1970, BStBl II 1971, 426.
3 BGH, U. v. 16. 5. 1994, WiB 1994, 906.
4 BGH v. 8. 7. 1976, DB 1977, 89.

der Gesellschaftsauflösung zu erstellen. Dabei ist zu berücksichtigen, dass der stille Gesellschafter an Wertänderungen des Betriebsvermögens nicht beteiligt ist. Offene Rücklagen und stille Reserven sind dagegen zu berücksichtigen, soweit sie während des Bestehens der Gesellschaft entstanden sind und sich noch nicht bei den laufenden Gewinnanteilen ausgewirkt haben.[1]

754 Ein Passivsaldo (negatives Einlagenkonto im Zeitpunkt der Auflösung) verpflichtet den stillen Gesellschafter im Zweifel nicht zur Nachzahlung, es sei denn, dass er seine Einlage noch nicht oder noch nicht vollständig erbracht hat (arg. § 236 Abs. 2 HGB). Die Nachzahlungspflicht ist auf die Höhe des Verlustanteils und durch die Höhe der Einlage begrenzt. Der Nachzahlungsanspruch ist ausgeschlossen, wenn der stille Gesellschafter nach dem Gesellschaftsvertrag nicht am Verlust teilnimmt.

755 Am Ergebnis schwebender Geschäfte, die noch während des Bestehens der Gesellschaft begründet wurden, ist der stille Gesellschafter im Zweifel noch beteiligt (§ 740 BGB), soweit der Gesellschaftsvertrag nichts anderes vorsieht. War der Stille bei Beginn der Gesellschaft bereits am Ergebnis vorher eingeleiteter Geschäfte beteiligt, so ist im Zweifel davon auszugehen, dass eine Beteiligung an schwebenden Geschäften nach Beendigung der Gesellschaft ausgeschlossen sein soll.

756 **Rückzahlung der Einlage ist kein steuerbarer Vorgang,** sondern lediglich unbeachtliche Vermögensumschichtung. Zahlungen über den Nominalwert der Einlage hinaus, z. B. ausstehende Gewinnanteile, sind regelmäßig Einnahmen i. S. d. § 20 Abs. 1 Nr. 4 Satz 1 EStG.[2] Diese unterschiedliche Behandlung macht Feststellungen darüber erforderlich, was mit den Abfindungszahlungen ausgeglichen werden soll. Wird die Abfindungszahlung geleistet, um den stillen Gesellschafter zur vorzeitigen Auflösung der Gesellschaft zu bewegen, so liegen keine Einnahmen aus Kapitalvermögen vor. Eine solche Abfindungszahlung ist vielmehr steuerfrei.[3]

Kann der Geschäftsinhaber die Einlage nur teilweise zurückzahlen, so ist der daraus entstehende Verlust einkommensteuerlich unbeachtlich, soweit die Beteiligung im Privatvermögen gehalten wird.

---

1 RG, U. v. 5. 11. 1918, RGZ 94, 106; BGH, U. v. 30. 11. 1959, WM 1960, 13.
2 BFH, U. v. 14. 2. 1984, BStBl II 1984, 580.
3 Niedersächsisches FG, U. v. 1. 12. 2005, 11 K 127/03.

II. Einnahmen aus stiller Gesellschaft und partiarischen Darlehen

Gleiches gilt, wenn die Einlage durch Verlustanteile vorangegangener Wirtschaftsjahre teilweise aufgezehrt ist; Verlustanteile des letzten Wirtschaftsjahres, die die Auszahlung der Einlage mindern, sind als Werbungskosten von den Einnahmen nach § 20 Abs. 1 Nr. 4 Satz 1 EStG abzuziehen.

Abfindungszahlungen für vorzeitige Auflösung der stillen Gesellschaft sind als Entschädigung für künftige, dem stillen Gesellschafter entgehende Gewinnanteile stpfl. Einnahmen i. S. d. § 20 Abs. 1 Nr. 4 Satz 1 EStG i. V. m. Abs. 2 Satz 1 Nr. 1.[1] Unter den Voraussetzungen des § 34 Abs. 1 und Abs. 2 Nr. 2 EStG i. V. m. § 24 Nr. 1 Buchst. a oder b EStG sind die Einkünfte tarifbegünstigt.[2] Zu beachten ist, dass die Tarifbegünstigung des § 34 EStG allerdings nicht gilt, wenn es sich bei dem stillen Gesellschafter um eine Kapitalgesellschaft handelt (§ 23 KStG).[3]

757

Die Anwendung des § 24 Abs. 1 Buchst. a EStG setzt voraus, dass der stille Gesellschafter der Beendigung der Gesellschaft nur unter erheblichem **rechtlichen und wirtschaftlichen Druck** zugestimmt hat.[4] Die Annahme einer Entschädigung i. S. v. § 24 Nr. 1 Buchst. b EStG ist dagegen nur möglich, wenn der Gesellschafter freiwillig der Aufhebung des Gesellschaftsvertrags zugestimmt hat. Nach der Rechtsprechung ist § 24 Nr. 1 Buchst. b EStG auch dann anwendbar, wenn der stille Gesellschafter der vorzeitigen Aufhebung des auf **Lebenszeit** geschlossenen Gesellschaftsvertrags zustimmt,[5] obwohl zivilrechtlich das ordentliche Kündigungsrecht des Stillen (§§ 234, 132 HGB) in einem solchen Fall nicht abdingbar ist. Danach kann sich die Zustimmung zur vorzeitigen Auflösung nur auf die Aufgabe der Gewinnbeteiligung bis zum nächstmöglichen ordentlichen Kündigungstermin beziehen.

Erhält der Gesellschafter als Abfindung einen Sachwert – z. B. als Einlage übereignete Wirtschaftsgüter – zurückübereignet, so ist die Abfindung insoweit „mit den üblichen Endpreisen des Abgabenorts anzusetzen" (§ 8 Abs. 2 EStG). Bei einer Abweichung dieses Wertansatzes vom Nennbetrag

758

---

1 A. A. F. Dötsch in K/S/M, a. a. O., EStG § 20 Rdnr. F 107; Schmidt/Heinicke, XXV., EStG § 20 Rdnr. 148.
2 FG Düsseldorf v. 26. 3. 1965, EFG 1965, 485, bestätigt durch BFH, U. v. 23. 9. 1966 VI R 272/65, n. v.
3 Sterner, DB 1985, 2316.
4 BFH, U. v. 20. 7. 1978, BStBl II 1979, 9; U. v. 14. 2. 1984, BStBl II 1984, 580.
5 BFH, U. v. 14. 2. 1984, a. a. O.

der Einlage ist hinsichtlich darin liegender Einnahmen aus Kapitalvermögen zu differenzieren:

- **Enthält der Gesellschaftsvertrag die Vereinbarung,** dass das als Vermögenseinlage übereignete Wirtschaftsgut an den stillen Gesellschafter zurückübereignet werden soll, so entstehen keine Einnahmen i. S. d. § 20 Abs. 1 Nr. 4 Satz 1 EStG, wenn der nach § 8 Abs. 2 EStG im Zeitpunkt der Auseinandersetzung ermittelte Wert des Wirtschaftsguts über dem Nennwert der Einlage liegt;

- **Sieht der Gesellschaftsvertrag keine Rückübereignung vor,** so ist von Einnahmen aus Kapitalvermögen in Höhe der positiven Wertdifferenz (Zeitwert minus Nennwert der Einlage) auszugehen, wenn die Beteiligten vereinbaren, dass der Stille seine Sach- oder Geldeinlage in Form eines Wirtschaftsguts zurückerhält, weil der Gesellschafter wertmäßig sonst mehr bekommt als er bei Gründung der Gesellschaft als Einlage geleistet hat. Ist die Differenz negativ, d. h. liegt der Nennwert der Einlage über dem Zeitwert des Wirtschaftsguts, so liegen in dieser Höhe Werbungskosten vor.

759 **Zahlung einer Leibrente statt Rückzahlung der Einlage** in bar bedeutet im Zeitpunkt der Entstehung des Rentenanspruchs den Zufluss eines geldwerten Vorteils in Höhe des Barwerts des Rentenanspruchs. Soweit der Barwert den Nennbetrag der Einlage übersteigt, liegen Einnahmen i. S. d. § 20 Abs. 1 Nr. 4 Satz 1 EStG vor. Der stille Gesellschafter wird sich darüber hinaus auch dafür entscheiden können, die laufenden Rentenzahlungen – sobald sie die Einlagenforderungen übersteigen – als Einnahmen aus Kapitalvermögen zu versteuern. Der an diesem Wahlrecht erhobenen Kritik ist insoweit zuzustimmen, als es dafür in der Tat keine gesetzliche Grundlage gibt. Das Wahlrecht soll vielmehr aus Billigkeitsgründen einer vernünftigen Besteuerung des Auseinandersetzungsguthabens dienen. Der stille Gesellschafter dürfte im Zeitpunkt der Vereinbarung, das Auseinandersetzungsguthaben in Form einer Rentenzahlung zu leisten, regelmäßig nicht die Mittel haben, die Steuer auf den Rentenbarwert zu zahlen, zumal ihm dieser Wert noch gar nicht zugeflossen ist; s. ständige Rechtsprechung zur Verrentung des Veräußerungsgewinns.[1] Es kann für die Besteuerung u. E. nicht auf die Frage ankommen, in wessen Interesse die Verrentung

---

[1] Z. B. BFH, U. v. 3. 8. 1966, BFHE 86, 733; U. v. 17. 8. 1967, BStBl II 1968, 75; U. v. 28. 9. 1967, BStBl II 1968, 76; U. v. 20. 1. 1971, BStBl II 1971, 302; U. v. 30. 1. 1974, BStBl II 1974, 452.

II. Einnahmen aus stiller Gesellschaft und partiarischen Darlehen

liegt und von dieser Interessenlage die Bemessungsgrundlage (Barwert oder einzelne Rentenzahlungen) abhängig machen.[1] Die Rentenzahlungen oder der Rentenbarwert sind daraufhin zu untersuchen, inwieweit mit ihnen die Einlage zurückgezahlt wird oder nachträglich Gewinnanteile ausgekehrt werden.

Wertsicherungsklauseln können bewirken, dass ein über den Nennwert der Einlage hinausgehender Betrag an den stillen Gesellschafter ausgezahlt wird. Diese Mehrzahlung stellt nach h. M. Einnahmen aus Kapitalvermögen (§ 20 Abs. 1 Nr. 4 Satz 1 i. V. m. Abs. 2 Satz 1 Nr. 1 EStG) dar.[2] Die Wertsicherungsklausel ist wirtschaftlich einer Zinsvereinbarung vergleichbar.[3]

760

Abfindung von Dienstleistungen: Der stille Gesellschafter kann bei Auflösung der Gesellschaft Ersatz des Werts von Diensten verlangen, die er als Einlage geleistet hat, soweit die Dienste nicht durch die Gewinnbeteiligung abgegolten wurden und der Erfolg der Dienste im Geschäftsvermögen als fest umrissener und messbarer Vermögenswert vorhanden ist.[4] Diese Vergütungen sind u. E. nachträgliche Nutzungen der Einlage und daher als Einnahmen aus Kapitalvermögen zu erfassen.

761

Umwandlung der stillen Gesellschaft in eine andere Gesellschafts- oder Vertragsform (atypisch stille Gesellschaft, offene Mitunternehmerschaft oder Darlehen) löst die Gesellschaft auf und begründet ein neues Rechtsverhältnis.[5] Einnahmen des Stillen aus Kapitalvermögen bilden in diesem Fall die Gegenleistungen, die für die vorzeitige Auflösung der stillen Gesellschaft gezahlt werden.[6]

762

Insolvenz des Geschäftsherrn führt zur Beendigung der stillen Gesellschaft. Soweit die Einlage des stillen Gesellschafters durch Verluste der vorangegangenen Wirtschaftsjahre noch nicht aufgezehrt ist, kann er sie als Konkursforderung anmelden (§ 236 Abs. 1 HGB). Die teilweise Auszahlung der Einlage in Höhe der Konkursquote stellt keine Einnahme aus Kapitalvermögen dar. Der durch den Konkurs verlorene Teil der Einlage ist

763

---

1 A. A. F. Dötsch in K/S/M, a. a. O., EStG § 20 Rdnr. F 120.
2 BFH, U. v. 4. 8. 1961, BStBl III 1961, 468; U. v. 1. 6. 1978, BStBl II 1978, 570.
3 BFH, U. v. 27. 7. 1967, BStBl III 1967, 690.
4 BGH, U. v. 22. 11. 1965, DB 1966, 106, BB 1966, 53, INF 1966, 69.
5 RFH, U. v. 14. 10. 1931, RStBl 1932, 12.
6 RFH, U. v. 14. 10. 1931, a. a. O.

ein einkommensteuerlich unbeachtlicher Vermögensverlust,[1] wenn die Beteiligung zum Privatvermögen des stillen Gesellschafters gehört. Ist die Einlage rückständig, so hat sie der Stille bis zur Höhe des auf ihn entfallenden Verlustanteils in die Konkursmasse einzuzahlen (§ 236 Abs. 2 HGB).

Zahlungen nach erfolgter Abwicklung der stillen Gesellschaft bilden noch Einnahmen aus der Gesellschaft, soweit sie „Entgelt für die vom stillen Gesellschafter während des Bestehens und in Erfüllung des Gesellschaftsverhältnisses erbrachten Leistungen sind, ihrer Höhe nach an den Gewinnen orientiert sind, die mutmaßlich erzielt worden wären, wenn die Gesellschaft fortbestanden hätte, und von diesen zukünftigen Gewinnen abhängen."[2]

g) Veräußerung der Beteiligung

764 Übertragung der Beteiligung an den Geschäftsherrn, z. B. durch Veräußerung, bewirkt Auflösung der Gesellschaft; zur Auflösung s. Rdnr. 752 ff.

Die **Übertragung an einen Dritten** ist nur zulässig, wenn der Gesellschaftsvertrag dies zulässt oder der Geschäftsinhaber zustimmt.[3] Die Vorschrift des § 717 BGB ist insoweit abänderbar. Die Übertragung erfolgt durch Abtretung der Forderung auf das künftige Auseinandersetzungsguthaben nach §§ 398 ff. BGB.

765 **Veräußerung zum Nennwert der Einlage:** Im Veräußerungsfall kann sich das Veräußerungsentgelt mit dem Nennbetrag der Einlage decken. Daraus ergeben sich keine einkommensteuerlichen Folgen (Rückzahlung der Einlage s. Rdnr. 756).

766 **Behandlung des Veräußerungsgewinns:** Der Veräußerungsgewinn ist unbeachtlich, wenn das Veräußerungsentgelt **ausschließlich für die Abtretung der Einlage** gezahlt wird. Hier liegt – soweit es sich um Privatvermögen handelt und kein Fall eines privaten Veräußerungsgeschäfts (§ 23 EStG) vorliegt – um einen nicht steuerbaren Vorgang auf der privaten Ver-

---

1 Sterner, DB 1985, 2316.
2 BFH, U. v. 17. 2. 1972, BStBl II 1972, 586, zum Begriff „Gewinnanteile des stillen Gesellschafters" i. S. d. § 8 Nr. 3 GewStG; dieser Begriff gilt aber auch im Rahmen des § 20 Abs. 1 Nr. 4 Satz 1 EStG.
3 FG Baden-Württemberg, Außensenate Stuttgart, v. 16. 2. 1967, EFG 1967, 339, rkr.; Palandt/Thomas, 65. Aufl., BGB § 717 Rdnr. 1, m. w. N.

II. Einnahmen aus stiller Gesellschaft und partiarischen Darlehen

mögensebene.[1] Das gilt auch, wenn mit dem Veräußerungsentgelt bereits entstandene, dem bisherigen stillen Gesellschafter aber noch nicht ausgezahlte (zugeflossene) Gewinnanteile vergütet werden.[2]

Ausnahmen: Der Alt-Gesellschafter veräußert seinen Gewinnanspruch (Fall des § 20 Abs. 2 Satz 1 Nr. 4 Buchst. a EStG, Einnahmen aus der Veräußerung sonstiger Kapitalforderungen), oder die Gewinnanteile werden vom zukünftigen stillen Gesellschafter im Namen und auf Rechnung des Geschäftsherrn an den Alt-Gesellschafter gezahlt.

Der **zukünftige Gesellschafter** erzielt in diesem Fall nur dann Einnahmen, wenn der Geschäftsherr die Gewinnanteile an ihn auszahlt.

Das Entgelt für die Anwartschaft auf den Gewinnanteil des laufenden Geschäftsjahres (Jahr der Veräußerung) ist danach aufzuteilen,[3] wer bis zu welchem Zeitpunkt die Einkünfte nach § 20 Abs. 1 Nr. 4 Satz 1 EStG erzielt. Die Aufteilungspflicht ergibt sich nicht aus § 101 Nr. 2 BGB. Ausschlaggebend ist allein die Tatsache, wer bis zu welchem Zeitpunkt die Einkünfte erzielt.[4] Der bisherige stille Gesellschafter erzielt bis zur Veräußerung selbst (pro rata temporis) Einnahmen i. S. d. § 20 Abs. 1 Nr. 4 Satz 1 EStG; danach der zukünftige Gesellschafter.[5]

767

Das Entgelt für den **Verzicht** des bisherigen Gesellschafters auf den Gewinnanteil des Veräußerungsjahres führt im Zeitpunkt der Zahlung des Veräußerungsentgelts nicht zum Zufluss von Einnahmen i. S. d. § 20 Abs. 1 Nr. 4 Satz 1 EStG. Der Verzicht stellt vielmehr eine steuerrechtlich unbeachtliche **Vorausverfügung** über den dem bisherigen Gesellschafter pro rata zustehenden Gewinn dar. Einnahmen fließen dem bisherigen Gesellschafter deshalb erst dann zu, wenn dem zukünftigen Gesellschafter im Folgejahr die Gewinnanteile des Veräußerungsjahres, einschließlich der Anteile, die noch unter Beteiligung des bisherigen Gesellschafters angefallen sind, zufließen. Der zukünftige Gesellschafter erzielt in diesem Zeit-

768

---

1 BFH, U. v. 11. 2. 1981, BStBl II 1981, 465.
2 F. Dötsch in K/S/M, a. a. O., EStG § 20 Rdnr. F 131.
3 BFH, U. v. 7. 7. 1983, BStBl II 1984, 53; U. v. 17. 3. 1987, BStBl II 1987, 558, beide zur Änderung von Gewinnverteilungsabreden bei Personengesellschaften.
4 A. A. BFH, U. v. 22. 5. 1984, BStBl II 1984, 746; U. v. 30. 4. 1991, BStBl II 1991, 574.
5 A. A. FG Baden-Württemberg, Außensenate Stuttgart, v. 16. 2. 1967, EFG 1967, 339, demzufolge der Gewinnanteil des laufenden Geschäftsjahres dem zukünftigen stillen Gesellschafter nach Ablauf des Jahres zufließen soll.

punkt insoweit eigene Einnahmen, als die Gewinnanteile auf den Zeitraum seiner Beteiligung im Veräußerungsjahr entfallen.

769 Das **Entgelt für den Verzicht auf zukünftige Gewinnanteile** ist bei Veräußerung keine steuerbare Einnahme, wenn die Beteiligung im Privatvermögen gehalten wird,[1] weil das Entgelt vom zukünftigen Gesellschafter nicht für eine Kapitalnutzung, sondern die Abtretung der Beteiligung (Einlage) gezahlt wird. Das Kapital stand vielmehr dem Geschäftsinhaber zur Nutzung zur Verfügung, zur Ablösezahlung durch den Geschäftsinhaber s. Rdnr. 757. Der zukünftige Gesellschafter kann den über den Nennwert der Einlage für den Gewinnverzicht gezahlten Betrag nicht als Werbungskosten bei seinen zukünftigen Einnahmen aus Kapitalvermögen abziehen, falls die Beteiligung zu seinem Privatvermögen gehört. Wird die Beteiligung im Betriebsvermögen gehalten, so erhöhen die Mehrzahlungen die Anschaffungskosten.

770 Erhält der bisherige stille Gesellschafter aus der Veräußerung weniger als den Wert, der dem seines Einlagekontos entspricht, so liegt ein unbeachtlicher Vermögensverlust vor,[2] wenn die Beteiligung zum Privatvermögen gehört und kein privates Veräußerungsgeschäft (§ 23 Abs. 1 Satz 1 Nr. 2 EStG) gegeben ist.

4. Verfahrensfragen

771 Um eine einheitliche und vollständige Erfassung der Gewinnanteile des stillen Gesellschafters zu gewährleisten, hat das Betriebsstätten-FA dem für die Besteuerung des stillen Gesellschafters zuständigen FA (Wohnsitz-FA) eine Mitteilung über die Höhe und den Zeitpunkt des Zuflusses der Gewinnanteile zu übersenden. Das gilt auch für die Fälle, in denen die stille Beteiligung in einem Betriebsvermögen ausgewiesen ist. Das Wohnsitz-FA hat hier zu beachten, dass hinsichtlich der zeitlichen Berücksichtigung der Gewinnanteile die allg. Bilanzierungsgrundsätze des ESt-Rechts gelten. Erfolgt die Abrechnung mit dem stillen Gesellschafter auf der Grundlage der Steuerbilanz, so wird in den Fällen, in denen sich der Gewinnanteil des Stillen aufgrund der Ergebnisse einer Außenprüfung erhöht, entsprechend verfahren.

---

1 BFH, U. v. 11. 2. 1981, BStBl II 1981, 465; Sterner, BB 1983, 2176; Söffing, FR 1982, 446; ders., DStR 1984, 268; Schmidt/Heinicke, XXV., EStG § 20 Rdnr. 148.
2 RFH, U. v. 14. 1. 1932, RStBl 1932, 399, für die Veräußerung einer Forderung.

5. Stille Gesellschaft und partiarische Darlehen

Die Einnahmen des stillen Gesellschafters aus seiner Beteiligung an einem Handelsgewerbe und aus partiarischen Darlehen führen nur dann zu Einkünften aus Kapitalvermögen, wenn die Beteiligung oder Darlehensforderung im **Privatvermögen** gehalten wird, also weder zum notwendigen noch gewillkürten Betriebsvermögen eines eigenen Betriebs des Stpfl. (§ 20 Abs. 4 EStG) gehört. Die Norm des § 20 Abs. 1 Nr. 4 EStG erfasst nur Einnahmen des **typisch stillen Gesellschafters**; der sog. atypisch stille Gesellschafter bezieht dagegen als Mitunternehmer Einkünfte aus Gewerbebetrieb (§ 15 Abs. 1 Nr. 2 EStG). Hinsichtlich Person und Unternehmen des Geschäftsherrn und des stillen Gesellschafters enthält das Steuerrecht keine weiteren Bestimmungen. Es gelten insoweit die Regelungen über die stille Gesellschaft in §§ 230 ff. HGB. 772

a) Abgrenzung zwischen stiller Gesellschaft und partiarischem Darlehen

Die Abgrenzung des partiarischen Darlehens zur stillen Gesellschaft ist im Einzelfall schwierig. Der wesentliche Unterschied beider Vertragsgestaltungen liegt darin, „dass die stille Gesellschaft auf die Bildung einer **Zweckgemeinschaft** abzielt, während der Zweck des Darlehens, auch bei einer vereinbarten Gewinnbeteiligung, stets der einer bloßen **Kreditgewährung** ist. Entscheidend ist, ob die Beteiligten sich durch den Vertrag zur Erreichung eines gemeinsamen Ziels verbunden haben und ihre schuldrechtlichen Beziehungen demgemäß ein gesellschaftsrechtliches Element in sich tragen oder ob die Beteiligten ohne jeden gemeinsamen Zweck lediglich ihre eigenen Interessen verfolgen und ihre Beziehungen zueinander ausschließlich durch die Verschiedenheit ihrer beiderseitigen Interessen bestimmt werden."[1] 773

Die Abgrenzung ist nicht allein nach den von den Beteiligten gewählten Bezeichnungen und Vertragsbestimmungen vorzunehmen. Sie setzt vielmehr eine umfassende Würdigung des Vertragsinhalts und Vertragszwecks sowie eine Ermittlung der wirtschaftlichen Ziele der Beteiligten im Ein-

---

1 BGH, U. v. 9. 2. 1967, BB 1967, 349, m. w. N.; BFH, U. v. 5. 3. 1969, BStBl II 1969, 315; U. v. 15. 1. 1971, BStBl II 1971, 379; U. v. 10. 3. 1971, BStBl II 1971, 589; U. v. 6. 10. 1971, BStBl II 1972, 187; U. v. 21. 6. 1983, BStBl II 1983, 563; Rosenau, BB 1969, 1082.

zelfall voraus.[1] So schließt das partiarische Darlehen eine Verlustbeteiligung aus. Haben die Vertragspartner aber eine Beteiligung des Darlehensgebers am Verlust des Unternehmens vereinbart, kann nur eine stille Gesellschaft vorliegen.[2]

774 Die zivilrechtliche Abgrenzung der stillen Gesellschaft von partiarischen Darlehen ist **ertragsteuerlich** nicht mehr von Bedeutung, da nach § 20 Abs. 1 Nr. 4 EStG sowohl Einnahmen aus stiller Gesellschaft als auch solche aus partiarischen Darlehen zu Einkünften aus Kapitalvermögen führen. Die Einnahmen aus partiarischen Darlehen sind unter den gleichen Voraussetzungen beschränkt stpfl. wie ehedem schon immer die Einnahmen aus stiller Gesellschaft (§ 49 Abs. 1 Nr. 5 Buchst. a EStG).

Sowohl die Einnahmen aus stiller Gesellschaft als auch die aus partiarischen Darlehen unterliegen nach § 43 Abs. 1 Satz 1 Nr. 3 EStG dem KapESt-Abzug. Das gilt auch, wenn im Rahmen eines partiarischen Darlehens eine gewinnunabhängige Vergütung gezahlt wird.[3] Der Zinsbegriff in § 43 Abs. 1 Satz 1 Nr. 3 EStG ist untechnisch und in einem weiten Sinne zu verstehen.[4]

775 Der Abgrenzung für Zwecke der GewSt kommt ebenfalls keine Bedeutung mehr zu. Nach § 8 Nr. 3 GewStG sind die Gewinnanteile des stillen Gesellschafters dem Gewinn aus Gewerbebetrieb hinzuzurechnen, soweit sie bei ihm nicht zur Steuer nach dem Gewerbeertrag heranzuziehen sind. Einnahmen aus partiarischen Darlehen waren dagegen bis zum Erhebungszeitraum 1989 nicht hinzuzurechnen, da § 8 Nr. 1 GewStG a. F. lediglich den Begriff „Zinsen" verwendet und darunter nur Zinsen im herkömmlichen Sinne, also nicht gewinnabhängige Vergütungen, fielen. Die Hinzurechnung erstreckt sich auf alle Entgelte für Dauerschulden. Darunter fallen auch gewinnabhängige Vergütungen für partiarische Darlehen, so dass die Einnahmen des stillen Gesellschafters und solche aus partiarischen Darlehen gleichermaßen dem Gewinn des Geschäftsherrn oder Darlehensnehmers hinzuzurechnen sind.

---

1 BFH, U. v. 25. 3. 1992, BStBl II 1992, 889; FG München v. 19. 2. 1991, EFG 1991, 747, rkr.
2 BGH, U. v. 10. 6. 1965, DB 1965, 1589.
3 BFH, U. v. 25. 3. 1992, BStBl II 1992, 889.
4 F. Dötsch in K/S/M, a. a. O., EStG § 20 Rdnr. F 60; Schaumburg, DB 1977, 1524; Hessisches FG v. 27. 4. 1990, EFG 1990, 525, rkr.

II. Einnahmen aus stiller Gesellschaft und partiarischen Darlehen

b) Merkmale der stillen Gesellschaft

Nach § 230 Abs. 1 HGB (§ 335 Abs. 1 HGB a. F.) ist stiller Gesellschafter, wer sich an dem Handelsgewerbe eines anderen mit einer Vermögenseinlage beteiligt. Die Einlage ist dabei so zu leisten, dass sie in das Vermögen des Inhabers des Handelsgeschäfts übergeht.

776

Die stille Gesellschaft ist Gesellschaft i. S. d. §§ 705 ff. BGB (reine Innengesellschaft) und bedarf als solche eines ausdrücklich oder konkludent geschlossenen Gesellschaftsvertrags.[1] Ausschließlich faktische Verhältnisse werden nicht als stille Gesellschaft anerkannt.[2]

777

Der Gesellschaftsvertrag muss auf die Begründung einer stillen Gesellschaft gerichtet sein. Die Vertragspartner müssen sich auf die Verfolgung eines **gemeinsamen Zwecks,** gerichtet auf den Betrieb eines Handelsgewerbes, einigen.[3] Der Vertrag begründet die Verpflichtung des Geschäftsinhabers, das Handelsgeschäft für gemeinsame Rechnung zu errichten und/oder fortzuführen. Der Inhaber kann das Geschäft grds. nicht ohne Zustimmung des stillen Gesellschafters veräußern oder in seinen wesentlichen Grundlagen verändern, ohne sich dem Stillen gegenüber schadensersatzpflichtig zu machen. Steuerrechtlich gehört die Fortführungsverpflichtung allerdings nicht zu den unabdingbaren Voraussetzungen einer stillen Gesellschaft.[4]

So können die Gesellschafter einer bereits bestehenden stillen Gesellschaft nachträglich vereinbaren, dass künftig ohne Zustimmung des stillen Gesellschafters neue Gesellschafter aufgenommen sowie Form und Gegenstand des Unternehmens geändert werden dürfen. Eine solche Vereinbarung führt nicht zur Beendigung der stillen Gesellschaft.[5] Die Vereinbarung eines Kündigungsrechts nach freiem Ermessen des Geschäftsinhabers ist unwirksam, wenn dieser weder am Gewinn noch am Verlust nennenswert beteiligt ist, sondern lediglich eine Vergütung und Auslagenersatz erhält.[6]

---

1 Baumbach/Duden/Hopt, 27. Aufl., HGB § 230 Anm. 4 A.
2 K. Schmidt, § 62 II 1 c, aa und § 6 I 2.
3 BGH, U. v. 10. 6. 1965, DB 1965, 1589; BFH, U. v. 16. 8. 1978, BStBl II 1979, 51; U. v. 21. 6. 1983, BStBl II 1983, 563.
4 BFH, U. v. 16. 8. 1978, BStBl II 1979, 51; a. A. noch BFH, U. v. 10. 3. 1971, BStBl II 1971, 589; U. v. 6. 10. 1971, BStBl II 1972, 187; U. v. 15. 2. 1978 II R 49/76, n. v.
5 BFH, U. v. 27. 1. 1982, BStBl II 1982, 374.
6 BGH, U. v. 9. 3. 1994, NJW 1994, 1156.

778 Der Vertrag ist grds. **formfrei.** Er kann auch stillschweigend geschlossen werden. Besteht die Einlage des stillen Gesellschafters aus einem Grundstück oder einem Geschäftsanteil an einer GmbH, so bedarf es der notariellen Beurkundung (§ 313 BGB, § 15 Abs. 3 GmbHG). Gleiches gilt für das Versprechen der Übertagung einer stillen Beteiligung (§ 518 Abs. 1 Satz 1 BGB), nicht aber für die Begründung der Beteiligung selbst.[1] Die Begründung einer stillen Gesellschaft mit minderjährigen Kindern bedarf der Beteiligung eines Ergänzungspflegers (§ 1909 Abs. 1 BGB).[2]

Eine vormundschaftsgerichtliche Genehmigung (§§ 1643, 1822 Nr. 3 BGB) ist in diesem Fall nur dann einzuholen, wenn das Kind am Verlust des Handelsgewerbes beteiligt wird.[3]

779 Für die Besteuerung der Einnahmen des stillen Gesellschafters sind formelle Mängel des Gesellschaftsvertrags ohne Bedeutung, soweit die Vertragsparteien den Gesellschaftsvertrag tatsächlich durchführen und sein wirtschaftliches Ergebnis eintreten lassen (§ 41 Abs. 1 AO).

c) Rechte und Pflichten der Gesellschafter

780 Inhaber des Handelsgeschäfts kann ein Einzelunternehmer als **natürliche Person**[4], eine **Personengesellschaft**[5] oder **Kapitalgesellschaft**[6] sein. Zivilrechtlich, nicht aber steuerrechtlich zulässig ist die (typisch) stille Gesellschaft mit einer Personengesellschaft, an der der stille Gesellschafter bereits als Mitunternehmer beteiligt ist.[7]

781 Der Geschäftsinhaber ist nach dem Gesellschaftsvertrag u. U. zur Einrichtung, jedenfalls aber zum Betrieb des Handelsgeschäfts zum gemeinsamen Nutzen verpflichtet. Er übt die Geschäftsführung aus (§§ 709 ff. BGB), an der der stille Gesellschafter durch entsprechende Vereinbarung beteiligt werden kann. Der Inhaber des Handelsgeschäfts darf im Zweifel die wesentlichen Grundlagen des Geschäfts und die Rechtsform des Unter-

---

1 A. A. BGH, U. v. 29. 10. 1952, BGHZ 7, 378.
2 BFH, U. v. 28. 11. 1973, BStBl II 1974, 289.
3 LG Bielefeld v. 25. 10. 1968, NJW 1969, 753; OLG Hamm v. 22. 1. 1974, BB 1974, 294.
4 BGH, U. v. 24. 9. 1952, BGHZ 7, 174; U. v. 29. 10. 1952, BGHZ 7, 378.
5 BGH, U. v. 24. 2. 1954, BGHZ 12, 308, für die OHG; U. v. 29. 6. 1970, DB 1971, 189, für die KG; U. v. 8. 10. 1984, BGHZ 92, 259, für die Gesellschaft bürgerlichen Rechts; U. v. 8. 10. 1984, BGHZ 92, 259, für eine Erbengemeinschaft.
6 BGH, U. v. 15. 3. 1984, BGHZ 90, 310.
7 RFH, U. v. 17. 7. 1935, RStBl 1935, 1452.

nehmens nicht ohne Zustimmung des Stillen ändern. Der Aufnahme weiterer Gesellschafter muss der stille Gesellschafter zustimmen.
Als stille Gesellschafter können sich natürliche oder juristische Personen, aber auch Personengesellschaften, z. B. Gesellschaften bürgerlichen Rechts oder Erbengemeinschaften[1] am Handelsgewerbe eines anderen beteiligen. Die Beteiligung mehrerer stiller Gesellschafter führt grds. zu mehreren stillen Gesellschaften, da das handelsrechtliche Leitbild der stillen Gesellschaft von einer zweigliedrigen Gesellschaft ausgeht. Abweichende Vereinbarungen sind zulässig. Der stille Gesellschafter kann zugleich Gesellschafter, auch beherrschender Gesellschafter einer Kapitalgesellschaft sein.[2] 782

Die stille Beteiligung kann im **Betriebs- oder Privatvermögen** gehalten werden. Einnahmen aus Kapitalvermögen erzielt jedoch nur der Gesellschafter, dessen Beteiligung zum Privatvermögen gehört, andernfalls liegen Betriebseinnahmen (§ 15 Abs. 1 Nr. 1 EStG) vor. Der stille Gesellschafter ist verpflichtet, seine versprochene Einlage zu erbringen. Die Einlage ist so zu leisten, dass sie in das Vermögen des Geschäftsherrn übergeht. Nach den Regelungen der §§ 230 ff. HGB ist der Stille nur am laufenden Gewinn und Verlust des Unternehmens, nicht aber am Vermögen der Gesellschaft beteiligt. Ihm steht deshalb bei Auflösung der Gesellschaft lediglich ein Anspruch auf Rückzahlung seiner Einlage (§ 235 HGB) zu. Die ausschließlich **kapitalmäßige Beteiligung** zeigt somit deutliche Parallelen zu Darlehensverhältnissen herkömmlicher oder partiarischer Art,[3] die es sinnvoll erscheinen lassen, Entgelte aus der Beteiligung und Kapitalüberlassung einer einzigen Einkunftsart zuzuordnen. 783

d) Einlageleistung des stillen Gesellschafters

Die stille Gesellschaft setzt begrifflich eine **Vermögenseinlage** des stillen Gesellschafters[4] voraus, die zu einer Vermögensmehrung beim Geschäftsinhaber führen muss. Aus welchem Vermögen die Einlage stammt, ist unerheblich. Die Einlage kann von einem Dritten, auch vom Inhaber des Handelsgeschäfts selbst, z. B. im Wege der Schenkung, erbracht werden. Ent- 784

---

1 RG, U. v. 20. 12. 1929, RGZ 126, 385.
2 BFH, U. v. 22. 4. 1977, BStBl II 1977, 600; U. v. 6. 2. 1980, BStBl II 1980, 477; U. v. 7. 12. 1983, BStBl II 1984, 384.
3 Siehe dazu Knobbe-Keuk, EStG § 9 II 4 c, bb.
4 BGH, U. v. 24. 9. 1952, BGHZ 7, 174.

scheidend ist, dass sie im Namen und auf Rechnung des stillen Gesellschafters bewirkt wird. Die Vermögenseinlage hat keinen Eigenkapitalcharakter.

785 **Art der Vermögenseinlage:** Als Einlage kommen alle geldwerten, übertragbaren Vermögenswerte, wie Geld, Sachen, Rechte und sonstige Wirtschaftsgüter in Betracht. Die Überlassung von Nutzungsrechten oder die Erbringung von Dienstleistungen[1] reichen aus.

Beispiele:

Überlassung von Know-how[2]; Kreditgewährung zu Vorzugsbedingungen[3]; Warenlieferungen zu Vorzugskonditionen.

Der Abschluss eines bloßen Patent-Lizenzvertrags führt dagegen nicht zur Entstehung einer stillen Gesellschaft.[4]

786 **Dienstleistungen** können nach h. M. Gegenstand einer Einlage sein, wenn sie aufgrund eines Gesellschaftsvertrags, nicht aber aufgrund eines Dienstvertrags erbracht werden. Stellt der stille Gesellschafter unbefristet seine Arbeitsleistung zur Verfügung, so liegt darin ein in einem Geldbetrag ausdrückbarer Vermögensvorteil, der als Einlage i. S. d. § 230 Abs. 1 HGB gilt.[5]

787 **Nicht ausgezahlte Gewinnanteile** erhöhen die Einlage nicht automatisch, sondern sind gewöhnliche Geldforderungen des stillen Gesellschafters. Wird die Erhöhung der Einlage ausdrücklich vereinbart, besteht die Gewinnberechtigung vom Zeitpunkt an, in dem die Gewinnanteile dem Stillen zufließen.[6]

788 Nach § 230 Abs. 1 HGB ist die Einlage „so zu leisten, dass sie in das Vermögen des Inhabers des Handelsgeschäfts übergeht". Sie wird deshalb nicht gemeinschaftliches Vermögen der Gesellschafter, sondern geht in das alleinige Vermögen des Geschäftsinhabers über. Es wird **kein Gesamt-**

---

1 BFH, U. v. 27. 2. 1975, BStBl II 1975, 611; U. v. 7. 12. 1983, BStBl II 1984, 373.
2 BFH, U. v. 27. 2. 1975, a. a. O.
3 Butz, StRK-Anm. EStG § 43 R. 24.
4 RFH, U. v. 9. 12. 1930, RStBl 1931, 236.
5 BFH, U. v. 12. 1. 1953, BStBl III 1953, 58; U. v. 27. 2. 1963, BStBl III 1963, 370; U. v. 8. 7. 1965, BStBl III 1965, 558; U. v. 5. 8. 1965, BStBl III 1965, 560; U. v. 7. 2. 1968, BStBl II 1968, 356; U. v. 6. 10. 1971, BStBl II 1972, 187; FG Düsseldorf v. 28. 2. 1968, EFG 1968, 362, rkr.; nur für Ausnahmefälle BFH, U. v. 3. 7. 1964, BStBl III 1964, 511; zur Abgrenzung von partiarischen Rechtsverhältnissen s. Rdnr. 798 ff.
6 FG Baden-Württemberg, Außensenate Stuttgart, v. 22. 7. 1969, EFG 1969, 584, rkr.

II. Einnahmen aus stiller Gesellschaft und partiarischen Darlehen

handsvermögen gebildet,[1] da die stille Gesellschaft nur als Innengesellschaft existiert und als solche nicht nach außen auftritt. Für die Übertragung der Vermögenseinlage auf den Geschäftsherrn gelten die zivilrechtlichen Vorschriften. Sachen sind durch Einigung und Übergabe (§§ 929 ff. BGB), Forderungen durch Abtretung (§§ 398 ff. BGB) zu übertragen. Dienstleistungen oder Nutzungsrechte werden durch Erfüllung der übernommenen Verpflichtung geleistet.

e) Gewinnbeteiligung

Weitere, begriffsnotwendige Voraussetzung ist die Beteiligung des stillen Gesellschafters am Gewinn des Geschäftsinhabers.[2] Das gilt nicht für die **Verlustbeteiligung**. Sie kann nach § 231 Abs. 2 HGB im Gesellschaftsvertrag ausgeschlossen werden. Ausreichend ist die Beteiligung am Ergebnis eines bestimmten Geschäftsbereichs oder einer Zweigniederlassung, wenn der Bereich eindeutig abgrenzbar ist.[3] Die Höhe der Gewinnbeteiligung ist frei vereinbar. Die Vereinbarungen dazu sind grds. auch steuerrechtlich zugrunde zu legen.[4] Enthält der Gesellschaftsvertrag keine Gewinnverteilungsabrede, so gilt nach § 231 Abs. 1 HGB ein den Umständen des Einzelfalls nach angemessener Anteil als ausbedungen. 789

Die Gewinnbeteiligung kann nicht durch eine **feste Verzinsung** der Vermögenseinlage ersetzt werden. In einem solchen Fall ist nicht von einer stillen Gesellschaft, sondern einem Darlehen i. S. d. §§ 605 ff. BGB auszugehen.[5] 790

Die Kombination von Gewinnanteil und fester Verzinsung steht der Annahme einer stillen Gesellschaft nicht entgegen.[6] Gleiches gilt für die Vereinbarung einer **Mindestgewinngarantie** oder einer **Mindestverzinsung** der Einlage für den Fall, dass der Geschäftsinhaber keinen Gewinn erzielen sollte, eine Gewinnbeteiligung aber grds. vereinbart wurde.[7] 791

---

1 BFH, U. v. 2. 5. 1984, BStBl II 1984, 820.
2 BGH, U. v. 22. 12. 1953, BB 1954, 172; U. v. 15. 6. 1970, BB 1970, 1069; BFH, U. v. 8. 8. 1974, BStBl II 1975, 34; U. v. 21. 6. 1983, BStBl II 1983, 563; U. v. 7. 12. 1983, BStBl II 1984, 373.
3 BFH, U. v. 27. 2. 1975, BStBl II 1975, 611.
4 BFH, U. v. 15. 11. 1967, BStBl II 1968, 152.
5 RG, U. v. 6. 12. 1928, RGZ 122, 387; BGH, U. v. 22. 12. 1953, DB 1954, 172; U. v. 9. 2. 1967, BB 1967, 349; BFH, U. v. 18. 3. 1970, BStBl II 1970, 425.
6 F. Dötsch in K/S/M, a. a. O., EStG § 20 Rdnr. F 24.
7 BFH, U. v. 1. 6. 1978, BStBl II 1978, 570.

792 Keine stille Gesellschaft liegt vor, wenn lediglich eine **Umsatzbeteiligung** vereinbart wurde,[1] die Gewinnbeteiligung jederzeit **widerruflich** ist[2] oder die Erfolgsbeteiligung nur auf den Verlust bezogen ist.[3] Auch die ausschließlich auf den Gewinn aus einzelnen Geschäften gerichtete Beteiligung reicht nicht aus.[4]

f) Beteiligung an einem Handelsgewerbe

793 Die Voraussetzungen dafür, wann jemand ein Handelsgewerbe betreibt, sind in §§ 1 – 6 HGB enthalten. Danach ist für die Errichtung einer stillen Gesellschaft ohne Bedeutung, ob der Inhaber des Handelsgewerbes Vollkaufmann oder Minderkaufmann ist. Auch die Beteiligung an einem formkaufmännischen Unternehmen (§ 6 Abs. 2 HGB i. V. m. § 13 Abs. 3 GmbHG, § 3 AktG), das ein Handelsgewerbe betreibt, ist als stille Gesellschaft möglich.[5] Betreibt ein solches Unternehmen kein Handelsgewerbe, so scheitert die stille Gesellschaft bereits daran, dass das Unternehmen keine Gewinnerzielung beabsichtigt, der „stille Gesellschafter" also nicht am Gewinn beteiligt werden kann.[6]

794 Betreibt der Geschäftsherr ein sonstiges Gewerbe, einen **land- und forstwirtschaftlichen Betrieb** oder übt er eine **freiberufliche** Tätigkeit aus, liegt mangels Handelsgeschäfts keine stille Gesellschaft i. S. d. § 230 Abs. 1 HGB vor. Beteiligungen an einem dieser Unternehmen in der Art einer stillen Gesellschaft führen zivilrechtlich zur Gesellschaft (Innengesellschaft) bürgerlichen Rechts i. S. d. §§ 705 ff. BGB,[7] ohne Entstehung von Gesamthandsvermögen. Einnahmen des still Beteiligten sind u. E. nicht solche nach § 20 Abs. 1 Nr. 4 EStG, da es an der Beteiligung an einem „Handelsgewerbe" fehlt.[8] Der Beteiligte erzielt vielmehr Einnahmen aus Kapitalvermögen i. S. d. § 20 Abs. 1 Nr. 7 i. V. m. Abs. 2 Satz 1 Nr. 1 EStG. Die Zuordnung hat Bedeutung für den Abzug von KapESt.

---

1 BFH, U. v. 11. 11. 1965, BStBl II 1966, 95.
2 BFH, U. v. 8. 8. 1974, BStBl II 1975, 34.
3 BFH, U. v. 25. 6. 1984, BStBl II 1984, 751.
4 BFH, U. v. 29. 10. 1969, BStBl II 1970, 180.
5 H. M., BFH, U. v. 21. 6. 1983, BStBl II 1983, 563; a. A. aus zivilrechtlicher Sicht: K. Schmidt, § 62 II 1 b.
6 BFH, U. v. 21. 6. 1983, BStBl II 1983, 563.
7 BGH, U. v. 22. 6. 1981, NJW 1982, 99.
8 F. Dötsch in K/S/M, a. a. O., EStG § 20 Rdnr. F 11; Scholtz in H/B/N/B, EStG § 20 Rdnr. 243; Bordewin in L/S/B, EStG § 20 Rdnr. 372 ff.

II. Einnahmen aus stiller Gesellschaft und partiarischen Darlehen

Nach § 43a Abs. 1 Nr. 2 i. V. m. § 43 Abs. 1 Satz 1 Nr. 3 EStG beträgt die KapESt bei Einnahmen aus stiller Gesellschaft i. S. d. § 20 Abs. 1 Nr. 4 EStG 25 v. H., bei Einnahmen i. S. d. § 20 Abs. 1 Nr. 7 EStG i. V. m. § 43 Abs. 1 Satz 1 Nr. 7 EStG jedoch 30 v. H. (§ 43a Abs. 1 Nr. 3 EStG).

Unterbeteiligung an einem Handelsgewerbe ist keine stille Gesellschaft, sondern (stille) Beteiligung an einem Gesellschaftsanteil.[1]

795

Die stille Gesellschaft kann sich handelsrechtlich auf das Betriebsergebnis einer **Zweigniederlassung,** eines Geschäftszweigs oder einer Geschäftsabteilung beschränken. Dem ist auch steuerrechtlich zu folgen,[2] wenn die Geschäfte, auf die sich die Gesellschaft erstrecken soll, im Gesellschaftsvertrag eindeutig abgegrenzt werden.

796

Gelegenheitsgesellschaften sind Beteiligungen an einzelnen oder auch mehreren Geschäften. Sie bilden keine stille Gesellschaft i. S. d. § 230 Abs. 1 HGB, da sie nicht auf Dauer angelegt sind.[3]

797

g) Abgrenzung zu anderen Rechtsformen

Steuerrechtlich ist in erster Linie die Abgrenzung der (typisch) stillen Gesellschaft zu Mitunternehmerschaften, den sog. **atypisch** stillen Gesellschaften von Bedeutung. Nur die Beteiligung an einer **typisch** stillen Gesellschaft führt zu Einnahmen aus Kapitalvermögen, während der Gesellschafter einer atypisch stillen Gesellschaft Einkünfte aus Gewerbebetrieb (§ 15 Abs. 1 Nr. 2 EStG) erzielt (§ 20 Abs. 1 Nr. 4 Satz 1, 2. Halbsatz EStG). Ertragsteuerlich bedeutend ist die Abgrenzung – wegen der unterschiedlichen Zuordnung der Einkünfte – auch zu partiarischen Rechtsverhältnissen, wie z. B. Miet-, Pacht- oder Arbeits- und Dienstverhältnissen, mit Ausnahme jedoch des partiarischen Darlehens. Nach § 20 Abs. 1 Nr. 4 EStG sind sowohl die Einnahmen aus der Beteiligung an einer stillen Gesellschaft als auch die Einnahmen aus einem partiarischen Darlehen den Einnahmen aus Kapitalvermögen zuzuordnen. Steuerrechtlich maßgebend ist nicht die Bezeichnung des Rechtsverhältnisses, sondern sein wirtschaftlicher Gehalt. So kann trotz einer handelsrechtlich stillen Gesellschaft wirt-

798

---

1 K. Schmidt, GmbHG § 62 II 1 a; zur Anerkennung typisch stiller Beteiligungen unter nahen Angehörigen am Anteil des Gesellschafters einer Personengesellschaft: BFH, U. v. 21. 2. 1991, BStBl II 1995, 449.
2 RFH, U. v. 16. 11. 1920, RFHE 4, 15; U. v. 16. 3. 1938, RStBl 1938, 508; BFH, U. v. 27. 2. 1975, BStBl II 1975, 611, m. w. N.
3 BGH, U. v. 27. 11. 1963, BB 1964, 12; U. v. 26. 6. 1989, NJW 190, 573; BFH, U. v. 29. 10. 1969, BStBl II 1970, 180.

schaftlich und damit steuerrechtlich ein partiarisches Rechtsverhältnis (Darlehen, Miet-, Pachtvertrag, Arbeits- oder Dienstvertrag) vorliegen. Umgekehrt gilt das Gleiche, so dass ein formelles Arbeitsverhältnis steuerrechtlich durchaus als stille Gesellschaft oder Mitunternehmerschaft (atypisch stille Gesellschaft) zu werten sein kann. Von welchem Rechtsverhältnis auszugehen ist, muss aufgrund aller Umstände des Einzelfalles und nicht nur nach den vertraglichen Vereinbarungen der Beteiligten entschieden werden.[1]

799 Der Vertrag über die stille Gesellschaft unterscheidet sich von **partiarischen Vertragsverhältnissen**, z. B. partiarischen Darlehen, partiarischen Miet- oder Pachtverträgen, durch die Vereinbarung eines **gemeinsamen Zwecks** und das gemeinsame Streben zur Erreichung eines **gemeinsamen Ziels**.[2]

800 Partiarische Verträge dagegen sind bestimmt von gegenläufigen Interessen (Kapitalüberlassung und Kapitalnutzung) der Vertragspartner. Die Leistungen der Beteiligten stehen bei partiarischen Rechtsverhältnissen in einem Austauschverhältnis, nicht – wie bei Gesellschaftsverhältnissen – im Gegenseitigkeitsverhältnis. So sind z. B. die Interessen des Darlehensgebers – neben der Kapitalrückzahlung – ausschließlich auf die Zahlung von Zinsen beschränkt; das Miet- oder Pachtverhältnis erschöpft sich in der Nutzungsüberlassung oder Fruchtziehung gegen Entgelt; beim Dienstverhältnis wird lediglich die Dienstleistung um der Gewinnbeteiligung willen erbracht. Indiz für ein partiarisches Vertragsverhältnis kann die fehlende Fortführungsverpflichtung des Geschäftsherrn sein, es sei denn, sie wird erst nachträglich aufgehoben.[3] Ausschlaggebend ist immer eine Gesamtwürdigung der Umstände des Einzelfalles, der vertraglichen Regelungen und ihre tatsächlichen Durchführung.[4] Steuerrechtlich maßgebend ist nicht die Bezeichnung des Rechtsverhältnisses, sondern sein wirtschaftlicher Gehalt; Einzelheiten zur Abgrenzung vom partiarischen Darlehen s. Rdnr. 773 ff.

801 **Partiarische Arbeits- und Dienstverhältnisse** unterscheiden sich von der stillen Gesellschaft durch die Zweckrichtung der versprochenen Dienstleistung. Zwar kann die Einlage des stillen Gesellschafters auch in einer

---
1 BFH, U. v. 8. 7. 1965, BStBl II 1965, 558; U. v. 28. 7. 1971, BStBl II 1971, 815.
2 BGH, U. v. 11. 7. 1951, BGHZ 3, 75.
3 BFH, U. v. 27. 1. 1982, BStBl II 1982, 374.
4 BGH, U. v. 10. 10. 1994, WM 1994, 2246; BFH, U. v. 28. 1. 1982, BStBl II 1982, 389; U. v. 7. 12. 1983, BStBl II 1984, 373.

Dienstleistung bestehen, sie muss dann aber im Hinblick auf ein partnerschaftliches, gleichberechtigtes Zusammenwirken der Gesellschafter zur Erreichung des gemeinsamen Ziels erbracht werden.[1] Der Arbeitnehmer leistet seine Dienste im Rahmen eines **Über- und Unterordnungsverhältnisses,** während bei der stillen Gesellschaft von einer **Nebenordnung** der Beteiligten auszugehen ist. Der Arbeitnehmer steht – anders als der stille Gesellschafter – in einem Abhängigkeitsverhältnis vom Geschäftsinhaber (Arbeitgeber) und ist dessen Weisungen unterworfen. „Für die Abgrenzung zwischen Arbeitsverhältnis mit Gewinnbeteiligung und stiller Gesellschaft ist entscheidend, ob die Vertragsparteien sich zur Erreichung eines gemeinsamen Zwecks verbunden haben und ihre schuldrechtlichen Beziehungen demgemäß ein gesellschaftsrechtliches Element in sich tragen oder ob sie lediglich ihre eigenen Interessen verfolgen und ihre Beziehungen zueinander ausschließlich durch die Verschiedenheit ihrer beiderseitigen Interessen bestimmt werden."[2]

Ein am Gewinn des Unternehmens beteiligter Geschäftsführer ist nicht allein deshalb stiller Gesellschafter, weil der Unternehmer mit ihm wichtige, den Betrieb betreffende Entscheidungen erörtert und ihm Einsicht in die Bilanzen und Geschäftsbücher gewährt.[3] 802

Hohe Gewinnbeteiligungen im Verhältnis zum festen Gehalt sprechen für sich allein nicht für die Annahme einer stillen Gesellschaft.[4] Sie bieten aber Anlass zu einer Prüfung, ob die Beteiligten nicht in gesellschaftsrechtlicher Weise miteinander verbunden sind.[5] 803

Umsatzbeteiligungen können einen Arbeitnehmer nicht zum stillen Gesellschafter machen, weil dieser i. d. R. nicht am Gewinn beteiligt ist (§ 230 Abs. 1 HGB). 804

---

1 RG, U. v. 10. 10. 1933, RGZ 142, 13; BFH, U. v. 28. 1. 1982, BStBl II 1982, 389; U. v. 7. 12. 1983, BStBl II 1984, 37.
2 BGH, U. v. 9. 2. 1967, BB 1967, 349; BFH, U. v. 28. 7. 1968, BStBl II 1968, 815; ähnlich U. v. 6. 10. 1971, BStBl II 1972, 187.
3 BFH, U. v. 6. 10. 1971, a. a. O.
4 BFH, U. v. 5. 6. 1964, BStBl III 1965, 49; U. v. 3. 7. 1964, BStBl III 1964, 511; U. v. 7. 2. 1968, BStBl II 1968, 356.
5 BFH, U. v. 5. 8. 1965, BStBl III 1965, 560; U. v. 28. 7. 1971, BStBl II 1971, 815; U. v. 6. 10. 1971, a. a. O.

805 **Doppelstellungen als Arbeitnehmer und stiller Gesellschafter** eines Geschäftsinhabers (Arbeitgebers) sind möglich.[1] Sie sind auch steuerrechtlich zu beachten, d. h., Gewinnbeteiligung und Arbeitslohn sind getrennt zu beurteilen. Der beteiligte Arbeitnehmer bezieht sowohl Arbeitslohn i. S. d. § 19 EStG als auch Einnahmen aus Kapitalvermögen nach § 20 Abs. 1 Nr. 4 Satz 1 EStG. Die Anlage von Arbeitslohn in stille Beteiligungen am Unternehmen des Arbeitgebers wird ausdrücklich gefördert (§ 19a Abs. 1 EStG, § 2 Abs. 1 Nr. 1 Buchst. i 5. VermBG).

Eine **Saldierung** von Arbeislohn und Gewinnbeteiligung ist grds. ausgeschlossen. Das gilt auch dann, wenn einander fremde Beteiligte eine unangemessen hohe Gewinnbeteiligung und einen niedrigen Arbeitslohn oder umgekehrt vereinbart haben. Einschränkungen können sich bei nahen Angehörigen ergeben. Ebenso können vGA an Gesellschafter-Geschäftsführer einer Kapitalgesellschaft nicht mit einem zu niedrigen Gehalt saldiert werden.

806 Anhaltspunkte für ein partiarisches **Miet- und Pachtverhältnis** können sein:

- weitgehender Ausschluss von Kontrollrechten,
- Ausschluss von der Geschäftsführung,
- eingeschränkte Kündigungsmöglichkeiten,
- Ausschluss der Verlustbeteiligung,
- Ausschluss der Fortführungsverpflichtung,
- große Bedeutung des verpachteten/vermieteten Wirtschaftsguts für den Betrieb des Handelsgeschäfts.

807 Als **Unterbeteiligung** bezeichnet man herkömmlich die schuldrechtliche Beteiligung an einer gesellschaftsrechtlichen Beteiligung, im Unterschied zu der Beteiligung als stiller Gesellschafter unmittelbar an einem Handelsgewerbe eines Dritten. Allerdings kann die Unterbeteiligung an Substanz und Ertrag der Beteiligung eines Mitunternehmers rechtlich eine stille Gesellschaft darstellen, auf die § 20 Abs. 1 Nr. 4 EStG entsprechend anwendbar ist.[2] Die nur schuldrechtliche Unterbeteiligung führt nicht zu Ein-

---

[1] RFH, U. v. 16. 11. 1927, RStBl 1928, 90; BFH, U. v. 20. 1. 1971, BStBl II 1971, 308; U. v. 14. 2. 1978, BStBl II 1978, 427.

[2] BFH, U. v. 21. 2. 1991, BStBl II 1995, 449, betr. Anerkennung typisch stiller Beteiligungen naher Angehöriger am Anteil des Gesellschafters einer Personengesellschaft; U. v. 28. 11. 1990, DB 1991, 787, betr. typisch stille Beteiligung an einem Kommanditanteil.

nahmen aus Kapitalvermögen, da nur der unmittelbar Beteiligte als stiller Gesellschafter den Tatbestand des § 20 Abs. 1 Nr. 4 EStG erfüllt; s. Rdnr. 795.

h) Partiarische Darlehen

Partiarische Darlehen sind Darlehen (§§ 607 ff. BGB), für deren Hingabe der Darlehensgeber anstelle von Zinsen oder neben einer festen Verzinsung einen **Anteil am Gewinn** des Unternehmens, dem das Darlehen dient, erhält.[1] Dabei ist die Vereinbarung eines Mindestgewinnanteils möglich; zum Zinsbegriff s. Rdnr. 1504. Der Gewinnanspruch bedingt – im Gegensatz zu herkömmlichen Darlehen – gewisse Kontrollrechte des Darlehensgebers. Der Darlehensnehmer ist deshalb zur Rechnungslegung (§ 254 BGB) verpflichtet.[2]

Bei partiarischen Darlehen zwischen **Angehörigen**, anderen einander nahe stehenden Personen oder zwischen einer Kapitalgesellschaft und ihren Gesellschaftern darf die dem Darlehensgeber für die Kapitalhingabe gezahlte gewinnabhängige Vergütung eine den Umständen nach **angemessene Höhe** nicht überschreiten; es gelten die gleichen Grundsätze wie für die Gewinnbeteiligung im Rahmen der stillen Gesellschaft.[3] Auch beim partiarischen Darlehen ist der **sog. Fremdvergleich** anzustellen, d. h., es kommt im Einzelfall darauf an, welche Gegenleistung der Geschäftsinhaber, z. B. eine GmbH, „einem geschäftsfremden Dritten für die überlassenen Finanzierungsmittel gewährt hätte."[4]

Die gewinnabhängige Verzinsung beim partiarischen Darlehen muss grds. in einem angemessenen Verhältnis zur Darlehenssumme stehen. Insoweit müssen die zur stillen Beteiligung entwickelten Grundsätze dem Rechtsinstitut des Darlehens angepasst werden.[5] Dem stillen Gesellschafter, der am Verlust beteiligt ist, wird eine höhere Gewinnbeteiligung gewährt werden können als dem Darlehensgeber, für den eine Beteiligung am Verlust nicht in Frage kommt.

---

1 Palandt/Putzo, BGB, 65. Aufl., Einführung vor § 607 Rdnr. 13.
2 BGH v. 28. 10. 1953, BGHZ 10, 385.
3 Einschränkend BFH, U. v. 27. 1. 1971, BStBl II 1971, 424.
4 BFH, U. v. 28. 10. 1964, BStBl III 1965, 119.
5 BFH, U. v. 27. 1. 1971, a. a. O.

i) Anwendung des § 20 Abs. 1 Nr. 4 EStG bei Mitunternehmerstellung des Gesellschafters

810 Die Einnahmen aus der Beteiligung an einem Handelsgewerbe oder aus einem partiarischen Darlehen führen nach § 20 Abs. 1 Nr. 4 Satz 1, letzter Halbsatz EStG nicht zu Einkünften aus Kapitalvermögen, wenn der Gesellschafter oder Darlehensgeber als Mitunternehmer (atypisch stiller Gesellschafter) anzusehen ist. Voraussetzung für die Annahme einer atypisch stillen Gesellschaft ist, dass der stille Gesellschafter auf der Grundlage des Gesellschaftsvertrags Mitunternehmerrisiko trägt und Mitunternehmerinitiative entfalten kann. Zum Risiko gehört nicht nur eine Beteiligung am laufenden Gewinn oder Verlust, sondern auch an den stillen Reserven und am Geschäftswert.[1]

811 **Zivilrechtlich ist jede stille Gesellschaft als typische anzusehen,** die in ihren wesentlichen Elementen den Regeln der §§ 230 ff. HGB entspricht. Weichen die Vereinbarungen der Beteiligten allerdings nicht nur unwesentlich von den dort normierten Regelungen ab, liegt eine sog. **atypisch stille Gesellschaft** vor.[2]

Von einer handelsrechtlich atypisch stillen Gesellschaft ist auszugehen, wenn

- der stille Gesellschafter am Wertzuwachs des Geschäftsvermögens beteiligt ist;[3]

- der stille Gesellschafter gleichberechtigt neben dem Geschäftsherrn oder allein die Geschäftsführung ausübt;[4]

- die Geschäftsführungsbefugnis des Geschäftsherrn durch weitgehende Zustimmungs- und Mitwirkungsrechte des Stillen wesentlich eingeschränkt ist;

- die Gesellschaft nicht – wie im Regelfall – aus einer zweigliedrigen, sondern mehrgliedrigen Organisation besteht oder

- die stille Beteiligung mit einer Kommanditbeteiligung verbunden ist.

---

[1] BFH, U. v. 18. 2. 1993, BFH/NV 1993, 647, und U. v. 27. 5. 1993, BStBl II 1994, 700, mit Anm. Gosch, Bp 1994, 20.

[2] Schmidt/Schmidt, XXV., EStG § 15 Rdnr. 340.

[3] RG, U. v. 20. 12. 1929, RGZ 126, 386; U. v. 20. 2. 1941, RGZ 166, 160; BGH, U. v. 24. 9. 1952, BGHZ 7, 174.

[4] BGH, U. v. 29. 11. 1952, BGHZ 8, 157.

Steuerrechtlich hängt die Einordnung der Gesellschaft vom **Gesamtbild** 812
der Verhältnisse ab, wobei die für und gegen die einzelnen Gesellschaftsform sprechenden Argumente gegeneinander abzuwägen sind.[1] Weicht die Gesellschaft in ihren Vereinbarungen soweit vom Regelfall – wie er in §§ 230 ff. HGB umschrieben ist – ab, dass nach den Gesamtumständen des Einzelfalls die vertraglichen Regelungen und/oder die tatsächliche Durchführung der Gesellschaft dem Typus der Mitunternehmerschaft i. S. d. § 15 Abs. 1 Nr. 2 EStG entsprechen, so liegt eine **atypisch stille Gesellschaft** vor. Das hat zur Folge, dass auch der stille Gesellschafter Einkünfte aus Gewerbebetrieb und nicht aus Kapitalvermögen erzielt. Davon ist auszugehen, wenn der stille Gesellschafter – abweichend vom Regeltypus – **Mitunternehmerrisiko** trägt und **Mitunternehmerinitiative** entfalten kann. Beide Merkmale sind, auch wenn sie unterschiedlich stark ausgeprägt sein können, unverzichtbare Voraussetzungen einer Mitunternehmerschaft i. S. d. § 15 Abs. 1 Nr. 2 EStG[2] und der ihr gleichzusetzenden atypisch stillen Gesellschaft. Sie liegen vor, wenn

- der stille Gesellschafter nicht nur am Verlust und Gewinn, sondern auch am Geschäftsvermögen (Mitunternehmerrisiko) beteiligt und

- ihm über die in § 233 BGB geregelten Rechte hinaus Mitwirkungs- oder Kontrollrechte eingeräumt sind, die der Stellung eines Kommanditisten (§§ 164, 166 HGB) entsprechen (Mitunternehmerinitiative).

Sehen die gesellschaftsrechtlichen Vereinbarungen vor, dass der stille Ge- 813
sellschafter neben seiner Beteiligung am **laufenden Geschäftserfolg** beim Ausscheiden oder bei Aufgabe des Geschäftsbetriebs an den **stillen Reserven** und am Geschäftswert teilhaben soll, so wird die Annahme einer atypisch stillen Gesellschaft nicht dadurch ausgeschlossen, dass die Mitunternehmerinitiative nur schwach ausgeprägt ist.[3] Voraussetzung ist jedoch, dass die Beteiligung an den stillen Reserven nicht nur theoretischer Natur ist, weil deren Bildung nach den Verhältnissen des Einzelfalles ausgeschlossen scheint.[4] Ebensowenig reicht es für die Annahme einer atypisch

---

1 BFH, U. v. 19. 2. 1981, BStBl II 1981, 601; U. v. 12. 11. 1985, BStBl II 1986, 311.
2 BFH, U. v. 25. 6. 1984, BStBl II 1984, 751; U. v. 12. 11. 1985, a. a. O.
3 BFH, U. v. 5. 7. 1978, BStBl II 1978, 644; U. v. 14. 6. 1972, BStBl II 1972, 734; U. v. 13. 6. 1989, BStBl II 1989, 720.
4 BFH, U. v. 22. 1. 1981, BStBl II 1981, 424.

stillen Gesellschaft aus, dass der stille Gesellschafter als Beteiligung am Geschäftswert lediglich eine Pauschalabfindung erhalten soll.[1]

814 Auch ohne Beteiligung an den stillen Reserven und am Geschäftswert kann eine atypisch stille Beteiligung vorliegen, wenn der stille Gesellschafter gleichzeitig beherrschender Gesellschafter einer GmbH, deren einziger Geschäftsführer und über eine erhebliche Vermögenseinlage in hohem Maße am Gewinn beteiligt ist.[2]

815 Die Rechtsprechung lässt es für eine atypisch stille Beteiligung ausreichen, wenn der stille Gesellschafter auf die Unternehmensführung (Geschäftsführung, Mitsprache- und Zustimmungsrechte) entscheidenden Einfluss ausübt, ohne dass er am Geschäftswert, den stillen Reserven und am Verlust beteiligt ist,[3] oder wenn ihm nach den vertraglichen Vereinbarungen eine hohe Gewinnbeteiligung eingeräumt wird.[4] Die Annahme einer – verdeckten – Mitunternehmerstellung des stillen Gesellschafters setzt gemeinsames Handeln zu einem gemeinsamen Zweck einander gleichgeordneter Personen voraus. Die Mitunternehmerinitiative darf aber nicht nur auf einzelne Schuldverhältnisse zurückzuführen sein. Die Bündelung von Risiken aus einzelnen Austauschverhältnissen unter Vereinbarung angemessener und leistungsbezogener Entgelte begründet noch kein gesellschaftsrechtliches Risiko.[5] Allein die gleichzeitige Beteiligung als beherrschender Gesellschafter an einer Kapitalgesellschaft, an der eine stille Beteiligung besteht, soll nicht zu einer atypischen stillen Gesellschaft führen.[6]

j) Sinngemäße Anwendung des § 15 Abs. 4 und § 15a EStG auf Verlustanteile des stillen Gesellschafters

816 Über § 20 Abs. 1 Nr. 4 Satz 2 EStG ist nunmehr nicht nur § 15a EStG, sondern auch § 15 Abs. 4 Satz 6 – 8 EStG auf die Verlustverrechnung des typisch stillen Gesellschafters sinngemäß anzuwenden. Die Einschränkung der Verrechnung von Verlusten nur noch mit Gewinnen aus derselben Beteiligung bei atypischen stillen Gesellschaften, Unterbeteiligungen und

---

1 BFH, U. v. 25. 6. 1981, BStBl II 1982, 59.
2 BFH, U. v. 15. 12. 1992, BFHE 170, 345.
3 BFH, U. v. 9. 9. 1954, BStBl III 1954, 317.
4 BFH, U. v. 10. 8. 1978, BStBl II 1979, 74; a. A. F. Dötsch in K/S/M, a. a. O., EStG § 20 Rdnr. F 45; Knobbe-Keuk, EStG § 9 II 4 c, bb.
5 BFH, U. v. 13. 7. 1993, BStBl II 1994, 282.
6 Schulze zur Wiesche, GmbHR 1979, 33.

II. Einnahmen aus stiller Gesellschaft und partiarischen Darlehen

sonstigen Innengesellschaften an Kapitalgesellschaften in § 15 Abs. 4 Satz 6 – 8 EStG gilt zur Vermeidung von Umgehungen also auch für die typisch stille Gesellschaft. Der Anwendungsbereich dieser Vorschriften ist nicht nur auf natürliche Personen beschränkt, sondern gilt für jede Form der Beteiligung als stiller Gesellschafter. Die bereits an der „sinngemäßen" Anwendung des § 15a EStG auf die stille Gesellschaft geübte Kritik muss auch für den erweiterten Katalog der sinngemäß anzuwendenden Vorschrift gelten.

Der Verweis auf die „sinngemäße" Anwendung des § 15a EStG hat wegen seiner Unbestimmtheit in der Literatur[1] heftige Kritik hervorgerufen, die in der Aufforderung gipfelte, die Vorschrift einfach zu ignorieren.[2] Zutreffend wird in erster Linie bemängelt, dass selbst eine nur „sinngemäße" Anwendung des § 15a EStG wegen der unterschiedlichen Ermittlung der Gewinneinkünfte, für die § 15a EStG hauptsächlich gedacht ist, und der Überschusseinkünfte, zu denen die Einkünfte aus Kapitalvermögen gehören, **systematisch verfehlt** sei. Darüber hinaus bestehe wegen des im Bereich der Überschussermittlung geltenden **Abflussprinzips (§ 11 Abs. 2 EStG)**, das eine Berücksichtigung von Verlusten als Werbungskosten nur bei entsprechendem Vermögensabfluss zulässt, kein Bedarf für Einschränkungen des Verlustausgleichs oder -abzugs beim stillen Gesellschafter.

Nach Auffassung der FinVerw. soll die sinngemäße Anwendung des § 15a EStG sicherstellen, dass Verluste aus Kapitalvermögen bei (typisch) stillen Beteiligungen hinsichtlich der Ausgleichsmöglichkeit mit anderen positiven Einkünften soweit wie möglich Verlusten aus mitunternehmerischen, atypisch stillen Beteiligungen gleichgestellt werden. Diese Zielsetzung führt zu der Frage, wie das Ausgleichsvolumen, bis zu dem Verlustanteile des stillen Gesellschafters mit anderen Einkünften ausgeglichen oder abgezogen (§ 10d EStG) werden dürfen, zu berechnen ist. Streitig wurde insbesondere die Frage beantwortet, ob das Ausgleichsvolumen nur aus dem Einlagenkonto des Stillen bestehen sollte oder ob es bei Fremdfinanzierung der Vermögenseinlage in Höhe des fremdfinanzierten Anteils zu mindern

817

---

1 Knobbe-Keuk, NJW 1980, 2557; dies., StuW 1981, 97; Dornfeld, DB 1981, 546; Jakob/Jüptner, FR 1985, 225.
2 Knobbe-Keuk, EStG § 11 a IV 3.

war.[1] Darüber hinaus war fraglich, ob andere, vom Stillen dem Geschäftsinhaber des Handelsgewerbes zur Verfügung gestellte Wirtschaftsgüter (Darlehen, Sachwerte) als Teil der Einlage mit einlageerhöhender Wirkung anzusehen waren.

818 Nach BFH v. 14. 5. 1991[2] ist – angewendet auf die stille Beteiligung – maßgebend für die Höhe des ausgleichs- oder abzugsfähigen Verlustes des stillen Gesellschafters ausschließlich dessen entsprechend dem Gesellschaftsvertrag geführtes Einlagenkonto. Ein **„Sonderbetriebsvermögen"** des stillen Gesellschafters besteht somit nicht.[3] Zutreffend begründet der BFH seine Auffassung damit, dass es mit dem Zweck des § 15a EStG unvereinbar sei, ein positives oder negatives Sonderbetriebsvermögen in die Berechnung des Ausgleichsvolumens des beschränkt haftenden Kommanditisten einzubeziehen. Das Sonderbetriebsvermögen hafte einerseits nicht für die dem Gesellschafter zugewiesenen Verlustanteile, andererseits bliebe eine tatsächlich eintretende wirtschaftliche Belastung des Gesellschafters durch die zuzurechnenden Verluste unberücksichtigt, würde das Kapitalkonto durch ein negatives Sonderbetriebsvermögen gemindert werden.[4]

Für Mitunternehmerschaften hat sich die FinVerw. dieser Auffassung angeschlossen.[5] Diese Rechtslage muss sinngemäß auch für die Berechnung des Verlustausgleichsvolumens des Stillen gelten, da es Sonderbetriebsvermögen beim stillen Gesellschafter nicht geben kann.

819 Überlässt danach ein stiller Gesellschafter dem Geschäftsinhaber z. B. ein Grundstück gegen Entgelt zur Nutzung, so bezieht er daraus Einkünfte aus Vermietung und Verpachtung, nicht aber Einkünfte aus Kapitalvermögen; das Ausgleichsvolumen des Gesellschafters wird nicht erhöht; ebenso stellen Zinsen für ein neben der Beteiligung gewährtes Darlehen Zinseinnahmen i. S. d. § 20 Abs. 1 Nr. 7 Satz 1 EStG und nicht Einnahmen i. S. d.

---

1 So BMF-Schreiben v. 8. 5. 1981, BStBl I 1981, 308; v. 31. 8. 1981, BB 1981, 1563, DB 1981, 1907, mit Billigkeitsregelung bei Rückführung des Kredits vor dem 1. 1. 1985; v. 14. 9. 1981, BStBl I 1981, 620 Tz. 2a, betr. sinngemäße Anwendung des § 15a EStG bei den Einkünften aus Vermietung und Verpachtung; Bordewin, FR 1982, 268.
2 BStBl II 1992, 167: ebenso: Knobbe-Keuk, EStG § 11a III 2; Woerner, JbFfSt 1982/83; Wassermeyer, DB 1985, 2634; Groh, DB 1990, 13.
3 So schon BFH, U. v. 1. 6. 1989, BStBl II 1989, 1018, für die Kommanditbeteiligung.
4 BFH, U. v. 14. 5. 1991, BStBl II 1991, 111; Bordewin/Söffing/Uelner, 113 f.; Schmidt/Heinicke, XXV., EStG § 20 Rdnr. 144.
5 BMF-Schreiben v. 20. 2. 1992, DB 1992, 552.

§ 20 Abs. 1 Nr. 4 Satz 1 EStG dar; ein **negatives Sonderbetriebsvermögen** des Gesellschafters ist im Rahmen des § 20 Abs. 1 Nr. 4 EStG nicht möglich; es ist mit der Systematik der Ermittlung der Einkünfte aus § 20 EStG nicht vereinbar.

Werbungskosten liegen nur insoweit vor, als ein vertraglich auf den stillen Gesellschafter entfallender Verlust von seinem Einlagenkonto abgebucht wird oder bei ihm Ausgaben abfließen, die durch seine Beteiligung veranlasst sind, z. B. Schuldzinsen, Rechtsverfolgungskosten u. Ä. Solche Ausgaben berühren seine Einlage aber nicht. Ein zur **Refinanzierung der Vermögenseinlage** aufgenommenes Darlehen vermindert das Verlustausgleichsvolumen nicht. Dafür aufgewendete **Schuldzinen** sind unabhängig vom Stand des Einlagenkontos im Jahr ihrer Zahlung als Werbungskosten abziehbar.[1]   820

Die maßgebliche Höhe der für den Verlustausgleich zur Verfügung stehenden Vermögenseinlage bemisst sich nach dem **tatsächlich geleisteten,** also an den Geschäftsinhaber gezahlten Betrag oder übertragenen Wert der Einlage.[2] Sie bemisst sich nicht nach der im Gesellschaftsvertrag vereinbarten, u. U. ganz oder teilweise noch nicht geleisteten (rückständigen) Einlage. Diese mittlerweile in Rechtsprechung und Literatur h. M. für das Ausgleichskonto des Kommanditisten bei unmittelbarer Anwendung des § 15a Abs. 1 Satz 1 EStG[3] findet auch im Rahmen des § 20 Abs. 1 Nr. 4 Satz 2 EStG seine Berechtigung und Anwendung.   821

(einstweilen frei)   822–830

III. Zinseinnahmen aus Grundpfandrechten und Renten aus Rentenschulden (§ 20 Abs. 1 Nr. 5 EStG)

Zinsen sind laufzeitabhängige Entgelte (Vergütung) für den Gebrauch eines auf Zeit überlassenen Kapitals;[4] zum Zufluss s. Rdnr. 98; Damnum (Disagio) als Zins s. Rdnr. 83. **Bereitstellungszinsen** fallen unter § 20 Abs. 1 Nr. 5 EStG. Zinsen aus einer **Bauhandwerkerhypothek** (§ 648   831

---

1 BFH, U. v. 21. 7. 1981, BStBl II 1982, 37.
2 Bordewin, FR 1982, 268.
3 BFH, U. v. 19. 5. 1987, BStBl II 1988, 5; Uelner/Dankemeyer, DStZ/A 1981, 12; Döllerer, DStR 1981, 19.
4 BFH, U. v. 16. 11. 1978, NJW 1979, 540; U. v. 3. 10. 1984, BStBl II 1985, 73; Canaris, NJW 1978, 1891.

BGB) gehören nach der Zuweisungsregel des § 20 Abs. 3 EStG zu den Einnahmen aus Gewerbebetrieb (§ 15 Abs. 1 Nr. 1 EStG).

832 Unter **Grundpfandrechten** sind Hypotheken und Grundschulden zu verstehen.

Hypotheken sind Belastungen eines Grundstücks in der Weise, dass an denjenigen, zu dessen Gunsten die Belastung erfolgt (Gläubiger), eine bestimmte Geldsumme zur Erfüllung einer ihm zustehenden Forderung aus dem Grundstück zu zahlen ist (§ 1113 BGB). Der Gläubiger kann sich im Wege der Zwangsvollstreckung aus dem Grundstück befriedigen, wenn der Schuldner (Grundstückseigentümer oder Dritter) seiner Zahlungsverpflichtung nicht nachkommt.

Grundschulden sind Belastungen eines Grundstücks in der Weise, dass an denjenigen, zu dessen Gunsten die Belastung erfolgt, eine bestimmte Geldsumme zu zahlen ist (§ 1192 BGB). Grundschulden setzen – anders als Hypotheken – keine persönliche (schuldrechtliche) Forderung des Berechtigten (z. B. Darlehen) voraus.

833 **Eigentümerhypotheken, -grundschulden** erbringen wegen ihrer Identität von Schuldner und Gläubiger (§§ 1143, 1163 Abs. 1 Satz 2 i. V. m. § 1117 BGB) keine Zinserträge. Das gilt auch dann, wenn das Grundstück auf Betreiben eines Dritten der Zwangsverwaltung (§ 1197 BGB) unterstellt wird.

834 **Rentenschulden** sind Grundschulden (§ 1199 Abs. 1 BGB), bei denen in regelmäßig wiederkehrenden Zeitpunkten eine bestimmte Geldsumme aus dem Grundstück (s. Rdnr. 832) zu zahlen ist. Die Rentenschuld ist nicht auf Zahlung eines festen Kapitalbetrags, sondern auf die fortlaufende Zahlung eines bestimmten Geldbetrags (Rente) ausgerichtet.

Renten sind regelmäßig wiederkehrende Geldleistungen aus einem Rentenstammrecht (Rentenschuld). Die Rentenzahlung ist in voller Höhe stpfl. Einnahme aus Kapitalvermögen. Die Zahlungen mindern den Wert des Rentenstammrechts nicht.

Die Zahlung einer **Ablösesumme** zur Aufhebung (Tilgung) der Rentenschuld (§ 1199 BGB) ist keine Einnahme i. S. v. § 20 Abs. 1 Nr. 5 EStG.

835 **Zinsen aus Tilgungshypotheken und -grundschulden** (§ 20 Abs. 1 Nr. 5 Satz 2 EStG): Die Tilgungsrate (Annuität) enthält sowohl eine Kapitalrückzahlung als auch einen Zinsanteil, der mit zunehmender Tilgung gerin-

ger wird. Nur dieser Zinsanteil gehört nach § 20 Abs. 1 Nr. 5 Satz 2 EStG zu den stpfl. Einnahmen; zur Kapitalrückzahlung s. Rdnr. 22 ff.

(einstweilen frei) 836–850

IV. Zinseinnahmen aus Kapitallebensversicherungen (§ 20 Abs. 1 Nr. 6 EStG)

Verwaltungsanweisungen zur neuen Rechtslage: BMF-Schreiben v. 22. 8. 2002, BStBl I 2002, 827, betr. Vertragsänderungen bei Versicherungen auf den Erlebens- oder Todesfall im Sinne des § 10 Abs. 1 Nr. 2 Buchstabe b Doppelbuchstaben cc und dd EStG; v. 25. 11. 2004, BStBl I 2004, 1096, betr. Neuregelung der Besteuerung der Erträge aus kapitalbildenden Lebens- und Rentenversicherungen mit Kapitalwahlrecht durch das Gesetz zur Neuordnung der einkommensteuerrechtlichen Behandlung von Altersvorsorgeaufwendungen und Altersbezügen.

1. Der neue Besteuerungstatbestand des § 20 Abs. 1 Nr. 6 EStG

Nach § 20 Abs. 1 Nr. 6 Satz 1 EStG gehört zu den Einnahmen aus Kapitalvermögen nach der Reform der Alterseinkünfte-Besteuerung nunmehr der **Unterschiedsbetrag** zwischen der **ausgezahlten Versicherungssumme** und den darauf **entrichteten Beiträgen** im Erlebensfall oder bei Rückkauf des Vertrags bei Rentenversicherungen mit Kapitalwahlrecht, soweit nicht die Rentenzahlung gewählt wird, und bei Kapitalversicherungen mit Sparanteil, wenn der Vertrag nach dem 31. 12. 2004 abgeschlossen worden ist. 851

Mit dem Unterschiedsbetrag wird der bisher nicht steuerbare Ertrag aus dem Risiko- und Verwaltungskostenanteil im Versicherungsbeitrag – systematisch zutreffend – steuerlich miterfasst. Im Gegenzug sind bei dieser Differenzberechnung die Beiträge, die für mitversicherte Zusatzrisiken wie **Erwerbs- und/oder Berufsunfähigkeit** oder **Hinterbliebenenversorgung** gezahlt werden, nicht abziehbar. Hat der Stpfl. im Zeitpunkt der Auszahlung der Versicherungsleistung das 60. Lebensjahr vollendet und besteht der Versicherungsvertrag schon mindestens 12 Jahre, wird nach § 20 Abs. 1 Nr. 6 Satz 2 EStG nur die Hälfte des Unterschiedsbetrags als Einnahmen aus Kapitalvermögen angesetzt. Der Rest kann steuerfrei bezogen werden.

Beispiel:
Steuerpflichtiger B zahlt in eine Kapitallebensversicherung in 30 Jahren 50 000 € Versicherungsbeiträgen einschließlich des Risikoanteils für den Todesfall ein. Der Versicherungsvertrag wurde im Jahr 2005 abgeschlossen. Für das im Vertrag

mit versicherte Berufsunfähigkeitsrisiko, zahlt er zusätzlich Beiträge in Höhe von 20 000 €. Diese Risiko tritt nicht ein. Im 62. Lebensjahr erhält B aus dem Versicherungsvertrag 100 000 € ausgezahlt. Da die zeitlichen Bedingungen des § 20 Abs. 1 Nr. 6 Satz 2 EStG eingehalten sind, sind die stpfl. Kapitalerträge wie folgt zu berechnen:

Versicherungsleistung   100 000 €
Entrichtet Beiträge   ./. 50 000 €
Unterschiedsbetrag   50 000 € x 50 v. H. = 25 000 € zu versteuern

Die Beiträge zur Berufsunfähigkeitsversicherung sind nicht abziehbar.

2. Umfang der von der Neuregelung betroffenen Versicherungsverträge

852 Die Besteuerung der nach § 20 Abs. 1 Nr. 6 Satz 1 EStG ermittelten Kapitalerträge setzt ein, wenn der Stpfl. den Ablauf des Versicherungsvertrags erlebt oder seinen Rentenversicherungsvertrag während der Laufzeit zurückkauft und von dem Kapitalwahlrecht Gebrauch macht. Betroffen sind nur nach dem 31. 12. 2004 abgeschlossene Versicherungsverträge. Kapitalerträge aus **fondsgebundenen** Kapitallebensversicherungen sind nach § 20 Abs. 1 Nr. 6 Satz 3 ebenfalls von der Steuerpflicht erfasst. Bei diesen Verträgen kann der Stpfl. bei Ablauf der Versicherung im Erlebensfall wählen, ob er sich neben der garantierten Versicherungssumme den der Höhe seiner Beiträge entsprechenden Teil der im Fonds gehaltenen Wertpapiere oder einen Geldbetrag in Höhe des Kurswerts dieser Wertpapiere auszahlen lassen will. Beide Bestandteile gehen in die Unterschiedsberechnung gem. § 20 Abs. 1 Nr. 6 Satz 1 EStG ein. Der als Kapitalertrag zu erfassende Unterschiedsbetrag ist im **Jahr der Auszahlung** zugeflossen und zu versteuern.

853 Wie bisher schon sind die Erträge aus reinen **Risikolebensversicherungen** nicht steuerpflichtig. Steuerpflichtige, die bei einer **Rentenversicherung** mit Kapitalwahlrecht die Auszahlung der Versicherungsleistung in Form einer Rente wählen, sind mit ihren Erträgen ebenfalls nicht nach § 20 Abs. 1 Nr. 6 EStG steuerpflichtig. Sie haben lediglich nach § 22 Nr. 1 Satz 3 Buchst. a Doppelbuchst. bb EStG den Ertragsanteil ihrer Rente zu versteuern.

854 Da der gesamte Unterschiedsbetrag zwischen den geleisteten („entrichteten") Versicherungsbeiträgen und der Versicherungsleistung als Kapitaleinnahme angesehen wird, könnte es zu einer Benachteiligung von Kombinationsverträgen kommen, wenn es den Versicherungsunternehmen nicht gelingt, den einheitlichen Versicherungsbeitrag in seine einzelnen Bestand-

IV. Zinseinnahmen aus Kapitallebensversicherungen 285

teile zu trennen. Enthält ein Versicherungsvertrag neben einer Kapitallebensversicherung z. B. noch eine Berufsunfähigkeitsversicherung und/oder eine Unfallversicherung, wird die einheitliche Versicherungsprämie zur Abdeckung aller Versicherungsrisiken gezahlt. Das Gesetz umfasst jedoch, ausgedrückt durch den Wortlaut „auf sie entrichtete" Beiträge, nur den auf die Lebens- oder Rentenversicherung entfallenden Beitragsanteil. Der auf die Unfallversicherung oder Berufsunfähigkeitsversicherung entfallende Prämienanteil ist nicht in die Unterschiedsberechnung einzubeziehen. Die Versicherungsunternehmen sind nach eigener Auskunft in der Lage, diese Trennung der Beiträge vorzunehmen und auszuweisen.

3. Zeitlicher Anwendungsbereich der Besteuerung von Versicherungsleistungen

Von der Neuregelung sind nur die nach dem 31. 12. 2004 abgeschlossenen Versicherungsverträge erfasst. Für die Frage, welche Fassung des § 20 Abs. 1 Nr. 6 EStG anzuwenden ist, kommt es daher auf den Zeitpunkt des Vertragsabschlusses an. Der Versicherungsvertrag kommt mit dem **Zugang der Annahmeerklärung** des Versicherungsunternehmens beim Versicherungsnehmer wirksam zustande. Die steuerrechtliche Einordnung als Alt- oder Neuvertrag hängt grundsätzlich vom Datum der Ausstellung des Versicherungsscheins ab.[1] Die FinVerw. sieht im Abschluss sog. **Vorratsverträge** regelmäßig einen Gestaltungsmissbrauch i. S. d. § 42 AO. 855

Verträge mit Versicherungsbeginn nach dem 31. 3. 2005, die aber noch vor dem 1. 1. 2005 abgeschlossen wurden, sieht die FinVerw. als im Jahr 2005 abgeschlossen an mit der Folge, dass diese Verträge dem neuen Recht unterworfen werden. Abweichend von dem Umstand, dass Vertragsschluss der Zeitpunkt der Ausstellung des Versicherungsscheins ist, wird hier der Vertragsschluss im Zeitpunkt des Versicherungsbeginns fingiert.[2] 856

4. Missbrauch von Gestaltungsmöglichkeiten durch Vertragsanpassungen

Vertragsabschlüsse im Jahr 2004 mit Beitragsanpassungen in 2005 führen nach Verwaltungsauffassungen ebenfalls zur Prüfung einer rechtsmissbräuchlichen Gestaltung.[3] Ein Gestaltungsmissbrauch wird insbesondere dann aber nicht angenommen, wenn die Beitragserhöhung pro Jahr 857

---
1 BMF-Schreiben v. 22. 8. 2002, BStBl I 2001, 827, Rdnr. 8.
2 BMF-Schreiben v. 25. 11. 2004, BStBl I 2004, 1096, Tz. 1.
3 BMF-Schreiben v. 22. 8. 2002, BStBl I 2001, 827, Rdnr. 38.

20 v. H. des bisherigen Beitrags nicht übersteigt. Übersteigt die jährliche Beitragssteigerung diese 20 v. H. muss allerdings nicht automatisch eine missbräuchliche Gestaltung angenommen werden mit der Folge, dass der Vertrag als Neuvertrag zu werten ist. Eine solche Beitragsgestaltung ist dann unschädlich[1], wenn die jährliche Beitragserhöhung nicht mehr als 250 € beträgt oder der Jahresbeitrag bis zum 5. Jahr der Vertragslaufzeit auf nicht mehr als 4 800 € angehoben wird und der im ersten Jahr der Vertragslaufzeit zu zahlende Versicherungsbeitrag mindestens 10 v. H. dieses Betrags ausmacht oder der erhöhte Beitrag nicht höher ist, als der Beitrag, der sich bei jährlicher Beitragserhöhung um 20 v. H. seit Vertragsabschluss ergeben hätte. Als Folge einer missbräuchlichen Gestaltung behandelt die FinVerw die insgesamt auf die Beitragserhöhungen entfallenden Vertragsbestandteile steuerlich als gesonderten „neuen Vertrag". Der Neuvertrag gilt in diesem Fall in dem Zeitpunkt als abgeschlossen, zu dem der auf den Erhöhungsbetrag entfallende Versicherungsbeginn folgt.

858–870 *(einstweilen frei)*

V. Kapitalerträge aus Wertpapieren und sonstigen Kapitalforderungen (§ 20 Abs. 1 Nr. 7 EStG)

Verwaltungsanweisungen ab 2000: BMF-Schreiben v. 2. 6. 2005, BStBl I 2005, 728, betr. Zweifels- und Auslegungsfragen zu Investmentsteuergesetz (InvStG); BMF v. 6. 1. 2005, BStBl II 2005, 29, Einführungsschreiben zur Zinsinformationsrichtlinie (ZIV) aufgrund der Ermächtigung in § 45e EStG zur effektiven Besteuerung von Zinserträgen natürlicher Personen im EU-Gebiet (Art. 1 Abs. 1 ZinsRL); BMF-Schreiben v. 25. 10. 2004, BStBl I 2004, 1034, betr. Zweifelsfragen bei der Besteuerung privater Veräußerungsgeschäfte nach § 23 Abs. 1 Satz 1 Nr. 2 EStG; BMF-Schreiben v. 14. 7. 2004, BStBl I 2004, 611, betr. steuerliche Behandlung von Kursverlusten nach Zahlungseinstellung des Emittenten.

Verwaltungsanweisungen bis 1999: Zerobonds – Erlass mit Ergänzung; v. 24. 11. 1986, BStBl I 1986, 539; StEK § 20 Nr. 123, Emissionsdisagio – Erlass; v. 5. 3. 1987, BStBl I 1987, 394, betr. Bilanzierung von Zerobonds; v. 28. 2. 1990, BStBl I 1990, 124, betr. Bausparzinsen; v. 30. 3. 1994, BStBl I 1993, 312, betr. Zinsen aus Mietkautionen; v. 30. 4. 1993, BStBl I 1993, 343, betr. neue Kapitalanlagemodelle; v. 22. 2. 1995, DStR 1995, 605, betr. Null-Zins-Variante bei Bausparverträgen; v. 29. 5. 1995, DB 1995, 1205, betr. Einnahmen aus festverzinslichen Anleihen und Schuldverschreibungen mit Vorschaltkupons; v. 6. 6. 1995, DB 1995, 1252, betr. Zurechnung von Kapitalerträgen aus Anderkonten; v. 24. 5. 2000 IV C 1 – S 2252 – 145/00, betr. Veräußerung einer Umtauschanleihe; v. 2. 3. 2001,

---

1 BMF-Schreiben v. 25. 11. 2004, BStBl I 2004, 1096, Tz. 2.

V. Kapitalerträge aus Wertpapieren und Kapitalforderungen

BStBl I 2001, 206, betr. Besteuerung von Hochzins- und Umtauschanleihen; v. 27. 11. 2002 IV C 3 – S 2256 – 265/01, betr. estl. Behandlung von Termingeschäften im Bereich privater Vermögensverwaltung (§§ 20, 22 und 23 EStG); OFD Hamburg v. 5. 3. 1981, StEK § 20 Nr. 76, betr. Ausgabe-Disagio bei Obligationen im Privatvermögen; FinMin. NRW v. 27. 4. 1977, StEK § 20 Nr. 54, betr. Teilschuldverschreibungen mit Aktienerwerbsrecht; OFD München v. 30. 4. 1985, StEK § 20 Nr. 116, betr. Finanzierung von Zerobonds; OFD Münster v. 9. 2. 1989, StEK § 20 Nr. 133, betr. Gewinnanteile aus Hapimag-Aktien; OFD Köln v. 14. 11. 1989, StEK § 20 Nr. 144, betr. abgezinste Schuldverschreibungen mit gestreckter Rückzahlung; v. 26. 10. 1990, StEK § 20 Nr. 164, betr. Herabsetzung von Genussscheinkapital; v. 25. 1. 1991 StEK § 20 Nr. 156, betr. Zinsen aus Fundierungsanleihen; OFD Nürnberg v. 29. 8. 1991, DStR 1991, 1455, StEK § 20 Nr. 165, betr. stl. Behandlung von an private Kapitalanleger weitergegebene Bonifikationen; OFD Düsseldorf v. 14. 6. 1993, StEK § 20 Nr. 180, betr. steuerliche Behandlung verschiedener Formen der Kapitalanlage; Sächs. FinMin. v. 19. 10. 1993, DStR 1993, 1784, BB 1993, 2364, betr. Vorschusszinsen im Rahmen des Zinsabschlaggesetzes; OFD Düsseldorf v. 6. 5. 1996, FR 1996, 432, betr. Disagioberechnung bei Kurzläufern.

1. Erträge aus sonstigen Kapitalforderungen jeder Art

In § 20 Abs. 1 Nr. 7 Satz 1 EStG sind drei Tatbestandsalternativen, nach denen Erträge aus sonstigen Kapitalforderungen zu Einkünften aus Kapitalvermögen führen, zu unterscheiden: 871

- **Erträge aus festverzinslichen Kapitalforderungen** unabhängig davon, ob sie mit einer gleichmäßigen oder einer ungleichmäßigen Verzinsung ausgestattet sind,
- **Erträge aus Kapitalforderungen mit ungewissem Kapitalertrag,** aber zugesagter Rückzahlung des überlassenen Kapitalbetrags und
- **Erträge aus Kapitalforderungen mit zugesagter Verzinsung,** aber ungewisser Rückzahlung des überlassenen Kapitals.

Ist nicht mindestens eine dieser Alternativen erfüllt, liegen keine stpfl. Kapitalerträge vor. Das heißt: Erträge aus Kapitalanlagen mit rein **spekulativem Charakter,** z. B. Full-Linked-Index-Anleihen und Zertifikate ohne Ertrags- und Rückzahlungsgarantie (s. Rdnr. 882) oder Optionen (s. Rdnr. 1170 ff.), sind hier nicht erfasst.

Sonstige Kapitalforderungen i. S. v. § 20 Abs. 1 Nr. 7 Satz 1 EStG sind alle auf eine Geldleistung gerichteten Forderungen, soweit sie nicht bereits unter § 20 Abs. 1 Nr. 1 – 6 und Nr. 8 EStG fallen. Rechtsgrundlage und Rechtsnatur der Forderung sind unerheblich. Sie können sowohl vertraglicher als auch gesetzlicher, privatrechtlicher als auch öffentlich-rechtlicher 872

Natur sein.¹ Selbst Forderungen aus nichtigen oder anfechtbaren Verträgen werden unter den Voraussetzungen des § 41 AO von § 20 Abs. 1 Nr. 7 EStG erfasst.

873 Zu den Erträgen i. S. d. § 20 Abs. 1 Nr. 7 Satz 1 EStG gehört – dem Sinn einer Generalklausel entsprechend – alles, was der Stpfl. „für die Gestattung seiner Kapitalnutzung" erhält.²

Der Begriff ist identisch mit den „Entgelten oder Vorteilen" i. S. d. § 20 Abs. 2 Satz 1 Nr. 1 EStG. In Betracht kommt alles, was Einnahme i. S. d. § 8 EStG sein kann, d. h. „alle Güter, die in Geld oder Geldeswert bestehen". Dazu gehören auch Sachleistungen und Nutzungen. Nach Auffassung der FinVerw.³ gehören zu den Einnahmen aus Kapitalvermögen Zinsen, Entgelte und Vorteile, die unabhängig von ihrer Bezeichnung und der zivilrechtlichen Gestaltung bei **wirtschaftlicher** Betrachtung für die Überlassung von Kapitalvermögen erzielt werden. Kapitalertrag (Zins) kann beim Empfänger einer Zahlung auch dann vorliegen, wenn der vermeintliche zivilrechtliche Zinsanspruch dem Grunde oder der Höhe nach nicht besteht.⁴

Der Gesetzestext enthält nicht den Begriff „Zinsen", sondern verwendet – wie in § 20 Abs. 2 Satz 1 Nr. 1 EStG – das Wort „Entgelt" als Nutzungsentschädigung für die Überlassung von Kapitalvermögen. Der Begriff wird im Gesetz nicht definiert. Unter Entgelt ist mithin all das zu verstehen, was wirtschaftlich gesehen dem Gläubiger für die Kapitalüberlassung gewährt wird, was ihm als „Frucht" seiner Kapitalüberlassung zufließt. Die **Rückzahlung des überlassenen Kapitals** gehört nicht dazu. Das Entgelt ist von den Erträgen zu unterscheiden.

874 Steuerpflichtig ist nicht das Entgelt, sondern der Ertrag aus einer Kapitalüberlassung. Steuerpflichtiger Kapitalertrag liegt erst dann vor, wenn das Entgelt durch den Schuldner zugesagt und dem Gläubiger vom Schuldner gewährt wurde. Dadurch werden stpfl. Kapitalerträge von nicht steuerbaren Vermögenssteigerungen (Kursgewinnen) abgegrenzt.

---

1 BFH, U. v. 8. 4. 1986, BStBl II 1986, 557; U. v. 29. 9. 1981, BStBl II 1982, 113; U. v. 18. 2. 1975, BStBl II 1975, 568.
2 RFH, U. v. 16. 5. 1933, RStBl 1933, 1005; BFH, U. v. 12. 12. 1969, BStBl II 1970, 212; U. v. 25. 5. 1974, BStBl II 1974, 735; U. v. 16. 1. 1979, BStBl II 1979, 334; U. v. 20. 5. 1980, BStBl II 1981, 6; U. v. 13. 10. 1987, BStBl II 1988, 252.
3 BMF-Schreiben v. 23. 3. 1993, BStBl I 1993, 343.
4 BFH, U. v. 6. 4. 1993, BStBl II 1993, 825.

V. Kapitalerträge aus Wertpapieren und Kapitalforderungen

- Vermögensmehrungen, die durch eine **Änderung des Kapitalmarktzinses** – umlaufbedingte Kursschwankungen – entstehen und realisiert werden, fließen dem Inhaber des Kapitalvermögens (Gläubiger) bei Veräußerung der Kapitalforderung nicht vom Schuldner zu. Sie sind deshalb weiterhin – mit Ausnahme von Gewinnen aus privaten Veräußerungsgeschäften (§§ 22 Nr. 2, 23 Abs. 1 Satz 1 Nr. 2 EStG) – nicht steuerbar.[1]

  Beispiel:
  Kauf einer festverzinslichen Schuldverschreibung zu 100 €, Verkauf außerhalb der Jahresfrist des § 23 Abs. 1 Satz 1 Nr. 2 EStG zu 110 €. In Höhe von 10 € liegt kein stpfl. Ertrag, sondern ein nicht steuerbarer Kursgewinn vor.

- Realisierte Kursgewinne, die auf **Zinsansammlungen** beruhen, z. B. beim Verkauf einer Kombizinsanleihe am Ende der zinslosen Phase, bei flat gehandelten Anleihen oder Nullkupon-Anleihen, sind dagegen nach § 20 Abs. 2 Satz 1 Nr. 4 Buchst. a stpfl. EStG; s. Rdnr. 1082 ff.

Steuerpflichtig ist bei Kapitalforderungen mit laufender Verzinsung sowohl der **Ersterwerber** als auch jeder **weitere Erwerber** (Inhaber) der Forderung oder des entsprechenden Wertpapiers. Entsteht der Kapitalertrag erst bei Rückzahlung des Kapitals (Einlösung des Wertpapiers) durch den Schuldner, so erfasst § 20 Abs. 2 Satz 1 Nr. 4 Satz 4 EStG nach Auffassung der FinVerw. bei allen Erwerbern den entsprechenden Kapitalertrag; s. Rdnr. 1080 ff. 875

2. Fallgruppen des § 20 Abs. 1 Nr. 7 EStG

a) Kapitalforderungen mit ungleichmäßiger Verzinsung (Finanzinnovationen)

Herkömmliche Schuldverschreibungen weisen grds. eine feste, über die Laufzeit gleichbleibende Verzinsung auf, während sog. finanzinnovative Wertpapiere, wie z. B. **Kombizins-, Gleitzins-, Index- oder Step-up/Step-down-Anleihen,** mit einer ungleichmäßigen Verzinsung ausgestattet sind; zu den Begriffen s. ABC Teil 3. Diese Art der Verzinsung bietet dem Stpfl. die Möglichkeit, die Besteuerung der Zinsen zu minimieren, indem 876

---

[1] BFH, U. v. 24. 10. 2000, BStBl II 2001, 97 (Floaterurteil); BMF-Schreiben v. 24. 11. 1986, BStBl I 1986, 539 – Emissionsdisagio-Erlass; s. Anhang; FG Niedersachsen, Urt. v. 25. 11. 2004, NWB DokID: DAAAB-50849; Rev., Az. des BFH: VIII R 6/05, für einen Kursgewinn; FG Berlin, Urt. v. 22. 4. 2004, EFG 2004, 1450; Rev., Az. des BFH: VIII R 48/04, für einen Kursverlust; BMF-Schreiben v. 14. 7. 2004, BStBl I 2004, 611.

er – je nach Ausgestaltung des Wertpapiers – den Zufluss der Zinseinnahmen und damit ihre Besteuerung in Veranlagungszeiträume mit geringer oder geringerer Steuerprogression verlagern kann. Die Einlösung von Zinsscheinen dieser Anleihearten führt sowohl beim Ersterwerber als auch bei jedem weiteren Erwerber zu Einnahmen i. S. d. § 20 Abs. 1 Nr. 7 Satz 1 EStG.

877 Von der **Einlösung** der Zinsscheine ist die Einlösung der Anleihe, d. h. die Rückzahlung des überlassenen Kapitalbetrags durch den Schuldner (Emittenten), zu unterscheiden. Inwieweit bei der Rückzahlung des Kapitals stpfl. Einnahmen entstehen, regelt beim Zweit- und jedem anderen Erwerber § 20 Abs. 2 Satz 1 Nr. 4 EStG, der nach der Änderung in Satz 4 durch das StÄndG 2001 nach Auffassung der FinVerw.[1] sowohl auf Ersterwerber (Durchhalter) als auch alle anderen Erwerber anwendbar sein soll (u. E. zweifelhaft).

b) Ab- oder aufgezinste Kapitalforderungen

878 Zu den Einnahmen i. S. d. § 20 Abs. 1 Nr. 7 Satz 1 EStG gehören die Kapitalerträge, die der Inhaber einer ab- oder aufgezinsten Kapitalforderung bei Rückzahlung (Einlösung) durch den Schuldner (Emittenten) über den von ihm überlassenen Betrag hinaus erzielt. Die Vorschrift erfasst nur den **Ersterwerber,** der das Wertpapier bis zum Ende der Laufzeit innehat, um es dann beim Schuldner einzulösen. Die stpfl. Einnahmen bestehen in der Differenz zwischen dem Emissionskurs der Anleihe und ihrem Einlösungsbetrag.[2] Die Einnahmen späterer Erwerber werden über § 20 Abs. 2 Satz 1 Nr. 4 Satz 4 EStG erfasst; s. Rdnr. 1051 ff.

Wer **Ersterwerber** ist, regelt das EStG nicht. Ersterwerber ist nach der Rechtsprechung derjenige, der, ohne dass ein anderer die Kapitalforderung oder das Gesellschaftsrecht zuvor für sich hat erwerben sollen, die Forderung für eigene Rechnung als Bestandteil seines Vermögens fest übernimmt und dessen Gegenleistung dafür dauernd in das Vermögen des Emittenten übergeht.[3] Bei Emissionen mit Hilfe eines Bankenkonsortiums

---

1 BMF-Schreiben v. 2. 3. 2001; s. Anhang; auch FG Rheinland-Pfalz v. 28. 10. 2002, Rev., Az. des BFH: VIII R 97/02.
2 BFH U. v. 13. 10. 1987, BStBl II 1988, 252; s. BMF-Schreiben v. 24. 1. 1985, BStBl I 1985, 77, StEK § 20 Nr. 112, und v. 1. 3. 1991, StEK § 20 Nr. 158, Zerobonds – Erlass mit Ergänzung; v. 24. 11. 1986, BStBl I 1986, 539, StEK § 20 Nr. 123, Emissionsdisagio – Erlass; s. Anhang.
3 BFH, U. v. 10. 7. 1963, BStBl III 1963, 422, zu § 20 Abs. 1 Nr. 1 KVStG 1965 – BörsUSt.

V. Kapitalerträge aus Wertpapieren und Kapitalforderungen

wird dieses nur dann als Ersterwerber angesehen, wenn es die Wertpapiere fest für eigene Rechnung und Gefahr übernimmt. Dagegen wird der private Kapitalanleger nur dann Ersterwerber, wenn das Konsortium für ihn nur als Beauftragter oder Vermittler auftritt oder es die Wertpapiere fest übernimmt, aber der Emittent sich das Weisungsrecht hinsichtlich des Verkaufs oder des Rückerwerbs vorbehält.[1] Beim Erwerb von erstemittierten **Bundeswertpapieren** über die Bundesbank ist der Kapitalanleger stets Ersterwerber, da die Bundesbank die Wertpapiere ausschließlich im Namen und auf Rechnung des Bundes veräußert.

Abgezinste Wertpapiere sind Wertpapiere, die unter ihrem Nennbetrag ausgegeben und am Ende ihrer Laufzeit zum Nennbetrag zurückgezahlt (eingelöst) werden.

Beispiele:
Nullkupon-Anleihen (Zero-Bonds), Bundesschatzbriefe Typ B.

Disagio-Anleihen (Deep discount Anleihen) sind Schuldverschreibungen, die mit einem Abschlag (Emissionsdisagio) auf ihren Nennwert emittiert werden. Der Ersterwerber, der das Wertpapier bei Fälligkeit einlöst, erzielt nur dann stpfl. Einnahmen i. S. d. § 20 Abs. 1 Nr. 7 Satz 1 EStG in Höhe des Abschlags,[2] wenn das Emissionsdisagio die von der FinVerw. festgelegte **Disagio-Staffel**[3] überschreitet. Das Emissionsdisagio ist steuerfrei, wenn es in Abhängigkeit von der Laufzeit die nachfolgenden Werte nicht übersteigt:

Laufzeit	Disagio in v. H.
bis unter 2 Jahre	1
2 Jahre bis unter 4 Jahre	2
4 Jahre bis unter 6 Jahre	3
6 Jahre bis unter 8 Jahre	4
8 bis unter 10 Jahre	5
ab 10 Jahre	6

---

1 RFH, U. v. 14. 12. 1927, RStBl 1928, 91; U. v. 17. 12. 1930, RStBl 1931, 396; BFH, U. v. 10. 7. 1963, a. a. O.
2 BFH, U. v. 13. 10. 1987, BStBl II 1988, 252.
3 BMF-Schreiben v. 24. 11. 1986, BStBl I 1986, 539, StEK § 20 Nr. 123, Emissionsdisagio-Erlass; Scheurle, DB 1994, 445; zur Berechnung des Emissionsdisagios bei Anteilen mit einer Laufzeit unter 2 Jahren vgl. OFD Düsseldorf v. 6. 5. 1996, FR 1996, 432, und Rdnr. 1323.

880 **Aufgezinste Wertpapiere** werden zu einem bestimmten Nennbetrag emittiert und am Ende ihrer Laufzeit zu einem höheren Betrag zurückgezahlt (eingelöst). Der stpfl. Ertrag liegt in der Differenz zwischen dem als Kapital überlassenen Nenn- und dem Einlösungsbetrag.

881 **Optionsanleihen** gehören ebenfalls zu den abgezinsten Kapitalforderungen. Sie setzen sich aus zwei Wirtschaftsgütern, einer niedrig verzinslichen Schuldverschreibung und einem dazugehörigen Recht (Option) auf den Bezug bestimmter Basiswerte (Aktien, Anleihen, Genussscheine, neue Optionsanleihen u. a.) zusammen.[1]

Die Gewährung des Optionsrechts stellt keinen Kapitalertrag dar. Die stpfl. Einnahmen i. S. d. § 20 Abs. 1 Nr. 7 Satz 1 EStG ergeben sich – neben der lfd. Verzinsung – für den Ersterwerber, der die Anleihen am Ende ihrer Laufzeit einlöst, aus der Differenz zwischen dem rechnerisch ermittelten, am Kapitalmarktzins des Emissionszeitpunkts orientierten, Erwerbsentgelt (rechnerischer Emissionskurs) für die Anleihe und dem vom Emittenten gezahlten Einlösungsbetrag (Kapitalrückzahlung)[2]; s. Rdnr. 1417 „Optionsanleihen".

c) Kapitalforderungen mit ungewissem Ertrag, aber zugesagter Kapitalrückzahlung

882 Die Erweiterung des Begriffs „Kapitalerträge" hat dazu geführt, dass neben Forderungen mit einer festen gleichmäßigen oder ungleichmäßigen Verzinsung auch die Kapitalforderungen von § 20 Abs. 1 Nr. 7 EStG erfasst werden, bei denen die Höhe der Erträge von einem **ungewissen Ereignis** abhängt. Das sind in erster Linie sog. **Index-Anleihen,** bei denen – wie bei herkömmlichen Anleihen – die Rückzahlung des zur Nutzung überlassenen Nennkapitals zugesagt, die Höhe des Nutzungsentgelts (Zinsen) **oder** die Höhe der Kapitalrückzahlung am Ende der Laufzeit aber an die Entwicklung eines bestimmten Index, z. B. den Deutschen Aktienindex (DAX-Money-Back-Zertifikate, Garantie-Zertifikate), den Rentenindex (REX), den Lebenshaltungsindex oder einen ausländischen Aktienindex (Nikkei-Index, Dow Jones Index), gekoppelt sind.[3] Der Stpfl. nimmt mit solchen

---

1 Holzheimer, WM 1986, 1169; Pöllath/Rodin, DB 1986, 2094.
2 BFH, U. v. 16. 4. 2001, BStBl II 2001, 710; U. v. 1. 7. 2003, BStBl II 2003, 883; U. v. 30. 10. 2005, BFH/NV 2006, 426.
3 Die Bezeichnungen „DAX" und „REX" sind eingetragene Warenzeichen der Deutschen Börse AG.

Wertpapieren indirekt an der Wertentwicklung eines bestimmten Marktes (Aktien- oder Rentenmarkt) teil.

Indexierte Zinserträge sind – wie bei herkömmlichen Anleihen – mit Fälligkeit der Zinsscheine erzielte Kapitalerträge i. S. d. § 20 Abs. 1 Nr. 7 Satz 1 EStG. 883

Indexierte Kapitalrückzahlung mit Rückzahlungsgarantie: Die Differenz (Mehrertrag) zwischen dem überlassenen Kapital (Nennbetrag) und dem am Ende der Laufzeit von Emittenten an den Ersterwerber zurückgezahlten Kapitalertrag ist stpfl. Ertrag i. S. d. § 20 Abs. 1 Nr. 7 Satz 1 EStG,[1] wenn die Rückzahlung des Nennbetrags zugesichert, der Ertrag aber ungewiss ist. 884

Indexierte Kapitalrückzahlung ohne Rückzahlungsgarantie: Ist eine Index-Anleihe dergestalt ausgestattet, dass nicht nur der Zins, sondern auch die Kapitalrückzahlung an einen bestimmten Index gebunden ist, der Schuldner aber die Rückzahlung des überlassenen Kapitals (Nennbetrag) nicht zugesichert hat, so kann im ungünstigsten Fall der Inhaber der Anleihe sein überlassenes Kapital ganz oder teilweise verlieren, ohne dass ein Ertrag erzielt wird. Im günstigsten Fall erhält der Stpfl. am Ende der Laufzeit über den Nennbetrag hinaus – in Abhängigkeit vom Indexstand – einen Mehrbetrag ausgezahlt. Dieser **Mehrertrag** ist **nicht nach § 20 Abs. 1 Nr. 7 EStG zu versteuern**, weil „Wertpapiere und Kapitalforderungen mit rein spekulativem Charakter, bei denen nicht wenigstens eine der genannten Voraussetzungen erfüllt ist, sondern sowohl die Rückzahlung des Kapitalvermögens als auch der Ertrag unsicher sind, nicht zu Kapitalertrag führen."[2] Hier ist keine der in § 20 Abs. 1 Nr. 7 Satz 1 EStG genannten Voraussetzungen erfüllt. Weder der Ertrag noch die Kapitalrückzahlung sind zugesagt; vielmehr sind beide Komponenten ungewiss. In Betracht kommt allenfalls eine Besteuerung aus § 23 Abs. 1 Satz 1 Nr. 4 EStG (z. B. Zertifikate). 885

Reine Spekulationspapiere wie die Produkte der Eurex, Index-, Aktien- oder Währungsoptionen, Basket-Optionen, Floors, Caps, Collars, Swaps, u. Ä. führen nicht zu steuerbaren Einnahmen, solange mit ihnen nicht Gewinne aus privaten Veräußerungsgeschäften i. S. v. § 23 Abs. 1 Satz 1 Nr. 2 oder Nr. 4 i. V. m. § 22 Nr. 2 EStG erzielt werden; zu den Begriffen s. ABC Teil 3. 886

---

1 BFH, U. v. 25. 6. 1974, BStBl II 1974, 735.
2 BT-Drucks. 12/6078, 122; gl. A. Scheurle, DB 1994, 445.

887 **Zinsvariable Anleihen** (Floater, reversible Floater) sind Wertpapiere mit unterschiedlich langen Laufzeiten, bei denen die Verzinsung in regelmäßigen Abständen dem aktuellen Kapitalmarktzins angepasst wird. Die Anpassung kann dabei unmittelbar oder in Abhängigkeit von einem Referenzzins, z. B. dem LIBOR (London Interbank Offered Rate) oder EURIBOR (European Interbank Offered Rate), erfolgen;[1] s. Rdnr. 1335 „Floater", Rdnr. 1438 „Reverse Floater".[2] Die lfd. Zinsen aus derartigen Wertpapieren sind nach § 20 Abs. 1 Nr. 7 EStG stpfl.

d) Kapitalforderungen mit zugesagtem Ertrag, aber ungewisser Kapitalrückzahlung

888 Nach der bis einschließlich 31. 12. 1993 geltenden Gesetzesfassung unterlagen die Einnahmen aus sonstigen Kapitalforderungen nach § 20 Abs. 1 Nr. 7 EStG nur dann der Besteuerung, wenn die **Rückzahlung** des überlassenen Kapitals zwischen Schuldner (Emittenten) und Gläubiger ausdrücklich vereinbart worden war. Klassischer Anwendungsfall waren die im alten Gesetzestext noch explizit genannten Zinsen aus Darlehen oder Anleihen. In beiden Fällen stellen die Zinsen das Entgelt für die Überlassung des Kapitals dar. Zivilrechtlich liegt bei diesen Nutzungsformen die Abrede zugrunde, dass das überlassene Kapital am Ende der Laufzeit in Höhe des ursprünglich hingegebenen Betrags vom Darlehensschuldner oder Anleiheemittenten an den Gläubiger zurückgezahlt werden muss.

In der seit 1. 1. 1994 geltenden Fassung des § 20 Abs. 1 Nr. 7 EStG wird der Begriff der Kapitalerträge dahin erweitert, dass auch dann von stpfl. Kapitalerträgen auszugehen ist,

- **wenn die Kapitalrückzahlung nicht zugesagt ist,** der Gläubiger aber für die Kapitalüberlassung ein Entgelt erhält, wobei die Höhe des Entgelts von einem ungewissen Ereignis abhängen kann, z. B. Capped Warrants, Index-Anleihen;

- **wenn die Rückzahlung des Kapitals zugesagt,** aber die Zahlung eines Entgelts dem Grunde und der Höhe nach **ungewiss** ist, z. B. Anleihen mit indexierter Verzinsung; s. Rdnr. 1374.

889 Die Besteuerung der Erträge aus sonstigen Kapitalforderungen ist nach § 20 Abs. 1 Nr. 7 Satz 2 EStG unabhängig davon, wie die Kapitalanlage

---

1 BFH, U. v. 24. 10. 2000, BStBl II 2001, 97 (Floater-Urteil).
2 BFH, U. v. 10. 7. 2001, BFH/NV 2001, 1555.

bezeichnet wird und in welches zivilrechtliche Kleid sie verpackt ist. Ob stpfl. Erträge vorliegen, bestimmt sich ausschließlich nach **wirtschaftlichen** Gesichtspunkten.[1] Die Bezeichnung einer Kapitalanlage als Option, Optionsschein, Zertifikat o. Ä. sagt nichts darüber aus, ob der erzielte Ertrag zu versteuern ist oder nicht. Entscheidend ist allein, dass bei wirtschaftlicher Betrachtung ein Entgelt für die Kapitalüberlassung gezahlt wird. Die Vorschrift enthält eine besondere Ausprägung des § 42 AO, wonach bei einem Missbrauch von rechtlichen Gestaltungsmöglichkeiten, die Besteuerung so vorzunehmen ist, wie sie bei einer wirtschaftlich angemessenen Gestaltung eingetreten wäre. Während allerdings § 42 AO die Feststellung einer unangemessenen Gestaltung verlangt, bedarf es einer solchen Feststellung bei § 20 Abs. 1 Nr. 7 Satz 2 EStG nicht.[2]

3. Kapitalertragsteuerabzug bei sonstigen Kapitalforderungen

Die Vorschrift des § 20 Abs. 1 Nr. 7 Satz 1 EStG ist Grundlage für den KapESt-Abzug auf Zinserträge. Die Kapitalerträge aus Nr. 7 unterliegen dem Steuerabzug (§ 43 Abs. 1 Satz 1 Nr. 7 EStG), wenn es sich um Zinsen aus Anleihen und Forderungen handelt, die in ein öffentliches Schuldbuch (Bundeswertpapiere) oder ein ausländisches Register eingetragen sind. Der Steuerabzug wird ebenfalls vorgenommen, wenn über die Schuldverschreibungen oder Kapitalforderungen Sammelurkunden i. S. d. § 9a DepotG oder Teilschuldverschreibungen (s. Rdnr. 323) ausgestellt worden sind (§ 43 Abs. 1 Satz 1 Nr. 7 Buchst. a EStG). Zinsen aus anderen als diesen Kapitalforderungen unterliegen dem Steuerabzug nur, wenn der Schuldner der Erträge ein inländisches Kreditinstitut ist (§ 43 Abs. 1 Satz 1 Nr. 7 Buchst. b EStG); zu den Ausnahmen vom Steuerabzug s. § 43 Abs. 1 Nr. 7 Satz 4 EStG.

890

(einstweilen frei) 891–910

VI. Diskontbeträge aus Wechseln, Anweisungen und Schatzwechseln (§ 20 Abs. 1 Nr. 8 EStG)

§ 20 Abs. 1 Nr. 8 EStG bestimmt, dass Diskontbeträge aus Wechseln und Anweisungen, einschließlich der Schatzwechsel, zu den stpfl. Einnahmen

911

---

1 Zur wirtschaftlichen Betrachtungsweise BVerfG v. 27. 12. 1991, BStBl II 1991, 212 ff.
2 Einzelheiten dazu bei Schumacher, Gestaltungsmöglichkeiten bei der privaten Kapitalanlage, DStR 1996, 1505.

aus Kapitalvermögen gehören. Die Vorschrift ist **lex specialis** zu § 20 Abs. 1 Nr. 7 EStG.

Diskont ist der für die Zeit vom Ankaufstag einer noch nicht fälligen, nominal unverzinslichen Forderung bis zum Fälligkeitstag abgezogene Geldbetrag. Diskontbeträge sind eine besondere Form von Zinsen, die der Erwerber beim Ankauf einer Forderung vorweg vom Nominalbetrag der Forderung abzieht. Nominalbetrag der Forderung abzgl. Diskont ergibt den Kaufpreis der Forderung. Dieser Vorwegabzug (Diskontierung) unterscheidet den Diskont von den i. d. R. nachträglich berechneten Zinsen herkömmlicher Art; zum Zinsbegriff s. Rdnr. 1504.

912 Diskontiert werden insbesondere von Kreditinstituten angekaufte, noch nicht fällige **Wechsel und Anweisungen**, mit denen sich der Veräußerer des Wertpapiers bereits vor Fälligkeit der Forderung flüssige Geldmittel beschafft. Die Höhe des Vorwegabzugs richtet sich grds. nach dem Diskontsatz der Deutschen Bundesbank, der im aktiven Bankgeschäft an die jeweilige Geldmarktlage und die Bonität des Schuldners angepasst wird.

Wechsel sind Wertpapiere, in denen der Wechselaussteller die unbedingte Zahlung einer bestimmten Geldsumme an einem bestimmten Tag und an einem festgelegten Ort verspricht (Art. 1 WG).

913 **Gezogener Wechsel (Tratte):** Hier verspricht der Aussteller die Zahlung der Geldsumme durch einen anderen, den Bezogenen, und weist diesen an, den Betrag an einen in der Urkunde benannten Berechtigten (Wechselnehmer) zu zahlen.

914 **Eigener Wechsel** (Solawechsel) liegt vor, wenn sich der Wechselaussteller selbst zur Zahlung der Geldsumme verpflichtet. Bei einem Solawechsel besteht Identität von Aussteller und Bezogenem, sowie Ausstellungs- und Zahlungsort.

Finanz- und Kreditwechsel: § 20 Abs. 1 Nr. 8 EStG erfasst nur Diskontbeträge aus dem Ankauf von Wechseln, die zur Finanzierung oder im Rahmen eines Kreditgeschäfts begeben werden.

915 **Waren- und Handelswechsel:** Diskontbeträge, die beim Ankauf von Wechseln, die zur Bezahlung von Waren- oder Dienstleistungen begeben wurden, abgezogen werden, fallen nach der Zurechnungsregel des § 20

Abs. 3 nicht unter § 20 Abs. 1 Nr. 8 EStG. Diskonte aus diesen Wechseln gehören zu den Einnahmen aus Gewerbebetrieb (§ 15 Abs. 1 Nr. 1 EStG).[1]

Anweisungen (§ 738 BGB) sind die Grundform des Wechsels. Mit ihnen weist der Aussteller (Anweisende) einen anderen (Angewiesener) an, auf Rechnung des Anweisenden an einen Berechtigten (Anweisungsempfänger) Geld, Wertpapiere oder andere vertretbare Sachen zu leisten. Zugleich wird der Berechtigte ermächtigt, die Leistung im eigenen Namen vom Angewiesenen verlangen zu dürfen. 916

Schatzwechsel sind unverzinsliche, d. h. nicht laufend verzinste, kurzfristige Wechsel, die hauptsächlich vom Bund und den Ländern zur Überbrückung eines vorübergehenden Geldbedarfs ausgegeben werden. Sie haben eine Laufzeit von einem bis zu sechs Monaten und werden i. d. R. von Banken oder der Deutschen Bundesbank angekauft; s. Rdnr. 1443. 917

Schatzanweisungen fallen nicht unter § 20 Abs. 1 Nr. 8 EStG. Bei ihnen handelt es sich um festverzinsliche oder unverzinsliche (U-Schätze) Inhaberschuldverschreibungen mit einer Laufzeit von sechs Monaten bis zu zwei Jahren. Sie gehören zu den sonstigen Kapitalforderungen i. S. d. § 20 Abs. 1 Nr. 7 EStG; Einzelheiten dazu s. Rdnr. 871. 918

Finanzierungsschätze sind abgezinste Schuldverschreibungen, die nicht zu den Wertpapieren i. S. d. § 20 Abs. 1 Nr. 8 EStG, sondern zu § 20 Abs. 1 Nr. 7 EStG gehören; s. Rdnr. 871. 919

Liquidationstitel (Bundesliquidationsschätze – Bulis –) sind ebenfalls kurzlaufende Schuldverschreibungen, deren Zinsen von § 20 Abs. 1 Nr. 7 EStG erfasst werden. 920

(einstweilen frei) 921–940

VII. Erträge aus in- und ausländischen Investmentfonds

Verwaltungsanweisungen: BMF v. 17. 12. 1993, BStBl I 1994, 16, betr. Erhebung des Zinsabschlags auf Zwischengewinne; v. 29. 3. 1994, BStBl I 1994, 16; v. 16. 12. 2003, BStBl I 2004, 40, betr. einkommensteuerlicher Behandlung von Venture Capital Fonds und Private Equity Fonds; v. 3. 11. 2000, NWB DokID: RAAAA-78280, betr. Einbeziehung von steuerfreien Erträgen in die Bemessungsgrundlage; v. 5. 11. 2002, BStBl I 2002, 1338, betr. Ausstellung von Steuerbescheinigungen für Kapitalerträge nach § 45a Absätze 2 und 3 EStG; v. 12. 6. 2002, BStBl I 2002, 647, betr. Aufteilung von Werbungskosten bei Einkünften aus Kapitalver-

---

1 BFH, U. v. 26. 4. 1995, BStBl II 1995, 594; a. A. FG Baden-Württemberg v. 27. 5. 1994, EFG 1995, 110.

mögen, die teilweise dem Halbeinkünfteverfahren unterliegen (§ 3c Abs. 2 EStG); v. 26. 10. 1992, BStBl I 1992, 693, betr. Einzelfragen zur Anwendung des Zinsabschlaggesetzes; v. 13. 12. 2004, DStR 2005, 155; v. 15. 2. 2005, NWB DokID: GAAAB-43707, betr. Zweifelsfragen zum Zwischengewinn und zum Begriff des ausländischen Investmentvermögens.

1. Kapitalerträge aus Anteilen an in- und ausländischen Investmentfonds im Privatvermögen

a) Grundsätze der Besteuerung

941 Die Besteuerung von Erträgen aus in- und ausländischen Investmentfonds wurde 2004 auf eine neue Rechtsgrundlage gestellt. Die alten Vorschriften des KAGG und des AuslInvestmG sind Ende 2003 ausgelaufen und wurden durch das Investmentsteuergesetz (InvStG) ersetzt. Neben der grundsätzlichen Gleichstellung von in- und ausländischen Investmentvermögen hat der Gesetzgeber den privaten Investmentsparern einige weitere Vorteile, sog. Fondsprivilegien, gewährt. Zu nennen ist in erster Linie die Steuerfreiheit von Zwischengewinnen im Jahr 2004 und geänderte Besteuerung von Termingeschäftsgewinnen. Unterschieden wird im Rahmen der Besteuerung von Investmenterträgen nunmehr nur noch zwischen **transparenten** Investmentfonds (§ 2 InvStG) und der Pauschalbesteuerung **intransparenter** Fonds (§ 6 InvStG).

942 Die steuerrechtlichen Sondervorschriften des neuen InvStG folgen weitgehend dem **Grundsatz der steuerlichen Transparenz**. Der Gesetzgeber hat die Absicht, den Investmentanleger steuerlich so zu stellen als hätte er unmittelbar, ohne Zwischenschaltung des Investmentvermögens, in die betreffende Kapitalanlage investiert (Direktanlage). Nach dem Transparenzgrundsatz werden die Kapitalerträge des Investmentvermögens **steuerneutral** an die Anteilscheininhaber weitergeleitet, bei denen sie sodann der individuellen Besteuerung unterliegen. Auf der Fondseingangsseite findet keine Besteuerung der durch die Investmentgesellschaft erzielten, in das Investmentvermögen fließenden Kapitalerträge statt. Die Erträge sind hier nach § 11 InvStG sowohl von der KSt als auch der GewSt freigestellt.

943 Der **Transparenzgrundsatz** gilt jedoch nicht uneingeschränkt, sondern nur soweit, als er vom Gesetzgeber in den Investmentsonderregelungen normiert ist. In der Rechtsprechung des BFH wird unter der Geltung des KAGG und AuslInvestmG ausdrücklich bestätigt, dass es nicht zulässig ist, die gesetzlichen Regelungen im Auslegungswege i. S. einer vollständigen Durchsetzung des Transparenzgrundsatzes über den Wortlaut der einzelnen

VII. Erträge aus in- und ausländischen Investmentfonds

Vorschriften des KAGG hinaus zu ergänzen.[1] Für die Besteuerung der Kapitalerträge, für die im InvStG keine Besteuerungsregeln getroffen sind, kann somit nicht auf die allgemeinen Vorschriften des EStG zurückgegriffen werden.

Die Besteuerungsgleichheit von Direktanlegern und Investmentanlegern ist deshalb auch noch nicht vollständig erreicht. Während der Direktanleger z. B. **Gewinne aus privaten Veräußerungsgeschäften** aus dem Verkauf von Aktien und anderen Wertpapieren, die innerhalb der Spekulationsfrist von einem Jahr realisiert werden, nach § 23 Abs. 1 Satz 1 Nr. 2 Satz 1 EStG versteuern muss, bleiben solche Gewinne, soweit sie von einem Investmentvermögen erzielt werden, auf der Ebene des Anteilscheininhabers steuerfrei, sofern die Anteilscheine im **Privatvermögen** gehalten werden. Der private Anteilscheininhaber hat lediglich Ausschüttungen oder ausschüttungsgleiche Erträge zu versteuern. Diese unterliegen dann allerdings auch dem KapESt-Abzug (Zinsabschlag) von 20 bzw. 30 v. H. (§ 7 InvStG).

944

▷ **Praxishinweis:**
Der Investmentanleger hat seine Kapitalerträge regelmäßig ein Jahr später zu versteuern als der Direktanleger. Er genießt insoweit einen **Steuerstundungseffekt**. Die innerhalb des Geschäftsjahres 01 einer Fondsgesellschaft an diese ausgeschütteten und ausgezahlten Kapitalerträge werden erst im folgenden Jahr 02 an die Anteilscheininhaber weitergereicht und versteuert, während der Direktanleger bereits im Jahr 01 die ihm zugeflossenen Erträge der Besteuerung unterziehen muss. Der Direktanleger genießt soweit allerdings einen Liquiditätsvorteil.

b) Erträge aus Investmentanteilen im Privatvermögen

Alle auf Investmentanteile **ausgeschütteten** und **ausschüttungsgleichen** Erträge (thesaurierte Erträge) sind steuerbar und gehören nach § 2 Abs. 1 Satz 1 InvStG zu den stpfl. Einkünften aus Kapitalvermögen i. S. d. § 20 Abs. 1 Nr. 1 EStG, soweit nicht Betriebseinnahmen vorliegen. Der Gesetzeswortlaut des § 2 Abs. 1 InvStG übernimmt die systematisch nicht korrekte Formulierung des Einleitungssatzes aus § 20 Abs. 1 EStG. Die dort als „Einkünfte" bezeichneten Erträge sind – wie im gesamten § 20 EStG –

945

---

1 BFH, U. v. 11. 10. 2000, DB 2000, 2566, zum AuslInvestmG; U. v. 3. 4. 1980, BStBl II 1980, 453; U. v. 7. 4. 1992, BStBl II 1992, 786.

lediglich eine Aufzählung von **Einnahmen**, die erst durch Abzug der Werbungskosten (§ 9 EStG) oder des Werbungskosten-Pauschbetrags (§ 9a Nr. 2 EStG) zu Einkünften aus Kapitalvermögen werden (§ 2 Abs. 2 Nr. 2 EStG).

946 Erträge aus Investmentanteilen sind in § 20 EStG nicht ausdrücklich aufgeführt, allerdings ist die Aufzählung dort nach herrschender Meinung nicht abschließend. Die Zurechnung zu dieser Einkunftsart und insbesondere zu § 20 Abs. 1 Nr. 1 EStG (Gewinnausschüttungen und ähnliche Bezüge) in § 2 Abs. 1 Satz 1 InvStG ist fiktiv und hat deshalb nur klarstellenden, keinen steuerbegründenden Charakter. Über diese Fiktion werden auch Zinserträge und Veräußerungsgewinne sowie Miet- und Pachterträge – abweichend von der Besteuerung beim Direktanleger – zu Gewinnausschüttungen, ohne dass aus der Zuordnung aber besondere steuerrechtliche Folgen gezogen werden. Insbesondere kapitalertragsteuerrechtlich wird trotz dieser Zuordnung zwischen Gewinnausschüttungen und Zinserträgen mit der Folge eines unterschiedlichen Kapitalertragsteuersatzes unterschieden; Miet- und Pachterträge unterliegen bei der Direktanlage allerdings keinem Steuerabzug.

947 In § 2 Abs. 1 Satz 1 InvStG wird nur die Besteuerung der Investmenterträge **natürlicher Personen** geregelt. Nur sie können Investmentanteile im Privatvermögen halten und daraus Einnahmen aus Kapitalvermögen i. S. d. Satz 1 erzielen. Investmenterträge aus Anteilscheinen juristischer Personen gehören ebenso wie diejenigen von Mitunternehmerschaften zu den Betriebseinnahmen und führen zu Gewinneinkünften. Steuersubjekte des § 2 Abs. 1 Satz 1 InvStG können zudem **Personengemeinschaften** wie private Investmentclubs, Sparvereine, Schulklassen u. Ä. sein, deren Einkünfte regelmäßig in einem besonderen Feststellungsverfahren nach § 180 Abs. 1 Nr. 2 Buchst. a AO gesondert festgestellt und den einzelnen Mitgliedern zugerechnet werden.

948 Wie bei allen Einkunftsarten setzt die Besteuerung von Investmenterträgen eine **Überschusserzielungsabsicht** des Anteilscheininhabers voraus. Die Rechtsprechung des BFH geht nur dann von einer steuerrechtlich zu berücksichtigenden Kapitalnutzung in Form der Investmentanlage aus, wenn die Absicht besteht, auf Dauer nachhaltig Einnahmeüberschüsse zu erzielen. Dafür ist das positive Gesamtergebnis der voraussichtlichen Vermögensnutzung maßgebend.[1]

---

1 BFH v. 6. 11. 2001 IX R 97/00, BStBl II 2002, 726, m. w. N.

VII. Erträge aus in- und ausländischen Investmentfonds

Die **Ermittlung der Einkünfte** als solche aus Kapitalvermögen erfolgt ebenfalls durch Gegenüberstellung der Einnahmen und der Werbungskosten (§ 2 Abs. 2 Nr. 2 EStG). Diese Einnahme-Überschussrechnung ist zwingend und schließt eine Ermittlung durch Vermögensvergleich aus.[1] Von den Investmenteinnahmen ist ebenfalls mindestens der Werbungskosten-Pauschbetrag des § 9a Nr. 2 EStG von 51 € und bei zusammenveranlagten Ehegatten (§§ 26, 26b EStG) von 102 € als Werbungskosten abziehbar, sofern keine höheren Werbungskosten nachgewiesen werden.[2]

949

Da auch bei der Besteuerung von Investmenterträgen gem. § 2 Abs. 2 InvStG das Halbeinkünfteverfahren des § 3 Nr. 40 EStG zur Anwendung kommt, ist beim Abzug von Werbungskosten das damit korrespondierende **Halbabzugsverfahren** des § 3c Abs. 2 EStG zu beachten. Der BFH sieht in dem nur hälftigen Abzug der Aufwendungen keinen Verstoß gegen das Nettoprinzip; s. Rdnr. 186 ff.[3] Danach dürfen Werbungskosten, die mit den dem § 3 Nr. 40 EStG zugrunde liegenden Einnahmen (Dividenden und ähnliche Bezüge) in wirtschaftlichem Zusammenhang stehen, bei der Einkunftsermittlung nur zur Hälfte abgezogen werden. Dies gilt nicht für Zinserträge und zinsähnliche Investmenterträge, bei denen Werbungskosten in voller Höhe abziehbar sind. Die stpfl. Investmenterträge sind demnach bei der Ermittlung der Einkünfte aufzuteilen in Einnahmen, die nach § 3 Nr. 40 EStG nur zur Hälfte anzusetzen sind und solche, die in voller Höhe der Besteuerung unterliegen. Die damit zusammenhängenden Werbungskosten sind entsprechend aufzuteilen. Für die Abbildung eines geeigneten Aufteilungsmaßstabs macht das BMF-Schreiben vom 12. 6. 2002[4] bestimmte Vorgaben. Bei der Zuordnung von Anteilen an Investmentvermögen, zu deren Fondsvermögen Kapitalanlagen gehören, die dem Halbeinkünfteverfahren unterliegen, ist zum jeweiligen Stichtag eine Aufteilung der vom Stpfl. gehaltenen Anteile entsprechend der Zusammensetzung des jeweiligen Fondsvermögens in die zwei Gruppen von Kapitalanlagearten vorzunehmen. Ist dem Steuerpflichtigen die Zusammensetzung des Fondsvermögens nicht bekannt, soll die Aufteilung – anders als bei der Direktanlage – auf die zwei Gruppen nach dem Verhältnis der voll zu besteu-

950

---

1 Harenberg in H/H/R, EStG/KStG, § 20 EStG Anm. 70.
2 Zum Umfang der abziehbaren Werbungskosten, Rdnr. 201.
3 BFH, U. v. 27. 10. 2005, BStBl II 2006, 171.
4 BStBl I 2002, 647.

ernden Erträge zu den Erträgen, die dem Halbeinkünfteverfahren unterliegen erfolgen.

2. Umfang der Investmenterträge allgemein

951 Neben den ausgeschütteten und ausschüttungsgleichen (thesaurierten) Erträgen gehört seit dem 1. 1. 2005 auch der dem Stückzins bei der Direktanlage entsprechende, mit dem Verkaufs- oder Rückgabeerlös ausgezahlte Zwischengewinn wieder zu den stpfl. Zinserträgen aus der Investmentanlage. Unerheblich ist, ob es sich um Ausschüttungen eines in- oder ausländischen Investmentvermögens oder einer Investment-Aktiengesellschaft handelt (§ 1 Abs. 1 InvStG). Zu den Erträgen aus einem Investmentanteil, die beim Privatanleger nicht vollständig der Besteuerung unterliegen, gehören die tatsächlich ausgezahlten oder gutgeschriebenen **Brutto-Ausschüttungen**, also einschließlich der deutschen Kapitalertragsteuer, des Zinsabschlags, des Solidaritätszuschlags und einer entsprechenden ausländischen Quellensteuer.

Beispiel:
Ein in Deutschland ansässiges Investmentvermögen erhält aus einer ausländischen Aktienbeteiligung 2 € als Dividende unter Abzug einer ausländischen Quellensteuer von 0,30 € ausgezahlt und reicht die Nettoausschüttung von 1,70 € an den Anteilscheininhaber weiter. Dieser hat in seiner Steuererklärung („Erträge aus einem inländischen Investmentvermögen, die aus ausländischen Quellen stammen und dem Halbeinkünfteverfahren unterliegen") 2 € zu erklären.

952 Zu den Erträgen gehören sowohl die laufend vom Investmentvermögen erzielten Kapitalerträge (Zinsen, Zinssurrogate, Dividenden, Mieten und sonstige Erträge wie Ausschüttungen auf stille Beteiligungen, Zinserträge aus Finanzinnovationen und Garantie-Zertifikaten des § 20 Abs. 2 Satz 1 Nr. 4 EStG) als auch die Gewinne aus der Veräußerung von Beteiligungen an Kapitalgesellschaften, aus der Veräußerung von verbrieften und unverbrieften Kapitalforderungen jeder Art, von Grundstücken, grundstücksgleichen Rechten und Termingeschäften. Termingeschäfte werden von der Verwaltung weit gefasst, so dass darunter auch Kassageschäfte, das Eingehen und die Veräußerung von Optionsgeschäften (Stillhalterprämien, Glattstellungsgeschäfte) und Geschäfte mit Zertifikaten verstanden werden (§ 23 Abs. 1 Satz 1 Nr. 2 und 4 EStG; Rn. 15 des BMF v. 2. 6. 2005).[1] Keine Erträge sind dagegen

---
1 BStBl I 2005, 728.

VII. Erträge aus in- und ausländischen Investmentfonds

- Kapitalrückzahlungen oder Einlagenrückgewährungen an das Investmentvermögen;
- die während des Fondsgeschäftsjahrs vom Investmentvermögen erzielten ausschüttungsgleichen Erträge (Thesaurierungen), die um die zur Ausschüttung verwendeten Erträge und um die auf der Ebene des Investmentvermögens abziehbaren Werbungskosten gemindert sind.

Da diese thesaurierten Erträge nicht ausgezahlt werden, fingiert § 2 Abs. 1 Satz 2 InvStG den Zufluss beim Anleger. Ausschüttungsgleiche Erträge sind mit Ablauf des Geschäftsjahrs, in dem sie von der Investmentgesellschaft vereinnahmt wurden, zugeflossen und somit periodengerecht vom Anleger zu versteuern. Zu den **ausschüttungsgleichen Erträgen** gehören 953

- die während des Geschäftsjahrs der Investmentgesellschaft laufend erzielten Kapitalerträge (BMF v. 2. 6. 2005, Rn. 18);
- die Gewinne aus Veräußerungsgeschäften i. S. d. § 23 Abs. 1 Satz 1 Nr. 1 und 3 EStG wie z. B. Geschäfte mit Grundstücken und grundstücksgleichen Rechten innerhalb der zehnjährigen Behaltensfrist und Leerverkäufe soweit nicht Leerverkäufe von Wertpapieren und nicht verbrieften Kapitalbeteiligungen vorliegen. Ausgenommen sind ebenfalls Geschäfte mit Wertpapieren, Bezugsrechten und Termingeschäften, zu denen die Verwaltung auch Optionsgeschäfte und Devisentermingeschäfte rechnet (BMF v. 2. 6. 2005, Rn. 19);
- der in den Einnahmen aus der Rückgabe oder der Veräußerung von Investmentanteilen enthaltene **Zwischengewinn** (Zinsen und Zinssurrogate vermindert um die mit diesen Erträgen zusammenhängenden Werbungskosten; § 2 Abs. 1 Satz 3, § 3 Abs. 2 InvStG).

Die Zwischengewinnbesteuerung galt zunächst für Veräußerungen oder Rückgaben vor dem 1. 1. 2004, war dann für Veräußerungen und Rückgaben nach dem 31. 12. 2004 ausgesetzt und gilt nun wieder für Rückgaben oder Veräußerungen nach dem 31. 12. 2004. Die Zwischengewinnermittlung der Investmentgesellschaften begann zum 1. 1. 2005 nach einer Verlautbarung des BMF mit 0 € (sog. Startwert). Die Zwischengewinnermittlung und -veröffentlichung, zu der die Investmentgesellschaften verpflichtet sind (§ 5 Abs. 3 InvStG), müssen sowohl in- wie auch ausländische Gesellschaften vornehmen. Die Ermittlung und Veröffentlichung gilt für Zwischengewinne, die nach dem 31. 12. 2004 angefallen sind. In- und ausländische **Single- und Dach-Hedgefonds** waren von der Ermittlung und Veröffentlichung ihres Zwischengewinns bis zum 31. 12. 2005 befreit. 954

Eine weitere Ausnahme besteht für in- und ausländische Spezial-Sondervermögen (BMF v. 15. 2. 2005, Rn. 3 und 4);

Beispiel
A verkaufte 1000 Investmentanteile am 10. 3. 2005 zum Kurs von 34 € je Anteil. In dem Verkaufserlös sind 5 € Zwischengewinn aus dem Jahr 2004 und 0,50 € Zwischengewinn des Jahres 2005 enthalten. Das Geschäftsjahr der Investmentgesellschaft läuft vom 1. 4. – 31. 3. In seiner Steuererklärung 2004 hatte A keinen Zwischengewinn anzusetzen. In seiner Steuererklärung für das Jahr 2005 hat er 0,50 € je Anteil zu erklären.

3. Umfang der steuerpflichtigen Ausschüttungen

955 Der Umfang der Ausschüttungen entspricht beim Privatanleger nicht dem Umfang der stpfl. Erträge. Werden die Investmentanteile im Privatvermögen gehalten, stehen dem Anleger auch nach den Änderungen des InvStG im Vergleich mit dem Direktanleger eine Reihe von sog. Fondsprivilegien zu. **Steuerfrei** sind nach § 2 Abs. 3 InvStG die vom Investmentvermögen erzielten und in den Ausschüttungen enthaltenen

- Gewinne aus der Veräußerung von Wertpapieren unabhängig von der Behaltensfrist des § 23 Abs. 1 Satz 1 Nr. 2 EStG;

- Gewinne aus der Veräußerung von verbrieften und unverbrieften Anteilen an in- und ausländischen Kapitalgesellschaften (AG, GmbH und vergleichbare ausländische Gesellschaften);

- Termingeschäftsgewinne, die ebenfalls weiter gefasst werden als in § 23 Abs. 1 Satz 1 Nr. 4 EStG und deshalb auch Swaps und Optionsprämien umfassen;

- Gewinne aus Bezugsrechten auf Anteile an in- und ausländischen Kapitalgesellschaften und Freianteile an solchen Gesellschaften, wenn die Ausgabe dieser Anteile nach dem KapErhStG steuerbefreit ist. Liegen die Voraussetzungen des KapErhStG nicht vor, ist sowohl die Ausgabe der Anteile beim Privatanleger als auch der ausgeschüttete Veräußerungsgewinn durch die Investmentgesellschaft steuerpflichtig mit der Folge, dass das Halbeinkünfteverfahren des § 3 Nr. 40 Buchst. j EStG Anwendung findet;

- Gewinne aus der Veräußerung von Grundstücken und grundstücksgleichen Rechten soweit die Behaltensfrist des § 23 Abs. 1 Satz 1 Nr. 1 EStG abgelaufen ist. Veräußerungsgewinne aus steuerverhafteten

VII. Erträge aus in- und ausländischen Investmentfonds 305

Grundstücksgeschäften und aus Leerverkäufen sind dagegen auch beim privaten Investmentanleger nicht steuerbefreit.

4. Zufluss der Erträge

Sämtliche Investmenterträge des privaten Anlegers gehören nach § 2 Abs. 1 InvStG zu den Überschusseinkünften der § 20 Abs. 1 Nr. 1, § 2 Abs. 2 Nr. 2 EStG. Es gilt für die periodengerechte Besteuerung daher das Zu- und Abflussprinzip des § 11 EStG. Der Investmentanleger hat dadurch ein – systembedingtes – weiteres Steuerprivileg in Form eines Steuerstundungseffekts. Kapitalerträge, die die Investmentgesellschaft aus der Anlage des Investmentvermögens im Jahr 2006 erzielt, werden regelmäßig im Jahr 2007 an die Investmentanleger weitergereicht und sind somit erst im VZ 2007 vom Anleger zu versteuern. Der Direktanleger dagegen hat einen Liquiditätsvorteil und muss seine Kapitalerträge aus dem Jahr 2006 bereits im VZ 2006 versteuern. 956

Ausschüttungen auf Investmentanteile des Privatanlegers sind im Jahr **der tatsächlichen Auszahlung oder im Jahr der Gutschrift** – einschließlich der einbehaltenen Kapitalertragsteuer, des Zinsabschlags und des Solidaritätszuschlags (§ 1 Abs. 3 InvStG) – steuerlich zu erfassen. Für ausschüttungsgleiche, also **thesaurierte Investmenterträge** enthält § 2 Abs. 1 Satz 2 InvStG eine **Zuflussfiktion.** Sie gelten als zugeflossen mit Ablauf des Geschäftsjahrs der Investmentgesellschaft, in dem sie bei dieser vereinnahmt worden sind. Der steuerpflichtige Zwischengewinn fließt bei dem Anleger mit dem Veräußerungs- oder Rückgabeerlös zu (§ 2 Abs. 1 Satz 5 InvStG). 957

Im Einzelnen gilt für den Zufluss und die Besteuerung Folgendes:

Art der Erträge	Rechtsgrundlage	Zufluss	
		ausgeschüttet	thesauriert
Dividenden, in- und ausländische	§ 1 Abs. 3, § 2 Abs. 1, Abs. 2 InvStG	mit Ausschüttung, zur Hälfte steuerpflichtig	mit Ablauf des Fondsgeschäftsjahres, in voller Höhe steuerpflichtig
Zinsen, in- und ausländische	§ 1 Abs. 3, § 2 Abs. 1 InvStG	mit Ausschüttung, in voller Höhe steuerpflichtig	mit Ablauf des Fondsgeschäftsjahres, in voller Höhe steuerpflichtig
Veräußerungsgewinne aus Schuldverschreibungen, Aktien und GmbH-Anteilen	§ 1 Abs. 3, § 2 Abs. 1 und 3 InvStG	steuerfrei	kein Zufluss
Gewinne aus Termingeschäften i. S. d. § 23 Abs. 1 Satz 1 Nr. 4 EStG	§ 1 Abs. 3, § 2 Abs. 1 und 3 InvStG	steuerfrei	kein Zufluss
Optionsprämien aus Stillhaltergeschäften des Fonds	§ 1 Abs. 3, § 2 Abs. 1 und 3 InvStG	steuerfrei	kein Zufluss
Erträge aus Leerverkäufen von Wertpapieren	§ 1 Abs. 3, § 2 Abs. 1 und 3 InvStG	steuerfrei	kein Zufluss
Mieten aus inländischen Immobilien	§ 1 Abs. 3, § 2 Abs. 1 InvStG	in voller Höhe steuerpflichtig	mit Ablauf des Fondsgeschäftsjahres, in voller Höhe steuerpflichtig
Mieten aus ausländischen Immobilien unter Geltung der Freistellungsmethode	§ 1 Abs. 3, § 2 Abs. 1, § 4 Abs. 1 InvStG	steuerfrei mit Progressionsvorbehalt	mit Ablauf des Fondsgeschäftsjahres, steuerfrei mit Progressionsvorbehalt

VII. Erträge aus in- und ausländischen Investmentfonds

Art der Erträge	Rechtsgrundlage	Zufluss	
		ausgeschüttet	thesauriert
Mieten aus ausländischen Immobilien unter Geltung der DBA-Anrechnungsmethode (ausgenommen Schweiz und Spanien)	§ 1 Abs. 3, § 2 Abs. 1, § 4 Abs. 2 InvStG	steuerpflichtig mit Steueranrechnung bzw. -abzug	mit Ablauf des Fondsgeschäftsjahres, in voller Höhe steuerpflichtig mit Steueranrechnung bzw. -abzug
Veräußerungsgewinne aus dem Verkauf inländischer Grundstücke	§ 1 Abs. 3, § 2 Abs. 1 und 3 InvStG	steuerfrei, wenn die Behaltensfrist des § 23 Abs. 1 Satz 1 Nr. 1 EStG abgelaufen ist	nur Zufluss, wenn Behaltensfrist des § 23 Abs. 1 Satz 1 Nr. 1 EStG noch nicht abgelaufen ist, voll steuerpflichtig
Veräußerungsgewinne aus dem Verkauf von ausländischen Grundstücken mit DBA-Freistellungsmethode	§ 1 Abs. 3, § 2 Abs. 1, § 4 Abs. 1 InvStG	steuerfrei, wenn die Behaltensfrist des § 23 Abs. 1 Satz 1 Nr. 1 EStG abgelaufen ist, sonst steuerfrei mit Progressionsvorbehalt	nur Zufluss bei Veräußerung innerhalb der Behaltensfrist des § 23 Abs. 1 Satz 1 Nr. 1 EStG, sonst steuerfrei mit Progressionsvorbehalt
Veräußerungsgewinne aus dem Verkauf von ausländischen Grundstücken mit DBA-Anrechnungsmethode	§ 1 Abs. 3, § 2 Abs. 1, § 4 Abs. 2 InvStG	steuerfrei, wenn die Behaltensfrist des § 23 Abs. 1 Satz 1 Nr. 1 EStG abgelaufen ist, sonst steuerpflichtig in voller Höhe mit Steueranrechnung bzw. -abzug	nur Zufluss bei Veräußerung innerhalb der Behaltensfrist des § 23 Abs. 1 Satz 1 Nr. 1 EStG, steuerpflichtig mit Steueranrechnung bzw. -abzug

Art der Erträge	Rechtsgrundlage	Zufluss	
		ausgeschüttet	thesauriert
Beteiligungserträge aus der Beteiligung an Personengesellschaften, insbesondere Grundstücks-Personengesellschaften		ausschlaggebend ist die Einkunftsart bei der Personengesellschaft (auch beim Fonds)	ausschlaggebend ist die Einkunftsart bei der Personengesellschaft (auch beim Fonds)
inländische Dividenden aus Grundstücks-Kapitalgesellschaften	§ 1 Abs. 3, § 2 Abs. 1 und 2 InvStG	mit Ausschüttung, zur Hälfte steuerpflichtig	mit Ablauf des Fondsgeschäftsjahres, zur Hälfte steuerpflichtig
ausländische Dividenden aus Grundstücks-Kapitalgesellschaften (Schachteldividenden)	§ 1 Abs. 3, § 2 Abs. 1 und 2, § 4 Abs. 1 InvStG	steuerfrei in voller Höhe mit Progressionsvorbehalt	kein Zufluss
ausländische Dividenden, insbesondere aus Grundstücks-Kapitalgesellschaften (keine Schachteldividenden)	§ 1 Abs. 3, § 2 Abs. 1 und 2 InvStG	mit Ausschüttung, zur Hälfte steuerpflichtig	mit Ablauf des Fondsgeschäftsjahres, zur Hälfte steuerpflichtig

5. Pauschalbesteuerung bei intransparenten Investmentfonds

958 Die vorstehend beschriebenen Besteuerungsregeln sind nur für Erträge aus Investmentanteilen transparenter Fonds anzuwenden, also Investmentfonds, die ihre Besteuerungsgrundlagen gemäß § 5 InvStG dem Anleger und der deutschen FinVerw. bekannt geben. Erträge von Investmentfonds, die dieser Bekanntgabepflicht nicht genügen (intransparente Fonds), werden nach § 6 InvStG einer Pauschalbesteuerung unterzogen.[1] Um dieser Pauschalbesteuerung zu entgehen, muss die Investmentgesellschaft auch

---

1 Der BFH hat wegen der offensichtlichen Verfassungswidrigkeit der Vorgängervorschrift § 18 Abs. 3 AuslInvestmG Aussetzung der Vollziehung gewährt; Beschl. v. 14. 9. 2005 VIII B 40/05, BFH/NV 2006, 508.

VII. Erträge aus in- und ausländischen Investmentfonds

dem Anleger die folgenden Angaben bekannt machen und diese zusätzlich im Bundesanzeiger veröffentlichen:[1]

- die Höhe der Ausschüttungen (§ 5 Abs. 1 Satz 1 Nr. 1 Buchst. a InvStG),
- den Betrag der ausgeschütteten Erträge (§ 5 Abs. 1 Satz 1 Nr. 1 Buchst. b InvStG),
- die Bemessungsgrundlage und den anrechenbaren oder erstattungsfähigen Betrag der Kapitalertragsteuer und des Zinsabschlags (§ 5 Abs. 1 Satz 1 Nr. 1 Buchst. d, e InvStG),
- den Betrag der bei der Ermittlung der Erträge angesetzten Absetzungen für Abnutzung oder Substanzverringerung (§ 5 Abs. 1 Satz 1 Nr. 1 Buchst. g InvStG) und
- den Betrag der Körperschaftsteuerminderung, den die unbeschränkt steuerpflichtige frühere Gliederungskörperschaft bei ihrer Ausschüttung an das Investmentvermögen in Anspruch genommen hat (§ 5 Abs. 1 Satz 1 Nr. 1 Buchst. h InvStG i. V. m. § 37 Abs. 3 KStG).

Bei einer Kapitalanlage in einen Investmentfonds ist deshalb zu raten, sich vorher über die Art des Fonds – transparent oder intransparent – zu informieren. Handelt es sich um einen (in- oder ausländischen) Investmentfonds, der nicht alle oben genannten Angaben veröffentlicht, werden die Erträge nach § 6 InvStG, der dem früheren § 18 Abs. 3 AuslInvestmG nachempfunden ist, einer pauschalen Besteuerung unterzogen. Steuerpflichtig sind in diesem Fall die ausgezahlten oder gutgeschriebenen Erträge i. S. d. § 1 Abs. 3 Satz 1 InvStG zzgl. Kapitalertragsteuer, Solidaritätszuschlag und gezahlter ausländischer Quellensteuer (Bruttobetrag der Ausschüttungen), zusätzlich die **pauschal ermittelten** thesaurierten Erträge in Höhe von 70 v. H. des Mehrbetrags zwischen dem ersten im Kalenderjahr festgesetzten Rücknahmepreis und dem letzten im Kalenderjahr festgesetzten Rücknahmepreis oder der Mindestbetrag von 6 v. H. des letzten im Kalenderjahr festgesetzten Rücknahmepreises, wenn dieser Betrag den Betrag der Ausschüttungen des Fonds im Kalenderjahr zzgl. 70 v. H. des Mehrbetrags übersteigt, also auch dann, wenn der Fondsanteil an Wert verloren hat. Dieser Mindestbetrag ist um die tatsächlich ausgeschütteten oder thesaurierten Erträge zu kürzen. Ob der Ansatz dieser pauschalen Größe im Fall eines Wertverlusts des Anteils dem verfassungs-

959

---

[1] BMF-Schreiben v. 2. 6. 2005, BStBl I 2005, 728, Rn. 91 ff.

rechtlich gebotenen Grundsatz einer Besteuerung nach der wirtschaftlichen Leistungsfähigkeit entspricht, wird mit Recht bezweifelt.[1] Die Ermittlung des pauschalen Zwischengewinns nach der Vorgängervorschrift § 18 Abs. 3 AuslInvestmG wird zudem unter gemeinschaftsrechtlichen Gesichtspunkten kritisiert. Das FG Berlin hat mit seiner Entscheidung vom 8. 2. 2005 (7 K 7396/02)[2] einen **Verstoß gegen Art. 56 des EG-Vertrags** (Kapitalverkehrsfreiheit) angenommen. Bis zur Entscheidung des BFH im Revisionsverfahren (VIII R 20/05) sollte deshalb Steuerbescheide, in denen Kapitalerträge aus ausländischen Investmentfonds besteuert wurden, offen gehalten werden. Dies gilt sowohl für die Anwendung des § 18 Abs. 3 AuslInvestmG als auch für die in der Bemessungsgrundlage etwas mildere Vorschrift § 6 InvStG.

6. Veräußerung von Investmentanteilen durch den Anleger

960 Werden Investmentanteile innerhalb der einjährigen Behaltensfrist des § 23 Abs. 1 Satz 1 Nr. 2 Satz 1 EStG veräußert, ist die Differenz zwischen den Anschaffungskosten und dem Veräußerungserlös vermindert um die Veräußerungskosten (Werbungskosten) als „Gewinn" aus einem privaten Veräußerungsgeschäft steuerpflichtig. Aufgrund der Subsidiarität dieser Einkunftsart (§ 23 Abs. 2 Satz 1 EStG) sind die im Veräußerungserlös enthaltenen Einnahmen aus Kapitalvermögen, z. B. thesaurierte (ausschüttungsgleiche) Erträge, oder der Zwischengewinn „gewinnmindernd" oder „verlusterhöhend" zu berücksichtigen. Der Erwerber der Investmentanteile hat den bezahlten **Zwischengewinn** als negative Einnahme aus Kapitalvermögen anzusetzen und die Anschaffungskosten seiner Anteile entsprechend zu mindern. Zumindest für Veräußerungen im Jahr 2005 war das Halbeinkünfteverfahren des § 3 Nr. 40 EStG nicht anzuwenden.

Beispiel 1:
A erwarb am 29. 3. 2005 einen Anteil eines thesaurierenden Rentenfonds zu 40 €. Darin waren 1 € Zwischengewinn (1. 1. bis 29. 3. 2005) enthalten. Den Zwischengewinn von 1 € kann er mit anderen Einnahmen aus Kapitalvermögen verrechnen. Während des Jahrs 2005 hatte seine Depotbank den gezahlten Zwischengewinn im Rahmen des „Stückzinstopfes" nach § 43a Abs. 3 EStG berücksichtigt. Am 29. 4. 2005 (Ende des Fondsgeschäftsjahrs) wurden für diesen Anteil 5 € thesauriert. Am 26. 8. 2005 veräußerte A seinen Anteil zum Rückgabekurs von 48 €, in dem 2 € Zwischengewinn enthalten waren. Aus diesen Vorgän-

---
1 Siehe BFH, U. v. 25. 6. 1984, BStBl II 1984, 751.
2 EFG 2005, 1094.

VII. Erträge aus in- und ausländischen Investmentfonds 311

gen hätte A in seiner Steuererklärung 2005 folgende Werte (Transaktionskosten sollen hier unberücksichtigt bleiben) zu erklären:

Einnahmen aus Kapitalvermögen (§ 20 Abs. 1 Nr. 7 EStG):

Zinserträge aus Investmentfonds	5 €	(Zufluss am 29. 4. 2005)
erhaltener Zwischengewinn	2 €	
gezahlter Zwischengewinn	./. 1 €	
Einnahmen insgesamt	6 €	

Einnahmen aus privaten Veräußerungsgeschäften (§ 23 Abs. 1 Satz 1 Nr. 2, Abs. 2 und 3 EStG):

Veräußerungserlös	48 €
erhaltener Zwischengewinn	./. 2 €
gezahlter Zwischengewinn	1 €
thesaurierter Kapitalertrag	./. 5 €
Anschaffungspreis	./. 40 €
Überschuss (Gewinn)	2 €

Beispiel 2:

Sachverhalt wie zuvor, nur erwarb A seinen Investmentfondsanteil bereits am 22. 12. 2004. In diesem Fall konnte der bezahlte Zwischengewinn von 1 €, da in 2004 abgeflossen, nicht als negative Einnahme 2005 berücksichtigt werden. Seine Einnahmen aus Kapitalvermögen 2005 erhöhen sich somit auf 7 €. Die neuen Regelungen zur Besteuerung von erhaltenen Zwischengewinnen und zur Abziehbarkeit von gezahlten Zwischengewinnen sind erst bei Erwerb bzw. Veräußerung nach dem 31. 12. 2004 wieder anwendbar.

Beispiel 3:

Sachverhalt wie zuvor, nur hatte A seinen Fondsanteil im Jahr 2003 erworben und im Jahr 2004 veräußert. Der im Jahr 2003 gezahlte Zwischengewinn ist negative Einnahme aus Kapitalvermögen des Jahrs 2003. Im Jahr 2004 hat A Einnahmen aus Kapitalvermögen von 5 €, da der Zwischengewinn 2004 nicht stpfl. ist. Die Einnahmen aus privaten Veräußerungsgeschäften betragen dagegen 3 €, da der im Veräußerungserlös enthaltene Zwischengewinn (2 €) nicht im Rahmen des § 20 EStG anzusetzen ist und die Subsidiaritätsklausel des § 23 Abs. 2 Satz 1 EStG nicht zur Anwendung gelangt.

(einstweilen frei) 961–980

VIII. Einnahmen aus der Veräußerung bestimmter Wertpapiere und Kapitalforderungen (§ 20 Abs. 2 EStG)

981 § 20 Abs. 2 EStG stellt zusammenfassend klar, dass alles, was für eine (private) Überlassung von Kapital gewährt wird oder was unter bestimmten Bedingungen aus der Abtretung oder Zwischenveräußerung von Wertpapieren oder Kapitalforderungen erlangt wird, als Einnahme aus Kapitalvermögen zu versteuern ist.

§ 20 Abs. 2 EStG ergänzt einerseits die Vorschriften aus § 20 Abs. 1 EStG, setzt andererseits aber die Tatbestände des § 20 Abs. 1 EStG voraus.

1. Besondere Entgelte und Vorteile (§ 20 Abs. 2 Satz 1 Nr. 1 EStG)

982 § 20 Abs. 2 Satz 1 Nr. 1 EStG enthält keinen selbständigen Besteuerungstatbestand, sondern dient nur der Klarstellung und Ergänzung des § 20 Abs. 1 Nr. 1 – 8 und Abs. 2 Satz 1 Nr. 2 – 4 EStG.[1]

§ 20 Abs. 2 Satz 1 Nr. 1 EStG korrespondiert direkt mit der allgemeinen Einnahmedefinition aus § 8 Abs. 1 EStG,[2] wonach Einnahmen alle Güter in Geld oder Geldeswert darstellen, die dem Stpfl. im Rahmen einer der Einkunftsarten des § 20 Abs. 1 Nr. 4 – 7 EStG zufließen. Einer besonderen Einnahmedefinition für die Einkunftsart Kapitalvermögen bedarf es wegen § 8 Abs. 1 EStG und des nunmehr alle denkbaren Erträge umfassenden § 20 Abs. 1 Nr. 7 EStG nicht. § 20 Abs. 2 Satz 1 Nr. 1 EStG ist u. E. heute überflüssig.

983 Nach BFH v. 13. 10. 1987[3] wird durch § 20 Abs. 2 Satz 1 Nr. 1 EStG der Umfang der von § 20 Abs. 1 Nr. 1 – 8 EStG stpfl. Einnahmen lediglich klargestellt. Nutzungsentgelte für eine Kapitalüberlassung, die trotz des weiten Zinsbegriffs (s. Rdnr. 871 ff.) nicht unter § 20 Abs. 1 Nr. 5 EStG (Zinsen aus Hypotheken und Grundschulden, s. Rdnr. 831 ff.) zu subsumieren sind, werden von § 20 Abs. 1 Nr. 7 Satz 1 EStG erfasst, der nach seiner Umgestaltung durch das StMBG[4] nicht mehr nur „Zinsen", sondern allgemein „Erträge" aus Kapitalforderungen der Besteuerung unterzieht.

---

1 BFH, U. v. 12. 12. 1969, BStBl II 1970, 212; U. v. 3. 11. 1972, BStBl II 1973, 447; U. v. 12. 12. 1972, BStBl II 1973, 449; U. v. 11. 2. 1981, BStBl II 1981, 465; U. v. 23. 10. 1985, BStBl II 1986, 178.
2 BFH, U. v. 4. 7. 1984, BStBl II 1984, 842.
3 BStBl II 1988, 252.
4 BGBl I 1993, 2310.

VIII. Einnahmen aus Wertpapieren und Kapitalforderungen

Umfang der stpfl. Einnahmen: Dem Sinn einer Generalklausel entsprechend gehört alles, was ein Stpfl. „für die Gestattung seiner Kapitalnutzung erhält"[1] zu den besonderen Entgelten und Vorteilen i. S. d. § 20 Abs. 2 Satz 1 Nr. 1 EStG. In Betracht kommt alles, was Einnahme i. S. d. § 8 Abs. 1 EStG sein kann, d. h. alle „Güter", die in Geld oder Geldeswert bestehen", also auch Sachleistungen und Nutzungen;[2] nicht aber Kapitalrückzahlungen (s. Rdnr. 22 ff.). In welches zivilrechtliche Kleid das einzelne Kapitalüberlassungsverhältnis gekleidet oder mit welcher Bezeichnung das Nutzungsentgelt belegt wird, ist unbeachtlich.[3]

984

Ebenso ohne Bedeutung ist die Art der Entgeltsgewährung. § 20 Abs. 2 Satz 1 Nr. 1 EStG erfasst sowohl offen als auch verdeckt gewährte Vorteile, **die neben den in Abs. 1 und 2 bezeichneten Einnahmen oder an deren Stelle gewährt werden**: Die Entgelte oder Vorteile müssen wirtschaftlich Entgelte für die Kapitalnutzung[4] oder Gewährung von Kapitalbeteiligungen sein. Es muss also Kapitalvermögen i. S. d. § 20 Abs. 1 EStG vorliegen, als dessen Früchte sich die Vorteile und Entgelte darstellen. Der Leistende muss in den Fällen des § 20 Abs. 1 Nr. 1 – 8 EStG der Schuldner, in den Fällen des § 20 Abs. 2 Satz 1 Nr. 2 – 4 EStG der Erwerber oder Abtretungsempfänger der Kapitalforderung oder sonstiger Ansprüche sein.

985

Als stpfl. besonderes Entgelt oder besonderer Vorteil ist die **gesamte Vermögensmehrung** anzusetzen, die aufgrund des Kapitalüberlassungsverhältnisses beim Stpfl. ausgelöst wird. Werbungskosten oder Rückgewähransprüche bleiben unberücksichtigt.[5] Werden die Vorteile, z. B. vGA, von einer Kapitalgesellschaft gewährt, so ist für die Besteuerung der Anteilseigner unerheblich, ob auf der Ebene der Gesellschaft eine Vermögensminderung in Form einer vGA eingetreten ist.[6] Vorteile, die nicht in Geld gewährt werden (Wohnung, Kost, Waren und sonstige Sachbezüge), sind nach § 8 Abs. 2 EStG mit den üblichen Endpreisen am Abgabeort anzusetzen.

986

---

1 BFH, U. v. 12. 12. 1969, BStBl II 1970, 212.
2 BFH, U. v. 16. 12. 1992, BStBl II 1993, 399, Hapimag-Fall.
3 RFH, U. v. 13. 10. 1920, RFHE 4, 222; BFH, U. v. 21. 12. 1972, BStBl II 1973, 449; U. v. 4. 7. 1984, BStBl II 1984, 842; U. v. 23. 10. 1985, BStBl II 1986, 178; nunmehr ausdrücklich in § 20 Abs. 1 Nr. 7 Satz 2 EStG normiert; s. Rdnr. 889.
4 BFH, U. v. 25. 6. 1974, BStBl II 1974, 735.
5 BFH, U. v. 4. 7. 1987, BStBl II 1981, 842; U. v. 23. 10. 1985, a. a. O.
6 BFH, U. v. 23. 7. 1979, BStBl II 1979, 553.

987 VGA gehören bereits zu den sonstigen Bezügen i. S. d. § 20 Abs. 1 Nr. 1 Satz 1 EStG. Ihre Erwähnung in § 20 Abs. 1 Nr. 1 Satz 2 EStG ist deshalb überflüssig und hat nur rechtsbestätigende Wirkung.

2. Einnahmen aus der Veräußerung von Dividendenscheinen und sonstigen Ansprüchen (§ 20 Abs. 2 Satz 1 Nr. 2 Buchst. a EStG)

988 § 20 Abs. 2 Satz 1 Nr. 2 EStG ergänzt mit seinem Buchst. a § 20 Abs. 1 Nr. 1 EStG, indem er Gewinne aus der **Veräußerung von Dividendenscheinen** und sonstigen Ansprüchen, die nicht von § 20 Abs. 1 Nr. 1 EStG erfasst sind, der Besteuerung unterwirft. § 20 Abs. 2 Satz 1 Nr. 2 Buchst. a EStG hat insoweit nicht nur klarstellenden, sondern steuerbegründenden (konstitutiven) Charakter.[1] Die Vorschrift erfasst, wie die Aufzählung „Dividendenscheine und sonstige Ansprüche" zeigt, nur Veräußerungsgeschäfte von Gewinnansprüchen i. S. d. § 20 Abs. 1 Nr. 1 EStG. KapESt-Pflicht besteht nicht, da § 43 Abs. 1 Satz 2 EStG lediglich Kapitalerträge i. S. d. § 20 Abs. 2 Satz 1 Nr. 1 EStG (besondere Vorteile und Entgelte) erwähnt.

Darüber hinaus stellt § 20 Abs. 2 Satz 1 Nr. 2 Buchst. b EStG eine **Ergänzung** des § 20 Abs. 1 Nr. 7 EStG dar, soweit hier die Veräußerungsgewinne aus dem Verkauf von Zinsscheinen und Zinsforderungen für stpfl. erklärt werden. Die Vorschrift verlagert die Verwirklichung des Besteuerungstatbestands, der eigentlich erst mit Zufluss der Zinsen bei Vorlage des Zinskupons erfüllt ist, zeitlich und sachlich vor. Abweichend vom Grundsatz der Unbeachtlichkeit von Vorausverfügungen bei den Einkünften i. S. v. § 2 Abs. 2 Nr. 2 EStG ist der Tatbestand bereits mit Veräußerung des Zinsscheins und nicht erst bei Fälligkeit der Zinsen erfüllt.

989 Der Veräußerer von Kapitalerträgen erzielt mit dem vereinbarten Erwerbspreis **wirtschaftlich** den Ertrag seiner Kapitalanlage.[2] Satz 2 der Nr. 2 Buchst. a stellt deshalb klar, dass die Besteuerung nach Satz 1 an die Stelle der Besteuerung nach § 20 Abs. 1 EStG tritt. Daraus kann jedoch nicht hergeleitet werden, der Veräußerer habe das Erwerbsentgelt auch ohne die Regelung in § 20 Abs. 2 Satz 1 Nr. 2 EStG zu versteuern, die Vorschrift sei also überflüssig. Ohne die ausdrückliche Regelung in § 20 Abs. 2 Satz 1 Nr. 2 Buchst. b EStG müsste der ursprüngliche Inhaber des Zinsscheins die

---

1 Littmann, DStR 1981, 588; Heinicke, DStJG 10 (1987), 99; Scholtz, DStZ/A 1990, 547.
2 RFH, U. v. 17. 6. 1931, RStBl 1931, 633; BFH, U. v. 11. 12. 1968, BStBl II 1969, 188.

VIII. Einnahmen aus Wertpapieren und Kapitalforderungen

Zinsen versteuern, obwohl nicht ihm, sondern dem Erwerber die Zinseinnahmen zufließen.

Das Gesetz erachtet eine Klarstellung in den Fällen für erforderlich, in denen Gewinn- und Zinsansprüche ohne die zugrunde liegenden Aktien, Schuldverschreibungen und sonstige Ansprüche veräußert werden. Dem lag die Vorstellung zugrunde, 990

- dass der Erwerber von Gewinn- und Zinsansprüchen **ohne** Stammrecht keine Kapitalerträge erzielt, sondern lediglich eine Forderung einzieht, so dass zur Sicherung der Besteuerung eine Klarstellung hinsichtlich der Steuerpflicht des Veräußerers erforderlich schien;

- dass andererseits der Erwerber bei Veräußerung von Gewinn- und Zinsansprüchen **mit** den dazugehörigen Stammrechten in seiner Eigenschaft als (neuer) Inhaber des Stammrechts stpfl. Kapitalerträge erzielt, so dass die Veräußerung beim Veräußerer im Rahmen des § 20 EStG – mit Ausnahme der Stückzinsen (§ 20 Abs. 2 Satz 1 Nr. 3 EStG) – steuerfrei bleiben kann.

Für die Veräußerung von Gewinn- und Zinsansprüchen aus Aktien, Schuldverschreibungen und sonstigen Ansprüchen (Kapitalanlagen i. S. v. § 20 Abs. 1 Nr. 1 und Nr. 7 EStG) enthält § 20 Abs. 2 Satz 1 Nr. 2 EStG eine Spezialregelung. Die Bedingung „Veräußerung ohne Mitveräußerung des Stammrechts" ist für die Erfüllung des Tatbestands unverzichtbar. 991

Aus § 20 Abs. 2 Satz 1 Nr. 2 EStG folgt im Umkehrschluss, dass in den Fällen der Veräußerung von Gewinn- und Zinsansprüchen zusammen mit dem zugrunde liegenden Stammrecht – abgesehen von § 20 Abs. 2 Satz 1 Nr. 2 und 4 EStG – keine Steuerpflicht nach § 20 EStG ausgelöst und der Erwerber der Stammrechte beim Zufluss der Kapitalerträge mit diesen Einnahmen nach § 20 Abs. 1 Nr. 1 und Nr. 7 EStG stpfl. wird.

Anwendung auf andere Gewinn- und Zinsansprüche: Für die Veräußerung anderer Gewinn- und Zinsansprüche i. S. v. § 20 Abs. 1 Nr. 4 bis 6 und Nr. 8 EStG (Gewinnansprüche des stillen Gesellschafters, Hypothekenzinsen, Spar- und Darlehenszinsen, Diskontbeträge) gilt § 20 Abs. 2 Satz 1 Nr. 2 EStG nicht, wenn auch in diesen Fällen im vereinbarten Veräußerungsentgelt wirtschaftlich gesehen ebenfalls der Ertrag einer Kapitalanlage liegen kann. 992

§ 20 Abs. 2 Satz 1 Nr. 2 Buchst. a EStG erfasst das Entgelt, das der Inhaber einer Kapitalbeteiligung aus der Veräußerung seines zivilrechtlichen Anspruchs auf Beteiligung am Gewinn erhält. Die Veräußerung der Kapital- 993 beteiligung selbst mit oder ohne Dividendenschein fällt nicht darunter. Der Gewinn aus der gemeinsamen Veräußerung der Kapitalbeteiligung (Stammrecht) mit dem dazugehörigen Gewinnanspruch führt nicht zu stpfl. Einnahmen. **Ausnahme**: die Beteiligung gehört zum Betriebsvermögen des Anteilseigners.

994 Die Veräußerung des **Gewinnbezugsrechts aus Genussrechten** (Genussscheinen) fällt unter § 20 Abs. 2 Satz 1 Nr. 2 Buchst. a EStG, wenn das Genussrecht mit einer Beteiligung am Gewinn und am Liquidationserlös des Emittenten (Kapitalgesellschaft i. S. d. § 20 Abs. 1 Nr. 1 EStG) ausgestattet ist (s. Rdnr. 647 ff.). Alle an den deutschen Börsen gehandelten Genussscheine erfüllen diese Bedingungen nicht, weshalb die Entgelte aus der Veräußerung ihrer Gewinnbezugsrechte nicht steuerbar sind. Auch die Voraussetzungen des § 20 Abs. 2 Satz 1 Nr. 2 Buchst. b EStG liegen u. E. in diesen Fällen nicht vor.

a) Veräußerung künftiger Ansprüche

995 § 20 Abs. 2 Satz 1 Nr. 2 Buchst. a EStG kommt nur bei Veräußerung künftiger Gewinnansprüche zur Anwendung. Sind die Ansprüche bereits entstanden, so tritt Besteuerung nach § 20 Abs. 1 Nr. 1 EStG ein. Der Tatbestand der Nr. 2 Buchst. a kann nicht mehr erfüllt werden.[1] Veräußert der Anteilseigner seinen bereits entstandenen Gewinnanspruch, so ist in seiner Person der Besteuerungstatbestand des § 20 Abs. 1 Nr. 1 EStG gegeben, auch wenn die Dividende später dem Erwerber tatsächlich zufließt. Der Zufluss hat lediglich Bedeutung für die zeitliche Erfassung der Einnahmen.

996 **Veräußerung** ist jede entgeltliche Übertragung der rechtlichen oder – in Abweichung vom Zivilrecht – der wirtschaftlichen Inhaberschaft. Als Veräußerungsgeschäfte kommen namentlich Kauf und Tausch in Betracht.[2]

997 **Unentgeltliche Übertragungen** (Schenkung, Erbfolge) schließen den Tatbestand der Nr. 2 Buchst. a aus. Die nach der unentgeltlichen Übertragung des Gewinnanspruchs entstehende Dividende ist weiterhin vom Inhaber des Stammrechts zu versteuern.

998 **Teilentgeltliche Übertragungen** sind in einen entgeltlichen und einen unentgeltlichen Vorgang aufzuteilen.[3] Aufteilungsmaßstab ist das Verhältnis zwischen dem Wert des Dividendenanspruchs und dem Veräuße-

---

1 Littmann, DStR 1981, 588.
2 BFH, U. v. 27. 7. 1988, BStBl II 1989, 271.
3 BFH, U. v. 17. 7. 1980, BStBl II 1981, 11; U. v. 12. 7. 1988, BStBl II 1988, 942.

VIII. Einnahmen aus Wertpapieren und Kapitalforderungen

rungsentgelt. Auf den entgeltlichen Teil ist § 20 Abs. 2 Satz 1 Nr. 2 Buchst. a EStG, auf den unentgeltlichen Teil § 20 Abs. 1 Nr. 1 EStG anzuwenden.

Treuhandsverhältnisse: Keine Veräußerung liegt in der Übertragung zu treuen Händen. Hier bezieht weiterhin der Treugeber Einkünfte nach § 20 Abs. 1 Nr. 1 EStG. Er bleibt auch kapitalertragstpfl.; s. Rdnr. 54. 999

Die Übertragung von (echten) Dividendenscheinen erfolgt zivilrechtlich nach sachenrechtlichen Grundsätzen (§§ 929 ff. BGB), soweit Inhaberpapiere vorliegen. 1000

Sonstige Ansprüche werden zivilrechtlich durch Abtretung der Forderung, die dem Anspruch zugrunde liegt, übertragen (§§ 398 ff. BGB). 1001

Stpfl. ist seit Änderung der Vorschrift durch das StandOG v. 13. 9. 1993[1] der „Inhaber des Stammrechts" (Kapitalbeteiligung) i. S. v. § 20 Abs. 1 Nr. 1 EStG, der seinen Gewinnanspruch unter Zurückhaltung des Stammrechts veräußert. Bis zu dieser Änderung nannte das Gesetz als Stpfl. den „Anteilseigner". 1002

Nach § 20 Abs. 2a EStG bezieht der Anteilseigner Einkünfte aus § 20 Abs. 1 Nr. 1 – 3 EStG. Der Veräußerer eines noch nicht entstandenen Dividendenanspruchs ist aber nicht „Anteilseigner" i. S. d. Vorschrift. Soweit einem Nießbraucher oder Pfandgläubiger Einnahmen i. S. d. § 20 Abs. 1 Nr. 1 und 2 EStG zuzurechnen sind, gilt dieser als Anteilseigner (s. Rdnr. 49). Für § 20 Abs. 2 Satz 1 Nr. 2 Buchst. a EStG ergibt sich daraus, dass Einnahmen aus der Veräußerung von Dividendenscheinen jedenfalls nicht dem Nießbraucher oder Pfandgläubiger zugerechnet werden können, da diese nicht „Inhaber der Stammrechte" sind.

§ 20 Abs. 2 Satz 2 Nr. 2 Buchst. a EStG erfasst dagegen nicht den Fall, in dem der Erwerber (Erst- oder Zweiterwerber) lediglich einen (isolierten) Dividendenschein erwirbt und diesen anschließend weiterveräußert. Der Inhaber des isolierten Dividendenscheins ist nicht Inhaber des Stammrechts. Gleiches gilt, wenn der Anteilseigner seine Kapitalbeteiligung veräußert, den Dividendenschein zurückbehält und diesen später getrennt veräußert. Steuerpflichtig ist nur derjenige, der im Zeitpunkt der Veräußerung des Anspruchs auch Inhaber des Stammrechts, der Kapitalbeteiligung ist. Daran fehlt es im letzten Fall. 1003

---

1 BGBl I 1993, 1569, BStBl I 1993, 774.

b) Dividendenscheine und sonstige Ansprüche

1004 Dividendenscheine verkörpern (verbriefen) das Recht des Aktionärs auf die von der Hauptversammlung der AG festgestellte Dividende (§ 20 Abs. 1 Nr. 1 EStG). Sie sind regelmäßig **Inhaberpapiere** (§§ 793 ff. BGB) und als solche echte Wertpapiere. Orderpapiere sind ebenso wie Rektapapiere (Namenspapiere, §§ 806 ff. BGB) zulässig. Dividendenscheine sind weder Bestandteil noch Zubehör der Aktie, sondern diesen gegenüber selbständig (Nebenpapier). Sie können nicht nur von einer AG, sondern auch von einer GmbH ausgegeben werden. Zwar enthält das GmbHG insoweit keine ausdrückliche Regelung, doch wird der Anteilschein hier allgemein für zulässig erachtet.[1] Anteilscheine einer GmbH sind lediglich Beweisurkunden, keine Wertpapiere.[2]

1005 Dividendenscheine als bloße **Beweisurkunden** fallen ebenfalls unter § 20 Abs. 2 Satz 1 Nr. 2 Buchst. a EStG.[3] Sie verbriefen – im Gegensatz zum echten Wertpapier – keine Forderung gegen die Kapitalgesellschaft, sondern werden lediglich zum Beweis dafür, dass eine entsprechende Forderung besteht, ausgegeben. Die Übertragung der Forderung erfolgt durch Abtretung (§§ 398 ff. BGB).

1006 Sonstige Ansprüche sind alle zivilrechtlichen Ansprüche auf einen Gewinnanteil gegenüber einer der in § 20 Abs. 1 Nr. 1 EStG genannten Kapitalgesellschaften, soweit der Anspruch nicht in einem Dividendenschein verbrieft ist, z. B. Gewinnanteilscheine einer GmbH. Ob ein Anspruch verbrieft ist oder nicht, ist für die Anwendung der Nr. 2 Buchst. a unerheblich.[4] § 20 Abs. 2 Satz 1 Nr. 2 Buchst. a EStG erfasst im Ergebnis Dividendenforderungen jeder Art.

1007 „Ansprüche" auf vGA fallen deshalb nicht unter § 20 Abs. 2 Satz 1 Nr. 2 Buchst. a EStG, weil sie grds. keinen Dividendencharakter haben. Dies gilt u. E. jedoch nicht für den Teil einer echten Dividende, der eine angemessene Gewinnbeteiligung überschreitet und deshalb als vGA zu qualifizieren wäre. Die rechtliche Einordnung einer Ausschüttung als Dividende bleibt erhalten, auch wenn sie sich teilweise als vGA erweist.

---

1 Baumbach/Hueck, GmbHG, 15. Aufl., GmbHG § 29 Rd. 36.
2 Palandt/Thomas, BGB, 65. Aufl., BGB § 793 Rdnr. 5 f.
3 BT-Drucks. 7/5310, 18.
4 BT-Drucks. 7/5310, 18.

c) Besteuerung des Veräußerungsentgelts anstelle der Kapitalerträge (§ 20 Abs. 2 Satz 1 Nr. 2 Buchst. a Satz 2 EStG)

Die Besteuerung des Entgelts aus der Veräußerung von Dividendenscheinen und sonstigen Ansprüchen tritt nach § 20 Abs. 2 Satz 1 Nr. 2 Buchst. a Satz 2 EStG[1] an die Stelle einer Besteuerung der Dividende (sonstigen Bezüge) nach § 20 Abs. 1 Nr. 1 EStG. Daraus folgt, dass bei Erfüllung des Tatbestands aus § 20 Abs. 2 Satz 1 Nr. 2 Buchst. a Satz 1 EStG für eine Anwendung des § 20 Abs. 1 Nr. 1 EStG kein Raum bleibt. Der Satz 2 dient der Klarstellung. Er stellt sicher, dass in den Fällen, in denen anstelle der Dividende (vom Inhaber des Stammrechts) der Veräußerungserlös nach § 20 Abs. 2 Satz 1 Nr. 2 Buchst. a EStG zu versteuern ist, die Dividende nicht nochmals (vom Anteilseigner) nach § 20 Abs. 1 Nr. 1 EStG versteuert werden muss.[2] Bedeutungsvoll ist der gegenseitige Ausschluss beider Vorschriften in den Fällen der unentgeltlichen Übertragung von Gewinnansprüchen, z. B. durch Schenkung oder Erbfolge.

1008

d) Anwendung des § 20 Abs. 2 Satz 1 Nr. 2 EStG bei beschränkter Steuerpflicht

§ 20 Abs. 2 Satz 1 Nr. 2 EStG gilt auch für Personen, die der beschränkten Steuerpflicht unterliegen (§§ 1 Abs. 4, 49 Abs. 1 Nr. 5 Satz 2 EStG). Die Vorschriften über den KapESt-Abzug (§ 43 EStG) finden jedoch keine Anwendung,[3] da die Vorschrift als eigener Besteuerungstatbestand zu verstehen ist. Die Abgeltungsvorschrift § 50 Abs. 5 Satz 1 EStG scheidet ebenfalls aus. Das stpfl. Veräußerungsentgelt ist deshalb im Veranlagungsverfahren zu erfassen. Wird nach DBA die Dividende i. S. d. § 20 Abs. 1 Nr. 1 EStG nur mit einem bestimmten Prozentsatz steuerlich berücksichtigt, so gilt dies entsprechend für die Veräußerungsentgelte i. S. v. § 20 Abs. 2 Satz 1 Nr. 2 Buchst. a EStG.

1009

e) Kapitalertragsteuerabzug

Einnahmen aus Kapitalvermögen i. S. v. § 20 Abs. 2 Satz 1 Nr. 2 Buchst. a EStG unterliegen nicht dem Abzug von KapESt,[4] denn § 43 Abs. 1 Satz 1 Nr. 1 und Satz 2 EStG zählen lediglich Einnahmen i. S. v. § 20 Abs. 1 Nr. 1

1010

---
1 Eingefügt durch das StandOG v. 13. 9. 1993, BGBl I 1993, 1569, BStBl I 1993, 774.
2 BT-Drucks. 12/50, 87.
3 BFH, U. v. 11. 12. 1968, BStBl II 1969, 188.
4 BFH, U. v. 11. 12. 1968, a. a. O.; Weber, StBp 1970, 33; Kamprad, FR 1970, 65.

und Abs. 2 Satz 1 Nr. 2 Buchst. a, Abs. 2 Satz 1 Nr. 1 EStG auf. Wegen der sachlichen Steuerbefreiung der vom Erwerber des Dividendenscheins später vereinnahmten Dividende – nach § 20 Abs. 2 Satz 1 Nr. 2 Buchst. a Satz 2 EStG tritt die Besteuerung nach Satz 1 an die Stelle von § 20 Abs. 1 Nr. 1 EStG – darf auch bei der Einlösung des Dividendenscheins durch den Erwerber keine KapESt abgezogen werden. Die über Nr. 2 Buchst. a Satz 2 angeordnete Freistellung muss auch auf die KapESt, die lediglich eine besondere Erhebungsform der ESt darstellt, durchschlagen.

f) Besteuerung des Dividendenscheinerwerbers

1011 Der neue Inhaber des isoliert veräußerten Dividendenscheins oder eines sonstigen Anspruchs erzielt bei Einlösung des Scheins (Einzug der Forderung) **keine** stpfl. Einnahmen aus Kapitalvermögen. Der im Dividendenschein verkörperte Kapitalertrag wurde bereits durch den Veräußerer versteuert (§ 20 Abs. 2 Satz 1 Nr. 2 Buchst. a Satz 1 EStG). Diese Besteuerung tritt an die Stelle der Besteuerung nach § 20 Abs. 1 Nr. 1 EStG (§ 20 Abs. 2 Satz 1 Nr. 2 Buchst. a Satz 2 EStG; sachliche Steuerbefreiung).

3. Isolierte Veräußerung von Zinsscheinen und Zinsforderungen (§ 20 Abs. 2 Satz 1 Nr. 2 Buchst. b Satz 1 EStG)

1012 § 20 Abs. 2 Satz 1 Nr. 2 Buchst. b Satz 1 EStG regelt, unter welchen Voraussetzungen das Entgelt aus der Veräußerung von Zinsscheinen und Zinsforderungen als Einnahme aus Kapitalvermögen der Besteuerung unterliegt. Nicht geregelt ist dagegen die Veräußerung des Stammrechts mit oder ohne Zinsschein; zur Stückzinsbesteuerung s. Rdnr. 1031 ff. Die Vorschrift verlagert die Besteuerung von Zinserträgen, die mit Einlösung des Zinsscheins (der Zinsforderung) nach § 20 Abs. 1 Nr. 7 Satz 1 EStG vom Inhaber zu versteuern wären, auf den Zeitpunkt der Veräußerung des zivilrechtlichen, verbrieften oder unverbrieften Zinsanspruchs vor. § 20 Abs. 2 Satz 1 Nr. 2 Buchst. b Satz 1 EStG ergänzt insoweit § 20 Abs. 1 Nr. 7 Satz 1 EStG, indem er den Veräußerer des Zinsanspruchs einerseits von der Steuerpflicht nach § 20 Abs. 1 Nr. 7 Satz 1 EStG befreit, ihn andererseits mit einer vorgezogenen Besteuerung (materielle Steuerpflicht) seiner Veräußerungsentgelte belegt. Im Gegensatz zu § 20 Abs. 2 Satz 1 Nr. 2 Buchst. a Satz 1 EStG sind die Entgelte aus der Veräußerung „sonstiger Ansprüche", die eine Schuldverschreibung ihrem Inhaber neben dem Zinsanspruch gewährt, wie z. B. Optionsrechte, im Rahmen des § 20 Abs. 2 Satz 1 Nr. 2 Buchst. b Satz 1 EStG nicht steuerbar.

VIII. *Einnahmen aus Wertpapieren und Kapitalforderungen*

a) Veräußerung durch den Inhaber oder früheren Inhaber des Stammrechts

Betroffen von § 20 Abs. 2 Satz 1 Nr. 2 Buchst. b Satz 1 EStG ist sowohl der Inhaber des Stammrechts, der seinen verbrieften oder unverbrieften Zinsanspruch veräußert, das Stammrecht aber zurückbehält, als auch derjenige, der zunächst das Stammrecht unter Zurückbehalten des Zinsscheins veräußert hat und in einem späteren Akt den isolierten Zinsschein gegen Entgelt überträgt. Die Veräußerung von Stammrecht und Zinsschein dürfen in keinem wirtschaftlichen Zusammenhang stehen. Werden beide, wenn auch zeitlich versetzt, aber wirtschaftlich in einem Zusammenhang veräußert, so greift § 20 Abs. 2 Satz 1 Nr. 1 Buchst. b Satz 1 EStG nicht ein. In einem solchen Fall muss zumindest wirtschaftlich von einer gleichzeitigen Veräußerung von Stammrecht und Zinsschein ausgegangen werden, für die u. U. die Stückzinsregelung des § 20 Abs. 2 Satz 1 Nr. 3 EStG Anwendung findet; s. Rdnr. 1031 ff. 1013

Das freie, d. h. von Stammrecht gelöste Handeln von Zinsscheinen, ist insbesondere bei **Stripped Bonds** üblich, bei denen nach den Emissionsbedingungen das Recht eingeräumt ist, Stammrecht und Zinsscheine am Sekundärmarkt getrennt zu veräußern. Bei der Einlösung oder Weiterveräußerung der isoliert erworbenen Zinsscheine (ohne Stammrecht) durch einen Zweiterwerber wird von einem „künstlichen" Zerobond ausgegangen. Der stpfl. Ertrag bemisst sich in diesen Fällen nach § 20 Abs. 2 Satz 1 Nr. 4 Buchst. b EStG; s. Rdnr. 1463 „Stripped Bonds". 1014

b) Umfang der von § 20 Abs. 2 Satz 1 Nr. 2 Buchst. b EStG erfassten Wertpapiere

§ 20 Abs. 2 Satz 1 Nr. 2 Buchst. b EStG erfasst den Inhaber von Schuldverschreibungen. Darunter fallen Inhaberschuldverschreibungen (§ 793 BGB), Namensschuldverschreibungen (§ 806 BGB) und Orderschuldverschreibungen (§ 808a BGB). Die Art der Verbriefung des Stammrechts ist für die Anwendung der Nr. 2 Buchst. b unerheblich. Die Vorschrift ist nach § 20 Abs. 2 Satz 2 EStG sinngemäß auf Schuldverschreibungen anzuwenden, die nicht in einzelnen Wertpapieren (Einzelurkunden), sondern Sammel- oder Globalurkunden verbrieft sind. Die Ausstattung der Schuldverschreibung hinsichtlich Verzinsung und Kapitalrückzahlung spielt für die Besteuerung keine Rolle. 1015

Teilschuldverschreibungen: Schuldverschreibungen i. S. d. § 20 Abs. 2 Satz 1 Nr. 2 Buchst. b EStG sind auch Teilschuldverschreibungen, bei 1016 denen Gläubigerrechte nur einem bestimmten Teil des Nennbetrags einer einheitlichen begebenen, mit einheitlichen Konditionen ausgestatteten Schuldverschreibung bestehen.

1017 **Schuldbuchforderungen**, wie z. B. Bundesanleihen, Bundesobligationen, werden ebenfalls von § 20 Abs. 2 Satz 1 Nr. 2 Buchst. b EStG erfasst, auch wenn sie in der Vorschrift nicht ausdrücklich erwähnt sind. Das Entgelt aus der Veräußerung eines Zinsanspruchs, dem eine Schuldbuchforderung zugrunde liegt, gehört über die Verweisung in § 20 Abs. 2 Satz 3 auf Abs. 2 Satz 2 EStG zu den stpfl. Einnahmen aus Kapitalvermögen i. S. d. § 20 Abs. 2 Satz 1 Nr. 2 Buchst. b Satz 1 EStG. Schuldbuchforderungen werden nicht in einer Urkunde verbrieft, sondern durch Eintragung in ein Staatsschuldbuch gesichert. Die Eintragung kann als Sammel- oder Einzelschuldbuchforderung vorgenommen werden.

c) Veräußerung von Zinsscheinen und Zinsforderungen

1018 Zinsscheine werden – soweit ihnen Wertpapiercharakter zukommt – durch Übereignung des Papiers (§ 929 BGB) übertragen. Für die Veräußerung von Zinsforderungen und Zinsscheinen, die lediglich Beweispapiere sind, genügt die Abtretung der Forderung i. S. v. §§ 398 ff. BGB.

1019 Zinsscheine werden regelmäßig zusammen mit der Schuldverschreibung in Form eines sog. Bogens emittiert. Der Bogen enthält einzelne Kupons (Wertpapiere i. S. v. §§ 793 ff. BGB), die bei Fälligkeit (Eintritt des jeweiligen Zinszahlungstermins) abgetrennt und beim Schuldner bzw. einer Bank zur Auszahlung der Zinsen vorgelegt werden müssen. Zinsschein i. S. v. § 20 Abs. 2 Satz 1 Nr. 2 Buchst. b EStG ist jeweils der einzelne Kupon. Renten- und **Erneuerungsscheine** dagegen sind keine Zinsscheine i. S. d. Vorschrift.

1020 **Veräußerung fälliger und noch nicht fälliger Zinsansprüche**: Diese Unterscheidung ist – anders als in § 20 Abs. 2 Satz 1 Nr. 2 Buchst. a EStG – nicht von besonderer Bedeutung. Verbriefte oder unverbriefte Zinsforderungen entstehen nicht aufgrund eines besonderen Ausschüttungsbeschlusses; sie sind vielmehr in den Emissionsbedingungen der Schuldverschreibung festgelegt. Ist der Zinsanspruch fällig und wird er vor Zufluss der Zinsen vom Inhaber des Stammrechts veräußert, so erfüllt er den Tatbestand des § 20 Abs. 1 Nr. 7 Satz 1 EStG, sofern man den Zufluss – richtigerweise – nicht als Tatbestandsmerkmal ansieht. Wird der Zinsanspruch

VIII. Einnahmen aus Wertpapieren und Kapitalforderungen

vor Fälligkeit veräußert, ist der Tatbestand des § 20 Abs. 2 Satz 1 Nr. 2 Buchst. b Satz 1 EStG gegeben. Eine Besteuerungslücke kann nicht entstehen.

KapESt-Abzug: Nach § 43 Abs. 1 Satz 1 Nr. 8 EStG wird von den Einnahmen i. S. v. § 20 Abs. 2 Satz 1 Nr. 2 Buchst. b EStG KapESt einbehalten. 1021

4. Einlösung von Zinsscheinen und Zinsforderungen durch den ehemaligen Inhaber der Schuldverschreibung (§ 20 Abs. 2 Satz 1 Nr. 2 Buchst. b Satz 2 EStG)

Nach § 20 Abs. 2 Satz 1 Nr. 2 Buchst. b Satz 2 EStG unterliegen der Besteuerung auch die Erträge, die der ehemalige Inhaber einer Schuldverschreibung aus der Einlösung der Zinsscheine und Zinsforderungen erzielt. Die Vorschrift ordnet die entsprechende Anwendung des Satzes 1 an. Sie hat teilweise klarstellenden, teilweise steuerbegründenden Charakter. Zu unterscheiden ist danach, ob der Veräußerer des Stammrechts lediglich Zinsforderungen einzieht, die auf den Zeitraum entfallen, in dem er Inhaber der Schuldverschreibung (Besitzzeit) war, oder ob er bei der Veräußerung des Stammrechts auch Zinsforderungen zurückbehalten hat, die auf die Besitzzeit des Erwerbers der Schuldverschreibung entfallen. Im ersten Fall verwirklicht der Veräußerer mit Vorlage der Zinsscheine und Einzug der Zinsen den Tatbestand des § 20 Abs. 1 Nr. 7 Satz 1 EStG. Soweit Einnahmen aus der Einlösung von Zinsscheinen und Zinsforderungen erzielt werden, die auf einen Zeitraum nach der Veräußerung des Stammrechts entfallen, enthält Satz 2 einen eigenen Besteuerungstatbestand. 1022

Umfang der stpfl. Einnahmen: Steuerpflichtig sind die Erträge, die der Inhaber einer Schuldverschreibung nach der isolierten Veräußerung des Stammrechts aus der Einlösung der zurückbehaltenen Zinsscheine und Zinsforderungen erzielt. Im Unterschied zu § 20 Abs. 2 Satz 1 der Nr. 2 Buchst. b EStG wird in den Fällen des Satzes 2 kein Veräußerungsentgelt, sondern der originäre Zinsertrag der Besteuerung unterzogen. Die beiden Tatbestandsvarianten der Nr. 2 Buchst. b lassen sich schematisch folgendermaßen zusammenfassen: 1023

Satz 1: Inhaber von Schuldverschreibungen und Zinsscheinen → Veräußerung der Zinsscheine, Zurückbehalten der Schuldverschreibung → Veräußerungsentgelt stpfl. nach § 20 Abs. 2 Satz 1 Nr. 2 Buchst. b Satz 1 EStG → Einlösung der isolierten Zinsscheine durch Erwerber kein steuerbarer Vorgang, da nur Einzug einer (entgeltlich erworbenen) Forderung;

Satz 2: Inhaber der Schuldverschreibung und Zinsscheine →Veräußerung der Schuldverschreibung, Zurückbehalten der Zinsscheine →Einlösung der Zinsscheine bei Fälligkeit führt zu stpfl. Erträgen nach § 20 Abs. 2 Satz 1 Nr. 2 Buchst. b Satz 2 EStG.

1024–1030 *(einstweilen frei)*

5. Einnahmen aus der Veräußerung von Zinsscheinen und Zinsforderungen zusammen mit der dazugehörigen Schuldverschreibung unter Stückzinsausweis (§ 20 Abs. 2 Satz 1 Nr. 3 EStG)

Verwaltungsanweisungen: BMF-Schreiben v. 15. 3. 1994, BStBl I, 230, betr. Berücksichtigung von gezahlten Stückzinsen bei Personenverschiedenheit von Käufer und Depotinhaber; v. 24. 5. 2000 betr. Stückzinsen bei Umtauschanleihen.

1031 Die Veräußerung von Zinsscheinen und Zinsforderungen führt nach § 20 Abs. 2 Satz 1 Nr. 3 EStG auch dann zu stpfl. Einnahmen aus Kapitalvermögen, wenn das dazugehörige Stammrecht, die Schuldverschreibung, mitveräußert wird. Der Tatbestand setzt neben der einheitlichen Veräußerung von Stammrecht und Zinsschein aber voraus, dass das Entgelt für die auf den Zeitraum bis zur Veräußerung entfallenden Zinsen des laufenden Zinszahlungszeitraums (Stückzinsen) besonders in Rechnung gestellt werden. Insbesondere bei der Veräußerung von Euro/DM-Anleihen entspricht es der allgemeinen Börsenübung, dass der Erwerber neben dem Kaufpreis (Börsenkurs) der Anleihe dem Veräußerer die seit dem letzten Zinszahlungstermin bis zum Zeitpunkt der Veräußerung aufgelaufenen und besonders in Rechnung gestellten Zinsen zu vergüten hat. Im Gegenzug dafür erhält er den Zinskupon der laufenden Zinsperiode, der ihn bei Fälligkeit zur Empfangnahme des vollen Zinsbetrags, also auch des Zinsanteils, der auf die Besitzzeit des Veräußerers entfällt, berechtigt. Der volle Zinsertrag ist beim Erwerber als Einnahme i. S. v. § 20 Abs. 1 Nr. 7 Satz 1 EStG zu erfassen. Die an den Veräußerer gezahlten Stückzinsen (negative Einnahmen) können von dem bei Einlösung erzielten Zinsertrag abgezogen werden.

1032 **Flat gehandelte Wertpapiere:** § 20 Abs. 2 Satz 1 Nr. 3 EStG kommt nicht zur Anwendung, wenn die Stückzinsen nicht gesondert ausgewiesen werden, also z. B. bei Anleihen, die flat gehandelt werden. Schuldverschreibungen ohne gesonderten Stückzinsausweis finden sich häufig unter den Fremdwährungsanleihen. Die Stückzinsregelung gilt ebenfalls nicht für

VIII. Einnahmen aus Wertpapieren und Kapitalforderungen

Aktien, Zerobonds, Genussscheine oder Investmentanteile, bei denen die zeitanteiligen Erträge im Kurs des Wertpapiers angesammelt werden.[1]

Anwendung der Stückzinsregelung bei beschränkter Steuerpflicht: 1033
Die Besteuerung von Stückzinsen nach § 20 Abs. 2 Satz 1 Nr. 3 EStG ist im Fall beschränkter Steuerpflicht entsprechend anzuwenden (§ 49 Abs. 1 Nr. 5 Satz 2 EStG).

KapESt-Abzug: Stückzinsen unterliegen nach § 43 Abs. 1 Satz 1 Nr. 8 1034
EStG dem Abzug von KapESt.

a) Einheitliche Veräußerung von Schuldverschreibung und Zinsschein

Die Besteuerung von Stückzinsen kommt nur in Betracht, wenn Stamm- 1035
recht und Zinsschein (Zinsforderung) in einem einheitlichen Veräußerungsakt zusammen an einen Erwerber übertragen werden. Die gemeinsame Veräußerung unterscheidet den Tatbestand der § 20 Abs. 2 Satz 1 Nr. 3 EStG von den Veräußerungstatbeständen der Nr. 2 Buchst. b, die eine Trennung von Stammrecht und Zinsschein mit isolierter Veräußerung oder Einlösung der Zinsscheine voraussetzen (s. Rdnr. 1012 ff.).

Werden Anleihen durch Erbfolge übertragen und anschließend vom Erben 1036
mit den dazugehörigen Zinsscheinen veräußert, so hat der Erbe die gesondert in Rechnung gestellten Stückzinsen auch insoweit zu versteuern, als sie auf die Besitzzeit des Erblassers entfallen.[2]

Besondere Inrechnungstellung der Stückzinsen: Die Versteuerung der 1037
Stückzinsen ist nur durchzuführen, wenn die Zinsen bei der Veräußerung der Schuldverschreibung besonders zu berechnen sind und tatsächlich auch in Rechnung gestellt werden (H 20.2 „Stückzinsen" EStH). Festverzinsliche Wertpapiere, die ohne gesonderten Stückzinsausweis veräußert werden (Flat-Handel, z. B. bei Fremdwährungsanleihen, Genussscheine) werden demnach von § 20 Abs. 2 Satz 1 Nr. 3 EStG nicht erfasst. Bei ihnen sind die Laufzeitzinsen im Kurs enthalten und werden über den Kurs mit dem Veräußerungsentgelt an den Veräußerer bezahlt. Für den Veräußerungsgewinn kann sich jedoch eine Besteuerung aus § 20 Abs. 2 Satz 1 Nr. 4 Buchst. c EStG ergeben (s. Rdnr. 1094 ff.). § 20 Abs. 2 Satz 1 Nr. 3 EStG kommt nicht zur Anwendung, wenn Schuldverschreibungen, die börsen-

---

1 BFH, U. v. 3. 8. 1976, BStBl II 1977, 65; U. v. 4. 3. 1980, BStBl II 1980, 453.
2 BFH, U. v. 11. 8. 1971, BStBl II 1971, 55.

üblich zwar mit Stückzinsausweis gehandelt werden, außerhalb der Börse ohne Stückzinsausweis veräußert werden.

1038 Die Berechnung der Stückzinsen erfolgt nach der Formel:

$$\frac{T \times P \times N}{360 \times 100}$$

T = Anzahl der Tage von der letzten Zinszahlung bis zum Tag der Anschaffung
P = Nominalzins der Schuldverschreibung
N = Nominalwert der Schuldverschreibung

b) Steuerliche Behandlung der Stückzinsen beim Erwerber

1039 Der Erwerber der Schuldverschreibung und Zinsscheine kann die an den Veräußerer gezahlten Stückzinsen nicht als Werbungskosten abziehen. Stückzinsen sind keine Aufwendung zur Erlangung von Einnahmen aus Kapitalvermögen, sondern – technisch gesehen – eine vorgezogene Erfüllung (Abgeltung) des vom Veräußerer während seiner Besitzzeit anteilig erworbenen Zinsanspruchs. Die Rechtsprechung sieht in den gezahlten Stückzinsen deshalb **negative Einnahmen aus Kapitalvermögen**, die von den positiven Einnahmen aus Kapitalvermögen abzuziehen sind.[1] Der Werbungskosten-Pauschbetrag aus § 9a EStG wird deshalb von den Stückzinsen nicht berührt. Der Abzug von Stückzinsen setzt allerdings voraus, dass der Erwerb der festverzinslichen Wertpapiere auf Dauer gesehen der Erzielung von Einnahmeüberschüssen dient.[2]

1040 **Zeitpunkt des Abzugs der Stückzinsen:** Stückzinsen sind im Jahr ihrer Zahlung als negative Einnahmen von den positiven Einnahmen aus Kapitalvermögen abziehbar. Es gilt unmittelbar das Zufluss/Abflussprinzip.

Der Abzug von Stückzinsen ist auch dann zulässig, wenn im VZ, in dem die Stückzinsen an den Veräußerer gezahlt wurden, noch keine Zinsscheine der dazugehörigen Schuldverschreibung eingelöst sind. Liegen im Jahr der Verausgabung von Stückzinsen keine weiteren positiven Einkünfte vor, können die Stückzinsen im Wege des Verlustrück- bzw. Verlustvortrags nach § 10d EStG zu einer Minderung der Einkünfte führen.

---

[1] BFH, U. v. 13. 12. 1963, BStBl III 1964, 184; U. v. 25. 9. 1968, BStBl II 1969, 18; U. v. 11. 8. 1971, BStBl II 1972, 55.
[2] BFH, U. v. 25. 6. 1984, BStBl II 1984, 751.

6. Sinngemäße Anwendung des § 20 Abs. 2 Satz 1 Nr. 2 und Nr. 3 EStG bei nicht verbrieften Anteilsrechten, Schuldverschreibungen und Schuldbuchforderungen (§ 20 Abs. 2 Satz 2 und 3 EStG)

Über die Rechtsfolgenverweisung des § 20 Abs. 2 Satz 2 EStG sind die Nr. 2 und 3 des Abs. 2 Satz 1 sinngemäß auf Einnahmen aus der Abtretung von Dividenden- und Zinsansprüchen anzuwenden, wenn die dazugehörigen Anteilsrechte und Schuldverschreibungen nicht in einzelnen Wertpapieren verbrieft sind, sondern als Wertrechte (Bucheffekten) verwahrt werden. Dies gilt nach Satz 3 auch dann, wenn Zinsansprüche aus Schuldbuchforderungen, die in ein öffentliches Schuldbuch eingetragen sind, abgetreten werden. Für die Besteuerung der Veräußerungsentgelte spielt es danach keine Rolle, ob die Stammrechte in einzelnen Wertpapierurkunden (Dividenden- oder Zinsscheinen) oder in Sammel- oder Globalurkunden verbrieft sind. Stpfl. sind ebenfalls die Entgelte aus der Abtretung (§§ 398 ff. BGB) von Zinsansprüchen, wenn das dazugehörige Stammrecht lediglich eine sog. Wertrechtsanleihe darstellt, die in ein öffentliches Schuldbuch eingetragen ist. 1041

Wertrechte bezeichnen urkundslose Aktien und Schuldverschreibungen, die von einer Wertpapiersammelbank girosammeldepotmäßig verwahrt werden. 1042

Wertrechtsanleihen sind Anleihen, für die keine effektiven Stücke angelegt werden. Der Gläubiger – Inhaber der Kapitalforderung – wird in ein Schuldbuch des Emittenten (Bund, Bundesländer, Kommunen, Bundesbahn, Bundespost) eingetragen. Bei Wertrechtsanleihen wird im Schuldbuch des Emittenten nicht der einzelne Gläubiger, sondern als treuhänderischer Gläubiger für die Anleihe der Kassenverein eingetragen. 1043

(einstweilen frei) 1044–1050

IX. Einnahmen aus der Veräußerung oder Abtretung verschiedener Finanzinnovationen (§ 20 Abs. 2 Satz 1 Nr. 4 EStG)

Verwaltungsanweisungen: BMF-Schreiben v. 24. 1. 1985, BStBl I 1985, 77, Zero-Bond-Erlass; v. 24. 11. 1986, BStBl I 1986, 539, Disagio-Erlass; v. 30. 4 1993, BStBl I 1993, 343, betr. neue Kapitalanlagemodelle; v. 29. 5. 1995, DStR 1995, 1024, betr. Behandlung von Kapitalerträgen aus Anleihen bei unterschiedlichen Zinszahlungszeiträumen; v. 16. 3. 1999, BStBl I 1999, 433, betr. Rückzahlung des Kapitalvermögens i. S. des § 20 Abs. 1 Nr. 7 EStG; v. 24. 5. 2000, Az. IV C 1 – S

328   *Teil 1: G. Einzeldarstellung des § 20 EStG*

2252 – 145/00, betr. Veräußerung von Umtauschanleihen; v. 2. 3. 2001, BStBl I 2001, 206, betr. Besteuerung von Hochzins- und Umtauschanleihen.; v. 14. 7. 2004, BStBl I 2004, 611, betr. Ertragsteuerliche Behandlung der Einnahmen aus der Veräußerung und Abtretung einer Kapitalanlage bei vorübergehenden oder endgültiger Zahlungseinstellung des Emittenten im Rahmen des § 20 Abs. 2 Satz 1 Nr. 4 EStG.

1. Überblick

1051 § 20 Abs. 2 Satz 1 Nr. 4 EStG regelt die Besteuerung von Kapitalerträgen aus der Veräußerung oder Abtretung von Wertpapieren und Kapitalforderungen, die hinsichtlich ihrer laufenden Erträge und **Einlösung** bereits von § 20 Abs. 1 Nr. 7 Satz 1 EStG erfasst werden (s. Rdnr. 871 ff.). Da § 20 Abs. 1 Nr. 7 EStG die **Einlösung** der Wertpapiere und Kapitalforderungen durch den zweiten oder jeden weiteren Erwerber nicht umfasst, werden diese Tatbestände unter § 20 Abs. 2 Satz 1 Nr. 4 Satz 4 EStG geregelt. Bei der Anwendung dieser Vorschrift ist zu unterscheiden zwischen der **Endfälligkeit** (Rückzahlung) des gegen Entgelt überlassenen Kapitals am Ende der Laufzeit und der Fälligkeit von Zinsscheinen oder Zinsforderungen, aus denen bei Einlösung sowohl durch den Ersterwerber des Stammrechts als auch durch den zweiten oder jeden weiteren Erwerber Kapitalertrag i. S. v. § 20 Abs. 1 Nr. 7 Satz 1 EStG erzielt wird. Während die Rückzahlung des Kapitals an den Ersterwerber als Vorgang auf der Vermögensebene zu keinen steuerbaren Einnahmen führt, können durch die Rückzahlung an einen Erst- oder Zweiterwerber oder jeden anderen Erwerber unter den Voraussetzungen des § 20 Abs. 2 Satz 1 Nr. 4 Satz 1 i. V. m. Nr. 4 Satz 4 EStG stpfl. Einnahmen aus Kapitalvermögen entstehen.

▷ **Praxishinweis:**

Aktienanleihen (Hochzinsanleihen): Der Einlösungs**verlust**, den der Anleihegläubiger bei Lieferung der Aktien erleidet, ist nach Auffassung der FinVerw.[1] sowohl beim Ersterwerber als auch bei jedem weiteren Erwerber steuermindernd (Verrechnung mit den Zinserträgen) zu berücksichtigen.[2]

---

1 BMF-Schreiben v. 2. 3. 2001, betr. Hochzins- und Umtauschanleihen; s. Anhang.
2 So auch ausdrücklich FG Berlin, v. 22. 4. 2004, EFG 2004, 1450; Rev., Az. des BFH: VIII R 48/04.

Umtauschanleihen: Der Einlösungsgewinn bei Lieferung der Aktien ist u. E. beim Ersterwerber nach § 20 Abs. 1 Nr. 7 EStG bei jedem anderen Erwerber nach § 20 Abs. 2 Satz 1 Nr. 4 Buchst. a EStG stpfl.[1]

§ 20 Abs. 2 Satz 1 Nr. 4 Satz 1 Buchst. **a** EStG enthält die Besteuerung der Erlöse aus der Veräußerung oder Abtretung von auf- oder abgezinsten Wertpapieren oder Kapitalforderungen, z. B. Zerobonds.

§ 20 Abs. 2 Satz 1 Nr. 4 Satz 1 Buchst. **b** EStG erfasst in Ergänzung des § 20 Abs. 2 Satz 1 Nr. 2 Buchst. b EStG (Veräußerung der isolierten Zinsscheine, s. Rdnr. 1012 ff.) die Entgelte aus der Veräußerung oder Abtretung des von den Zinsscheinen abgetrennten Stammrechts zu einem auf- oder abgezinsten Preis sowie die Einlösung des Stammrechts (§ 20 Abs. 2 Satz 1 Nr. 4 Satz 4 EStG); s. Rdnr. 1080 f.

§ 20 Abs. 2 Satz 1 Nr. 4 Satz 1 Buchst. **c** EStG erweitert die Besteuerung der Veräußerungserlöse auf Wertpapiere, die ohne Stückzinsausweis (s. Rdnr. 1094 ff.) gehandelt werden (Flat-Handel). Bei diesen Wertpapieren sind die bis zum Veräußerungszeitpunkt aufgelaufenen Zinserträge im Kurs der Papiere enthalten und werden vom Erwerber über den höheren Verkaufskurs bezahlt. Ausdrücklich ausgenommen sind über § 20 Abs. 2 Satz 1 Nr. 4 Satz 5 EStG allerdings Gewinnobligationen und Genussrechte i. S. d. § 43 Abs. 1 Satz 1 Nr. 2 EStG.

§ 20 Abs. 2 Satz 1 Nr. 4 Satz 1 Buchst. **d** EStG verdankt seine Existenz den nach Einführung der ZASt zum 1. 1. 1993 neu entwickelten oder wieder aktivierten Kapitalanlagen, die als **Finanzinnovation** oder Kursdifferenzpapiere bezeichnet werden. Gemeint sind damit Wertpapiere und Kapitalforderungen, bei denen Erträge in unterschiedlicher Höhe oder für unterschiedlich lange Zinszahlungszeiträume vereinbart sind. Im Unterschied zu klassischen festverzinslichen Schuldverschreibungen bemisst sich bei diesen Wertpapieren das Veräußerungsentgelt nicht nur nach dem Nominalwert (Nennwert) des Stammrechts und den bis zum Veräußerungszeitraum aufgelaufenen Stückzinsen. Das Veräußerungsentgelt und damit der nach Nr. 4 Satz 1 Buchst. d stpfl. Ertrag ist vielmehr abhängig von der individuellen Ausgestaltung des jeweiligen Wertpapiers.

---

1 A.A. FinVerw., BMF-Schreiben v. 24. 5. 2000, Az. IV C 1 – S 2252 – 145/00: „Der Ertrag aus der Einlösung einer Umtauschanleihe bei Fälligkeit durch einen Zweiterwerber wird nach § 20 Abs. 1 Nr. 7 EStG besteuert."

1052 **Anwendung bei beschränkter Steuerpflicht:** Über § 49 Abs. 1 Nr. 5 Satz 2 EStG ist § 20 Abs. 2 Satz 1 Nr. 4 EStG auch bei beschränkter Stpfl. anzuwenden.

1053 **KapESt-Abzug:** Die Einnahmen i. S. v. § 20 Abs. 2 Satz 1 Nr. 4 EStG unterliegen gemäß § 43 Abs. 1 Satz 1 Nr. 8 EStG dem Abzug von KapESt; zur Bemessungsgrundlage: § 43a Abs. 2 Satz 2 EStG.

1054 **Rückwirkende Besteuerung:** § 20 Abs. 2 Satz 1 Nr. 4 EStG wurde bereits durch das StBMG 1994 eingeführt und gilt auch für Wertpapiere, die vor 1994 erworben und ab 1994 veräußert oder eingelöst wurden. Darin liegt keine verfassungswidrige Rückwirkung.[1]

2. Umfang und Ermittlung der steuerpflichtigen Einnahmen

1055 Für alle Veräußerungs- oder Abtretungsfälle des § 20 Abs. 2 Satz 1 Nr. 4 Satz 1 Buchst. a – d EStG sowie für alle Fälle der Einlösung (Nr. 4 Satz 4) gilt: Steuerpflichtig ist nach § 20 Abs. 2 Satz 1 Nr. 4 Satz 1, letzter Halbsatz EStG, nur der Kapitalertrag, der rechnerisch der auf die Besitzzeit des Veräußerers entfallenden Emissionsrendite (sog. Steuerkurs) entspricht; s. Rdnr. 1057. Wird die Emissionsrendite vom Stpfl. – aus welchen Gründen auch immer – nicht nachgewiesen oder hat das Wertpapier keine Emissionsrendite (z. B. Aktienanleihen, Floater, Garantie-Zertifikate, Umtauschanleihen), errechnet sich der stpfl. Kapitalertrag nach § 20 Abs. 2 Satz 1 Nr. 4 Satz 2 EStG aus dem Unterschied zwischen dem Entgelt für den Erwerb und den Einnahmen aus der Veräußerung, Abtretung oder Einlösung (Differenz-Methode oder Marktrendite); s. Rdnr. 1061 f.

1056 **Ausgenommene Wertpapiere und Kapitalforderungen:** Die Regelungen der § 20 Abs. 2 Satz 1 Nr. 4 Satz 1 – 3 EStG gelten nach Nr. 4 Satz 5 nicht für Zinsen aus **Gewinnobligationen** und **Genussrechten** i. S. d. § 43 Abs. 1 Satz 1 Nr. 2 EStG. Die Befreiung erfasst nicht Genussrechte i. S. d. § 20 Abs. 1 Nr. 1 EStG, mit denen sowohl eine Beteiligung am laufenden Gewinn als auch am Liquidationserlös verbunden ist (s. Rdnr. 647 ff.). Die an den deutschen Börsen gehandelten **Genussscheine** fallen regelmäßig nicht unter § 20 Abs. 1 Nr. 1 EStG. Ihre Zinserträge, die sich während des Zinszahlungszeitraums im Kurs ansammeln, können durch Veräußerung kurz vor dem nächsten Zinstermin steuerfrei vereinnahmt werden, sofern die Jahresfrist des § 23 Abs. 1 Satz 1 Nr. 2 EStG eingehalten ist.

---

1 BFH, U. v. 16. 5. 2001, BFH/NV 2001, 1480.

a) Berechnung der steuerpflichtigen Kapitalerträge nach der Emissionsrendite

Ausgangsgröße für die Berechnung der stpfl. Kapitalerträge nach § 20 Abs. 2 Satz 1 Nr. 4 Buchst. a – b EStG ist die Emissionsrendite (§ 20 Abs. 2 Satz 1 Nr. 4 Satz 1, letzter Halbsatz EStG). Es handelt sich dabei um die Rendite eines Wertpapiers oder einer Kapitalforderung, die bei Ausgabe des Papiers oder Begründung der Forderung vom Emittenten oder Gläubiger von vornherein zugesagt wird.[1] Auf der Grundlage dieser Rendite wird die Differenz zwischen den Zinsen bis zur Veräußerung (Einlösung) und den bis zum Erwerb angefallenen Zinsen ermittelt.[2] Nur dieser besitzzeitanteilige Zinsertrag bildet die stpfl. Einnahmen aus Kapitalvermögen. Marktbedingte **Kursschwankungen** während der Laufzeit beeinflussen bei Zwischenveräußerungen (Abtretungen) die als Kapitalertrag zu versteuernde besitzzeitanteilige Emissionsrendite (Steuerkurs) nicht. Die Veräußerung oder Abtretung zu einem über dem Steuerkurs liegenden Kurs führt in Höhe des übersteigenden Betrags zu einer nicht steuerbaren Vermögensmehrung.

1057

Die Emissionsrendite muss bereits bei der Emission des Wertpapiers oder Begründung der Kapitalforderung feststehen und vom Stpfl. nachgewiesen werden. Ein rückwirkender Nachweis, z. B. bei Index-Anleihen (s. Rdnr. 882 ff. und Rdnr. 1374 „Index-Anleihen"), ist nicht möglich. Weist der Stpfl. die Emissionsrendite nicht nach oder lässt das Wertpapier keine Emissionsrendite errechnen, so ist als stpfl. Kapitalertrag nach § 20 Abs. 2 Satz 1 Nr. 4 Satz 2 EStG die Marktrendite anzusetzen (s. Rdnr. 1061). Wird die Emissionsrendite nicht bereits in den Emissionsbedingungen vom Emittenten mitgeteilt, so ist sie nach folgender Formel zu berechnen (BMF-Schreiben v. 24. 1. 1985, BStBl I 1985, 77, Zero-Bond-Erlass; s. Anlage dort):

1058

$$R = \left[\left(\frac{Kn}{Ko}\right)^{\frac{1}{n}} - 1\right] \times 100$$

Hierbei gilt:

Ko = Emissionswert des Wertpapiers
Kn = Rücknahmewert nach Beendigung der Gesamtlaufzeit

---

1 BMF-Schreiben v. 30. 4. 1993, BStBl I 1993, 343.
2 Eisele/Knobloch, DStR 1993, 577.

n = Gesamtlaufzeit
R = Emissionsrendite
Rechenbeispiele im BMF-Schreiben v. 24. 1. 1985, BStBl I 1985, 77.

▷ **Praxishinweis:**
Wertpapiere, die zwar eine Mindest- bzw. Grundverzinsung bieten, aber bei Eintritt bestimmter Ereignisse einen Anstieg der Verzinsung vorsehen, haben keine Emissionsrendite. Veräußerungs- oder Einlösungsgewinne/ -verluste dieser sog. Step-up-cupons-Bonds, Floater oder Rating-Anleihen, müssen nach der Marktrendite ermittelt werden.

Beispiel: Anleihen fast aller Telekommunikationsunternehmen (Rating-Anleihen).

1059 **Korrektur der Emissionsrendite:** Die so ermittelte Emissionsrendite, die auf die Besitzzeit des Wertpapiers umzurechnen ist, führt zu einer Doppelbesteuerung bereits zugeflossener und versteuerter Erträge. Deshalb sind bereits vereinnahmte Zinsen und Stückzinsen nach § 20 Abs. 2 Satz 1 Nr. 4 Satz 3 EStG von der besitzzeitanteiligen Emissionsrendite wieder abzuziehen.

1060 **Ansatz der Emissionsrendite bei Fremdwährungspapieren:** Nach BMF-Schreiben v. 24. 1. 1985, BStBl I 1985, 77, Tz. 2, erfolgt die Ermittlung des besitzzeitanteiligen Kapitalertrags zunächst in der ausländischen Währung; anschließend wird der so ermittelte Betrag zum amtlichen Mittelkurs der ausländischen Währung am Tag der Veräußerung oder Einlösung der Wertpapiere umgerechnet.

b) Berechnung der steuerpflichtigen Kapitalerträge nach der Differenzmethode (Marktrendite)

1061 Hat das in Frage stehende Wertpapier aufgrund seiner Ausstattung keine Emissionsrendite (Floater, Index-Anleihen, Aktienanleihen, Umtausch- oder Rating-Anleihen) oder weist der Stpfl. die Emissionsrendite nicht nach, gilt nach § 20 Abs. 2 Satz 1 Nr. 4 Satz 2 EStG der Unterschied zwischen dem Entgelt für den Erwerb und den Einnahmen aus der Veräußerung, Abtretung oder Einlösung der Wertpapiere und Kapitalforderungen als Kapitalertrag (Differenz-Methode oder Marktrendite). Welche Gründe den Stpfl. bewegt haben, die Emissionsrendite nicht nachzuweisen, ist unerheblich. Die Emissionsrendite darf von der FinVerw. nicht eigenständig ermittelt werden.

IX. Einnahmen oder Abtretung aus Finanzinnovationen

Erweiterter Anwendungsbereich für Differenzmethode: Der Gesetzgeber hat aufgrund des BFH-Urteils v. 24. 10. 2000, BStBl II 2001, 97, zur Besteuerung von Floating Rate Notes, den Anwendungsbereich des § 20 Abs. 2 Satz 1 Nr. 4 Satz 2 EStG erweitert. Der BFH hatte die Ermittlung des stpfl. Kapitalertrags nach der Differenzmethode für Wertpapiere, die keine Emissionsrendite berechnen lassen, untersagt. Er sah in der alternativen Bemessungsgrundlage lediglich eine Beweisregelung. Danach sollte die Differenzmethode nur dann angewendet werden können, wenn das Wertpapier eine Emissionsrendite errechnen ließ. Nur in diesen Fällen sollte es dem Stpfl. freigestellt sein, die besitzzeitanteilige Emissionsrendite oder die Marktrendite als Kapitalertrag erklären zu dürfen. Nach dieser Rechtsprechung wären alle Wertpapiere, die nach ihrer Ausgestaltung eine Berechnung der Emissionsrendite nicht zulassen, aus dem Anwendungsbereich des § 20 Abs. 2 Satz 1 Nr. 4 EStG herausgefallen. Diesem Ergebnis ist der Gesetzgeber mit einer Änderung des Satz 2 aus § 20 Abs. 2 Satz 1 Nr. 4 EStG begegnet. Die Neuformulierung stellt nun zumindest vom Wortlaut her sicher, dass auch **Wertpapiere ohne Emissionsrendite**, also z. B. Floater, Index-Anleihen, Garantie-Zertifikate, Aktien- und Umtauschanleihen, unter die Besteuerung als Finanzinnovation fallen.[1]

1062

Verstoß gegen den Gleichheitsgrundsatz: Der BFH hat in dem o. a. Urteil in der Besteuerung nach § 20 Abs. 2 Satz 1 Nr. 4 EStG einen Verstoß gegen den Gleichheitsgrundsatz des Art. 3 Abs. 1 GG gesehen, da keine sachlichen Gründe erkennbar sind, warum z. B. variabel verzinste Schuldverschreibungen (Floater) bei einer Veräußerung oder Einlösung anderen Besteuerungsregeln unterworfen werden als z. B. Festzinsanleihen. Während Veräußerungs- oder Einlösungsgewinne/-verluste von festverzinslichen Schuldverschreibungen außerhalb des § 23 Abs. 1 Satz 1 Nr. 2 EStG noch der steuerrechtlich nicht relevanten Vermögensebene zugeordnet werden, soll das Ausstattungsmerkmal „variable Verzinsung" zu einer Besteuerung des Veräußerungs- oder Einlösungsgewinns führen. Die Auffassung der FinVerw., die ihren Ausdruck in der Änderung des § 20 Abs. 2 Satz 1 Nr. 4 Satz 2 EStG gefunden hat, führt zudem zu einer Auflösung des elementaren Besteuerungsgrundsatzes von der Trennung der grds. nicht relevanten Vermögensebene und der steuerbaren Ertragsebene. Das Ziel des Gesetzgebers, das er mit dem StMBG 1994 verfolgt hat, nämlich nur im

1063

---

1 Zur rückwirkenden Anwendung des Gesetzesänderung s. FG Rheinland-Pfalz v. 28. 10. 2002, EFG 2003, 314; Rev. Az. des BFH: VIII R 97/02.

Veräußerungs- oder Einlösungspreis eines Wertpapiers verdeckten (versteckten) Kapitalertrag der Besteuerung zuzuführen, wird auch nach der Änderung nicht erreicht. Es kommt deshalb weiterhin zur Besteuerung von realisierten Wertänderungen (Bonitätsgewinne, Kapitalmarktzinsveränderungen), die mit verdeckten, im Kurs enthaltenen Kapitalerträgen nicht das Geringste zu tun haben.[1] Nicht zu akzeptieren ist die Auffassung der FinVerw.[2], dass es aus Vereinfachungsgründen – zu Lasten der Anleger – hinzunehmen sei, dass bei der Besteuerung nach der Marktrendite auch eigentlich nicht steuerbare Kursgewinne in die steuerliche Bemessungsgrundlage einbezogen werden.[3]

1064 **Praktische Folgerungen aus der verfehlten Gesetzesänderung:** Stpfl. und ihren Beratern ist aufgrund des Widerspruchs der Gesetzeslage zur Rechtsprechung des BFH zu raten, gegen die Besteuerung von Kursgewinnen im Rahmen des § 20 Abs. 2 Satz 1 Nr. 4 EStG die Finanzgerichte anzurufen. Die berechtigten Bedenken des VIII. Senats im Urteil v. 24. 10. 2000 (BStBl II 2001, 97) sind durch das StÄndG nicht ausgeräumt. Es gilt, auch im Bereich der Finanzinnovationsbesteuerung die Trennung von Vermögens- und Ertragsebene wieder durchzusetzen.

1065 **Mindestrendite keine Emissionsrendite:** Keine Emissionsrendite i. S. d. § 20 Abs. 2 Satz 1 Nr. 4 Satz 2 liegt vor, wenn Wertpapiere lediglich eine **Grundverzinsung** haben, diese bei Eintritt bestimmter, im Emissionszeitpunkt aber noch ungewisser Ereignisse nach oben oder unten angepasst wird. So sehen z. B. Schuldverschreibungen verschiedener Telekommunikationsunternehmen eine Mindestverzinsung vor, die bei einer Ratingverschlechterung um einen bestimmten Prozentsatz erhöht wird (step-up-coupon Bonds).[4] Kommt es während der Laufzeit zu keiner Veränderung des Unternehmensrating, verbleibt es bei der anfänglichen Mindestverzinsung. Ob lediglich dieser Eingangszinssatz über die gesamte Laufzeit hinweg gezahlt wird, lässt sich erst am Ende der Laufzeit beurteilen. Deshalb ist bei Ausgabe des Wertpapiers gerade nicht mit Sicherheit festzustellen, welche Rendite das Papier tatsächlich aufweist. Soweit im BMF-Schreiben v.

---

1 BMF v. 24. 11. 1986, BStBl I 1986, 539 (Emissionsdisagio-Erlass) s. Anhang; BFH, U. v. 24. 10. 2000, BStBl II 2001, 97.
2 BMF v. 14. 7. 2004, s. Anhang.
3 So auch FG Berlin v. 22. 4004, EFG 2004, 1450, Rev., Az. des BFH: VIII R 48/05, für den Fall einer negativen Marktrendite, und Niedersächsisches FG v. 25. 11. 2004, EFG 2005, 698, Rev., Az. des BFH: VIII R 6/05, für den Fall einer positiven Marktrendite.
4 Einzelheiten dazu Harenberg, NWB F. 3, 11 317; s. Rechtsprechung Fn. 3.

IX. Einnahmen oder Abtretung aus Finanzinnovationen

30. 4. 1993 (BStBl I 1993, 343) auf die mit „Sicherheit" zu erzielende Rendite abgestellt wird, muss diese Formulierung im Zusammenhang mit der „Einlösung" des Wertpapiers gesehen werden. Nur dann, wenn nach den Emissionsbedingungen während der Laufzeit keinerlei Zinsanpassungen vorgesehen sind und auch über den Betrag der Kapitalrückzahlung hinaus kein weiterer Ertrag erzielbar ist, liegt eine bei Emission des Wertpapiers feststellbare bis zur Einlösung mit Sicherheit erzielbare Emissionsrendite i. S. d. § 20 Abs. 2 Satz 1 Nr. 4 EStG vor.

Besonderheiten bei Aktien- und Umtauschanleihen: s. Rdnr. 1051. 1066

Marktrendite ist der Unterschied zwischen Anschaffungskosten (Kurswert der Wertpapiere einschl. Anschaffungsnebenkosten) und den Einnahmen aus der Veräußerung oder Einlösung der Wertpapiere abzüglich Veräußerungsnebenkosten. Die Höhe dieser Differenz wird ganz überwiegend von den Kurswerten der Papiere im Anschaffungs- und Veräußerungszeitpunkt bestimmt, so dass marktbedingte Schwankungen während der Laufzeit darin enthalten sind. Je nach den Marktverhältnissen kann es im Einzelfall zu einer Erhöhung oder Verminderung des stpfl. Kapitalertrags kommen. Steigt der Kapitalmarktzins nach Ausgabe der Wertpapiere, so wird der Kurswert sinken. Umgekehrt wird es zu Kurswertsteigerungen kommen, wenn der Kapitalmarktzins nach der Ausgabe fällt. 1067

Anwendungsfälle der Marktrendite: Die Berechnung des stpfl. Kapitalertrags durch Ermittlung der Marktrendite kommt dann in Betracht, wenn die Ermittlung der Emissionsrendite objektiv nicht möglich ist (z. B. bei Rating-Anleihen, Index-Anleihen, Floatern, Reverse Floatern, Aktien- und Umtauschanleihen; zu den Begriffen s. Rdnr. 1433, 1374, 1335, 1438, 1212 und 1480) oder der Stpfl. aus subjektiven Motiven heraus die Emissionsrendite nicht nachweisen will. 1068

Devisenkursgewinne oder -verluste gehen in die Marktrendite ein, wenn eine Umrechnung der Anschaffungs- und Veräußerungskurse (Einlösungsbeträge) zum jeweils aktuellen amtlichen Mittelkurs der ausländischen Währung erfolgt. Deshalb wurde § 20 Abs. 2 Satz 1 Nr. 4 Satz 2 EStG dahin ergänzt, dass bei **Fremdwährungspapieren** die Marktrendite in der Fremdwährung zu ermitteln und erst die Differenz in Euro bzw. DM umzurechnen ist.[1] Dies gilt jedoch nicht bei der Ermittlung eines privaten Veräußerungsgewinns i. S. d. § 22 Abs. 1 Satz 1 Nr. 2 EStG. 1069

---

1 Damit erfolgt die Umrechnung nach der gleichen Vorgehensweise wie bei der Ermittlung der Emissionsrendite von Fremdwährungspapieren; s. Rdnr. 1060.

1070 Berücksichtigung von Anschaffungs- und Veräußerungsnebenkosten: Aufwendungen, die im Zusammenhang mit dem Erwerb und der Veräußerung der Wertpapiere stehen, sind u. E. bei der Ermittlung des Kapitalertrags nach der Marktrendite zu berücksichtigen. Bankspesen, Maklercourtagen u. Ä. erhöhen somit die zugrunde zu legenden Anschaffungskosten und verringern die Einnahmen aus der Veräußerung oder Einlösung der Wertpapiere.

1071–1073 *(einstweilen frei)*

c) Wahlrecht zwischen Emissions- und Marktrendite

1074 Nach dem Wortlaut des § 20 Abs. 2 Satz 1 Nr. 4 Satz 2 EStG besteht zwischen der Besteuerung nach der Emissionsrendite und der Marktrendite ein echtes Wahlrecht.[1] Die Emissionsrendite wird der Besteuerung nur dann zugrunde gelegt, wenn der Stpfl. sie nachweist. Erbringt er den Nachweis bewusst nicht, weil z. B. das Wertpapier keine Emissionsrendite errechnen lässt oder die Marktrendite zu einem geringeren Kapitalertrag führt, so hat das FA den stpfl. Ertrag anhand der Marktrendite zu ermitteln. Dies gilt selbst dann, wenn die Ermittlung der Emissionsrendite durch Einholung einer Auskunft vom Emittenten oder durch eigene Berechnung des FA möglich ist. Der BFH sieht dagegen in den beiden Bemessungsgrundlagen für den steuerpflichten Kapitalertrag lediglich eine Beweisregel.[2]

1075 **Kriterien zur Ausübung des Wahlrechts:** Welche Berechnungsmethode im Einzelfall die günstigere ist, hängt im Wesentlichen von der Höhe des Kapitalmarktzinses im Zeitpunkt des Erwerbs des Wertpapiers und im Zeitpunkt der Veräußerung (Einlösung) ab.

1076 **Einnahmeberechnung bei gleichgebliebenem Kapitalmarktzins:** Befindet sich der Kapitalmarktzins im Zeitpunkt der Veräußerung auf dem gleichen Niveau wie im Zeitpunkt des Erwerbs, so enthält der Wertzuwachs (die Kurssteigerung) lediglich den der Emissionsrendite entsprechenden Zinsanteil. Dieser Anteil ist besitzzeitanteilig zu ermitteln und zu versteuern. Die Differenz-Methode dagegen führt in diesem Fall zu einer niedrigeren Bemessungsgrundlage und damit zu einer geringeren steuerlichen Belastung. Der Unterschiedsbetrag zwischen Erwerbsentgelt (Anschaffungskosten) und den Einnahmen aus der Veräußerung ist niedriger als der

---

1 Harenberg/Irmer, NWB F. 3, 8977; Bordewin in L/S/B, EStG § 20 Rdnr. 598.
2 BFH, U. v. 30. 11. 1999, BStBl II 2000, 262.

IX. Einnahmen oder Abtretung aus Finanzinnovationen

Zinsanteil (Emissionsrendite), da die Einnahmen u. E. um die von der Bank für die Veräußerung in Rechnung gestellten Spesen (Gebühren, Maklercourtagen u. Ä.) zu kürzen sind. Diese Nebenkosten sind jedoch nur Werbungskosten bei einer Besteuerung der Einnahmen aus einer Veräußerung i. S. d. § 20 Abs. 2 Satz 1 Nr. 4 EStG (s. Rdnr. 215 „Bankgebühren"). Sie würden sich bei Berechnung der Einnahmen nach der Emissionsrendite steuerlich nicht auswirken. Bei gleich hohem Kapitalmarktzins ist die Differenz-Methode demnach vorteilhafter.

Einnahmeberechnung bei gestiegenem Kapitalmarktzins: Liegt der Kapitalmarktzins im Zeitpunkt der Veräußerung (Abtretung) höher als im Erwerbszeitpunkt, so wird der Kurswert des Wertpapiers niedriger sein, als es seiner Aufzinsung entsprechen würde. Der anteilige, der Emissionsrendite entsprechende Zinsertrag wird durch die Kurswertänderung geschmälert. Werden die Einnahmen in diesem Fall nach der Emissionsrendite ermittelt, so müssen Zinserträge versteuert werden, die tatsächlich nicht erzielt wurden. Auch hier wirkt sich die Ermittlung des stpfl. Ertrags nach der Differenz-Methode günstiger aus. Für den Fall, dass der Inhaber das Wertpapier bei Endfälligkeit einlöst, spielt die Änderung des Kapitalmarktzinses keine Rolle. Die Einlösung erfolgt unabhängig vom Kapitalmarktzins grundsätzlich zum vollen Nennbetrag (anders bei Aufzinsungspapieren und Umtauschanleihen).

1077

Einnahmeberechnung bei gefallenem Kapitalmarktzins: Liegt der Kapitalmarktzins im Veräußerungszeitpunkt niedriger als im Erwerbszeitpunkt, ist der Wert des Wertpapiers nicht nur um den rechnerischen Zinsanteil gestiegen. In ihm wird zusätzlich ein der Kapitalmarktzinsänderung entsprechender Kursgewinn enthalten sein. Dieser Kursgewinn war bis zur Änderung des § 20 Abs. 2 Satz 1 Nr. 4 EStG durch das StMBG nicht steuerbar. Er bleibt es auch nach der Neuregelung, wenn die Einnahmen nach der Emissionsrendite ermittelt werden. Der danach zu versteuernde Zinsanteil ist in jedem Fall geringer als der nach der Differenz-Methode ermittelte Saldo von Veräußerungs- und Erwerbsentgelt, weil in diesem Saldo die sich aufgrund des gesunkenen Kapitalmarktzinsniveaus ergebenden Kurssteigerungen enthalten sind. Dies gilt uneingeschränkt, wenn die Kurssteigerungen höher sind als die dem Stpfl. von der Bank in Rechnung gestellten Verkaufsspesen. Zehren die Spesen dagegen nicht nur den Kursgewinn, sondern auch noch einen Teil des Zinszuwachses auf, so bringt die Differenz-Methode die niedrigere steuerliche Belastung.

1078

Beispiel:

Anschaffung einer Kombizins-Anleihe (zum Begriff s. Rdnr. 1395) am 15. 1. 2001 im Nominalwert von 100 000 €, Laufzeit 10 Jahre, Verzinsung in den ersten 5 Jahren 0 v. H., in den letzten 5 Jahren 19 v. H., Emissionskurs 101,70 €; Verkauf der Anleihe am 10. 1. 2006 zum Kurs von 141,70 €. Die besitzzeitanteilige Emissionsrendite beträgt 45 000 €. Anstelle dieses Betrags kann in der Steuererklärung die nach der Differenz-Methode errechnete Marktrendite als Kapitalertrag angegeben werden. Diese ergibt sich als Differenz von den Einnahmen aus der Veräußerung von 141 700 € und dem Erwerbsentgelt in Höhe von 101 700 €. Der stpfl. Ertrag beläuft sich hier nur auf 40 000 €.

3. Berücksichtigung von Zinsen und Stückzinsen (§ 20 Abs. 2 Satz 1 Nr. 4 Satz 3 EStG)

1079 Die Versteuerung der Veräußerungserträge nach § 20 Abs. 2 Satz 1 Nr. 4 Satz 1 Buchst. a bis d EStG lässt die Besteuerung der Zinsen (§ 20 Abs. 1 Nr. 7 EStG) und Stückzinsen (§ 20 Abs. 2 Satz 1 Nr. 3 EStG) unberührt (Nr. 4 Satz 3). Wird der stpfl. Kapitalertrag über die Emissionsrendite ermittelt, so sind darin auch die bereits zugeflossenen Stückzinsen enthalten, die der Veräußerer vom Erwerber erhalten hat. Die Zinsen und Stückzinsen unterliegen bereits nach § 20 Abs. 1 Nr. 7 Satz 1 bzw. nach § 20 Abs. 2 Satz 1 Nr. 3 EStG der Besteuerung. Sie sind folglich zur Vermeidung einer doppelten Erfassung von dem nach der **Emissionsrendite** ermittelten Kapitalertrag abzuziehen (§ 20 Abs. 2 Satz 1 Nr. 4 Satz 3 EStG).

Beispiel:

Wird eine Anleihe nach dem ersten Zinszahlungszeitraum unter Berechnung und Zahlung von Stückzinsen veräußert, so sind die Zinsen aus dem ersten Zinszahlungszeitraum bereits nach § 20 Abs. 1 Nr. 7 Satz 1 EStG, die vereinnahmten Stückzinsen nach § 20 Abs. 2 Satz 1 Nr. 3 EStG versteuert. Diese Beträge sind deshalb bei der Berechnung des aus der Veräußerung erzielten und anhand der Emissionsrendite berechneten Kapitalertrags abzuziehen (§ 20 Abs. 2 Satz 1 Nr. 4 Satz 3 EStG).

Bei der Berechnung nach der **Marktrendite** sind die bereits realisierten Zinsen und Stückzinsen im stpfl. Kapitalertrag nicht enthalten. Sie müssen deshalb zusätzlich versteuert werden. Führt die Ermittlung der Marktrendite im Einzelfall zu einem negativen Ergebnis, so handelt es sich um **negative Einnahmen** aus Kapitalvermögen.

IX. Einnahmen oder Abtretung aus Finanzinnovationen

4. Entsprechende Anwendung der Veräußerungsvorschriften auf Fälle der Einlösung (§ 20 Abs. 2 Satz 1 Nr. 4 Satz 4 EStG)

Die Besteuerungsgrundsätze des § 20 Abs. 2 Satz 1 Nr. 4 Sätze 1 – 3 EStG gelten nach Nr. 4 Satz 4 auch für die Einlösung der Wertpapiere und Kapitalforderungen bei deren Endfälligkeit. Dies gilt nach der Änderung des Wortlauts durch das StÄndG 2001 sowohl für den Erst-, als auch für alle weiteren Erwerber. Unter Einlösung ist u. E. nur die Endeinlösung bei vollständiger Rückzahlung des Kapitals zu verstehen. Die **Kapitalrückzahlung in Raten** (rentierliche Einlösung) erfüllt u. E. den Tatbestand der Einlösung i. S. v. § 20 Abs. 2 Satz 1 Nr. 4 Satz 2 nicht. Werden die Wertpapiere also durch einen Ersterwerber oder einen anderen Erwerber bei Endfälligkeit eingelöst, so gilt die für die Zwischenveräußerung getroffene Regelung i. S. d. § 20 Abs. 2 Satz 1 Nr. 4 Satz 1 Buchst. a – d i. V. m. Nr. 4 Satz 2 und 3 EStG. 1080

Die Einlösung der Wertpapiere durch den **Ersterwerber,** der sie während der gesamten Laufzeit innegehabt hat, führt aber auch wie die Einlösung der fälligen Zinsscheine zu stpfl. Einnahmen aus Kapitalvermögen nach § 20 Abs. 1 Nr. 7 EStG. Einlösungsgewinne, die Kapitalertrag i. S. v. § 20 Abs. 2 Satz 1 Nr. 4 EStG darstellen könnten, fallen nunmehr zusätzlich unter § 20 Abs. 2 Satz 1 Nr. 4 Satz 4 EStG, der wohl als die speziellere Vorschrift dem Auffangtatbestand des § 20 Abs. 1 Nr. 7 EStG vorgehen dürfte. Somit ergibt sich die Rechtsgrundlage für die Besteuerung des Kapitalertrags aus Umtauschanleihen für die laufende Verzinsung aus § 20 Abs. 1 Nr. 7 EStG, für den Mehrertrag bei Einlösung aus § 20 Abs. 2 Satz 1 Nr. 4 Satz 4 EStG. 1081

5. Einnahmen aus der Veräußerung oder Abtretung ab- oder aufgezinster Schuldverschreibungen und Schuldbuchforderungen (§ 20 Abs. 2 Satz 1 Nr. 4 Buchst. a EStG)

Verwaltungsanweisungen: BMF-Schreiben v. 24. 11. 1986, BStBl I 1986, 539, Emissionsdisagio-Erlass; OFD Düsseldorf v. 6. 5. 1996, FR 1996, 432, betr. Anwendung des Disagio-Erlasses auf sog. Kurzläufer.

Unter Ab- oder Aufzinsungspapieren werden Schuldverschreibungen (Anleihen) verstanden, die unter oder über ihrem Nennwert emittiert, aber zum Nennwert eingelöst (zurückgezahlt) werden. Eine laufende Verzinsung ist nicht vorgesehen. Unter § 20 Abs. 2 Satz 1 Nr. 4 Satz 1 Buchst. a EStG fallen grds. nur Wertpapiere, die bereits von Emittenten ab- oder aufgezinst worden sind. 1082

Beispiele:
Nullkupon-Anleihen (Zerobonds), Finanzierungsschätze des Bundes oder der Länder, Bundesschatzbriefe Typ B. Anleihen und die dazugehörigen Zinsscheine, die vom Ersterwerber oder einem späteren Inhaber isoliert zu einem ab- oder aufgezinsten Preis veräußert werden, fallen nicht unter § 20 Abs. 2 Satz 1 Nr. 4 Satz 1 Buchst. a EStG. Die mit einer Veräußerung oder Einlösung derartiger Wertpapiere erzielten Kapitalerträge sind nach § 20 Abs. 2 Satz 1 Nr. 4 Satz 1 Buchst. b EStG zu versteuern; s. Rdnr. 1091 ff.

Die Besteuerung nach § 20 Abs. 2 Satz 1 Nr. 4 Satz 1 Buchst. a EStG erfolgt unabhängig davon, ob die Kapitalforderung in einzelnen Wertpapierurkunden, einer Sammel- oder Globalurkunde verbrieft ist. § 20 Abs. 2 Satz 1 Nr. 4 Satz 1 Buchst. a EStG erfasst auch die Abtretung unverbriefter Forderungen.

1083 **Disagio-Anleihen** (zum Begriff s. Rdnr. 1306): Einnahmen aus ihrer Veräußerung fallen nicht unter § 20 Abs. 2 Satz 1 Nr. 4 Satz 1 Buchst. a EStG, wenn das Disagio innerhalb der Disagio-Staffel des BMF-Schreibens v. 24. 11. 1986[1] liegt; s. Rdnr. 1323. Das Disagio ist dagegen in voller Höhe zu versteuern, wenn es zwar unter der Staffel liegt, aber zusammen mit einem dem Erwerber gewährten Bonus die Grenzen der Disagio-Staffel überschreitet; s. Rdnr. 1257.

1084 **Optionsanleihen ohne Aufgeld** (zum Begriff s. Rdnr. 1417) sind ihrer Natur nach mit niedrig verzinslichen, abgezinsten Schuldverschreibungen vergleichbar. Erträge aus ihrer Weiterveräußerung fallen unter § 20 Abs. 2 Satz 2 Nr. 4 Satz 1 Buchst. a EStG.

1085–1090 *(einstweilen frei)*

6. Einnahmen aus der isolierten Veräußerung oder Abtretung von Stammrechten oder Zinsforderungen zu einem ab- oder aufgezinsten Preis (§ 20 Abs. 2 Satz 1 Nr. 4 Satz 1 Buchst. b EStG)

1091 Nach § 20 Abs. 2 Satz 1 Nr. 4 Satz 1 Buchst. b EStG gehören zu den Einnahmen aus Kapitalvermögen die Einnahmen aus

- der Veräußerung oder Abtretung von Schuldverschreibungen, Schuldbuchforderungen und sonstigen Kapitalforderungen **ohne** Zinsscheine und Zinsforderungen und aus

---

1 BStBl I 1986, 539.

IX. Einnahmen oder Abtretung aus Finanzinnovationen

- der Veräußerung von Zinsscheinen und Zinsforderungen **ohne** das Stammrecht durch den zweiten oder jeden weiteren Erwerber zu einem ab- oder aufgezinsten Preis.

Die Vorschrift ist als weitere Reaktion des Gesetzgebers auf das Bestreben der Banken zu sehen, durch neue Formen von Kapitalanlagen (Finanzinnovationen) stpfl. Kapitalerträge in nicht steuerbare Kursgewinne umzuwandeln. § 20 Abs. 2 Satz 1 Nr. 4 Satz 1 Buchst. b EStG liegt die Vorstellung zugrunde, dass der Erwerb einer verbrieften oder unverbrieften Kapitalforderung zu einem ab- oder aufgezinsten Preis wirtschaftlich dem Erwerb einer bereits vom Emittenten ab- oder aufgezinsten Forderung (§ 20 Abs. 2 Satz 1 Nr. 4 Satz 1 Buchst. a EStG; s. Rdnr. 1082 ff.) gleichsteht. Das isoliert veräußerte Stammrecht oder der abgetrennte und veräußerte Zinsschein (Zinsforderung) werden damit wie ein Zerobonds behandelt (zum Begriff s. Rdnr. 1413). Umlaufbedingte Kurs- und Preisschwankungen bei Wertpapieren mit Stückzinsberechnung fallen nicht unter § 20 Abs. 2 Satz 1 Nr. 4 Satz 1 Buchst. b EStG.

1092

Beispiele:
Festverzinsliche Anleihen mit einer Laufzeit von 10 Jahren, die mit dem Recht ausgestattet sind, die Zinsscheine vom Stammrecht zu trennen und isoliert, d. h. ohne Stammrecht, zu veräußern (Stripped Bonds). Eine solche Anleihe erhält 4 verschiedene Kursnotierungen: das Stammrecht mit den dazugehörigen Zinsscheinen, das Stammrecht ohne Zinsscheine, das Paket der 10 Zinsscheine und die Notierung der einzelnen Zinsscheine, die als Zerobonds angesehen werden können.

Besteuerung: Der Ersterwerber erzielt bei der Veräußerung Einnahmen nach § 20 Abs. 2 Satz 1 Nr. 2 Buchst. b EStG. Jeder weitere Erwerber hat bei der Veräußerung (Abtretung) oder Einlösung der Zinsscheine Einnahmen – berechnet nach der besitzzeitanteiligen Emissionsrendite oder Marktrendite (§ 20 Abs. 2 Satz 1 Nr. 4 Satz 1 letzter Halbsatz, Satz 2 EStG) – i. S. v. § 20 Abs. 2 Satz 1 Nr. 4 Satz 1 i. V. m. Nr. 4 Satz 4 EStG zu versteuern.

(einstweilen frei)

1093

7. Einnahmen aus der Veräußerung oder Abtretung von Stammrechten mit dazugehörigen Zinsscheinen oder Zinsforderungen ohne Stückzinsausweis oder bei Abhängigkeit der Erträge von einem ungewissen Ereignis (§ 20 Abs. 2 Satz 1 Nr. 4 Satz 1 Buchst. c EStG)

§ 20 Abs. 2 Satz 1 Nr. 4 Satz 1 Buchst. c EStG regelt einerseits die Besteuerung der Einnahmen aus Veräußerung oder Abtretung herkömmlicher Ka-

1094

pitalanlagen (Schuldverschreibungen, Schuldbuchforderungen; zu den Begriffen s. Rdnr. 1445, 1447), soweit diese wegen Fehlens einer Stückzinsberechnung und -zahlung (Flat-Handel) nicht erfasst werden (§ 20 Abs. 2 Satz 1 Nr. 3 EStG a. F.). Der erste oder jeder weitere Erwerber erzielt bei Einlösung der Zinsscheine Einnahmen aus Kapitalvermögen, soweit sie auf seine Besitzzeit entfallen (§ 20 Abs. 2 Satz 1 Nr. 4 Satz 1, letzter Halbsatz EStG). Dies gilt ebenfalls für bestimmte neuartige Kapitalanlagen (Finanzinnovationen) wie z. B. Capped Warrants oder Range Warrants (zu den Begriffen s. Rdnr. 1274, 1432).

1095 Andererseits werden von § 20 Abs. 2 Satz 1 Nr. 4 Satz 1 Buchst. c EStG auch Wertpapiere und Kapitalforderungen erfasst, bei denen die Höhe der Erträge von einem ungewissen Ereignis (Index-Anleihen, Garantie-Zertifikate) abhängt.[1]

Beispiele:

Money-Back-Zertifikate, Grois, Saros, Mega-Zertifikate, Reverse Floater, Anleihen mit Tilgungswahlrecht wie Aktien- und Umtauschanleihen sowie Rating-Anleihen nicht aber Gewinnobligationen und Genussrechte (§ 20 Abs. 2 Satz 1 Nr. 4 EStG); zu den Begriffen s. ABC Teil 3.

1096 **Ermittlung der stpfl. Einnahmen:** Die Einnahmen aus der Veräußerung (Abtretung) oder Einlösung von Anleihen, deren Erträge von einem ungewissen Ereignis abhängen, können nicht anhand der Emissionsrendite (§ 20 Abs. 2 Satz 1 Nr. 4 Satz 1, letzter Halbsatz EStG) ermittelt werden, da bei der Emission die Entwicklung des Index (ungewisses Ereignis) oder die Ausübung eines Wahlrechts nicht feststeht. Bekannt ist lediglich der Index oder die Indexspanne (Range), an die die Erträge gekoppelt sind. Daraus lässt sich keine Emissionsrendite errechnen. Die nach Einlösung des Zinsscheins ermittelte Rendite ist keine Emissionsrendite (s. Rdnr. 1323) i. S. v. § 20 Abs. 2 Satz 1 Nr. 4 Satz 1, letzter Halbsatz EStG. Zur Ermittlung der stpfl. Einnahmen bei Indexanleihen ist deshalb immer von der **Marktrendite** auszugehen (§ 20 Abs. 2 Satz 1 Nr. 4 Satz 2 EStG).

---

1 Scheurle, DB 1994, 445.

8. Einnahmen aus der Veräußerung oder Abtretung von Schuldverschreibungen oder Schuldbuchforderungen mit Zinsscheinen oder Zinsforderungen und Erträgen, die in unterschiedlicher Höhe oder für unterschiedlich lange Zeiträume gezahlt werden (§ 20 Abs. 2 Satz 1 Nr. 4 Satz 1 Buchst. d EStG)

Einnahmen aus Kapitalvermögen werden gemäß § 20 Abs. 2 Satz 1 Nr. 4 Satz 1 Buchst. d EStG durch Veräußerung (Abtretung) oder Einlösung von Wertpapieren und Kapitalforderungen erzielt, wenn die Erträge entweder in unterschiedlicher Höhe oder für unterschiedlich lange Zeiträume gezahlt werden. Auch mit dieser Vorschrift wollte der Gesetzgeber nicht steuerbare Kurssteigerungen bestimmter Finanzinnovationen außerhalb der Spekulationsbesteuerung erfassen. Durch eine differenzierte Zinsstaffelung oder unterschiedlich lange Zinszahlungszeiträume war es vor Einführung des StMBG möglich, Kurssteigerungen durch eine (wirtschaftliche) Akkumulation von Erträgen zu erzielen und die Kursgewinne mangels entsprechender gesetzlicher Regelungen unversteuert zu vereinnahmen. § 20 Abs. 2 Satz 1 Nr. 4 Satz 1 Buchst. d EStG zielt deshalb in erster Linie auf sog. **Kombizinsanleihen** (Wertpapiere mit unterschiedlichen Zinszahlungszeiträumen) und Gleitzinsanleihen (Wertpapiere mit jährlich fallender oder steigender Verzinsung); zu den Begriffen, Rdnr. 1357, 1395. Der Kurs einer Kombizinsanleihe steigt umso mehr an, als sich die zinslose Zeit (z. B. Verzinsung 0 € in den ersten 5 Jahren) ihrem Ende zu neigt. Nach § 20 Abs. 2 Satz 1 Nr. 4 Satz 1 Buchst. d EStG ist der Kursgewinn – ermittelt nach der Emissions- oder Marktrendite – (s. Rdnr. 1057 ff.) stpfl. Übersteigen die nach der Emissionsrendite ermittelten Einnahmen den erzielten Kursgewinn, so bleibt der übersteigende Betrag – mit Ausnahme des Spekulationsgewinns – nicht steuerbar, sofern die Marktrendite zugrunde gelegt wird. 1097

Anleihen mit unterschiedlichen Zinszahlungszeiträumen: § 20 Abs. 2 Satz 1 Nr. 4 Satz 1 Buchst. d EStG ist nicht anzuwenden auf Erträge aus Schuldverschreibungen, Schuldbuchforderungen und sonstigen Kapitalforderungen mit Zinsscheinen oder Zinsforderungen, bei denen Zinsen in regelmäßigen Abständen gezahlt werden, ein Zinszahlungszeitraum von den übrigen abweicht, die Nominalverzinsung während der gesamten Laufzeit mit der Emissionsrendite übereinstimmt und die Stückzinsen besonders abgerechnet werden.[1] Die Besteuerung von Veräußerungserträ- 1098

---

[1] BMF-Schreiben v. 29. 5. 1995, BStBl I 1995, 283.

gen aus Anleihen dieser Art ist vielmehr nach § 20 Abs. 2 Satz 1 Nr. 3 EStG vorzunehmen (s. Rdnr. 1031). Der Unterschiedsbetrag zwischen Emissionsrendite und Nominalverzinsung aufgrund eines Disagios innerhalb der Disagio-Staffel ist nicht nach den Grundsätzen des BMF-Schreibens v. 24. 11. 1986[1] nicht zu erfassen.

1099 **Anwendung des § 20 Abs. 2 Satz 1 Nr. 4 Satz 1 Buchst. d EStG auf floating rate notes (Floater):** Bei Floatern (zum Begriff s. Rdnr. 1335) wird der Zinssatz regelmäßig alle 3 oder 6 Monate an die Entwicklung eines Referenzzinses (z. B. LIBOR oder EURIBOR) angepasst. Diese Anpassung hat zur Folge, dass es – im Gegensatz zu Kombi- und Gleitzinsanleihen – nicht zu einer (wirtschaftlichen) Akkumulation von Zinserträgen kommt. Das BMF hat deshalb mit Schreiben v. 20. 1. 1994[2] klargestellt, dass § 20 Abs. 2 Satz 1 Nr. 4 Satz 1 Buchst. d EStG nicht auf einfache Floater anwendbar ist. Nach BFH, U. v. 24. 10. 2000 (BStBl II 2001, 97) ist § 20 Abs. 2 Satz 1 Nr. 4 EStG mangels Emissionsrendite auf alle Formen variabel verzinster Anleihen nicht anwendbar; s. dazu Rdnr. 1062 ff., 1335. Der Text des § 20 Abs. 2 Satz 1 Nr. 4 Satz 2 EStG wurde deshalb mit dem StÄndG 2001 angepasst. Das Fehlen einer Emissionsrendite hindert nunmehr die Anwendung des § 20 Abs. 2 Satz 1 Nr. 4 EStG nicht.

X. Sparer-Freibetrag (§ 20 Abs. 4 EStG)

Verwaltungsanweisungen: BMF-Schreiben v. 13. 12. 2005, BStBl I 2005, 1051, betr. Erteilung und Änderung von Freistellungsaufträgen im elektronischen Verfahren; v. 8. 4. 1997, BStBl I 1997, 561, betr. Freistellungsaufträge nach dem Tod eines Ehegatten; v. 8. 10. 1996, BStBl I 1996, 1190, betr. Anrechnung ausländischer Steuern bei Zinseinkünften unter Berücksichtigung von Stückzinsen.

1. Allgemeine Erläuterungen

1100 § 20 Abs. 4 EStG bestimmt in Satz 1, dass bei der Ermittlung der Einkünfte aus Kapitalvermögen nach Abzug der Werbungskosten oder des Werbungskosten-Pauschbetrags (§ 9a Nr. 1 Buchst. b EStG) ein Sparer-Freibetrag i. H. v. 1 370 € (bis VZ 2006) abzuziehen ist. Dieser Freibetrag erhöht sich nach Satz 2 bei Ehegatten, die zur ESt zusammenveranlagt werden, auf 2 740 € (gemeinsamer Sparer-Freibetrag). Er ist bei der Ein-

---

1 BStBl I 1986, 539; Emissionsdisagio-Erlass; s. Anhang.
2 StEK EStG § 20 Nr. 185.

X. Sparer-Freibetrag (§ 20 Abs. 4 EStG)

kunftsermittlung bei jedem Ehegatten je zur Hälfte abzuziehen (Satz 3); s. Rdnr. 1029 ff. Der Abzug des Sparer-Freibetrags und des gemeinsamen Sparer-Freibetrags darf nach Abzug der Werbungskosten nicht zu einem Negativbeitrag bei den Einkünften aus Kapitalvermögen führen (Satz 4). Ab 1. 1. 2007 mindern sich die Freibeträge auf 750 € bzw. 1 500 € bei zusammen veranlagten Ehegatten.

Die Freibeträge senken die steuerliche Belastung bei allen Kapitalerträgen i. S. d. § 20 EStG. Sie verdoppeln sich faktisch, sofern sie auf Kapitalerträge entfallen, die dem Halbeinkünfteverfahren unterliegen (s. Rdnr. 123 ff., 134), da diese nur zur Hälfte auf das Freistellungsvolumen angerechnet werden. Der Ausdruck „Sparer-Freibetrag" ist deshalb im Vergleich zu seiner tatsächlichen Bedeutung zu eng und eine zweifelhafte Steuersubvention, da er nicht nur für Zinseinkünfte i. S. d. § 20 Abs. 1 Nr. 7 Satz 1 EStG, sondern für alle Einnahmetatbestände des § 20 EStG, also auch für Erträge aus Beteiligungsvermögen (§ 20 Abs. 1 Nr. 1 EStG), für vGA und die Tatbestände des § 20 Abs. 2 EStG gilt. 1101

a) Steuerliche Auswirkung der Freibeträge

Unter Berücksichtigung des Werbungskosten-Pauschbetrags (§ 9a Nr. 1 Buchst. b EStG) bleiben bei ledigen Stpfl. Kapitalerträge in Höhe von 1 421 € (ab 1. 1. 2007: 801 €) steuerfrei. Bei zur ESt veranlagten Ehegatten (§§ 26, 26b EStG) erhöht sich dieser Betrag auf 2 842 € (ab 1. 1. 2007: 1 602 €). 1102

b) Gestaltungsmöglichkeiten durch Ausnutzung der Freibeträge

Die Freibeträge legen es nahe, nach Gestaltungsmöglichkeiten zu suchen, um die Freibeträge und den Werbungskosten-Pauschbetrag optimal zu nutzen. Dazu bieten sich folgende Überlegungen an: 1103

- Verlagerung von Einnahmen aus anderen Einkunftsarten in den Bereich der Kapitaleinkünfte, z. B. durch Entnahme von Kapital aus dem Betriebsvermögen und Anlage im Privatbereich oder Umwandlung von Personalgesellschaften oder Einzelunternehmen in eine GmbH;
- Einräumung typisch stiller Beteiligungen zugunsten der Kinder am elterlichen Unternehmen;
- Übertragung von Kapitalvermögen auf Kinder;
- Vereinbarung längerer Ratenzahlungen (anstelle einer Veräußerungsrente) bei der Veräußerung von Grundstücken im Privatvermögen; die

in den Raten enthaltenen Zinsanteile gehören zu den Einnahmen i. S. v. § 20 Abs. 1 Nr. 7 Satz 1 EStG, während bei der Zahlung des Kaufpreises auf Rentenbasis der Ertragsanteil bei den sonstigen Einkünften (§ 22 Nr. 1 Satz 3 Buchst. a EStG) ohne Anwendung des § 20 Abs. 4 EStG zu erfassen ist. Die Versagung des Sparer-Freibetrags bei der Besteuerung des Ertragsanteils ist Gegenstand einer Vorlage durch den BFH an das BVerfG (Az. des BFH: X R 32/01; Az. des BVerfG: 2 BvL 3/02).

2. Geltungsbereich des § 20 Abs. 4 EStG

1104 Die Freibeträge stehen nur unbeschränkt Stpfl. zu (§ 50 Abs. 1 Satz 5 EStG). In den Genuss der Freibeträge kommen sowohl natürliche Personen als auch unbeschränkt Stpfl., nicht steuerbefreite Körperschaften, Personenvereinigungen, Vermögensmassen und nicht rechtsfähige Vereine, soweit sie Einkünfte aus Kapitalvermögen beziehen.[1]

1105 Die Freibeträge sind entgegen der Formulierung „Sparer-Freibetrag" bei allen Einnahmearten aus Kapitalvermögen abziehbar. Der Anwendungsbereich des Abs. 4 beschränkt sich nicht nur auf Erträge aus sonstigen Kapitalforderungen i. S. d. § 20 Abs. 1 Nr. 7 Satz 1 EStG. Der Freibetrag ist vielmehr auch bei Dividendenerträgen, vGA und sonstigen Vorteilen und Entgelten (§ 20 Abs. 2 Satz 1 Nr. 1 EStG) zu berücksichtigen. Die undifferenzierte Gewährung bei allen Einnahmearten des § 20 EStG ist verfassungsrechtlich bedenklich (s. Rdnr. 496) und im Gesetzgebungsverfahren zum ZinsabschlagG durchaus kontrovers diskutiert worden.[2] Soweit die Freibeträge u. a. einen Ausgleich für besondere Inflationsanfälligkeit des Kapitalvermögens darstellen sollen, ist es u. E. weder aus wirtschafts- noch vermögenspolitischen Gründen zwingend, sie auch auf Beteiligungseinnahmen zu gewähren, da diese der Geldentwertung weniger unterliegen als beispielsweise Sparguthaben i. S. v. § 20 Abs. 1 Nr. 7 EStG.[3]

3. Anwendungsvoraussetzungen für den Freibetrag

1106 Nach § 20 Abs. 4 Satz 4 EStG darf der abzuziehende Freibetrag nicht höher sein, als die um die Werbungskosten oder den Werbungskosten-

---

1 BMF-Schreiben v. 3. 6. 1977, 301; v. 26. 10. 1992, BStBl I 1992, 693; v. 18. 12. 1992, BStBl I 1993, 58.
2 BT, 12. Wahlperiode, Protokoll Nr. 28 des 7. Ausschusses, 84 ff., S. 271 ff.
3 A. A. Zeitler, DStR 1992, 513.

X. Sparer-Freibetrag (§ 20 Abs. 4 EStG)

Pauschbetrag (§ 9a Nr. 1 Buchst. b EStG) und eine evtl. abzuziehende ausländische Steuer geminderten Einnahmen aus Kapitalvermögen. Vor Ansatz des Freibetrags sind zunächst die tatsächlich entstandenen Werbungskosten oder der Werbungskosten-Pauschbetrag und eine abziehbare ausländische Steuer von den Einnahmen abzusetzen. Von dem verbleibenden Saldo ist der Freibetrag in Abzug zu bringen. Diese Reihenfolge wurde nach dem Bericht des Finanzausschusses aus „steuertechnischen Gründen" festgelegt,[1] weil andernfalls in Fällen, in denen die Einnahmen nicht höher sind als der Freibetrag, durch den Abzug der Werbungskosten negative Einkünfte aus Kapitalvermögen entstehen würden. Das wiederum hätte bei Arbeitnehmern zur Folge gehabt, dass allein wegen der Einkünfte aus Kapitalvermögen auf Antrag eine Veranlagung zur ESt (§ 46 Abs. 2 Nr. 8 EStG) hätte durchgeführt werden müssen.[2] Dieses Ergebnis wird bei der in § 20 Abs. 4 Satz 4 EStG festgelegten Abzugsreihenfolge vermieden, weil der Abzug des Freibetrags voraussetzt, dass nach Abzug der Werbungskosten und einer ausländischen Steuer noch ein positiver Einnahmebetrag verbleibt.

4. Höhe des Freibetrags

Die Freibeträge wurden mit Wirkung ab 1. 1. 2000 durch das StEntlG 1999/2000/2002 v. 24. 3. 1994[3] halbiert. Sie betragen nunmehr nach einer zwischenzeitlichen Herabsetzung auf 1 550 €/3 100 € und später auf 1 370 €/2 740 € ab 1. 1. 2007 750 € für ledige Stpfl. und 1 500 € für Ehegatten, die zur ESt zusammenveranlagt werden (§§ 26, 26b EStG). Beide Freibeträge werden neben dem Werbungskosten-Pauschbetrag gewährt (§ 9a Nr. 1 Buchst. b EStG), wodurch insgesamt Einkünfte aus Kapitalvermögen von 801 € bzw. 1 602 € steuerfrei belassen werden (gültig ab VZ 2007).

1107

Die Freibeträge vermindern sich, wenn die Einkünfte nach Abzug des Werbungskosten-Pauschbetrags oder höherer tatsächlich entstandener Werbungskosten niedriger sind. Im ungünstigsten Fall betragen sie 0 €.

---

1 BT-Drucks. 7/2180, 19.
2 Pogge v. Strothmann/Kieschke, DStZ/A 1974, 331.
3 BGBl I 1999, 402, BStBl I 1999, 304.

Beispiel:

Einnahmen aus Kapitalvermögen	750 €
./. Werbungskosten-Pauschbetrag für Ledige	51 €
Zwischensumme	699 €
./. Sparer-Freibetrag	750 €
verbleibende Einkünfte	0 €

5. Aufteilung des Freibetrags bei Ehegatten

1108 Der gemeinsame Freibetrag für zusammen veranlagte Ehegatten (§ 26, 26b EStG) ist grds. bei jedem Ehegatten zur Hälfte abzuziehen, da sie – trotz Zusammenveranlagung – wie zwei Stpfl. zu behandeln sind. Kann ein Ehegatte den auf ihn entfallenden Freibetrag wegen fehlender Einnahmen nicht voll oder gar nicht in Anspruch nehmen, so erhöht sich insoweit der halbe Freibetrag des anderen Ehegatten (§ 20 Abs. 4 Satz 3, 2. Halbsatz EStG) um den nicht verbrauchten Betrag des anderen. Diese Aufteilung ist jedoch nur notwendig, wenn eine getrennte Ermittlung der Einkünfte erforderlich ist. I. d. R. genügt es, die Einnahmen der Ehegatten zusammen zu ermitteln und den Freibetrag in Höhe von 1 500 € abzuziehen.

Beispiel:

Eheleute A werden zur ESt zusammenveranlagt. Der Ehemann erzielt Einnahmen aus Kapitalvermögen von 7 500 €. Die Ehefrau hat keine Einnahmen.

	Ehemann	Ehefrau
Einnahmen	7 500 €	0 €
./. WK Pauschbetrag	102 €	0 €
verbleiben	7 398 €	
./. Sparer-Freibetrag	750 €	
./. ant. Freibetrag der Ehefrau	750 €	
stpfl. Einkünfte insgesamt	5 898 €	

Beispiel:

Die Kapitalerträge des Ehemannes betragen 7 500 €, die der Ehefrau 600 €.

	Ehemann	Ehefrau
Einnahmen	7 500 €	600 €
./. WK Pauschbetrag	51 €	51 €
verbleiben	7 449 €	549 €
./. Sparer-Freibetrag	750 €	549 €
./. ant. Freibetrag der Ehefrau	291 €	
stpfl. Einkünfte insgesamt	6 498 €	0 €

X. Sparer-Freibetrag (§ 20 Abs. 4 EStG)

a) Übertragung des Freibetrags bei negativen Einkünften eines Ehegatten

Der nicht ausgenutzte volle oder anteilige Freibetrag ist auch dann auf den anderen Ehegatten zu übertragen, wenn ein Ehegatte negative Einkünfte (Überschuss der Werbungskosten über die Einnahmen) erzielt hat.[1]

1109

Beispiel:
Der Ehemann erzielt 7 500 € an Kapitalerträgen; seine Ehefrau hat 750 € an Kapitalerträgen und Werbungskosten in Höhe von 850 €.

	Ehemann	Ehefrau
Einnahmen	7 500 €	750 €
./. WK Pauschbetrag bzw. tatsächliche WK	51 €	850 €
verbleiben	7 449 €	
./. Sparer-Freibetrag	750 €	
./. ant. Freibetrag der Ehefrau	750 €	
stpfl. Einkünfte insgesamt	5 949 €	./. 100 €

Insgesamt haben die Eheleute 5 849 (5 949 € ./. 100 €) an Einkünften aus Kapitalvermögen zu versteuern.

b) Übertragung des Freibetrags bei insgesamt negativen Einkünften (Werbungskosten-Überschuss)

Der gemeinsame Freibetrag ist u. E. auch dann zu gewähren, wenn die Werbungskosten der Ehegatten insgesamt die Einnahmen aus Kapitalvermögen übersteigen.[2]

1110

Beispiel:
Der Ehemann hat 5 000 €, die Ehefrau hat 1 500 € an Einnahmen aus Kapitalvermögen erzielt. Die Werbungskosten des Ehemannes betragen 7 500 €.

	Ehemann	Ehefrau
Einnahmen	5 000 €	1 500 €
./. WK Pauschbetrag		51 €
tatsächl. WK	7 500 €	
verbleiben	./. 2 500 €	1 449 €
./. Sparer-Freibetrag		750 €
./. ant. Freibetrag des Ehemannes		750 €
stpfl. Einkünfte bzw. WK-Überschuss	./. 2 500 €	0 €

---

[1] H. M.: BFH, U. v. 26. 2. 1985, BStBl II 1985, 678.
[2] A. A.: Blümich/Stuhrmann, a. a. O., EStG § 20 Rdnr. 354; Kessler, FR 1983, 244.

6. Sparer-Freibetrag und Kapitalertragsteuerabzug

1111 Seit 1. 1. 1993 unterliegen nicht nur Beteiligungserträge dem KapESt-Abzug, sondern auch Zinserträge i. S. v. § 20 Abs. 1 Nr. 7 Satz 1 EStG (Zinsabschlag). Der Abzug kann – für alle Einnahmearten des § 20 EStG – durch einen der abzugsverpflichteten Stelle (Bank, Sparkasse, Bausparkasse, Schuldenverwaltung, Investmentgesellschaft, u. Ä.) einzureichenden Freistellungsauftrag (§ 44a Abs. 1 und 2 EStG, s. Rdnr. 374 ff.) vermieden werden, wobei die Sparer-Freibeträge von 750 €/1 500 € und die Werbungskosten-Pauschbeträge über 51 €/102 € (100 DM/200 DM) berücksichtigt werden. Die sich daraus ergebenden Freistellungsvolumina von 801 €/1 602 € können auf mehrere Institute verteilt werden. Mehrere Freistellungsaufträge dürfen insgesamt das sich aus Freibetrag und Werbungskosten-Pauschbetrag ergebende Freistellungsvolumen nicht überschreiten; s. Rdnr. 394.

1112 Bestehen mehrere Freistellungsaufträge sind diese wegen der Kürzung des Sparer-Freibetrags zum 1. 1. 2007 entsprechend anzupassen. Die Banken und Sparkassen werden die Freibeträge jedoch automatisch im Verhältnis 56,37 zu 100 umstellen (§ 52 Abs. 55 f EStG i. d. F. des StÄndG 2007).

1113–1120 *(einstweilen frei)*

H. Private Veräußerungsgeschäfte
I. Veräußerung von Wertpapieren (§ 23 Abs. 1 Satz 1 Nr. 2 EStG)

1. Überblick

Der Börsenboom am Ende der neunziger Jahre hat vielen Anlegern zunächst zu hohe Gewinne aus der Veräußerung ihrer Beteiligungen verholfen; der anschließende Kurseinbruch hat aber ebenso zu erheblichen Verlusten geführt. Diese Entwicklung am Aktienmarkt hat die Vorschrift des § 23 EStG, die die Besteuerung von Gewinnen und Verlusten aus der Veräußerung von Wertpapieren im Privatvermögen regelt, verstärkt in den Blickpunkt sowohl der Anleger als auch der FinVerw. gerückt. Dazu beigetragen hat die zum 1. 1. 1999 wirksam gewordene Verlängerung der Spekulationsfrist von 6 Monaten auf ein Jahr. 1121

Grundsätzlich ist die Veräußerung von im Privatvermögen gehaltenen Wertpapieren und Kapitalforderungen, zu denen Aktien, Schuldverschreibungen und Optionsrechte gehören, steuerlich irrelevant. Diese steuerliche Behandlung ist Folge des Dualismus der Einkünfteermittlung, der davon ausgeht, dass die Erträge aus der Veräußerung von Privatvermögen nicht besteuerungswürdig sind.[1] Unter Durchbrechung dieses Grundsatzes werden Gewinne aus der Veräußerung von Wertpapieren nach § 23 Abs. 1 Satz 1 Nr. 2 EStG besteuert, wenn zwischen Anschaffung und Veräußerung der Wertpapiere nicht mehr als ein Jahr liegt. Ursprünglich lag der Zweck des § 23 EStG darin, sog. Spekulationsgeschäfte der Besteuerung zu unterwerfen, wobei ein Handeln in Spekulationsabsicht keine Voraussetzung für die Besteuerung darstellte[2]. Mit dem StEntlG 1999/2000/2002 änderte der Gesetzgeber den Besteuerungsgrund der Vorschrift. Sie bezweckt nunmehr generell die Besteuerung von realisierten Wertsteigerungen im Privatvermögen.[3] Dies wird durch die Änderung der Überschrift von „Spekulationsgewinn" in „Private Veräußerungsgeschäfte" klargestellt. Weiterhin ist eine Spekulationsabsicht des Stpfl. nicht erforderlich.[4] Gleichzeitig wurde die **Behaltefrist** ab 1. 1. 1999 von 6 Monaten auf ein Jahr verlängert. Die 1122

---

1 Zum Dualismus der Einkünfteermittlung vgl. ausführlich Tipke/Lang, § 9 Rz. 181 ff., und Birk, Steuerrecht, Rz. 538 ff.
2 Z.B. BFH, U. v. 2. 5. 2000, BStBl II 2000, 469.
3 Kirchhof/Fischer, a. a. O., EStG § 23 Rdnr. 2.
4 Jansen in H/H/R, § 23 EStG Anm. 8.

neue Behaltefrist von einem Jahr gilt für alle Veräußerungsvorgänge, die nach dem 31. 12. 1998 rechtswirksam abgeschlossen wurden.[1]

1123 Ein Veräußerungsgeschäft ist nach § 23 EStG stpfl., wenn
- ein Wirtschaftsgut **entgeltlich angeschafft** wurde,
- eine **Veräußerung** stattfand,
- zwischen Anschaffung und Veräußerung nicht mehr als **ein Jahr** liegt und
- **Identität** (Nämlichkeit) zwischen dem angeschafften und dem veräußerten Wirtschaftsgut besteht.

1124 **Der Gewinn bzw. Verlust i. S. d. § 23 EStG** wird ermittelt, indem die Anschaffungskosten sowie die Werbungskosten vom Veräußerungspreis abgezogen werden (§ 23 Abs. 3 EStG). Auch bei Veräußerungen zwischen nahen Angehörigen ist der tatsächlich vertraglich vereinbarte Kaufpreis und nicht ein auf Basis des Fremdvergleichs ermittelter höherer Verkehrswert der Besteuerung zugrunde zu legen.[2] Zu beachten ist, dass ein Veräußerungsverlust nach § 23 Abs. 3 Sätze 8 und 9 EStG nur beschränkt verrechnet werden kann. Grundsätzlich gilt für die Gewinnermittlung das Zu- und Abflussprinzip des § 11 EStG. Jedoch werden die Werbungskosten unabhängig vom Zahlungszeitpunkt erst bei Zufluss des Veräußerungserlöses steuermindernd berücksichtigt.[3] Zu Kaufpreiszahlungen außerhalb der einjährigen Behaltefrist vgl. Rdnr. 1139.

2. Verfassungsmäßigkeit des § 23 Abs. 1 Satz 1 Nr. 2 EStG

1125 Die Verfassungsmäßigkeit der Vorschrift des § 23 Abs. 1 Satz 1 Nr. 2 EStG ist unter verschiedenen Gesichtspunkten und für verschiedene Veranlagungszeiträume sehr umstritten. Eine Vielzahl von gerichtlichen Entscheidungen beschäftigen sich mit der Frage nach der Verfassungsmäßigkeit der Regelung, wobei man leicht den Überblick verlieren kann. Gesichert ist in

---

1 Es bestehen insbesondere bei der Verlängerung der Behaltefrist für Grundstücke von 2 auf 10 Jahre erhebliche verfassungsrechtliche Bedenken. Da nach der geltenden Anwendungsregel für die Anwendung der 10-jährigen Behaltefrist allein auf das Veräußerungsgeschäft abgestellt wird, werden nun auch Vorgänge stpfl., für die nach altem Recht die Spekulationsfrist von 2 Jahren am 31. 12. 1998 bereits abgelaufen war. Das gleiche Problem stellt sich bei der Verlängerung der Behaltefrist bei Wertpapieren von 6 Monaten auf 1 Jahr – allerdings nicht in derselben Schärfe. Ob die Regelung für „Altfälle" für verfassungswidrig erklärt wird, bleibt abzuwarten. Zu Einzelheiten s. Rdnr. 1135 f.
2 BFH, U. v. 31. 5. 2001, BStBl II 2001, 757.
3 BFH, U. v. 17. 7. 1991, BStBl II 1991, 916.

I. Veräußerung von Wertpapieren

der Zwischenzeit lediglich die Erkenntnis, dass die Besteuerung von Wertpapierverkäufen in den Veranlagungszeiträumen 1997 und 1998 verfassungswidrig ist, weil das BVerfG mit seiner Entscheidung v. 9. 3. 2004 die Nichtigkeit des § 23 Abs. 1 Satz 1 Nr. 1 Buchst. b EStG (heute § 23 Abs. 1 Satz 1 Nr. 2 EStG) ausgesprochen hat.[1] Sowohl für die Zeit vor 1997 als auch für die Jahre nach 1998 steht eine abschließende gerichtliche Klärung noch aus.

a) Besteuerung von Wertpapierverkäufen für die Jahre 1997 und 1998 verfassungswidrig

Das BVerfG hat die Norm für die Jahre 1997 und 1998 für verfassungswidrig erklärt, weil die rechtliche Ausgestaltung des Erhebungsverfahrens die gleichmäßige tatsächliche Besteuerung von Wertpapiergeschäften durch die FinVerw. verhindert (strukturelles Vollzugsdefizit).[2] Der Gleichheitssatz des Art 3 GG verlangt für das Steuerrecht, dass die Stpfl. durch ein Steuergesetz rechtlich und tatsächlich gleich belastet werden. Die **Gleichheit im Belastungserfolg** hat somit Verfassungsrang. Ein strukturelles Vollzugsdefizit kann daher auf die Verfassungsmäßigkeit der materiellen Steuernorm durchschlagen. Diese Grundsätze hatte das BVerfG bereits in seinem bekannten Zinsurteil zur Besteuerung von Kapitalerträgen nach § 20 EStG aus dem Jahre 1991 aufgestellt. Das Gericht überträgt diese Grundsätze auf die Besteuerung von privaten Wertpapiergeschäften nach § 23 Abs. 1 Satz 1 Nr. 1 Buchst. b EStG a. F. und kommt zu dem Ergebnis, dass auch hier strukturelle Erhebungsmängel zur Verfassungswidrigkeit der materiellen Steuernorm führen. Damit dürfen weder Gewinne noch Verluste[3] aus private Wertpapiergeschäften der Besteuerung für die Veranlagungszeiträume 1997 und 1998 zugrunde gelegt werden. Die Entscheidung ist in allen noch offenen Steuerfällen zu berücksichtigen.[4]

1126

---

1 BVerfG v. 9. 3. 2004, BStBl II 2005, 56.
2 BVerfG v. 9. 3. 2004, BStBl II 2005, 56.
3 BFH vom 14. 7. 2004, BStBl II 2005, 125.
4 Zur Möglichkeit der Änderung bestandskräftiger Steuerbescheide vgl. Seipl/Wiese, Stbg 2005, 389.

b) Verfassungsmäßigkeit ab dem Veranlagungszeitraum 1999 weiter fraglich

1127 Die Entscheidung der BVerfG beschränkt sich auf die Nichtigkeitserklärung für die Jahre 1997 und 1998. Für die Veranlagungszeiträume 1999 und später wurde ausdrücklich keine Entscheidung getroffen, so dass weiterhin fraglich ist, ob die Besteuerung von Wertpapierverkäufen nach § 23 EStG besteuert werden darf. Der BFH vertritt in seiner Entscheidung vom 29. 11. 2005 die Ansicht, dass ein strukturelles Vollzugsdefizit ab dem Jahre 1999 nicht mehr gegeben ist.[1] Die Regelung sei verfassungsgemäß, weil die FinVerw. nach Einführung der Kontenabfrage gemäß § 93 Abs. 7, § 93b AO[2] die Möglichkeit habe, die Angaben der Stpfl. ausreichend zu kontrollieren. Zwar stehe der FinVerw. die Möglichkeit zur Kontenabfrage erst ab dem 1. 4. 2005 zur Verfügung. Jedoch könnten auch die Konten und Depots für frühere Jahre ermittelt werden, soweit diese heute noch geführt werden würden. Der Finanzverwaltung stünde damit ein ausreichendes Kontrollinstrumentarium zur Verfügung, so dass das in den Vorjahren bestehende strukturelle Vollzugsdefizit nicht mehr bestehe.[3] Gegen die BFH-Entscheidung wurde zwischenzeitlich Verfassungsbeschwerde erhoben, so dass hier das letzte Wort sicher noch nicht gesprochen ist.[4] Verfassungsrechtliche Zweifel selbst für den Veranlagungszeitraum 2003 äußern darüber hinaus das FG Hessen[5] und das FG München[6] im Rahmen von Verfahren über die Aussetzung der Vollziehung nach § 69 FGO. Steuerverfahren für die Jahre ab 1999 sollten daher weiter offen gehalten werden.

c) Verfassungsmäßigkeit für Veranlagungszeiträume vor 1997

1128 Auch die Verfassungsmäßigkeit der Besteuerung von Wertpapiergeschäften für Veranlangungszeiträume vor 1997 hat das BVerfG noch zu überprüfen. Das FG Münster hat dem BVerfG nach Art. 100 GG die Frage zur Entscheidung vorgelegt, ob die Besteuerung privater Wertpapiergeschäfte

---

1 BFH, U. v. 29. 11. 2005, BFH/NV 2000, 423.
2 Zu den Rechtsschutzmöglichkeiten gegen eine Kontenabfrage Cöster/Intemann, DStR 2005, 1249.
3 Kritisch Harenberg, NWB F. 3, 13819.
4 Az. des BVerfG: 2 BvR 294/06.
5 FG Hessen, Stbg 2005, 389.
6 FG München, DStRE 2005, 699.

I. Veräußerung von Wertpapieren

in den Jahren 1994 bis 1996 verfassungsgemäß ist. Das vorlegende Gericht hält die Besteuerung für verfassungswidrig, weil bereits in diesen Jahren ein strukturelles Vollzugsdefizit vorgelegen habe, welches der Gesetzgeber hätte erkennen können.[1] Das strukturelle Vollzugsdefizit bestehe dabei nicht nur bei der Besteuerung von Wertpapierverkäufen, sondern auch für den Handel mit Optionsrechten.[2] Dagegen hält der BFH die Spekulationsgewinnbesteuerung für die Veranlagungszeiträume 1993[3] und 1994[4] für verfassungsgemäß. Zwischenzeitlich hat das BVerfG eine Verfassungsbeschwerde wegen der Besteuerung von Wertpapiergeschäften für die Jahre 1993 und 1994 als unbegründet zurückgewiesen,[5] so dass die Erfolgsaussichten der Vorlagebeschlüsse als gering anzusehen sind.

d) Verfassungsmäßigkeit der Neuregelung ab dem 1. 1. 1999

Die Verlängerung der Behaltefrist durch das StEntlG 1999/2000/2002 von sechs Monaten auf ein Jahr ist verfassungsrechtlich bedenklich, soweit dies auch den Verkauf von Wertpapieren betrifft, deren Anschaffung am 1. 1. 1999 bereits mehr als sechs Monate zurücklag. Eine übergangslose Erfassung von Wirtschaftsgütern, bei denen die alte Spekulationsfrist am 1. 1. 1999 bereits abgelaufen war, hält der BFH für verfassungswidrig.[6] Daher hat er das BVerfG angerufen. Zwar betrifft das vorgelegte Verfahren die Veräußerung eines Grundstücks; dennoch stellt sich die vom BVerfG zu entscheidende Rechtsfrage ebenso bei der Anwendung der Neuregelung auf Veräußerungen i. S. d. § 23 Abs. 1 Satz 1 Nr. 2 EStG.

1129

Weiterhin ist verfassungsrechtlich ungeklärt, ob die Neuregelung des § 23 EStG durch das StEntlG 1999/2000/2002 auch anzuwenden ist, wenn der Stpfl. die Veräußerung nach dem 31. 12. 1998 aber vor dem Gesetzesbeschluss am 4. 3. 1999 vorgenommen hat. Nach Auffassung des FG Köln würde die Anwendung auf Veräußerungen dieses Zeitraumes zu einer ver-

1130

---

1 FG Münster, U. v. 5. 4. 2005, EFG 2005, 1107 (Az. des BVerfG: 2 BvL 8/05), und v. 13. 7. 2005, StE 2005, 561 (Az. des BVerfG: 2 BvL 12/05).
2 FG Münster, EFG 2005, 1116, für den VZ 1996.
3 BFH, U. v. 1. 6. 2004, BStBl II 2005, 26.
4 BFH, U. v. 29. 6. 2004, BStBl II 2004, 995.
5 BVerfG v. 19. 4. 2006, veröffentlicht auf der Internet-Seite des BVerfG.
6 BFH, B. v. 16. 12. 2003, BStBl II 2004, 284.

fassungsrechtlich unzulässigen Rückwirkung führen. Daher hat das FG Köln diese Frage dem BVerfG zur Entscheidung vorgelegt.[1]

3. Besteuerungsgegenstand

1131 Zu den Wirtschaftsgütern, deren Veräußerung nach § 23 Abs. 1 Satz 1 Nr. 2 EStG stpfl. sein kann, gehören insbesondere:[2]

- **Aktien und GmbH-Anteile**: Hauptanwendungsfall des § 23 Abs. 1 Satz 1 Nr. 2 EStG ist die Veräußerung von Aktien und GmbH-Anteilen innerhalb der Behaltefrist von einem Jahr. Für die Steuerpflicht einer Veräußerung innerhalb dieser Frist ist es unerheblich,[3] wie hoch der Veräußerer an der Aktiengesellschaft bzw. GmbH beteiligt ist. Schon die Veräußerung einer einzigen Aktie ist grds. stpfl.

- **Bezugsrechte**: Die Veräußerung von Bezugsrechten, die anlässlich einer Kapitalerhöhung entstanden sind, ist steuerpflichtig, wenn der Erwerb der Altaktie und die Veräußerung des Bezugsrechts innerhalb der Jahresfrist erfolgt.[4] Bei der Begründung eines Bezugsrechts findet eine Abspaltung der durch die Altaktien repräsentierten Werte statt, so dass für die Fristberechnung nicht auf den Erwerb des Bezugsrechts, sondern auf die Anschaffung der Altaktie abzustellen ist.[5] Ein privates Veräußerungsgeschäft liegt auch vor, wenn die in Ausübung des Bezugsrechts erworbenen (jungen) Aktien oder GmbH- Anteile innerhalb eines Jahres seit Ausübung des Bezugsrechts veräußert werden.[6] Bei der Ermittlung des Veräußerungsgewinns kann der Wert des Bezugsrechts steuermindernd zu berücksichtigen sein.[7]

- **Erwerb des Optionsguts**: Von dem (reinen) Handel mit den Optionsrechten ist der spätere tatsächliche Erwerb des Wirtschaftsguts zu unter-

---

[1] FG Köln, EFG 2002, 1236; Az des BVerfG: 2 BvL 14/02.
[2] Nach Hessischem FG v. 25. 4. 2006, Az. 12 K 594/03, sollen Gegenstände des täglichen Bedarfs (Kraftfahrzeug) nicht unter die Wirtschaftsgüter des § 23 Abs. 1 Satz 1 Nr. 2 EStG fallen, Rev., Az. des BFH: IX R 29/06.
[3] Die Besteuerung von privaten Veräußerungsgeschäften nach § 23 Abs. 1 Nr. 2 EStG geht bei der Veräußerung von Anteilen an Kapitalgesellschaften der Besteuerung i. S. d. § 17 Abs. 1 EStG vor; vgl. § 23 Abs. 2 Satz 2 EStG.
[4] BMF-Schreiben v. 20. 12. 2005, DStR 2006, 95.
[5] BFH, U. v. 22. 5. 2003, BStBl II 2003, 712.
[6] BMF-Schreiben v. 20. 12. 2005, BStBl I 2006, 8.
[7] BFH, U. v. 21. 9. 2004, BStBl II 2006, 12; vgl. dazu BMF-Schreiben v. 20. 12. 2005, BStBl I 2006, 8, mit einigen Berechnungsbeispielen.

I. Veräußerung von Wertpapieren

scheiden. Übt der Optionsberechtigte sein Optionsrecht aus und erwirbt das Wirtschaftsgut, kann ein stpfl. Veräußerungsgeschäft nur vorliegen, wenn er dieses Wirtschaftsgut innerhalb der Behaltefrist des § 23 EStG weiterverkauft. Dabei beginnt die Frist nicht mit der Einräumung der Option, sondern erst mit dem tatsächlichen Erwerb des Wirtschaftsgutes (Abgabe der Ausübungserklärung).[1] Die Ausübung der Option innerhalb der Jahresfrist ist dagegen nicht nach § 23 Abs. 1 Satz 1 Nr. 2 EStG stpfl.[2]

- **Fremdwährungen**: Erwirbt ein Stpfl. Beträge in einer Fremdwährung und tauscht diesen Fremdwährungsbetrag innerhalb eines Jahres in Euro zurück, so ist der Vorgang nach § 23 Abs. 1 Satz 1 Nr. 2 EStG stpfl.[3] Anschaffung ist der Erwerb der Fremdwährungsforderung, Veräußerung ist der Rückumtausch in Euro.

- **Glattstellung**: Bei der Glattstellung eines an der Terminbörse EUREX erworbenen Optionsrechts durch Abschluss eines Gegengeschäfts innerhalb der Jahresfrist handelt es sich um ein privates Veräußerungsgeschäft.[4] In der Glattstellung sieht der BFH wirtschaftlich betrachtet eine Veräußerung, so dass die Voraussetzungen des § 23 Abs. 1 Satz 1 Nr. 2 EStG erfüllt sind.

- **Optionsrechte**: Mit dem Optionsrecht erwirbt der Käufer das Recht, zu einem späteren Zeitpunkt ein Wirtschaftsgut zu einem festgelegten Preis zu erwerben.[5] Hierfür zahlt er demjenigen, der ihm dieses Recht einräumt, eine Options- bzw. Stillhalterprämie.[6] Die Stillhalterprämie ist der Anschaffungspreis für das erworbene Optionsrecht. Verkauft er das Optionsrecht innerhalb eines Jahres an einen Dritten, so liegt ein stpfl. Veräußerungsgeschäft i. S. d. § 23 Abs. 1 Satz 1 Nr. 2 EStG vor.

---

1 BFH, U. v. 28. 11. 1990, BStBl II 1991, 300.
2 Fischer in K/S/M, a. a. O., EStG § 23 Rdnr. 7.; zum Verfall des Optionsrechts s. Rz. 1107 und BMF-Schreiben v. 27. 11. 2001, BStBl I 2001, 986, Tz. 14 und 19.
3 BFH, U. v. 2. 5. 2000, BStBl II 2000, 469, und BStBl II 2000, 614.
4 BFH, U. v. 29. 6. 2004, BStBl II 2004, 995; U. v. 24. 6. 2003, BStBl II 2003, 752, zum alten Recht.
5 Optionsgeschäfte sind aber auch möglich, ohne dass tatsächlich ein Wirtschaftsgut geliefert werden kann. Dies ist z. B. bei einer Dax-Option der Fall. Hier findet nur ein Differenzausgleich statt, der nach § 23 Abs. 1 Nr. 4 EStG stpfl. sein kann. Siehe hierzu Rdnr. 1156 ff.
6 Zur Besteuerung der Stillhalterprämie s. Rdnr. 1179.

- **Stillhalterprämie:** Die Besteuerung der Stillhalterprämie, die der Optionsgeber erhält, richtet sich dagegen nach § 22 Nr. 3 EStG und stellt somit kein privates Veräußerungsgeschäft dar.[1] Der Optionsgeber erbringt eine sonstige Leistung, für die er die Stillhalterprämie erhält. Für eine Besteuerung nach § 23 EStG fehlt es beim Optionsgeber an einem Anschaffungsgeschäft. Das FG Münster hat in einem Aussetzungsverfahren Zweifel an der Verfassungsmäßigkeit der Besteuerung von Stillhalterprämien gem. § 22 Nr. 3 EStG geäußert, weil deren gleichmäßige Besteuerung wegen mangelnder Überprüfbarkeit durch die Finanzverwaltung nicht gesichert sei (strukturelles Vollzugsdefizit).[2]

  Abgrenzung zu § 23 Abs. 1 Satz 1 Nr. 4 EStG: Zu beachten ist jedoch, dass die Rechtsprechung zur Besteuerung von Optionsgeschäften nur Fälle behandelt, die sich vor Einführung des besonderen Besteuerungstatbestands für Termin- und Optionsgeschäfte gemäß § 23 Abs. 1 Satz 1 Nr. 4 EStG[3] ereigneten. Nunmehr dürften alle Optionsgeschäfte allein dem Besteuerungstatbestand des § 23 Abs. 1 Satz 1 Nr. 4 EStG unterliegen.[4]

- **Umtausch-Floater:** Floater sind Wertpapiere, deren Zinssatz variabel ist, weil er von der Höhe eines Referenzzinssatzes abhängt.[5] Wird dieses Wertpapier als Umtausch-Floater ausgestaltet, ist der Erwerber berechtigt, den Floater innerhalb der Laufzeit in eine festverzinsliche Schuldverschreibung umzutauschen. Macht der Erwerber von seinem Umtauschrecht Gebrauch, liegt kein stpfl. Veräußerungsgeschäft i. S. d. § 23 Abs. 1 Satz 1 Nr. 2 EStG vor, wenn Emittent, Inhaber, Nennbetrag und Laufzeit identisch sind, das Umtauschrecht bereits mit dem Kauf des Floaters erworben wurde und zwischen Erwerb des Floaters und dem Verkauf der festverzinslichen Schuldverschreibung mehr als ein Jahr liegt. In einem solchen Fall sind die festverzinsliche Schuldverschreibung und der Umtausch-Floater wirtschaftlich identisch, so dass

---

1 BFH, U. v. 29. 6. 2004, BStBl II 2004, 995; U. v. 28. 11. 1990, BStBl II 1991, 300, zum alten Recht; so auch BMF-Schreiben v. 27. 11. 2001, BStBl I 2001, 986, Tz. 26 f.
2 FG Münster v. 10. 10. 2005, EFG 2006, 49.
3 Vgl. hierzu Rdnr. 1156 ff.
4 Str. vgl. ausführlich Blümich/Glenk, § 23 Rz. 81.
5 Zu Einzelheiten s. Rdnr. 1335.

I. Veräußerung von Wertpapieren 359

für die Fristberechnung bereits auf den Anschaffungszeitpunkt des Umtausch-Floaters abzustellen ist.[1]

4. Entgeltliche Anschaffung und Veräußerung

§ 23 EStG setzt eine **Anschaffung** voraus. Darunter ist nur der **entgeltliche** Erwerb eines Wertpapiers zu verstehen.[2] Wird das Wertpapier dagegen unentgeltlich erworben, z. B. durch Schenkung oder bei Erwerb durch Erbfall, ist eine spätere Veräußerung nicht nach § 23 EStG stpfl. Allerdings ist zu beachten, dass sich der **unentgeltliche Erwerber** im Schenkungs- oder Erbfall die entgeltliche Anschaffung des Schenkers bzw. Erblassers zurechnen lassen muss (§ 23 Abs. 1 Satz 3 EStG). Liegt also zwischen der Anschaffung durch den Schenker bzw. Erblasser und der Veräußerung durch den Beschenkten bzw. Erben nicht mehr als ein Jahr, ist der Vorgang als privates Veräußerungsgeschäft i. S. d. § 23 EStG stpfl.

Anschaffungsvorgänge: Als Anschaffungsvorgang i. S. d. § 23 EStG kommt nicht nur der Erwerb eines Wertpapiers von Dritten in Betracht. Auch der Gründungsgesellschafter einer Kapitalgesellschaft schafft seine Anteile entgeltlich an.[3] Desgleichen führt der Tausch von Anteilen zu einem Anschaffungsvorgang, so dass ein privates Veräußerungsgeschäft vorliegt, wenn die im Rahmen des Tausches erhaltenen Anteile innerhalb der Jahresfrist veräußert werden.[4] Unerheblich ist in diesem Fall, wann der hingegebene Anteil erworben worden war.

1132

Die **Veräußerung** ist eine bewusste Übertragung des (wirtschaftlichen) Eigentums an einen Dritten gegen Entgelt. Der Grund für die Veräußerung spielt für § 23 EStG keine Rolle; insbesondere wird eine Spekulationsabsicht nicht gefordert. Die **Einlösung** (Rückzahlung) eines Wertpapiers bei Endfälligkeit ist keine Veräußerung.

1133

Squeeze-out: Die zwangsweise Übertragung von Aktien bei einem sog. Squeeze-out stellt eine Veräußerung i. S. d. § 23 EStG dar.[5] Bei einem Squeeze-out ist ein Aktionär, der zu 95 % an einer AG beteiligt ist, berechtigt, die Minderheitsaktionäre gegen deren Willen aus der Gesellschaft aus-

---

1 BFH, U. v. 30. 11. 2000, BStBl II 2000, 262; zur Anschaffung bei Hochzins- und Umtauschanleihen vgl. OFD Magdeburg v. 4. 7. 2002, FR 2002, 306.
2 BFH, U. v. 22. 9. 1987, BStBl II 1988, 250.
3 BFH, U. v. 26. 8. 1975, BStBl II 1976, 64; kritisch Jansen in H/H/R, § 23 EStG Anm. 144.
4 BMF-Schreiben v. 25. 10. 2004, BStBl I 2004, 1034, Tz. 26.
5 BMF-Schreiben v. 25. 10. 2004, BStBl I 2004, 1034, Tz. 40.

zuschließen (§ 327a ff. AktG). Er hat den ausscheidenden Minderheitsgesellschaftern eine Barabfindung zu zahlen. Trotz der Übertragung der Anteile gegen den Willen der Minderheitsaktionäre sind die Tatbestandsvoraussetzungen einer Veräußerung erfüllt, so dass ein stpfl. privates Veräußerungsgeschäft vorliegt, wenn die Aktien innerhalb der Jahresfrist erworben worden waren.[1]

Verschmelzung: Bei der Verschmelzung zweier Körperschaften, die nach den Regeln des UmwStG abgewickelt werden, werden die verschmolzenen Anteile zwar veräußert, jedoch entsteht nach § 13 Abs. 2 UmwStG kein Veräußerungsgewinn, da die Anteile als zu ihren Anschaffungskosten als veräußert gelten.[2] Die bei der Verschmelzung erhaltenen Anteile gelten als angeschafft, so dass die Behaltefrist erneut ausgelöst wird.

5. Behaltefrist

a) Dauer der Behaltefrist

1134 Die Frist zwischen Anschaffung und Veräußerung beträgt für alle Veräußerungen nach dem 31. 12. 1998 ein Jahr. Davor betrug die Behaltefrist lediglich 6 Monate. Die Verlängerung der Behaltefrist wird mit der Änderung des Besteuerungszwecks des § 23 EStG gerechtfertigt. Sollten bis 1998 nur Spekulationsgeschäfte besteuert werden, ist nun die Besteuerung aller privaten Wertsteigerungen, die in einem überschaubaren Zeitraum realisiert werden, beabsichtigt. Die unterschiedliche Behandlung der Veräußerung von Wirtschaftsgütern des Betriebs- und des Privatvermögens wird verfassungsrechtlich bisher geduldet.[3]

1135 **Verfassungsmäßigkeit der Behaltefrist:** Die Verlängerung der Behaltefrist auf ein Jahr ist verfassungsrechtlich bedenklich, soweit hiervon Wertpapiere erfasst werden, die vor dem 1. 1. 1999 angeschafft wurden und für die zu diesem Zeitpunkt die „alte" Behaltefrist von 6 Monaten bereits abgelaufen war. Da es für die Anwendung der neuen Jahresfrist allein auf den Zeitpunkt der Veräußerung ankommt, können auch Veräußerungen von

---

1 Blümich/Glenk, § 23 Rz. 147; Feyerabend in Erle/Sauter, KStG, § 23 EStG Rz. 171; Schmidt/Weber-Grellet, XXV., § 23 Rz. 55; a. A. Jansen in H/H/R, § 23 EStG Anm. 146; Waclawik, DStR 2003, 447.
2 BMF-Schreiben v. 25. 10. 2004, BStBl I 2004, 1034, Tz. 27.
3 BVerfG, U. v. 9. 7. 1969, BStBl II 1970, 156. Zur Frage des mangelnden Gesetzesvollzugs als verfassungsrechtliches Problem s. Rdnr. 1125.

I. Veräußerung von Wertpapieren

Wertpapieren erfasst werden, für die am 1. 1. 1999 die 6-monatige Frist bereits abgelaufen war.

Beispiel:
A erwarb am 10. 4. 1998 Aktien der X-AG. Diese veräußert er am 10. 3. 1999 mit einem Gewinn von 10 000 DM.
Nach dem bis 1998 geltenden Recht hätte der A die Aktien steuerfrei veräußern können. Da die Veräußerung aber nach dem 1. 1. 1999 erfolgte, gilt die verlängerte Behaltefrist von einem Jahr, so dass der Gewinn von 10 000 DM nunmehr nach § 23 Abs. 1 Satz 1 Nr. 2 EStG voll stpfl. ist.

Der BFH hat in einem Aussetzungsbeschluss in Bezug auf die Verlängerung der Behaltefrist für Grundstücke von 2 auf 10 Jahre ernsthafte Zweifel an der **Verfassungsmäßigkeit** dieser Regelung geäußert.[1] Die Bedenken des BFH in Bezug auf Grundstücksgeschäfte sind auf den Verkauf von Wertpapieren übertragbar. Daher sollte **Einspruch** eingelegt werden, wenn Wertpapiergeschäfte besteuert werden, für die die Behaltefrist von 6 Monaten am 1. 1. 1999 bereits abgelaufen war. Die FinVerw. ist gehalten, die Verfahren ruhen zu lassen und Aussetzung der Vollziehung zu gewähren.[2]

1136

b) Fristberechnung

Fristbeginn: Die Frist beginnt mit der Anschaffung des Wertpapiers. Für den Zeitpunkt der Anschaffung ist auf den Abschluss des **schuldrechtlichen** Vertrages (Kaufvertrag) und nicht auf den dinglichen Vollzug (Eigentumübertragung) abzustellen.[3] Somit ist der verbindliche Abschluss des Kaufvertrags als Beginn der Behaltefrist anzusehen. Beim Wertpapierkauf wird dies regelmäßig der Kaufvertrag sein. Der Tag der valutamäßigen Einbuchung in das Wertpapier-Depot ist ohne Bedeutung. Ebenso spielt die tatsächliche Zahlung des Kaufpreises für die Fristberechnung keine Rolle. Zum Besteuerungszeitpunkt siehe Rdnr. 1139.

1137

Die **nachträgliche Genehmigung** eines durch einen vollmachtslosen Vertreter abgeschlossenen notariellen Vertrages wirkt steuerrechtlich nicht auf den Abschlusszeitpunkt zurück.[4] Erteilt der Vertretene seine Genehmigung außerhalb der Spekulationsfrist, ist der Vorgang daher nicht nach § 23

---
1 BFH, U. v. 5 3. 2000, BStBl II 2001, 405.
2 OFD Frankfurt, Vfg. v. 6. 7. 2001, FR 2001, 858.
3 Kirchhof/Fischer, a. a. O., EStG § 23 Rdnr. 17.
4 BFH, U. v. 2. 10. 2001, DB 2002, 18.

EStG stpfl. Auf die Übertragung des (**wirtschaftlichen**) **Eigentums** ist nur abzustellen, wenn dieser vor Abschluss des schuldrechtlichen Vertrages (z. B. Kaufvertrag) erfolgt.[1]

1138 **Fristende**: Auch für die Bestimmung des Fristendes kommt es auf den verbindlichen Abschluss des **schuldrechtlichen Vertrages** und nicht auf die dingliche Erfüllung an – außer das (wirtschaftliche) Eigentum wird schon vor Vertragsschluss übertragen.[2] Unerheblich ist es daher, wann das verkaufte Wertpapier tatsächlich dem Erwerber übergeben wird. Der Zahlungstag (auch der valutamäßige Zahlungstag) kann außerhalb der einjährigen Behaltefrist liegen. Er hat keine Auswirkung auf die Fristberechnung.

Für die Berechnung des Fristablaufs ist nach § 108 AO auf die zivilrechtlichen Vorschriften abzustellen (§ 187, 188 BGB). Der Tag der Anschaffung zählt bei der Fristberechnung nicht mit.

Beispiel:
Anschaffung einer Aktie am 19. 10. 2005. Die Frist beginnt am 20. 10. 2005 und endet am 20. 10. 2006, so dass eine spätere Veräußerung nicht unter § 23 Abs. 1 Satz 1 Nr. 2 EStG fällt.

1139 **Besteuerungszeitpunkt**: Für § 23 EStG gilt das Zu- und Abflussprinzip des § 11 EStG. Damit richtet sich der Besteuerungszeitpunkt nach dem Zahlungstag des Verkaufspreises. Bei Verkäufen zum Jahresende können das Fristende (Verwirklichung des steuerlichen Tatbestands) und der Besteuerungszeitpunkt auf zwei Veranlagungszeiträume entfallen.

Beispiel:
Verkauf eines Wertpapiers innerhalb der Behaltefrist am 27. 12. 2001. Zufluss des Verkaufspreises am 2. 1. 2002. Der Tatbestand eines „privaten Veräußerungsgeschäfts" ist in 01 erfüllt. Erfasst wird dieser allerdings erst im Veranlagungsjahr 02.

6. Identität (Nämlichkeit) der Wertpapiere

a) Identität

1140 Die Vorschrift des § 23 EStG greift nur ein, wenn das angeschaffte und das veräußerte Wirtschaftsgut **identisch** sind. Die Feststellung der Identität, die auch als **Nämlichkeit** bezeichnet wird, kann bei Wertpapieren Schwierigkeiten mit sich bringen. Besitzt der Stpfl. mehrere Wertpapiere der glei-

---

1 BFH, U. v. 13. 12. 1983, BStBl II 1984, 311.
2 Blümich/Glenk, a. a. O., EStG § 23 Rdnr. 111.

I. Veräußerung von Wertpapieren

chen Art – also z. B. Aktien desselben Unternehmens – muss festgestellt werden, welches individuell konkretisierte Wertpapier veräußert wurde. Hierfür trägt das Finanzamt die **Feststellungslast**. Wurden alle gleichartigen Wertpapiere zur selben Zeit und zum selben Preis erworben, ist diese Feststellung unproblematisch. Hat der Stpfl. allerdings Aktien desselben Unternehmens zu verschiedenen Zeiten und für einen unterschiedlichen Kaufpreis angeschafft, muss sichergestellt sein, welches konkrete Wertpapier verkauft wurde. Daher muss nummernmäßig nachgewiesen werden, welche Wertpapiere wann veräußert wurden.

Dies lässt sich einfach feststellen, wenn der Stpfl. die Wertpapiere selbst verwahrt. Hier kann das einzelne Wertpapier **nummernmäßig** genau bestimmt werden. Gleiches gilt für den Fall, dass die Wertpapiere bei einer Bank in einem **Streifbanddepot** hinterlegt sind. Auch in einem Streifbanddepot wird jedes Wertpapier gegenständlich für den Bankkunden aufbewahrt, so dass im Falle des Verkaufs anhand der Wertpapiernummer die genaue Identität festgestellt werden kann, soweit eine nummernmäßige Unterscheidung möglich ist. Schwierigkeiten bereitet dagegen die **Girosammelverwahrung**, weil nach § 5 DepotG der Kunde nicht Eigentümer eines einzelnen bestimmten Wertpapiers ist, sondern nur Bruchteilseigentum an den dort aufbewahrten artgleichen Wertpapieren besitzt (vgl. Rdnr. 1142). 1141

b) Girosammelverwahrung

Bei der **Girosammelverwahrung** ist der Stpfl. nicht alleiniger Eigentümer der verwahrten Wertpapiere. Vielmehr wird er nach § 5 DepotG nur Bruchteilseigentümer an allen Papieren einer Art und Gattung, die zusammen im Girosammeldepot gelagert werden. Daher lässt sich eine **Nämlichkeit** des angeschafften mit dem veräußerten Wertpapier nicht gegenständlich feststellen. Auch die Ermittlung der Anschaffungskosten bereitet erhebliche Schwierigkeiten, wenn der Stpfl. artgleiche Wertpapiere zu unterschiedlichen Kaufpreisen erworben hat. Um die Steuerpflicht einer Veräußerung von Wertpapieren, die in einem Girosammeldepot verwahrt wurden, zu bestimmen, muss also zunächst festgestellt werden, ob die Veräußerung überhaupt identische Wertpapiere betrifft. Allerdings ist die Nämlichkeit gewahrt, wenn die angeschafften und die veräußerten Wertpapiere der Art und Stückzahl nach identisch sind.[1] In einem weiteren Schritt sind die 1142

---

1 BFH, U. v. 24. 11. 1993, BStBl II 1994, 591.

Anschaffungskosten sowie der Veräußerungspreis zu ermitteln. Um die bestehenden Schwierigkeiten zu beseitigen, wurde nunmehr gesetzlich angeordnet, dass die zuerst angeschafften Wertpapiere auch zuerst veräußert werden (**Fifo-Methode,** § 23 Abs. 1 Satz 1 Nr. 2 Satz 2 EStG). Die Rechtsprechung des BFH, die zur alten Rechtslage ergangen ist, ist somit überholt.[1] Die Vorschrift gilt für alle Veräußerungen, die ab dem Veranlagungszeitraum 2005 abgeschlossen werden. Jedoch gewährt die FinVerw. dem Stpfl. für den Veranlagungszeitraum 2004 ein Wahlrecht, ob er die Fifo-Methode oder die bisher geltende Durchschnittswertmethode anwenden will.[2]

1143 **Fristberechnung**: Hat ein Stpfl. artgleiche Wertpapiere zu unterschiedlichen Zeitpunkten und zu unterschiedlichen Werten erworben, so ist ein Verkauf aus der Girosammelverwahrung nur nach § 23 Abs. 1 Nr. 2 EStG stpfl., wenn die Veräußerung unter Anwendung der Fifo-Methode innerhalb der Jahresfrist erfolgt.

Beispiel:

A erwirbt am 10. 10. 2005 100 Aktien der V-AG sowie am 10. 12. 2005 weitere 200 Aktien dieser AG, die er seiner Bank zur Girosammelverwahrung anvertraut. Am 20. 11. 2006 veräußert er 150 Aktien der V-AG.

Ein stpfl. privates Veräußerungsgeschäft liegt nur für 50 Aktien vor, da die am 10. 10. 2005 angeschafften Aktien als veräußert gelten und für diese die Jahresfrist abgelaufen war.

1144 **Ermittlung der Anschaffungskosten**: Weiterhin ist zu klären, wie die Anschaffungskosten zum Zwecke der Besteuerung zu ermitteln sind. Die Ermittlung hat nunmehr nach der Fifo-Methode (first in - first out) zu erfolgen (§ 23 Abs. 1 Satz 1 Nr. 2 Satz 2 EStG). Anzusetzen sind die Anschaffungskosten der Wertpapiere, die nach der Fifo-Methode als veräußert gelten.[3]

---

[1] Vgl. zur alten Rechtslage BFH, U. v. 24. 11. 1993, BStBl II 1994, 591, und OFD Frankfurt, Vfg. v. 16. 10. 2000, FR 2001, 46, mit vielen Beispielen auch zur Berechnung des Veräußerungsgewinns nach der Durchschnittswertmethode.

[2] BMF-Schreiben v. 5. 4. 2005, BStBl I 2005, 617.

[3] Zu den Auswirkungen der Gesetzesänderung auf die Gewinnermittlung vgl. ausführlich Derlien/Spiller, DStR 2005, 1520; Merker, StuB 2005, 15.

7. Ermittlung der Einkünfte

Obwohl § 23 EStG zu den Überschusseinkünften gehört, spricht die Vorschrift vom **Veräußerungsgewinn bzw. -verlust**. Diese sprachliche Ungenauigkeit hat jedoch keine materiell-rechtlichen Konsequenzen. Die Gewinnermittlung richtet sich uneingeschränkt nach den Vorschriften, die für alle Überschusseinkünfte gelten. Der Besteuerungszeitpunkt bestimmt sich daher nach dem Zuflussprinzip des § 11 EStG. In welchem Veranlagungszeitraum ein privates Veräußerungsgeschäft zu besteuern ist, richtet sich deshalb nach dem Zeitpunkt, in dem der Veräußerungserlös dem Stpfl. zufließt. Der Abschluss des schuldrechtlichen Kaufvertrages ist dagegen für den Zeitpunkt der Besteuerung unerheblich. Für die Berücksichtigung der Werbungskosten wird aber vom Abflussprinzip des § 11 EStG abgewichen. Werbungskosten sind unabhängig vom Zahlungszeitpunkt erst bei Zufluss des Veräußerungserlöses steuermindernd zu berücksichtigen.[1] Es werden dabei nur Aufwendungen als Werbungskosten anerkannt, die mit der Veräußerung wirtschaftlich im Zusammenhang stehen.[2]

1145

Das steuerpflichtige Ergebnis wird wie folgt ermittelt:

Veräußerungserlös
./. Anschaffungskosten
./. Werbungskosten
Veräußerungsgewinn/-verlust

Freigrenze: Nach § 23 Abs. 3 Satz 6 EStG bleibt ein Gewinn steuerfrei, wenn der Gesamtgewinn im Kalenderjahr weniger als **512 €** beträgt. Dabei handelt es sich um eine Freigrenze nicht um einen Freibetrag. Bei der Ermittlung des Gesamtgewinns sind die im selben Kalenderjahr entstandenen Verluste i. S. d. § 23 EStG vorrangig zu berücksichtigen. Bei Verlusten aus anderen Kalenderjahren wird die Freigrenze vor der Berücksichtigung eines Verlustvor- bzw. Verlustrücktrags geprüft.[3] Zur Verlustverrechnung s. Rdnr. 1149 ff.

1146

---

[1] BFH, U. v. 24. 11. 1993, BStBl II 1994, 591.
[2] BFH, U. v. 17. 7. 1991, BStBl II 1991, 916.
[3] BFH, U. v. 11. 1. 2005, BStBl II 2005, 433; gl. A. BMF-Schreiben v. 25. 10. 2004, BStBl I 2004, 1034, Tz. 52.

Beispiel:

	Fall 1	Fall 2	Fall 3
Verlustvortrag aus 01	300,00 €	300,00 €	300,00 €
Veräußerungsgewinn aus 02	1 800,00 €	1 600,00 €	1 400,00 €
Veräußerungsverlust aus 02	1 500,00 €	1 000,00 €	500,00 €
Gesamtgewinn 02	300,00 €	600,00 €	900,00 €
Zu versteuern in 02	0,00 €	300,00 €	600,00 €
Verbleibender Verlustvortrag	300,00 €	0,00 €	0,00 €

1147 **Ehegatten**: Jeder Ehegatte kann die Freigrenze nur für seine eigenen Einkünfte in Anspruch nehmen.[1] Ein durch einen Ehegatten nicht verbrauchter Betrag kann – anders als beim Sparer-Freibetrag – nicht auf den anderen Ehegatten übertragen werden. Dagegen ist ein von einem Ehegatten insgesamt erzielter Verlust i. S. d. § 23 EStG mit Gewinnen des anderen Ehegatten auszugleichen. Liegen die Einkünfte des anderen Ehegatten nach der Verlustverrechnung unter 512 €, sind sie gemäß § 23 Abs. 3 Satz 6 EStG nicht stpfl.[2]

1148 **Halbeinkünfteverfahren**: Bei Veräußerungsgewinnen, die dem Halbeinkünfteverfahren (§§ 3 Nr. 40 Buchst. j; 3 c Abs. 2 EStG) unterliegen, hat sich die 512 Euro-Freigrenze faktisch verdoppelt.

8. Verlustverrechnung

1149 Die Verrechnung von Verlusten aus privaten Veräußerungsgeschäften ist nach § 23 Abs. 3 Sätze 8 und 9 EStG beschränkt. Die Verluste dürfen grds. nur mit Gewinnen aus anderen privaten Veräußerungsgeschäften i. S. d. § 23 EStG ausgeglichen werden. Dabei muss der Gewinn nicht aus demselben Tatbestand des § 23 Abs. 1 EStG stammen wie der Verlust selbst. Eine Verlustverrechnung mit **anderen Einkünften** ist dagegen unzulässig. Die neuen Verlustverrechnungsregelungen gelten für alle Veräußerungen nach dem 31. 12. 1998.

1150 Die bis zum 1. 1. 1999 geltenden Beschränkungen der Verlustverrechnung wurden im Anschluss an eine Entscheidung des BVerfG zur Verlustverrechnung nach § 22 EStG gestrichen. Bis zum 31. 12. 1998 durften Verluste nur mit Gewinnen aus Spekulationsgeschäften, die im selben Kalenderjahr erzielt wurden, verrechnet werden. Ein **Verlustvor- oder Verlust-**

---
[1] Schmidt/Weber-Grellet, XXV., EStG § 23 Rdnr. 90.
[2] BMF-Schreiben v. 5. 10. 2000, BStBl I 2000, 1383, Rdnr. 41.

I. Veräußerung von Wertpapieren

rücktrag nach § 10d EStG war nicht möglich. Eine entsprechende Regelung des § 22 EStG hatte das BVerfG im Jahre 1998 für verfassungswidrig erklärt.[1] Daher wurde die Verlustverrechnungsmöglichkeit auch für Einkünfte i. S. d. § 23 EStG erweitert. Nunmehr ist es zulässig, den Verlust nach Maßgabe des § 10d EStG in das Vorjahr zurückzutragen oder in die folgenden Jahre vorzutragen (§ 23 Abs. 3 Satz 9 EStG). Eine Verrechnung ist aber auch beim Verlustvor- und Verlustrücktrag nur mit Gewinnen aus privaten Veräußerungsgeschäften möglich.

Verlustverrechnung für die Veranlagungszeiträume 1997 und 1998: Nachdem der BVerfG die Besteuerung von Wertpapiergeschäften nach § 23 EStG für verfassungswidrig erklärt hat, kommt auch eine Berücksichtigung von Verlusten aus solchen Geschäften für die Veranlagungszeiträume 1997 und 1998 nicht mehr in Betracht.[2] Da die Vorschrift bezüglich der Besteuerung von Wertpapiergeschäften für nichtig erklärt wurde, muss ein Veräußerungsverlust steuerlich unberücksichtigt bleiben.

Verlustverrechnung für Veranlagungszeiträume vor 1997: Dagegen können Verluste aus Wertpapierverkäufen in den Veranlagungszeiträumen vor 1997 uneingeschränkt nach den allgemeinen Verlustverrechnungsregeln mit anderen positiven Einkünften ausgeglichen werden. Die Entscheidung des BVerfG zu der vergleichbaren Regelung des § 22 EStG ist auf die Verlustverrechnungsbeschränkung nach § 23 Abs. 3 Satz 4 EStG a. F. mit der Folge übertragen werden, dass die Beschränkung wegen Verstoßes gegen die Verfassung generell nicht angewendet werden darf.[3] Daher können Verluste aus Spekulationsgeschäften uneingeschränkt mit anderen positiven Einkünften des Enstehungsjahres ausgeglichen und nach § 10d EStG vor- und zurückgetragen werden. Die Beschränkung auf die Verrechnung mit Gewinnen aus Spekulationsgewinnen ist entfallen. Diese Grundsätze gelten für alle noch nicht bestandskräftigen Veranlagungen.

Kein Verlustfeststellungsverfahren: Der verbleibende Verlustvortrag ist nach einer neuen Entscheidung des BFH nicht gesondert festzustellen.[4]

1151

1152

---

1 BVerfG, U. v. 30. 9. 1998, DStR 1998, 1743.
2 BFH, U . v. 14. 7. 2004, BStBl II 2005, 125.
3 BFH, U. v. 1. 6. 2004, BStBl II 2005, 26.
4 BFH, U. v. 22. 9. 2005, DStR 2006, 752; a. A. noch BMF-Schreiben v. 5. 10. 2000, BStBl I 2000, 1383; zu Recht kritisch Pohl, DStR 2006, 1308.

9. Halbeinkünfteverfahren

1153 Die privaten Veräußerungsgeschäfte i. S. d. § 23 Abs. 1 Satz 1 Nr. 2 EStG unterliegen der hälftigen Steuerbefreiung des **§ 3 Nr. 40 Satz 1 Buchst. j EStG**, wenn Anteile an Körperschaften i. S. d. § 20 Abs. 1 Nr. 1 EStG veräußert werden. Das Halbeinkünfteverfahren gilt daher insbesondere für die **Veräußerung von Aktien und GmbH-Anteilen**. Aber auch die Veräußerung von Bezugsrechten soll nach Auffassung des BFH dem Halbeinkünfteverfahren unterliegen.[1] Nach § 3 Nr. 40 EStG wird die Hälfte des Veräußerungserlöses steuerfrei gestellt. Allerdings können nach § 3c Abs. 2 EStG auch nur die Hälfte der Anschaffungskosten und der Veräußerungskosten steuermindernd berücksichtigt werden.[2]

1154–1155 *(einstweilen frei)*

II. Termin- und Optionsgeschäfte (§ 23 Abs. 1 Satz 1 Nr. 4 EStG)

1. Begriffsbestimmungen

a) Optionsgeschäfte

1156 Inhalt eines Optionsgeschäfts ist der

- Erwerb eines Rechts (Option) durch den Käufer der Option (Optionsnehmer),
- vom Verkäufer der Option (Optionsgeber, Stillhalter) gegen Zahlung eines Entgelts (Optionsprämie)
- innerhalb eines bestimmten Zeitraums (sog. amerikanische Option) oder zu einem vorausbestimmten Zeitpunkt (sog. europäische Option)
- einen bestimmten Basiswert (Waren, Aktien, Anleihen, Devisen, Edelmetalle u. a.) zu einem vereinbarten Basispreis **kaufen** oder **verkaufen** zu können.

Es handelt sich um ein einseitig verpflichtendes Geschäft, das auch als bedingtes Termingeschäft bezeichnet wird. Erwirbt der Optionsnehmer das Recht auf Lieferung, spricht man von einer **Kaufoption** oder einem **Call**. Erwirbt er das Recht, den Basiswert an den Optionsgeber verkaufen zu können, liegt eine **Verkaufsoption** oder ein **Put** vor. Dem Recht des Op-

---

1 BFH, U. v. 27. 10. 2005, BFH/NV 2006, 191.
2 Zu Einzelheiten s. Rdnr. 131 und Intemann in H/H/R, a. a. O., EStG § 3 Nr. 40 Anm. 195 ff.; a. A. ders., DStR 2006, 1447.

II. Termin- und Optionsgeschäfte

tionskäufers steht die Verpflichtung des Optionsverkäufers gegenüber, den Basiswert zu liefern (Call) oder ihn abzunehmen (Put), sobald der Optionsverkäufer von seinem Recht Gebrauch macht und die Option ausübt.

Optionsgeschäfte sind nicht nur für effektiv lieferbare Basiswerte wie Waren, Aktien, Devisen oder Edelmetalle möglich. Sie können auch auf Indizes, z. B. den DAX, oder die Höhe eines bestimmten Geldmarktzinssatzes (EURIBOR) abgeschlossen werden. Da in diesen Fällen eine effektive Lieferung des Basiswerts nicht möglich ist, hat der Optionsgeber im Fall der Ausübung der Option durch den Optionsnehmer die Differenz zwischen vereinbartem Basispreis (= vereinbarter Stand des Index oder Zinssatzes bei Vertragsabschluss) und dem Tageskurs des Basiswerts (= Stand des Index oder Zinses am Ausübungstag) zu zahlen (Barausgleich oder Cash-Settlement). Dies gilt an der EUREX, der Deutsch-Schweizerischen Terminbörse auch für Optionen auf Namensaktien, da diese aufgrund der Handelsbedingungen nicht geliefert werden können. Kommt es den Kontaktpartnern bei der Option auf einen lieferbaren Basiswert in Wirklichkeit gar nicht auf die Lieferung, sondern nur auf den Differenzausgleich an, so spricht man von einem **verdeckten** Optionsgeschäft.

1157

b) Auflösung des Optionsgeschäfts

Die Option erlischt

1158

- mit Ablauf der Optionsfrist durch Verfall,
- durch Ausübung oder
- durch Glattstellung bei Geschäften über die EUREX.

Bei der **Glattstellung** schließen die Kontraktpartner zum Ausgleich ihres Optionsgeschäfts ein Gegengeschäft ab, wodurch die Verpflichtungen beider Seiten erlöschen, sofern das Geschäft als Glattstellung oder Closing gekennzeichnet ist. Der Inhaber (Optionsnehmer) einer **Kaufoption** (Call) verkauft zur Glattstellung eine Verkaufsoption (Put) aus der gleichen Serie (identischer Basiswert und identischer Basispreis bei gleicher Laufzeit), aus der seine Kaufoption stammt. Der Inhaber einer **Verkaufsoption** (Put) erwirbt eine Kaufoption (Call) der gleichen Serie. Der Optionsgeber (Stillhalter) entledigt sich seiner Lieferungs- oder Abnahmeverpflichtung dadurch, dass er vor Ablauf der Optionsfrist eine entsprechende Option derselben Serie erwirbt. Während bei Optionsgeschäften außerhalb der EUREX die Übertragung der Option auf Dritte, z. B. durch Verkauf an der

Börse, möglich ist, können an der Terminbörse erworbene Optionen nur an die Clearing-Stelle verkauft werden.

1159 Die Eigenart des Optionsgeschäfts erlaubt folgende Grundstrategien aus der Position des Optionsnehmers:
- Kauf einer Kaufoption (long call),
- Kauf einer Verkaufsoption (long put).

Der Inhaber einer Kaufoption kann seine Position durch den Verkauf einer Kaufoption (als Stillhalter) glattstellen. Die Verkaufsoption wird durch den Verkauf einer Verkaufsoption glattgestellt aus der Position des Optionsgebers (Stillhalter):
- Verkauf einer Kaufoption (short call),
- Verkauf einer Verkaufsoption (short put).

Der Verkäufer einer Kaufoption bzw. Verkaufsoption stellt seine Geschäfte durch den Erwerb einer Kauf- bzw. Verkaufsoption glatt.

Beispiel 1 (Glattstellung einer Kaufoption durch den Optionsnehmer):
Anleger G erwirbt im Rahmen seiner privaten Vermögensanlage am 1. 2. 01 über seine Bank an der EUREX fünf Kaufoptionen über je 100 Aktien der X-AG zum Basiswert von 160 €, weil er für die nächsten Monate mit einem Kursanstieg der Aktie rechnet. (Der Kurs der X-Aktie am 1. 2. 01 steht bei 154,80 €.) Die Kaufoption verfällt (läuft aus) im Juni 01. G entrichtet eine Optionsprämie von 500 X 12,2 € = 6 100 € zuzüglich 61 € Transaktionskosten. Am 1. 4. 01 ist der Kurs der X-Aktie auf 200 € gestiegen. Das Recht, die Aktien zu einem Basispreis von 160 € zu kaufen, ist 50 € wert (innerer Wert 40 €, Zeitwert 10 €).
G beschließt daher, seine Position durch ein Gegengeschäft glattzustellen, d. h. er verkauft über seine Bank fünf EUREX-Kaufoptionen über je 100 Aktien der X-AG zum Basispreis von 160 €, Verfallmonat Juni 01, mit Closing-Vermerk. G erhält dafür am 2. 4. 01 eine Optionsprämie von 500 x 50 € = 25 000 € abzüglich 250 € Transaktionskosten. G hat aus diesem Geschäft und Gegengeschäft einen Ertrag in Höhe von 18 589 € erzielt, der nicht von § 20 EStG erfasst wird; zur Besteuerung als Termingeschäft s. Rdnr. 1187 ff.

Beispiel 2 (Glattstellung einer Verkaufsoption durch den Optionsgeber):
G verkauft im Juli 2001 EUREX-Kaufoptionen – wieder im Rahmen seiner privaten Vermögensanlage – über 500 Aktien der HI-AG zum Basispreis von 300 € mit Verfall im Monat September 2001, weil er mit einem stagnierenden Kurs der Aktie rechnet (Kurs der HI-Aktie im Juli 2001 300 €). Er erhält dafür eine Optionsprämie von 500 x 15 € = 7 500 € abzgl. 200 € Gebühren. Bis August 2001 ist keine Kursveränderung eingetreten. Nunmehr erwartet G einen Kursanstieg und kauft, um sich aus seiner Stillhalterposition zu lösen, EUREX-Kaufoptionen über 500 Aktien der HI-AG mit Verfall September 2001 zum Basispreis von

II. Termin- und Optionsgeschäfte

300 € mit Closing-Vermerk. Dafür hat er eine Optionsprämie über 500 x 10 € = 5 000 € zzgl. 150 € Gebühren zu zahlen. Damit erzielt er Einnahmen von 2 150 €; zur Besteuerung s. Rdnr. 1175 ff.

Im Handel an der EUREX können zusätzlich bestimmte **Kombinationen** von jeweils zwei dieser Grundgeschäfte mit einem Abschluss nach standardisierten Bedingungen abgeschlossen werden, mit denen Kapitalanleger bei bestimmten Markterwartungen regelmäßig versuchen, eine optimale Realisierung ihrer Anlageziele (Absicherung, Rentabilität) zu erreichen. Mögliche Kombinationen sind: 1160

- gleichzeitiger Kauf und Verkauf einer Kaufoption (bull-call-spread),
- Kauf einer Kaufoption mit niedriger Optionsprämie und höherem Basispreis bei gleichzeitigem Verkauf einer Kaufoption mit hoher Optionsprämie und niedrigem Basispreis (bear oder baisse spread),
- Verkauf einer gleichen Anzahl von Kauf- und Verkaufsoptionen zu identischen Bedingungen (sell straddle) bei Erwartung einer stabilen Kursentwicklung,
- Kauf einer gleichen Anzahl Kauf- und Verkaufsoptionen zu identischen Bedingungen (buy straddle) bei Erwartung stärkerer Kursschwankungen,
- Kauf einer gleichen Anzahl von Kauf- und Verkaufsoptionen mit gleichem Basiswert und Verfalldatum, aber unterschiedlichem Basispreis (strangles).

c) Financial Futures

Financial Futures (Finanztermingeschäfte) unterscheiden sich von Optionsgeschäften dadurch, dass die Geschäftspartner auch ohne Ausübungserklärung grds. verpflichtet sind, nach Ablauf der vereinbarten Frist den Basiswert (Aktien, Anleihen) zu an der EUREX standardisierten Bedingungen und zum vereinbarten Preis zu liefern oder zu erwerben. In der Regel handelt es sich bei Financial Futures aber um sog. verdeckte Optionsgeschäfte, bei denen äußerlich der Kauf des Basiswerts zwar vereinbart wird, die Vertragsparteien aber in Wirklichkeit nur an einem **Differenzausgleich durch Barzahlung** (Cash-Settlement) interessiert sind, wie dies bei Geschäften über effektiv nicht lieferbare Basiswerte (Indizes, Zinssätze) naturgemäß immer der Fall ist. Bei physisch nicht lieferbaren Basiswerten wird die Verpflichtung auf Lieferung oder Abnahme durch Barausgleich in Höhe der Differenz zwischen dem vereinbarten Basiswert (z. B. 1161

Indexstand) und dem Basiswert am letzten Handelstag erfüllt. Financial Futures dieser Art werden an der EUREX regelmäßig durch ein Gegengeschäft glattgestellt. Auf den Abschluss eines Finanztermingeschäfts können wiederum Optionen ausgegeben werden.

1162 **Finanztermingeschäfte an der EUREX:**

Euro-Bund-Futures: Terminkontrakt auf eine fiktive Schuldverschreibung des Bundes (Bundesanleihen) mit einer 8,5- bis 10-jährigen Restlaufzeit und einer Verzinsung von 6 v. H., Kontraktgröße 100 000 €;

Euro-Bobl-Futures: Terminkontrakt auf Schuldverschreibung des Bundes mit einer Restlaufzeit von 3,5 bis 5 Jahren und einer Verzinsung von 6 v. H., Kontraktgröße 100 000 €;

Euro-Buxl-Futures: Terminkontrakt auf eine langfristige Schuldverschreibung (15 bis 30 Jahre) des Bundes mit einer Verzinsung von 6 v. H., Kontraktgröße 100 000 €;

Euro-Schatz-Futures: Terminkontrakt auf Schuldverschreibungen des Bundes mit einer Laufzeit von 1,75 bis 2,25 Jahren;

DAX-Futures: Terminkontrakt auf den DAX, Kontraktgröße 25 € je DAX-Punkt;

NEMAX50-Futures: Terminkontrakt auf den Neuen Markt Index, Kontraktgröße 1 € je Index-Punkt.

Zur einkommensteuerlichen Behandlung von Finanztermingeschäften siehe Rdnr. 1187 ff.

2. Verlustrisiken bei Options- und Termingeschäften

a) Grundsätzliches zum Verlustrisiko

1163 Die Rechte aus Options- und Termingeschäften können nur zeitlich begrenzt – innerhalb der Laufzeit der entsprechenden Option – ausgeübt werden. Aus dieser Befristung ergeben sich erhebliche Risiken. So kann eine Option, je näher sie ihrem Laufzeitende kommt, an Wert verlieren oder, wenn das Recht nicht ausgeübt wird, wertlos verfallen. Das Risiko eines Wertverlusts steigt, je kürzer die verbleibende Laufzeit wird. Die aus der Laufzeit resultierenden Risiken nehmen beträchtlich zu, wenn Options- und Termingeschäfte auf Kreditbasis abgeschlossen werden oder dem Geschäft als Basiswert eine Fremdwährung (Währungsrisiko) zugrunde liegt. Neben der Laufzeit (Risiko des nahenden Verfalls) können häufige und hohe Kursschwankungen des Basiswerts zu einer Wertminderung der Option führen.

b) Verlustrisiken bei einzelnen Geschäftsarten

aa) Kauf von Optionen auf Aktien

Durch Kursänderungen des Basiswerts, z. B. einer Aktie, können sich auch **Wertminderungen** der Optionen ergeben. Fällt der Kurs einer Aktie, die einer Kaufoption zugrunde liegt, so kommt es zu Kursverlusten der Option, weil der unmittelbare Erwerb der Aktie preiswerter wird als ihr Bezug über die Ausübung der Option. Dem Bezugspreis der Aktie ist beim Erwerb über die Option noch die Optionsprämie hinzuzurechnen, wodurch sich die Anschaffungskosten erhöhen würden. Im Fall einer Verkaufsoption (Put) mindert sich der Wert der Option, wenn der Kurs der Aktie steigt, weil sich der Optionsgeber (Stillhalter) – sollte der Optionsnehmer von seinem Optionsrecht Gebrauch machen – die Aktie nur zu einem höheren Preis beschaffen kann. Die Wertminderungen der Optionen treten nicht proportional, sondern überproportional zur Wertänderung des Basiswerts auf. Die Wertminderungen können im Extremfall zur völligen **Wertlosigkeit** der Option führen, wobei die begrenzte Laufzeit häufig einer Erholung des Optionswerts entgegensteht. Ist die Ausübung der Option auch am letzten Tag der Laufzeit unwirtschaftlich oder ergibt sich nach dem Stand des Index oder Zinssatzes, der einer Option zugrunde liegt, kein Differenzausgleich, so verfällt die Option. Sie wird wertlos, wodurch in Höhe der gezahlten Optionspämie und der Gebühren ein **Totalverlust** eintritt.

1164

bb) Kauf von Optionen auf Terminkontrakte

Neben den oben beschriebenen Risiken kommen beim Kauf einer Option auf Finanztermingeschäfte bei Ausübung der Option zusätzlich die sich aus dem Termingeschäft ergebenen Risiken aus der Verpflichtung zum Kauf oder Verkauf des Basiswerts hinzu.

1165

cc) Verkauf einer Option auf Terminkontrakte mit Erfüllung per Termin

Der Veräußerer eines Basiswerts auf Termin (Terminkontrakt) geht gegenüber dem Erwerber die Verpflichtung ein, den Basiswert, d. h. die Waren, Aktien, Edelmetalle oder Devisen, zu dem vereinbarten Termin und Kaufpreis zu liefern. Der Veräußerer einer Kaufoption dagegen ist nur dann zur Lieferung verpflichtet, wenn der Erwerber die Option ausübt. In beiden

1166

Fällen besteht das Risiko, dass der Basiswert zu einem erheblich über dem vereinbarten Basispreis liegenden Preis beschafft werden muss, sofern der Verkäufer der Option noch nicht im Besitz des Basiswerts ist. Das spezielle Risiko liegt in der Preisdifferenz zwischen vereinbartem Basispreis und dem aktuellen Kurswert (Marktpreis) des Basiswerts im Zeitpunkt der Lieferverpflichtung. Dieses Risiko ist im Voraus nicht bestimmbar und theoretisch unbegrenzt. In Abhängigkeit von der aktuellen Marktsituation kann es vorkommen, dass der Verpflichtete den Basiswert zu einem sehr hohen Preis erwerben muss, um ihn anschließend zu dem erheblich niedrigeren, im Voraus vereinbarten Basispreis an den Optionsnehmer zu verkaufen. Befindet sich der Basiswert bereits in den Händen des Optionsgebers, wird er von den Banken zur Sicherheit gesperrt, d. h. der Optionsgeber kann über ihn während der Laufzeit der Option oder bis zur Glattstellung durch ein Gegengeschäft nicht mehr verfügen. Kurssteigerungen des Basiswerts und sich daraus ergebende Gewinne können nicht realisiert werden.

dd) Kauf auf Termin und Verkauf einer Verkaufsoption

1167 Beim Kauf auf Termin besteht die Verpflichtung, den Basiswert zum vereinbarten Termin und zu dem im Voraus festgelegten Preis abzunehmen. Daraus entsteht das Risiko, den Basiswert zu einem höheren Preis erwerben zu müssen, als es seinem aktuellen Kurswert entspricht, und eine Weiterveräußerung – in Abhängigkeit von der Marktentwicklung – nur mit erheblichen Kursverlusten möglich ist.

ee) Verkauf einer Option auf Terminkontrakte

1168 Der Verkauf einer Option auf einem Terminkontrakt enthält die Verpflichtung, ein Termingeschäft über den Kauf oder Verkauf eines bestimmten Basiswerts mit der Verpflichtung zur Lieferung oder Abnahme des Basiswerts abzuschließen. Auch hier kommt es bei Ausübung der Option zu den unter Rdnr. 1163 bis 1165 beschriebenen Risiken.

ff) Options- und Termingeschäfte mit Differenzausgleich

1169 Soweit sich lediglich der Emittent einer Option auf einen Index oder Zinssatz zum Ausgleich der in den Optionsbedingungen beschriebenen Differenz verpflichtet hat, besteht das Risiko, die Optionsprämie und Gebühren zu verlieren (Totalverlust), wenn die Bedingungen für einen Ausgleich (im Voraus bestimmter Stand des Index oder des Zinssatzes) nicht eingetreten sind.

3. Ertragsteuerliche Behandlung von privaten Optionsgeschäften

a) Kauf einer Kaufoption auf Aktien

aa) Steuerliche Behandlung der Optionsprämie beim Optionsnehmer

Die Finanzverwaltung sieht die Zahlung einer Optionsprämie für den Erwerb einer Kaufoption an den Optionsgeber zutreffend als einen steuerlich unbeachtlichen Vorgang auf der Vermögensebene an.[1] Die Optionsprämien sind beim Optionsnehmer **Anschaffungskosten**, die Bankspesen, Provisionen und anderen Transaktionskosten sind **Anschaffungsnebenkosten** des Wirtschaftsguts „Optionsrecht". 1170

bb) Ausübung einer Kaufoption

Wird die Kaufoption ausgeübt (Erwerb der Aktien), d. h. der Optionsgeber liefert die Aktien, und veräußert der Optionsnehmer innerhalb der Spekulationsfrist von nunmehr einem Jahr die erworbenen Aktien, liegt ein stpfl. **privates Veräußerungsgeschäft** nach § 23 Abs. 1 Satz 1 Nr. 2 EStG vor. Bei der Ermittlung des Veräußerungsgewinns erhöht die Optionsprämie einschließlich der beim Erwerb der Option angefallenen Nebenkosten (Gebühren) die Anschaffungskosten der Aktien. **Anschaffungszeitpunkt** ist der Tag, an dem der Optionsnehmer von seinem Recht auf Ausübung der Option – Annahme des Verkaufsangebots durch den Optionsgeber – Gebrauch macht. 1171

cc) Verfall einer Kaufoption

Verfällt die Kaufoption, so ist die gezahlte Optionsprämie (Anschaffungskosten der Option zzgl. Nebenkosten) steuerlich unbeachtlich.[2] 1172

dd) Glattstellung einer Kaufoption

Die Glattstellung einer Kaufoption durch ein Gegengeschäft (hierzu s. Rdnr. 1158) stellt nach Auffassung der FinVerw. ein **Veräußerungsgeschäft** dar. Ein sich ergebender Differenzbetrag zwischen der gezahlten Optionsprämie und der aus dem glattstellenden Abschluss des Stillhaltergeschäfts erzielten Prämie ist ein privater Veräußerungsgewinn (-verlust) 1173

---

[1] BMF-Schreiben v. 10. 11. 1994, BStBl I 1994, 816, Rz. 5; v. 27. 11. 2001, BStBl I 2001, 986.

[2] A. A. offensichtlich FG Rheinland-Pfalz v. 14. 5. 2005, EFG 2005, 1701, für vor dem 1. 1. 1999 angeschaffte Optionsscheine.

i. S. d. § 23 Abs. 1 Satz 1 Nr. 2 EStG, wenn Abschluss und Glattstellung innerhalb der Jahresfrist liegen. Der stpfl. Veräußerungsgewinn bzw. -verlust errechnet sich aus dem Unterschiedsbetrag zwischen den Anschaffungs- und Anschaffungsnebenkosten des Ausgangsgeschäfts (Optionserwerb) und der aus der glattstellenden Transaktion (Gegengeschäft) erzielten Stillhalterprämie abzüglich Nebenkosten. Im **Beispiel 1** (Rdnr. 1159) hat G somit einen stpfl. Gewinn aus einem privaten Veräußerungsgeschäft von 18 589 € erzielt. Im **Beispiel 2** (Rdnr. 1159) verbleiben aus dem Glattstellungsgeschäft stpfl. Einnahmen von 2 150 €.

ee) Veräußerung einer Kaufoption

1174 Veräußert der Inhaber einer Kaufoption sein Recht innerhalb der Jahresfrist des § 23 Abs. 1 Satz 1 Nr. 2 EStG, liegt ein stpfl. privates Veräußerungsgeschäft vor, das wie eine Glattstellung zu behandeln ist.

b) Kauf einer Verkaufsoption auf Aktien

aa) Erwerb einer Verkaufsoption

1175 Es gelten die zum Kauf einer Kaufoption (s. Rdnr. 1175) gemachten Ausführungen entsprechend.

bb) Ausübung einer Verkaufsoption

1176 Sind die durch Ausübung einer Option veräußerten Aktien innerhalb eines Jahres vor Optionsausübung durch den Optionsnehmer angeschafft worden, liegt ein **privates Veräußerungsgeschäft** i. S. d. § 23 Abs. 1 Satz 1 Nr. 2 EStG vor. Die gezahlte **Optionsprämie** einschließlich Nebenkosten ist als **Werbungskosten** bei der Berechnung des Veräußerungsgewinns nach § 23 Abs. 3 Satz 1 EStG abziehbar.

Beispiel 3:

G erwirbt im Oktober des Jahres 00 100 Aktien der S-AG zu 3 000 € und verkauft im November 00 darauf eine Verkaufsoption mit Laufzeit bis Mai 01 an A, der von seinem Recht im Mai 01 Gebrauch macht, von G die Aktien zu einem Preis von 2 000 € übertragen zu bekommen. G liefert die Aktien und erhält dafür 2 000 €, so dass er – ohne Berücksichtigung von Nebenkosten – einen steuerlich relevanten privaten Veräußerungsverlust von 1 000 € macht. Muss G die veroptionierten Aktien erst erwerben, um sie an A zu übertragen, liegt ein privates Veräußerungsgeschäft i. S. d. § 23 Abs. 1 Satz 1 Nr. 3 EStG vor, wenn Anschaffung und Lieferung der Aktien an den Optionsnehmer innerhalb der Jahresfrist liegen.

II. Termin- und Optionsgeschäfte

cc) Verfall einer Verkaufsoption

Übt der Inhaber der Verkaufsoption sein Optionsrecht nicht aus, stellen die von ihm gezahlten Optionsprämien und Nebenkosten **keine Werbungskosten** i. S. d. § 23 Abs. 3 Satz 1 EStG dar. Die Aufwendungen sind einkommensteuerrechtlich unbeachtlich. Insbesondere liegt kein Verlust aus einem privaten Veräußerungsgeschäft i. S. d. § 23 Abs. 1 Satz 1 Nr. 4 EStG vor.[1]

1177

dd) Glattstellung einer Verkaufsoption

Die oben unter Rdnr. 1173 gemachten Ausführungen gelten entsprechend.

1178

c) Verkauf einer Kaufoption auf Aktien

aa) Verkauf

Die Optionsprämie stellt beim Verkäufer der Kaufoption ein Entgelt für eine sonstige Leistung i. S. d. § 22 Nr. 3 EStG dar.[2] Der sog. „Stillhalter in Wertpapieren" (= Verkäufer der Kaufoption) erhält die Prämie als Vergütung für seine Bindung und die Risiken, die er durch Einräumung des Optionsrechts während der Optionsfrist eingeht. Die Besteuerung der Optionsprämie nach § 22 Nr. 3 EStG ist unabhängig davon, dass möglicherweise später noch einmal ein Gewinn aus einem privaten Veräußerungsgeschäft zu versteuern ist. Die Optionsprämie ist nicht als Werbungskosten abzuziehen.

1179

bb) Ausübung der Kaufoption durch den Optionsnehmer

Beim Optionsgeber (Stillhalter) liegt ein **privates Veräußerungsgeschäft** i. S. d. § 23 Abs. 1 Satz 1 Nr. 2 bzw. 3 EStG vor, wenn der Inhaber der Kaufoption diese ausübt, während der Stillhalter (Verkäufer) die zu liefernden Aktien selbst erst noch erwerben muss (Nr. 3) oder bereits innerhalb der Jahresfrist erworben hatte (Nr. 2). Bei der Ermittlung des stpfl. Veräußerungsgewinns bleibt die vereinnahmte Optionsprämie unberücksichtigt. **Verluste aus dem Ausführungsgeschäft** kann der Stillhalter nicht als Werbungskosten bei seinen Einkünften aus § 22 Nr. 3 EStG gel-

1180

---

1 A. A. offensichtlich FG Rheinland-Pfalz v. 14. 5. 2005, EFG 2005, 1701.
2 BMF-Schreiben v. 27. 11. 2001, BStBl I 2001, 986; s. Anhang. BFH, U. v. 28. 11. 1990, BStBl II 1991, 300; U. v. 26. 5. 1993, BStBl II 1994, 96, betr. Kaufangebot für GmbH-Anteile; a. A. H/H/R, a. a. O., EStG § 22 Anm. 270, Vorgang auf der Vermögensebene; Rüskamp, DB 1991, 1243, wegen Glattstellungsmöglichkeit liege kein Bindungsentgelt vor.

tend machen. Die vom Stillhalter in Kauf genommene Werteinbuße liegt auf der Vermögensebene.[1] Die vereinnahmte Optionsprämie hat der Stillhalter nach § 22 Nr. 3 EStG zu versteuern.

1181 Die Übernahme dieser Rechtssprechung durch die FinVerw. ist zweifelhaft, da sie nicht in ausreichendem Maße die Minderung der Leistungsfähigkeit beim Optionsgeber berücksichtigt. Einerseits sollen Wertsteigerungen aus dem Ausführungsgeschäft der Besteuerung unterworfen werden, andererseits werden Werteinbußen, die durch Anschaffung der Aktien zu einem höheren Preis und Weiterverkauf zu einem darunter liegenden Preis entstanden sind, steuerlich nicht berücksichtigt.

cc) Glattstellung der Kaufoption

1182 Die vom Stillhalter (Verkäufer) für den glattstellenden Kauf gezahlten Prämien einer Kaufoption sind als Werbungskosten bei seinen Einkünften aus § 22 Abs. 3 EStG abzugsfähig. Sie stellen Aufwendungen dar, die zur Befreiung von der von ihm zuvor eingegangenen Stillhalterbindung und damit zur Sicherung der vereinnahmten Optionsprämie dienen.

d) Verkauf einer Verkaufsoption auf Aktien

1183 Es gelten die oben unter Rdnr. 1179 bis 1182 gemachten Ausführungen entsprechend.

e) Optionen auf Namensaktien und den Deutschen Aktienindex (DAX)

aa) Kauf von Kauf- oder Verkaufsoptionen

1184 Bei einer Option auf Namensaktien oder den DAX ist eine effektive Lieferung des Basiswerts nicht möglich. Dem Inhaber der Option wird bei Ausübung der Option lediglich ein Barausgleich gewährt. Ein stpfl. Veräußerungsgeschäft i. S. d. § 23 Abs. 1 Satz 1 Nr. 2 EStG kommt hier nicht in Betracht. Wird ein solches Optionsgeschäft durch ein Gegengeschäft glattgestellt, so gelten nach Auffassung der FinVerw. die Regelungen für die Glattstellung einer Kauf- oder Verkaufsoption entsprechend (s. Rdnr. 1182). Die **Glattstellung** einer Option, der kein lieferbarer Basiswert zugrunde liegt oder bei der die tatsächliche Lieferung durch Vereinbarung der Vertragspartner ausgeschlossen und durch den Barausgleich

---

1 BFH, U. v. 28. 11. 1990, BStBl II 1991, 300.

II. Termin- und Optionsgeschäfte

ersetzt wurde, wird als **Veräußerungsvorgang** angesehen mit der Folge, dass die Differenz zwischen der gezahlten und der aus dem Glattstellungsgeschäft vereinnahmten Optionsprämie unter den Voraussetzungen des § 23 EStG als privater Veräußerungsgewinn oder -verlust steuerlich relevant ist.

bb) Verkauf von Kauf- oder Verkaufsoptionen

Die Ausführungen zur Rdnr. 1170 bis 1183 gelten entsprechend. 1185

f) Kombinationsgeschäfte

Für Kombinationsgeschäfte, die aus zwei rechtlich **selbstständigen** Grundgeschäften im o. a. Sinne bestehen, gelten die gleichen steuerlichen Regelungen, wie sie für das jeweilige einzelne Grundgeschäft anzuwenden sind. 1186

4. Einkommensteuerrechtliche Behandlung von Finanztermingeschäften

§ 23 Abs. 1 Satz 1 Nr. 4 EStG bestimmt nicht, was unter einem **Termingeschäft** zu verstehen ist. Nach der Gesetzesbegründung sind darunter **Differenzgeschäfte** i. S. d. § 764 BGB zu verstehen. Der Gesetzeswortlaut erfasst aber nicht nur Geschäfte, bei denen die Differenz zwischen einem Marktwert und einem Basiswert ausgeglichen werden soll, sondern auch Geschäfte, bei denen am Ende der Laufzeit ein anderer „Vorteil" vom Geschäftspartner verlangt werden kann bzw. geleistet wird. Dieser Vorteil kann in der Auszahlung eines Barbetrags oder der Lieferung einer Aktie liegen. 1187

Das Termingeschäft ist vom **Kassageschäft** abzugrenzen, bei dem die Lieferung bzw. Abnahme und Bezahlung der gehandelten Wirtschaftsgüter am Tag des Vertragsabschlusses, maximal zwei Börsentage später, erfolgt. Nach dieser Abgrenzung sind **Optionsgeschäfte und Zertifikate, die Aktien vertreten**, keine Termingeschäfte, weil sie nach Kassagrundsätzen abgerechnet werden. Sie gelten aber nach § 23 Abs. 1 Satz 1 Nr. 4 Satz 2 EStG als Termingeschäfte.

a) Besteuerung des Differenzausgleichs

Ziel des Erwerbs oder der Veräußerung der unter Rdnr. 1162 beschriebenen synthetischen Schuldverschreibungen des Bundes oder entsprechender Optionen auf derartige Terminkontrakte ist es regelmäßig nicht, die – theo- 1188 retisch mögliche – Lieferung oder Abnahme von vergleichbaren Bundeswertpapieren zu erreichen. Vielmehr werden die Kontrakte durch ein **glattstellendes Gegengeschäft** aufgelöst, wobei sich ein Gewinn oder Verlust aus der Differenz zwischen Eröffnungs- und Glattstellungsgeschäft ergibt. Da die Kontrakte nur äußerlich auf ein Erwerbsgeschäft hin abgeschlossen werden, der Wille der Beteiligten aber erkennbar lediglich auf den **Differenzausgleich** abgestellt ist, liegen keine stpfl. **Veräußerungsgeschäfte** i. S. d. § 23 Abs. 1 Satz 1 **Nr. 2** EStG vor. Es fehlt an einem Veräußerungsvorgang i. S. dieser Vorschrift. Ein privates Veräußerungsgeschäft kann beim Veräußerer des Terminkontrakts ausnahmsweise dann gegeben sein, wenn er tatsächlich entsprechend vergleichbare Bundeswertpapiere innerhalb der Jahresfrist erworben hat und bei Ausübung durch den Käufer des Kontrakts diese Wertpapiere (Wertrechte) liefern muss. Der Käufer eines Terminkontrakts tätigt ein privates Veräußerungsgeschäft (§ 23 Abs. 1 Satz 1 Nr. 2 EStG), wenn er tatsächliche Lieferungen vom Verkäufer verlangt und die Schuldverschreibungen innerhalb der Jahresfrist weiterveräußert.

1189 Wegen der fehlenden Besteuerungsmöglichkeit nach § 23 Abs. 1 Satz 1 Nr. 2 EStG im Fall der Zahlung des **Differenzausgleichs** hat der Gesetzgeber mit dem StEntlG 1999/2000/2002 einen für § 23 EStG untypischen Besteuerungstatbestand eingeführt. Auch ohne dass es zu einem Veräußerungsvorgang kommt, wird der bei **Fälligkeit eines Termingeschäfts** gezahlte Differenzausgleich nunmehr nach § 23 Abs. 1 Satz 1 **Nr. 4** EStG der Besteuerung unterzogen, wenn das Termingeschäft innerhalb eines Jahres vor Fälligkeit (Zahlung des Differenzausgleichs) abgeschlossen wurde. Der Differenzausgleich setzt sich bei EUREX-Geschäften aus der Summe aller während der Laufzeit empfangenen und geleisteten Zahlungen im Zeitpunkt der Fälligkeit des Geschäfts zusammen.

b) Besteuerung bei Glattstellung

1190 Gleiches gilt für die Glattstellung eines Termingeschäfts. Der Gewinn oder Verlust aus diesem privaten Veräußerungsgeschäft (§ 23 Abs. 1 Satz 1 Nr. 4 EStG) ergibt sich aus der Summe aller während der Laufzeit empfangenen und geleisteten Zahlungen. Wird das Basisgut ausnahmsweise einmal geliefert, sind die geleisteten Zahlungen und Nebenkosten beim Käufer Anschaffungskosten des Basiswerts. Wird der Basiswert innerhalb eines Jahres wieder veräußert, kommt es zu einem stpfl. Veräußerungsgeschäft nach § 23 Abs. 1 Satz 1 Nr. 2 EStG.

II. Termin- und Optionsgeschäfte

5. Ertragsteuerrechtliche Behandlung von Zertifikaten, die Aktien vertreten

Zertfikate sind rechtlich Schuldverschreibungen, die – im Gegensatz zu Anleihen – allerdings nicht das Recht auf Zahlung eines laufenden Zinsertrags, sondern das Recht auf Zahlung eines **einmaligen Geldbetrags** (Index-Zertifikate) oder eines Geldbetrags und der Lieferung z. B. einer bestimmten Aktie (z. B. KickStart-Zertifikate) verbriefen. In jedem Fall hängt die Höhe des zu zahlenden Geldbetrags regelmäßig von einem ungewissen Ereignis, z. B. dem Stand eines Index (Dax-Partizipationsscheine), dem Kurswert einer Aktie (Discount-Zertifikate) oder eines Aktienkorbs (Basket-Zertifikate) ab.

1191

Bedenken gegen die Zertifikatsbesteuerung: Das BMF-Schreiben v. 27. 11. 2001 (BStBl I 2001, 986; s. Anhang) führt aus, dass Vorteile und Nachteile aus der Beendigung (Rückgabe) von Zertifikaten, die Aktien vertreten, der Besteuerung aus § 23 Abs. 1 Satz 1 Nr. 4 Satz 2 EStG unterliegen sollen. Nicht dargestellt wird, was der Gesetzgeber unter dem Zusatz „die Aktien vertreten" versteht.

Der Ausdruck „Zertifikate, die Aktien vertreten" kommt offensichtlich aus § 2 Abs. 1 Nr. 1 WpHG, hat dort aber eine ganz andere Bedeutung. In § 2 WpHG werden diejenigen Wertpapiere bestimmt, die unter die Regeln des WpHG fallen. Zertifikate i. S. d. WpHG vertreten jedoch nur dann Aktien, wenn sie zumindest mittelbar Beteiligungsrechte an einer börsennotierten Aktiengesellschaft vermitteln. Dazu gehören z. B. **american depository receipts** (ADR), also Zertifikate, die von US-Banken über die bei ihnen hinterlegten ausländischen Aktien ausgestellt werden. Anstelle der ausländischen Aktien werden diese ADRs an den Börsen gehandelt, wodurch zumindest mittelbar der Handel von ausländischen Aktien zulässig wird, die ansonsten nicht an den amerikanischen Börsen zum Handel zugelassen sind, z. B. weil sie nicht zugelassen werden können oder die Unternehmen eine Zulassung nicht beantragt haben. Der Handel solcher ADRs anstelle der ausländischen Aktie ist auch in der Bundesrepublik, z. B. für das Unternehmen Ericsson, üblich. Der Erwerber dieser spezifischen Aktienzertifikate ist – einem direkten Aktionär gleich – an den Gewinnausschüttungen des ausländischen Unternehmens beteiligt, erhält Bezugsrechte auf neue Aktien und die wichtigsten Unternehmensinformationen. ADRs vertreten also – im Gegensatz zu den im BMF-Schreiben beispielhaft aufgeführten Zertifikaten (Partizipationsscheine, Discountzertifikate) – die Rechte aus der hinterlegten Aktie.

Nach dem Gesetzeswortlaut lässt sich deshalb vertreten, dass Partizipationsscheine und Discountzertifikate nicht der Besteuerung aus § 23 Abs. 1 Satz 1 Nr. 4 Satz 2 EStG unterliegen, denn sie sind gerade keine Zertifikate, die Aktien vertreten. Aktien-Zertifikate i. S. d. § 2 Abs. 1 Nr. 1 WpHG werden steuerrechtlich dagegen wie Aktien behandelt. Gewinnausschüttungen (Dividenden) sind nach § 20 Abs. 1 Nr. 1 EStG stpfl. Veräußerungsvorgänge werden im Rahmen des § 23 Abs. 1 Satz 1 Nr. 2 EStG erfasst. Für die Nr. 4 dieser Vorschrift ist deshalb kein Raum.

Eine steuerrechtliche Erfassung der Vor- und Nachteile aus Partizipationsscheinen und ähnlichen Zertifikaten im Rahmen des § 20 Abs. 1 Nr. 7 Satz 1 EStG scheidet aus, weil regelmäßig weder ein Ertrag noch die Kapitalrückzahlung zugesagt ist. Das BMF-Schreiben jedenfalls kann keine Rechtsgrundlage für die Besteuerung von Partizipationsscheinen und vergleichbaren Zertifikaten sein. Kapitalanleger und ihre steuerlichen Berater sind deshalb aufgerufen, innerhalb der Jahresfrist erzielte Gewinne aus der Einlösung (Beendigung) von Index- und Discountzertifikaten vorsichtshalber zu erklären, aber die Steuerbescheide der gerichtlichen Klärung zugänglich zu machen. Eindeutig ist nur, dass diese Art von Zertifikaten, werden sie innerhalb der Jahresfrist **veräußert,** vom Tatbestand des § 23 Abs. 1 Satz 1 Nr. 2 EStG erfasst werden.

1192 Für die Besteuerung i. S. d. BMF ist zunächst entscheidend, ob die Emissionsbedingungen die vollständige oder zumindest teilweise **Rückzahlung** des hingegebenen Kapitals vorsehen (Garantie-Zertifikate). Ist das der Fall, wird das Zertifikat im Rahmen des § 20 EStG erfasst. Der über das hingegebene Kapital hinausgehende, bei Endfälligkeit ausgezahlte Betrag ist beim **Ersterwerber und Durchhalter** stpfl. Kapitalertrag nach § 20 Abs. 1 Nr. 7 EStG[1]. Laufender Ertrag fällt nicht an. Im **Veräußerungsfall** erzielt der Veräußerer auch außerhalb der Jahresfrist des § 23 Abs. 1 Satz 1 Nr. 2 EStG stpfl. Kapitalertrag nach § 20 Abs. 2 Satz 1 Nr. 4 Buchst. c EStG, der nach der **Marktrendite** zu ermitteln ist (§ 20 Abs. 2 Satz 1 Nr. 4 Satz 2 EStG). Dies gilt auch dann, wenn sich für das Produkt aufgrund der Abhängigkeit des Ertrags von einem ungewissen Ereignis (Indexstand, Aktienkurs) keine **Emissionsrendite** errechnen lässt. Der **Zweiterwerber** erzielt bei Einlösung ebenfalls stpfl. Kapitalertrag nach § 20 Abs. 2 Satz 1 Nr. 4 Buchst. c i. V. m. Satz 4 EStG. Der Kapitalertrag kann auch negativ

---

1 BMF-Schreiben v. 16. 3. 1999, BStBl I 1999, 433.

II. Termin- und Optionsgeschäfte 383

sein, wenn der Anleger einen **Einlösungsverlust** (negative Einnahmen) erzielt hat.

Sehen die Emissionsbedingungen des Zertifikats keine vollständige und keine teilweise Rückzahlung des eingesetzten Kapitals vor, ist – da kein Entgelt zugesagt ist – für die Anwendung des § 20 Abs. 1 Nr. 7 oder Abs. 2 Satz 1 Nr. 4 EStG kein Raum. Es liegt keine Kapitalforderung i. S. dieser Vorschriften vor. Eine Besteuerung kommt nur bei Vorliegen der Voraussetzungen des § 23 Abs. 1 Satz 1 Nr. 2 EStG (Veräußerung) oder des § 23 Abs. 1 Satz 1 Nr. 4 EStG (Einlösung) in Betracht. Standardprodukte dieser Gattung sind die sog. **DAX-Partizipationsscheine**, bei denen gegen Zahlung eines Kaufpreises das Recht erworben wird, am Ende der Laufzeit den Punktestand des DAX entweder 1:1 oder in einem anderen Verhältnis in Euro ausgezahlt verlangen zu können.[1] Hier besteht – wenn auch eher theoretisch – das Risiko eines Totalverlusts, weshalb die Zusage einer Kapitalrückzahlung verneint werden muss. 1193

Die Besteuerung aus § 23 EStG erfolgt darüber hinaus auch für Zertifikate, bei denen die Leistung des Emittenten nicht nur in der Barauszahlung eines Index-Standes, sondern in der Anlieferung einer bestimmten Aktie in Abhängigkeit vom Kursverlauf dieser Aktie besteht. 1194

Beispiel 4 (KickStart-Zertifikate):
Beim Zertifikat des Bankhauses Sal. Oppenheim (WKN 555770) erwirbt der Anleger eine Forderung gegen die Bank, deren Höhe (Rendite) vom Wert der T-Online-Aktie abhängig ist.

Emissionsbedingungen

Laufzeit:	14. 7. 00 bis 5. 10. 01
Ausübungstag:	28. 9. 01
Startpreis:	33,00 € (Ausgabepreis)
Stopppreis:	42,90 €

Art der Rückzahlung

Szenario 1:	Liegt der Schlusskurs der T-Online-Aktie am Ausübungstag über dem Stopppreis, zahlt die Emittentin den Stopppreis von 42,90 € und die Differenz zwischen dem Start- und Stopppreis von 9,90 €; der Inhaber erhält also insgesamt einen Barbetrag von 52,80 € ausgezahlt;

---

1 Einzelheiten s. Harenberg, NWB F. 21, 1381.

Szenario 2:	Liegt der Aktienkurs über dem Startpreis, aber unter dem Stopppreis, erhält der Inhaber die Aktie und einen Barbetrag in Höhe der Differenz zwischen dem Startpreis von 33 € und dem tatsächlichen Aktienkurs;
Szenario 3:	Liegt der Aktienkurs am Ausübungstag bei genau 33 € oder darunter, liefert die Emittentin eine Aktie je Zertifikat.

Ertragsteuerliche Behandlung

Zwar reicht es nach BMF-Schreiben v. 16. 3. 1999[1] für die Besteuerung gemäß § 20 EStG aus, wenn die teilweise Rückzahlung des Kapitals zugesagt wird, doch ist dabei auf eine explizite Zusage einer Rückzahlung, also der Rückzahlung eines Mindestkapitalbetrags abzustellen, wie es z. B. bei den sog. Garantie-Zertifikaten der Fall ist. An einer solchen Zusage fehlt es bei KickStart-Zertifikaten, so dass das wirtschaftliche Risiko des Anlegers nach unten nicht begrenzt ist. Eine Anwendung des § 20 EStG scheidet deshalb u. E. aus.

Ersterwerber und Durchhalter: Laufender Ertrag fällt nicht an. Die Einlösung des Zertifikats wird nur innerhalb des § 23 Abs. 1 Satz 1 Nr. 4 Satz 1 EStG erfasst. Steuerpflichtig ist der ausgezahlte Geldbetrag oder der Vorteil in Form des Geldbetrags zzgl. Aktie oder nur die ausgelieferte Aktie. Anzusetzen ist der Kurswert der Aktie an dem Tag, an dem festgestellt wird, dass die Aktie geliefert wird. Von diesem Geldbetrag oder Wert sind die Werbungskosten, aber auch die Anschaffungskosten des Zertifikats in Abzug zu bringen, was sich allerdings nicht explizit aus § 23 Abs. 3 Satz 4 EStG, sondern aus der Systematik der Besteuerung von privaten Veräußerungsgeschäften (§ 23 Abs. 3 Satz 1 EStG) ergibt.

Zwischenveräußerung: Nur innerhalb des § 23 Abs. 1 Satz 1 Nr. 2 EStG als privates Veräußerungsgeschäft steuerlich zu erfassen.

Einlösung durch Zweiterwerber etc.: Nur nach § 23 Abs. 1 Satz 1 Nr. 4 EStG steuerlich relevant.

Beispiel 5 (Discount-Zertifikate):

Beim Discount-Zertifikat, investiert der Erwerber mittelbar in die unterlegte Aktie, und zwar nicht zum aktuellen Aktienkurs bei Ausgabe des Zertifikats, sondern mit einem Abschlag (Discount) auf diesen Kurs. Der **reduzierte Kaufkurs** der Aktie wird durch einen anlagetechnisch eingeschlossenen Verkauf einer Option auf die Aktie erreicht. Der Preis des Zertifikats wird mit Hilfe einer Aktie und einer Option darauf abgebildet. Die Ertragschance ist bei Discount-Zertifikaten nach oben begrenzt, da der Betrag im Beispiel von 750 € auch dann gezahlt wird, wenn die Aktie im Einlösungszeitpunkt bei 900 € notieren sollte.

---

1 BStBl I 1999, 433.

II. Termin- und Optionsgeschäfte

Emissionsbedingungen

Verkaufskurs am 28. 12. 01:   516,50 €
Fälligkeitstag: 23. 3. 03

Ausübungsrechte

Szenario 1: Notiert die Aktie am Fälligkeitstag über bzw. bei 750 €, zahlt die Bank einen Barbetrag von 750 € je Zertifikat.

Szenario 2: Notiert die Aktie am Fälligkeitstag unter 750 €, liefert die Bank je Zertifikat eine Aktie.

Ertragsteuerliche Behandlung des Discount-Zertifikats

Das Discount-Zertifikat unterliegt nicht den Besteuerungsregeln von Aktien,[1] auch wenn die Werbung der Emittenten auf den „Erwerb einer Aktie mit Abschlag" abgestellt ist. Die Zwischenveräußerung des Zertifikats innerhalb der Jahresfrist fällt zwar unter § 23 Abs. 1 Satz 1 Nr. 2 EStG, doch gilt es bei Einlösung durch Erst- oder jeden weiteren Erwerber innerhalb der Jahresfrist an einen „Veräußerungsgewinn oder -verlust" gemäß § 23 Abs. 1 Satz 1 Nr. 4 Satz 2 EStG zu denken.

Erhält der Zertifikatsinhaber am Ende der Laufzeit Aktien geliefert und veräußert er diese innerhalb der Jahresfrist wieder, kommt es zu einem neuen stpfl. privaten Veräußerungsgeschäft i. S. d. § 23 Abs. 1 Satz 1 Nr. 2 EStG. **Anschaffungspreis** ist der Kurswert der Aktien am Einlösungstag des Zertifikats, nicht aber der Kaufpreis des Zertifikats. **Anschaffungszeitpunkt** ist der Tag, an dem feststeht, dass die Aktien geliefert werden.

Beispiel 6 (Basket-Zertifikate):

Das Basket Zertifikat ist ein Wertpapier, das einen Korb von Aktien der Halbleiterbranche repräsentiert. Der Korb wurde durch die Emittentin zusammengestellt.

Emissionsbedingungen

Laufzeit: 29. 7. 00 bis 3. 7. 03
Anfänglicher Verkaufspreis: 101,50 €

Die Emittentin wird am Verfalltag anhand der Schlusskurse der Korbaktien einen Abrechnungstag ermitteln, den der Anleger zu 100 v. H. in Euro ausgezahlt erhält. Theoretisch kann der Abrechnungsbetrag bei Null Euro liegen. Eine Kapitalrückzahlung ist also nicht, auch nicht teilweise, garantiert.

---

[1] So aber Kracht, Kapitalvermögen, Kapitalerträge von A-Z, 2000, S. 232.

Ertragsteuerliche Behandlung des Basket-Zertifikats
A erwirbt das Basket-Zertifikat für 101,50 €.

a) Er veräußert das aus der Emission heraus erworbene Zertifikat über die Börse nach neun Monaten für 151,50 €.

b) A erwirbt das Zertifikat sechs Monate vor Ablauf zu 101,50 € und erhält am Ende der Laufzeit entsprechend dem Wert des Aktienkorbs einen Betrag von 151,50 € ausgezahlt.

A hat in beiden Fällen einen Gewinn (50 €) aus einem privaten Veräußerungsgeschäft erzielt. Im Fall a) ist der Tatbestand des § 23 Abs. 1 Satz 1 Nr. 2 EStG (Veräußerung) erfüllt. Im Fall b) kommt § 23 Abs. 1 Satz 1 Nr. 4 EStG zur Anwendung. Außerhalb der Jahresfrist kommt keine Anwendung des § 20 Abs. 2 Satz 1 Nr. 4 EStG in Betracht, da weder ein Ertrag noch eine Kapitalrückzahlung zugesagt ist. Die tatbestandlichen Voraussetzungen für eine Kapitalforderung i. S. d. § 20 Abs. 1 Nr. 7 EStG sind damit nicht erfüllt.

6. Einkommensteuerrechtliche Behandlung von Capped Warrants (gekappte „Optionsscheine")

1195 Als Capped Warrants werden zwei sich ergänzende, häufig gekoppelte Optionsscheine (spread) bezeichnet (reine Spekulationspapiere), bei denen es lediglich auf die **Differenz** zwischen einem Basiswert und dem tatsächlichen Stand einer Währung, eines Aktienkorbs (Basket Warrants) oder eines Index am Ende der Laufzeit, nicht aber auf die Verschaffung von Wertpapieren oder anderen Gütern ankommt. Dabei wird jeweils eine Kaufoption (Call) mit einem bestimmten Basispreis so an den Basispreis einer Verkaufsoption (Put) gekoppelt, dass der Käufer am Ende der Laufzeit einen festen Betrag erhält. Einzeln betrachtet sind die am Optionstag erzielten Einnahmen aus der Call- bzw. Put-Option grds. nicht als Kapitalertrag steuerbar, weil nicht wenigstens eine der in § 20 Abs. 1 Nr. 7 EStG genannten Voraussetzungen vorliegt. Eine Steuerbarkeit kommt lediglich unter den Voraussetzungen des § 23 Abs. 1 Satz 1 Nr. 2 oder Nr. 4 EStG in Betracht. Das gilt uneingeschränkt, wenn sowohl die Call- als auch die Put-Option getrennt erworben und veräußert werden können. Sind beide Optionen jedoch derart aufeinander abgestimmt, dass der Stpfl. in jedem Fall – unabhängig vom Stand des DAX – einen bestimmten Ertrag erzielt, soll es am Optionstag nach Auffassung der FinVerw. unabhängig davon, ob die Optionen von einem Emittenten stammen oder ob sie auch getrennt erworben oder veräußert werden können, zu stpfl. Erträgen i. S. v.

II. Termin- und Optionsgeschäfte

§ 20 Abs. 1 Nr. 7 EStG kommen.[1] Verkauft der Anleger beide Optionen zusammen, soll Kapitalertrag nach § 20 Abs. 2 EStG vorliegen.

Die Rechtsauffassung der FinVerw. steht allerdings mit dem Wortlaut des § 20 Abs. 1 Nr. 7 EStG nicht in Einklang. Grundvoraussetzung dieser Vorschrift ist die **Kapitalüberlassung auf Zeit gegen Entgelt**.[2] Das Entgelt muss von demjenigen oder auf dessen Rechnung gezahlt werden, dem das Kapital zur Nutzung überlassen worden ist.[3] Diese Voraussetzungen liegen nicht vor. Der Emittent der Optionen ist Verkäufer eines Rechts, einer Option (Stillhalter), dem kein Kapital, auch nicht in Form einer Optionsprämie, überlassen wird. Er erhält lediglich für die Einräumung des Optionsrechts, für seine Bindung und sein Eingehen des Risikos, ein Entgelt (Optionsprämie), das er endgültig ohne Rückzahlungsverpflichtung vereinnahmt. Der Erwerber der Optionen hat nicht die Absicht, dem Emittenten Kapital gegen Entgelt zu überlassen. Er zahlt vielmehr nur einen Preis dafür, dass ihm vom Emittenten eine Gewinnchance eingeräumt worden ist. Die FinVerw. sieht darüber hinaus in Capped Warrants ein einheitliches Anlageinstrument und negiert dabei, dass zivilrechtlich zwei selbständige grds. voneinander unabhängige Rechtsgeschäfte (Call und Put) abgeschlossen werden, die z. B. durch zeitversetzte Veräußerung ein unterschiedliches Schicksal erleiden können. Die **Einlösung** eines Capped Warrants ist nach zutreffender Ansicht nur innerhalb der Jahresfrist des § 23 Abs. 1 Satz 1 Nr. 4 EStG stpfl.

1196

Soweit bei einer **Zwischenveräußerung** die Frist des § 23 Abs. 1 Satz 1 Nr. 2 EStG nicht eingehalten ist, liegt ein privates Veräußerungsgeschäft vor, wenn man nicht mit der FinVerw. § 20 Abs. 2 Satz 1 Nr. 4 EStG für anwendbar hält. Bei Veräußerung der Optionen sind nach Auffassung der FinVerw. Einnahmen in Höhe der besitzzeitanteilig ermittelten Emissionsrendite (§ 20 Abs. 2 Satz 1 Nr. 4 Buchst. a EStG) zu versteuern. Der Capped Warrant wäre dann als „Schuldverschreibung" i. S. dieser Vorschrift anzusehen. Das könnte jedoch allenfalls für die einheitliche Veräußerung beider Optionen gelten. Die getrennte Veräußerung fiele in jedem Fall nicht unter § 20 Abs. 2 Satz 1 Nr. 4 Buchst. a EStG, da nur einzelne Bestandteile

1197

---

1 „Entgelt zugesagt"; s. BMF-Schreiben v. 30. 4. 1993, BStBl I 1993, 343, und v. 10. 11. 1994, BStBl I 1994, 816, Rz. 22.
2 So ausdrücklich BFH, U. v. 24. 10. 2000, BStBl II 2001, 97.
3 BVerfG Beschl. v. 7. 6. 1993 – 2 BvR 1301/92, NWB EN-Nr. 544/94; BFH, U. v. 8. 10. 1991, BStBl II 1992, 174.

einer „Schuldverschreibung" veräußert werden. Der Tatbestand des § 20 Abs. 2 Satz 1 Nr. 2 Buchst. b EStG liegt nicht vor, da die einzelnen Optionen keine Zinsscheine oder Zinsforderungen sind.

1198–1199 *(einstweilen frei)*

Teil 2:
Die Zinsinformationsverordnung (ZIV) – Ein Überblick

Verwaltungsanweisungen: BMF-Schreiben v. 6. 1. 2005, BStBl I 2005, 29, betr. Einführungsschreiben zur Zinsinformationsverordnung (ZIV).

I. EU-Zinsrichtlinie

Zur Vermeidung von Steuerflucht und Steuerhinterziehung bzw. zur steuerlichen Erfassung von Zinseinkünften innerhalb der europäischen Union hat der Rat der Europäischen Union die „EU-Zinsrichtlinie" vom 3. 6. 2003 erlassen. Bei ihr handelt es sich grundsätzlich um einen automatisierten Informationsaustausch über Zinseinnahmen von EU-Ausländern. Sie trifft Regelungen zur Erfassung und Meldung von grenzüberschreitenden Zinszahlungen, die an natürliche Personen mit einem Wohnsitz in einem anderen Mitgliedstaat erfolgen. 1200

Für die EU-Mitgliedsstaaten Österreich, Luxemburg und Belgien ist vorerst kein Meldeverfahren, dafür aber die Erhebung einer Quellensteuer auf Zinseinnahmen vorgesehen.

Zur Umsetzung der EU-Zinsrichtlinie ist die Zinsinformationsverordnung erlassen worden.

II. Inkrafttreten der Zinsinformationsverordnung

Am 1. 7. 2005 ist die EU-Zinsrichtlinie und damit auch die Zinsinformationsverordnung (ZIV) in Kraft getreten. Ab diesem Stichtag sind für Kreditinstitute neue Legitimationspflichten gegeben. Betroffen sind in 2005 nur solche Kapitalerträge, die nach dem 30. 6. 2005 zufließen.

III. Inhalt der Zinsinformationsverordnung

Die Zinsinformationsverordnung sieht für deutsche Kreditinstitute ein automatisches Meldeverfahren bezüglich der von ihnen ausbezahlten Zinserträge vor, sofern es sich beim Empfänger um sog. Steuerausländer in den EU-Mitgliedstaaten handelt.

Beispiel:
Die Vb Schwarzwald eG zahlt ihrem in Paris ansässigem Kunden für sein Festgeldkonto am 30. 9. und 31. 12. 2005 Zinsen gut. Diese Zinsen hat sie dem ZIV-Meldeverfahren zu unterwerfen.

Voraussetzung für eine Meldung sind, dass es sich
um Zinszahlungen handelt, die
durch eine Zahlstelle erfolgt ist
an einen wirtschaftlichen Eigentümer
der seinen Wohnsitz in einem anderen EU-Staat hat.

IV. Ablauf des Meldeverfahrens

Nach Ablauf eines Kalenderjahres hat ein Kreditinstitut bis zum 31. 5. des Folgejahres die jährlichen Zinserträge an das Bundesamt für Finanzen zu melden. Dabei handelt es sich nur um solche Zinserträge, die an Bankkunden mit Wohnsitz in einem der anderen EU-Mitgliedsstaaten ausbezahlt wurden. Das BfF gibt die erhaltenen Daten an die zentralen Finanzbehörden der anderen EU-Staaten weiter. Diese wiederum übermitteln sie an die zuständigen Wohnsitzfinanzämter.

V. Von der Meldung betroffener Personenkreis

Der Meldung unterliegen nur solche Zinserträge, die aus Konten stammen, die auf natürliche Personen bzw. „Einrichtungen" lauten. Treuhandkonten, bei denen der Treugeber seinen Wohnsitz im EU-Ausland inne hat, unterliegen ebenso wie Personenmehrheiten („Einrichtungen"), die ausschließlich aus natürlichen Personen bestehen und deren Sitz im EU-Ausland liegt. Ob die Zinsen aus steuerlicher Sicht dem Privatvermögen oder Betriebsvermögen zuzurechnen sind, ist bei der Meldung unbeachtlich.

Von der Meldepflicht nicht betroffen sind juristische Personen (z. B. eG, GmbH, AG, e. V.), „Einrichtungen" bei denen ein Beteiligter Steuerinländer ist sowie zugelassene OGAW (Organisationen für die gemeinsame Anlage in Wertpapieren).

VI. Meldedaten

Gemeldet werden die Identität und der Wohnsitz des wirtschaftlichen Eigentümers, der Name und die Anschrift der Zahlstelle (des Kreditinstituts), die Kontonummer des wirtschaftlichen Eigentümers, der Gesamtbetrag der Zinsen, sowie die Einnahmen aus der Abtretung oder Einlösung von **Kapi-**

talforderungen. Dies gilt grundsätzlich pro Konto. Es ist aber auch zulässig mehrere Konten/Depots zu einer Meldung zusammenzufassen.

VII. Umfang der zu meldenden Zinserträge

Die zu meldenden Zinserträge entsprechen grundsätzlich den der Zinsabschlagsteuer unterliegenden Zinserträgen zuzüglich Zinsen aus Sichteinlagen bis 1%, Einmalzinsen bis 10 €, Erträge aus Wandelanleihen und Gewinnschuldverschreibungen, Erträge aus **Fremdkapitalgenussscheinen** sowie Erträge aus stillen Beteiligungen und partiarischen Darlehen.

Thesaurierte Erträge eines Investmentfonds unterliegen erst bei Verkauf/Einlösung der Meldung.

Nicht zu melden sind Zinsen aus Anleihen, die erstmals vor dem 1. 3. 2001 emittiert wurden, sofern ab dem 1. 3. 2002 keine Folgeemissionen mehr getätigt wurden, Erträge aus Lebensversicherungen, Erträge aus Zertifikaten, die nicht dem Zinsabschlag unterliegen, thesaurierte Erträge aus Investmentfonds, ausgeschüttete Erträge aus gemischten Fonds, wenn dieser nur bis max. 15% in Zinstitel angelegt hat und die Erträge aus dem Verkauf von Investmentfondsanteilen, wenn der Rentenanteil 40% nicht übersteigt.

VIII. Sonderregelung für Österreich, Belgien und Luxemburg

- **Quellensteuer**

Für Österreich, Belgien und Luxemburg gilt das Meldeverfahren vorerst nicht. Stattdessen behalten sie innerhalb einer Übergangszeit von Zinserträgen Nichtansässiger eine Quellensteuer ein. Der Quellensteuersatz beträgt während der ersten drei Jahre 15%, in den darauf folgenden drei Jahren erhöht er sich auf 20% und steigt schließlich für die verbleibenden Jahre auf 35 %.

Um den Einbehalt der Quellensteuer zu vermeiden kann der Kontoinhaber freiwillig zum Meldeverfahren optieren.

Trotz des ausländischen Quellensteuerabzugs sind die Zinsen in Deutschland normal steuerpflichtig (§ 11 ZIV).

Teil 3:
ABC der Wertpapiere, Kapitalforderungen, Anlageprodukte und Erträge

Übersicht

	Rdnr.
Abfindungen	1201
Abgeld	1202
Abschlagsdividenden	1203
Abschlagsfloater	1204
Abspaltung	1205
Abzinsungspapiere	1206
à-conto-Dividende	1207
Agio	1208
Agio-Anleihen	1209
Agio-Zero-Bonds	1210
Aktien	1211
Aktienanleihen	1212
Aktienerwerbsrecht	1213
Aktienfonds	1214
Aktiengewinn	1215
Aktienindex-Optionsscheine	1216
Aktienoptionen	1217
Aktiensplit	1218
Aktientausch	1219
Aktienverkauf mit Rücknahmegarantie	1220
Alt-Anleihen	1221
American Depository Receipts (ADR)	1222
Anleihen	1223
Annuitäten-Bonds (Tilgungs-Anleihen)	1224
Annuitäten-Pfandbrief	1225
Anteilscheine (Investmentzertifikate)	1226
Arbeitgeber-Darlehen	1227
Argentinien-Anleihen	1228
Aufgeld (Agio)	1229
Aufzinsungspapiere	1230
Ausgleichsbeträge (Ertragsausgleichsbeträge)	1231
Ausgleichszahlungen (Dividendengarantie)	1232
Auslandsanleihen	1233
Auslandsfonds	1234

	Rdnr.
Außerrechnungsmäßige Zinsen	1235
Bandbreiten-Optionsscheine (Range Warrants)	1236
Bandbreiten-Zertifikate	1237
Bankanleihen	1238
Bankinternes Sondervermögen	1239
Bankobligationen	1240
Bankwechsel	1241
Bardividende	1242
Barrier Optionen	1243
Basket Optionsscheine	1244
Basket Zertifikate	1245
Bausparzinsen	1246
Bear Anleihen	1247
Bear Warrants	1248
Belegschaftsaktien	1249
Bereitstellungszinsen	1250
Berichtigungsaktien	1251
Besserungsscheine	1252
Bezugsrechte (subscription rights)	1253
Bobl-Futures	1254
Bonds	1255
Bond-Warrants	1256
Bonifikationen	1257
Bonus	1258
Bonusaktien	1259
Bonus-Sparvertrag	1260
Boost-Optionsscheine	1261
Break-Aktienanleihen	1262
Bundesanleihen	1263
Bundesobligationen	1264
Bundesschatzanweisungen	1265
Bundesschatzbriefe	1266
Bundeswertpapiere	1267
Bund-Futures	1268
Buxl-Futures	1269
Call Option (Kaufoptionen)	1270
Call Warrants	1271
Cap-Anleihen	1272
Capped Floater	1273
Capped Warrants (gekappte Optionsscheine)	1274
Caps (Zinsausgleichszertifikate)	1275

Übersicht

	Rdnr.
Cash-Flow-Notes	1276
Cash-or-share Bonds (Aktienanleihen)	1277
Cat-Anleihen	1278
Certificates of Deposit (Einlagenzertifikate)	1279
Collared Floater	1280
Collars (Zinsausgleichszertifikate)	1281
Comax-Anleihen	1282
Commercial Paper	1283
Condor Anleihen	1284
Convertible Bonds	1285
Convertible Floater (Umtausch-Floater)	1286
Count-Down-Floating Notes	1287
Covered Warrants	1288
Currency Future-Contracts	1289
Currency-Warrants	1290
Damnum	1291
Darlehen	1292
Darlehen nach § 7a FördG	1293
Darlehenszinsen bei Grundstücksverkauf mit Ratenzahlung	1294
DAX-Futures	1295
DAX-Hochzinsanleihen	1296
DAX-Partizipationsscheine	1297
Deep Discount Anleihen	1298
Derivate	1299
Devisenoptionen	1300
Devisenoptionsscheine	1301
Devisentermingeschäfte	1302
Differenzgeschäfte	1303
Digital-Optionsscheine	1304
Disagio (Abgeld)	1305
Disagio-Anleihen (deep discount bonds)	1306
Discount-Zertifikate	1307
Diskont	1308
Dividende	1309
Dividendenscheine (Kupons)	1310
Dividenden-Stripping	1311
DM-Auslandsanleihen	1312
Doppelwährungs-Anleihen	1313
Down-Rating-Anleihen	1314
Dreimonatsgeld	1315

	Rdnr.
Drittwährungs-Anleihen	1316
Drop-Lock Floater	1317
Dual Currency-Issues oder Bonds	1318
Dual Index Floating Rate Notes	1319
Duo-Anleihen	1320
Einlagen bei Kreditinstituten	1321
Einlagenzertifikate	1322
Emissionsdisagio	1323
Emissionsdiskont	1324
Entschädigungen	1325
Equity Linked Bonds	1326
Erstattungszinsen (§ 236 AO)	1327
Ertragausgleichsbeträge	1328
Euro-Bonds	1329
Exchange Traded Funds (ETF)	1330
Festzinsanleihen	1331
Financial Futures	1332
Finanzierungsschätze	1333
Finanzinnovationen (Finanzproduktinnovationen)	1334
Floating Rate Notes (Floater)	1335
Floors (Zinsausgleichszertifikate)	1336
Fondsgebundene Lebensversicherungen	1337
Fondsindex-Zertifikate	1338
Freiaktien (Zusatz- oder Berichtigungsaktien)	1339
Fremdwährungsanleihen	1340
Fremdwährungsdarlehen	1341
Full-Index-Link-Anleihen	1342
Fundierungsanleihen	1343
Futures	1344
Garantiedividenden	1345
Garantiespannen-Zertifikate	1346
Gekappte Optionsscheine	1347
Geldmarktfonds (money market fonds)	1348
Genossenschaftsdividenden	1349
Genussrechte	1350
Genussscheine	1351
Gewinnobligationen	1352
Gewinnschuldverschreibungen	1353
G.I.R.O. (guaranteed investment return options; Garantiescheine)	1354
Girokonto	1355

Übersicht

	Rdnr.
Gleitzins-Anleihen	1356
GmbH-Anteile	1357
Grabpflegekonten	1358
Gratisaktien	1359
G.R.O.I.S. (guaranteed return on investments; Garantiescheine)	1360
Grundschulden	1361
Grundschuldzinsen	1362
Grundstücks-Sondervermögen	1363
Guthaben	1364
Hamster-Optionsscheine	1365
Hedge Fonds	1366
Heimdarlehen	1367
Hochkupon-Anleihen	1368
Hybrid-Anleihen (Nachrangigkeits-Anleihen)	1369
Hypothekenzinsen	1370
I.G.L.U. (investment growth linked unit)	1371
Immobilienfonds	1372
Index-Aktien	1373
Index-Anleihen	1374
Index-Optionsscheine	1375
Index-Optionsscheine mit garantierter Kapitalrückzahlung (guaranteed investment return options – G.I.R.O. –)	1376
Index-Zertifikate	1377
Industrieanleihen	1378
Inhaberaktien	1379
Inhaberschuldverschreibungen	1380
Inhouse-Fund	1381
Instandhaltungsrücklagen	1382
Interamerikanische-Entwicklungsbank-Anleihen	1383
Interimsdividenden	1384
Investmenterträge	1385
Investmentfonds	1386
Junk Bonds (Schrottanleihen)	1387
Kapitalanlagegesellschaft	1388
Kassenobligationen	1389
Katastrophen-Anleihen (Cat-Anleihen)	1390
Kaufpreisraten	1391
Kaufpreiszinsen (Verzugszinsen)	1392
KickStart Zertifikate	1393
Knock-out Optionsscheine (barrier options)	1394

	Rdnr.
Kombizins-Anleihen	1395
Kommunalanleihen	1396
Kommunalobligationen	1397
Kontokorrentzinsen	1398
Kursdifferenzpapiere	1399
Kursgewinne	1400
Kursverluste	1401
Kuxe	1402
Laufzeitfonds	1403
Lebensversicherungen	1404
Lock-Back-Put-Optionsscheine (Schlüssel-Verkaufsoptionen)	1405
Longshort-Zertifikate	1406
Mega-Zertifikate (Marktabhängiger Ertrag mit garantierter Kapitalrückzahlung)	1407
Mietkautionen	1408
Minus-Stückzinsen (Defektiv- oder Antizipationszinsen)	1409
Money-Back-Zertifikate	1410
Namensaktien	1411
Notaranderkonten	1412
Nullkupon-Anleihen (Zero-Bonds)	1413
Nutzung einer Ferienwohnung gegen Beteiligung an einer AG (Time-Sharing-Gesellschaften)	1414
Obligationen	1415
Open End Zertifikate	1416
Optionsanleihen (warrant bonds)	1417
Optionsgenussscheine	1418
Optionsgeschäfte	1419
Optionsprämie	1420
Optionsscheine (Warrants)	1421
Partiarische Darlehen	1422
Partizipationsscheine	1423
Penny stocks	1424
Pensionsgeschäfte	1425
Pfandbriefe	1426
Private-Equity-Fonds	1427
Protect Anleihen	1428
Protect-Discount-Zertifikate	1429
Prozesszinsen	1430
Put-Optionen	1431
Range Warrants (Bandbreiten-Optionsscheine)	1432

Übersicht

	Rdnr.
Rating-Anleihen	1433
Rechnungsmäßige Zinsen	1434
Renten	1435
Rentenfonds	1436
Repay Bonds	1437
Reverse Floater	1438
Rex-Anleihen	1439
S.A.R.O.S. (safe return options)	1440
Samurai-Anleihen	1441
Schatzanweisungen	1442
Schatzwechsel	1443
Schlussgewinnanteile	1444
Schuldbuchforderungen	1445
Schuldscheindarlehen	1446
Schuldverschreibungen	1447
Sichteinlagen	1448
Single Stock Marathon Call	1449
Sondervermögen	1450
Sozialpfandbriefe	1451
Sparbriefe	1452
Sparkonto	1453
Sparpläne	1454
Spekulationsgeschäfte	1455
Spekulationsverluste	1456
Staffelanleihen (graduated rate cupon bonds)	1457
Step up-/Step down-Anleihen	1458
Steuererstattungsansprüche	1459
Steuerzinsen	1460
Stock Dividends (Dividendenaktien)	1461
Stock Options	1462
Stripped Bonds	1463
Strukturierte Finanzprodukte	1464
Stückzinsen	1465
Stufenzins-Anleihe (step up/step down Anleihen)	1466
Surf-Anleihen (constant maturit treasur step up/ecover floating rate notes)	1467
Swapgeschäfte	1468
Switch-Anleihen	1469
Systemorientierte Finanzanlagen (Sofia)	1470
Teilschuldverschreibungen	1471
Telekommunikations-Anleihen	1472

	Rdnr.
Terminfonds	1473
Termingeld	1474
Termingeschäfte (Futures)	1475
Tilgungsanleihen (Annuitäten-Bonds)	1476
Treueaktien	1477
Treuhandkonten	1478
Turbo-Zertifikate	1479
Umtauschanleihen	1480
Verdeckte Gewinnausschüttungen	1481
Versicherungszinsen	1482
Verzugszinsen	1483
Vorabausschüttungen	1484
Vorfälligkeitsentschädigungen	1485
Vorschusszinsen	1486
Vorzugszinsen	1487
Währungsanleihen	1488
Währungsswap (cross currency swap)	1489
Wandelanleihen (convertible bonds)	1490
Wandelgenussscheine	1491
Warentermingeschäfte	1492
Warrant Bonds	1493
Warrants	1494
Wasseraktien	1495
Wechsel	1496
Weltbankanleihen	1497
Wertpapier-Sondervermögen	1498
Wertrechtsanleihen	1499
W-I-N Zertifikate (World-Index-Nominal Backed Zertifikate)	1500
Zero-Bonds (Nullkupon-Anleihen)	1501
Zertifikate	1502
Zinsausgleichszertifikate	1503
Zinsen	1504
Zinsscheine	1505
Zinssicherungs-Zertifikate	1506
Zinsswap (interest rate swap)	1507
Zuschlagsfloater	1508
Zwangsversteigerungszinsen	1509
Zwischengewinne	1510

• Abfindungen

An einen typisch stillen Gesellschafter durch den Geschäftsinhaber sind stpfl. nach § 20 Abs. 1 Nr. 4 EStG,[1] Abfindungen für Vorrechte von Vorzugsaktionären bei der Gewinnausschüttung bilden vorweggenommene Dividenden und sind – wie die eigentliche Dividende – stpfl. nach § 20 Abs. 1 Nr. 1 EStG,[2] Abfindungen für den Verzicht auf den Kapitalrückzahlungsanspruch in Geld und Umwandlung in eine Sachleistung stellen in Höhe des Werts, der den Nennwert des Darlehens überschreitet, stpfl. Einnahmen i. S. d. § 20 Abs. 2 Satz 1 Nr. 1 EStG dar.[3]

1201

• Abgeld

Siehe Disagio Rdnr. 1305.

1202

• Abschlagsdividende

ist eine im Voraus auf den Jahresgewinn gezahlte Dividende. Bei AG nur zulässig nach Ablauf des Geschäftsjahrs, wenn die Satzung entsprechende Bestimmungen enthält und der vorläufige Jahresabschluss vorliegt; s. Dividende Rdnr. 1309.

1203

• Abschlagsfloater

Variabel verzinste Schuldverschreibungen, die mit einem Abschlag auf den Referenzzins (z. B. EURIBOR, LIBOR) verzinst werden, z. B. Referenzzins 6-Monats-LIBOR minus 0,125 v. H.; zur steuerlichen Behandlung der laufenden Zinserträge und Einlösungs- oder Veräußerungsgewinne/-verluste s. Floater Rdnr. 1335.

1204

• Abspaltung

Die Abspaltung von Aktien ist – ebenso wie der Aktientausch – ein privates Veräußerungs- und Anschaffungsgeschäft i. S. d. § 23 Abs. 1 Satz 1 Nr. 2 EStG. Für die abgespaltenen Aktien beginnt eine eigene Jahresfrist, die mit der Eintragung der Abspaltung im Handelsregister beginnt. Auf die Alt-Aktien hat die Abspaltung zunächst keinen Einfluss. Sie unterliegen, beginnend mit ihrem (alten) Anschaffungszeitpunkt, der Jahresfrist des § 23

1205

---

1 BFH, U. v. 14. 2. 1984, BStBl II 1984, 580.
2 RFH, U. v. 9. 3. 1943, RStBl 1943, 752.
3 BFH, U. v. 25. 6. 1974, BStBl II 1974, 735.

Abs. 1 Satz 1 Nr. 2 EStG. Die Anschaffungskosten der neuen Aktien richten sich nach dem Aufteilungsverhältnis, das sowohl nach dem Spaltungsplan als auch nach den Börsenkursen ermittelt werden kann.

- **Abzinsungspapiere**

1206 Sammelbegriff für Wertpapiere, die unter ihrem Nennwert emittiert, aber zum Nennwert eingelöst werden (teilabgezinste Wertpapiere). Die Verzinsung der Papiere liegt in der **Differenz** zwischen Ausgabekurs (Preis) und zurückgezahltem Nennwert (Rückzahlungskurs). Eine laufende Verzinsung findet nicht statt.

▷ **Besteuerungshinweise:**
Laufender Ertrag: entfällt.
Einlösung durch Ersterwerber: Die Differenz zwischen Ausgabe- und Rückzahlungsbetrag ist stpfl. Kapitalertrag des Wertpapiers nach § 20 Abs. 1 Nr. 7 bzw. Abs. 2 Satz 1 Nr. 4 Satz 4 EStG im Zeitpunkt der Einlösung.
Zwischenveräußerung: Der Veräußerer erzielt stpfl. Kapitalerträge nach § 20 Abs. 2 Satz 1 Nr. 4 Buchst. a EStG. Bemessungsgrundlage ist entweder die besitzzeitanteilige Emissionsrendite oder die Marktrendite; s. Rdnr. 1057 ff., 1061 ff.
Einlösung durch Zweiterwerber etc.: Der Zweiterwerber und jeder weitere Erwerber erzielt bei Einlösung am Ende der Laufzeit stpfl. Kapitalertrag nach § 20 Abs. 2 Satz 1 Nr. 4 Satz 4 EStG. Bemessungsgrundlage ist entweder die besitzzeitanteilige Emissionsrendite oder die Marktrendite; s. Rdnr. 1057 ff., 1061 ff.
KapESt-Pflicht (Zinsabschlag) besteht nach § 43 Abs. 1 Satz 1 Nr. 7 Buchst. b EStG sowohl bei Veräußerung als auch bei Einlösung; Steuersatz 30 v. H. (§ 43a Abs. 1 Satz 1 Nr. 3 EStG).

- **à-conto-Dividende**

1207 Siehe Abschlagsdividenden Rdnr. 1203 und Dividenden Rdnr. 1309.

- **Agio**

1208 Ein Agio, das der Schuldner über den Nennbetrag seiner Schuld hinaus zahlt, weil der Gläubiger ihm die Rückzahlung des Kapitals vor Fälligkeit gestattet, ist nicht Schuldtilgung, sondern Gegenleistung für die Kapitalüberlassung und fällt unter § 20 Abs. 1 Nr. 7 bzw. Abs. 2 Satz 1 Nr. 1 EStG.[1] Die Disagio-Staffel[2] gilt hier sinngemäß; s. Disagio.

• **Agio-Anleihen**

Verzinsliche Schuldverschreibungen, die mit einem Aufgeld (Agio) auf ihren Nennwert emittiert und zum Nennwert eingelöst werden oder die mit dem Nennwert emittiert, aber zu einem über dem Nennwert liegenden Kurs zurückgezahlt werden, z. B. Umtauschanleihen. Im ersten Fall gehört das Agio zu den Anschaffungskosten des Wertpapiers und ist im Bereich der Einkünfte aus Kapitalvermögen unbeachtlich. Insbesondere liegen keine Werbungskosten vor. Im letzten Fall ist das Agio steuerpflichtiger Ertrag (Zins) i. S. d. § 20 Abs. 1 Nr. 7 EStG. Veräußerungsgewinne werden besitzzeitanteilig über § 20 Abs. 2 Satz 1 Nr. 4 Buchst. a EStG in Höhe der Emissionsrendite oder Marktrendite (§ 20 Abs. 2 Satz 1 Nr. 4 Satz 2 EStG) erfasst. Der Nennwertaufschlag dient einerseits der Anpassung des Zinssatzes an die aktuelle Kapitalmarktlage, andererseits der Zinserhöhung; s. Umtauschanleihen.[3]

1209

• **Agio-Zero-Bonds**

Spezielle Nullkupon-Anleihen, bei denen im Gegensatz zu herkömmlichen Nullkupon-Anleihen (Zero-Bonds) statt eines hohen Disagios ein Aufgeld (Agio) zum Rückzahlungstermin vereinbart wird; s. Agio-Anleihen Rdnr. 1209 und Nullkupon-Anleihen Rdnr. 1413.

1210

• **Aktien**

Aktien verkörpern die anteilmäßige Beteiligung des Aktionärs (Gesellschafters) am Grundkapital einer AG (§ 1 AktG) oder KGaA (§ 278 AktG). Der Nennwert einer Aktie muss mindestens 1 € betragen. Höhere Werte oder nennwertlose Aktien sind zulässig. Sie müssen auf volle € oder ein Vielfaches davon lauten. Aktien können entweder allgemein auf den Inhaber (Inhaberaktien) oder auf den Namen eines konkreten Gesellschafters (Namensaktien) ausgestellt werden. Je nach Umfang der in den Aktien

1211

---

1 BFH, U. v. 25. 6. 1974, BStBl II 1974, 735, und U. v. 13. 10. 1987, BStBl II 1988, 252.
2 BMF-Schreiben v. 24. 11. 1986, BStBl I 1986, 539.
3 BMF-Schreiben v. 2. 3. 2001, BStBl I 2001, 206, Besteuerung von Hochzins- und Umtauschanleihen.

verbrieften Rechte wird zwischen Stamm- und Vorzugsaktien unterschieden; s. Dividende.

• Aktienanleihen

1212 Sammelbegriff für kurzlaufende, hochverzinsliche Schuldverschreibungen, bei denen der Emittent ein Kapitalrückzahlungswahlrecht hat. Kurz vor Ende der Laufzeit entscheidet der Emittent, ob er die Anleihe in bar oder in Form von in den Emissionsbedingungen festgelegten Aktien eines bestimmten Unternehmens zurückzahlt. Bei Aktienlieferung macht der Anleger immer einen Einlösungsverlust, dessen steuerrechtliche Behandlung noch nicht geklärt ist.

▷ **Besteuerungshinweise:**

Die Finanzverwaltung lässt die Berücksichtigung des Verlusts als negative Einnahme aus Kapitalvermögen zu; der Verlust mindert also die laufend gezahlten Zinsen, die nach § 20 Abs. 1 Nr. 7 EStG zu versteuern sind.[1] Nach a. A. handelt es sich bei diesem Verlust um eine Vermögenseinbuße, die steuerrechtlich beim Privatanleger unbeachtlich ist. Bei Zwischenveräußerung ist das Veräußerungsentgelt als Einnahme aus Kapitalvermögen i. S. d. § 20 Abs. 2 Satz 1 Nr. 4 Buchst. c EStG (Markt- oder Emissionsrendite) zu versteuern; ebenso der Einlösungsgewinn des Zweiterwerbers.

• Aktienerwerbsrecht

1213 Siehe Bezugsrechte Rdnr. 1253 und Optionsanleihen Rdnr. 1417.

• Aktienfonds

1214 Sondervermögen einer Kapitalanlagegesellschaft (Investmentgesellschaft), die die bei ihr eingezahlten Gelder nahezu ausschließlich in in- und/oder ausländische Aktienwerte anlegt; zur Besteuerung s. Rdnr. 1386.

• Aktiengewinn

1215 Als Aktiengewinn bezeichnet man bei einer Veräußerung oder Rückgabe von in- und ausländischen Investmentzertifikaten die Teile des Veräußerungs- oder Rückgabepreises, die sich aus Dividenden, ähnlichen Bezügen und Veräußerungsgewinnen/-verlusten aus Aktienverkäufen zusammensetzen und dem Anteilscheininhaber noch nicht zugeflossen sind. Der Akti-

---

[1] FG Berlin v. 22. 4. 2004, EFG 2004, 1450; Rev., Az. des BFH: VIII R 48/04.

engewinn kann sowohl positiv als auch negativ sein. Er wird von den Investmentgesellschaften seit Einführung des Halbeinkünfteverfahrens durch das neben dem Zwischengewinn börsentäglich ermittelt und veröffentlicht.

▷ **Besteuerungshinweise:**
Der Aktiengewinn ist stpfl., unterliegt aber dem Halbeinkünfteverfahren des § 3 Nr. 40 EStG, wenn Investmentzertifikate, die zu einem **Betriebsvermögen** gehören, veräußert oder zurückgegeben werden. Er ist deshalb nur zur Hälfte steuerlich anzusetzen. Soweit der Inhaber der Investmentzertifikate der KSt unterliegt, ist der Aktiengewinn nach § 8b Abs. 2 KStG von der Besteuerung freigestellt; zur Besteuerung von Investmenterträgen insgesamt s. Rdnr. 1386. Werden die Investmentanteile im **Privatvermögen** gehalten, spielt der Aktiengewinn keine Rolle. Das Halbeinkünfteverfahren findet hier bei einer Veräußerung des Fondsanteils innerhalb der Jahresfrist des § 23 Abs. 1 Satz 1 Nr. 2 EStG keine Anwendung.

- **Aktienindex-Optionsscheine**

Siehe Partizipationsscheine Rdnr. 1423 und Rdnr. 1502. 1216

- **Aktienoptionen**

Nicht handelbares Optionsrecht eines i. d. R. leitenden Arbeitnehmers zum 1217 Bezug von Aktien seines Arbeitgebers oder eines dritten Unternehmens. Der geldwerte Vorteil (Arbeitslohn) aus der Einräumung der Option fließt dem Arbeitnehmer noch nicht bei Einräumung, auch nicht im Zeitpunkt der erstmaligen Möglichkeit zur Ausübung des Optionsrechts zu. Der Vorteil fließt vielmehr erst bei Ausübung der Option, d. h. bei Bezug der hinterlegten Aktien zu. Die Höhe des stpfl. geldwerten Vorteils errechnet sich aus der Differenz zwischen Börsenkurs der Aktien am Verschaffungstag und den diesbezüglichen Aufwendungen des Arbeitnehmers für die bezogenen Aktien (§§ 8 Abs. 2 Satz 1, 19a Abs. 8 Satz 1 EStG).[1]

- **Aktiensplit**

Erhöhung der Anzahl der Aktien eines Unternehmens, ohne dass das 1218 Grundkapital der Gesellschaft erhöht wird. Der Aktienkurs der Gesellschaft verringert sich dadurch optisch und wird für weitere Anlegerkreise interessanter.

---

1 BFH, U. v. 20. 6. 2001, BStBl II 2001, 689; U. v. 24. 1. 2001, BFH/NV 2001, 965 und 968.

▷ **Besteuerungshinweise:**

Die neuen an die Aktionäre ausgegeben, aus dem Split entstandenen Aktien führen zu keiner Besteuerung, da nicht die Ertragsebene, sondern die Vermögensebene des Aktionärs betroffen ist. Es liegt kein Anschaffungsvorgang vor, weshalb auch für die neuen Aktien der Anschaffungszeitpunkt der Altaktien gilt. Die ursprünglichen Anschaffungskosten verteilen sich nach dem Split auf eine größere Anzahl Aktien und verringern sich dadurch. Hat der Anleger die Altaktien im Zeitpunkt des Aktiensplit bereits mehr als 12 Monate in seinem Bestand, können auch die neuen Aktien nach noch geltendem Recht steuerfrei veräußert werden.

• Aktientausch

1219 Austausch von Aktien eines Unternehmens gegen Aktien eines anderen Unternehmens im Rahmen einer Fusion beider Unternehmen, z. B. Mannesmann/Vodafon.

▷ **Besteuerungshinweise:**

Der Tausch ist Anschaffungs- und Veräußerungsvorgang i. S. d. § 23 Abs. 1 Satz 1 Nr. 2 EStG. Für die bezogenen Aktien wird eine neue Jahresfrist in Lauf gesetzt. Die **Anschaffungskosten** der erhaltenen Aktien bemessen sich nach dem gemeinen Wert der hingegebenen Aktien, soweit nicht die Voraussetzungen des § 13 UmwStG gegeben sind.[1] **Veräußerungspreis** der hingegebenen Aktien ist dagegen der gemeine Wert der erhaltenen Aktien.[2] Sachgerechter wäre es u. E. allerdings, bei der Veräußerung auf den gemeinen Wert der hingegebenen Aktien und bei der Anschaffung auf den gemeinen Wert der erhaltenen Aktien abzustellen. Der Tausch ist insoweit nicht mit einem börsenmäßigen Verkauf der Aktien gleichzustellen, weil der Aktionär durch die Annahme des öffentlichen Umtauschangebots sich der Möglichkeit einer Veräußerung entzogen hat. Kursentwicklungen nach Umtauschannahme haben für ihn keine Bedeutung mehr.

---

1 BFH, U. v. 10. 3. 1981 VIII R 16480, n. v.; Schmidt/Heinecke, EStG, § 23 Rz. 47.
2 BMF-Schreiben v. 1. 2. 2000 IV C 6 – S 2252 – 1/00, und v. 9. 2. 1998, BStBl I 1998, 163; ebenso OFD Berlin, Vfg. v. 7. 5. 1999, DB 1999, 1478.

• Aktienverkauf mit Rücknahmegarantie

Verpflichtet sich der Verkäufer von Aktien, diese zu einem bestimmten Preis vom Käufer zurückzunehmen und zahlt er – für den Fall der Rücknahme – Zinsen (Garantiedividenden) an den Käufer, so sind die „Zinsen" nach § 11 EStG beim Käufer erst dann zugeflossen, wenn die Rücknahme der Aktien vollzogen ist und der Käufer deshalb uneingeschränkt über die Erträge verfügen kann.[1]

1220

• Alt-Anleihen

Anleihen, die vor dem 1. 1. 1955 emittiert wurden. Zinsen bestimmter Alt-Anleihen waren nach § 3a EStG steuerfrei. Die Vorschrift wurde durch das StÄndG 1992 mit Wirkung ab Veranlagungszeitraum 1992 aufgehoben. Die Aufhebung dieser Begünstigung ist verfassungsrechtlich nicht zu beanstanden.[2]

1221

• American Depository Receipts (ADR)

Anteilscheine (Zertifikate) i. S. d. § 2 Abs. 1 Nr. 1 WpHG, die von US-Banken über die bei ihnen hinterlegten ausländische Aktien ausgestellt werden. Anstelle der ausländischen Aktien werden ADRs an den Börsen gehandelt, wodurch zumindest mittelbar der Handel von ausländischen Aktien zulässig wird, die nicht an den amerikanischen Börsen unmittelbar zum Handel zugelassen sind, z. B. weil sie die Zulassungsbedingungen nicht erfüllen oder die Unternehmen eine Zulassung nicht beantragt haben. Der Handel solcher ADRs anstelle der ausländischen Aktie ist auch in der Bundesrepublik üblich. Der Erwerber dieser spezifischen Aktienzertifikate ist – einem unmittelbaren Aktionär gleich – an den Gewinnausschüttungen des ausländischen Unternehmens beteiligt und erhält die wichtigsten Unternehmensinformationen. ADRs vertreten also – im Gegensatz zu den in § 23 Abs. 1 Satz 1 Nr. 4 Satz 2 EStG genannten Zertifikaten – die Rechte aus der hinterlegten Aktie. Vom insoweit eindeutigen Gesetzeswortlaut dieser Vorschrift sind deshalb Index-Partizipationsscheine und Aktiendiscount-Zertifikate nicht erfasst. Die Besteuerung solcher Produkte ist m. E. mit § 23 Abs. 1 Satz 1 Nr. 4 EStG nicht vereinbar.[3] Die Gewinnausschüttungen auf ADRs erfolgt aus § 20 Abs. 1 Nr. 1 EStG.

1222

---

1 BFH, U. v. 2. 3. 1993, BStBl II 1993, 602.
2 BVerfG , Beschl. v. 5. 2. 2002 – 2 BvR 305/93 u. 2 BvR 348/93, FR 2002, 1011.
3 Siehe auch Harenberg, FR 2002, 109.

- **Anleihen**

1223 Sammelbegriff für Schuldverschreibungen (Obligationen) aller Arten, mit denen der Aussteller (Emittent, Schuldner) den Anleihegläubigern (Obligationären) in einer Sammel- oder Einzelurkunde (Wertpapier) die Rückzahlung des in der Schuldverschreibung ausgewiesenen Anleihebetrags und die Auszahlung der vorher festgelegten Zinsen und/oder Gewinnbeteiligung (s. Gewinnobligationen) verspricht. Eine Verbriefung der Gläubigerrechte ist nicht begriffsnotwendig. Schuldverschreibungen können auch als Wertrechte an einer Schuldbuchforderung (Bucheffekten) begründet werden, so z. B. alle Bundeswertpapiere.

▷ **Besteuerungshinweise:**
Zinserträge sind nach § 20 Abs. 1 Nr. 7 EStG, Veräußerungs- und Einlösungsentgelte je nach Ausgestaltung der Anleihe nach § 20 Abs. 2 Satz 1 Nr. 4 Buchst. a – d EStG oder § 23 Abs. 1 Satz 1 Nr. 2 EStG zu versteuern.

- **Annuitäten-Bonds** (Tilgungs-Anleihen)

1224 Zum Nennwert ausgegebene Schuldverschreibungen, die nach einer zunächst zins- und tilgungsfreien Zeit ratenweise vom Emittenten mit Zins und Kapital (Annuität) zurückgezahlt werden. Die Verzinsung der Anleihen liegt in der Differenz zwischen dem vom Stpfl. an den Emittenten gezahlten Nennwert und dem vom Emittenten zurückgezahlten Betrag. Kapitalertrag i. S. d. § 20 Abs. 1 Nr. 7 EStG ist nur der Zinsanteil der Annuität, der in der Steuerbescheinigung des Emittenten (§ 45a EStG) gesondert auszuweisen ist.

- **Annuitäten-Pfandbrief**

1225 Siehe Annuitäten-Bonds Rdnr. 1224 und Anleihen Rdnr. 1223.

- **Anteilscheine** (Investmentzertifikate)

1226 Wertpapiere, in denen die Ansprüche des Anteilinhabers an dem Wertpapier- oder Immobilien-Sondervermögen einer Kapitalanlagegesellschaft (Investmentfonds) verbrieft sind (§§ 1 Abs. 1, 18 Abs. 1 KAGG); zur Besteuerung s. Investmentfonds Rdnr. 941 ff., 1386.

- **Arbeitgeber-Darlehen**

Gewährt der Arbeitgeber dem Arbeitnehmer unverzinsliche oder zinsverbilligte Darlehen, so ist, soweit der Zinsvorteil nicht nach § 8 Abs. 3 EStG zu bewerten ist, der Zinsvorteil als Sachbezug zu versteuern, wenn die Summe der noch nicht getilgten Darlehen am Ende des Lohnsteuerzahlungszeitraums 2 600 € übersteigt. Zinsvorteile sind anzunehmen, soweit der Effektivzins für Darlehen 5,0 v. H. unterschreitet (R 31 Abs. 11 LSt-HB).

1227

- **Argentinien-Anleihen**

Die Wirtschaftskrise in Argentinien hatte dazu geführt, dass im Dezember 2001 alle Zins- und Tilgungszahlungen auch für in DM oder Euro lautende Staatsschuldverschreibungen (Festzinsanleihen) eingestellt wurden. Die Banken haben danach die bis dahin übliche Praxis der besonderen Stückzinsabrechnung (§ 20 Abs. 1 der Geschäftsbedingungen der Deutschen Börse AG) im Fall der Veräußerung der Anleihen eingestellt, um die Marktgängigkeit der Bonds zu gewährleisten. Hintergrund war eine Umschlüsselung der Anleihen in den EDV-Systemen von Stückzinsabrechnung auf Flat-Handel. Hier stellt sich die Frage, ob die Festzinsanleihen durch diese Maßnahmen zu Finanzinnovationen i. S. d. § 20 Abs. 2 Satz 1 Nr. 4 Satz 1 Buchst. c EStG geworden sind. Das hätte zur Folge, dass realisierte Kursverluste aus diesen Bonds als negative Marktrendite (§ 20 Abs. 2 Satz 1 Nr. 4 Satz 2 EStG) abziehbar wären.

1228

▷ **Besteuerungshinweise:**

U. E. bleiben die Bonds auch nach der Umschlüsselung durch die Banken Festzinsanleihen, für die die Besteuerung aus § 20 Abs. 2 Satz 1 Nr. 4 EStG nicht zur Anwendung kommt. Die Einordnung eines Wertpapiers unter diese Vorschrift hängt allein von den Emissionsbedingungen und nicht von bankinternen Maßnahmen ab.[1] Realisierte Kursverluste aus Argentinienanleihen können deshalb außerhalb des § 23 Abs. 1 Satz 1 Nr. 2 EStG nicht verrechnet werden.

Nach FG Berlin v. 22. 4. 2004[2] sind außerhalb der Behaltensfrist des § 23 Abs. 1 Satz 1 Nr. 2 Satz 1 EStG realisierte Kursverluste (negative Markt-

---

1 Einzelheiten s. Harenberg, NWB F. 3, 11695.
2 EFG 2004, 1450; Rev., Az. des BFH: VIII R 48/04.

rendite) auch aus variabel verzinsten Argentinien-Anleihen steuerlich unbeachtlich. Negativer Ertrag sei sprachlicher Unsinn.

- **Aufgeld** (Agio)

1229 Differenz zwischen Nennwert eines Wertpapiers und tatsächlich zu zahlendem oder zurückgezahltem Kapitalbetrag.

▷ **Besteuerungshinweise:**
Werden Schuldverschreibungen mit einem Agio zurückgezahlt, liegen in Höhe des Agios stpfl. Einnahmen (Zinsen) i. S. d. § 20 Abs. 1 Nr. 7 bzw. Abs. 2 Satz 1 Nr. 1 EStG vor; s. Agio. Das Emissionsagio gehört zu den Anschaffungskosten des Wertpapiers.

- **Aufzinsungspapiere**

1230 Wertpapiere, bei denen die Zinsen nicht laufend ausgezahlt, sondern dem Nominalbetrag (Nennwert) zugeschlagen und am Ende der Laufzeit mit dem Kapital zurückgezahlt werden; s. auch Disagio-Anleihen Rdnr. 1306; Umtauschanleihen Rdnr. 1480; Zero-Bonds Rdnr. 1413.

▷ **Besteuerungshinweise:**
Laufender Ertrag fällt nicht an.
Einlösung durch Ersterwerber: Die Zinsen sind im Zeitpunkt ihrer Fälligkeit (Rückzahlung der Anleihe) stpfl. Kapitalertrag nach § 20 Abs. 1 Nr. 7 Satz 1 bzw. Abs. 2 Satz 1 Nr. 4 Satz 4 EStG.
Zwischenveräußerung: Der Veräußerungsgewinn bzw. Verlust ist nach § 20 Abs. 2 Satz 1 Nr. 4 Satz 1 Buchst. a EStG zu erfassen; § 23 Abs. 1 Satz 1 Nr. 2 EStG ist nicht anwendbar.
Einlösung durch Zweiterwerber etc.: Gewinne oder Verluste sind im Rahmen des § 20 Abs. 2 Satz 1 Nr. 4 Satz 1 Buchst. a i. V. m. Satz 2 EStG steuerrechtlich relevant; s. auch Finanzinnovationen Rdnr. 1334, 1051 ff.

- **Ausgleichsbeträge** (Ertragsausgleichsbeträge)

1231 Erträge, die von einer Kapitalanlagegesellschaft (Investmentgesellschaft) in den Ausgabepreis ihrer Investmentanteile eingerechnet werden. Die Ausgleichsbeträge entstehen dadurch, dass bei Ausgabe neuer Investmentanteile und Zeichnung durch Neuerwerber während des laufenden Geschäftsjahrs bereits bis zum Kauf der Anteile durch den neuen Anleger

Erträge angefallen sind. Der Neuanleger hat diese vor seinem Kauf der Fondsanteile erwirtschafteten Erträge mit dem Ausgabepreis zu bezahlen. Als Ausgleich erhält er am Ende des Geschäftsjahrs auch Erträge ausgeschüttet, die vor dem Erwerb angefallen sind. Ausgleichsbeträge können nicht wie gezahlte Stückzinsen von den stpfl. Ausschüttungen oder thesaurierten Erträgen abgezogen werden.

- **Ausgleichszahlungen** (Dividendengarantie)

Ausgleichszahlungen eines Organträgers an **Minderheitsgesellschafter des Organs** sind bei den Empfängern Einnahmen aus Kapitalvermögen i. S. d. § 20 Abs. 2 Satz 1 Nr. 1 EStG, da sie Ausfluss ihrer Gesellschaftsrechte sind.[1] Das gilt auch dann, wenn Mehrheitsgesellschafter, ohne dass ein Organschaftsverhältnis vorliegt, sich verpflichten, Minderheitsgesellschafter für Kürzungen oder Unterlassungen von Gewinnausschüttungen zu entschädigen, die zuvor von ihnen beschlossen wurden. Die Entschädigungszahlungen sind beim Mehrheitsgesellschafter keine Werbungskosten.

1232

- **Auslandsanleihen**

Schuldverschreibungen, die entweder von einem inländischen Emittenten im Ausland oder von einem ausländischen Emittenten im Inland emittiert werden. Die Anleihen können sowohl in Euro oder einer ausländischen Währung (Fremdwährungsanleihe) begeben werden. Gleiches gilt für die auszuzahlenden Zinsen; s. Samurai-Anleihen Rdnr. 1441.

1233

▷ **Besteuerungshinweise:**

Die Zinsen unterliegen als Einnahmen aus Kapitalvermögen immer der deutschen ESt, sofern der Anleger im Inland unbeschränkt stpfl. ist. Nicht steuerbar sind die Zinsen dagegen unter bestimmten Voraussetzungen bei **beschränkt stpfl. Kapitalanlegern** (§ 49 Abs. 1 Nr. 5 Buchst. c EStG).

Werden die Zinsen einer Auslandsanleihe nicht in Euro, sondern einer anderen Währung ausgezahlt, wird für die Währungsumrechnung der **Devisengeldkurs** des Tages zugrunde gelegt, an dem die Zinserträge zufließen bzw. gutgeschrieben werden. Währungsverluste oder -gewinne sind bei Festzinsanleihen außerhalb der Jahresfrist des § 23 Abs. 1 Satz 1 Nr. 2 EStG steuerlich unbeachtlich.

---

1 BFH, U. v. 27. 11. 1956, BStBl III 1957, 139.

Seit 1. 1. 1993 wird von Zinsen **KapESt** einbehalten (§§ 43 Abs. 1 Satz 1 Nr. 7 Buchst. a, 43a Abs. 1 Nr. 4 EStG). Das gilt auch, wenn die Anleihe im Ausland emittiert wurde (§ 43 Abs. 1 Satz 1 EStG, Ausnahmefall). Die Währungsumrechnung ist für den KapESt-Abzug wie im Rahmen der Veranlagung vorzunehmen.

Beachte: Bei variabel verzinsten Anleihen (s. Floater) gehörte der **Währungsgewinn** bei der Zwischenveräußerung oder Einlösung nach § 20 Abs. 2 Satz 1 Nr. 4 Satz 1 Buchst. c i. V. m. Satz 2 EStG nach unzutreffender Auffassung der FinVerw. zu den stpfl. Einnahmen aus Kapitalvermögen, weshalb die Ermittlung des Veräußerungsgewinns in § 20 Abs. 2 Satz 1 Nr. 4 Satz 2 EStG neu geregelt wurde. Der Währungsgewinn/-verlust ist erst in der Fremdwährung zu ermitteln und anschließend in Euro umzurechnen[1]; s. Floater Rdnr. 1335.

- **Auslandsfonds**

1234 Investmentfondsgesellschaft, die ihren Sitz und die Hauptverwaltung im Ausland hat. Die Besteuerung der Erträge aus Anteilscheinen an ausländischen Investmentfonds hing **bis 2003** von der rechtlichen Einordnung (Status) der Gesellschaft ab;

▷ **Besteuerungshinweise:**

- dürfen die Anteile im Inland öffentlich vertrieben werden oder sind sie an einer deutschen Börse zum amtlichen Handel zugelassen (§ 17 AuslInvestmG), liegt ein **registrierter Fonds** (weißer Fonds) vor, dessen Ausschüttungen genauso besteuert werden, wie Ausschüttungen inländischer Fonds;

- ist die Fondsgesellschaft **nicht registriert,** hat aber einen inländischen Finanzvertreter und weist die Gesellschaft die Besteuerungsgrundlagen nach (grauer Fonds), liegt ein nichtregistrierter Fonds mit **Steuerrepräsentanten** vor (§ 18 Abs. 1 i. V. m. Abs. 2 AuslInvestmG). Die Ausschüttungen werden steuerrechtlich wie Ausschüttungen eines inländischen Fonds behandelt mit der Ausnahme, dass die in den Ausschüttungen enthaltenen Veräußerungsgewinne nicht wie bei Inlandsfonds steuerfrei sind;

- ist die Gesellschaft **nicht registriert** und hat sie auch **keinen Repräsentanten** bestellt (schwarzer Fonds), muss die **pauschale „Strafbe-**

---

1 Zu den verfassungsrechtlichen Bedenken vgl. BFH, U. v. 24. 10. 2000, BStBl II 2001, 97.

steuerung" aus § 18 Abs. 3 AuslInvestmG (aktuell § 6 InvStG) angewendet werden. Bemessungsgrundlage ist ertragsteuerlich 90 v. H. der Differenz zwischen dem ersten im Kalenderjahr festgesetzten Rücknahmepreis und dem letzten im Kalenderjahr festgesetzten Rücknahmepreis. Dabei sind mindestens 10 v. H. des letzten im Kalenderjahr festgesetzten Rücknahmepreises anzusetzen; zu den Einzelheiten der Fondsbesteuerung s. Rdnr. 941 ff.

Ab 2004 mit der Einführung des InvStG werden Erträge aus in- und ausländischen Investmentfonds gleich besteuert. Das neue InvStG unterscheidet nur noch zwischen transparenten und intransparenten Fonds; s. Investmentfonds Rdnr. 958 f.

- **Außerrechnungsmäßige Zinsen**

Erträge, die von Versicherungsgesellschaften über den sog. rechnungsmäßigen Zins hinaus bei der Anlage des Sparanteils der Versicherungsprämien erzielt werden. | 1235

▷ **Besteuerungshinweise:**
Außerrechnungsmäßige Zinsen gehören beim Versicherungsnehmer, die ihre Verträge vor dem 1. 1. 2005 abgeschlossen haben, zu den steuerpflichtigen Kapitaleinnahmen (§ 20 Abs. 1 Nr. 6 EStG), es sei denn, es handelt sich um Erträge aus einer steuerbegünstigten Lebensversicherung (§ 10 Abs. 1 Nr. 2 Buchst. b EStG) und die Ansprüche aus dem Versicherungsvertrag sind nicht steuerschädlich abgetreten (§ 20 Abs. 1 Nr. 6 Satz 4 EStG). Für Verträge, die nach dem 31. 12. 2004 abgeschlossen werden, entfällt die Steuerfreiheit der Versicherungszinsen. Es kommt im Auszahlungszeitpunkt zur nachgelagerten Besteuerung von – unter bestimmten Voraussetzungen – 50 v. H. des Unterschiedsbetrags zwischen der ausgezahlten Versicherungsleistung und den darauf entrichteten Beiträgen.

- **Bandbreiten-Optionsscheine** (Range Warrants)

Kombinierte Optionen, bei denen vom Emittenten zunächst eine Bandbreite (range) für einen Index, z. B. einen Aktienindex oder einen Währungskurs (z. B. Dollar oder Yen), für einen bestimmten Fälligkeitstag festgelegt wird. Der Emittent verspricht dem Käufer des Zertifikats einen bestimmten Geldbetrag, wenn sich der Index oder die Währung am Fälligkeitstag (Ausübung) innerhalb der Bandbreite befindet. Liegt der Basis- | 1236 wert außerhalb der Bandbreite, so erhält der Käufer entweder nichts oder weniger ausgezahlt; s. Range Warrants Rdnr. 1432.

Beispiel:
Option auf den Dollarkurs am 22. 5. 2005 (Fälligkeit); Bandbreite 0,85 bis 1,05 €. Liegt der Kurs innerhalb dieser Spanne, erhält der Käufer 10 € ausgezahlt. Nach einer bestimmten Formel ist der Auszahlungsbetrag für den Kurs unter 0,85 bzw. über 1,05 € festgelegt. In diesen Fällen wird weniger ausgezahlt; für einen Kurs unter 0,80 bzw. über 1,20 € erhält der Käufer nichts. Sein Einsatz (Kaufpreis) ist verloren.

▷ **Besteuerungshinweise:**
Laufender Ertrag fällt nicht an.

Einlösung durch Ersterwerber: Der vom Emittenten an den Käufer der Option ausgezahlte Betrag ist u. E. keine steuerbare Einnahme i. S. d. § 20 Abs. 1 Nr. 7 Satz 1 EStG, da weder die Rückzahlung des eingesetzten Kapitals (Kaufpreis) noch eine Verzinsung garantiert sind. Es wird kein Kapital zur Nutzung überlassen. Der gegenteiligen Auffassung der FinVerw.,[1] die in der Zahlung des Kaufpreises eine Kapitalüberlassung sieht, kann u. E. nicht gefolgt werden. Eine Besteuerung kann nur im Rahmen des § 23 Abs. 1 Satz 1 Nr. 4 EStG erfolgen.

Zwischenveräußerung: U. E. nur im Rahmen des § 23 Abs. 1 Satz 1 Nr. 2 EStG steuerbar; nach Auffassung der FinVerw. wäre ein Veräußerungsgewinn bzw. -verlust nach § 20 Abs. 2 Satz 1 Nr. 4 Buchst. c EStG immer beachtlich.

Einlösung durch Zweiterwerber etc.: Gewinn oder Verlust u. E. nur nach § 23 Abs. 1 Satz 1 Nr. 4 EStG steuerbar; nach Auffassung der FinVerw. ist innerhalb und außerhalb der Frist eine Besteuerung gemäß § 20 Abs. 2 Satz 1 Nr. 4 Buchst. c i. V. m. Satz 4 EStG vorzunehmen.

- **Bandbreiten-Zertifikate**

1237 Schuldverschreibungen ohne laufende Verzinsung, bei denen vom Emittenten zunächst eine Bandbreite für einen Index, z. B. einen Aktienindex, oder einen Währungskurs (z. B. Dollar oder Yen) für einen bestimmten Fälligkeitstag festgelegt wird. Der Emittent verspricht dem Käufer des Zertifikats einen bestimmten Geldbetrag, wenn sich der Index oder die Währung am Fälligkeitstag innerhalb der Bandbreite bewegt. Liegt der Basis-

---

[1] BMF-Schreiben v. 27. 11. 2001, BStBl I 2001, 986; v. 10. 11. 1994, BStBl I 1994, 816.

wert außerhalb der Bandbreite, erhält der Käufer entweder nichts oder weniger ausgezahlt.

▷ **Besteuerungshinweise:**
Die Differenz zwischen zurückgezahltem und hingegebenem Kapital ist keine steuerbare Einnahme aus Kapitalvermögen i. S. d. § 20 Abs. 1 Nr. 7 EStG, da weder Zinsen noch eine ganz oder teilweise Kapitalrückzahlung zugesagt sind. Sowohl Zinsen als auch Kapitalrückzahlung sind ungewiss. Nur innerhalb der Jahresfrist des § 23 Abs. 1 Satz 1 Nr. 4 EStG wäre eine Besteuerung der Differenz zwischen Rückzahlungs- und Kaufkurs möglich. Zweifelhaft ist aber, ob das Zertifikat unter den Begriff „Zertifikate, die Aktien vertreten" des § 23 Abs. 1 Satz 1 Nr. 4 Satz 2 EStG fällt. Der Zertifikatinhaber hat keinerlei Aktionärsrechte an den im Index vertretenen Aktiengesellschaften. Das Zertifikat vertritt keine Aktien. U. E. sind deshalb die Erträge innerhalb der Jahresfrist steuerfrei. Nur die Veräußerung des Zertifikats ist unter den Voraussetzungen des § 23 Abs. 1 Satz 1 Nr. 2 EStG steuerrechtlich beachtlich.

• Bankanleihen
Siehe Bankobligationen. 1238

• Bankinternes Sondervermögen
Siehe Inhouse Fund Rdnr. 1381. 1239

• Bankobligationen
I. d. R. festverzinsliche Schuldverschreibungen (Anleihen), die von Bankinstituten emittiert werden. Steuerrechtlich ergeben sich keine Besonderheiten gegenüber anderen Schuldverschreibungen; s. Anleihen Rdnr. 1223. 1240

• Bankwechsel
Siehe Diskontbeträge Rdnr. 1308. 1241

• Bardividende
Siehe Dividenden Rdnr. 1309. 1242

• Barrier Optionen
Siehe Knock-out Optionsscheine Rdnr. 1394. 1243

- **Basket Optionsscheine**

1244 Sammelbegriff für Optionsscheine, die dem Inhaber zum Kauf von Basiswerten, häufig Aktien, aus einem bestimmten Korb von Basiswerten berechtigten; zur Besteuerung s. Rdnr. 1156 ff.

- **Basket Zertifikate**

1245 Zertifikat auf einen ganzen Korb von Aktien, aus denen der Emittent einen Index errechnet. Der Anleger nimmt an der Wertentwicklung des Index teil und erhält am Ende der Laufzeit den Indexstand in Euro ausgezahlt.

> **Beispiel:**
>
> Das Semiconducter Basket Zertifikat 2003/06 repräsentiert einen Korb von Aktien der Halbleiterbranche (neun Unternehmen).
> Der Korb wurde durch die Emittentin zusammengestellt. Enthalten sind u. a. Infineon, Motorola, Texas Instruments.
> Emissionsbedingungen
>
> Laufzeit: 29. 7. 2003 bis 3. 7. 2006
> Anfänglicher Verkaufspreis: 101,50 €

Die Emittentin wird am Verfalltag (3. 7. 2006) anhand der Schlusskurse der Korbaktien einen Abrechnungsbetrag ermitteln, den der Anleger zu 100 v. H. in Euro ausgezahlt erhält. Theoretisch kann der Abrechnungsbetrag bei Null Euro liegen. Eine Kapitalrückzahlung ist also nicht, auch nicht teilweise garantiert.

▷ **Besteuerungshinweise:**

Laufender Ertrag fällt nicht an.

Einlösungsbeträge, Veräußerungsgewinne oder -verluste sind nur innerhalb der Jahresfrist der § 23 Abs. 1 Satz 1 Nr. 2 oder Nr. 4 EStG steuerlich relevant, da keine Kapitalrückzahlung zugesagt ist. Noch nicht geklärt ist, ob solche Zertifikate unter § 23 Abs. 1 Satz 1 Nr. 4 EStG fallen, da sie „keine Aktien vertreten".

- **Bausparzinsen**

1246 Zinsen, die von einer Bausparkasse auf die bei ihr unterhaltenen Bausparguthaben gezahlt werden. Bausparkassen sind Kreditinstitute, deren Geschäftsbetrieb darauf gerichtet ist, Einlagen von Bausparern entgegenzunehmen und aus den angesparten Bausparguthaben den Sparern Baudarlehen für wohnungswirtschaftliche Maßnahmen (Erwerb und Umbau von Wohnungseigentum, Umschuldung u. Ä.) zu gewähren (§ 1 Abs. 1 BausparkassenG).

▷ **Besteuerungshinweise:**
Bausparzinsen sind bei selbstgenutzten Immobilien regelmäßig Einnahmen aus Kapitalvermögen.[1] Ausnahme: Das Bausparguthaben wird über einen sog. Auffüllkredit fremdfinanziert.[2] Bei fremdvermieteten Immobilien sind die Zinsen Einnahmen aus Vermietung und Verpachtung (§ 20 Abs. 3 EStG). Zur Erstattung abgezogener Zinsabschlagsteuer ist die Anlage KAP bzw. VuV einzureichen.

• **Bear Anleihen**
Schuldverschreibungen, bei denen die Höhe der Kapitalrückzahlung und/oder Zinszahlungen von der Entwicklung einer in den Emissionsbedingungen festgelegten variablen Größe (Index, Aktienkurs) abhängig ist; zur Besteuerung s. Index-Anleihen Rdnr. 1374.

1247

• **Bear Warrants**
Optionen auf einen Aktienindex, z. B. DAX oder MDAX, die dem Optionsnehmer (Käufer) das Recht gewähren, vom Optionsgeber (Verkäufer) einen prozentualen Anteil an der Differenz zwischen vereinbartem Basispreis (Höhe des Index) und dem tatsächlichen Indexstand am Ausübungstag zu verlangen. Erträge entstehen dann, wenn der Index eine vorher vereinbarte Höhe unterschreitet. Die Erträge waren bis 1999 nicht steuerbar.[3] Bei Zwischenveräußerung können unter den Voraussetzungen des § 23 Abs. 1 Satz 1 Nr. 2 EStG Gewinne aus einem privaten Veräußerungsgeschäft entstehen. Seit 1999 sind Gewinne, die innerhalb der Jahresfrist des § 23 Abs. 1 Satz 1 Nr. 4 EStG entstehen, ebenfalls als solche aus einem privaten Veräußerungsgeschäft zu versteuern; s. Optionsgeschäfte Rdnr. 1156 ff., 1419; Termingeschäft Rdnr. 1187 ff.

1248

---

1 BMF-Schreiben v. 28. 2. 1990, BStBl I 1990, 124.
2 BFH, U. v. 18. 2. 1992, BStBl II 1992, 1005; v. 8. 12. 1992, BStBl II 1993, 301.
3 BFH, U. v. 28. 11. 1990, BStBl II 1991, 300.

• Belegschaftsaktien

1249 Aktien, die von einer AG zu Vorzugsbedingungen an eigene Mitarbeiter ausgegeben werden. Belegschaftsaktien können originär im Rahmen einer bedingten Kapitalerhöhung (§ 192 Abs. 2 AktG) geschaffen oder aus dem Erwerb eigener Aktien der Gesellschaft über die Börse den Mitarbeitern zur Verfügung gestellt werden (§ 71 AktG). Der Rabatt ist grundsätzlich stpfl. Arbeitslohn (§§ 19, 19a EStG).

• Bereitstellungszinsen

1250 Einnahmen aus Kapitalvermögen nach § 20 Abs. 1 Nr. 5 EStG (bei grundrechtlicher Absicherung); s. Rdnr. 831. Ein KapESt-Abzug erfolgt nicht.

• Berichtigungsaktien

1251 Siehe Freiaktien Rdnr. 1339.

• Besserungsscheine

1252 Der Besserungsschein gibt dem Inhaber (Gläubiger), der in einem Vergleich auf Forderungen gegenüber dem ausgebenden Schuldner ganz oder teilweise verzichtet hat (auflösend bedingter Erlass), das Recht, bei einer Besserung der Vermögenslage des Schuldners Tilgungsleistungen verlangen zu können. Die steuerrechtlichen Wirkungen von Zahlungen auf einen Besserungsschein hängen davon ab, ob der Forderungsverzicht betrieblich oder gesellschaftsrechtlich veranlasst war. Der Verzicht eines Gesellschafters ist Einlage, die Tilgungsleistung ist Rückzahlung einer Einlage, die hier ausnahmsweise keine vGA darstellt.[1]

• Bezugsrechte (subscription rights)

1253 Das Recht der Aktionäre (Altaktionäre) einer AG, nach einer Kapitalerhöhung der Gesellschaft am Bezug neuer (junger) Aktien entsprechend ihrem bisherigen Anteil am Grundkapital teilnehmen zu können (§ 186 AktG). Das Bezugsrecht selbst ist kein steuerbarer Ertrag der bisher gehaltenen Aktien, sondern ein durch Abspaltung vom Stammrecht der alten Aktie entstandenes, verselbständigtes Sonderrecht.

---

1 BFH, U. v. 3. 12. 1996, GmbHR 1997, 266.

▷ **Besteuerungshinweise:**
Für eine stpfl. Einnahme fehlt es an einer auch für sonstige Bezüge i. S. d. § 20 Abs. 1 Nr. 1 EStG begriffsnotwendigen Minderung des Gesellschaftsvermögens. Bezugsrechte können selbständig an der Börse veräußert werden. Der Veräußerungserlös ist keine steuerbare Einnahme aus Kapitalvermögen, wenn die ihm zugrunde liegende Aktie oder das Bezugsrecht selbst zum Privatvermögen gehören. Wird das Bezugsrecht aber innerhalb der Jahresfrist des § 23 Abs. 1 Satz 1 Nr. 2 EStG verkauft, entsteht ein stpfl. Gewinn oder Verlust aus einem privaten Veräußerungsgeschäft, der in voller Höhe steuerpflichtig bzw. verrechenbar ist. Das Halbeinkünfte-Verfahren (§ 3 Nr. 40 Buchst. j EStG) gilt auch bei der Veräußerung des Bezugsrechts.[1] Für den Beginn der Frist ist der Anschaffungszeitpunkt der Altaktien maßgebend, da in ihnen das Bezugsrecht bereits angelegt und durch den Beschluss der Hauptversammlung verselbständigt (konkretisiert) wird.[2] Werden die im Privatvermögen gehaltenen, aufgrund des Bezugsrechts erworbenen jungen Aktien innerhalb der Spekulationsfrist des § 23 Abs. 1 Satz 1 Nr. 2 EStG mit Gewinn veräußert, liegt ein weiteres stpfl. privates Veräußerungsgeschäft vor. Der Börsenwert des abgespaltenen Bezugsrechts errechnet sich nach der Formel:

$$\frac{\text{Börsenkurs Altaktie} - \text{Bezugspreis Jungaktie (Zuzahlung)}}{\text{Bezugsverhältnis} + 1}$$

Die Anschaffungskosten (AK) ermitteln sich aus

$$\frac{\text{AK Altaktie} \times \text{Börsenwert Bezugsrecht}}{\text{Börsenkurs Altaktie}}$$

● **Bobl-Futures**

Terminkontrakt auf eine synthetische Anleihe des Bundes mit einer Laufzeit von 3,5 – 5 Jahren, Verzinsung 6 v. H.; s. Termingeschäfte Rdnr. 1187 ff.

1254

● **Bonds**

Englischer Ausdruck für Schuldverschreibungen (Anleihen) jeder Art, s. dort Rdnr. 1223.

1255

---

1 BFH, U. v. 27. 10. 2005, DB 2005, 2724.
2 BFH, U. v. 22. 5. 2003, BStBl II 2003, 712.

• Bond-Warrants

1256 Sammelbegriff für Optionsscheine auf Anleihen; s. Rdnr. 1421.

• Bonifikationen

1257 Provisionen, die den Vertriebsbanken für die Platzierung von Wertpapieren, häufig festverzinsliche Anleihen, vom Emittenten oder den Emissionsbanken gewährt werden. Bonifikationen sind in die Berechnung des stpfl. Emissionsdisagios einzubeziehen.

▷ **Besteuerungshinweise:**
Übersteigen beide zusammen die Grenzen der Disagio-Staffel,[1] gehören sie zu den nach § 20 Abs. 1 Nr. 7 EStG stpfl. Einnahmen aus Kapitalvermögen, wenn die Anleihen im Privatvermögen gehalten werden.[2]

• Bonus

1258 Zusätzliche Zinszahlung am Ende eines langfristigen (Raten-)Sparvertrags; der Bonus wird vom Einzahlungsbetrag in v. H. ermittelt und ist stpfl. Einnahme i. S. v. § 20 Abs. 1 Nr. 7 EStG. Der Bonuszins aus einem Sparguthaben ist jährlich zugeflossen und zu versteuern; s. Bonus-Sparvertrag.

• Bonusaktien

1259 Im Rahmen der drei Börsengänge der Deutschen Telekom AG sind den teilnehmenden Aktionären, sofern sie die jeweiligen Aktien für eine bestimmte Zeit hielten, sog. Bonusaktien gewährt worden. Strittig war bei der zweiten und dritten Tranche, ob es sich bei ihnen um stpfl. Kapitalertrag (§ 20 Abs. 1 Nr. 1 Satz 1 i. V. m. Abs. 2 Satz 1 Nr. 1 EStG), sonstige Einkünfte (§ 22 Nr. 3 EStG) oder um einen Vorgang auf der steuerlich unbeachtlichen Vermögensebene – als Minderung der Anschaffungskosten der neu gezeichneten Aktien – handelt. Bei der ersten Tranche ist aus Gründen des Vertrauensschutzes Steuerfreiheit gewährt worden.[3] Für die beiden anderen Tranchen liegen nach Auffassung der FinVerw. Einnahmen aus

---

1 BMF-Schreiben v. 24. 11. 1986, BStBl I 1986, 539.
2 OFD Nürnberg, Vfg. v. 29. 8. 1991, DStR 1991, 1455, betr. steuerliche Behandlung von an private Kapitalanleger weitergegebene Bonifikationen.
3 BMF-Schreiben v. 20. 10. 1999, BStBl I 1999, 1129.

Kapitalvermögen nach § 20 Abs. 2 Satz 1 Nr. 1 EStG vor.[1] Mit Urteil vom 17. 7. 2002 hatte das FG Düsseldorf die Auffassung der FinVerw. verworfen und in der Zuteilung der Bonusaktien vielmehr eine Minderung der Anschaffungskosten i. S. v. § 255 Abs. 1 Satz 3 HGB gesehen. Der BFH ist mit Urteil vom 7. 12. 2004[2], der Auffassung der FinVerw. gefolgt.[3]

● **Bonus-Sparvertrag**

Sondersparform (Bonus-, Prämien-, Erfolgssparvertrag) nach Art eines langfristigen Ratensparvertrags. Neben der laufenden Verzinsung – i. d. R. in Höhe des Spareckzinses – zahlen Sparkassen und Banken, die diese Sparform anbieten, am Ende der Vertragszeit einen Bonus (Prämie) für die Einzahlung der regelmäßigen Sparrate über einen i. d. R. langen Zeitraum (10 – 15 Jahre). Zinsen und Bonus sind stpfl. nach § 20 Abs. 1 Nr. 7 EStG.   1260

● **Boost-Optionsscheine**

Verbriefte Optionen, bei denen für eine Aktie, Anleihe oder Währung eine bestimmte Bandbreite festgelegt wird. Der Käufer der Option erhält für jeden Tag während der Laufzeit der Option, an dem der Basiswert innerhalb der Bandbreite notiert, einen bestimmten Geldbetrag gutgeschrieben. Verlässt der Kurs des Basiswerts die Spanne, endet die Option, und der Käufer erhält den bis dahin gutgeschriebenen Betrag ausgezahlt. Der Auszahlungsbetrag am Ende der Laufzeit ist u. E. nicht als Kapitalertrag steuerbar.   1261

▷ **Besteuerungshinweise:**

Die Voraussetzungen des § 20 Abs. 1 Nr. 7 EStG liegen nicht vor. Es fehlt an einer Kapitalüberlassung zur Nutzung. Gekauft wird lediglich ein Recht; weder Kapitalrückzahlung noch Verzinsung sind vom Emittenten zugesagt. Eine Besteuerung kann allenfalls aus § 23 Abs. 1 Satz 1 Nr. 4 EStG (Optionsgeschäft) erfolgen, wenn ein Gewinn innerhalb der Jahresfrist erzielt wird; s. Bandbreiten-Zertifikate und Range Warrants. Bei einer Zwischenveräußerung innerhalb der Jahresfrist liegt ein privates Veräußerungsgeschäft vor (§ 23 Abs. 1 Satz 1 Nr. 2 EStG). Nach Ablauf der Jah-

---

[1] Vgl. dazu Fechner, NWB F. 3, 11889.
[2] BStBl II 2005, 468.
[3] Vgl. dazu Harenberg, GStB 2002, 357.

resfrist sind sowohl ausgezahlte Erträge als auch Veräußerungsgewinne steuerfrei.

• Break-Aktienanleihen

1262 Besondere Form der Aktienanleihe, die neben einem Basispreis für die hinterlegte Aktie mit einem sog. Break-Preis ausgestattet ist. Berührt oder überschreitet der Kurs der Aktie diesen Breakpreis während der Laufzeit mindestens einmal, zahlt der Emittent den Nennbetrag der Anleihe auf jeden Fall in bar und nicht in Aktien zurück. Dies gilt auch dann, wenn der Aktienkurs am Stichtag auf oder unterhalb des Basiskurses notiert; keine steuerlichen Besonderheiten s. Aktienanleihen Rdnr. 1212.

• Bundesanleihen

1263 Sammelbegriff für verzinsliche Schuldverschreibungen (Wertrechte) der Bundesrepublik Deutschland, die als Wertrechte an der Börse gehandelt werden.[1] Effektive Stücke werden nicht ausgegeben. Die Bundesschuldenverwaltung verwaltet die Wertrechte kostenfrei; zur Besteuerung s. Anleihen Rdnr. 1223; Floater Rdnr. 1335; Stripped Bonds Rdnr. 1463.

• Bundesobligationen

1264 Festverzinsliche Schuldverschreibungen des Bundes mit einer Laufzeit von 5 Jahren. Sie werden im Rahmen einer Daueremission herausgegeben, wobei die Verzinsung jeweils der aktuellen Kapitalmarktlage angepasst wird; s. Anleihen Rdnr. 1223.

• Bundesschatzanweisungen

1265 Festverzinsliche Schuldverschreibungen (Wertrechte) der Bundesrepublik Deutschland mit einer Laufzeit von 4 Jahren; keine steuerlichen Besonderheiten, s. Anleihen Rdnr. 1223.

• Bundesschatzbriefe

1266 Schuldverschreibungen des Bundes, die als unverbriefte Forderungen (Wertrechte) in das öffentliche Schuldbuch der Bundesschuldenverwaltung in Bad Homburg eingetragen werden; der Kapitalanleger erhält lediglich

---

1 Harenberg, Kapitalanlage in Bundeswertpapieren und ihre Besteuerung, NWB F. 21, 1257; ders., Die neuen Stripped Bonds des Bundes und ihre Besteuerung, NWB F. 3, 10145. Zu den einzelnen Merkmalen der Bundeswertpapiere vgl. http://www.bundesbank.de.

einen Depotauszug. Bundesschatzbriefe sind in der Stückelung zu 50 € erhältlich und können nach einem Jahr (Sperrfrist) zurückgegeben werden. Zwei Varianten werden ausgegeben:

▷ **Besteuerungshinweise:**

- **Typ A:** Laufzeit 6 Jahre, steigende Verzinsung mit jährlicher Zinsauszahlung, Mindeststückelung 50 €. Laufende Erträge sind stpfl. nach § 20 Abs. 1 Nr. 7 EStG bei Zufluss; Zwischenveräußerung fällt unter § 20 Abs. 2 Satz 1 Nr. 4 Buchst. d EStG, Bemessungsgrundlage ist entweder die Emissionsrendite (§ 20 Abs. 2 Satz 1 Nr. 4 Satz 1 und 3 EStG) abzüglich erhaltener Zinsen und Stückzinsen oder nach § 20 Abs. 2 Satz 1 Nr. 4 Satz 2 EStG (sog. Marktrendite). Hinsichtlich der Bemessungsgrundlage besteht ein Wahlrecht.[1] Zinsen, die am 1. 1. fällig und am 2. 1. gutgeschrieben werden, gelten als im vorhergehenden Veranlagungszeitraum bezogen.[2]

- **Typ B:** Laufzeit 7 Jahre, steigende Verzinsung (Aufzinsungspapier) mit Zinsansammlung und -auszahlung am Ende der Laufzeit, Mindeststückelung 50 €. Die stpfl. Erträge (§ 20 Abs. 1 Nr. 7 EStG) fließen bei Endfälligkeit (Einlösung) oder Rückgabe an die Bundesschuldenverwaltung zu;[3] Zwischenveräußerung oder vorzeitige Rückgabe fällt unter § 20 Abs. 2 Satz 1 Nr. 4 Buchst. a EStG, Bemessungsgrundlage ist wieder die Emissionsrendite (§ 20 Abs. 2 Satz 1 Nr. 4 Satz 1 und 3 EStG) abzüglich erhaltener Zinsen und Stückzinsen oder nach § 20 Abs. 2 Satz 1 Nr. 4 Satz 2 EStG (sog. Marktrendite). Der Unterschiedsbetrag zwischen Ausgabekurs und Rücknahmewert ist stpfl. Einnahme i. S. v. § 20 Abs. 1 Nr. 7 EStG[4]; zu den Merkmalen der Bundeswertpapiere s. www.bundesbank.de.

Bund-Futures: Terminkontrakt auf eine künstliche (synthetische) Anleihe des Bundes mit einer Laufzeit von 8,5 bis 10 Jahren; Verzinsung 6 v. H.; s. Termingeschäfte Rdnr. 1187 ff., 1475.

---

1 Str. FG Berlin, U. v. 22. 4. 2004, EFG 2004, 1450; Rev., Az. des BFH: VIII R 48/04; s. auch BFH, U. v. 24. 10. 2000, BStBl II 2001, 97.
2 FG München, U. v. 27. 4. 1993, EFG 1994, 155, rkr.
3 Siehe BMF-Schreiben v. 30. 10. 1989, BStBl I 1989, 428.
4 FG Hamburg, U. v. 21. 7. 1992, EFG 1992, 740, rkr.

- **Bundeswertpapiere**

1267 Sammelbegriff für alle von der Bundesrepublik Deutschland herausgegebenen Schuldverschreibungen (Wertrechte); s. Bundesanleihen Rdnr. 1263; Bundesschatzbriefe Rdnr. 1266; Bundesobligationen Rdnr. 1264.

- **Bund-Futures**

1268 Terminkontrakt auf eine künstliche (synthetische) Anleihe des Bundes mit einer Laufzeit von 8,5 – 10 Jahren; Verzinsung 6 v. H.; s. Termingeschäfte Rdnr. 1187 ff., 1475.

- **Buxl-Futures**

1269 Terminkontrakt auf eine künstliche (synthetische) langfristige (15 – 30 Jahre) Anleihe des Bundes, Verzinsung 6 v. H.; s. Termingeschäfte Rdnr. 1187 ff., 1475.

- **Call Option** (Kaufoption)

1270 Siehe Call Warrants Rdnr. 1271.

- **Call Warrants**

1271 Optionsscheine, die das Recht verbriefen, ein bestimmtes Wirtschaftsgut, z. B. eine Anleihe oder Aktie, an einem festgelegten Termin oder innerhalb eines vereinbarten Zeitraums zu einem im Voraus bestimmten Preis kaufen zu können; s. Optionsscheine.

- **Cap-Anleihen**

1272 Variabel, auf der Basis der Geldmarktsätze verzinsliche Anleihen (Floating Rate Notes), bei denen ein Höchstzinssatz (Cap) festgelegt ist. Über diesen Maximalzinssatz hinaus kann der Anleihezinssatz nicht steigen, auch wenn sich die Kapitalmarktzinsen weiter nach oben bewegen. Dieser Nachteil wird durch eine i. d. R. über Kapitalmarktzins liegende Verzinsung ausgeglichen; s. Anleihen und Caps.

- **Capped Floater**

1273 Sonderform variabel verzinslicher Anleihen (s. Floater). Ihre Verzinsung zeichnet sich durch eine bestimmte Zinsobergrenze aus, die durch einen im Voraus festgelegten Höchstzinssatz (Cap) definiert ist. Der Cap befreit den

Emittenten von dem Risiko, im Fall eines extrem ansteigenden Geldmarktzinses (Referenzzins) die Anleihe mit einem ebenfalls extrem hohen Zins bedienen zu müssen. Überschreitet der Referenzzins eine bestimmte Höhe, wird die Verzinsung der Anleihe nicht mehr angepasst, sondern verharrt auf dem Niveau des Caps.

- **Capped Warrants** (gekappte Optionsscheine)

Als Capped Warrants werden zwei sich ergänzende, häufig gekoppelte Optionsscheine (Spread) bezeichnet (reine Spekulationspapiere), bei denen es lediglich auf die Differenz zwischen einem Basiswert und dem tatsächlichen Stand einer Währung, eines Aktienkorbs (Basket Warrants) oder eines Index, nicht aber auf Verschaffung von Wertpapieren oder anderen Gütern ankommt. Dabei wird jeweils eine Kaufoption (Call) mit einem bestimmten Basispreis so an den Basispreis einer Verkaufsoption (Put) gekoppelt, dass der Käufer am Ende der Laufzeit einen festen Betrag ausgezahlt erhält.

1274

▷ **Besteuerungshinweise:**

Werden beide Optionen isoliert betrachtet, sind die am Optionsausübungstag erzielten Einnahmen grundsätzlich nicht als Einnahmen aus Kapitalvermögen steuerbar, weil nicht wenigstens eine der in § 20 Abs. 1 Nr. 7 EStG genannten Voraussetzungen vorliegt. Das gilt uneingeschränkt, wenn sowohl die Call- als auch die Put-Option getrennt erworben und veräußert werden können.[1] Sind beide Optionen jedoch derart aufeinander abgestimmt, dass der Stpfl. in jedem Fall – unabhängig vom Stand des Index (z. B. DAX) – einen bestimmten Ertrag erzielt, soll es am Optionstag nach Auffassung der FinVerw. – unabhängig davon, ob die Optionen von einem Emittenten stammen oder ob sie getrennt erworben oder veräußert werden können – zu steuerpflichtigen Erträgen i. S. v. § 20 Abs. 1 Nr. 7 EStG[2] kommen.

Beachte: Die Rechtsauffassung der FinVerw. steht mit dem Wortlaut des § 20 Abs. 1 Nr. 7 EStG nicht in Einklang. Grundvoraussetzung dieser Vorschrift ist die Kapitalüberlassung auf Zeit gegen Entgelt.[3] Das Entgelt

---

1 Jonas, BB 1993, 2421.
2 Siehe BMF-Schreiben v. 27. 11. 2001, BStBl I 2001, 968, Rz. 30; „... Entgelt ... zugesagt...".
3 BFH, U. v. 22. 8. 1990, BStBl II 1991, 38.

muss von demjenigen oder auf dessen Rechnung gezahlt werden, dem das Kapital zur Nutzung überlassen worden ist.[1] Diese Voraussetzungen liegen nicht vor. Der Emittent der Optionen ist Verkäufer eines Optionsrechts (Stillhalter), dem kein Kapital in Form einer Prämie überlassen wird. Er erhält lediglich für die Einräumung des Optionsrechts, für seine Bindung und sein Eingehen des Risikos ein Entgelt (Optionsprämie), das er endgültig – ohne Rückzahlungsverpflichtung – vereinnahmt. Der Erwerber der Optionen hat nicht die Absicht, dem Emittenten Kapital gegen Entgelt auf Zeit zu überlassen. Er zahlt vielmehr nur einen Kaufpreis dafür, dass ihm vom Emittenten eine Gewinnchance eingeräumt wird. Die Finanzverwaltung sieht darüber hinaus in Capped Warrants ein einheitliches Anlageinstrument und negiert dabei, dass zivilrechtlich zwei selbständige, grundsätzlich voneinander unabhängige Rechtsgeschäfte (Call und Put) abgeschlossen werden, die z. B. durch zeitversetzte Veräußerung ein unterschiedliches Schicksal erleiden können. Die erhaltene Optionsprämie ist als Einnahme aus sonstiger Leistung (§ 22 Nr. 3 EStG) zu versteuern.[2]

- **Erwerb einzelner Optionen**: Zutreffend geht die FinVerw. allerdings davon aus, dass bei einem Erwerb einer Kaufoption ohne den gleichzeitigen Erwerb einer Verkaufsoption (und umgekehrt) bei Fälligkeit durch Barausgleich kein steuerbarer Kapitalertrag vorliegt.[3] Eine Besteuerung erfolgt allenfalls aus § 23 Abs. 1 Satz 1 Nr. 4 EStG als privates Veräußerungsgeschäft.

- **Gemeinsame Veräußerung der Optionen**: Bei der Veräußerung der Optionen sind nach Auffassung der FinVerw. Einnahmen in Höhe der besitzzeitanteilig ermittelten Emissionsrendite (§ 20 Abs. 2 Satz 1 Nr. 4 Buchst. a EStG) zu versteuern. Dies soll unabhängig davon gelten, ob die Kauf- und Verkaufsoption durch den Stpfl. getrennt oder zusammen erworben wurde.[4] Der Capped Warrant wäre nach dieser Ansicht als „Schuldverschreibung" i. S. der Vorschrift anzusehen. Das kann aber allenfalls für die einheitliche Veräußerung beider Optionen gelten.

- **Getrennte Veräußerung** fällt u. E. nicht unter § 20 Abs. 2 Satz 1 Nr. 4 Buchst. a EStG, da nur einzelne Bestandteile einer „Schuldverschreibung" veräußert werden. Der Tatbestand des § 20 Abs. 2 Satz 1 Nr. 2

---

1 BVerfG, Beschl. v. 7. 6. 1993, INF 1993, 453; BFH, U. v. 8. 10. 1991, BStBl II 1992, 174.
2 BFH, U. v. 29. 6. 2004, BStBl II 2004, 995.
3 BMF-Schreiben v. 27. 11. 2001, BStBl I 2001, 986.
4 BMF-Schreiben v. 27. 11. 2001, BStBl I 2001, 986.

Buchst. b EStG liegt nicht vor, da die einzelnen Optionen keine Zinsscheine oder Zinsforderungen sind. Wird ein Optionsrecht innerhalb eines Jahres nach Anschaffung weiterveräußert, liegt ein privates Veräußerungsgeschäft i. S. d. § 23 Abs. 1 Satz 1 Nr. 2 EStG vor.

- **Caps** (Zinsausgleichszertifikate)

Vertragliche Vereinbarungen einer Zinsobergrenze im Rahmen eines variabel verzinslichen Darlehens, bezogen auf einen zugrunde liegenden nominellen Kapitalbetrag. Übersteigt dabei der Referenzzins (EURIBOR oder LIBOR) die vereinbarte Zinsobergrenze (Strike-Preis), so zahlt der Verkäufer (Darlehensgeber, Stillhalter) dem Käufer (Darlehensnehmer) des Caps die Differenz zwischen Referenzzins und Zinsobergrenze. Für das Risiko, aus dem Vertrag in Anspruch genommen zu werden, erhält der Verkäufer eine Prämie. Die Ausgleichszahlung erfolgt nur dann, wenn am Zinsfestlegungstermin der Referenzzins oberhalb der vereinbarten Zinsobergrenze liegt. Die fälligen Zahlungen werden am Ende der Zinsperiode unter Berücksichtigung der genauen Anzahl der Tage geleistet, an denen die Zinsobergrenze überschritten wurde. Zinsausgleichsverträge werden überwiegend für betriebliche Darlehen abgeschlossen; § 20 Abs. 1 Nr. 7 EStG ist insoweit nicht berührt (§ 20 Abs. 3 EStG). Beim buchführenden Veräußerer des Caps ist die Ausgleichsverpflichtung (ungewisse Verbindlichkeit) zu passivieren.

1275

- **Cash-Flow-Notes**

Sonderform der Festzinsanleihen, bei denen dem Kapitalanleger die Möglichkeit eingeräumt ist, den Zeitraum der Zinsbildung und der Zinsauszahlung selbständig zu bestimmen. Die Zinsen sind Einnahmen aus Kapitalvermögen i. S. d. § 20 Abs. 1 Nr. 7 EStG im Zeitpunkt der Fälligkeit.

1276

Beispiel

A erwirbt eine Cashflow-Anleihe der X-Bank (Emittent), die eine Laufzeit von 5 Jahren hat und fest verzinst wird. Er erhält mit der Anleihe fünf Zinskupons und kann selbst bestimmen, ob er während der Laufzeit zum jährlich festgelegten Zinszahlungszeitpunkt jeweils einen oder mehrere Kupons zugleich beim Emittenten zur Einlösung vorlegt. Erst die Bestimmung des Fälligkeitszeitpunkts durch Vorlage der Zinskupons führt zum Zufluss des Kapitalertrags. A hat auch die Möglichkeit, bereits nach Ablauf des ersten Zinszahlungszeitraums alle fünf Kupons vorzulegen oder bis zur Endfälligkeit der Anleihe zu warten, um dann mit der Kapitalrückzahlung Zinsen für 5 Jahre zuzüglich Zinseszinsen ausgezahlt zu erhalten. Legt er bereits zum ersten Zinstermin alle Kupons vor, erzielt er eine vergleichsweise geringere Verzinsung als mit Vorlage bei Endfälligkeit der Anleihe. Der Kapitalanleger hat die Möglichkeit, über die Wahl des Zinszahlungszeitpunkts die Fälligkeit der Zinsen und damit die Besteuerung der Einnahmen zu beeinflussen. Legt er die Zinskupons erst zu einem Zeitpunkt vor, in dem er keine oder nur geringe stpfl. Einkünfte hat (Renten- oder Pensionseinkünfte), werden die Zinseinnahmen entsprechend geringer besteuert, wodurch sich die Rendite der Kapitalanlage nach Steuern beträchtlich erhöhen kann.

- **Cash-or-share Bonds** (Aktienanleihen)

1277 Regelmäßig hochverzinste, kurzlaufende Schuldverschreibungen mit Festzinssatz und Aktienandienungsrecht (Schuldnerwahlrecht) des Emittenten. Dieser hat am Ende der Laufzeit das Recht zu wählen, ob er den Nennbetrag in Cash oder in Form von Aktien zurückzahlt. Der Emittent wird bei Einlösung Aktien andienen, wenn die hinterlegte Aktie unter einem bestimmten Kurs notiert.[1] Der Anleger erleidet in diesem Fall regelmäßig einen Einlösungsverlust; zur Besteuerung s. Aktienanleihen Rdnr. 1212.

- **Cat-Anleihen**

1278 Siehe Katastrophen-Anleihen Rdnr. 1390.

- **Certificates of Deposit** (Einlagenzertifikate)

1279 Von einer Bank ausgestellte, nicht börsennotierte Inhaberpapiere, die die Einlage von Geld für eine bestimmte Zeit (Laufzeit ein Monat bis mehrere Jahre) zu einem bestimmten festen oder variablen Zinssatz (häufig auf der Basis des 6-Monats-LIBOR) bestätigen; Zinserträge fallen im Privatbereich unter § 20 Abs. 1 Nr. 7 EStG.

Collars (Zinsausgleichszertifikate): Kombination aus einem Cap und einem Floor; s. dort.

Beispiel

Unternehmen A hat bei der B-Bank einen variablen Kredit auf 3-Monats-EURIBOR (Euro-Referenzzins) aufgenommen, Laufzeit fünf Jahre, Kreditmarge 0,50 v. H. Um sich gegen steigende Zinsen abzusichern, gleichzeitig aber die Liquiditätsbelastung durch Prämienzahlungen möglichst gering zu halten, schließt A zusätzlich folgende Vereinbarung (Zero-Cost Collar): Kauf eines Caps mit Zinsobergrenze bei 8,50 v. H.; Verkauf eines Floors mit Zinsuntergrenze bei

---

1 Harenberg, Besteuerung von Hochzinsanleihen mit Tilgungswahlrecht (Cash-or-share Bonds), NWB F. 3, 10713; ders., Kehrtwende des Bundesfinanzministeriums bei der Besteuerung von Aktienanleihen, NWB F. 3, 11515.

5,60 v. H.; annualisierte (sich gegenseitig aufhebende) Prämie des Caps: 0,14 v. H.; annualisierte Prämie des Floors: 0,14 v. H.; Laufzeit 3 Jahre; Nominalbetrag: 5 Mio €. Diese Vereinbarung hat zur Folge, dass A von der B-Bank eine Zinsausgleichszahlung erhält, wenn der 3-Monats-EURIBOR über 8,50 v. H. steigt. Fällt der Referenzzins dagegen unter 5,60 v. H., muss er eine entsprechende Ausgleichszahlung an die B-Bank erbringen. Mit dem Abschluss eines Zero-Cost-Collars setzt A darauf, dass der Referenzzins nicht nachhaltig unter die vereinbarte Zinsuntergrenze fällt; zur steuerlichen Behandlung von Prämie und Ausgleichszahlungen s. Caps Rdnr. 1275 und Floors Rdnr. 1336.

- **Collared Floater**

Variabel verzinste Schuldverschreibung, die mit einer Zinsunter- und einer Zinsobergrenze ausgestattet ist; zur Besteuerung s. Floating Rate Notes Rdnr. 1335. 1280

- **Collars** (Zinsausgleichszertifikate)

Kombination aus einem Cap und einem Floor; s. Rdnr. 1275 und 1336. 1281

Beispiel:

Unternehmen A hat bei der B-Bank einen variablen Kredit auf 3-Monats-EURIBOR (Referenzzins) aufgenommen, Laufzeit 5 Jahre, Kreditmarge 0,50 v. H. Um sich gegen steigende Zinsen abzusichern, gleichzeitig aber die Liquiditätsbelastung durch Prämienzahlungen möglichst gering zu halten, schließt A zusätzlich folgende Vereinbarung (Zero-Cost-Collar):
- Kauf eines Caps mit Zinsobergrenze bei 8,50 v. H.;
- Verkauf eines Floors mit Zinsuntergrenze bei 5,60 v. H.;
- annualisierte (sich gegenseitig aufhebende) Prämie des Caps: 0,14 v. H.;
- annualisierte Prämie des Floors: 0,14 v. H.;
- Laufzeit 3 Jahre;
- Nominalbetrag: 5 Mio. €.

Diese Vereinbarung hat zur Folge, dass A von der B-Bank eine Zinsausgleichszahlung erhält, wenn der 3-Monats-EURIBOR über 8,50 v. H. steigt. Fällt der Referenzzins dagegen unter 5,60 v. H., so muss er eine entsprechende Ausgleichszahlung an die B-Bank erbringen. Mit dem Abschluss eines Zero-Cost-Collars setzt A darauf, dass der Referenzzins nicht nachhaltig unter die vereinbarte Zinsuntergrenze fällt; zur steuerlichen Behandlung von Prämie und Ausgleichszahlung s. Caps Rdnr. 1275 und Floors Rdnr. 1336.

- **Comax-Anleihen**

Variabel verzinste Bankschuldverschreibungen mit einer Laufzeit von fünf Jahren. Die Besonderheit dieser Anleihen besteht darin, dass die Zins- 1282 kupons an den DAX angepasst sind. Der jährliche Zinskupon entspricht jeweils der Hälfte des prozentualen DAX-Anstiegs zwischen zwei Zinsterminen bzw. zwischen dem Emissionszeitpunkt und dem ersten Zinstermin. Ist der DAX zwischen diesen Terminen nicht gestiegen, erfolgt keine Zinszahlung. Steigt der DAX während der Zinsperiode beispielsweise um 20 Prozentpunkte, erhält der Anleger eine Verzinsung von 10 v. H. Sinkende DAX-Stände haben auf die Verzinsung oder die Kapitalrückzahlung keinen Einfluss. Das eingesetzte Kapital wird am Ende der Laufzeit zurückgezahlt. Ein ähnliche konstruiertes Produkt stellt das DAX-Sparbuch der Postbank AG dar.

▷ **Besteuerungshinweise:**
Die Zinserträge sind stpfl. nach § 20 Abs. 1 Nr. 7 EStG. Veräußerungsgeschäfte werden über § 20 Abs. 2 Satz 1 Nr. 4 Buchst. d EStG erfasst.

- **Commercial Paper**

1283 Abgezinste, nicht börsennotierte Inhaberschuldverschreibung mit Geldmarktcharakter und einer Laufzeit von 7 Tagen bis unter 2 Jahren; Differenz zwischen Erwerbskurs und Rückzahlungsbetrag stpfl. nach § 20 Abs. 1 Nr. 7 Satz 1 EStG; s. Nullkupon-Anleihen Rdnr. 1413, Abzinsungspapiere Rdnr. 1206.

▷ **Besteuerungshinweise:**
Laufender Ertrag: fällt nicht an.
Einlösung durch Ersterwerber: Der angesammelte Zins (Differenz zwischen Erwerbs- und Einlösungskurs) ist Kapitalertrag nach § 20 Abs. 1 Nr. 7 bzw. Abs. 2 Satz 1 Nr. 4 Satz 4 EStG.
Zwischenveräußerung durch Erst-/Zweit- und jeden weiteren Erwerber: Veräußerungsgewinne oder -verluste sind nach § 20 Abs. 2 Satz 1 Nr. 4 Buchst. a EStG auch außerhalb der Jahresfrist beachtlich.
Einlösung durch Zweiterwerber etc.: s. Zwischenveräußerung (§ 20 Abs. 2 Satz 1 Nr. 4 Satz 4 EStG).

- **Condor-Anleihen**

1284 Festverzinsliche Anleihe, deren Rückzahlungsbetrag an einen bestimmten Index gekoppelt ist. Liegt der Index am Tag der Rückzahlung innerhalb einer in den Anleihebedingungen festgelegten Schwankungsbreite, erhält der Anleger sein Kapital zu 100 v. H. zurück. Unterschreitet der Index die

Untergrenze oder überschreitet er eine Obergrenze, zahlt der Schuldner das Kapital nur mit einem Abschlag zurück. Der maximale Verlust ist begrenzt. Für dieses Risiko muss die Anleihe mit einem über dem Kapitalmarktzinsniveau liegenden Zins ausgestattet sein. Zinsen sind stpfl. nach § 20 Abs. 1 Nr. 7 EStG; der Rückzahlungsverlust ist im Privatvermögen u. E. unbeachtlich.

- **Convertible Bonds**

Siehe Wandelanleihen Rdnr. 1490. 1285

- **Convertible Floater** (Umtausch-Floater)

Variabel verzinste Schuldverschreibungen, bei denen der Anleger nach den Emissionsbedingungen das Recht hat innerhalb der Laufzeit die Anleihe in eine festverzinste umzutauschen und damit den Zinssatz festzuschreiben. Das wird dann geschehen, wenn mit einem sinkenden Referenzzins gerechnet wird; zur Besteuerung s. Floater Rdnr. 1335. 1286

Beachte: Wird die umgetauschte Festzinsanleihe innerhalb der Jahresfrist des § 23 Abs. 1 Satz 1 Nr. 2 EStG (ab Umtausch) veräußert, liegt kein privates Veräußerungsgeschäft vor, wenn Laufzeit, Emittent und Währung der Anleihe unverändert bleiben. Unschädlich ist, dass banktechnisch der Umtausch als „Verkauf" und „Ankauf" abgewickelt wird.[1]

- **Count-Down-Floating Notes**

Variabel verzinsliche Anleihen, bei denen sich die Aufschläge auf den Referenzzins jährlich verringern, wodurch die Nominalverzinsung der Anleihe sinkt; s. Floater Rdnr. 1335 und Reverse Floater Rdnr. 1438. 1287

- **Covered Warrants**

Selbständig handelbare, gedeckte Optionsscheine, die den Inhaber berechtigen, bereits im Umlauf befindliche Aktien eines oder mehrerer (Basket Optionsscheine) Unternehmen zu einem bestimmten Zeitpunkt zu einem im Voraus festgelegten Preis (Basispreis) zu beziehen. Die veroptionierten Aktien müssen in einem Sperrdepot des Optionsgebers hinterlegt werden (Deckung). Die Optionsbedingungen sehen häufig statt der Lieferung bei Ausübung der Option das Recht des Optionsgebers vor, einen Barausgleich 1288

---

[1] BFH v. 30. 11. 1999, BStBl II 2000, 262.

(cash settlement) leisten zu dürfen. Unter den Voraussetzungen des § 23 Abs. 1 Satz 1 Nr. 2 (Veräußerung) und Nr. 4 (Beendigung der Option) EStG können steuerrelevante Gewinne/Verluste aus privaten Veräußerungsgeschäften anfallen.

- **Currency Future-Contracts**

1289 Devisentermingeschäfte mit der Verpflichtung, einen Währungsbetrag an einem bestimmten Termin zu einem vereinbarten Kurs zu kaufen oder zu verkaufen. I. d. R. liegt den Beteiligten jedoch nichts an der physischen Lieferung der Devisen. Sie stellen das Geschäft deshalb vor oder im Zeitpunkt der Lieferung durch den Abschluss eines Verkaufs des zuvor erworbenen Kontrakts glatt oder lösen ihre Position durch den Rückkauf eines leerverkauften Kontrakts auf. Die Glattstellung ist nach Auffassung des BFH, U. v. 24. 6. 2003,[1] wirtschaftlich als Veräußerung i. S. d. § 23 Abs. 1 Satz 1 Nr. 2 EStG zu sehen s. Devisentermingeschäft.

- **Currency Warrants**

1290 In Verbindung mit Anleihen (Optionsanleihen) oder separat emittierte Währungsoptionsscheine (naked warrants), durch die der Inhaber zum Bezug eines bestimmten Devisenbetrags zu einem vorher bestimmten Preis berechtigt wird; s. Optionsanleihen.

- **Damnum**

1291 Siehe Disagio Rdnr. 1305.

- **Darlehen**

1292 Schuldrechtliche Verträge, in denen sich der Darlehensgeber zur Übertragung eines Geldbetrags in das Vermögen des Darlehensnehmers und dieser sich zur Rückzahlung dieses Betrags verpflichtet (§ 488 Abs. 1 BGB). § 20 Abs. 1 Nr. 7 EStG erfasst nur Gelddarlehen.
  – **Sachdarlehen** (§ 607 Abs. 1 BGB) enthalten keine Kapitalforderung, weil mit ihnen nicht Geldbeträge (Kapital), sondern Sachen geschuldet werden. Ihre Erträge fallen deshalb nicht unter § 20 Abs. 1 Nr. 7 EStG, sondern sind sonstige Einkünfte nach § 22 Nr. 3 EStG. Das gilt auch, wenn die Erträge in Geld zu leisten sind. § 20 Abs. 1 Nr. 1 EStG ist

---

1 BStBl II 2003, 752.

nicht betroffen, da hier nur Beteiligungserträge erfasst werden; die bloße Hingabe eines Sachdarlehens stellt keine gesellschaftsrechtliche Beteiligung dar.
- **Gesellschafterdarlehen** sind Kapitalforderungen i. S. d. § 20 Abs. 1 Nr. 7 EStG, soweit ihnen Gelddarlehen zugrunde liegen. Ihre Zinsen gehören bei Gesellschaftern einer gewerblich tätigen Personengesellschaft zu den Einnahmen aus Gewerbebetrieb (§ 15 Abs. 1 Satz 1 Nr. 1 EStG), bei Gesellschaftern einer Kapitalgesellschaft zu § 20 Abs. 1 Nr. 1 Satz 2 EStG, wenn eine verdeckte Einlage (verdecktes Nennkapital) vorliegt; in echten Darlehensfällen zu § 20 Abs. 1 Nr. 7 EStG.
- **Garantierter Wertzuwachs an Aktien**
Kapitalerträge i. S. d. § 20 Abs. 1 Nr. 7 EStG liegen auch dann vor, wenn der Stpfl. für die Überlassung von Kapital als Darlehen zum Erwerb bestimmter Aktien die mit diesen Aktien verbundene „Wertzuwachsgarantie" ausgezahlt erhält.[1] Das gilt ebenfalls, wenn einem Broker Geldbeträge zur Durchführung von Warentermingeschäften überlassen werden, der Broker aus diesen Geschäften Ausschüttungen an den Darlehensgeber vornimmt und der Darlehensgeber auf die Art, den Umfang und den Zeitpunkt der Termingeschäfte keinen Einfluss ausübt.[2]
- **Darlehenszinsen** bei Grundstücksverkauf mit Ratenzahlung sind Entgelt für die darlehensweise Überlassung des nicht sofort zur Erfüllung der Kaufpreisforderung hingegebenen Geldkapitals und somit Einnahmen i. S. d. § 20 Abs. 1 Nr. 7 EStG.[3]

● **Darlehen nach § 7a FördG**

Niedrig verzinsliche Darlehen in Höhe von mindestens 10 000 DM, die nach dem 31. 12. 1995 und vor dem 1. 1. 1999 gewährt wurden. Während der tilgungsfreien Mindestlaufzeit von 10 Jahren werden dem Darlehensgeber die Zinsen jährlich ausbezahlt. Die Tilgung erfolgt in einem Betrag am Ende der Darlehenslaufzeit. Zusätzlich erhält der Darlehensgeber (unbeschränkt Stpfl.) für das Jahr der Darlehensgewährung eine Ermäßigung seiner ESt in Höhe von 12 v. H. des gewährten Darlehens. Der Ermäßi-

---
1 FG Köln, U. v. 14. 10. 1982, EFG 1983, 351, rkr.; BFH, U. v. 26. 8. 1987, VIII R 4/87, n. v.
2 FG Rheinland-Pfalz, U. v. 15. 9. 1982, EFG 1983, 288, rkr.
3 FG Bremen, U. v. 8. 2. 1994, EFG 1994, 562, rkr.

gungsbetrag ist auf 50 v. H. der festzusetzenden ESt begrenzt. Er wirkt sich entsprechend beim Solidaritätszuschlag und bei der Kirchensteuer aus. Die Zinsen sind stpfl. gemäß § 20 Abs. 1 Nr. 7 Satz 1 EStG. Die Steuerermäßigung selbst wird nicht besteuert.[1]

- **Darlehenszinsen bei Grundstücksverkauf mit Ratenzahlung**

1294 Das Entgelt für die darlehensweise Überlassung des nicht sofort zur Erfüllung der Kaufpreisforderung hingegebenen Geldkapitals ist Einnahme aus Kapitalvermögen i. S. d. § 20 Abs. 1 Nr. 7 EStG.[2]

- **DAX-Futures**

1295 Termingeschäfte an der EUREX auf den DAX. Gewinne aus der Glattstellung[3] oder dem Barausgleich (Beendigung) sind im Rahmen der Jahresfrist des § 23 Abs. 1 Satz 1 Nr. 2 bzw. Nr. 4 EStG stpfl.;[4] s. Termingeschäfte Rdnr. 1475.

- **DAX-Hochzinsanleihen**

1296 Siehe Akienanleihen Rdnr. 1212 f.

- **DAX-Partizipationsscheine**

1297 Herkömmliches Zertifikat, mit dem der Anleger an Kurssteigerungen des DAX teilnimmt. Der Emittent verspricht am Ende der Laufzeit die Auszahlung des DAX-Standes in Euro. Die Auszahlung kann 1:1, 1:100 oder 1:1000 erfolgen, d. h. je DAX-Punkt erhält der Anleger einen Euro oder einen entsprechenden Teilbetrag.

▷ **Besteuerungshinweise:**
Laufender Ertrag fällt nicht an; die auf die DAX-Aktien gezahlte Dividende, die der Zertifikatinhaber nicht erhält, ist bei ihm deshalb kein Kapitalertrag.

---

1 Paus, Wann lohnen sich die § 7a-Darlehen?, BB 1997, 601.
2 FG Bremen v. 8. 2. 1994, EFG 1994, 562.
3 Nach BFH, U. v. 24. 6. 2003, BStBl II 2003, 752.
4 Zur Besteuerung allgemein s. BMF-Schreiben v. 27. 11. 2001, BStBl I 2001, 986.

Devisenoptionen

Einlösung durch Ersterwerber außerhalb der Jahresfrist ist nicht steuerbar, da keine Kapitalrückzahlung zugesagt ist und damit kein Kapitalertrag i. S. d. § 20 Abs. 1 Nr. 7 EStG gegeben ist. Bei Rückgabe (Einlösung) innerhalb der Jahresfrist kommt nach BMF[1] § 23 Abs. 1 Satz 1 Nr. 4 EStG zur Anwendung (Zertifikat, das Aktien vertritt, zweifelhaft; s. Rdnr. 1193).

Zwischenveräußerung: Veräußerungsgewinne oder -verluste sind nur bei Verkauf innerhalb der Jahresfrist des § 23 Abs. 1 Satz 1 Nr. 2 EStG relevant.

Einlösung durch Zweiterwerber etc.: Innerhalb der Jahresfrist liegt nach Auffassung des BMF ein privates Veräußerungsgeschäft nach § 23 Abs. 1 Satz 1 Nr. 4 EStG vor, zweifelhaft, da das Zertifikat keine Aktien vertritt; s. Rdnr. 1191.

- **Deep-Discount-Anleihen**

Siehe Disagio-Anleihen Rdnr. 1306.   1298

- **Derivate**

Sammelbegriff für vom Handel mit Aktien, Anleihen und anderen Wirtschaftsgütern (Edelmetalle, Währungen u. Ä.) abgeleitete Finanzinstrumente (Optionen, Termingeschäfte) zur Kurs- und Gewinnabsicherung. Derivate werden heute in großem Ausmaße losgelöst von ihrer ursprünglichen Funktion als Spekulationsinstrumente oder zur Absicherung von Wertpapierpositionen eingesetzt.   1299

- **Devisenoptionen**

Kaufvertrag über eine Call- oder Put-Option auf eine bestimmte Währung. Der Käufer des Calls erwirbt das Recht – nicht aber die Verpflichtung – einen bestimmten Devisenbetrag, z. B. US-Dollar, am Verfalltag der Option zu einem im Voraus bestimmten Kurs (Basispreis) zu erwerben. Dafür muss er dem Optionsgeber eine Prämie zahlen, deren Höhe sich am Markt nach Angebot und Nachfrage richtet. Die Optionsprämie bildet zusammen mit dem Basispreis die Anschaffungskosten der Devisen. Steigt der Preis für die Währung über die Anschaffungskosten, wird der Optionskäufer bei Fälligkeit die Option ausüben. Liegt der Preis unter den Anschaffungskosten, wird er die Option verfallen lassen und die Devisen preisgünstiger am   1300

---

[1] BMF-Schreiben v. 27. 11. 2001, BStBl I 2001, 986.

Kassamarkt einkaufen. Bei der Put-Option kauft der Optionserwerber das Recht, eine Währung zu einem bestimmten Zeitpunkt zu einem im Voraus festgelegten Preis (Basispreis) verkaufen zu dürfen. Auch dafür muss er eine Prämie entrichten. Steigt die Devise im Kurs über die Anschaffungskosten, wird er die Option verfallen lassen. Sinkt der Preis, wird er die Option ausüben und seinen Devisenbetrag verkaufen. Für die Besteuerung gelten die allgemeinen Regelungen des BMF-Schreiben v. 27. 11. 2001.[1]

- **Devisenoptionsscheine**

1301 Verbriefte Devisenoptionen; s. Optionsgeschäfte Rdnr. 1419, 1170 ff.

- **Devisentermingeschäfte**

1302 Ist nach den Handelsbedingungen des Termingeschäfts eine Lieferung der Währung ausgeschlossen und haben die Beteiligten stattdessen nur einen Differenzausgleich (Wert des Währungskontrakts am Verfalltag zu Wert am Kauftag) vereinbart, kommt ein stpfl. Veräußerungsgeschäft nach § 23 Abs. 1 Satz 1 Nr. 4 EStG in Betracht,[2] bei effektiver Lieferung der Währung kann ein privates Veräußerungsgeschäft i. S. d. § 23 Abs. 1 Satz 1 Nr. 2 EStG entstehen; s. Devisenoptionen.

- **Differenzgeschäfte**

1303 Oberbegriff für alle Arten von Finanztermingeschäften, bei denen es den Beteiligten nicht auf die Lieferung eines bestimmten Basiswerts zu einem im Voraus bestimmten Preis, sondern auf die Auszahlung eines Geldbetrags (Differenz) in Abhängigkeit vom Preis oder Kurs des Basiswerts zu einem bestimmten Zeitpunkt ankommt; s. Termingeschäfte und Capped Warrants.

- **Digital-Optionsscheine**

1304 Verbriefte Optionen auf einen Index oder eine Währung, bei denen der Käufer einen bestimmten Betrag vom Emittenten ausgezahlt erhält, wenn der Kurs des Basiswerts an einem bestimmten Tag über (Call) oder unter (Put) einem im Voraus festgelegten Wert notiert. Treten diese Bedingungen nicht ein, verliert der Käufer seinen gesamten Einsatz („Alles-oder-Nichts-

---

1 BStBl I 2001, 986.
2 BFH, U. v. 8. 12. 1981, BStBl II 1982, 618; v. 25. 8. 1987, BStBl II 1988, 248; BMF-Schreiben v. 27. 11. 2001, BStBl I 2001, 986.

Disagio-Anleihen

Papiere"). Da es sich um ein rein spekulatives Geschäft handelt, ist der Auszahlungsbetrag als Kapitalertrag nicht steuerbar. Es liegt keine Kapitalüberlassung i. S. v. § 20 Abs. 1 Nr. 7 EStG vor; innerhalb der Jahresfrist kommt eine Versteuerung als privates Veräußerungsgeschäft entweder nach § 23 Abs. 1 Satz 1 Nr. 2 oder Nr. 4 EStG in Betracht; s. Bandbreiten-Zertifikate Rdnr. 1237, Capped Warrants Rdnr. 1274, Range Warrants Rdnr. 1432.

- **Disagio (Abgeld)**

Unterschiedsbetrag zwischen Emissionskurs (Ausgabebetrag) und Rückzahlungskurs (Nennwert) einer Anleihe. Anleihen werden mit einem Preisabschlag auf ihren Nennwert emittiert (Emissionsdisagio), um eine Feineinstellung der Nominalverzinsung an den im Emissionszeitpunkt üblichen Kapitalmarktzins zu erreichen. Das Disagio bewirkt bei fester Nominalverzinsung eine Erhöhung des Effektivzinses (Rendite) und gewährt so dem Stpfl. einen zusätzlichen Anreiz zur Zeichnung der Anleihe; zur steuerlichen Behandlung des Disagio s. Disagio-Anleihen. Als Disagio oder Damnum wird darüber hinaus auch der Auszahlungsabschlag (Abgeld) im Zusammenhang mit einer Darlehensgewährung bezeichnet. Hier führt das Disagio zu einer Minderung der auszuzahlenden Darlehenssumme und damit für den Darlehensnehmer zur Erhöhung der Effektivverzinsung; s. Emissionsdisagio.

1305

- **Disagio-Anleihen** (deep discount bonds)

Herkömmliche, verzinsliche Schuldverschreibungen, die zur Feineinstellung des Zinssatzes (Anpassung an die aktuelle Kapitalmarktsituation im Zeitpunkt der Emission) mit einem Disagio (Emissionsdisagio) auf den Nennwert emittiert werden.

1306

▷ **Besteuerungshinweise:**

Laufende Zinsen sind Einnahmen i. S. v. § 20 Abs. 1 Nr. 7 EStG. Das Disagio ist steuerfrei, wenn es sich im Rahmen der Disagio-Staffel[1] hält. Übersteigt das Disagio die im Erlass genannten Grenzen, liegen bei Endeinlösung durch den Ersterwerber in Höhe des Disagios Einnahmen i. S. v. § 20 Abs. 1 Nr. 7 EStG vor. Bei Veräußerung während der Laufzeit werden Stückzinsen berechnet, die beim Veräußerer nach § 20 Abs. 2 Satz 1 Nr. 3

---

1 BMF-Schreiben v. 24. 11. 1986, BStBl I 1986, 539.

EStG stpfl. sind. Der Erwerber kann gezahlte Stückzinsen im Jahr der Zahlung abziehen. Das stpfl. Disagio ist besitzzeitanteilig beim Veräußerer zu erfassen (§ 20 Abs. 2 Satz 1 Nr. 4 Satz 1 Buchst. a EStG). Die Höhe der stpfl. Einnahmen ist entweder anhand der Emissionsrendite (§ 20 Abs. 2 Satz 1 Nr. 4 Satz 2 und 3 EStG) abzüglich gezahlter Zinsen und Stückzinsen oder über die Marktrendite (§ 20 Abs. 2 Satz 1 Nr. 4 Satz 2 EStG) zu ermitteln; die abweichende Bemessungsgrundlage ist bei der Kapitalertragsteuer zu beachten (§ 43a Abs. 2 Satz 3 EStG; sog. Ersatzbemessungsgrundlage).

- **Discount-Zertifikate**

1307 Sammelbegriff für Zertifikate, mit denen der Kapitalanleger auf die Wertentwicklung einer bestimmten Aktie spekuliert. Je nach Ausstattung erhält der Anleger am Ende der Laufzeit lediglich einen Barbetrag mit oder ohne Aktie ausgezahlt oder nur die Aktie geliefert; zur Besteuerung s. Zertifikate Rdnr. 1502, 1191.

- **Diskont**

1308 Der für die Zeit vom Ankaufstag einer noch nicht fälligen, nominal unverzinslichen Forderung bis zum Fälligkeitstag abgezogene Geldbetrag. Diskontbeträge sind eine besondere Form von Zinsen, die der Erwerber beim Ankauf einer Forderung vorweg vom Nominalbetrag der Forderung abzieht. Nominalbetrag der Forderung abzüglich Diskont ergibt den Kaufpreis der Forderung. Dieser Vorwegabzug (Diskontierung) unterscheidet den Diskont von den i. d. R. nachträglich berechneten Zinsen herkömmlicher Art. Diskontiert werden insbesondere von Kreditinstituten angekaufte, noch nicht fällige Wechsel und Anweisungen, mit denen sich der Veräußerer des Wertpapiers bereits vor Fälligkeit der Forderung flüssige Geldmittel beschafft. Diskonte aus Wechseln und Anweisungen (einschließlich Schatzwechsel) sind im Privatbereich stpfl. Erträge nach § 20 Abs. 1 Nr. 8 EStG.

- **Dividende**

1309 (Offene) Gewinnausschüttung einer AG oder Genossenschaft; sie ist stpfl. nach § 20 Abs. 1 Nr. 1 Satz 1 EStG; s. Rdnr. 630 ff.

• Dividendenscheine (Kupons)

Gewinnanteilscheine (Inhaberpapiere), die einer Aktie beigefügt sind. Sie dienen der Auszahlung der Dividende, der Ausübung des Bezugsrechts und der Auszahlung sonstiger Ausschüttungen (Boni). Die Scheine werden bei Fälligkeit von der Aktie abgetrennt und eingelöst. Der letzte Abschnitt des Dividendenbogens dient der Erneuerung. Bei seiner Vorlage wird ein neuer Dividendenbogen (Erneuerungsschein) mit entsprechenden Dividendenscheinen ausgegeben; s. Dividende Rdnr. 1309 und Dividenden-Stripping Rdnr. 1311.

1310

• Dividenden-Stripping

Umwandlung von steuerpflichtigen Kapitalerträgen in Form von Gewinnanteilen (Dividenden) i. S. des § 20 Abs. 1 Nr. 1 Satz 1 EStG in nicht steuerbare Kursgewinne. Ursache für die Gestaltung liegt in der unterschiedlichen steuerlichen Behandlung von Kapitalerträgen und Kursgewinnen bei Steuerinländern und Steuerausländern, bei Privatpersonen und Stpfl. mit gewerblichen Einkünften. Die Grundform des Dividenden-Stripping liegt in einem Verkauf der im Privatvermögen gehaltenen Aktien kurz vor dem Gewinnverteilungsbeschluss durch die Hauptversammlung und anschließendem Rückkauf der Aktien nach diesem Termin. Dabei wird von der Annahme ausgegangen, dass die Aktie vor dem Ausschüttungstermin einen Kursanstieg verzeichnet und der sich daraus realisierte Kursgewinn nach Ablauf der Jahresfrist aus § 23 Abs. 1 Satz 1 Nr. 2 EStG steuerfrei vereinnahmt werden kann, während für den Fall, dass die Aktien über den Ausschüttungstermin hinweg gehalten werden, die Ausschüttung zu steuerpflichtigen Einnahmen nach § 20 Abs. 1 Nr. 1 Satz 1 EStG führen würde. Nach dem Dividendentermin werden die Aktien um den sog. Dividendenabschlag preiswerter zurückgekauft. Unter dem System des körperschaftsteuerlichen Anrechnungsverfahrens wurde das Dividenden-Stripping auch von ausländischen Kapitalanlegern genutzt, um wirtschaftliche in den Genuss der Anrechnung der deutschen KSt zu kommen (Veranlagungsjahre vor 2001). Mit Urteil v. 7. 9. 2004 – Rs. C-319/02, Manninen, hat der EuGH den Ausschluss von EU-Ausländern aus dem nationalen Anrechnungsverfahren anderer EU-Staaten für europarechtswidrig erklärt und die Anrechnung zugelassen.[1]

1311

---

1 Zum Dividenden-Stripping im Halbeinkünfteverfahren s. Pflüger, GStB 2003, 369.

• DM-Auslandsanleihen

1312 Sammelbegriff für Schuldverschreibungen, die in DM emittiert sind; s. Anleihen Rdnr. 1223.

• Doppelwährungs-Anleihen

1313 Fest oder variabel verzinsliche Anleihen, bei denen die Zinsen und/oder die Rückzahlung des Kapitals in einer anderen Währung erfolgen als die Kapitaleinzahlung durch den Gläubiger.

▷ **Besteuerungshinweise:**

Zinsen sind – zum Fälligkeitszeitpunkt umgerechnet – stpfl. Einnahmen i. S. d. § 20 Abs. 1 Nr. 7 EStG. Währungs- und Kursverluste aus der Zinsumrechnung sind im privaten Bereich steuerrechtlich unbeachtlich.[1] Bei variabel verzinsten Anleihen ist auch das Veräußerungsentgelt oder der Einlösungsgewinn stpfl. Einnahme aus Kapitalvermögen § 20 Abs. 2 Satz 1 Nr. 4 Buchst. c und d EStG (Kursdifferenzpapiere). Wird als Bemessungsgrundlage die Differenz zwischen Veräußerungsentgelt und Anschaffungskurs (Marktrendite) gewählt, ist die Marktrendite zunächst in der Fremdwährung zu ermitteln und anschließend in Euro umzurechnen, um Währungsschwankungen aus der Besteuerung des Kapitalertrags herauszuhalten. Anders bei Ermittlung des Veräußerungsgewinns zur Besteuerung aus § 23 Abs. 1 Satz 1 Nr. 2 EStG. Hier ist die Marktrendite in Euro zu ermitteln, wodurch Währungsschwankungen in den Veräußerungsgewinn/-verlust einfließen.[2]

• Down-Rating-Anleihen

1314 Verzinsliche, meist langlaufende Unternehmens-Schuldverschreibungen, bei denen die Verzinsung vom Rating des Unternehmens abhängt. Sinkt das Rating erhöht sich das Kapitalrückzahlungsrisiko, weshalb die Emissionsbedingungen ausgehend von einem Basiszinssatz eine Zinsanpassung für diesen Fall vorsehen.

---

1 BFH, U. v. 9. 11. 1993, BStBl II 1994, 289.

2 Zur Besteuerung von Fremd- und Doppelwährungsanleihen im Privatvermögen s. Haisch, DStR 2003, 2202.

▷ **Besteuerungshinweise:**
Die Finanzverwaltung stuft Down-Rating-Anleihen als finanzinnovative Wertpapiere ein und wendet beim Zwischenerwerb oder der Einlösung § 20 Abs. 2 Satz 1 Nr. 4 Buchst. c EStG an. Realisierte Gewinne aber auch Kursverluste sind danach auch außerhalb der Spekulationsfrist des § 23 Abs. 1 Satz 1 Nr. 2 EStG steuerlich relevant.[1]

- **Dreimonatsgeld**

Termingeld für 90 Tage; s. Einlagen Rdnr. 1321. 1315

- **Drittwährungs-Anleihen**

Auslandsanleihen, die weder auf die Währung des Schuldners (Emittenten) noch auf die Währung des Emissionslands lauten; s. Anleihen Rdnr. 1223. 1316

- **Drop-Lock-Floater**

Variabel verzinste Anleihe, die sich automatisch in eine nicht mehr rückgängig zu machende Festzinsanleihe mit bereits vorher festgelegtem Zinskupon wandelt, wenn der Marktzins einen vorher vereinbarten Referenzzins unterschreitet. 1317

▷ **Besteuerungshinweise:**

Laufende Zinsen sind nach § 20 Abs. 1 Nr. 7 EStG, vereinnahmte Stückzinsen nach § 20 Abs. 2 Satz 1 Nr. 3 EStG steuerpflichtig; bei Zwischenveräußerung kommt § 20 Abs. 2 Satz 1 Nr. 4 Buchst. d EStG (Kursdifferenzpapier) zur Anwendung.

- **Dual Currency Issues oder Bonds**

Siehe Doppelwährungs-Anleihen. 1318

- **Dual Index Floating Rate Notes**

Variabel verzinste Schuldverschreibungen, bei denen die Verzinsung zum jeweils höheren Satz von zwei Referenzzinssätzen (z. B. EURIBOR/LIBOR) erfolgt; s. Floater. 1319

---

[1] A. A. zutreffend FG Niedersachsen, U. v. 29. 11. 2004, 11 K 269/04, für den Fall einer positiven Marktrendite, Rev., Az. des BFH: VIII R 6/05; ebenso FG Berlin, U. v. 22. 4. 2004, 1 K 1100/03, für den Fall einer negativen Marktrendite, Rev., Az. des BFH: VIII R 48/04.

• Duo-Anleihen

1320 Siehe Repay-Bonds Rdnr. 1437.

• Einlagen bei Kreditinstituten

1321 Zivilrechtlich i. d. R. Darlehen i. S. v. §§ 488 ff. BGB, es sei denn, es liegt eine unregelmäßige Verwahrung nach § 700 BGB vor. Diese unterscheidet sich vom Darlehen dadurch, dass die Hingabe eines Geldbetrags überwiegend im Interesse des Hinterlegers und nicht – wie beim Darlehen – im Interesse des Empfängers liegt. Nach der Legaldefinition in § 1 KWG enthält das Einlagengeschäft der Kreditinstitute die Annahme fremder Gelder als Einlage mit oder ohne Verzinsung aufgrund typisierter Verträge als Darlehen oder zur unregelmäßigen Verwahrung; s. Darlehen Rdnr. 1292.

• Einlagenzertifikate

1322 Siehe Certificates of Deposit Rdnr. 1279.

• Emissionsdisagio

1323 Abschlag auf den Nennwert (Emissionskurs) einer festverzinslichen Anleihe bei Emission des Wertpapiers. Der Abschlag dient der Feineinstellung (Adjustierung) des Zinssatzes an die im Emissionszeitpunkt herrschenden Kapitalmarktbedingungen. Bei feststehender Nominalverzinsung bewirkt der Abschlag eine Erhöhung des Effektivzinssatzes und der Rendite der Kapitalanlage.

▷ **Besteuerungshinweise:**

Das Emissionsdisagio ist grundsätzlich Zinsertrag und nach § 20 Abs. 1 Nr. 7 EStG bei Einlösung der Anleihe stpfl. Ausnahme: Die Disagio-Staffel aus dem Emissionsdisagio-Erlass[1] wird eingehalten. Liegt das Emissionsdisagio außerhalb der Staffel, kommt es bei Zwischenveräußerung oder Einlösung zur Anwendung des § 20 Abs. 2 Satz 1 Nr. 4 Buchst. a EStG; s. Disagio-Anleihen Rdnr. 1306.

• Emissionsdiskont

1324 Abschlag vom Nennwert einer Anleihe bei der Emission des Wertpapiers. Von Emissionsdiskont spricht man, wenn sich zwischen dem formellen

---

[1] BMF-Schreiben v. 24. 11. 1986, BStBl I 1986, 539; s. Anhang.

Abschluss des Emissionsverfahrens und dem Ausgabezeitpunkt des Wertpapiers der Kapitalmarktzins ändert und eine Anpassung des Nominalzinssatzes erforderlich wird, um die Anleihe am Kapitalmarkt platzieren zu können. – Dagegen dient das Emissionsdisagio ganz allgemein der Anpassung des Zinssatzes und wird i. d. R. bereits in die Emissionsbedingungen aufgenommen. – Ein Emissionsdiskont stellt beim Ersterwerber stpfl. Einnahmen (Zinsersatz) dar, wenn die Anleihe nominal deutlich unter dem Kapitalmarktniveau verzinst wird (§ 20 Abs. 1 Nr. 7, Abs. 2 Nr. 1 EStG). Aus Vereinfachungsgründen wird der Diskont nur dann steuerlich erfasst, wenn die im BMF-Schreiben v. 24. 11. 1986[1] aufgeführten Staffelsätze überschritten werden. Wird gleichzeitig ein Emissionsdisagio gewährt, so ist es zur Berechnung der Staffel-Sätze dem Diskont hinzuzurechnen.

• **Entschädigungen**

Entschädigungen, z. B. für eine faktische Bausperre, sind keine Einnahmen aus Kapitalvermögen. Das gilt auch dann, wenn die Höhe der Entschädigung anhand eines gedachten Erbbauzinses errechnet wird.[2] Wird die Entschädigung verspätet ausgezahlt, so liegen in Höhe der Verzugszinsen Einnahmen i. S. d. § 20 Abs. 1 Nr. 7 Satz 1 EStG vor.[3] 1325

• **Equity Linked Bonds**

Siehe Aktienanleihen Rdnr. 1212. 1326

• **Erstattungszinsen** (Prozesszinsen, § 236 AO)

Einnahmen i. S. d. § 20 Abs. 1 Nr. 7 EStG.[4] Zurückgezahlte Erstattungszinsen sind im Jahr der Zahlung negative Einnahmen aus Kapitalvermögen.[5] 1327

---

1 BStBl I 1986, 539.
2 BFH, U. v. 12. 9. 1985, BStBl II 1986, 252.
3 BFH, U. v. 22. 4. 1980, BStBl II 1980, 570.
4 BFH, U. v. 18. 2. 1975, BStBl II 1975, 568.
5 FG Hamburg, U. v. 23. 10. 2003, EFG 2004, 498, Rev. zurückgewiesen; BFH, U. v. 8. 11. 2005 VIII R 105/03, BFH/NV 2006, 527; FG Niedersachsen, U. v. 18. 2. 2003 – 3 K 252/02, rkr.

• Ertragausgleichsbeträge

1328 Erträge, die von den Investmentgesellschaften in den Ausgabepreis ihrer Investmentanteile eingerechnet werden. Die Ausgleichsbeträge entstehen dadurch, dass bei Ausgabe neuer Investmentanteile und Zeichnung durch **Neuerwerber** während des laufenden Geschäftsjahres bereits bis zum Kauf der Anteile durch den neuen Anleger Erträge angefallen sind. Der Neuanleger hat diese vor seinem Eintritt erwirtschafteten Erträge mit dem Ausgabepreis zu bezahlen. Als Ausgleich erhält er am Ende des Geschäftsjahres auch Erträge ausgeschüttet, die vor seinem Eintritt angefallen sind. Durch dieses Verfahren wird gewährleistet, dass alle Investmentanleger unabhängig vom Zeitpunkt des Erwerbs ihrer Anteile gleichmäßig an den Ausschüttungen oder ausschüttungsgleichen Erträgen (Thesaurierungen) teilhaben. Ausgleichsbeträge können nicht wie **Stückzinsen** von den stpfl. Ausschüttungen abgezogen werden; s. Rdnr. 1465 ff.

• Euro-Bonds

1329 Sammelbegriff für Schuldverschreibungen, die in Euro emittiert werden; s. Anleihen Rdnr. 1223.

• Exchange Traded Funds (ETF)

1330 Börsennotierte Investmentfonds, die wie Aktien während der gesamten Börsenzeit ge- und verkauft werden können. Das von der Fondsgesellschaft gebildete (passiv oder aktiv gemanagte) Investmentvermögen besteht häufig aus den Aktien bestimmter Indices, z. B. DAX oder STOXX. Der Wert des ETF hängt somit von der Wertentwicklung des jeweiligen Index ab. Die Besteuerung der Fondserträge folgt den allgemeinen Regeln für Investmenterträge; s. Investmentfonds Rdnr. 1386.

• Festzinsanleihen

1331 Sammelbegriff für Schuldverschreibungen, deren Verzinsung bereits mit der Emission über die gesamte Laufzeit festgeschrieben ist; s. Anleihen Rdnr. 1223.

• Financial Futures

1332 Sammelbegriff für Termingeschäfte an der EUREX (verdeckte Differenzgeschäfte) auf Aktien, Anleihen, Währungen, Indizes u. a. Basisgüter, bei denen es nicht auf die Verschaffung des Basisguts, sondern i. d. R.

Finanzinnovationen (Finanzproduktinnovationen)

auf einen Differenzausgleich ankommt; s. Termingeschäfte Rdnr. 1475, 1187 ff.

● **Finanzierungsschätze**

Nicht börsennotierte, kurzlaufende (ein und zwei Jahre), abgezinste Schuldverschreibungen des Bundes mit einer kleinsten Stückelung von 500 €, ohne laufende Verzinsung. Das Emissionsdisagio ist bei Einlösung steuerpflichtiger Zinsertrag i. S. d. § 20 Abs. 1 Nr. 7 Satz 1 EStG. 1333

● **Finanzinnovationen** (Finanzproduktinnovationen)

Sammelbegriff für Wertpapiere und Kapitalforderungen, bei denen die herkömmlichen Ausstattungsmerkmale wie Laufzeit, Verzinsung und Kapitalrückzahlung in bestimmter Weise verändert wurden. Anstelle eines festen Zinssatzes wird beispielsweise eine variable Verzinsung vereinbart oder der Zinssatz wird von einem ungewissen Ereignis z. B. der Höhe eines Referenzzinssatzes oder eines Index, abhängig gemacht (Floating Rate Notes, Index-Anleihen). Die übliche Kapitalrückzahlung am Ende der Laufzeit einer Schuldverschreibung kann durch ein Gläubiger- oder Schuldnerwahlrecht ersetzt worden sein (Aktien- oder Umtauschanleihen). Neben der Abhängigkeit der Verzinsung von einem Index kann auch die Höhe der Kapitalrückzahlung von der Entwicklung eines Index abhängig gemacht werden. Der Begriff ist kein steuerrechtlicher, wird aber steuerrechtlich für alle Wertpapierprodukte gebraucht, die von ihren Ausstattungsmerkmalen her die Tatbestandsvoraussetzungen des § 20 Abs. 2 Satz 1 Nr. 4 Buchst. a – d EStG erfüllen. In den banküblichen Abrechnungen werden diese Produkte häufig auch als **Kursdifferenzpapiere** bezeichnet. 1334

Die steuerrechtliche Besonderheit dieser Produkte besteht darin, dass die Einnahmen aus der Veräußerung während der Laufzeit oder die Einnahmen bei Einlösung durch Zwischenerwerber nach dem 1994 eingeführten § 20 Abs. 2 Satz 1 Nr. 4 EStG unabhängig von einer Frist steuerlich relevant sind.

Zinsabschlag: Ferner ist bei diesen Produkten zu beachten, dass es z. B. bei einer Depotübertragung zu einer vom materiellen Kapitalertrag abweichenden ZASt. Bemessungsgrundlage (Ersatzbemessungsgrundlage) im Veräußerungs- oder Einlösungsfall kommen kann (§ 43a Abs. 2 EStG).

• Floating Rate Notes (Floater)

1335 Variabel verzinsliche Schuldverschreibungen (Anleihen), bei denen der Zinssatz in bestimmten Abständen der Entwicklung eines bestimmten Kapitalmarktzinses (z. B. LIBOR oder EURIBOR) angepasst wird. Die Anpassung erfolgt entweder unmittelbar an den Referenzzins oder durch Abzug des Referenzzinssatzes von einem Nominalzins der Anleihe (Reverse Floater). Die Anpassung an den Referenzzins kann auch mit einem Zuschlag (Zuschlag-Floater) oder einem Abschlag (Abschlag-Floater) erfolgen (EURIBOR plus v. H. oder EURIBOR minus v. H.). Ferner kann die Anpassung nach oben durch eine Zinsobergrenze (Cap Floater) und/oder nach unten (Floor Floater) begrenzt sein.

▷ **Besteuerungshinweise:**

Laufende Erträge: Die laufenden Zinserträge sind nach § 20 Abs. 1 Nr. 7 Satz 1 EStG stpfl. Einnahmen.

Zwischenveräußerung: Der Veräußerer hat nach § 20 Abs. 2 Satz 1 Nr. 3 EStG die empfangenen **Stückzinsen** zu versteuern. Der Erwerber kann diese im Jahr der Zahlung als negative Einnahmen aus Kapitalvermögen ansetzen. Der Veräußerungserlös ist dem Wortlaut des § 20 Abs. 2 Satz 1 Nr. 4 Satz 1 Buchst. a und b sowie Satz 2 EStG nach und nach Auffassung der FinVerw. auch außerhalb der Jahresfrist des § 23 Abs. 1 Satz 1 Nr. 2 EStG stpfl.,[1] der in der Besteuerung des Veräußerungsentgelts einen Verstoß gegen den **Gleichheitsgrundsatz** des Art. 3 Abs. 1 GG sieht, weil z. B. Festzinsanleihen von dieser Regelung nicht erfasst werden und diese unterschiedliche Besteuerung sachlich nicht gerechtfertigt ist. Der Rechtsprechung ist zuzustimmen, weshalb die Floater-Besteuerung erneut an die Finanzgerichte herangetragen werden sollte.[2] Die Änderung des § 20 Abs. 2 Satz 1 Nr. 4 Satz 2 EStG durch das StÄndG 2001 hat die Problematik nicht beseitigt. Nunmehr ist lediglich gesetzlich geregelt, dass auch Wertpapiere ohne Emissionsrendite unter die Bestimmungen des § 20 Abs. 2 Satz 1 Nr. 4 EStG fallen. An der nicht sachgemäßen unterschiedlichen Behandlung von Festzins- und variabel verzinsten Anleihen hat sich nichts geändert.

---

1 A. A. BFH, U. v. 24. 10. 2000, VIII R 28/99, BStBl II 2001, 97.
2 Harenberg, Finanzämter dürfen Floater-Urteil nicht anwenden, GStB 2001, 157.

Steuerliche Bemessungsgrundlage ist die Marktrendite, da aufgrund der ungewissen Zinsentwicklung keine Emissionsrendite errechenbar ist (§ 20 Abs. 1 Satz 1 Nr. 4 Satz 2 EStG).

Einlösung: Einlösunggewinne oder -verluste sind nach Auffassung der FinVerw. gemäß § 20 Abs. 2 Satz 1 Nr. 4 Satz 4 EStG steuerlich relevant (str.).[1]

- **Floors** (Zinsausgleichszertifikate)

Vertragliche Vereinbarung einer Zinsuntergrenze im Rahmen eines zinsvariablen Darlehens, bezogen auf einen zugrunde liegenden nominellen Kapitalbetrag. Fällt der Referenzzins unter die vereinbarte Zinsuntergrenze (Floor), muss der Verkäufer des Floors (Kreditnehmer) die Differenz zum Referenzzins dem Käufer (Darlehensgeber) erstatten. Der Kreditnehmer verpflichtet sich mit dem Verkauf eines Floors, einen bestimmten Mindestzins zu zahlen, wodurch dem Käufer (Darlehensgeber) ein Mindestzinsertrag garantiert wird. Ausgleichszahlungen erfolgen nur dann, wenn der Referenzzins an den festgelegten Zinsterminen unterhalb der Zinsuntergrenze liegt. Die Ausgleichszahlungen sind jeweils am Ende der Zinsperiode fällig. Für den Erwerb des Floors hat der Käufer eine Prämie zu zahlen, die keine Einnahme i. S. d. § 20 Abs. 1 EStG darstellt.

1336

- **Fondsgebundene Lebensversicherungen**

Kapitalversicherungen auf den Todes- oder Erlebensfall. Der Unterschied zu herkömmlichen Lebensversicherungen liegt darin, dass der in den Versicherungsbeiträgen enthaltene Sparanteil ausschließlich in Wertpapieren angelegt wird. Diese Wertpapiere werden in einem besonderen Anlagestock als Teil des Deckungsstocks geführt, in den auch die Erträge nach erfolgter Wiederanlage einfließen. Im Versicherungsfall (Ablauf oder Tod des Versicherten) wird die Versicherungsleistung aus dem Deckungsstock in Form von Wertpapieren erbracht. Der Berechtigte kann auch die Auszahlung einer Geldsumme verlangen. Kapitalerträge aus fondsgebundenen Lebensversicherungen sind unter den gleichen Voraussetzungen steuerpflichtig wie Erträge aus herkömmlichen Lebensversicherungen (§ 20 Abs. 1 Nr. 6 Satz 4 EStG a. F.); s. Lebensversicherungen. Die danach unter bestimmten Bedingungen bestehende Steuerfreiheit der Versicherungszin-

1337

---

1 BFH, U. v. 10. 7. 2001, VIII R 22/99, BFH/NV 2001, 1555 und Beschl. v. 5. 8. 2005, VIII B 133/04, BFH/NV 2005, 2187.

sen ist für Verträge, die nach dem 31. 12. 2004 abgeschlossen werden, durch das Alterseinkünftegesetz aufgehoben worden. Unter bestimmten Voraussetzungen findet am Ende der Laufzeit eine nachgelagerte Besteuerung der Differenz zwischen ausgezahlter Versicherungsleistung und der darauf entrichteten Beiträge statt. Bei Vorliegen weiterer Voraussetzungen sind nur 50. v. H. des Differenzbetrags als Einnahme zu versteuern (§ 20 Abs. 1 Nr. 6 EStG n. F.).

- **Fondsindex-Zertifikate**

1338 Sonderform von Zertifikaten, denen nicht einzelne Aktien, Aktienkörbe oder ein Aktienindex zugrunde liegen, sondern ein aus verschiedenen Investmentfonds gebildeter Index. Die Besteuerung hängt davon ab, ob eine Kapitalrückzahlung zumindest teilweise zugesagt ist (§ 20 Abs. 1 Nr. 7 EStG) oder nicht (§ 23 Abs. 1 Satz 1 Nr. 2 bzw. Nr. 4 EStG); s. Zertifikate Rdnr. 1191, 1502.

Beispiel:
Index-Zertifikat für Fondsinvestments von Merrill Lynch, WKN 687188, vom 3. 8. 2001, Emissionskurs 103 €, Laufzeit bis 3. 8. 2006, Kapitalrückzahlung 100 € je Zertifikat garantiert. In den Fondsindex werden die in der jeweiligen Region ertragreichsten Aktienfonds eingestellt.

- **Freiaktien** (Zusatz- oder Berichtigungsaktien)

1339 Gewährt die Gesellschaft im Zuge einer Kapitalerhöhung Aktien, für die sie vollständig oder teilweise die Verpflichtung der Aktionäre zur Leistung einer bestimmten Einlage übernimmt, liegen aus der Sicht der Aktionäre Freiaktien (fälschlicherweise oft als Gratisaktien bezeichnet) vor. Der Aktionär wird von seiner Einlageverpflichtung freigestellt. Der Bezug von Freiaktien erfüllt alle Merkmale eines stpfl. sonstigen Bezugs i. S. d. § 20 Abs. 1 Nr. 1 Satz 1 EStG und eines besonderen Entgelts oder Vorteils i. S. d. § 20 Abs. 2 Satz 1 Nr. 1 EStG. Insbesondere führt der Bezug zu einem Vermögensvorteil beim Aktionär und zu einer Vermögensminderung bei der Gesellschaft, die aus ihrem Gesellschaftsvermögen die Einlage der Aktionäre zu erbringen hat. Der geldwerte Vorteil der Aktionäre kann u. E. nicht mit der durch die Kapitalerhöhung eintretenden Wertminderung der Altaktien verrechnet werden. Altaktien und Freiaktien sind selbständige Wirtschaftsgüter, weshalb sich eine Saldierung der Vorteile durch den Bezug der Freiaktien mit der Wertminderung der Altaktien verbietet. Der Bezug von Freiaktien stellt deshalb grundsätzlich eine steuerbare Ein-

nahme i. S. d. § 20 Abs. 1 Nr. 1 Satz 1 EStG dar. Offensichtlich gehen auch die Sonderregelungen für Ausschüttungen aus dem Veräußerungsentgelt von Bezugsrechten auf Freiaktien durch Wertpapier-Sondervermögen (Investmentfonds) in § 2 Abs. 3 InvStG davon aus. Die Einnahmen sind allerdings unter den Voraussetzungen des § 1 KapErhStG steuerfrei, wenn die Kapitalerhöhung aus Gesellschaftsmitteln (Umwandlung von Rücklagen in Grundkapital bzw. Nennkapital)
- **einer inländischen Kapitalgesellschaft** i. S. d. § 1 Abs. 1 Nr. 1 KStG (AG, GmbH, KGaA) erfolgt oder aber
- **einer ausländischen Gesellschaft**, die einer inländischen AG, GmbH oder KGaA vergleichbar ist, erfolgt und die Freiaktien nach mit inländischen Kapitalerhöhungsvorschriften vergleichbaren Regelungen (§§ 207 – 220 AktG) ausgegeben werden (§ 7 Abs. 1 KapErhStG).

- **Fremdwährungsanleihen**

Sammelbegriff für Anleihen, die von inländischen oder ausländischen Emittenten in einer landesfremden Währung begeben werden. Die in ausländischer Währung erfolgten Zinszahlungen werden dem Anleger in Euro nach dem am Fälligkeitstag geltenden **Devisengeldkurs** gutgeschrieben.

▷ **Besteuerungshinweise:**

Ergibt sich im Veräußerungsfall ein Kursgewinn aus der Fremdwährung, so ist dieser im Rahmen von § 23 EStG zu erfassen. Ansonsten keine steuerlichen Besonderheiten zu inländischen Anleihen; ein Veräußerungsgewinn bzw. die Marktrendite ist nach § 20 Abs. 2 Satz 1 Nr. 4 Satz 2 EStG in der Fremdwährung zu errechnen (bei § 23 Abs. 1 Satz 1 Nr. 2 EStG) und erst dann in Euro umzurechnen; s. Rdnr. 1145.

- **Fremdwährungsdarlehen**

Darlehen, das in einer ausländischen Währung aufgenommen und verzinst wird. Zinsen sind in Höhe der sich am Fälligkeitstag durch Umrechnung in Euro ergebenden Beträge steuerpflichtig (§ 20 Abs. 1 Nr. 7 EStG). Währungsverluste sind im Privatbereich außerhalb der Jahresfrist des § 23 Abs. 1 Satz 1 Nr. 2 EStG steuerrechtlich unbeachtlich.[1]

---

1 BFH, U. v. 9. 11. 1993, BStBl II 1994, 289, und v. 2. 5. 2000, BStBl II 2000, 469.

- **Full-Index-Link-Anleihe**

1342 Anleihe, bei der sowohl der Ertrag als auch die Rückzahlung des Kapitals an einen bestimmten Index (z. B. Aktien- oder Rentenindex) gekoppelt ist. Je nach Entwicklung des Index erhält der Kapitalanleger entweder einen positiven Ertrag oder verliert ganz oder teilweise sein eingesetztes Kapital.

▷ **Besteuerungshinweise:**

Da weder Rückzahlung des Kapitals noch die Verzinsung garantiert sind, handelt es sich um ein rein spekulatives Papier.[1] Die Voraussetzungen des § 20 Abs. 1 Nr. 7 EStG liegen nicht vor, die Erträge sind deshalb als Kapitalerträge nicht stpfl.; allenfalls kommt bei Zwischenveräußerung innerhalb der Jahresfrist eine Besteuerung aus § 23 Abs. 1 Satz 1 Nr. 2 EStG oder bei Rückzahlung nach § 23 Abs. 1 Satz 1 Nr. 4 EStG (Zertifikate) in Betracht.

- **Fundierungsanleihen**

1343 Allgemein in Anleihen umgewandelte kurzfristige Verbindlichkeiten, insbesondere dreiprozentige Schuldverschreibungen des Bundes, mittels derer seit 1990 die im Londoner Schuldenabkommen von 1953 verbrieften Zinsrückstände aus den Auslandsanleihen des Deutschen Reiches getilgt werden; für laufende Erträge gilt § 20 Abs. 1 Nr. 7 EStG.

- **Futures**

1344 Siehe Termingeschäfte Rdnr. 1475, 1156 und Financial Futures Rdnr. 1332, 1187.

- **Garantiedividende**

1345 Siehe Ausgleichszahlungen Rdnr. 1232.

- **Garantiespannen-Zertifikate**

1346 Besondere Form der Zertifikate, mit denen die Emittenten (Banken) versuchen, bestimmte steuerrechtliche Folgen einer garantierten Rückzahlung des eingesetzten Kapitals zu vermeiden. Zugesagt wird z. B. die ganz oder teilweise Rückzahlung des Kapitals bis zu einer Verlustgrenze von 20 v. H. Liegt der Kapitalverlust am Ende der Laufzeit des Zertifikats zwischen 0

---

[1] BMF-Schreiben v. 21. 7. 1998 – IV B 4 – S 2252 – 116/98, und v. 27. 11. 2001, BStBl I 2001, 986.

und 20 v. H. erhält der Anleger sein Kapital (Kaufpreis) zurück. Liegt der Verlust über 20 v. H. wird der Verlust durch entsprechend geminderte Kapitalrückzahlung realisiert.

▷ **Besteuerungshinweise:**
Zertifikate, die eine ganz oder teilweise Rückzahlung des eingesetzten Kapitals garantieren, werden von § 20 Abs. 1 Nr. 7 EStG und nicht von § 23 Abs. 1 Satz 1 Nr. 4 Satz 2 EStG erfasst. Gleichwohl fällt u. E. das Garantiespannen-Zertifikat nicht unter § 20 Abs. 1 Nr. 7 EStG, weil nicht nur der Kapitalertrag, sondern auch die Kapitalrückzahlung von einem ungewissen Ereignis abhängt. Sind beide Elemente, Ertrag und Rückzahlung, jedoch ungewiss, fällt das Produkt in den Anwendungsbereich des § 23 Abs. 1 Satz 1 Nr. 4 EStG. Gewinne bzw. Verluste sind deshalb nur innerhalb der Jahresfrist steuerlich relevant.[1]

Beispiel: Index-Zertifikat
A erwirbt am 1. 7. 2006 als Ersterwerber ein Index-Zertifikat zum Preis von 350 € bei einem Indexstand von 3 500 Punkten. Das Zertifikat läuft bis zum 31. 10. 2006. Nach den Emissionsbedingungen erhält A sein Kapital bis zu einem Indexrückgang von 20 v. H. in voller Höhe zurück. Am Ende der Laufzeit steht der Index bei 2870 Punkten (./. 18 v. H.), so dass A seinen Einsatz von 350 € zurück erhält. Steht der Index bei 2650 Punkten (./. 25 v. H.), so erhält A lediglich 265 € ausgezahlt. Der Verlust ist nicht im Rahmen des § 23 Abs. 1 Satz 1 Nr. 4 Satz 2 EStG zu erfassen, weil die Jahresfrist überschritten ist. Steht der Index am Ende der Laufzeit bei 4500 Punkten, werden 450 € ausgezahlt. Die Differenz zwischen dem Rückzahlungsbetrag und dem Erwerbsentgelt (100 €) ist nicht steuerbar, da die Frist des § 23 Abs. 1 Satz 1 Nr. 4 Satz 2 EStG verstrichen ist. § 20 EStG ist nicht tangiert.

- **Gekappte Optionsscheine**
Siehe Covered Warrants Rdnr. 1288.   1347

- **Geldmarktfonds** (money market fonds)
Wertpapier-Sondervermögen (Investmentfonds), die überwiegend oder ausschließlich in variabel oder festverzinsliche, nicht an der Börse gehandelte Wertpapiere (Geldmarktpapiere) mit kurzen Restlaufzeiten investieren. Die Erträge (Zinsen) werden in Form von zusätzlichen Fondsanteilen   1348

---

1 Zur Zertifikatsbesteuerung im Einzelnen s. Rdnr. 1191, 1502, und Harenberg, NWB F. 3, 3613.

vergütet. Die Besteuerung und der Kapitalertragsteuerabzug richten sich nach den für alle Investmenterträge geltenden Vorschriften des InvStG (ab 2004). Danach sind auch die thesaurierten Erträge im Jahr des Zuflusses, nicht erst bei Einlösung, Einnahmen nach § 2 Abs. 1 InvStG i. V. m. § 20 Abs. 1 Nr. 1 EStG, soweit keine Betriebseinnahmen vorliegen.

- **Genossenschaftsdividenden**

1349 Ausschüttungen auf genossenschaftliche Geschäftsguthaben. Sie sind grundsätzlich wie die Ausschüttungen von anderen Kapitalgesellschaften zu behandeln. Von den Genossenschaften wird häufig im Bereich des KapESt-Abzugs das 51-Euro-Verfahren, früher genannt 100-DM-Verfahren,[1] (Sofort-Auszahlung bei Dividenden bis 51 €) angewandt. Dem einzelnen Genossenschaftsmitglied wird dabei neben der Barausschüttung (Nettodividende) auch die auf die Dividende entfallende KapESt nebst Solidaritätszuschlag und das dazugehörige KSt-Guthaben, soweit noch das Anrechnungsverfahren Anwendung findet, sofort ausgezahlt (§ 45c Abs. 1 EStG).

- **Genussrechte**

1350 Laufende Erträge gehören zu den stpfl. Einnahmen nach § 20 Abs. 1 Nr. 7 EStG, wenn das Genussrecht lediglich eine Beteiligung am Gewinn gewährt. Bei Beteiligung am Gewinn und/oder Liquidationsgewinn Besteuerung der Erträge nach § 20 Abs. 1 Nr. 1 Satz 1 EStG. Bei Veräußerung fallen keine Stückzinsen an, da aufgelaufene Erträge im Kurs enthalten sind (sog. Flat-Notierung). Keine Veräußerungsgewinnversteuerung aus § 20 Abs. 2 Satz 1 Nr. 4 Satz 5 EStG. Veräußerung kurz vor dem Ausschüttungstermin ermöglicht somit außerhalb der Frist des § 23 Abs. 1 Satz 1 Nr. 2 EStG die steuerfreie Vereinnahmung der bis dahin aufgelaufenen Erträge. Inwieweit der Wiederkauf nach der Ausschüttung eine missbräuchliche Gestaltungsmöglichkeit des Rechts i. S. d. § 42 AO darstellt, muss im Einzelfall nach den Gesamtumständen beurteilt werden. Die Rechtsprechung stellt beim Verkauf auf eine endgültige Vermögensaufgabe ab.[2] Vermögenseinbußen infolge Wertverfalls und anschließende Einzie-

---

1 Philipowski/Schuler, Körperschaftsteuer und Kapitalertragsteuer, Bonn 1977, S. 23 ff.
2 BFH, U. v. 11. 10. 2000, BStBl II 2001, 22.

hung von Genussscheinen können nicht als Werbungskosten berücksichtigt werden.[1]

● **Genussscheine**

In einem Wertpapier verbriefte Genussrechte. 1351

● **Gewinnobligationen**

Schuldverschreibungen, die neben einer festen Verzinsung mit einer gewinn- oder dividendenabhängigen Zusatzverzinsung ausgestattet sind. Sie dürfen nur nach einem entsprechenden Beschluss der Hauptversammlung ausgegeben werden (§ 221 Abs. 1 Satz 1 AktG). Den Aktionären der Gesellschaft ist ein Bezugsrecht einzuräumen (§ 221 Abs. 4 AktG). Zinsen und Zusatzvergütung fallen unter § 20 Abs. 1 Nr. 7 Satz 1 EStG. 1352

● **Gewinnschuldverschreibungen**

Siehe Gewinnobligationen Rdnr. 1352. 1353

● **G. I. R. O.** (Guaranteed Investment Return Options)

Siehe Index-Optionsscheine mit garantierter Kapitalrückzahlung Rdnr. 1376, s. Money-Back-Zertifikat Rdnr. 1410, Zertifikate Rdnr. 1502, 1191. 1354

● **Girokonto**

Siehe Einlagen Rdnr. 1321. 1355

● **Gleitzins-Anleihen**

Schuldverschreibungen mit während der Laufzeit zunehmender oder abnehmender Verzinsung. 1356

▷ **Besteuerungshinweise:**

Laufende Zinsen fallen unter § 20 Abs. 1 Nr. 7 Satz 1 EStG.
Bei Veräußerung hat der Veräußerer Stückzinsen zu versteuern (§ 20 Abs. 2 Satz 1 Nr. 3 EStG), die beim Erwerber im Jahr der Zahlung abziehbar sind. Veräußerungsgewinne sind besitzzeitanteilig nach § 20 Abs. 2 Satz 1 Nr. 4 Buchst. d EStG steuerpflichtig („Kapitalerträge in unterschied-

---

1 FG Münster, U. v. 23. 5. 1991, EFG 1992, 16, rkr.

licher Höhe"). Die Höhe der stpfl. Einnahmen ist nach der Emissionsrendite (§ 20 Abs. 2 Satz 1 Nr. 4 Satz 3 EStG) abzüglich gezahlter Zinsen und Stückzinsen oder der Marktrendite (§ 20 Abs. 2 Satz 1 Nr. 4 Satz 2 EStG) zu ermitteln.

- **GmbH-Anteile**

1357 Gewinnausschüttungen aus der Beteiligung an einer GmbH sind stpfl. (§ 20 Abs. 1 Nr. 1 EStG) und unterliegen dem KapESt-Abzug von 20 v. H. (§§ 43 Abs. 1 Satz 1 Nr. 1, 43a Abs. 1 Nr. 1 EStG). Bei Gewinnen oder Verlusten aus der Veräußerung von im Privatvermögen gehaltenen Anteilen liegen nach § 17 Abs. 1 EStG Einkünfte aus **Gewerbebetrieb** vor, wenn der Veräußerer innerhalb der letzten 5 Jahre am Kapital der Gesellschaft mittelbar oder unmittelbar zu mindestens 1 v. H. beteiligt war. Gleiches gilt, wenn die Gesellschaft aufgelöst oder ihr Kapital herabgesetzt wird (§ 17 Abs. 4 EStG).

- **Grabpflegekonten**

1358 Siehe Rdnr. 466 ff.

- **Gratisaktien**

1359 Sammelbegriff für Berichtigungs-, Kapitalberichtigungs-, Wertberichtigungs-, Frei- oder Zusatzaktien, die im Rahmen von Kapitalerhöhungen aus Gesellschaftsmitteln nach §§ 207 – 216 AktG ausgegeben werden; s. Freiaktien Rdnr. 1339.

- **G. R. O. I. S. (Guaranteed Return on Investment)**

1360 Siehe Money-Back-Zertifikate, Zertifikate Rdnr. 1410, 1191, 1502.

- **Grundschulden**

1361 Zum Begriff s. Rdnr. 831 ff. Zinsen aus Grundschulden sind stpfl. Ertrag nach § 20 Abs. 1 Nr. 5 EStG. KapESt wird nicht abgezogen.

- **Grundschuldzinsen**

1362 Zinsen i. S. d. § 20 Abs. 1 Nr. 5 EStG.

• Grundstücks-Sondervermögen

Sonderform eines Investmentvermögens. Das dort eingelegte Geldvermögen wird überwiegend in Immobilien investiert (offener Immobilienfonds). Die vom Investmentvermögen erzielten Mieterträge werden auf der Ebene des Privatanlegers umqualifiziert zu Gewinnausschüttungen i. S. d. § 20 Abs. 1 Nr. 1 EStG (§ 2 Abs. 1 InvStG); s. Immobilienfonds Rdnr. 1372 und Investmentfonds Rdnr. 1385 ff.

1363

• Guthaben

Banktechnisch gesehen ist das Guthaben die positive, zu einer Einlage führende Differenz (Saldo) zwischen der Summe der Gutschriften und Belastungen eines Kontokorrentkontos. Die von der Bank für ein Guthaben gezahlten Zinsen gehören zu den Einnahmen nach § 20 Abs. 1 Nr. 7 EStG. Bundesbank, Postbank, Versicherungsträger und Versicherungsunternehmen sind keine Kreditinstitute. Seit 1. 1. 1996 gilt die Postbank zum Geschäftsbetrieb nach dem KWG als zugelassen (§ 32 KWG).

1364

▷ **Besteuerungshinweise:**

Zinsen aus Einlagen und Guthaben bei der Bundesbank oder Postbank fallen aber gleichwohl unter § 20 Abs. 1 Nr. 7 EStG. Bausparkassen sind ebenfalls keine Kreditinstitute i. S. des KWG. Zinsen aus den bei ihnen unterhaltenen Einlagen und Guthaben werden von § 20 Abs. 1 Nr. 7 EStG erfasst, soweit sie nicht nach § 20 Abs. 3 EStG den Einnahmen aus Vermietung und Verpachtung zuzuordnen sind; s. Bausparzinsen. Kapitalanlagegesellschaften (Investmentgesellschaften, Investmentfonds) sind nach § 2 Abs. 6 InvG Kreditinstitute und unterliegen den für Kreditinstitute geltenden Bestimmungen. Ausschüttungen und ausschüttungsgleiche Erträge auf Investmentanteile fallen nicht unter § 20 Abs. 1 Nr. 7 EStG, sondern unter § 20 Abs. 1 Nr. 1 EStG (§ 39 Abs. 1 KAGG für inländische, § 17 Abs. 1 AuslInvestmG für ausländische Investmentgesellschaften bis 2003; **ab 2004:** § 2 Abs. 1 InvStG), soweit keine Betriebseinnahmen vorliegen.

• Hamster-Optionsscheine

Verbriefte Option, bei der einmal in der Woche an einem bestimmten Tag überprüft wird, ob sich der Kurs des Basiswerts (Aktie, Anleihe, Währung, Index u. a.) innerhalb einer bestimmten Bandbreite bewegt. Trifft diese Bedingung zu, erhält der Käufer der Option einen festen Betrag gutge-

1365

schrieben, der bis zum Ende der Laufzeit angesammelt wird; s. Digital-Optionsscheine.

▷ **Besteuerungshinweise:**
Da es sich um ein rein spekulatives Papier handelt, kommt u. E. § 20 Abs. 1 Nr. 7 EStG wegen fehlender Kapitalüberlassung, fehlender Kapitalrückzahlungs- und Verzinsungszusage nicht zur Anwendung. Eine Besteuerung des Rückzahlungsbetrags erfolgt aber aus § 23 Abs. 1 Satz 1 Nr. 4 EStG, wenn zwischen Erwerb und Beendigung der Option nicht mehr als ein Jahr vergangen sind.

- **Hedge Fonds**

1366 Investmentfonds (Investmentvermögen) der in seiner Anlagepolitik wesentlich freier ist als herkömmliche Aktien- und Rentenfonds. Deshalb sind auch Kapitalanlagen in risikohafte Anlageprodukte (Derivate, Finanztermingeschäfte, Optionen u. Ä.) möglich. Hedge Fonds versuchen nicht nur eine bestimmte Indexentwicklung widerzuspiegeln, sondern den Index zu schlagen. Sie investieren auch in fallende Kurse hinein. Hedge Fonds sind in Deutschland erst seit 2004 in Form von Dachfonds zugelassen; die Besteuerung der Erträge erfolgt nach den allgemeinen Regeln des InvStG; s. Investmentfonds Rdnr. 941 ff.

- **Heimdarlehen**

1367 Darlehen, die Bewohner von Alteneinrichtungen deren Trägern zur Verfügung stellen, führen im Hinblick auf die Überlassung eines Heimplatzes zu Einnahmen i. S. v. § 20 Abs. 1 Nr. 7 i. V. m. Abs. 2 Satz 1 Nr. 1 EStG. Die Darlehen sind mit 4 v. H. zu verzinsen, wenn dieser Vorteil bei der Bemessung des Entgelts nicht berücksichtigt ist (§ 14 Abs. 3 Satz 2 HeimG). Der Zinssatz gilt aus Vereinfachungsgründen auch in allen anderen Fällen.

- **Hochkupon-Anleihen**

1368 Siehe Aktienanleihen Rdnr. 1212.

- **Hybrid-Anleihen** (Nachrangigkeits-Anleihen)

1369 Nachrangige Unternehmensanleihen ohne einen festen Zins- und Rückzahlungszeitpunkt. Sie stellen eine hybride Kapitalanlageform dar, weil sie Ähnlichkeiten sowohl mit Aktien als auch Anleihen aufweisen. H. weisen zwar einen festen Zinskupon auf, doch kann der Schuldner die Zinszahlungen aufschieben oder ganz aussetzen, wenn das Unternehmen in Schwierigkeiten gerät und weitere Voraussetzungen, die in den Emissionsbedingungen festgelegt sind, vorliegen. Dazu gehört, dass das Unternehmen im Jahr vor der Einstellung von Zinszahlungen weder Dividenden gezahlt noch Aktien zurückgekauft hat. Anleihegläubiger werden im Insolvenzfall erst nach allen anderen Gläubigern bedient. H. haben steuerrechtlich keine Besonderheiten.

▷ **Besteuerungshinweise:**
Da in den Anleihebedingungen einer fester Zinssatz zugesagt wird, liegt keine Finanzinnovation vor. Die Zinsen sind nach § 20 Abs. 1 Nr. 7 Satz 1 EStG stpfl. Der Gewinn oder Verlust aus einer Zwischenveräußerung ist nur im Rahmen der privaten Veräußerungsgeschäfte (§ 23 Abs. 1 Satz 1 Nr. 2 Satz 1 EStG) beachtlich.

- **Hypothekenzinsen**

Steuerpflichtige Zinserträge nach § 20 Abs. 1 Nr. 5 EStG. 1370

- **I.G.L.U.** (Investment Growth Linked Unit)

Siehe Index-Optionsscheine mit garantierter Kapitalrückzahlung, Money-Back-Zertifikate, Zertifikate. 1371

- **Immobilienfonds**

Sammelbezeichnung für eine besondere Art des offenen Investmentfonds, bei dem das aus dem eingelegten Kapital gebildete Sondervermögen in Grundstücken angelegt ist. Die Erträge (Mieteinnahmen, Dividenden und Zinsen) aus Anteilen an einem Immobilienfonds gehören zu den stpfl. Kapitalerträgen i. S. d. § 20 Abs. 1 Nr. 1 EStG i. V. m. § 2 Abs. 1 InvStG und unterliegen dem KapESt-Abzug (Steuersatz 20 v. H. bzw. 30 v. H. bei Zinserträgen); Einzelheiten s. Investmentfonds Rdnr. 941 ff. 1372

- **Index-Aktien**

Aktien aus der Beteiligung an einer Kapitalanlagegesellschaft, deren Unternehmensgegenstand das aktive oder passive Management eines Aktiendepots bildet. Manche Unternehmen bilden die in einem Index (DAX, DOW JONES, NEMAX, EUROSTOXX u. Ä.) enthaltenen Aktien in einem realen Depot ab, andere haben nur den Index selbst zum Geschäftsgegenstand; s. Exchange Traded Funds Rdnr. 1330. 1373

• Index-Anleihen

1374 Schuldverschreibungen, bei denen die Verzinsung und/oder die Höhe der Kapitalrückzahlung am Ende der Laufzeit von dem Stand eines bestimmten Index („ungewisses Ereignis"), z. B. dem Deutschen Aktien- oder Rentenindex (DAX oder REX), abhängig sind.

▷ **Besteuerungshinweise:**
Im Veräußerungsfall sind bei Kuponanleihen Stückzinsen zu zahlen, die beim Veräußerer Einnahmen i. S. d. § 20 Abs. 2 Satz 1 Nr. 3 EStG darstellen und beim Erwerber im Jahr der Zahlung abziehbar sind. Die Zinsen fallen unter § 20 Abs. 1 Nr. 7 EStG. Kurswertsteigerungen aufgrund von Indexänderungen sind bei Veräußerung nach § 20 Abs. 2 Satz 1 Nr. 4 Buchst. d EStG stpfl. und über die Marktrendite (§ 20 Abs. 2 Satz 1 Nr. 4 Satz 2 EStG) zu ermitteln. Aufgrund der Anhängigkeit von einem Index lässt sich keine Emissionsrendite berechnen; s. Zertifikate.

• Index-Optionsscheine

1375 Index-Optionsscheine verbriefen Optionsrechte im Rahmen eines bedingten Termingeschäfts, dem ein bestimmter Index, z. B. DAX oder REX, zugrunde liegt, s. Termingeschäfte Rdnr. 1475, 1187 ff.

• Index-Optionsscheine mit garantierter Kapitalrückzahlung (guaranteed investment return options – G. I. R. O.)

1376 Differenzgeschäfte mit der Garantie, dass ein bestimmter Geldbetrag am Ende der Laufzeit in jedem Fall ausgezahlt wird. Wegen dieser Rückzahlungsgarantie kommt eine Besteuerung des Ertrags nach § 20 Abs. 1 Nr. 7 EStG in Betracht. Einlösungs- und Veräußerungsgewinne werden von § 20 Abs. 2 Satz 1 Nr. 4 EStG erfasst.

• Index-Zertifikate

1377 Siehe Zertifikate Rdnr. 1502, 1191 ff.

• Industrieanleihen

1378 Von Unternehmen emittierte Schuldverschreibungen jeder Art; keine steuerlichen Besonderheiten; s. Anleihen Rdnr. 1223.

• Inhaberaktien

Aktien, die nicht auf den Namen eines bestimmten Inhabers lauten. Inhaberaktien sind in Deutschland noch die vorherrschende Aktienform. Die Übertragung der Inhaberaktie erfolgt durch Einigung und Übergabe des Wertpapiers (§ 929 BGB), wenn der Aktionär die Aktie in Eigenverwahrung hält. Einer Umschreibung im Aktionärsbuch bedarf es nicht. Die Besteuerung der Dividenden oder Veräußerungsgewinne ist von der Art der Aktie unabhängig. Insoweit bestehen keine Unterschiede zwischen Namensaktien und Inhaberaktien.

1379

• Inhaberschuldverschreibungen

Anleihen (Schuldverschreibungen), die auf den Inhaber des Wertpapiers lauten (§§ 793 BGB). Der Forderungsberechtigte wird namentlich nicht genannt. Der jeweilige Inhaber der Wertpapierurkunde kann seine Rechte aus dem Papier geltend machen. Das Recht aus dem Papier folgt dem Recht am Papier; s. a. Inhaberaktien Rdnr. 1379; keine steuerlichen Besonderheiten.

1380

• Inhouse-Fund

Insbesondere nach Schweizer Recht zulässiges bankinternes Sondervermögen, in dem das von den Anlegern eingezahlte Kapital nach dem Prinzip der Risikostreuung auf Rechnung der Anleger am Kapitalmarkt angelegt wird (Vermögensverwaltung). Die öffentliche Werbung und die Ausgabe von Anteilscheinen ist nicht zulässig. Die Anleger haben im Gegensatz zu einem klassischen Investmentfonds nicht nur schuldrechtlichen Anspruch auf das Sondervermögen, sondern sind Miteigentümer der im Sondervermögen gehaltenen Wertpapiere und Kapitalforderungen. Da regelmäßig die Merkmale des § 6 InvStG (früher § 1 AuslInvestmG) erfüllt sind kommt es zur Pauschalbesteuerung der Erträge nach § 6 InvStG; s. Rdnr. 958 f.

1381

• Instandhaltungsrücklage

Zinserträge gehören im Fall der Selbstnutzung der Immobilie zu den Einnahmen aus Kapitalvermögen (§ 20 Abs. 1 Nr. 7 EStG), andernfalls zu den Einnahmen aus Vermietung und Verpachtung (§ 20 Abs. 3 i. V. m. § 21 EStG). Die Kapitalerträge sind vom Verwalter nach dem Verhältnis der Miteigentumsanteile auf die einzelnen Eigentümer zu verteilen und diesen

1382

zur Kenntnis zu geben. Einer einheitlichen und gesonderten Feststellung der Zinsen und der KapESt (Zinsabschlag) bedarf es im Normalfall nicht.[1]

• Interamerikanische-Entwicklungsbank-Anleihen

1383 Siehe Weltbankanleihen.

• Interimsdividende

1384 Siehe Abschlagsdividende.

• Investmenterträge

1385 Siehe Rdnr. 941 ff., 1386.

• Investmentfonds

1386 Sammelbezeichnung für das Sondervermögen von Kapitalanlagegesellschaften unterschiedlichster Art (Aktienfonds, Rentenfonds, Immobilienfonds, Beteiligungsfonds, Dachfonds, Hedge Fonds, Mischfonds), bei denen aus dem eingelegten Kapital der Anleger gegen Ausgabe von Anteilscheinen (Investmentzertifikate) ein steuerbefreites Sondervermögen (§ 38 Abs. 1 Satz 2 KAGG bis 2003; ab 2004: § 11 Abs. 1 InvStG) gebildet wird, das für gemeinschaftliche Rechnung nach dem Grundsatz der Risikomischung in Wertpapieren, Immobilien, Beteiligungen, Waren oder Warenkontrakten angelegt wird.

Dachfonds (Sonderform eines Investmentfonds) investieren nicht unmittelbar in Aktien, Anleihen etc., sondern in Anteilscheine anderer in- und ausländischer Investmentfonds.

▷ **Besteuerungshinweise:**

Ausschüttungen und thesaurierte Erträge des Investmentfonds werden steuerrechtlich grundsätzlich so behandelt, als hätte sie der Anteilsinhaber unmittelbar selbst erwirtschaftet (Direktanlage). Sie werden über § 2 Abs. 1 InvStG (bis 2003: § 39 Abs. 1 KAGG) als Einnahmen aus Kapitalvermögen i. S. v. § 20 Abs. 1 Nr. 1 EStG erfasst, soweit nicht Betriebseinnahmen vorliegen. Die Finanzverwaltung veröffentlicht regelmäßig im BStBl I Zusammenstellungen der stpfl. Erträge je Anteil der registrierten in- und ausländischen Investmentfonds. Diese Beträge sind in der Steuer-

---

[1] BMF-Schreiben v. 5. 11. 2002, BStBl I 2002, 1338, Tz. 43.

erklärung anzusetzen; s. auch Zwischengewinne. Zu unterscheiden ist zwischen Erträgen in- und ausländischer Fonds. Für das Sondervermögen inländischer Fonds gilt **bis 2003**:

- **Vom Fonds realisierte und ausgeschüttete Kursgewinne aus Wertpapieren** und Bezugsrechten sind nicht einkommensteuerpflichtig, es sei denn, die Gewinne stammen aus der Veräußerung von Bezugsrechten auf Freianteile und sind als solche nach § 20 Abs. 1 Nr. 1 EStG steuerpflichtig (§ 40 Abs. 1 KAGG). Kapitalertragsteuer wird nicht abgezogen (§§ 40 Abs. 1, 38b Abs. 1 Nr. 4 KAGG).
- **Zinserträge des Fonds** i. S. d. § 43 Abs. 1 Nr. 5 EStG 1998 (Altanleihen) sind stpfl. Einnahmen aus Kapitalvermögen (§ 20 Abs. 1 Nr. 1 EStG i. V. m. § 39 KAGG). Seit 1. 1. 1993 wird Kapitalertragsteuer in Höhe von 30 v. H. einbehalten (§ 40 Abs. 2 KAGG).
- **Zinserträge aus Auslandsanleihen** sind stpfl. Einnahmen nach § 20 Abs. 1 Nr. 1 EStG i. V. m. § 39 KAGG. Seit 1. 1. 1993 wird bei Verwaltung und Verwahrung im Inland Kapitalertragsteuer von 30 v. H. einbehalten (§ 38b Abs. 1 Nr. 3 KAGG i. V. m. § 43 Abs. 1 Satz 1 Nr. 7 und Satz 2 EStG).
- **Zins- und Dividendeneinnahmen**, die nicht zu den oben genannten gehören, sind stpfl. nach § 20 Abs. 1 Nr. 1 EStG i. V. m. § 39 KAGG.
- **Gewinne aus Veräußerungsgeschäften** aus dem Grundstücks-Sondervermögen sind steuerpflichtiger Kapitalertrag (§ 20 Abs. 1 Nr. 1 EStG), wenn der Zeitraum zwischen Anschaffung und Veräußerung nicht mehr als 10 Jahre (Spekulationsfrist) beträgt. Ist diese Frist abgelaufen, bleiben die Gewinne steuerfrei.

Die Besteuerung von Erträgen ausländischer Fonds hängt bis 2003 davon ab, ob die Fondsanteile nach § 17 Abs. 3 AuslInvestmG im Inland vertrieben werden dürfen oder nicht. Bei Vertriebszulassung im Inland gilt:

- **Realisierte Kursgewinne** sind bei Anteilen im Privatvermögen steuerfrei, ansonsten liegen im Ausschüttungsfall Betriebseinnahmen vor (§ 17 Abs. 2 Nr. 1 AuslInvestmG).
- **Gewinne aus der Veräußerung von Grundstücken** und grundstücksgleichen Rechten innerhalb der Frist von zehn Jahren sind stpfl. Kapitalertrag (§ 20 Abs. 1 Nr. 1 EStG i. V. m. § 17 Abs. 1, Abs. 2 Nr. 2 AuslInvestmG).
- **Sonstige Gewinne aus der Grundstücksveräußerung** sind steuerfrei (§ 17 Abs. 2 Nr. 2 AuslInvestmG).

– **Zins- und Dividendeneinnahmen** sowie Einnahmen aus Vermietung und Verpachtung sind im Privatvermögen stpfl. Einnahmen aus Kapitalvermögen (§ 20 Abs. 1 Nr. 1 EStG i. V. m. § 17 Abs. 1 AuslInvestmG).

Ausschüttungen und thesaurierte Erträge von Fonds ohne Vertriebserlaubnis (§ 17 Abs. 3 AuslInvestmG), aber mit inländischem Vertreter (§ 18 Abs. 2 AuslInvestmG) sind insgesamt stpfl. Kapitalertrag nach § 20 Abs. 1 Nr. 1 EStG. Hat der Fonds keinen inländischen Vertreter und veröffentlicht seine Besteuerungsgrundlagen nicht („schwarze Fonds", sind 90 v. H. der Anteilspreissteigerungen im Kalenderjahr nach § 20 Abs. 1 Nr. 1 EStG stpfl. (§ 18 Abs. 3 AuslInvestmG). Ist der Anteilswert gefallen, sind mindestens 10 v. H. des letzten Rücknahmepreises im Kalenderjahr steuerpflichtige Einnahmen aus Kapitalvermögen. Im Aussetzungsverfahren hat der BFH keine ernstlichen Zweifel an der Verfassungsmäßigkeit dieser Vorschrift.[1]

Neuregelung der Investmentbesteuerung ab 2004: Die beiden Sondergesetze KAGG für inländische und AuslInvestmG für ausländische Investmentgesellschaften wurden zum 31. 12. 2003 aufgehoben. Ab 1. 1. 2004 gilt ein neues Investmentsteuergesetz (InvStG) sowohl für in- und ausländische Investmentfonds. Kernpunkt der Neuregelung ist die Veröffentlichungsbereitschaft der Investmentgesellschaft. Erfüllt die Gesellschaft alle im Gesetz (§ 5 InvStG) vorgegebenen Veröffentlichungspflichten (transparente Fonds), tritt eine Besteuerung wie bisher ein. **Ausnahme:** Zwischengewinne sind danach – anders als Stückzinsen beim Direktanleger – insgesamt nunmehr bei Veräußerung des Fondsanteils nach dem 31. 12. 2003 und vor dem 1. 1. 2005 steuerfrei und werden von der Gesellschaft nicht mehr veröffentlicht; s. Rdnr. 941 ff.

Ab 2005 wurde die Zwischengewinnbesteuerung wieder eingeführt. Der Zwischengewinn beginnt am 1. 1. 2005 mit 0 €. Die Regelungen des § 18 Abs. 3 AuslInvestmG für schwarze, jetzt intransparente Fonds wurden leicht entschärft in § 6 InvStG (intransparente Fonds) übernommen. Die verfassungsrechtliche Problematik der Besteuerung des sog. Mehrertrags bei Wertverlust des Fondsanteils von 6 v. H. des letzten Rücknahmewerts des Kalenderjahrs in § 6 InvStG (früher 10 v. H.) besteht fort. Bei der Veräußerung von Investmentanteilen innerhalb der Jahresfrist des § 23 EStG

---

[1] FG Köln, Beschl. v. 7. 1. 2005 – VIII B 40/05, n. v.; NWB DokID: AAAAB-71129.

ist das Halbeinkünfteverfahren (§ 3 Nr. 40 EStG) nicht anzuwenden – § 8 Abs. 5 InvStG.

- **Junk Bonds** (Schrottanleihen)

Sammelbegriff für hochverzinsliche Schuldverschreibungen von Schuldnern geringer Bonität. Zinsen sind spfl. nach § 20 Abs. 1 Nr. 7 Satz 1 EStG; Verluste durch ausfallende Zinszahlungen oder nicht zurückgezahltes Kapital – wie im Fall der Argentinien-Anleihen – sind im privaten Bereich außerhalb der privaten Veräußerungsgeschäfte des § 23 Abs. 1 Satz 1 Nr. 2 EStG (Spekulationsgeschäfte) steuerlich unbeachtlich.[1]

1387

- **Kapitalanlagegesellschaft**

Siehe Investmentfonds Rdnr. 941 ff.

1388

- **Kassenobligationen**

Häufig laufend ausgegebene Schuldverschreibungen mittlerer oder kurzer Laufzeit ohne Zulassung zum Börsenhandel. Die Zinssätze sind nach Laufzeiten gestaffelt. Steuerrechtlich gibt es keine Besonderheiten zu anderen Anleihearten.

1389

- **Katastrophen-Anleihen** (Cat-Anleihen)

Verzinsliche Schuldverschreibungen, bei denen die Kapitalrückzahlung davon abhängt, ob innerhalb der Laufzeit eine in den Emissionsbedingungen näher beschriebene Naturkatastrophe (Überschwemmungen, Feuer, Erdbeben u. Ä.) ausbricht. Tritt dieses Ereignis ein, wird das Kapital der Anleihe für Entschädigungszahlungen eingesetzt und ist für den Anleger verloren. Da der Ertrag fest zugesagt ist, aber die Kapitalrückzahlung von einem ungewissen Ereignis abhängt, liegt eine Kapitalforderung i. S. v. § 20 Abs. 1 Nr. 7 und Abs. 2 Satz 1 Nr. 4 EStG (Finanzinnovation, Kursdifferenzpapier) mit den Folgen für den Fall der Zwischenveräußerung oder der Einlösung durch den Ersterwerber oder jeden weiteren Erwerber vor; s. Rdnr. 1051 ff.

1390

---

1 BMF-Schreiben v. 14. 7. 2004, BStBl I 2004, 611; FG Berlin, U. v. 22. 4. 2004, EFG 2004, 1450; Rev., Az. des BFH: VIII R 48/04.

- **Kaufpreisraten**

1391 Aus der Veräußerung eines im Privatvermögen gehaltenen Grundstücks sind auch bei Ausschluss einer Verzinsung durch den Verkäufer und Käufer in einen als Einnahmen aus Kapitalvermögen steuerbaren Zinsanteil und in einen nicht steuerbaren Tilgungsanteil aufzuteilen.

▷ **Besteuerungshinweise:**
Verzichtet der Verkäufer durch Vorverlegung der Fälligkeit des Kaufpreisanspruchs auf Abzinsungsbeträge, können die dadurch entgangenen Einnahmen nicht als Werbungskosten bei den Einkünften aus Kapitalvermögen abgezogen werden.[1] Ist die Forderung des Verkäufers fälschlicherweise in voller Höhe als Veräußerungsentgelt behandelt worden, rechtfertigt die Aufteilung der Forderung in Anschaffungskosten und Zinsaufwand beim Erwerber es nicht, die bestandskräftige Veranlagung des Veräußerers durch Zerlegung in Entgelt und Zinseinnahmen nach § 174 AO zu ändern.[2] Lassen die Vertragspartner die Fälligkeit der Kaufpreisforderung bewusst offen, kann sie wirtschaftlich nicht einer Kapitalforderung i. S. d. § 20 Abs. 1 Nr. 7 EStG gleichgestellt werden. Eine Aufteilung in Zins- und Tilgungsanteil ist nicht möglich.[3]

- **Kaufpreiszinsen** (Verzugszinsen)

1392 Zinsen, die der Erwerber eines Grundstücks für die verspätete Zahlung des Kaufpreises an den Veräußerer zahlt, sind bei diesem Einnahmen aus Kapitalvermögen (§ 20 Abs. 1 Nr. 7 EStG) und können nicht mit Schuldzinsen im Rahmen der Einkünfte aus Vermietung und Verpachtung saldiert werden.[4]

- **KickStart Zertifikate**

1393 Sonderform eines Zertifikats des Bankhauses Sa. Oppenheim, mit dem der Anleger an der Wertentwicklung einer Aktie teilnimmt. Je nach Kursstand der hinterlegten Aktie am Bewertungstag erhält der Anleger entweder einen Barbetrag, einen Barbetrag und die Aktie oder nur die Aktie geliefert.

---

1 BFH, U. v. 21. 10. 1980, BStBl II 1981, 160.
2 BFH, U. v. 21. 10. 1980, BStBl II 1981, 388.
3 BFH, U. v. 14. 2. 1984, BStBl II 1984, 550.
4 BFH, U. v. 26. 2. 1985, BFH/NV 1985, 69.

▷ **Besteuerungshinweise:**
Es gelten die Besteuerungsgrundsätze für Zertifikate i. S. d. § 23 Abs. 1 Satz 1 Nr. 4 EStG. Das Zertifikat stellt keine Kapitalforderung i. S. d. § 20 Abs. 1 Nr. 7 EStG dar, weil die emittierende Bank eine Kapitalrückzahlung nicht konkret zugesagt hat. Laufende Erträge fallen nicht an. Außerhalb der Jahresfrist des § 23 EStG sind Gewinne bzw. Verluste steuerrechtlich nicht relevant; s. Rdnr. 1191 ff.

- **Knock-out Optionsscheine** (barrier options)

Innovative Form herkömmlicher Optionsscheine (Calls oder Puts). Anders als diese Optionsscheine können Knock-out Optionen nicht nur am Ende der Laufzeit, sondern auch während der Laufzeit verfallen, wenn das zugrunde liegende Basisgut einen bestimmten Wert unter- oder überschritten hat. Dafür sind geringere Optionsprämien zu zahlen. Steuerrechtlich gibt es keine Besonderheiten, s. Rdnr. 1170 ff.   1394

- **Kombizins-Anleihen**

Herkömmliche Schuldverschreibungen, bei denen eine Nullkupon-Anleihe mit einer verzinslichen Anleihe kombiniert wird. Laufend gezahlte Zinsen werden von § 20 Abs. 1 Nr. 7 Satz 1 EStG erfasst. Veräußerungs- und Einlösungsgewinne fallen unter § 20 Abs. 2 Satz 1 Nr. 4 EStG. Verluste sind als negative Einnahmen aus Kapitalvermögen (negative Marktrendite) verrechenbar.   1395

- **Kommunalanleihen**

Festverzinsliche, mündelsichere Schuldverschreibungen der öffentlich-rechtlichen Banken (Landesbanken), mit denen Darlehen der Länder, Gemeinden, Gemeindeverbände, finanziert werden; steuerrechtlich keine Besonderheiten; s. Rdnr. 1223.   1396

- **Kommunalobligationen**

Siehe Kommunalanleihen Rdnr. 1396.   1397

- **Kontokorrentzinsen**

Zinserträge auf einzelne Guthabenposten eines Kontokorrentkontos sind nach § 20 Abs. 1 Nr. 7 Satz 1 EStG stpfl. Seit 1. 1. 1993 wird KapESt in Höhe von 30 v. H. einbehalten (§§ 43 Abs. 1 Satz 1 Nr. 7 Buchst. b, 43a   1398

Abs. 1 Nr. 3 EStG), es sei denn für die Einlage wird kein höherer Zins oder Bonus als 1 v. H. gezahlt (§ 43 Abs. 1 Satz 1 Nr. 7 Buchst. b Doppelbuchst. bb EStG) oder die Zinsen werden nur einmal jährlich gutgeschrieben und übersteigen nicht den Betrag von 20 DM bzw. 10 € (Bagatellgrenze, § 43 Abs. 1 Satz 1 Nr. 7 Buchst. b Doppelbuchst. dd EStG). Bemessungsgrundlage für die KapESt ist der einzelne Habenzinsbetrag.[1]

- **Kursdifferenzpapiere**

1399 Banktübliche Bezeichnung für innovative Kapitalanlagen, bei denen der Veräußerungserlös (Einlösungserlös) nach § 20 Abs. 2 Satz 1 Nr. 4 EStG zu den stpfl. Einnahmen aus Kapitalvermögen gehört. Die Bemessungsgrundlage wird als Marktrendite, Differenz zwischen Anschaffungsentgelt und Veräußerungspreis, ermittelt. Alternativ kann die besitzzeitanteilige Emissionsrendite der Besteuerung zugrunde gelegt werden; s. Finanzinnovationen Rdnr. 1334, 1051 ff.

- **Kursgewinne**

1400 Realisierte Kursgewinne, die sich als Differenzbetrag zwischen Anschaffungskosten und Veräußerungspreis der Wertpapiere ergeben, sind steuerfrei, wenn zwischen Anschaffung und Veräußerung mehr als 12 Monate liegen. Werden innerhalb dieser Jahresfrist Kursgewinne realisiert, liegen stpfl. Einnahmen aus einem privaten Veräußerungsgeschäft nach §§ 22 Nr. 2, 23 Abs. 1 Satz 1 Nr. 2 EStG vor, wenn die Gewinne 512 € und mehr betragen. Wird diese Freigrenze überschritten, sind alle Veräußerungsgewinne stpfl.

Außerhalb der Jahresfrist werden Kursgewinne noch im Rahmen des § 20 Abs. 2 Satz 1 Nr. 4 EStG erfasst, wenn das veräußerte Wertpapier als **Finanzinnovation** (Kursdifferenzpapier, s. Rdnr. 1334, 1051 ff.) einzuordnen ist. Die Jahresfrist des § 23 EStG gilt hier nicht; s. Kursverluste Rdnr. 1401.

- **Kursverluste**

1401 Realisierte Kursverluste entstehen, wenn der Veräußerungserlös eines Wertpapiers umlaufbedingt unter seinem Anschaffungspreis liegt, der Anleger also aus der Veräußerung weniger Kapital erhält als er für die Anschaffung eingesetzt hat. Steuerlich sind diese Verluste beim Privatan-

---

1 BMF-Schreiben v. 5. 11. 2002, BStBl I 2002, 1346, unter Tz. 9; s. Anhang.

leger grundsätzlich nur beachtlich, wenn sie während der **Jahresfrist** des §§ 22 Nr. 2, 23 Abs. 1 Satz 1 Nr. 2 EStG (private Veräußerungsgeschäfte) realisiert werden. Diese Verluste können mit positiven Einkünften (Gewinnen) nur aus privaten Veräußerungsgeschäften verrechnet werden (vertikaler Verlustausgleich). Ein Verlustausgleich mit anderen Einkunftsarten (horizontaler Verlustausgleich) ist nicht möglich. Nicht realisierte Kursverluste stellen wirtschaftlich eine Abwertung des angelegten Kapitals dar und werden ertragsteuerlich der unbeachtlichen **Vermögenssphäre** zugerechnet. Gleiches gilt für außerhalb der Jahresfrist des § 23 EStG realisierte Kursverluste.

Allerdings gehen im Rahmen der Veräußerung von **finanzinnovativen Wertpapieren** des § 20 Abs. 2 Satz 1 Nr. 4 EStG Kursverluste unabhängig von jeglicher Frist bei der Berechnung des stpfl. Kapitalertrags anhand der Marktrendite in die Besteuerung ein. So können beispielsweise Veräußerungs- oder Einlösungsverluste aus Aktienanleihen oder Floatern als negative Marktrendite (negative Einnahmen aus Kapitalvermögen) mit positiven Einkünften aus allen Einkunftsarten ausgeglichen werden; s. Aktienanleihen Rdnr. 1212. Die Besteuerung von umlaufbedingten Kursgewinnen/-verlusten ist unter verfassungsrechtlichen Gesichtspunkten (Art. 3 GG) zweifelhaft, da die unterschiedliche Besteuerung z. B. von festverzinslichen und variabel verzinslichen Schuldverschreibungen sachlich nicht gerechtfertigt ist.

• Kuxe

Anteilscheine an einer bergrechtlichen Gewerkschaft. Diese Rechtsform existiert seit 1. 1. 1986 nicht mehr. Alle Gewerkschaften waren bis zu diesem Zeitpunkt aufzulösen oder in eine Kapitalgesellschaft umzuwandeln, wobei nach § 163 BergwerkG der bisherige Name beibehalten werden durfte. Die Gewinnanteile waren stpfl. Kapitaleinnahmen nach § 20 Abs. 1 Nr. 1 EStG. Es bestand KapESt-Abzug von 25 v. H. 1402

• Laufzeitfonds

Investmentfonds, die nur für einen vorbestimmten Zeitraum (Laufzeit) gegründet werden und ihre Erträge thesaurieren. Zur steuerlichen Behandlung der Erträge s. Rdnr. 941 ff. 1403

• **Lebensversicherungen**

1404 Versicherungsbeiträge (Prämien) zu kapitalbildenden Lebensversicherungen auf den Todes- oder Erlebensfall (Kapital-Lebensversicherungen) werden von den Versicherungsgesellschaften anteilig sowohl zur Deckung der Verwaltungskosten, des Versicherungsrisikos als auch zum Aufbau eines Anlagevermögens (Deckungsstock) verwendet.

▷ **Besteuerungshinweise:**
Die aus den Sparanteilen erwirtschafteten rechnungsmäßigen, d. h. geschäftsplanmäßig festgelegten und von der Aufsichtsbehörde genehmigten, und die darüber hinaus erzielten außerrechnungsmäßigen Zinsen sind nach § 20 Abs. 1 Nr. 6 EStG a. F. stpfl. Einnahmen aus Kapitalvermögen. Die Zinsen bei Verträgen, die vor dem 1. 1. 2005 abgeschlossen wurden und bei denen die erste Prämie noch bis zum 31. 3. 2005 gezahlt wurde, sind steuerfrei, wenn es sich um eine Lebensversicherung mit laufender Beitragszahlung und vereinbarter Laufzeit von mindestens zwölf Jahren handelt (§ 20 Abs. 1 Nr. 6 Satz 2 EStG n. F.) und die folgenden weiteren Voraussetzungen erfüllt sind:

• Die **Zinsen** müssen mit den Versicherungsbeiträgen verrechnet oder im Versicherungsfall ausgezahlt oder im Fall des Rückkaufs des Vertrags nach Ablauf von zwölf Jahren ausgezahlt werden.

• Die **Ansprüche aus dem Versicherungsvertrag** dürfen nicht zur Tilgung oder Sicherung eines Darlehens dienen. Unschädlich ist die Abtretung, wenn die Darlehenszinsen Werbungskosten oder Betriebsausgaben sind und die Darlehensmittel zur Finanzierung von Wirtschaftsgütern zur Einnahmeerzielung aufgenommen werden und die Ansprüche aus der Versicherung nicht die Anschaffungs- oder Herstellungskosten der Wirtschaftsgüter übersteigen, es sich um eine Direktversicherung handelt oder die Ansprüche zur Sicherung betrieblich veranlasster Darlehen bis längstens 3 Jahre abgetreten werden.

Steuerpflichtig sind danach Zinsen aus Rentenversicherungen mit Kapitalwahlrecht gegen laufende Beitragsleistung, bei denen die Auszahlung des Kapitals zu einem Zeitpunkt vor Ablauf von 12 Jahren seit Vertragsabschluss verlangt werden kann; Kapitalversicherungen gegen laufende Beitragsleistung, wenn der Vertrag nicht für die Dauer von mindestens zwölf Jahren abgeschlossen ist oder vor Ablauf von zwölf Jahren zurückgekauft wird; Kapitalversicherungen gegen Einmalzahlung; Rentenversicherungen mit Kapitalwahlrecht gegen Einmalbetrag; fondsgebundene Lebensversicherungen; steuerschädlich abgetretene Versicherungen. Das Steuerprivileg ist für Verträge, die **nach dem 31. 12. 2004 abgeschlossen** wurden, entfallen. Unter bestimmten Voraussetzungen tritt die nachgelagerte Versteuerung der Differenz zwischen der gezahlten Versicherungsleistung und entrichteter Beiträge ein. Bei Vorliegen weiterer Voraussetzungen sind nur 50 v. H. der Differenz zu erfassen (§ 20 Abs. 1 Nr. 6 EStG n. F.; s. Rdnr. 851 ff.).

- **Lock-Back-Put-Optionsscheine** (Schlüssel-Verkaufsoptionen)

Verkaufsoptionen (Put) auf einen Index, die dem Anleger innerhalb eines bestimmten Zeitraums den günstigsten Preis eines bestimmten Basisguts (Index) sichern. Der Preis des Basisguts wird dabei nach dem höchsten Stand innerhalb des bestimmten Zeitraums festgelegt. Sollte der Preis einen vorherbestimmten Preis bis zum Ablauf der Frist nicht erreichen, verbleibt es bei einem vorgegebenen Preis; zur Besteuerung s. Optionsscheine Rdnr. 1421, 1170 ff. 1405

- **Longshort-Zertifikate**

Sonderform eines Zertifikats, mit dem auf die Umwandlung von Vorzugsaktien in Stammaktien bei bestimmten Unternehmen spekuliert wird. Das Zertifikat stellt eine Kombination aus zwei Termingeschäften dar, die im Zertifikat gebündelt sind. Der Kapitaleinsatz (Kaufpreis für das Zertifikat) geht verloren, wenn das Unternehmen bis zum Ende der Laufzeit des Zertifikats keine Umwandlung der Vorzugsaktien in Stammaktien vollzogen hat; zur Besteuerung s. Zertifikate Rdnr. 1191 ff., 1502. 1406

- **Mega-Zertifikate** (marktabhängiger Ertrag mit garantierter Kapitalrückzahlung)

Siehe Money-Back-Zertifikate und Zertifikate Rdnr. 1410, 1191 ff., 1502. 1407

- **Mietkautionen**

Zinsen aus Mietkautionen Einnahmen i. S. d. § 20 Abs. 1 Nr. 7 EStG grundsätzlich einheitlich und gesondert festzustellen (§ 180 AO), wenn der Vermieter als Vermögensverwalter i. S. v. § 34 AO die Kautionen mehrerer Mieter auf demselben Konto angelegt hat. Zuständig ist das Finanzamt des Vermieters. Das Finanzamt kann von einer Feststellung absehen (§ 180 1408

Abs. 3 Satz 1 Nr. 2 AO) und dem Vermieter darüber einen negativen Feststellungsbescheid erteilen. In diesem Fall hat der Vermieter dem Mieter eine Ablichtung des Feststellungsbescheids und der Steuerbescheinigung des Kreditinstituts zur Verfügung zu stellen und den anteiligen Kapitalertrag einschließlich Kapitalertragsteuer mitzuteilen. Der Mieter hat diese Unterlagen seiner Steuererklärung beizufügen.[1]

- **Minus-Stückzinsen** (Defektiv- oder Antizipationszinsen)

1409 Zinsen, die dem Gläubiger vom Anleihe- oder Darlehensschuldner dafür gezahlt werden, dass ihm das Kapital bereits vor Beginn des eigentlichen Zinslaufs überlassen wird. Minusstückzinsen sind nach Auffassung der Finanzverwaltung stpfl. Einnahmen i. S. v. § 20 Abs. 1 Nr. 7 EStG.

- **Money-Back-Zertifikate**

1410 Sammelbegriff für verzinsliche Anleihen (mit oder ohne Mindestzinsvereinbarung), bei denen die Verzinsung an einen Index (Aktien- oder Rentenindex) gekoppelt ist und der Emittent die Rückzahlung des eingesetzten Kapitals zusagt. Wirtschaftlich betrachtet, handelt es sich bei zugesagter Mindestverzinsung um eine Festzinsanleihe kombiniert mit einer Kauf- und Verkaufsoption, die es dem Kapitalanleger ermöglicht, an der Aktien- oder Rentenmarktentwicklung teilzunehmen und dadurch über die Mindestverzinsung hinaus eine höhere Rendite zu erzielen.

▷ **Besteuerungshinweise:**
- Die **laufende Zinszahlung** ist nach § 20 Abs. 1 Nr. 7 EStG steuerpflichtig;
- **Stückzinsen** fallen unter § 20 Abs. 2 Satz 1 Nr. 3 EStG, da Kapitalrückzahlungszusage vorliegt;
- **Zwischenveräußerung** ist nach § 20 Abs. 2 Satz 1 Nr. 4 Buchst. c EStG (Kursdifferenzpapier) unter Ansatz der Marktrendite steuerpflichtig, eine Emissionsrendite kann wegen Indexierung der Erträge nicht errechnet werden;
- **gezahlte Stückzinsen** sind Einnahmen i. S. d. § 20 Abs. 2 Satz 1 Nr. 3 EStG; s. Zertifikate.

---

1 BMF-Schreiben v. 5. 11. 2002, BStBl I 2002, 1338, Tz. 39.

Namensschuldverschreibungen sind Schuldverschreibungen, die nicht auf den Inhaber, sondern auf den Namen des Gläubigers lauten. Der Differenzbetrag zwischen An- und Rückgabewert einer Namensschuldverschreibung gehört zu den Einnahmen nach § 20 Abs. 1 Nr. 7 EStG;[1] s. Anleihen und Emissions-Disagio.

• **Namensaktien**

Aktien, die – im Gegensatz zu Inhaberaktien – auf den Namen eines bestimmten Inhabers ausgestellt sind. Der Inhaber einer Namensaktie wird namentlich in das Aktionärsbuch der AG eingetragen. Nur die dort vermerkten Aktionäre können ihre Teilhaberrechte (Stimm- und Auskunftsrechte, Dividendenbezugsrecht u. a.) ausüben. Die Übertragung von Namensaktien ist schwerfälliger als bei Inhaberaktien. Sie geschieht durch Indossament und muss dem Vorstand der AG angezeigt werden (§ 68 AktG). Ist für die Übertragung der Aktie die Zustimmung des Vorstands erforderlich, spricht man von **vinkulierten** Namensaktien. Das AktG schreibt in bestimmten Fällen die Emission von vinkulierten Namensaktien vor.[2] Aktien, die vor Einzahlung des vollen Einlagebetrages (Nennwert mit oder ohne Agio) ausgegeben werden, dürfen nur als Namensaktien emittiert werden. Steuerliche Besonderheiten bestehen nicht; s. Aktien Rdnr. 1211 und Rdnr. 630 ff.

1411

• **Notaranderkonten**

Konten, auf denen vom Notar Gelder seiner Mandanten verwahrt werden. Die Erträge aus diesen Konten sind den Mandanten zuzurechnen, für die sie vom Notar verwahrt werden. Zinserträge unterliegen der Kapitalertragsteuer (§ 43 Abs. 1 Nr. 7, § 43a Abs. 1 Nr. 4 EStG). Freistellungsaufträge oder NV-Bescheinigungen können für Zinserträge aus Notaranderkonten nicht erteilt werden (§ 44a Abs. 6 EStG). Die Steuerbescheinigung ist vom Kreditinstitut auf den Namen des Notars als Kontoinhaber mit dem Hinweis „Anderkonto" auszustellen. Der Notar hat diese Bescheinigung an den Berechtigten im Original weiterzuleiten.[3] Fehlt ein entsprechender Vermerk, muss der Notar seine Treuhandschaft zur Vorlage bei den Finanz-

1412

---

1 FG Köln, U. v. 2. 10. 1991, EFG 1992, 131.
2 Z. B. für Nebenverpflichtungsaktien, § 55 Abs. 1 AktG, bei Ausstattung einer Aktie mit dem Recht auf einen Sitz im Aufsichtsrat, § 101 Abs. 2 Satz 2 AktG.
3 BMF-Schreiben v. 5. 11. 2002, BStBl I 2002, 1346, Tz. 46 ff.

behörden formlos bestätigen. Eine einheitliche und gesonderte Feststellung der Einkünfte nach § 180 Abs. 1 Nr. 2 Buchst. a AO kommt nur dann in Betracht, wenn die Anteilsverhältnisse an den Zinserträgen nicht bekannt sind. Diese Regelungen gelten für Anderkonten von Steuerbevollmächtigten, Steuerberatern und Steuerberatungsgesellschaften entsprechend.

- **Nullkupon-Anleihen** (Zero-Bonds)

1413 Abgezinste, regelmäßig langfristige Schuldverschreibungen ohne laufende Zinsauszahlung, bei denen der Kapitalanleger (Gläubiger) dem Emittenten (Schuldner) ein weit unter dem Nennbetrag liegendes Kapital zur Nutzung überlässt. Die Kapitalrückzahlung am Ende der Laufzeit erfolgt dagegen zum Nennwert. Die Erträge ergeben sich aus der Differenz zwischen überlassenem Kapital und Rückzahlungsbetrag (Aufzinsung). Die Differenz setzt sich aus einer Zins- und Zinseszinsansammlung zusammen. Nullkupon-Anleihen haben für den Emittenten den Vorteil, dass er keine laufenden Zinszahlungen erbringen muss und so seine Liquidität schont. Der Stpfl. hat keine laufenden Zinserträge zu versteuern und leistet nur einen minimalen Kapitaleinsatz. Er wird darüber hinaus der Entscheidung über die Wiederanlage der Zinserträge enthoben.

▷ **Besteuerungshinweise:**
Steuerpflichtig nach § 20 Abs. 1 Nr. 7 EStG ist beim Ersterwerber und Durchhalter die Zinsansammlung erst bei Einlösung (Rückzahlung) zum Nennbetrag.[1] Durch Kapitalmarktzinsänderungen kann es zu Kursgewinnen kommen, die im Fall der Veräußerung besitzzeitanteilig nach § 20 Abs. 2 Satz 1 Nr. 4 Buchst. a EStG entweder in Höhe der Emissionsrendite (§ 20 Abs. 2 Satz 1 Nr. 4 Satz 3 EStG) oder der Marktrendite (§ 20 Abs. 2 Satz 1 Nr. 4 Satz 2 EStG) stpfl. sind.[2]

- **Nutzung einer Ferienwohnung gegen Beteiligung an einer AG** (Time-Sharing-Gesellschaften)

1414 Sonstige Bezüge i. S. v. § 20 Abs. 1 Nr. 1 Satz 1 EStG.[3]

---

1 BFH, U. v. 8. 10. 1991, BStBl II 1992, 174.
2 Zur Ermittlung des stpfl. Ertrags s. BMF-Schreiben v. 24. 1. 1985, BStBl I 1985, 77; v. 1. 3. 1991, BStBl I 1991, 422.
3 BFH, U. v. 16. 12. 1992, BStBl II 1993, 399.

- **Obligationen**
Siehe Anleihen Rdnr. 1223. 1415

- **Open End Zertifikate**
Besondere Form von Zertifikaten, die keine Laufzeitbegrenzung aufweisen und dadurch das Risiko mindern, dass das Zertifikat in einem Zeitpunkt eingelöst wird, zu dem der Basiswert mit Kursverlusten notiert und dadurch der Einlösungsbetrag geschmälert wird. 1416

▷ **Besteuerungshinweise:**
Laufende Erträge fallen nicht an.
Veräußerungsvorgänge sind nur noch innerhalb der Jahresfrist des § 23 Abs. 1 Satz 1 Nr. 2 EStG von Bedeutung, da – wegen fehlender Kapitalrückzahlungszusage – keine Kapitalforderung i. S. d. § 20 Abs. 1 Nr. 7 Satz 1 EStG vorliegt. Wird innerhalb der Jahresfrist des § 23 EStG eine Einlösung fingiert und über den Erwerbskurs hinaus ein Barbetrag ausgezahlt, so ist dieser nach Auffassung der FinVerw. über § 23 Abs. 1 Satz 1 Nr. 4 EStG zu erfassen.

- **Optionsanleihen** (Warrant Bonds)
Herkömmliche, regelmäßig niedrig festverzinsliche Schuldverschreibungen, die neben der Verzinsung mit dem Recht (Option) ausgestattet sind, vom gleichen oder einem anderen Emittenten weitere Anleihen, Aktien, Währungen, Edelmetalle oder andere Basiswerte mit oder ohne Zuzahlung zu einem im Voraus festgelegten Preis erwerben zu können. Nach BFH[1] werden mit dem Erwerb aus der Emission zwei Wirtschaftsgüter erworben: die Schuldverschreibung und das Optionsrecht. Der einheitliche Verkaufspreis ist deshalb bei minderverzinslichen Optionsanleihen (Verzinsung unter Marktniveau) aufzuteilen in einen Preis für die Anleihe und einen Preis für den Optionsschein, wenn in den Emissionsbedingungen nicht ausdrücklich bestimmt ist, dass der Ausgabepreis ausschließlich auf die Anleihe zu zahlen ist.[2] Ist das nicht der Fall, liegt immer eine abgezinste Anleihen i. S. d. § 20 Abs. 2 Satz 2 Nr. 4 Buchst. a EStG vor. Das Disagio ist dann zusätzlicher Kapitalertrag. 1417

---
1 U. v. 1. 7. 2003, BStBl II 2003, 883.
2 BFH, U. v. 16. 5. 2001, BStBl II 2001, 710.

Für die Ermittlung des Anleihekurses gilt die Formel:

$$K0 = z \times \frac{(1+i)^{n-1}}{i(1+i)^n} + Kn \times \frac{1}{(1+i)^n}$$

K0 = gesuchter Wert der Schuldverschreibung im Emissionszeitpunkt 0 (Emissionskurs)
z = jährlicher Kapitalertrag (in Euro)
i = Emissionsrendite
n = Laufzeit der Optionsanleihe in Jahren
Kn = Rückzahlungskurs der Schuldverschreibung am Ende der Laufzeit (i. d. R. zum Nennwert von 100 v. H.).

Bei **offenem Aufgeld** (Über-Pari-Emission) stellt das Aufgeld den Preis für das Optionsrecht dar, vorausgesetzt, die Anleihe wird marktgerecht verzinst. Liegt die laufende Verzinsung unter dem Marktzins (Minderverzinsung), liegt ein teilweise verdecktes, teilweise offenes Aufgeld vor. Der Optionspreis setzt sich in diesem Fall aus beiden Aufgeldern zusammen. Bei niedriger Verzinsung (Pari-Emission) ist der rechnerische Emissionskurs der Anleihe anhand von Anleihen vergleichbarer Emittenten und vergleichbarer Emissionsbedingungen zu ermitteln. Die Differenz zu dem tatsächlichen Emissionskurs bildet den Kaufpreis des Optionsrechts. Die Differenz des rechnerischen Emissionskurses zum Rückzahlungskurs ist als Emissionsdisagio stpfl., soweit es die Disagio-Staffel des Emissionsdisagio-Erlasses[1] überschreitet. I. d. R. ist das Disagio einer Optionsanleihe höher als der entsprechende Grenzwert der Staffel. Optionsanleihen gelten daher als teilabgezinste Wertpapiere, auf die bei Veräußerung während der Laufzeit § 20 Abs. 2 Satz 1 Nr. 4 Buchst. a EStG Anwendung findet.[2]

• Optionsgenussscheine

1418 Genussscheine, die neben dem Recht auf Zahlung von Zinsen das Recht gewähren, Aktien des ausgebenden Unternehmens oder weitere Genussscheine gegen Zuzahlung eines gewissen Barbetrags erwerben zu können; keine steuerrechtlichen Besonderheiten, s. Genussscheine Rdnr. 1351.

---

[1] BMF-Schreiben v. 24. 11. 1986, BStBl I 1986, 539.
[2] Harenberg, KFR F. 3 EStG § 20, 1/04, S. 25.

• Optionsgeschäfte

Bedingte Termingeschäfte in Bezug auf das Basisgut (Erwerb der Option: Kassageschäfte), bei denen der Käufer berechtigt, aber nicht verpflichtet ist, gegen Zahlung einer Prämie (Optionsprämie) ein Basisobjekt (Aktien, Anleihen, Edelmetalle u. a.) zu einem vorher festgelegten Basispreis innerhalb eines bestimmten Zeitraums (amerikanische Option) oder zu einem bestimmten Zeitpunkt (europäische Option) zu kaufen (Call Option) oder zu verkaufen (Put Option). Die Prämie, die der Optionserwerber dem Vertragspartner (Stillhalter) zahlt, ist ein Ausgleich für das Risiko aus der fortbestehenden Vertragsverpflichtung.[1] Die Prämie hängt in ihrer Höhe von der Laufzeit des Optionsgeschäfts und dem Basispreis des Optionsguts ab. Optionen werden sowohl an der Börse, Terminbörse EUREX als auch außerbörslich (OTC-Geschäfte) gehandelt. Soweit Optionsgeschäfte an der EUREX durch Glattstellung beendet werden, tritt eine Versteuerung als privates Veräußerungsgeschäft i. S. d. § 23 Abs. 1 Satz 1 Nr. 2 EStG ein, da der BFH[2] in der Glattstellung wirtschaftlich einen Veräußerungsvorgang sieht. Die Aufwendungen für das Glattstellungsgeschäft (Closing) sind als Werbungskosten bei der Ermittlung der Einkünfte anzusetzen. Außerhalb der Terminbörse ist bei Beendigung der Option eine Versteuerung nach § 23 Abs. 1 Satz 1 Nr. 4 EStG als Termingeschäft vorzunehmen, obwohl der Kauf eines Optionsrechts zivilrechtlich als Kassageschäft abgewickelt wird. Der Verfall einer Option ist nach Auffassung der FinVerw. steuerrechtlich im Privatvermögen unbeachtlich (str.). Ein Abzug des Verlusts im Rahmen des § 23 EStG soll nicht möglich sein. Liegt eine Veräußerung vor, ist der Verlust oder Gewinn im Rahmen des § 23 Abs. 1 Satz 1 Nr. 2 EStG zu erfassen. Außerhalb der Jahresfrist des § 23 EStG sind Gewinne oder Verluste steuerrechtlich unbeachtlich.[3]

1419

• Optionsprämie

Beim Kauf einer Kaufoption ist die Prämie Anschaffungsnebenkosten der Option; beim Kauf einer Verkaufsoption ist die Prämie steuerlich unbeachtlich (Vermögensebene). Beim Verkauf einer Kaufoption und beim Verkauf einer Verkaufsoption ist das Entgelt als sonstige Leistung i. S. d. § 22

1420

---

1 BFH, U. v. 28. 11. 1990, BStBl II 1991, 300.
2 U. v. 24. 6. 2003, BStBl II 2003, 752.
3 Zu Einzelheiten s. BMF-Schreiben v. 27. 11. 2001, BStBl I 2001, 986.

Nr. 3 EStG steuerbar.[1] Das FG Münster hält im Urteil vom 7. 12. 2005[2], die Prämie des Stillhalters für eine nach § 23 Abs. 1 Satz 1 Nr. 4 EStG steuerbare Einnahme und bezieht somit den Verfall einer Option in den Bereich der Termingeschäft mit ein.

- **Optionsscheine** (Warrants)

1421 Oberbegriff für in einer (Sammel-)Urkunde verbriefte Optionsrechte aller Arten. Als Optionsscheine werden sowohl die einer Anleihe (Optionsanleihe) beigefügten und abtrennbaren Optionsrechte auf Lieferung eines bestimmten Basiswerts als auch die verbrieften reinen Optionen (Spekulationspapiere, Differenz- oder Termingeschäfte) bezeichnet, die nicht auf Auslieferung eines Basiswerts gerichtet sind; zur steuerlichen Behandlung s. Optionsanleihen, Capped Warrants. Der verbindliche Erwerb von Optionen setzt auch beim Erwerb außerhalb der Terminbörse EUREX – anders als der Erwerb abgetrennter Optionsscheine aus einer Optionsanleihe – Börsenterminfähigkeit i. S. d. § 53 BörsG 2001 voraus.[3]

- **Partiarische Darlehen**

1422 Siehe Rdnr. 772 ff.

- **Partizipationsscheine**

1423 Sammelbegriff für Zertifikate, denen als Basisgut ein bestimmter Index, z. B. DAX oder NEMAX 50 zugrunde liegt. Der Kapitalanleger partizipiert mit einem solchen Zertifikat an der Entwicklung des hinterlegten Indexes.

▷ **Besteuerungshinweise:**

Wird nach den Zertifikatsbedingungen am Ende der Laufzeit unabhängig vom Stand des Indexes die Rückzahlung des Kapitals ganz oder teilweise zugesagt, liegt eine Kapitalforderung i. S. d. § 20 Abs. 1 Nr. 7 Satz 1 EStG vor. Zwischenveräußerungen und Einlösungen fallen unter § 20 Abs. 2 Satz 1 Nr. 4 Buchst. c EStG (ungewisses Ereignis). Wird keine Kapital-

---

1 BFH, U. v. 8. 11. 1990, BStBl II 1991, 300; dazu Scholtz, KFR F. 3 EStG § 22, 1/91, S. 195; BMF-Schreiben v. 27. 11. 2001, BStBl I 2001, 986, und BFH, U. v. 29. 6. 2004, BStBl II 2004, 995.
2 10 K 5715/04 F, Rev., Az. des BFH: IX R 11/06.
3 BGH v. 29. 3. 1994 - XI ZR 31, 93, NJW 1994, 1861.

rückzahlung zugesagt, sind Veräußerungen und Einlösungen nur innerhalb der Jahresfrist des § 23 Abs. 1 Satz 1 Nr. 2 (Veräußerungen) und Nr. 4 EStG (Einlösungen) von Bedeutung, wenn die Zertifikate überhaupt von § 23 Abs. 1 Satz 1 Nr. 4 Satz 2 EStG erfasst werden (so die FinVerw.), denn sie vertreten keine Aktien.[1]

- **Penny stocks**

Börsenbezeichnung für Aktien, deren Kurswert unter einem Euro liegt (in USA unter 5 US-Cent). Keine steuerlichen Besonderheiten 1424

- **Pensionsgeschäfte**

Geschäfte über Vermögensrechte (Wertpapiere, Kapitalforderungen), bei denen der Inhaber seine Rechte auf Zeit gegen Entgelt an einen Dritten überträgt. Dieser hat nach Ablauf der Pensionszeit die Verpflichtung, die Vermögensrechte an den früheren Inhaber zurückzuübertragen. Echte Pensionsgeschäfte liegen vor, wenn der Pensionsnehmer die übertragenen Rechte zurückkaufen muss; zur Zurechnung der Kapitalerträge s. Rdnr. 45 ff. 1425

- **Pfandbriefe**

Hypotheken gedeckte, festverzinsliche Schuldverschreibungen öffentlich-rechtlicher oder privater Bodenkreditinstitute oder Schiffspfandbriefbanken. Für die Emission und Deckung der Pfandbriefe bestehen spezielle Vorschriften im Hypothekenbankgesetz und Schiffsbankgesetz. Die Zinserträge sind stpfl. Einnahmen nach § 20 Abs. 1 Nr. 7 EStG; bei verbindlicher Verzinsung s. Floater, Gleitzinsanleihen. 1426

- **Private-Equity-Fonds**

Kapitalanlagegesellschaften, die außerhalb des KAGG und außerhalb einer Börsennotierung Kapital hauptsächlich in den Emergent Markets investieren. Soweit private Kapitalanleger in solche Fonds investieren, wird versucht eine Gewerblichkeit der Kapitalanlage zu vermeiden, um Veräuße- 1427

---

1 Siehe dazu Harenberg, FR 2002, 104.

rungsgewinne steuerfrei erzielen zu können, in dem der Zeitraum zwischen Investition und Veräußerung des Anlageobjekts auf mehrere Jahre angelegt wird.[1]

• Protect Anleihen

1428 Sonderform von Aktienanleihen (Rdnr. 1212), bei denen die Rückzahlung des Nennbetrags in Aktien nicht bereits dann erfolgt, wenn der Kurs der hinterlegten Aktie ein bestimmtes Niveau unterschritten hat. Vielmehr muss der Aktienkurs einmal während der Laufzeit zusätzlich ein noch niedrigeres Kursniveau erreicht haben. Dieses Niveau wirkt sich deshalb wie ein Sicherheitspolster vor der Anlieferung von Aktien aus. Diese Art von Anleihen ist deshalb regelmäßig nicht mit einem so extrem hohen Zinskupon ausgestattet wie herkömmliche Aktienanleihen. Steuerrechtliche Besonderheiten ergeben sich aus dieser Ausstattung nicht; s. Aktienanleihen Rdnr. 1212.

• Protect-Discount-Zertifikate

1429 Besondere Form des Discount-Zertifikats, in das aufgrund der Ausgestaltung anlagetechnisch ein sog. „Sicherheitspolster" eingebaut ist. Dieses besteht darin, dass die Aktie nur in dem Fall geliefert wird, wenn der Kurs der hinterlegten Aktie am Stichtag unter einem bestimmten Kurs notiert und sich der Kurs mindestens einmal während der Laufzeit des Zertifikats auf oder unterhalb des „Protect-Preises" bewegt hat. Danach wird – anders als bei einfachen Discount-Zertifikaten – der Rückzahlungsbetrag auch dann in bar ausgezahlt, wenn sich der Aktienkurs am Stichtag zwar unterhalb des festgelegten Kursniveaus befindet, der tiefere „Protect-Preis" aber während der Laufzeit nie erreicht wurde; s. auch Discount-Zertifikate Rdnr. 1307.

Beispiel:
Zertifikat auf Deutsche Bank von Sal. Oppenheim, Verkaufskurs 76,25 €, Fälligkeit 2. 8. 2006, Rückzahlung 92,00 €; notiert die Aktie der Deutschen Bank am 26. 7. 2006 unter 92,00 € **und** liegt der Kurs **einmal** während der Laufzeit unter oder auf dem sog. „Protect-Preis" von 68,00 €, zahlt die Emittentin je Zer-

---

1 Sorgenfrei, FR 1999, 61; Watrin, NWB Blickpunkt Steuern 8/2001, 2739; Rodin/Veith, DB 2001, 883; Lorenz, DStR 2001, 822; zur Abgrenzung der privaten Vermögensanlage und gewerblichen Kapitalanlage s. BFH, U. v. 20. 12. 2000, BStBl II 2001, 706.

tifikat eine Aktie der Deutschen Bank zurück; zur steuerlichen Behandlung s. Discount-Zertifikate Rdnr. 1307.

- **Prozesszinsen**

auf erstattete Grunderwerbsteuer (§ 236 AO) sind Einnahmen aus Kapitalvermögen i. S. d. § 20 Abs. 1 Nr. 7 EStG und keine Einnahmen aus Vermietung und Verpachtung[1], weil die erzwungene (öffentlich-rechtliche) Kapitalüberlassung nicht der Kapitalbeschaffung zur Erzielung von Einkünften aus Vermietung und Verpachtung dient. Der Vorrang aus § 20 Abs. 3 EStG greift deshalb nicht ein. Zweifelhaft ist, ob Prozesszinsen, die nach einem langjährigen Prozess ausgezahlt werden, nicht außerordentliche Einkünfte i. S. d. § 24 Nr. 1 Buchst. a, § 34 EStG darstellen. Prozesszinsen sind im Jahr des Zuflusses mit dem normalen Steuersatz zu versteuern.[2] Das gilt auch für Beträge, die falsch berechnet waren und deshalb in den folgenden Jahren wieder zurückgezahlt werden müssen, weil es steuerrechtlich nicht auf eine endgültige Verfügungsmacht ankommt.[3] Die Rückzahlung überzahlter Beträge wirkt sich erst im Jahr der tatsächlichen Leistung (Abfluss) aus.[4]

1430

- **Put-Option**

Siehe Capped Warrants Rdnr. 1274.

1431

- **Range Warrants** (Bandbreiten-Optionsscheine)

Paket von Optionsscheinen (Optionen), die i. d. R. auf Indizes (DAX, MDAX, REX, Kurs einer bestimmten Aktie) als Basiswert lauten. Befindet sich der Basiswert am Fälligkeitstag (Ausübungstag) innerhalb der vereinbarten Bandbreite eines bestimmten Optionsscheins, hat der Optionsinhaber das Recht, vom Emittenten der Option neben der Rückzahlung des eingesetzten (überlassenen) Kapitals die Zahlung eines zusätzlichen Betrags (Ausübungsbetrag) zu verlangen. Aus den übrigen Optionen, die diese Bedingung nicht erfüllen, erhält der Kapitalanleger lediglich das überlassene Kapital zurück. Der über das eingesetzte Kapital hinaus ge-

1432

---

1 BFH, U. v. 8. 4. 1986, BStBl II 1986, 557.
2 BFH, U. v. 25. 10. 1994, BStBl II 1995, 121, dazu Gassner, KFR F. 3 EStG § 22, 1/95, S. 135.
3 BFH, U. v. 13. 10. 1989, BStBl II 1990, 287.
4 BFH, U. v. 21. 9. 1982, BStBl II 1983, 289.

zahlte Betrag ist steuerpflichtiger Ertrag i. S. d. § 20 Abs. 1 Nr. 7 EStG, da in jedem Fall die Rückzahlung des Kapitals zugesagt ist.[1] Für eine Anwendung des § 23 Abs. 1 Satz 1 Nr. 4 EStG ist deshalb kein Raum.

– **Veräußerungsgeschäfte**: Sowohl bei der Veräußerung des ganzen Pakets als auch bei Veräußerung einzelner Warrants erzielt der Veräußerer Kapitalertrag nach § 20 Abs. 2 Satz 1 Nr. 4 Buchst. c EStG. Zwar ist unsicher, aus welchem einzelnen Papier der stpfl. Kapitalertrag erzielt wird, doch ist die Rückzahlung des Kapitalvermögens – sieht man mit der FinVerw. die gezahlte Optionsprämie als überlassenes Kapitalvermögen an – bei jedem einzelnen Optionspapier zugesagt (§ 20 Abs. 1 Nr. 7 EStG).

– **Getrennte Einlösung**: Bei der getrennten Einlösung eines einzelnen Bandbreiten-Optionsscheins entsteht Kapitalertrag nach § 20 Abs. 2 Satz 1 Nr. 4 Satz 4 EStG.[2]

- **Rating-Anleihen**

1433 Siehe Down-Rating-Anleihen Rdnr. 1314.

- **Rechnungsmäßige Zinsen**

1434 Siehe Rdnr. 1404, 851 ff.

- **Renten**

1435 Sammelbegriff für Schuldverschreibungen (Anleihen) jeder Art; keine steuerlichen Besonderheiten, s. Anleihen Rdnr. 1223.

- **Rentenfonds**

1436 Wertpapier-Sondervermögen, das die eingelegten Gelder nahezu ausschließlich in fest- oder variabel verzinste in- oder ausländische Anleihen investiert; keine steuerlichen Besonderheiten, s. Investmentfonds Rdnr. 941 ff., 1386.

- **Repay Bonds**

1437 Verzinsliche Euro-Schuldverschreibungen, bei denen dem Emittenten ein **Rückzahlungswahlrecht** eingeräumt ist. Der Emittent hat das Recht, den

---

1 BMF-Schreiben v. 10. 11. 1994, BStBl I 1994, 816.
2 BMF-Schreiben v. 10. 11. 1994, BStBl I 1994, 816, und v. 27. 11. 2001, BStBl I 2001, 986.

Nennwert der Anleihe in Euro oder in einer anderen Währung, z. B. US-Dollar, zurückzuzahlen, wobei die Paritäten in den Emissionsbedingungen bereits festgelegt sind. Die Verzinsung in Euro wird dadurch nicht berührt. Insbesondere hängen die Zinserträge nicht von einem ungewissen Ereignis ab. Steuerlich ergeben sich im Hinblick auf die Zinserträge keine Besonderheiten zu herkömmlichen Schuldverschreibungen. Realisierte Kursgewinne/Verluste sind nach Ablauf der Jahresfrist des § 23 Abs. 1 Satz 1 Nr. 2 EStG nicht steuerbar.

- **Reverse Floater**
Variabel verzinsliche Schuldverschreibungen, bei denen die Zinsanpassung nicht unmittelbar an einen Referenzzins, sondern durch Abzug des Referenzzinses von einem Nominalzins vorgenommen wird.

▷ **Besteuerungshinweise:**
Für laufende Zinsen gilt § 20 Abs. 1 Nr. 7 EStG; Stückzinsen sind stpfl. Einnahmen nach § 20 Abs. 2 Satz 1 Nr. 3 EStG. Gezahlte Stückzinsen sind im Jahr der Zahlung abziehbar (negative Einnahmen); für die Veräußerungsgewinne gilt nach Auffassung der FinVerw. § 20 Abs. 2 Satz 1 Nr. 4 Buchst. d EStG („Zahlung der Kapitalerträge in unterschiedlicher Höhe"); da es keine Emissionsrendite gibt, sind die stpfl. Einnahmen nach der Marktrendite zu ermitteln.[1] Bei Fremdwährungs-Floatern ist die Marktrendite nach § 20 Abs. 2 Satz 1 Nr. 4 Satz 2 EStG zunächst in der Fremdwährung zu ermitteln und dann mit dem Geldkurs in Euro umzurechnen;[2] anders dagegen bei privaten Veräußerungsgeschäften.

1438

- **Rex-Anleihen**
Variabel verzinsliche Anleihen mit 5 oder 10 Jahren Laufzeit, deren Zinssatz jährlich an die Rendite der zehnjährigen Anleihen angepasst wird. Laufende Zinserträge sind stpfl. nach § 20 Abs. 1 Nr. 7 EStG; Stückzinsen sind nach § 20 Abs. 2 Satz 1 Nr. 3 EStG Stpfl.; für Veräußerungsgewinne gilt § 20 Abs. 2 Satz 1 Nr. 4 Buchst. d EStG; s. Anleihen.

1439

- **S. A. R. O. S.** (Safe Return Options)
Siehe Money-Back-Zertifikate und Zertifikate.

1440

---
1 § 20 Abs. 2 Satz 1 Nr. 4 Satz 2 EStG; Harenberg, GStB 1998, 14 f.
2 BFH, U. v. 24. 10. 2000, BStBl II 2001, 97.

• Samurai-Anleihen

1441 Schuldverschreibungen, die am japanischen Kapitalmarkt von ausländischen Emittenten aufgelegt werden; Beispiel: VW AG von 1997, Laufzeit 3 Jahre, Zinssatz 5,15 v. H., Nennwert in Yen, Rückzahlung in US-Dollar. Die Zinserträge sind nach § 20 Abs. 1 Nr. 7 Satz 1 EStG stpfl. und werden mit dem am Fälligkeitstag gültigen amtlichen Devisengeldkurs in Euro umgerechnet.

• Schatzanweisungen

1442 Inhaberschuldverschreibungen mit kurzer oder mittlerer Laufzeit, die vom Bund oder den Ländern oder anderen Institutionen zur Deckung eines vorübergehenden Geldbedarfs ausgegeben werden. Sog. unverzinsliche Schatzanweisungen sind abgezinste Wertpapiere; verzinsliche Schätze werden auch als Kassenobligationen bezeichnet; s. Abzinsungspapiere und Anleihen.

• Schatzwechsel

1443 Schatzwechsel sind unverzinsliche, d. h. nicht laufend verzinste, kurzfristige Wechsel, die hauptsächlich von Bund und den Ländern zur Überbrückung eines vorübergehenden Geldbedarfs ausgegeben werden. Sie haben eine Laufzeit von einem bis zu sechs Monaten und werden i. d. R. von Banken oder der Deutschen Bundesbank angekauft. Schatzwechsel fallen nicht unter § 20 Abs. 1 Nr. 8 EStG. Bei ihnen handelt es sich um festverzinsliche oder unverzinsliche (U-Schätze) Inhaberschuldverschreibungen mit einer Laufzeit von sechs Monaten bis zu zwei Jahren. Sie gehören zu den sonstigen Kapitalforderungen i. S. d. § 20 Abs. 1 Nr. 7 Satz 1 EStG.

• Schlussgewinnanteile

1444 Bei Ablauf einer Kapital-Lebensversicherung ausgezahlte Kapitalerträge, die vom Versicherungsunternehmen aus den Sparanteilen der Versicherungsbeiträge erwirtschaftet worden sind; zur steuerlichen Behandlung s. Rdnr. 851 ff.

• Schuldbuchforderungen

1445 Darlehensforderungen (Bundesanleihen, Bundesobligationen, Bundesschatzbriefe, Finanzierungsschätze) an den Staat, für die keine Schuldverschreibungen in Form von effektiven Stücken ausgegeben werden. Die

- **Schuldscheindarlehen**

Großdarlehen, die von Banken an Unternehmen oder die öffentliche Hand vergeben werden. Die Darlehen sind ähnlich wie Schuldverschreibungen ausgestattet. Die Vertragsbedingungen sind in einem Schuldschein festgehalten, der als Nachweis der Kapitalüberlassung erstellt wird. 1446

Privatanleger sind von dieser Art der Darlehensvergabe regelmäßig nicht betroffen. Soweit im Privatbereich Darlehen gegen Ausstellung eines Schuldscheins vergeben werden, gilt hinsichtlich der Besteuerung der Zinserträge § 20 Abs. 1 Nr. 7 Satz 1 EStG. KapESt (ZASt) ist in diesem Fall nicht einzubehalten.

- **Schuldverschreibungen**

Siehe Anleihen Rdnr. 1223. 1447

- **Sichteinlagen**

Einlagen bei Banken (Girokonto), über die der Stpfl. jederzeit durch Barabhebung, Scheck, Überweisung, Lastschrift oder Wechseleinlösung verfügen kann. Werden die Einlagen verzinst, liegen stpfl. Einnahmen nach § 20 Abs. 1 Nr. 7 Satz 1 EStG vor. 1448

- **Single Stock Marathon Call**

Im Gegensatz zu herkömmlichen Optionen langlaufende Kaufoptionen auf einzelne Aktien; vergleichbar der einer Anleihe beigegebenen Option; s. Optionsanleihen und Call Warrants. 1449

- **Sondervermögen**

Sammelbegriff für das bei einer Kapitalanlagegesellschaft aus den eingelegten Kapitalbeträgen erworbene Vermögen (Investmentvermögen), z. B. Wertpapier-Sondervermögen, Grundstücks-Sondervermögen. Eine Kapitalanlagegesellschaft kann mehrere Sondervermögen bilden, die getrennt zu halten sind und sich in ihrer Bezeichnung unterscheiden müssen. Die Rechtsgrundlagen für die Besteuerung der Kapitalerträge aus diesen Sondervermögen befinden sich im InvStG; s. Investmentfonds Rdnr. 941 ff., 1386. 1450

- **Sozialpfandbriefe**

1451 In den Jahren 1953 und 1954 zur Finanzierung des Wohnungsbaus mit relativ niedriger Verzinsung (4 – 4,5 v. H.) ausgegebene Pfandbriefe. Um eine marktgerechte Rendite zu gewährleisten, waren die Zinserträge nach § 3a EStG steuerfrei. Diese Befreiung wurde durch das StÄndG 1992 aufgehoben.[1]

- **Sparbriefe**

1452 Langfristige Refinanzierungsinstrumente der Kreditinstitute in Form von Namens- oder Inhaberschuldverschreibungen. Die Laufzeit kann ein bis zehn Jahre betragen. Die Papiere können als Ab- oder Aufzinsungspapiere oder mit laufender Verzinsung ausgegeben werden und während der Laufzeit den Kreditinstituten zum Rückkauf oder als Sicherheit angeboten werden. Der Rücknahmepreis richtet sich u. a. nach der Restlaufzeit und dem aktuellen Zinsniveau.

▷ **Besteuerungshinweise:**
Die Zinserträge sind stpfl. Einnahmen i. S. d. § 20 Abs. 1 Nr. 7 EStG. Der Besteuerungszeitpunkt hängt von der Art des Sparbriefs ab. Handelt es sich um ein abgezinstes Papier, fließen die Zinsen (Differenz zwischen Ausgabepreis und Rückzahlungsbetrag) mit Fälligkeit der Kapitalrückzahlung am Ende der Laufzeit zu und sind erst dann zu versteuern. Wird das Papier vorher zurückgegeben oder die Kapitalforderung abgetreten, sind die Zinsen anteilig auf die Besitzzeit bezogen im Jahr der Rückgabe oder Abtretung zu versteuern. Gleiches gilt für Aufzinsungspapiere. Bei jährlicher Verzinsung hängt die Besteuerung davon ab, ob der Sparer über den Zinsertrag jährlich verfügen kann. Ist das der Fall, sind die Zinsen auch im Jahr ihrer Fälligkeit zu versteuern. Sehen die vertraglichen Bestimmungen eine Verfügbarkeit erst am Ende der Laufzeit bei Kapitalrückzahlung vor (Aufzinsungsvariante), so sind die Zinsen erst zu diesem Zeitpunkt zu versteuern.

- **Sparkonto**

1453 Siehe Einlagen Rdnr. 1321.

---

[1] Gegen die Aufhebung der Steuerfreiheit sind Verfassungsbeschwerden beim BVerfG (Az. 2 BvR 305/93; 2 BvR 348/93) eingelegt worden. Deren Ablehnung erfolgte mit Beschl. v. 5. 2. 2002; hierzu s. Kanzler, FR 2002, 1011.

• Sparpläne

Sammelbegriff für langfristige Sparformen, denen eine regelmäßige Einzahlung in eine Kapitalanlage zugrunde liegt. Die Besteuerung der Erträge richtet sich nach der Art der Anlage. Bei herkömmlichen Sparplänen sind die laufenden, u. U. wiederangelegten Zinserträge stpfl. nach § 20 Abs. 1 Nr. 7 Satz 1 EStG, ebenso am Ende ausgezahlte Boni. Die Besteuerung von Erträgen aus Investmentsparplänen richtet sich nach dem InvStG, s. Investmentfonds Rdnr. 941 ff., 1386. 1454

• Spekulationsgeschäfte

Frühere Bezeichnung für den An- und Verkauf von Wertpapieren innerhalb der damaligen Spekulationsfrist von 6 Monaten. Derartige Geschäfte werden seit 1. 1. 1999 als private Veräußerungsgeschäfte (§ 23 Abs. 1 Satz 1 Nr. 2 EStG) bezeichnet. Die steuerschädliche Veräußerungsfrist beträgt seit 1. 1. 1999 12 Monate („nicht länger als ein Jahr"). 1455

• Spekulationsverluste

Negativer Überschuss aus einem privaten Veräußerungsgeschäft i. S. d. § 23 Abs. 1 Satz 1 Nr. 2 oder Nr. 4 EStG. Im Rahmen dieser Vorschrift ist nur eine Verrechnung mit Gewinnen aus privaten Veräußerungsgeschäften – auch Grundstücksgeschäften – möglich (vertikaler Verlustausgleich). Die Verluste können ein Jahr zurück und dann unbegrenzt vorgetragen werden (§ 23 Abs. 3 EStG). 1456

Fällt das Wertpapier in den Bereich des § 20 Abs. 2 Satz 1 Nr. 4 Buchst. a – d EStG (Finanzinnovation, Kursdifferenzpapier) ist der Veräußerungsverlust (negative Marktrendite) unabhängig von einer Zeitgrenze steuerlich als negative Einnahme aus Kapitalvermögen anzusetzen. Hier besteht ein unbeschränkter Verlustausgleich.

• Staffelanleihen (graduated rate cupon bonds)

Siehe Gleitzinsanleihen Rdnr. 1356; s. Stufenzinsanleihen Rdnr. 1466. 1457

• Step up/Step down-Anleihen

Siehe Stufenzins-Anleihen Rdnr. 1466 und Gleitzins-Anleihen Rdnr.1356. 1458

- **Steuererstattungsansprüche**

1459 Sie gehören zu den Kapitalforderungen jeder Art i. S. d. § 20 Abs. 1 Nr. 7 EStG, die so verzinst werden, als habe der Stpfl. der Finanzverwaltung ein Darlehen gewährt.[1] Nachzahlungszinsen sind keine Werbungskosten. Zurückgezahlte Erstattungszinsen nach Änderung eines Steuerbescheids sind negative Einnahmen aus Kapitalvermögen im Jahr der Zahlung.[2]

- **Steuerzinsen**

1460 Nach § 20 Abs. 1 Nr. 7 Satz 1 EStG stpfl. Zinsen für Steuererstattungsansprüche i. S. d. § 233a AO.

- **Stock Dividends** (Dividendenaktien)

1461 Bezugsrechte auf Aktien, die aus einem bestimmten Wahlrecht resultieren. Der Aktionär kann in besonderen Fällen wählen, ob er sich die Gewinnausschüttung der Kapitalgesellschaft in Form einer Bardividende auszahlen lassen oder ob er Aktien der Gesellschaft beziehen will.

▷ **Besteuerungshinweise:**

Laufender Ertrag: Wählt der Anleger die Auszahlung der Bardividende, liegt stpfl. Kapitalertrag nach § 20 Abs. 1 Nr. 1 EStG vor.

Wird die Lieferung von Aktien gewählt, liegen ebenfalls stpfl. Einnahmen (sonstige Bezüge) nach § 20 Abs. 1 Nr. 1 i. V. m. Abs. 2 Satz 1 Nr. 1 EStG vor. Die Aktien sind im Rahmen der Ermittlung der Einkünfte mit dem Wert der Bardividende anzusetzen.

Veräußerung der bezogenen Aktien: Werden die Aktien innerhalb der Jahresfrist veräußert, liegt ein privates Veräußerungsgeschäft i. S. v. § 23 Abs. 1 Satz 1 Nr. 2 EStG vor. Anschaffungskosten der Aktien sind der Wert der Bardividende. Die Jahresfrist beginnt mit Ausübung des Wahlrechts.

- **Stock Options**

1462 Optionsrechte von Führungskräften eines Unternehmens auf den Bezug von Aktien des Unternehmens. Die Optionsrechte sind Arbeitslohn i. S. v.

---

[1] BFH, U. v. 18. 2. 1975, BStBl II 1975, 568; U. v. 8. 4. 1986, BStBl II 1986, 557.
[2] BFH, U. v. 8. 11. 2005, BFH/NV 2006, 527.

§ 19 Abs. 1 EStG und mit ihrem Wert im Zeitpunkt der Ausübung (Bezug der Aktien), nicht im Zeitpunkt der Gewährung zu versteuern.[1]

- **Stripped Bonds**

Zinsscheine einer Schuldverschreibung nach Abtrennung vom Stammrecht durch den Inhaber des Stammrechts; steuerrechtlich Nullkupon-Anleihen. 1463

Beispiel
KfW Inhaberschuldverschreibung, Laufzeit 20 Jahre, Verzinsung 8 v. H., Ausgabekurs 101,25 v. H., Rückzahlungskurs 100 v. H.; Emissionsrendite 7,87 v. H.; aus dieser Anleihe lassen sich vier verschiedene Wertpapiere erwerben:
- Stammrecht (Anleihe) mit Zinsscheinen über 8 v. H., Nominalwert 100 v. H.;
- Stammrecht ohne Zinsscheine (Nullkupon-Anleihe), Kurswert 23,25 DM;
- 20 Zinsscheine (Paket), die einer Tilgungsanleihe gleichen, Kurswert 78 DM;
- einzelne Zinsscheine (20 abgezinste „Anleihen") über jeweils 8 v. H.

Entgelt aus der Veräußerung der Zinsscheine durch den Ersterwerber ist stpfl. Einnahme aus Kapitalvermögen nach § 20 Abs. 2 Satz 1 Nr. 2 Buchst. b EStG; Einlösung der Zinsscheine durch den Zweit- oder jeden anderen Erwerber führt zu stpfl. Einnahmen nach § 20 Abs. 2 Satz 1 Nr. 4 Buchst. b i. V. m. Abs. 2 Satz 1 Nr. 4 Satz 4 EStG in Höhe der besitzzeitanteiligen, nach der Emissions- oder Marktrendite ermittelten Erträge (§ 20 Abs. 2 Satz 1 Nr. 4 Sätze 2 und 3 EStG). Entgelt aus der Veräußerung der Zinsscheine durch den Zweit- oder weiteren Erwerber stpfl. Einnahme nach § 20 Abs. 2 Satz 1 Nr. 4 Buchst. b EStG.[2]

- **Strukturierte Finanzprodukte**

Sammelbegriff für verschiedene Kapitalanlagearten, bei denen die herkömmlichen Ausstattungsmerkmale wie Verzinsung, Laufzeit und Tilgungsmodus in besonderer (innovativer) Weise miteinander kombiniert und mit einer bisher noch nicht bekannten Eigenschaft versehen werden. So werden z. B. bei einer Aktienanleihe oder einem Aktien-Discountzertifikat herkömmliche Schuldverschreibungen mit einer Optionskomponente verknüpft. Bei der Aktienanleihe hängt die Art der Rückzahlung vom Kursverlauf einer Aktie ab, ebenso beim Discount-Zertifikat. 1464

---

1 BFH, U. v. 20. 6. 2001, BStBl II 2001, 689.
2 Zur Ermittlung des stpfl. Ertrags s. BMF-Schreiben v. 1. 3. 1991, BStBl I 1991, 422.

• Stückzinsen

1465 Zinsen, die bei Veräußerung von Schuldverschreibungen oder Schuldbuchforderungen (z. B. Bundesobligationen) mit Zinsscheinen gesondert berechnet und vom Erwerber an den Veräußerer zu zahlen sind, sind beim Veräußerer stpfl. Einnahmen i. S. v. § 20 Abs. 2 Satz 1 Nr. 3 EStG; der Erwerber kann die Stückzinsen im Jahr der Zahlung von seinen übrigen Einnahmen aus Kapitalvermögen abziehen. Liegen keine positiven Einnahmen vor, führen sie zu negativen Einkünften aus Kapitalvermögen. Der Stückzinsenabzug setzt voraus, dass einerseits kraft ausdrücklicher Vereinbarung ein Teil des Kaufpreises für die angesammelten Erträge gezahlt wird und andererseits der auf diese Erträge entfallende Teil des Veräußerungsentgelts dem Erwerber besonders in Rechnung gestellt und tatsächlich gezahlt worden ist.

Die Formel zur Berechnung der Stückzinsen lautet:

$$\frac{T \times P \times N}{360 \times 100}$$

T = Anzahl der Tage von der letzten Zinszahlung bis zum Kauf des Wertpapiers
P = Nominalzins der Anleihe
N = Nominalwert der Anleihe

• Stufenzins-Anleihen (step up/step-down Anleihen)

1466 Schuldverschreibung, bei denen die Verzinsung in mehreren Schritten (Stufen) während der Laufzeit steigt oder fällt. Die Finanzverwaltung wendet im Fall der Zwischenveräußerung oder Einlösung § 20 Abs. 2 Satz 1 Nr. 4 Buchst. d EStG[1] an. Danach sind realisierte Gewinne oder Verluste auch außerhalb der Frist des § 23 Abs. 2 Satz 1 Nr. 2 EStG steuerlich relevant[2]; s. Gleitzins-Anleihen Rdnr. 1356.

• Surf-Anleihen (constant maturit treasur step up/ecover floating rate notes)

1467 Variabel verzinste Schuldverschreibungen, bei denen sich die Verzinsung an den US-Kapitalmarktzinsen orientiert und zu bestimmten Zeitpunkten an diese Zinssätze angepasst wird, wobei häufig eine Mindestverzinsung

---

1 BMF-Schreiben v. 2. 3. 2001, BStBl I 2001, 206.
2 A. A. zutreffend FG Berlin, U. v. 22. 4. 2004, Rev., Az. des BFH: VIII R 48/04, für den Fall einer negativen Marktrendite.

(Floor) festgelegt ist; keine steuerrechtlichen Besonderheiten, s. Anleihen Rdnr. 1223; Floating Rate Notes Rdnr. 1335; Zinsen Rdnr. 1504.

- **Swapgeschäfte**

Selbständiger, nicht an ein Grundgeschäft gekoppelter Vertrag über den Austausch von Zinszahlungen (Zinsswap) oder Währungsverbindlichkeiten (Währungsswap) zu einem bestimmten Zeitpunkt, mit dem Ziel, Risiken (z. B. Erfüllung einer Verbindlichkeit in fremder Währung), die aus bestimmten Geschäften entstehen können, zu minimieren. Da es an einer Kapitalüberlassung fehlt, ist § 20 EStG i. d. R. nicht tangiert; s. Währungsswap Rdnr. 1489, Zinsswap Rdnr. 1507.

1468

- **Switch-Anleihen**

Verzinsliche DM-Schuldverschreibungen, bei denen der Kapitalanleger das Wahlrecht hat, den Nennwert mit Beginn der Europäischen Währungsunion (1. 1. 1999) auf Euro oder US-Dollar umstellen zu lassen. Die Dollar-DM-Parität wird bereits in den Emissionsbedingungen festgelegt. Die laufende Verzinsung wird ebenfalls umgestellt; der Nominalzins bleibt unverändert. Die Zinsen sind stpfl. nach § 20 Abs. 1 Nr. 7 Satz 1 EStG. Werden sie in Fremdwährung ausgezahlt, so müssen sie zum amtlichen Devisengeldkurs umgerechnet werden. Die systematische Einordnung dieser Anleiheart als Options- oder Wandelanleihe (s. Rdnr. 1417 u. 1490) ist noch nicht geklärt.

1469

- **Systemorientierte Finanzanlagen** (Sofia)

Sofia ist eine Produktkombination aus einem herkömmlichen Zertifikat, z. B. auf einen Index, und einer besonderen Wertpapierversicherung, die im Fall eines Indexrückgangs den Verlust des Anlegers absichert. Damit wird versucht, eine Besteuerung lediglich aus § 23 Abs. 1 Satz 1 Nr. 4 Satz 1 EStG zu erreichen, gleichzeitig aber dem Anleger eine Kapitalrückzahlung zu garantieren. Die Aufspaltung in zwei Produkte soll eine Besteuerung der Erträge aus § 20 Abs. 1 Nr. 7 Satz 1 EStG vermeiden. Einlösungsgewinne wären in diesem Fall außerhalb der Jahresfrist des § 23 EStG nicht steuerbar.

1470

▷ **Besteuerungshinweise:**
Die Aufspaltung in zwei Prokukte kann u. E. eine Besteuerung der Erträge aus § 20 Abs. 1 Nr. 7 Satz 1 EStG nicht verhindern, da es nach Satz 2 die-

ser Vorschrift nicht darauf ankommt, wie das Produkt bezeichnet wird und wie es zivilrechtlich konstruiert ist. Die Einschaltung einer Wertpapierversicherung zur Abdeckung der Einlösungsverluste macht aus dem Produkt ein Garantiezertifikat mit der Folge, dass Erträge unabhängig jeglicher Frist als Einnahmen aus Kapitalvermögen i. S. d. § 20 Abs. 1 Nr. 7 EStG zu besteuern sind. Verluste sind unbeschränkt verrechenbar.[1]

• Teilschuldverschreibungen

1471 Sammelbegriff für Anleihen (Schuldverschreibungen), bei denen ein Teil einer Gesamtemission verbrieft ist (Pfandbriefe, Industrieobligationen, Kommunalobligationen, Schatzanweisungen). Steuerlich bestehen keine Besonderheiten; s. Anleihe Rdnr. 1223.

• Telekommunikations-Anleihen

1472 Inhaber-Schuldverschreibungen der Telekommunikationsunternehmen mit einem festen Basiszins und der Bedingung, dass der Basiszins um bestimmte Prozentpunkte steigt, wenn das Rating des Unternehmens fällt.

▷ **Besteuerungshinweise:**

Laufende Zinsen sind nach § 20 Abs. 1 Nr. 7 EStG steuerpflichtig. Bei Zwischenveräußerung oder Endeinlösung ist nach Auffassung der FinVerw. der Kursgewinn/-verlust auch aßerhalb der Jahresfrist nach § 20 Abs. 2 Satz 1 Nr. 4 Buchst. c EStG (Down-Rating als ungewisses Ereignis) anwendbar[2]; s. Down-Rating-Anleihen Rdnr. 1314.

• Terminfonds

1473 Investmentfonds, in dem die Anlagegelder überwiegend spekulativ in Finanz- und Warentermingeschäften und/oder Optionen angelegt werden; Investmentfonds.

• Termingeld

1474 Sammelbegriff für Einlagen bei Banken mit vereinbarter fester Laufzeit oder Kündigungsfrist; s. Einlagen.

---

[1] Einzelheiten s. Harenberg, NWB F. 3, 3613.
[2] A. A. FG Niedersachsen, U. v. 11. 2. 2004, EFG 2005, 698, Rev., Az. des BFH: VIII R 6/05.

• Termingeschäfte (Futures)

Sammelbegriff für Börsengeschäfte, bei denen nicht die Verschaffung bestimmter Wertpapiere oder Waren, sondern die Ausnutzung von Kursschwankungen im Vordergrund steht. Den Vertragspartnern kommt es lediglich auf die Differenz zwischen Geschäft und Gegengeschäft an. Gewinne oder Verluste aus Termingeschäften sind steuerrechtlich im Privatvermögensbereich nur innerhalb der Jahresfrist des § 23 Abs. 1 Satz 1 Nr. 4 EStG als privates Veräußerungsgeschäft beachtlich; s. Devisentermingeschäft.[1]

1475

• Tilgungsanleihen (Annuitäten-Bonds)

Zum Nennwert emittierte Schuldverschreibungen, die i. d. R. nach einer zins- und tilgungsfreien Phase ratenweise vom Emittenten mit Zins und Kapital (Annuität) zurückgezahlt werden. Der in der Tilgungsrate enthaltene Zinsanteil ist stpfl. Einnahme nach § 20 Abs. 1 Nr. 7 EStG; der Tilgungsanteil ist nicht steuerbare Kapitalrückzahlung.[2] Bei Veräußerung während der Laufzeit erhaltene Stückzinsen sind steuerpflichtige Erträge i. S. v. § 20 Abs. 2 Satz 1 Nr. 3 EStG und beim Erwerber im Jahr der Zahlung von den übrigen Kapitaleinnahmen als negative Einnahme aus Kapitalvermögen abziehbar. Veräußerungsgewinne werden über § 20 Abs. 2 Satz 1 Nr. 4 Buchst. d EStG („Kapitalerträge in unterschiedlicher Höhe") erfasst und anhand der Marktrendite (§ 20 Abs. 2 Satz 1 Nr. 4 Satz 2 EStG) ermittelt.

1476

Beispiel Kombination einer Tilgungsanleihe mit Aktienoption:

Bank Inhaberteilschuldverschreibung, Laufzeit zwei Jahre, Verzinsung 10,00 v. H., Ausgabekurs 110,75 v. H., Optionsrecht für Rückzahlung wahlweise zum Nennbetrag (100 v. H.) oder je 5 112 € nominaler Anleihebetrag Lieferung von 26 Stammaktien der X-AG inkl. Dividendenscheine unter Zuzahlung von 593 € durch den Inhaber der Anleihe. Die Beispielsanleihe liegt in ihrer Verzinsung über dem aktuellen Kapitalmarktzins, was als Ausgleich der „Stillhalterposition" des Anleihegläubigers gedacht ist.

---

1 Einzelheiten zur Besteuerung BMF-Schreiben v. 27. 11. 2001, BStBl I 2001, 986.
2 BFH, U. v. 13. 10. 1987, BStBl II 1988, 252; dazu Scholtz, KFR F. 3 EStG § 20, 2/88, S. 169; OFD Köln, Vfg. v. 14. 11. 1989 – S 2252, StEK § 20 Nr. 144.

• Treueaktien

1477 Aktien, die eine AG ihren Aktionären dafür gewährt, dass sie die Aktien des Unternehmens über einen gewissen Zeitraum gehalten haben, sind u. E. stpfl. Kapitalertrag nach § 20 Abs. 2 Satz 1 Nr. 1 EStG. Soweit die FinVerw. die Treueaktien aus der ersten Emission der Aktien der Deutschen Telekom AG durch Erlass steuerfrei gestellt hat, war dies nicht mit § 20 EStG zu vereinbaren.[1]
KapESt: Der Bezug der Treueaktien unterliegt nach § 43 Abs. 1 Satz 2 EStG der KapESt von 20 v. H. (§ 43a Abs. 1 Nr. 1 Buchst. a i. V. m. § 43 Abs. 1 Satz 1 EStG).

• Treuhandkonten

1478 Siehe Rdnr. 54 und Notaranderkonten Rdnr. 1412.

• Turbo-Zertifikate

1479 Schuldverschreibung in Form der Zertifikate. T. vereinen die Vorteile von Optionsscheinen und Terminkontrakten (Futures) in einem Wertpapier. Hauptmerkmal ist der eingebaute „Turbo-Effekt", der überproportionale Gewinnchancen – aber auch Verlustrisiken – ermöglicht. Dieser Effekt resultiert aus einem gegenüber dem Direktinvestment weitaus geringerem Kapitalaufwand und einem in das Zertifikat eingebauten „Hebel". Dieser bewirkt, dass der Wert des Zertifikats um ein Mehrfaches steigt (oder fällt) als das hinterlegte Basisgut (Index, Aktie, Aktien-Basket, Rohstoff). Die Besteuerung der Gewinne oder Vorteile aus der Anlage in T. erfolgt wie bei anderen Zertifikaten. T. haben i. d. R. keine Kapitalrückzahlungsgarantie. Ein Totalverlust ist möglich. Die Finanzverwaltung stellt T. den Termingeschäften gleich (§ 23 Abs. 1 Satz 1 Nr. 4 Satz 2 EStG); s. Zertifikate.

Beispiel:
DAX-Turbo von ABN Amro (WKN 764723) mit dem Basispreis 3000. Bei einem DAX-Stand im Emissionszeitpunkt von 4200 Punkten beträgt der Kaufpreis 14 Euro (Bezugverhältnis von 1:100). Während der Index um 20 % auf 5040 Punkte zulegt, erhöht sich der Wert des Zertifikates um 45 % auf 20,4 Euro (20,4 – 14 = 6,4 = 45,7 % v. 14). Das Zertifikat hat also einen Hebel, der größer als zwei ist und reagiert mehr als doppelt so stark auf Kursveränderungen. Am Ende der Laufzeit wird der Index in bar ausgezahlt; z. B. beim Stand von

---

[1] A. A. FG Düsseldorf, U. v. 17. 7. 2002, EFG 2002, 1382.

4 000 Punkten erhält der Inhaber eine Rückzahlung von 40 € (Bezugsverhältnis 1:100).

- **Umtauschanleihen**

Verzinsliche Inhaber-Schuldverschreibungen, bei denen der Gläubiger am Ende der Laufzeit ein Kapitalrückzahlungs-Wahlrecht hat. Er kann dem Emittenten gegenüber wählen, ob er sein Kapital in bar (cash) oder in Form einer bestimmten Anzahl Aktien eines in den Emissionsbedingungen festgelegten Unternehmens zurückgezahlt bekommen will. Wählt er die Aktienrückzahlung erhält er wertmäßig einen zusätzlichen Kapitalertrag, da der Kurs der Aktien über dem Nennwert der Anleihe liegt. Dieser Zusatzertrag ist nach Auffassung der FinVerw. Kapitalertrag i. S. d. § 20 Abs. 1 Nr. 7 EStG. Bei Veräußerung oder Einlösung als Zweiterwerber ist das Entgelt steuerbar nach § 20 Abs. 2 Satz 1 Nr. 4 Buchst. c EStG, da die Höhe der Zinsen von einem unbestimmten Ereignis (Ausübung des Wahlrechts) abhängt[1]; s. auch Aktienanleihe.   1480

- **Verdeckte Gewinnausschüttungen**

Kapitalerträge i. S. d. § 20 Abs. 1 Nr. 1 EStG beim Gesellschafter, sie unterliegen nach § 3 Nr. 40 EStG dem Halbeinkünfteverfahren.   1481

- **Versicherungszinsen**

Grundsätzlich steuerpflichtige Kapitalerträge nach § 20 Abs. 1 Nr. 6 Satz 1 EStG a. F., soweit sie aus Versicherungsverträgen erzielt werden, die vor dem 1. 1. 2005 abgeschlossen wurden; unter den Voraussetzungen des § 20 Abs. 1 Nr. 6 Satz 2 EStG a. F. aber steuerfrei; s. Lebensversicherungen.   1482

- **Verzugszinsen**

Einnahmen aus Kapitalvermögen i. S. d. § 20 Abs. 1 Nr. 7 EStG, wobei es unerheblich ist, ob sie kraft Gesetzes oder vereinbarungsgemäß gezahlt werden.[2] Sie sind im Jahr des Zuflusses mit dem normalen Steuersatz zu versteuern.[3] § 34 Abs. 1 EStG ist nicht anwendbar. Verfügt der Verkäufer   1483

---

1 BMF-Schreiben v. 2. 3. 2001, BStBl I 2001, 206, und BFH, U. v. 30. 11. 1999, BStBl II 2000, 262.
2 BFH, U. v. 29. 9. 1981, BStBl II 1982, 113.
3 BFH, U. v. 25. 10. 1994, BStBl II 1995, 121, dazu Gassner, KFR F. 3 EStG § 22, 1/95, S. 135.

eines Hauses allerdings bereits im Kaufvertrag, dass der Kaufpreis unmittelbar zur Ablösung von Krediten für ein selbstgenutztes weiteres Haus verwendet wird, gehören die Verzugszinsen für die verspätete Zahlung des Kaufpreises zu den Einnahmen aus Vermietung und Verpachtung.[1] Vorfälligkeitsentschädigungen, die ein Darlehensgeber für die vorzeitige Rückzahlung des Kapitals erhält, gehören auch dann zu den Einnahmen nach § 20 Abs. 1 Nr. 7 Satz 1 EStG, wenn sie dem Ausgleich für den Wegfall der Steuerermäßigung nach §§ 16, 17 BerlinFG dienen sollen.[2]

- **Vorabausschüttungen**

1484 Siehe Rdnr. 667 ff.

- **Vorfälligkeitsentschädigungen**

1485 Vorfälligkeitsentschädigungen, die ein Darlehensgeber für die vorzeitige Rückzahlung des Kapitals erhält, gehören auch dann zu den Einnahmen nach § 20 Abs. 1 Nr. 7 Satz 1 EStG, wenn sie dem Ausgleich für den Wegfall der Steuerermäßigung nach §§ 16, 17 BerlinFG dienen sollen.[3] Vorfälligkeitsentschädigungen sind keine WK bei den Einkünften aus Kapitalvermögen, wenn sie zur Ablösung von Immobiliendarlehen gezahlt werden und der Veräußerungserlös aus dem Verkauf der Immobilie wieder zinsbringend angelegt wird.[4]

- **Vorschusszinsen**

1486 Von den Kreditinstituten berechnete Entgelte für die vorzeitige Rückzahlung von Spareinlagen mit einer Kündigungsfrist von drei Monaten. Es bleibt den Kreditinstituten überlassen, in welcher Weise sie im Einzelfall auf Verfügungen über Spareinlagen mit dreimonatiger Kündigungsfrist (früher: gesetzliche Kündigungsfrist) vor Fälligkeit reagieren. Vorschusszinsen werden im Rahmen des Zinsabschlags mit den Habenzinsen des gleichen Sparkontos saldiert, so dass nur von der Differenz Kapitalertragsteuer einbehalten wird.[5]

---

1 BFH, U. v. 21. 6. 1994, BFH/NV 1995, 106.
2 BFH, U. v. 10. 3. 1992, BStBl II 1992, 1032.
3 BFH, U. v. 10. 3. 1991, BStBl II 1991, 1032.
4 BFH, U. v. 6. 12. 2005, BFH/NV 2006, 677.
5 BMF-Schreiben v. 5. 11. 2002, BStBl I 2002, 1346, Rz. 7.

● **Vorzugszinsen**

Sie gehören bei Arbeitnehmern der Kreditinstitute zu den Einkünften aus nichtselbständiger Arbeit (§ 19 EStG). 1487

● **Währungsanleihen**

Siehe Fremdwährungsanleihen Rdnr. 1340. 1488

● **Währungsswap** (Cross Currency Swap)

Vertrag zwischen zwei Partnern über den Austausch von Kapital- und Zinserträgen in unterschiedlichen Währungen; s. Swap. 1489

● **Wandelanleihen** (Convertible Bonds)

Festverzinsliche Schuldverschreibungen mit dem Recht (Option), die Anleihe in Aktien des Emittenten umzuwandeln. Bei Wandlung geht die Anleihe unter. Laufende Zinsen werden nach § 20 Abs. 1 Nr. 7 EStG besteuert; Stückzinsen nach § 20 Abs. 2 Satz 1 Nr. 3 EStG bei Zufluss; die Stückzinsen sind beim Erwerber im Jahr der Zahlung abziehbar (negative Einnahmen aus Kapitalvermögen). Es erfolgt keine Besteuerung des Veräußerungsentgelts, da kein Fall des § 20 Abs. 2 Satz 1 Nr. 4 Buchst. a oder c EStG gegeben ist. Ausübung der Option (Wandlung der Anleihe in Aktien) ist kein steuerbarer Vorgang, da sich die Umwandlung in der Vermögenssphäre abspielt. Die aus der Wandlung bezogenen Aktien sind nach Auffassung der FinVerw. im Zeitpunkt der Wandlungserklärung angeschafft. Nach anderer Ansicht ist auf den Anschaffungszeitpunkt der Schuldverschreibung abzustellen. Keine Wandelanleihen liegen vor bei 1490

– **Tilgungsanleihen** (Aktienanleihen),
– **Anleihen** mit dem Recht des Emittenten, die Kapitalrückzahlung durch Lieferung in Aktien anderer Unternehmen vornehmen zu können (sog. Koppelungsanleihen),
– **Anleihen** mit Gläubiger-/Schuldner-Wandlungsrecht hinsichtlich der Verzinsung; s. Aktienanleihen, Umtauschanleihen.[1]

● **Wandelgenussscheine**

Besondere Form der Genussscheine, die neben dem Recht auf Zahlung eines Zinsertrags einen Anspruch auf Wandlung des Genussscheins in 1491

---

1 BMF-Schreiben v. 2. 3. 2001, BStBl I 2001, 206.

Aktien des Emittenten gewähren; s. Genussscheine Rdnr. 1351 und Wandelanleihen Rdnr. 1490.

• Warentermingeschäfte

1492 Siehe Termingeschäfte Rdnr. 1475, 1187 ff.

• Warrant Bonds

1493 Siehe Optionsanleihen Rdnr. 1417.

• Warrants

1494 Siehe Optionsscheine Rdnr. 1421, 1170 ff.

• Wasseraktien

1495 Aktien eines meist sanierungsbedürftigen Unternehmens, dessen Kapital im Verhältnis zum inneren Wert übermäßig hoch (verwässert) ist, keine steuerlichen Besonderheiten, s. Aktien Rdnr. 1211; Dividende Rdnr. 1309.

• Wechsel

1496 Besondere mit gesetzlich vorgeschriebener Form ausgestattete Zahlungsanweisung. Diskontbeträge aus Wechseln gehören nach § 20 Abs. 1 Nr. 8 EStG zu den Einnahmen aus Kapitalvermögen; KapESt wird nicht abgezogen; s. Rdnr. 302; Diskont Rdnr. 1308.

• Weltbankanleihen

1497 Laufende Zinsen werden nach § 20 Abs. 1 Nr. 7 EStG besteuert. Es wird keine Kapitalertragsteuer (Zinsabschlag) für Anleihen, die vor dem 24. 9. 1992 emittiert sind, im Tafelgeschäft erworben wurden und bei denen die Zinsauszahlung gegen Vorlage von Zinsscheinen in effektiven Stücken durch ein inländisches Kreditinstitut erfolgt, das als Zahlstelle der Weltbank fungiert, einbehalten.

• Wertpapier-Sondervermögen

1498 Sammelbegriff für die Sondervermögen von Kapitalanlagegesellschaften (Investmentfonds), die das bei ihnen eingelegte Geld überwiegend in Wertpapieren anlegen; s. Investmentfonds Rdnr. 941 ff., 1386.

Zertifikate 497

- **Wertrechtsanleihen**

Siehe Schuldbuchforderungen Rdnr. 1445.   1499

- **W-I-N Zertifikate** (World-Index-Nominal Backed Zertifikate)

Besondere Form der Index-Zertifikate. Der Anleger nimmt mit diesem Zer- 1500
tifikat an der Entwicklung des Euro STOXX 50, des S&P 500 und des
Nikkei 225 teil (Index-Korb). Am Ende der Laufzeit wird das Zertifikat
durch Zahlung des Nominalbetrags zzgl. eines Betrags, der an der durchschnittlichen positiven Entwicklung des Index partizipiert und sich nach
dieser berechnet, zurückgezahlt.

Beispiel:
W-I-N Zertifikat der WestLB Girozentrale, WKN 696265, Laufzeit 20. 9. 2001
bis 11. 1. 2008, Nominalwert 1 000 €.

▷ **Besteuerungshinweise:**
Laufende Erträge: Da in jedem Fall nach den Emissionsbedingungen am
Ende der Laufzeit das Kapital zurückgezahlt wird, liegt eine **Kapitalforderung i. S. d. § 20 Abs. 1 Nr. 7 Satz 1 EStG** vor. Der über den Nominalbetrag (Kapitalrückzahlung) hinaus erzielte Betrag ist als Zins stpfl.
Zwischenveräußerung: Veräußerungsvorgänge und Einlösungen durch
Zwischenerwerber sind nach § 20 Abs. 2 Satz 1 Nr. 4 EStG zu behandeln.
Ein Termingeschäft i. S. d. § 23 Abs. 1 Satz 1 Nr. 4 EStG liegt hier nicht
vor.

- **Zero-Bonds**

Siehe Nullkupon-Anleihen Rdnr. 1082, 1413.   1501

- **Zertifikate**

Sammelbegriff für besondere Inhaber-Schuldverschreibungen, bei denen 1502
der Zinsertrag von der Wertentwicklung eines Basiswerts, z. B. einem
Index (Index-Zertifikate), einer Aktie (Aktie-Discount-Zertifikate), einem
Aktienkorb (Basket-Zertifikate), abhängt. Eine laufende Verzinsung findet
nicht statt. Der Erwerber zahlt dem Emittenten einen „Kaufpreis" (Kapitalüberlassung) für das Zertifikat und erhält am Ende der Laufzeit beispielsweise den Indexstand in Euro voll oder verhältnismäßig ausgezahlt.
Andere Rückzahlungsvarianten sind die Lieferung der Aktie (Discountzer-

tifikate) oder die Zahlung eines Geldbetrags und Lieferung von Aktien. Die Emissionsbedingungen können vorsehen, dass der Inhaber am Ende der Laufzeit einen Mindestbetrag ausgezahlt bekommt (Garantiezertifikate) und so zumindest teilweise sein eingesetztes Kapital zurückgezahlt wird. Andernfalls besteht die Gefahr des Totalverlusts.

▷ **Besteuerungshinweise:**

Die Besteuerung ist noch nicht eindeutig geklärt.[1] Die Finanzverwaltung[2] fasst „Zertifikate, die Aktien vertreten" unter § 23 Abs. 1 Satz 1 Nr. 4 Satz 2 EStG und behandelt die Rückzahlung wie einen Differenzausgleich aus einem Termingeschäft (privates Veräußerungsgeschäft), wenn zwischen Erwerb und Beendigung nicht mehr als ein Jahr liegt. Dieser Auffassung kann u. E. nicht gefolgt werden, da die am Markt befindlichen Zertifikate keine Termingeschäfte, sondern Kassageschäfte sind und keine Aktien vertreten. Der Zertifikatsinhaber hat weder bei einem Index-Zertifikat noch bei einem Aktien-Zertifikat irgendwelche Aktionärsrechte. Er ist nicht dividendenberechtigt und hat kein Recht zur Teilnahme an der Hauptversammlung der AG. Er ist schlicht Inhaber einer Schuldverschreibung, bei der die Höhe der Erträge von einem ungewissen Ereignis abhängt. Gleichwohl ist für die Besteuerung der Erträge nicht § 20 Abs. 1 Nr. 7 EStG anwendbar, da sowohl die Kapitalrückzahlung als auch die Zinszahlung ungewiss, also von Emittenten nicht zugesagt sind. Lediglich beim Garantiezertifikat ist eine ganz oder teilweise Kapitalrückzahlung zugesagt, so dass Erträge solcher Zertifikate Einnahmen aus Kapitalvermögen i. S. d. § 20 Abs. 1 Nr. 7 EStG sind.[3] Die Veräußerung oder Einlösung durch Zweiterwerber eines Garantiezertifikats fällt innerhalb und außerhalb der Jahresfrist immer unter § 20 Abs. 2 Satz 1 Nr. 4 EStG.

- **Zinsausgleichszertifikate**

1503 Siehe Floors Rdnr. 1336, Caps Rdnr. 1275.

---

1 Siehe FG Münster, U. v. 21. 7. 2003 – 4 K 1599/0 E, Rev., Az. des BFH: VIII R 79/03, zu einem DAX-Zertifikat, und FG München, U. v. 4. 5. 2004 – 2 K 2385/03, Rev., Az. des BFH: VIII R 53/05.
2 BMF-Schreiben v. 27. 11. 2001, BStBl I 2001, 986, Tz. 45 f.
3 Harenberg, NWB F. 3, 12151.

• Zinsen

Gewinn- und umsatzunabhängige Vergütungen (Entgelte) für die Möglichkeit des Gebrauchs eines auf Zeit überlassenen Kapitals.[1] Zinsen setzen das Bestehen einer auf die Hauptleistung gerichteten Kapitalschuld (Zahlung eines Kaufpreises, Rückzahlung eines Darlehens) voraus, zu der sie als Nebenleistung gehören. Zinsen müssen begriffsnotwendig nicht fortlaufend gezahlt werden. Auch das für die gesamte Nutzungsdauer berechnete und vom Kapital einbehaltene Nutzungsentgelt (s. Disagio) ist Zins im Rechtssinne. Das gilt auch dann, wenn das Entgelt (Zins und Zinseszins) zusammen mit dem Kapital am Ende der Nutzungszeit (Laufzeit) ausgezahlt wird.

1504

Kapitalrückzahlungen (Tilgung) sind von Zinsen zu trennen. Sie gehören nicht zu den stpfl. Einnahmen aus Kapitalvermögen. Ob in einer Zahlung an den Gläubiger Zins oder Tilgung zu sehen ist, bestimmt sich nach § 366 BGB. Kreditgebühren sind Zinsen, wenn sie laufzeitabhängig berechnet werden. Bearbeitungsgebühren werden i. d. R. laufzeitunabhängig berechnet und sind deshalb keine Zinsen. Kreditvermittlungsgebühren, -provisionen sind Zinsen, da sie im Regelfall in Abhängigkeit von der Laufzeit festgelegt werden.

Gewinn- und Umsatzbeteiligungen sind keine Zinsen, da sie vom wirtschaftlichen Ergebnis der Kapitalüberlassung abhängig sind.[2]

Sittenwidrigkeit eines Darlehensvertrags, z. B. wegen wucherisch überhöhter Zinsvereinbarungen (§ 138 BGB), steht der Besteuerung der Zinsen nicht entgegen.

Zinsen können als dauernde Last bei den Sonderausgaben abziehbar sein, wenn dem Stpfl. das Kapital übertragen wurde mit der Auflage, es zinsgünstig für den Übertragenden anzulegen und die Zinsen auszukehren.[3]

• Zinsscheine

Urkunden (Wertpapiere), die ihrem Inhaber einen Zinsanspruch in bestimmter Höhe gewähren (§ 803 BGB). Jeder in einer Urkunde verbrieften Anleihe (effektive Stücke) sind eine bestimmte Anzahl von Zinsscheinen

1505

---

1 BFH, U. v. 13. 10. 1987, BStBl II 1988, 252.
2 BFH, U. v. 8. 3. 1984, BStBl II 1984, 623; BGH v. 27. 9. 1982, BGHZ 85, 61.
3 FG Hessen, U. v. 25. 10. 1993, EFG 1994, 521; FG Saarland, U. v. 7. 7. 1993, EFG 1994, 30, nach gescheitertem Vorbehaltsnießbrauch an Kapitalvermögen.

beigefügt. Der fällige Zinsbetrag wird nur gegen Einreichung des Zinsscheins ausgezahlt. Zinsscheine können zusammen mit der Anleihe (Schuldverschreibung) oder getrennt davon veräußert werden; s. dazu Stripped Bonds Rdnr. 1463; zur steuerlichen Behandlung der Zinsen s. Rdnr. 871 ff., 1504.

▷ **Besteuerungshinweise:**
Einnahmen aus der Veräußerung von Zinsscheinen ohne die dazugehörige Schuldverschreibung sind beim Veräußerer Einnahmen aus Kapitalvermögen (§ 20 Abs. 2 Satz 1 Nr. 2 Buchst. b EStG).
KapESt: Der Verkauf oder die Einlösung von Zinsscheinen bei einem Kreditinstitut ist kapitalertragsteuerpflichtig (Zinsabschlag) mit 30 v. H. (§§ 43 Abs. 1 Satz 1 Nr. 7 Satz 2, 44 Abs. 1 Nr. 1 Buchst. a Doppelbuchst. bb EStG). Der Steuersatz beträgt bei Schaltergeschäften (Einreichung/Verkauf der effektiven Scheine, Tafelgeschäfte) 35 v. H. (§ 43a Abs. 1 Nr. 4 EStG).

- **Zinssicherungs-Zertifikate**

1506 Siehe Floors Rdnr. 1336, Caps Rdnr. 1275; die Kosten dieser Sicherungszertifikate sind keine Werbungskosten bei den Einkünften aus Vermietung und Verpachtung, auch wenn sie zur Sicherung von Zinsen aus Immobiliendarlehen angeschafft werden.[1]

- **Zinsswap** (Interest Rate Swap)

1507 Vertrag zwischen zwei Partnern über den Austausch von Zinszahlungen in einer Währung, z. B. Euro-Festsatz-Zinsen gegen Euro-variable-Zinsen; s. Swapgeschäfte Rdnr. 1468.

- **Zuschlagsfloater**

1508 Sonderform variabel verzinster Schuldverschreibungen (Floating Rate Notes), bei denen der Zinssatz neben der Anpassung an einen bestimmten Referenzzins, z. B. LIBOR oder EURIBOR noch mit einem Zuschlag versehen wird, z. B. LIBOR plus 0,05 v. H. Steuerrechtliche Besonderheiten ergeben sich dadurch nicht, s. deshalb Floating Rate Notes Rdnr. 1335.

---

[1] FG Münster, U. v. 31. 3. 2004 – 8 K 412/01 F.

- **Zwangsversteigerungszinsen**

Zinsen, die der Ersteher nach § 49 Abs. 2 ZVG zu entrichten hat, sind für ihn Werbungskosten bei den Einkünften aus Vermietung und Verpachtung, beim Empfänger Einnahmen i. S. v. § 20 Abs. 1 Nr. 7 EStG.[1] 1509

- **Zwischengewinne**

Bei der Veräußerung, Rückgabe oder Abtretung von Investmentzertifikaten wird seit 1. 1. 1994 der sog. Zwischengewinn besteuert. Dabei handelt es sich um bestimmte Kapitalerträge, die das Wertpapier-Sondervermögen (Investmentfonds) seit der letzten Ausschüttung erzielt, die dem Anteilseigner aber noch nicht zugeflossen sind oder als noch nicht zugeflossen gelten (thesaurierte Erträge) und daher bei diesem noch nicht besteuert wurden. Als Zwischengewinne sind allerdings nur angesammelte Zinserträge und Ansprüche darauf, nicht aber Dividenden, Veräußerungsgewinne u. Ä. steuerpflichtig. Diese Art der Zwischengewinnbesteuerung entspricht damit weitgehend der Besteuerung von Stückzinsen bei festverzinslichen Schuldverschreibungen in der Direktanlage. 1510

▷ **Besteuerungshinweise:**

Die Zwischengewinnbesteuerung war zwar ab 1. 1. 2004 mit Inkrafttreten des Investmentsteuergesetzes (InvStG) wegfallen, ist inzwischen aber mit dem EURLUmsG für Zwischengewinne bei Veräußerung oder Rückgabe des Investmentanteils nach dem 31. 12. 2004 wieder eingeführt worden (§ 2 Abs. 1 InvStG). Der im Jahr 2004 erzielte Zwischengewinn bleibt nach Auffassung der FinVerw. steuerfrei, da die ab. 1. 1. 2005 wieder aufzunehmende Zwischengewinnermittlung mit 0 € beginnen soll. Bei Rückgabe eines Investmentanteils, z. B. am 30. 1. 2005, ist nur der vom 1. 1. – 30. 1. 2005 entstandene Zwischengewinn zu versteuern. bei Rückgabe oder Veräußerung des Anteils innerhalb der Frist des § 23 Abs. 1 Satz 1 Nr. 2 EStG ist der Zwischengewinn aus dem Veräußerungserlös herauszurechnen. Der Zwischengewinn ist stpfl. nach § 20 Abs. 1 Nr. 7 EStG; der restliche Veräußerungsgewinn nach § 23 Abs. 1 Satz 1 Nr. 2 EStG.[2]

---

1 BFH, U. v. 29. 4. 1992, BStBl II 1992, 727.
2 Einzelheiten s. BMF-Schreiben v. 2. 6. 2005, BStBl I 2005, 728.

Anhang:

I. Gesetzestexte (Auszüge)
1. Einkommensteuergesetz (EStG)
vom 19. 10. 2002 (BGBl I S. 4212) zuletzt geändert durch Art. 1 Steueränderungsgesetz 2007 vom 19. 7. 2006 (BGBl I S. 1652) – Auszug

§ 20

(1) Zu den Einkünften aus Kapitalvermögen gehören

1. Gewinnanteile (Dividenden), Ausbeuten und sonstige Bezüge aus Aktien, Kuxen, Genussrechten, mit denen das Recht am Gewinn und Liquidationserlös einer Kapitalgesellschaft verbunden ist, aus Anteilen an Gesellschaften mit beschränkter Haftung, an Erwerbs- und Wirtschaftsgenossenschaften sowie an bergbautreibenden Vereinigungen, die die Rechte einer juristischen Person haben. ²Zu den sonstigen Bezügen gehören auch verdeckte Gewinnausschüttungern. ³Die Bezügehören nicht zu den Einnahmen, soweit sie aus Ausschüttungen einer Körperschaft stammen, für die Beträge aus dem steuerlichen Einlagekonto im Sinne des § 27 des Körperschaftsteuergesetzes als verwendet gelten;
2. Bezüge, die nach der Auflösung einer unbeschränkt steuerpflichtigen Körperschaft oder Personenvereinigung im Sinne der Nummer 1 anfallen und die nicht in der Rückzahlung von Nennkapital bestehen; Nummer l Satz 3 gilt entsprechend. ²Gleiches gilt für Bezüge, die auf Grund einer Kapitalherabsetzung oder nach der Auflösung einer unbeschränkt steuerpflichtigen Körperschaft oder Personenvereinigung im Sinne der Nummer 1 anfallen und die als Gewinnausschüttung im Sinne des § 28 Abs. 2 Satz 2 des Körperschaftsteuergesetzes gelten;
3. (weggefallen)
4. Einnahmen aus der Beteiligung an einem Handelsgewerbe als stiller Gesellschafter und aus partiarischen Darlehen, es sei denn, dass der Gesellschafter oder Darlehnsgeber als Mitunternehmer anzusehen ist. ²Auf Anteile des stillen Gesellschafters am Verlust des Betriebes sind § 15 Abs. 4 Satz 6 bis 8, §§ 15a und 15b sinngemäß anzuwenden;
5. Zinsen aus Hypotheken und Grundschulden und Renten aus Rentenschulden. ²Bei Tilgungshypotheken und Tilgungsgrundschulden ist nur der Teil der Zahlungen anzusetzen, der als Zins auf den jeweiligen Kapitalrest entfällt;

6. der Unterschiedsbetrag zwischen der Versicherungsleistung und der Summe der auf sie entrichteten Beiträge (Erträge) im Erlebensfall oder bei Rückkauf des Vertrags bei Rentenversicherungen mit Kapitalwahlrecht, soweit nicht die Rentenzahlung gewählt wird, und bei Kapitalversicherungen mit Sparanteil, wenn der Vertrag nach dem 31. Dezember 2004 abgeschlossen worden ist. ^{2}Wird die Versicherungsleistung nach Vollendung des 60. Lebensjahres des Steuerpflichtigen und nach Ablauf von zwölf Jahren seit dem Vertragsabschluss ausgezahlt, ist die Hälfte des Unterschiedsbetrags anzusetzen. ^{3}Die Sätze 1 und 2 sind auf Erträge aus fondsgebundenen Lebensversicherungen entsprechend anzuwenden;

7. Erträge aus sonstigen Kapitalforderungen jeder Art, wenn die Rückzahlung des Kapitalvermögens oder ein Entgelt für die Überlassung des Kapitalvermögens zur Nutzung zugesagt oder gewährt worden ist, auch wenn die Höhe des Entgelts von einem Ungewissen Ereignis abhängt. ^{2}Dies gilt unabhängig von der Bezeichnung und der zivilrechtlichen Ausgestaltung der Kapitalanlage;

8. Diskontbeträge von Wechseln und Anweisungen einschließlich der Schatzwechsel;

9. Einnahmen aus Leistungen einer nicht von der Körperschaftsteuer befreiten Körperschaft, Personenvereinigung oder Vermögensmasse im Sinne des § 1 Abs. 1 Nr. 3 bis 5 des Körperschaftsteuergesetzes, die Gewinnausschüttungen im Sinne der Nummer 1 wirtschaftlich vergleichbar sind, soweit sie nicht bereits zu den Einnahmen im Sinne der Nummer 1 gehören; Nummer 1 Satz 2 und 3 gilt entsprechend;

10. a) Leistungen eines nicht von der Körperschaftsteuer befreiten Betriebs gewerblicher Art im Sinne des § 4 des Körperschaftsteuergesetzes mit eigener Rechtspersönlichkeit, die zu mit Gewinnausschüttungen im Sinne der Nummer 1 Satz 1 wirtschaftlich vergleichbaren Einnahmen führen; Nummer 1 Satz 2 und 3 gilt entsprechend;

b) der nicht den Rücklagen zugeführte Gewinn und verdeckte Gewinnausschüttungen eines nicht von der Körperschaftsteuer befreiten Betriebs gewerblicher Art im Sinne des § 4 des Körperschaftsteuergesetzes ohne eigene Rechtspersönlichkeit, der den Gewinn durch Betriebsvermögensvergleich ermittelt oder Umsätze einschließlich der steuerfreien Umsätze, ausgenommen die Umsätze nach § 4 Nr. 8 bis

10 des Umsatzsteuergesetzes von mehr als 350 000 Euro im Kalenderjahr oder einen Gewinn von mehr als 30 000 Euro im Wirtschaftsjahr hat, sowie der Gewinn im Sinne des § 21 Abs. 3 des Umwandlungssteuergesetzes. ²Die Auflösung der Rücklagen zu Zwecken außerhalb des Betriebs gewerblicher Art führt zu einem Gewinn im Sinne des Satzes 1. ³Bei dem Geschäft der Veranstaltung von Werbesendungen der inländischen öffentlich-rechtlichen Rundfunkanstalten gelten drei Viertel des Einkommens im Sinne des § 8 Abs. 1 Satz 2 des Körperschaftsteuergesetzes als Gewinn im Sinne des Satzes 1. ⁴Die Sätze 1 und 2 sind bei wirtschaftlichen Geschäftsbetrieben der von der Körperschaftsteuer befreiten Körperschaften, Personenvereinigungen oder Vermögensmassen entsprechend anzuwenden. ⁵Nummer 1 Satz 3 gilt entsprechend.

(2) ¹Zu den Einkünften aus Kapitalvermögen gehören auch

1. besondere Entgelte oder Vorteile, die neben den in den Absätzen 1 und 2 bezeichneten Einnahmen oder an deren Stelle gewährt werden;

2. Einnahmen aus der Veräußerung

   a) von Dividendenscheinen und sonstigen Ansprüchen durch den Inhaber des Stammrechts, wenn die dazugehörigen Aktien oder sonstigen Anteile nicht mitveräußert werden. ²Diese Besteuerung tritt an die Stelle der Besteuerung nach Absatz 1;

   b) von Zinsscheinen und Zinsforderungen durch den Inhaber oder ehemaligen Inhaber der Schuldverschreibung, wenn die dazugehörigen Schuldverschreibungen nicht mitveräußert werden. ²Entsprechendes gilt für die Einlösung von Zinsscheinen und Zinsforderungen durch den ehemaligen Inhaber der Schuldverschreibung;

3. Einnahmen aus der Veräußerung von Zinsscheinen und Zinsforderungen, wenn die dazugehörigen Schuldverschreibungen mitveräußert werden und das Entgelt für die auf den Zeitraum bis zur Veräußerung der Schuldverschreibung entfallenden Zinsen des laufenden Zinszahlungszeitraums (Stückzinsen) besonders in Rechnung gestellt ist;

4. Einnahmen aus der Veräußerung oder Abtretung von

   a) abgezinsten oder aufgezinsten Schuldverschreibungen, Schuldbuchforderungen und sonstigen Kapitalforderungen durch den ersten und jeden weiteren Erwerber,

   b) Schuldverschreibungen, Schuldbuchforderungen und sonstigen Kapitalforderungen ohne Zinsscheine und Zinsforderungen oder von

Zinsscheinen und Zinsforderungen ohne Schuldverschreibungen, Schuldbuchforderungen und sonstige Kapitalforderungen durch den zweiten und jeden weiteren Erwerber zu einem abgezinsten oder aufgezinsten Preis,

c) Schuldverschreibungen, Schuldbuchforderungen und sonstigen Kapitalforderungen mit Zinsscheinen oder Zinsforderungen, wenn Stückzinsen nicht besonders in Rechnung gestellt werden oder bei denen die Höhe der Erträge von einem Ungewissen Ereignis abhängt,

d) Schuldverschreibungen, Schuldbuchforderungen und sonstigen Kapitalforderungen mit Zinsscheinen oder Zinsforderungen, bei denen Kapitalerträge in unterschiedlicher Höhe oder für unterschiedlich lange Zeiträume gezahlt werden,

soweit sie der rechnerisch auf die Besitzzeit entfallenden Emissionsrendite entsprechen. ²Haben die Wertpapiere und Kapitalforderungen keine Emissionsrendite oder weist der Steuerpflichtige sie nicht nach, gilt der Unterschied zwischen dem Entgelt für den Erwerb und den Einnahmen aus der Veräußerung, Abtretung oder Einlösung als Kapitalertrag; bei Wertpapieren und Kapitalforderungen in einer ausländischen Währung ist der Unterschied in dieser Währung zu ermitteln. ³Die Besteuerung der Zinsen und Stückzinsen nach Absatz 1 Nr. 7 und Satz 1 Nr. 3 bleibt unberührt; die danach der Einkommensteuer unterliegenden, dem Veräußerer bereits zugeflossenen Kapitalerträge aus den Wertpapieren und Kapitalforderungen sind bei der Besteuerung nach der Emissionsrendite abzuziehen. ⁴Die Sätze 1 bis 3 gelten für die Einlösung der Wertpapiere und Kapitalforderungen bei deren Endfälligkeit entsprechend. ⁵Die Sätze 1 bis 4 sind nicht auf Zinsen aus Gewinnobligationen und Genussrechten im Sinne des § 43 Abs. 1 Satz 1 Nr. 2 anzuwenden.

²Die Nummern 2 und 3 gelten sinngemäß für die Einnahmen aus der Abtretung von Dividenden- oder Zinsansprüchen oder sonstigen Ansprüchen im Sinne der Nummer 2, wenn die dazugehörigen Anteilsrechte oder Schuldverschreibungen nicht in einzelnen Wertpapieren verbrieft sind. ³Satz 2 gilt auch bei der Abtretung von Zinsansprüchen aus Schuldbuchforderungen, die in ein öffentliches Schuldbuch eingetragen sind.

(2a) ¹Einkünfte aus Kapitalvermögen im Sinne des Absatzes 1 Nr. 1 und 2 erzielt der Anteilseigner. ²Anteilseigner ist derjenige, dem nach § 39 der

Abgabenordnung die Anteile an dem Kapitalvermögen im Sinne des Absatzes 1 Nr. 1 im Zeitpunkt des Gewinnverteilungsbeschlusses zuzurechnen sind. ³Sind einem Nießbraucher oder Pfandgläubiger die Einnahmen im Sinne des Absatzes 1 Nr. 1 oder 2 zuzurechnen, gilt er als Anteilseigner.

(3) Soweit Einkünfte der in den Absätzen 1 und 2 bezeichneten Art zu den Einkünften aus Land- und Forstwirtschaft, aus Gewerbebetrieb, aus selbständiger Arbeit oder aus Vermietung und Verpachtung gehören, sind sie diesen Einkünften zuzurechnen.

(4) ¹Bei der Ermittlung der Einkünfte aus Kapitalvermögen ist nach Abzug der Werbungskosten ein Betrag von 750 Euro abzuziehen (Sparer-Freibetrag). ²Ehegatten, die zusammen veranlagt werden, wird ein gemeinsamer Sparer-Freibetrag von 1 500 Euro gewährt. ³Der gemeinsame Sparer-Freibetrag ist bei der Einkunftsermittlung bei jedem Ehegatten je zur Hälfte abzuziehen; sind die um die Werbungskosten geminderten Kapitalerträge eines Ehegatten niedriger als 750 Euro, so ist der anteilige Sparer-Freibetrag insoweit, als er die um die Werbungskosten geminderten Kapitalerträge dieses Ehegatten übersteigt, beim anderen Ehegatten abzuziehen. ⁴Der Sparer-Freibetrag und der gemeinsame Sparer-Freibetrag dürfen nicht höher sein als die um die Werbungskosten einschließlich einer abzuziehenden ausländischen Steuer geminderten Kapitalerträge.

§ 23 Veräußerungsgeschäfte

(1) Private Veräußerungsgeschäfte (§ 22 Nr. 2) sind
1. Veräußerungsgeschäfte bei Grundstücken und Rechten, die den Vorschriften des bürgerlichen Rechts über Grundstücke unterliegen (z. B. Erbbaurecht, Mineralgewinnungsrecht), bei denen der Zeitraum zwischen Anschaffung und Veräußerung nicht mehr als zehn Jahre beträgt. ²Gebäude und Außenanlagen sind einzubeziehen, soweit sie innerhalb dieses Zeitraums errichtet, ausgebaut oder erweitert werden; dies gilt entsprechend für Gebäudeteile, die selbständige unbewegliche Wirtschaftsgüter sind, sowie für Eigentumswohnungen und im Teileigentum stehende Räume. ³Ausgenommen sind Wirtschaftsgüter, die im Zeitraum zwischen Anschaffung oder Fertigstellung und Veräußerung ausschließlich zu eigenen Wohnzwecken oder im Jahr der Veräußerung und in den beiden vorangegangenen Jahren zu eigenen Wohnzwecken genutzt wurden;
2. Veräußerungsgeschäfte bei anderen Wirtschaftsgütern, insbesondere bei Wertpapieren, bei denen der Zeitraum zwischen Anschaffung und

Veräußerung nicht mehr als ein Jahr beträgt. ²Bei vertretbaren Wertpapieren, die einem Verwahrer zur Sammelverwahrung im Sinne des § 5 des Depotgesetzes anvertraut worden sind, ist zu unterstellen, dass die zuerst angeschafften Wertpapiere zuerst veräußert wurden. ³Entsprechendes gilt bei Anschaffung und Veräußerung mehrerer gleichartiger Fremdwährungsbeträge;

3. Veräußerungsgeschäfte, bei denen die Veräußerung der Wirtschaftsgüter früher erfolgt als der Erwerb;
4. Termingeschäfte, durch die der Steuerpflichtige einen Differenzausgleich oder einen durch den Wert einer veränderlichen Bezugsgröße bestimmten Geldbetrag oder Vorteil erlangt, sofern der Zeitraum zwischen Erwerb und Beendigung des Rechts auf einen Differenzausgleich, Geldbetrag oder Vorteil nicht mehr als ein Jahr beträgt. ²Zertifikate, die Aktien vertreten, und Optionsscheine gelten als Termingeschäfte im Sinne des Satzes 1.

²Als Anschaffung gilt auch die Überführung eines Wirtschaftsguts in das Privatvermögen des Steuerpflichtigen durch Entnahme oder Betriebsaufgabe sowie der Antrag nach § 21 Abs. 2 Satz 1 Nr. 1 des Umwandlungssteuergesetzes. ³Bei unentgeltlichem Erwerb ist dem Einzelrechtsnachfolger für Zwecke dieser Vorschrift die Anschaffung, die Überführung des Wirtschaftsguts in das Privatvermögen, der Antrag nach § 21 Abs. 2 Satz 1 Nr. 1 des Umwandlungssteuergesetzes oder der Erwerb eines Rechts aus Termingeschäften durch den Rechtsvorgänger zuzurechnen. ⁴Die Anschaffung oder Veräußerung einer unmittelbaren oder mittelbaren Beteiligung an einer Personengesellschaft gilt als Anschaffung oder Veräußerung der anteiligen Wirtschaftsgüter. ⁵Als Veräußerung im Sinne des Satzes 1 Nr. 1 gilt auch

1. die Einlage eines Wirtschaftsguts in das Betriebsvermögen, wenn die Veräußerung aus dem Betriebsvermögen innerhalb eines Zeitraums von zehn Jahren seit Anschaffung des Wirtschaftsguts erfolgt, und
2. die verdeckte Einlage in eine Kapitalgesellschaft.

(2) ¹Einkünfte aus privaten Veräußerungsgeschäften der in Absatz 1 bezeichneten Art sind den Einkünften aus anderen Einkunftsarten zuzurechnen, soweit sie zu diesen gehören. ²§ 17 ist nicht anzuwenden, wenn die Voraussetzungen des Absatzes 1 Satz 1 Nr. 2 vorliegen.

(3) ¹Gewinn oder Verlust aus Veräußerungsgeschäften nach Absatz 1 Satz 1 Nr. 1 bis 3 ist der Unterschied zwischen Veräußerungspreis einer-

seits und den Anschaffungs- oder Herstellungskosten und den Werbungskosten andererseits. ²In den Fällen des Absatzes 1 Satz 5 Nr. 1 tritt an die Stelle des Veräußerungspreises der für den Zeitpunkt der Einlage nach § 6 Abs. 1 Nr. 5 angesetzte Wert, in den Fällen des Absatzes 1 Satz 5 Nr. 2 der gemeine Wert. ³In den Fällen des Absatzes 1 Satz 2 tritt an die Stelle der Anschaffungs- oder Herstellungskosten der nach § 6 Abs. 1 Nr. 4, § 16 Abs. 3 oder nach den §§ 20, 21 des Umwandlungssteuergesetzes angesetzte Wert. ⁴Die Anschaffungs- oder Herstellungskosten mindern sich um Absetzungen für Abnutzung, erhöhte Absetzungen und Sonderabschreibungen, soweit sie bei der Ermittlung der Einkünfte im Sinne des § 2 Abs. 1 Satz 1 Nr. 4 bis 6 abgezogen worden sind. ⁵Gewinn oder Verlust bei einem Termingeschäft nach Absatz 1 Satz 1 Nr. 4 ist der Differenzausgleich oder der durch den Wert einer veränderlichen Bezugsgröße bestimmte Geldbetrag oder Vorteil abzüglich der Werbungskosten. ⁶Gewinne bleiben steuerfrei, wenn der aus den privaten Veräußerungsgeschäften erzielte Gesamtgewinn im Kalenderjahr weniger als 512 Euro betragen hat. ⁷In den Fällen des Absatzes 1 Satz 5 Nr. 1 sind Gewinne oder Verluste für das Kalenderjahr, in dem der Preis für die Veräußerung aus dem Betriebsvermögen zugeflossen ist, in den Fällen des Absatzes 1 Satz 5 Nr. 2 für das Kalenderjahr der verdeckten Einlage anzusetzen. ⁸Verluste dürfen nur bis zur Höhe des Gewinns, den der Steuerpflichtige im gleichen Kalenderjahr aus privaten Veräußerungsgeschäften erzielt hat, ausgeglichen werden; sie dürfen nicht nach § 10d abgezogen werden. ⁹Die Verluste mindern jedoch nach Maßgabe des § 10d die Einkünfte, die der Steuerpflichtige in dem unmittelbar vorangegangenen Veranlagungszeitraum oder in den folgenden Veranlagungszeiträumen aus privaten Veräußerungsgeschäften nach Absatz 1 erzielt hat oder erzielt.

§ 24c Jahresbescheinigung über Kapitalerträge und Veräußerungsgewinne aus Finanzanlagen

Kreditinstitute oder Finanzdienstleistungsinstitute, die nach § 45a zur Ausstellung von Steuerbescheinigungen berechtigt sind, sowie Wertpapierhandelsunternehmen und Wertpapierhandelsbanken haben dem Gläubiger der Kapitalerträge oder dem Hinterleger der Wertpapiere für alle bei ihnen geführten Wertpapierdepots und Konten eine zusammenfassende Jahresbescheinigung nach amtlich vorgeschriebenem Muster auszustellen, die die für die Besteuerung nach den §§ 20 und 23 Abs. 1 Satz 1 Nr. 2 bis 4 erforderlichen Angaben enthält.

2. Investmentsteuergesetz (InvStG)
vom 15. 12. 2003 (BGBl I S. 2676, 2724) zuletzt geändert durch Art. 4 Abs. 26 Gesetz zur Neuorganisation der Bundesfinanzverwaltung und zur Schaffung eines Refinanzierungsregisters vom 22. 9. 2005 (BGBl I S. 2809) – Auszug

§ 1 Anwendungsbereich und Begriffsbestimmungen

(1) Dieses Gesetz ist anzuwenden auf

1. inländisches Investmentvermögen, soweit dieses in Form eines Investmentfonds im Sinne des § 2 Abs. 1 oder einer Investmentaktiengesellschaft im Sinne des § 2 Abs. 5 des Investmentgesetzes (inländische Investmentgesellschaft) gebildet wird, sowie auf Anteile an einem inländischen Investmentvermögen (inländische Investmentanteile),

2. ausländisches Investmentvermögen und ausländische Investmentanteile im Sinne des § 2 Abs. 8 und 9 des Investmentgesetzes.

(2) Die Begriffsbestimmungen in § 1 Satz 2 und § 2 des Investmentgesetzes sind anzuwenden. Bei Investmentfonds ist die Kapitalanlagegesellschaft (§ 2 Abs. 6 des Investmentgesetzes) gesetzlicher Vertreter des Sondervermögens (§ 2 Abs. 2 des Investmentgesetzes) im Sinne des § 34 der Abgabenordnung.

(3) Ausschüttungen sind die dem Anleger tatsächlich gezahlten oder gutgeschriebenen Beträge einschließlich der einbehaltenen Kapitalertragsteuer. Ausgeschüttete Erträge sind die von einem Investmentvermögen zur Ausschüttung verwendeten Zinsen, Dividenden, Erträge aus der Vermietung und Verpachtung von Grundstücken und grundstücksgleichen Rechten, sonstige Erträge und Gewinne aus Veräußerungsgeschäften. Ausschüttungsgleiche Erträge sind die von einem Investmentvermögen nach Abzug der abziehbaren Werbungskosten nicht zur Ausschüttung verwendeten Erträge aus Zinsen, Dividenden, Erträge aus der Vermietung und Verpachtung von Grundstücken und grundstücksgleichen Rechten, sonstige Erträge und Gewinne aus privaten Veräußerungsgeschäften im Sinne des § 23 Abs. 1 Satz 1 Nr. 1, 3, soweit es sich nicht um Wertpapierveräußerungsgeschäfte handelt, Abs. 2 und 3 des Einkommensteuergesetzes.

(4) Zwischengewinn ist das Entgelt für die dem Anleger noch nicht zugeflossenen oder als zugeflossen geltenden

1. Einnahmen des Investmentvermögens im Sinne des § 20 Abs. 1 Nr. 7 und Abs. 2 mit Ausnahme der Nummer 2 Buchstabe a des Einkommensteuergesetzes sowie für die angewachsenen Ansprüche des Invest-

mentvermögens auf derartige Einnahmen; die Ansprüche sind auf der Grundlage des § 20 Abs. 2 des Einkommensteuergesetzes zu bewerten;

2. Einnahmen aus Anteilen an anderen Investmentvermögen, soweit darin Erträge des anderen Investmentvermögens im Sinne des § 20 Abs. 1 Nr. 7 und Abs. 2 mit Ausnahme der Nummer 2 Buchstabe a des Einkommensteuergesetzes enthalten sind;

3. Zwischengewinne des Investmentvermögens;

4. zum Zeitpunkt der Rückgabe oder Veräußerung des Investmentanteils veröffentlichte Zwischengewinne oder stattdessen anzusetzende Werte für Anteile an anderen Investmentvermögen, die das Investmentvermögen hält.

§ 2 Erträge aus Investmentanteilen

(1) Die auf Investmentanteile ausgeschütteten sowie die ausschüttungsgleichen Erträge und der Zwischengewinn gehören zu den Einkünften aus Kapitalvermögen im Sinne des § 20 Abs. 1 Nr. 1 des Einkommensteuergesetzes, wenn sie nicht Betriebseinnahmen des Anlegers oder Leistungen im Sinne des § 22 Nr. 5 des Einkommensteuergesetzes sind; § 3 Nr. 40 des Einkommensteuergesetzes und § 8b Abs. 1 des Körperschaftsteuergesetzes sind außer in den Fällen des Absatzes 2 nicht anzuwenden. Die ausschüttungsgleichen Erträge gelten außer in den Fällen des § 22 Nr. 5 des Einkommensteuergesetzes mit dem Ablauf des Geschäftsjahres, in dem sie vereinnahmt worden sind, als zugeflossen. Bei Teilausschüttung der in § 1 Abs. 3 genannten Erträge sind die ausschüttungsgleichen Erträge dem Anteilscheininhaber im Zeitpunkt der Teilausschüttung zuzurechnen. Reicht im Falle der Teilausschüttung die Ausschüttung nicht aus, um die Kapitalertragsteuer einzubehalten, so gilt die Teilausschüttung als ausschüttungsgleicher Ertrag. Der Zwischengewinn gilt als in den Einnahmen aus der Rückgabe oder Veräußerung des Investmentanteils enthalten.

(2) Soweit ausgeschüttete und ausschüttungsgleiche inländische und ausländische Erträge solche im Sinne des § 43 Abs. 1 Satz 1 Nr. 1 sowie Satz 2 des Einkommensteuergesetzes enthalten, sind § 3 Nr. 40 des Einkommensteuergesetzes und § 8b sowie § 37 Abs. 3 des Körperschaftsteuergesetzes anzuwenden.

(3) Die ausgeschütteten Erträge auf Investmentanteile sind insoweit steuerfrei, als sie

1. Gewinne aus der Veräußerung von Wertpapieren, Termingeschäften und Bezugsrechten auf Anteile an Kapitalgesellschaften enthalten, es sei denn, dass die Ausschüttungen Betriebseinnahmen sind; § 3 Nr. 40 des Einkommensteuergesetzes und § 8b des Körperschaftsteuergesetzes sind anzuwenden. Enthalten die Ausschüttungen Erträge aus der Veräußerung von Bezugsrechten auf Freianteile an Kapitalgesellschaften, so kommt die Steuerfreiheit insoweit nicht in Betracht, als die Erträge Kapitalerträge im Sinne des § 20 des Einkommensteuergesetzes sind;

2. Gewinne aus der Veräußerung von Grundstücken und grundstücksgleichen Rechten enthalten, es sei denn, dass es sich um Gewinne aus privaten Veräußerungsgeschäften im Sinne des § 23 Abs. 1 Satz 1 Nr. 1 und 3, Abs. 2 und 3 des Einkommensteuergesetzes handelt, oder dass die Ausschüttungen Betriebseinnahmen des Steuerpflichtigen sind.

(4) § 3 Nr. 41 Buchstabe a des Einkommensteuergesetzes ist sinngemäß anzuwenden.

§ 5 Besteuerungsgrundlagen

(1) Die §§ 2 und 4 sind nur anzuwenden, wenn

1. die Investmentgesellschaft den Anlegern bei jeder Ausschüttung bezogen auf einen Investmentanteil in deutscher Sprache bekannt macht:

    a) den Betrag der Ausschüttung (mit mindestens vier Nachkommastellen),

    b) den Betrag der ausgeschütteten Erträge (mit mindestens vier Nachkommastellen),

    c) sie in der Ausschüttung enthaltenen

        aa) ausschüttungsgleichen Erträge der Vorjahre,

        bb) steuerfreien Veräußerungsgewinne im Sinne des § 2 Abs. 3 Nr. 1 Satz 1,

        cc) Erträge im Sinne des § 3 Nr. 40 des Einkommensteuergesetzes,

        dd) Erträge im Sinne des § 8b Abs. 1 des Körperschaftsteuergesetzes,

        ee) Veräußerungsgewinne im Sinne des § 3 Nr. 40 des Einkommensteuergesetzes, ff) Veräußerungsgewinne im Sinne des § 8b Abs. 2 des Körperschaftsteuergesetzes,

gg) Erträge im Sinne des § 2 Abs. 3 Nr. 1 Satz 2, soweit die Erträge nicht Kapitalerträge im Sinne des § 20 des Einkommensteuergesetzes sind,

hh) steuerfreien Veräußerungsgewinne im Sinne des § 2 Abs. 3 Nr. 2,

ii) Einkünfte im Sinne des § 4 Abs. 1,

jj) Einkünfte im Sinne des § 4 Abs. 2, für die kein Abzug nach Absatz 4 vorgenommen wurde,

kk) Einkünfte im Sinne des § 4 Abs. 2, die nach einem Abkommen zur Vermeidung der Doppelbesteuerung zur Anrechnung einer als gezahlt geltenden Steuer auf die Einkommensteuer oder Körperschaftsteuer berechtigen,

d) den zur Anrechnung oder Erstattung von Kapitalertragsteuer berechtigten Teil der Ausschüttung im Sinne von

aa) § 7 Abs. 1 und 2,

bb) § 7 Abs. 3,

e) den Betrag der anzurechnenden oder zu erstattenden Kapitalertragsteuer im Sinne von

aa) § 7 Abs. 1 und 2,

bb) § 7 Abs. 3,

f) den Betrag der ausländischen Steuern, der auf die in den ausgeschütteten Erträgen enthaltenen Einkünfte im Sinne des § 4 Abs. 2 entfällt, und

aa) nach § 34c Abs. 1 des Einkommensteuergesetzes oder einem Abkommen zur Vermeidung der Doppelbesteuerung anrechenbar,

bb) nach § 34c Abs. 3 des Einkommensteuergesetzes abziehbar ist, wenn kein Abzug nach § 4 vorgenommen wurde,

cc) nach einem Abkommen zur Vermeidung der Doppelbesteuerung als gezahlt gilt,

g) den Betrag der Absetzung für Abnutzung oder Substanzverringerung nach § 3 Abs. 3 Satz 1,

h) den von der ausschüttenden Körperschaft nach § 37 Abs. 3 des Körperschaftsteuergesetzes in Anspruch genommenen Körperschaftsteuerminderungsbetrag;

2. die Investmentgesellschaft den Anlegern bei ausschüttungsgleichen Erträgen spätestens vier Monate nach Ablauf des Geschäftsjahres, in dem sie als zugeflossen gelten, die Angaben entsprechend der Nummer 1 bezogen auf einen Investmentanteil in deutscher Sprache bekannt macht;

3. die Investmentgesellschaft die in den Nummern 1 und 2 genannten Angaben in Verbindung mit dem Jahresbericht im Sinne von § 45 Abs. 1, § 122 Abs. 1 oder 2 des Investmentgesetzes im elektronischen Bundesanzeiger bekannt macht; die Angaben sind mit der Bescheinigung eines zur geschäftsmäßigen Hilfeleistung befugten Berufsträgers im Sinne des § 3 des Steuerberatungsgesetzes, einer behördlich anerkannten Wirtschaftsprüfungsstelle oder einer vergleichbaren Stelle zu versehen, dass die Angaben nach den Regeln des deutschen Steuerrechts ermittelt wurden; § 323 des Handelsgesetzbuchs ist sinngemäß anzuwenden. Wird der Jahresbericht nach den Bestimmungen des Investmentgesetzes nicht im elektronischen Bundesanzeiger veröffentlicht, ist auch die Fundstelle bekannt zu machen, in der der Rechenschaftsbericht in deutscher Sprache bekannt gemacht ist;

4. die ausländische Investmentgesellschaft die Summe der nach dem 31. Dezember 1993 dem Inhaber der ausländischen Investmentanteile als zugeflossen geltenden, noch nicht dem Steuerabzug unterworfenen Erträge ermittelt und mit dem Rücknahmepreis bekannt macht;

5. die ausländische Investmentgesellschaft auf Anforderung gegenüber dem Bundeszentralamt für Steuern innerhalb von drei Monaten die Richtigkeit der in den Nummern 1, 2 und 4 genannten Angaben vollständig nachweist. Sind die Urkunden in einer fremden Sprache abgefasst, so kann eine beglaubigte Übersetzung in die deutsche Sprache verlangt werden. Hat die ausländische Investmentgesellschaft Angaben in unzutreffender Höhe bekannt gemacht, so hat sie die Unterschiedsbeträge eigenverantwortlich oder auf Verlangen des Bundeszentralamtes für Steuern in der Bekanntmachung für das laufende Geschäftsjahr zu berücksichtigen.

Liegen die in Nummer 1 Buchstabe c oder f genannten Angaben nicht vor, werden die Erträge insoweit nach § 2 Abs. 1 Satz 1 besteuert und § 4 findet insoweit keine Anwendung.

(2) § 8 ist nur anzuwenden, wenn die Investmentgesellschaft bewertungstäglich den positiven oder negativen Vomhundertsatz des Wertes des Investmentanteils ermittelt, der auf die in den Einnahmen aus der Veräußerung enthaltenen Bestandteile im Sinne des § 8 entfällt (Aktiengewinn) und mit dem Rücknahmepreis veröffentlicht. Der Aktiengewinn pro Investmentanteil darf sich durch den An- und Verkauf von Investmentanteilen nicht ändern. Die Investmentgesellschaft ist an ihre bei der erstmaligen Ausgabe der Anteile getroffene Entscheidung, ob sie den Aktiengewinn ermittelt oder davon absieht, gebunden. Absatz 1 Satz 1 Nr. 5 gilt entsprechend.

(3) Die Investmentgesellschaft hat bewertungstäglich den Zwischengewinn zu ermitteln und mit dem Rücknahmepreis zu veröffentlichen. Sind die Voraussetzungen des Satzes 1 nicht erfüllt, sind 6 vom Hundert des Entgelts für die Rückgabe oder Veräußerung des Investmentanteils anzusetzen. Absatz 1 Satz 1 Nr. 5 gilt entsprechend.

§ 6 Besteuerung bei fehlender Bekanntmachung

Sind die Voraussetzungen des § 5 Abs. 1 nicht erfüllt, sind beim Anleger die Ausschüttungen auf Investmentanteile, der Zwischengewinn sowie 70 Prozent des Mehrbetrags anzusetzen, der sich zwischen dem ersten im Kalenderjahr festgesetzten Pücknahmepreis und dem letzten im Kalenderjahr festgesetzten Rücknahmepreis eines Investmentanteils ergibt; mindestens sind 6 Prozent des letzten im Kalenderjahr festgesetzten Rücknahmepreises anzusetzen. Wird ein Rücknahmepreis nicht festgesetzt, so tritt an seine Stelle der Börsen- oder Marktpreis. Der nach Satz 1 anzusetzende Teil des Mehrbetrags gilt mit Ablauf des jeweiligen Kalenderjahres als ausgeschüttet und zugeflossen.
Nichtamtliches Inhaltsverzeichnis

II. Verwaltungsanweisungen

1. BMF-Schreiben vom 24. 1. 1985 IV B 4 – S 2252 – 4/85, BStBl I 1985, 77

Zero-Bonds-Erlass

Auf Grund der Ergebnisse der Erörterung mit den obersten Finanzbehörden der Länder bitte ich, den einkommensteuerpflichtigen Kapitalertrag aus Zero Coupon Bonds, die zu einem Privatvermögen gehören, nach folgenden Regeln zu ermitteln:

1. Rechtsgrundlage

Der einkommensteuerpflichtige Kapitalertrag aus Zero Coupon Bonds, die zu einem Privatvermögen gehören, wird nach folgenden Grundsätzen zur Einkommensteuer herangezogen:

a) Zero Coupon Bonds sind ihrer Natur nach festverzinsliche Wertpapiere, bei denen die Zinsen nicht wie gewöhnlich zu bestimmten Terminen in festen Beträgen an den Inhaber geleistet werden, sondern in dem Unterschiedsbetrag zwischen Emissionspreis und Einlösungspreis (Diskont) liegen. Dieser Kapitalertrag fließt dem Inhaber bei der Einlösung am Ende der Laufzeit zu; er ist nach § 20 Abs. 1 Nr. 8 EStG zu versteuern.

b) Veräußert ein Steuerpflichtiger ein Zero Coupon Bonds während der Laufzeit, ist der Zinsertrag bei ihm mit dem Betrag der Einkommensteuer zu unterwerfen, der rechnerisch auf die Zeit entfällt, in der er das Wertpapier innehatte. Erzielt der Veräußerer einen Preis von geringerer Höhe, als es dem Emissionspreis zuzüglich der rechnerisch bis zum Veräußerungszeitpunkt ermittelten Zinsen entspricht, sind gleichwohl die rechnerisch ermittelten Zinsen der Besteuerung zugrunde zu legen, während der Verlust dem auf der einkommensteuerrechtlich unbeachtlichen Vermögensebene befindlichen Kapitalstamm zugerechnet wird. Dasselbe gilt für den Teil eines Veräußerungserlöses, der den Emissionspreis zuzüglich der rechnerisch bis zum Veräußerungszeitpunkt ermittelten Zinsen übersteigt.

Beim Erwerber sind die Zinsen dementsprechend ab dem Erwerbszeitpunkt rechnerisch zu ermitteln und der Einkommensteuer zugrunde zu legen, wenn er entweder das Zero Coupon Bond vor dem Ende der Laufzeit weiterveräußert oder das Wertpapier am Ende der Laufzeit einlöst.

2. Berechnung des Kapitalertrags

Bei der Berechnung des Kapitalertrags ist von den rechnerischen ermittelten Anschaffungs- und Veräußerungskursen der Zero Coupon Bonds auszugehen. Sie sind einem aus der Emissionsrendite abgeleiteten und vom Emissionsdatum ausgehenden Aufzinsungsfaktor auf den Übertragungszeitpunkt (Tag der Anschaffung und Tag der Veräußerung) aufzuzinsen. Dazu dient folgende Gleichung:

= Rechnerischer Anschaffungs-/Veräußerungskurs
Emissionskurs x Aufzinsungsfaktor F

Der Aufzinsungsfaktor F wird nach folgender Formel näherungsweise ermittelt

$$F = q^n \times \left(\frac{R \times T}{360 \times 100} + 1 \right)$$

Dabei ist

q^n = Aufzinsungsfaktor für volle n Jahre:
$(1 + \frac{R}{100})^n$

R = Emissionsrendite

T = Jahresbruchteile in Tagen (Monate und Tage)

Der Unterschiedsbetrag zwischen dem Anschaffungskurs und dem Veräußerungskurs (oder Einlösekurs am Ende der Laufzeit) stellt den steuerpflichtigen Ertrag dar. Die Umrechnung dieses in ausländischer Währung ermittelten Ertrags in Deutsche Mark erfolgt zum amtlichen Mittelkurs der ausländischen Währung am Tage des Verkaufs oder der Einlösung des Wertpapiers.

Beim Fehlen von Angaben über die Emissionsrendite R oder in Fällen der Nachprüfung von R kann die Emissionsrendite aus der Formel

$$(1 + \frac{R}{100})^n = \frac{K_n}{K_o}$$

errechnet werden.

Hierbei gilt:

K_o = Emissionswert des Wertpapiers

K_n = Rücknahmewert des Wertpapiers nach Beendigung der Gesamtlaufzeit

n = Gesamtlaufzeit des Wertpapiers.

1. BMF-Schreiben vom 24. 1. 1985 519

3. Beispiel

Emissionsdatum:	1. 2. 1982
Emissionkurs:	19,94 v. H.
Emissionsrendite:	14,3 v. H.
	Kauf/Verkauf
Ersterwerber	10. 2. 1982/4. 1. 1983
1. Nacherwerber	4. 1. 1983/10. 8. 1987
2. Nacherwerber	10. 8. 1987/11. 2. 1994 (Einlösung)

Zur Ermittlung des jeweils einkommensteuerpflichtigen Ertrags werden folgende Teilschritte erforderlich:

a) Ermittlung der Laufzeiten vom Emissionsdatum bis zum Kauf oder Verkauf

	bis Kauf			bis Verkauf		
	Jahre	Monate	Tage	Jahre	Monate	Tage
Ersterwerber	0	0	9	0	11	3
1. Nacherwerber	0	11	3	5	6	9
2. Nacherwerber	5	6	9	Einlösung zu 100 v. H.		

b) Aufzinsungsfaktor q^n für volle Jahre zur Ermittlung des Aufzinsungsfaktors F und Jahresbruchteile in Tagen (T)

	bis Kauf		bis Verkauf	
	q^n	T	q^n	T
Ersterwerber	–	9	–	333
1. Nacherwerber	–	333	1,1435	189
2. Nacherwerber	1,1435	189	Einlösung zu 100 v. H.	

c) Ermittlung des Aufzinsungsfaktors F (vgl. Formel in Nr. 2)

	Kauf	Verkauf
Ersterwerber	$\dfrac{14,3 \times 9}{360 \times 100} + 1$	$\dfrac{14,3 \times 333}{360 \times 100} + 1$
	= 1,003575	= 1,132275
1. Nacherwerber	1,132275	$1,143^5 \times \left(\dfrac{14,3 \times 189}{360 \times 100} + 1\right)$
		= 2,097345
2. Nacherwerber	2,097345	Einlösung zu 100 v. H.

d) Ermittlung der rechnerischen Anschaffungs- und Veräußerungskurse durch Aufzinsung des Emissionskurses (hier: 19,94 v. H.) mit dem Aufzinsfaktor F sowie des einkommensteuerpflichtigen Ertrags (angenommene Währungskurse bezogen auf einen Einlösungsbetrag von nominell 1 000 000 US-$).

	Kauf		Verkauf		Kurs
	Steuer- kurs v. H.	Währung nominell	Steuer- kurs v. H.	Währung nominell	US-$
Ersterwerber	20,1	20 100	22,57	22 570	2,38
1. Nacherwerber	22,6	22 600	41,82	41 820	2,25
2. Nacherwerber	41,9	41 900	100	100 000	2,40

Währungsertrag in US-$/steuerpflichtiger Ertrag in DM

Ersterwerber	2 470 US-$	5 878 DM
1. Nacherwerber	19 220 US-$	43 245 DM
2. Nacherwerber	58 100 US-$	139 440 DM

Dabei ist zu berücksichtigen, dass durch die Rückbeziehung der Laufzeit jeweils auf den ersten Tag des Begebungsmonats (Laufzeitstreckung) für Zwecke der Renditeermittlung sowie durch Abrundung der Emissionsrendite auf eine Stelle hinter dem Komma im Ergebnis erreicht wird, dass sich etwaige Unterschiede bei der Ermittlung des einkommensteuerpflichtigen Ertrages für verschiedene Inhaber eines Zero Coupon Bond nicht auswirken und mögliche Unterschiede bei der rechnerischen Ermittlung des Kapitalertrags durch Rundungsdifferenzen nicht zu Lasten des Steuerpflichtigen wirken. Dies bedingt, dass der rechnerische Kaufkurs eines Nacherwerbs zur Vermeidung von Nachteilen auf eine Stelle hinter dem Komma aufgerundet werden muss, um die Abrundungswirkung aus der Laufzeitstreckung und aus der Abrundung der Emissionsrendite auszugleichen.

4. Verzeichnis der Zero Coupon Bonds

Nachstehendes Verzeichnis der Zero Coupon Bonds, das von den Verbänden des Kreditgewerbes zusammengestellt wurde, enthält nur diejenige Papiere, die aus dem Euro-Bereich stammen und nach den Feststellungen der Kreditinstitute in inländische Depots verzeichnet sind. Bei nicht in dem Verzeichnis aufgeführten Zero Coupon Bonds wird dem Steuerpflichtigen empfohlen, im Einzelfall die notwendigen Daten (Emissiondatum, -kurs und -rendite) bei dem Kreditinstitut zu erfragen, bei dem er die Zero Coupon Bonds erworben hat.

5. Dieses Schreiben tritt an die Stelle des BMF-Schreibens vom 14. Januar 1983 – IV B 4 – S 2252 – 2/83.

2. BMF-Schreiben vom 24. 11. 1986 IV B 4 – S 2252 – 180/86, BStBl I 1986, 539

Emmissionsdisagio-Erlass

Unter Bezug auf die Erörterungen mit den obersten Finanzbehörden der Länder vertrete ich zur einkommensteuerrechtlichen Behandlung von Emissionsdisagio, Emissionsdiskont und umlaufbedingtem Unterschiedsbetrag zwischen Marktpreis und höherem Nennwert bei festverzinslichen Wertpapieren, die zu einem Privatvermögen gehören, sowie zu unverzinslichen Schatzanweisungen, die zu einem Privatvermögen gehören, folgende Auffassung:

1. Ein bei der Emission eines festverzinslichen Wertpapiers gewährtes Disagio stellt einen Abschlag vom Nennwert dar, mit dem der Emittent vornehmlich auf eine Erhöhung des Kapitalmarktzinses in der Zeit zwischen dem Antrag auf Genehmigung der Emission und der Ausgabe der Emission auf dem Kapitalmarkt reagiert (sog. Feineinstellung des Zinses).

   Davon zu unterscheiden ist der Emissionsdiskont. Dieser Abschlag vom Nennwert beinhaltet wirtschaftlich ganz oder teilweise (wenn daneben ein deutlich unter dem Kapitalmarktzins für Wertpapiere gleicher Laufzeit liegender Zins gewährt wird) den Ertrag des Wertpapiers, wenn dieses am Ende seiner Laufzeit zum Nennwert eingelöst wird (sog. Abzinsungspapier).

   Vom Emissionsdisagio und vom Emissionsdiskont ist der umlaufbedingte Unterschiedsbetrag zwischen Marktpreis und höherem Nennwert eines festverzinslichen Wertpapiers zu unterscheiden, der sich dadurch ergeben kann, dass der Kapitalmarktzins während der Laufzeit eines Wertpapiers steigt; in diesen Fällen sinkt der Kurs aller festverzinslichen Wertpapiere mit einer Verzinsung unter dem Kapitalmarktzins unter den Nennwert ab.

2. Für die einkommensteuerrechtliche Behandlung der genannten Abschläge und Unterschiedsbeträge bei den Einkünften aus Kapitalvermögen gilt bei festverzinslichen Wertpapieren, die zu einem Privatvermögen gehören, Folgendes:

a) Auf Grund seiner Funktion als Feineinstellung des Zinses stellt ein Emissionsdisagio grundsätzlich einen der Einkommensteuer zu unterwerfenden Kapitalertrag dar. Ebenso stellt ein Emissionsdiskont, da er wirtschaftlich ganz oder teilweise den Ertrag des Wertpapiers beinhaltet, grundsätzlich einen der Einkommensteuer zu unterwerfenden Kapitalertrag dar. Aus Vereinfachungsgründen wird ein Emissionsdisagio oder Emissionsdiskont jedoch steuerlich nicht erfasst, wenn diese folgende Vomhundertsätze des Nennwerts in Abhängigkeit von der Laufzeit nicht übersteigen:

Laufzeit	Disagio in v. H.
bis unter 2 Jahre	1
2 Jahre bis unter 4 Jahre	2
4 Jahre bis unter 6 Jahre	3
6 Jahre bis unter 8 Jahre	4
8 Jahre bis unter 10 Jahre	5
ab 10 Jahre	6

Dies gilt auch für außerhalb des Anwendungsbereichs der §§ 795, 808a BGB begebene Wertpapiere, nicht jedoch für Schuldscheindarlehn und Darlehn nach § 17 Abs. 2 BerlinFG. Bei Daueremissionen ist für die Ermittlung des Emissionsdisagios von dem im Genehmigungsantrag bezeichneten Emissionskurs auszugehen; ist im Genehmigungsantrag ein Emissionskurs nicht bezeichnet oder handelt es sich um nicht genehmigungspflichtige Schuldverschreibungen, ist der erste Verkaufskurs maßgebend.

Werden die oben genannten Vomhundertsätze überschritten, ist zur Berechnung des Kapitalertrags das BMF-Schreiben vom 24. Januar 1985 – IV B 4 – S 2252 – 4/85 (BStBl I S. 77) während der gesamten Laufzeit der Emission anzuwenden. Das gilt auch, wenn nach den Emissionsbedingungen ein Agio zum Nennwert, das bei der Rückzahlung des Kapitals gewährt wird, allein oder zusammen mit einem Emissionsdisagio die oben in Abhängigkeit von der Laufzeit genannten Vomhundertsätze überschreitet.

Wird bei der Emission von festverzinslichen Wertpapieren dem Erwerber ein Abschlag vom Emissionskurs deshalb eingeräumt, weil er eine größere Menge von Wertpapieren erwirbt, handelt es sich insoweit stets um einen steuerpflichtigen besonderen Vorteil im Sinne des § 20 Abs. 2 Nr. 1 EStG.

b) Demgegenüber stellt der umlaufbedingte Unterschiedsbetrag zwischen Marktpreis und höherem Nennwert wirtschaftlich eine Abwertung des Kapitalstamms dar, der in der Regel durch eine seit dem Zeitpunkt der Emission eines festverzinslichen Wertpapiers eingetretene Steigerung des Kapitalmarktzinses bedingt ist. Der Unterschiedsbetrag gehört deshalb im Falle der Veräußerung oder bei Einlösung des Wertpapiers nicht zum Kapitalertrag, sondern zur einkommensteuerrechtlich unbeachtlichen Vermögensebene; dasselbe gilt für den Fall, dass der Marktpreis eines festverzinslichen Wertpapiers umlaufbedingt den Nennwert infolge einer seit dem Zeitpunkt der Emission eingetretenen Senkung des Kapitalmarktzinses übersteigt.

3. Werden unverzinsliche Schatzanweisungen vor Einlösung durch die Bundesbank an einen Dritten weiter veräußert, gehört der Diskont, der rechnerisch auf die Zeit entfällt, während der Veräußerer die Titel gehalten hat, bei diesem zu den Einkünften aus Kapitalvermögen im Sinne des § 20 Abs. 1 Nr. 7 EStG. Veräußerungserlöse, die den rechnerisch auf die Zeit der Innehabung entfallenden Betrag über- oder unterschreiten, bleiben als der Vermögensebene zugehörige Beträge außer Ansatz.

Für die Berechnung des steuerpflichtigen Kapitalertrags ist das BMF-Schreiben vom 24. Januar 1985 – IV B 4 – S 2252 – 4/85 – (BStBl I S. 77) anzuwenden. Das BMF-Schreiben vom 29. Juni 1973 – IV B 4 – S 2252 – 76/73 – und die entsprechenden Erlasse der obersten Finanzbehörden der Länder sind damit überholt.

3. BMF-Schreiben vom 2. 2. 1993 IV B 4 – S 2000 – 280/92, DB 1993, 813

Einzelfragen zur Anwendung des Zinsabschlaggesetzes

Zu weiteren Zweifelsfragen wird wie folgt Stellung genommen:

1. Freistellungsauftrag bei Ehegatten

Erteilt ein verheirateter Sparer dem Kreditinstitut einen Freistellungsauftrag bis zu 6 100 DM, der nicht von beiden Ehegatten unterschrieben wurde, so kann **nicht** davon ausgegangen werden, dass der Sparer damit konkludent erklärt, getrennt veranlagt zu werden. Eine solche Vermutung entbehrt jeder Grundlage. Das EStG geht in § 26 Abs. 3 EStG bei Ehegatten von der Zusammenveranlagung aus. Zusammenveranlagten Ehegatten wird ein gemeinsamer Sparer-Freibetrag gewährt; daher ist wegen der Versicherung, das Freistellungsvolumen nicht zu überschreiten, für die Erteilung eines wirksamen Freistellungsauftrags bei Verheirateten die Unterschrift **beider** Ehegatten unverzichtbar. Hat ein Kontoinhaber geheiratet, verliert der von diesem allein erteilte Freistellungsauftrag mit dem Tag der Heirat für eine Abstandnahme vom Zinsabschlag seine Wirksamkeit. Liegt zum Zeitpunkt des Zuflusses von Kapitalerträgen kein von beiden Ehegatten unterschriebener Freistellungsauftrag vor, hat das Kreditinstitut den Zinsabschlag einzubehalten.

2. Datum der Erteilung des Freistellungsauftrags

Im Massenverfahren nach § 45d EStG ist das Datum der Erteilung des Freistellungsauftrags grundsätzlich nicht von Bedeutung.

3. Geltungsdauer des Freistellungsauftrags

Mit dem Tod eines Kontoinhabers sind dessen Erben Gläubiger der Kapitalerträge geworden. Der durch den Verstorbenen erteilte Freistellungsauftrag kann nicht mehr Grundlage für eine Abstandnahme vom Kapitalertragsteuer-Abzug sein, das Kreditinstitut hat grundsätzlich den Zinsabschlag einzubehalten. Erfährt das Kreditinstitut erst verspätet vom Tod des Kontoinhabers, so besteht eine Verpflichtung zur Nachholung des Zinsabschlags **nicht.** Entsprechendes gilt für den Fall verspäteter Kenntniserlangung von der Scheidung eines Kontoinhabers. Rdn. 2 des Schreibens vom 27. 10. 1992 ist insoweit überholt.

4. BMF-Schreiben vom 30. 4. 1993 IV B 4 – S 2252 – 480/93, BStBl I 1993, 343

Neue Kapitalanlagemodelle

Im Zusammenhang mit dem ab 1. Januar 1993 eingeführten Zinsabschlag werden vermehrt neue Kapitalanlagemodelle angeboten. Zu der Frage, ob und in welchem Umfang aus diesen Kapitalanlagen Einkünfte aus Kapitalvermögen im Sinne des § 20 Abs. 1 Nr. 7 und Abs. 2 EStG erzielt werden, nehme ich aufgrund der Erörterung mit den obersten Finanzbehörden der Länder wie folgt Stellung:

Zu den Einkünften aus Kapitalvermögen gehören Zinsen, Entgelte und Vorteile, die unabhängig von ihrer Bezeichnung und der zivilrechtlichen

Gestaltung bei wirtschaftlicher Betrachtung für die Überlassung von Kapitalvermögen zur Nutzung erzielt werden.

Dies bedeutet im Einzelnen:

1. Bei der Kapitalüberlassung zur Nutzung ist für das Vorliegen von Kapitalertrag entscheidend, dass bei Ausgabe des Papiers von vornherein eine Rendite versprochen wird, die bei Einlösung mit Sicherheit erzielt werden kann (Emissionsrendite). Diese schlägt sich im Kurs des Papiers und damit bei Zwischenveräußerungen im Kaufpreis nieder. Lediglich marktzinsbedingte Kursschwankungen während der Laufzeit sind der Vermögenssphäre zuzuordnen, so dass bei Zwischenveräußerung bzw. -erwerb nur die besitzzeitanteilige Emissionsrendite als Kapitalertrag anzusehen ist.

2. Bei Kapitalforderungen mit feststehenden, unterschiedlich hohen Kapitalerträgen (z. B. Kombizins-Anleihen, Gleitzins-Anleihen, Festzins-Anleihen mit getrennt handelbaren Zinsscheinen) sind die Zinsen bei Zufluss zu versteuern (§ 20 Abs. 1 Nr. 7 EStG). Wird das Wertpapier über die gesamte Laufzeit gehalten, ergeben sich keine Besonderheiten.

Ist die Besitzzeit dagegen kürzer als die Laufzeit des Wertpapiers, wäre die Summe der insgesamt in der Besitzzeit zufließenden Zinsen je nach Ausgestaltung des Modells höher oder niedriger als die nach der Emissionsrendite errechneten besitzzeitanteiligen Zinsen. Diese Differenz muss bei Veräußerung und Einlösung des Wertpapiers durch entsprechende Hinzurechnung oder Abzüge ausgeglichen werden. Infolgedessen sind im Zeitpunkt der Veräußerung/Einlösung die in dem betreffenden Veranlagungszeitraum zugeflossenen Zinsen um die Differenz zwischen der Summe aller in der Besitzzeit zugeflossenen Zinsen und den nach der Emissionsrendite errechneten besitzzeitanteiligen Zinsen zu erhöhen oder zu kürzen (§ 20 Abs. 2 Nr. 3 und 4 EStG).

3. Ist bei als Optionsgeschäften bezeichneten Modellen (z. B. Capped warrants, range warrants) ähnlich wie bei einem festverzinslichen Wertpapier die Rückzahlung des eingesetzten Kapitals garantiert und mit der Zahlung eines festbezifferten zusätzlichen Betrages zu rechnen, dann ist dieser Betrag wirtschaftlich betrachtet der Zins für das überlassene Kapital und folglich Kapitalertrag. Bei Zwischenveräußerung während der Laufzeit wird dieser Betrag besitzzeitanteilig auf die jeweiligen Inhaber aufgeteilt (§ 20 Abs. 2 Nr. 4 EStG).

4. Wird nur die Rückzahlung des eingesetzten Kapitals garantiert (z. B. Grois, Giros und Saros), sind zusätzlich geleistete Beträge ebenfalls Kapitalertrag.

Bei einer Veräußerung des Papiers ist der Unterschiedsbetrag zwischen Kaufpreis und Verkaufspreis Kapitalertrag. Dies gilt bei Veräußerung durch einen Ersterwerber nur hinsichtlich positiver Kapitalerträge.

Diese Regelung gilt auch für Papiere, bei denen neben der Rückzahlung des eingesetzten Kapitals nur ein Mindestertrag garantiert wird (z. B. Mega-Zertifikate).

5. Der Erwerb eines Papiers ohne Zinsscheine oder von Zinsscheinen ohne Papier zu einem abgezinsten Preis steht wirtschaftlich betrachtet dem Erwerb einer abgezinsten Forderung (Zero-Bond) gleich. Infolgedessen erzielt der erste Erwerber eines solchen Papiers oder Zinsscheins bei der Einlösung Ertrag nach § 20 Abs. 1 Nr. 7 EStG, jeder weitere Erwerber bei Einlösung besitzzeitanteiligen Kapitalertrag nach § 20 Abs. 1 Nr. 7 EStG. Die Veräußerung führt bei allen diesen Personen zu besitzzeitanteiligem Kapitalertrag nach § 20 Abs. 2 Nr. 4 EStG.

Dies gilt auch für Wertpapiere, bei denen der Ertrag – anders als bei Zinsscheinen – von vornherein nicht gesondert verbrieft ist (wie z. B. bei den Optionsmodellen).

5. BMF-Schreiben vom 1. 7. 1993 IV A 5 – S 0220 – 29/93, BStBl I 1993, 526

Verfahrensrechtliche Fragen zu § 45d EStG

Unter Bezugnahme auf das Ergebnis der Erörterungen mit den obersten Finanzbehörden der Länder gilt für Freistellungsaufträge und Mitteilungen an das Bundesamt für Finanzen nach § 45d EStG Folgendes:

1. Wird im Laufe des Kalenderjahres ein dem jeweiligen Kreditinstitut bereits erteilter Freistellungsauftrag geändert, handelt es sich nur um **einen** Freistellungsauftrag im Sinne des § 45d Abs. 1 Nr. 3 EStG; mitzuteilen ist grundsätzlich die letzte Fassung des Freistellungsauftrags im Kalenderjahr. Bei Herabsetzung des freizustellenden Betrags muss das Kreditinstitut prüfen, inwieweit das bisherige Freistellungsvolumen bereits durch Abstandnahme vom Steuerabzug ausgeschöpft ist. Eine Unterschreitung des bereits freigestellten und ausgeschöpften Betrages ist nicht möglich; in diesem Fall ist der ausgeschöpfte Betrag mitzuteilen. Eine Erhöhung des freizustellenden Betrags darf ebenso wie die

erstmalige Erteilung eines Freistellungsauftrags nur mit Wirkung für das Kalenderjahr, in dem der Auftrag geändert wird, und spätere Kalenderjahre erfolgen.

Jede Änderung muss auf amtlich vorgeschriebenem Vordruck erfolgen.

2. Bei Ehegatten gilt für das Jahr der Eheschließung:

Haben Ehegatten vor der Eheschließung bereits einzeln Freistellungsaufträge erteilt und wird danach ein gemeinsamer Freistellungsauftrag erteilt, sind alle Freistellungsaufträge nach § 45d EStG zu melden.

Der gemeinsame Freistellungsauftrag der Ehegatten darf nur in Höhe des Unterschiedsbetrags zwischen dem den Ehegatten zustehenden Betrag und dem bereits vor der Eheschließung von den Ehegatten ausgeschöpften Betrag erteilt werden.

3. Das Datum der Erteilung des Freistellungsauftrags muss dem Bundesamt für Finanzen nicht mitgeteilt werden.

6. BMF-Schreiben vom 24. 1. 1994 IV B 4 – S 2400 – 8/94, DB 1994, 252

Berücksichtigung von gezahlten Stückzinsen bei Ehegatten

Zu der Frage, ob die auszahlenden Stellen bei Ehegatten, die einem gemeinsamen Freistellungsauftrag erteilt haben, die von einem Ehegatten gezahlten Stückzinsen bei Kapitalerträgen des anderen Ehegatten berücksichtigen dürfen, vertreten die obersten Finanzbehörden der Länder die Auffassung, dass gezahlte Stückzinsen des einen Ehegatten bei Kapitalerträgen des anderen Ehegatten, nur bei den Namen beider Ehegatten laufenden Konten (Gemeinschaftskonten) berücksichtigt werden können, ein gemeinsamer „Stückzinstopf" also nicht zugelassen wird, soweit Ehegatten jeweils auf ihren Namen lautende Einzelkonten führen.

7. BMF-Schreiben vom 15. 3. 1994 IV B 4 – S 2252 – 173/94, BStBl I 1994, 230

Berücksichtigung von gezahlten Stückzinsen bei Personenverschiedenheit von Käufer und Depotinhaber

Zu der Frage, ob und wie gezahlte Stückzinsen zu berücksichtigen sind, wenn Wertpapiere entgeltlich erworben und anschließend auf einen Dritten übertragen werden, nehme ich im Einvernehmen mit den obersten Finanzbehörden der Länder wie folgt Stellung:

Nach § 43a Abs. 2 EStG in der Fassung des Missbrauchsbekämpfungs- und Steuerbereinigungsgesetzes vom 21. Dezember 1993 (BGBl I S. 2310) kann die auszahlende Stelle Stückzinsen, die ihr der Gläubiger gezahlt hat, von bestimmten, dem Zinsabschlag unterliegenden Kapitalerträgen abziehen.

Stückzinsen sind beim Kauf von Wertpapieren stets vom Käufer zu zahlen. Sie sind bei ihm allerdings steuerlich nur als negative Einnahmen zu berücksichtigen, soweit er die Absicht hat, aus den Wertpapieren Einkünfte zu erzielen; dies gilt unabhängig davon, ob der Käufer die Wertpapiere kurze Zeit vor dem Zinstermin erwirbt oder früher.

Bei dem Dritten, auf den die vom Käufer erworbenen Wertpapiere übertragen und für den sie verwahrt und verwaltet werden, sind insoweit keine Stückzinsen zu berücksichtigen.

8. BMF-Schreiben vom 24. 5. 2000 IV C 1 – S 2252 – 145/00
Veräußerung einer Umtauschanleihe; Einlösung einer Umtauschanleihe durch einen Zweiterwerber

Schreiben an den Bundesverband deutscher Banken e. V.

Die Vertreter der obersten Finanzbehörden der Länder haben in der Sitzung vom 17. bis 19. Mai 2000 zur Frage der steuerrechtlichen Behandlung von Umtauschanleihen, die mit einer festen Verzinsung, die unter dem marktüblichen Zins zum Zeitpunkt der Emission liegt, ausgestattet sind und bei denen der Gläubiger bei Fälligkeit der Anleihe ein Wahlrecht hat, die Rückzahlung des überlassenen Kapitalvermögens zu 100 % oder die Übereigner einer vorher festgelegten Anzahl von bestimmten Aktien zu verlangen, folgende Auffassung vertreten:

Die Zinsen aus dem Kupon führen zu Einkünften aus Kapitalvermögen i. S. des § 20 Abs. 1 Nr. 7 EStG. Übt der Anleger sein Wahlrecht aus und wählt anstelle der Rückzahlung des überlassenen Kapitalvermögens die Übereignung der vorher festgelegten Art und Anzahl von Aktien, ist auch der über den Rückzahlungsbetrag des überlassenen Kapitalvermögens hinausgehende Wert der Aktien Kapitalertrag nach § 20 Abs. 1 Nr. 7 i. V. m. Abs. 2 Nr. 1 EStG.

Bei Veräußerung einer Umtauschanleihe erfolgt – im Fall des gesonderten Ausweises von Stückzinsen – eine Besteuerung der Erträge nach § 20 Abs. 2 Nr. 3 EStG. Wie bei Hochzinsanleihen mit Rückzahlungswahlrecht des Emittenten findet bei der o. a. Ausgestaltung einer Umtauschanleihe

§ 20 Abs. 2 Nr. 4 Buchst. c EStG keine Anwendung, weil lediglich die Rendite, nicht aber die Höhe der Erträge i. S. des § 20 Abs. 2 Nr. 4 Buchst. c EStG ungewiss ist.

Der Ertrag aus der Einlösung einer Umtauschanleihe bei Fälligkeit durch einen „Zweiterwerber" wird nach § 20 Abs. 1 Nr. 7 EStG besteuert.

9. BMF-Schreiben vom 2. 3. 2001 IV C 1 – S 2252 – 56/01, BStBl I 2001, 206

Besteuerung von Hochzins- und Umtauschanleihen

Hochzinsanleihen sind Schuldverschreibungen mit einem regelmäßig über dem Marktzins liegenden Zinssatz und einem Wahlrecht des Emittenten zur Rückzahlung des Kapitals oder der Übertragung einer vorher festgelegten Anzahl von Aktien. Umtauschanleihen sind Schuldverschreibungen mit festem, unter dem marktüblichen Zins im Zeitpunkt der Emission liegenden Zinssatz und einem Wahlrecht des Gläubigers zur Kapitalrückzahlung oder Übertragung einer vorher festgelegten Anzahl von Aktien.

Für die steuerliche Behandlung gilt nach Erörterung mit den obersten Finanzbehörden der Länder Folgendes:

Hochzinsanleihen und Umtauschanleihen sind Kapitalforderungen, bei denen die Höhe der Erträge von einem ungewissen Ereignis abhängt (§ 20 Abs. 1 Nr. 7 und Abs. 2 Satz 1 Nr. 4 Buchstabe c EStG). Denn im Zeitpunkt des Erwerbs steht noch nicht fest, ob das Wahlrecht zur Übertragung von Aktien ausgeübt wird und in welchem Umfang dem Steuerpflichtigen Erträge zufließen werden. Da die Anleihen keine Emissionsrendite haben, ist als Kapitalertrag der Unterschiedsbetrag zwischen dem Entgelt für den Erwerb und den Einnahmen aus der Veräußerung, Abtretung oder Einlösung (sog. Marktrendite) der Besteuerung zugrunde zu legen (§ 20 Abs. 2 Satz 1 Nr. 4 Satz 2 EStG). Dies gilt auch für Fälle der Einlösung durch Ersterwerber.

10. BMF-Schreiben vom 30. 5. 2001 IV C 1 – S 2252 – DB 2001, 1750

Anrechnung von Dividenden, die nach § 3 Nr. 40 EStG dem Halbeinkünfteverfahren unterliegen, auf den Freistellungsauftrag

Nach der Neuregelung des § 3 Nr. 40 EStG in der Fassung des Steuersenkungsgesetzes vom 23. Oktober 2000 (BStBl 2000 I S. 1428) werden Dividenden zur Hälfte von der Einkommensteuer befreit (Halbeinkünfteverfahren). In diesem Zusammenhang ist die Frage gestellt worden, welche Auswirkungen die hälftige Steuerbefreiung auf die Verwaltung der von den Kunden der Kreditinstitute erteilten Freistellungsaufträge hat.

Hierzu wird die Auffassung vertreten, dass die dem Halbeinkünfteverfahren unterliegenden Dividenden nur mit ihrem steuerpflichtigen Anteil auf das jeweils vom Steuerpflichtigen seiner Bank erteilte Freistellungsvolumen angerechnet werden (§ 44a Abs. 1 Nr. 1 EStG).

Übersteigt der steuerpflichtige Teil der Dividende das dem Kreditinstitut erteilte Freistellungsvolumen, soweit es für Dividenden zur Verfügung steht, ist zu beachten, dass bei der Bemessung der Kapitalertragsteuer für die teilweise steuerpflichtige Dividende § 3 Nr. 40 EStG keine Anwendung findet, die steuerfreie Hälfte also einzubeziehen ist.

Die Erstattung bereits einbehaltener Kapitalertragsteuer ist demnach begrenzt auf die Höhe des im Freistellungsauftrag genannten Freistellungsvolumens, soweit es für Dividenden zur Verfügung steht (§ 44 Abs. 2 Satz 1 Nr. 1 EStG), im Höchstfall also auf die Summe von Sparer-Freibetrag (§ 20 Abs. 4 EStG) und Werbungskosten-Pauschbetrag (§ 9a Satz 1 Nr. 2 EStG), was unter Berücksichtigung des § 3 Nr. 40 Buchstaben d, e und f EStG in der Wirkung zu einer Erstattung von Kapitalertragsteuer für das doppelte Freistellungsvolumen führt.

Beispiel:

Dividende	8 000 DM
abzüglich steuerpflichtige Hälfte	4 000 DM
abzüglich Freistellungsvolumen	3 100 DM
verbleiben einkommensteuerpflichtig	900 DM

Die verbleibenden einkommensteuerpflichtigen Kapitalerträge in Höhe von 900 DM und die entsprechenden nach § 3 Nr. 40 EStG steuerfrei bleibenden Kapitalerträge in Höhe von ebenfalls 900 DM, insgesamt also

1 800 DM, unterliegen dem Kapitalertragsteuerabzug (§ 43 Abs. 1 Satz 1 Nr. 1 Buchstabe a EStG).

Anders dargestellt:

Dividende	8 000 DM
abzüglich Freistellungsvolumen (doppelte Wirkung)	6 200 DM
verbleiben kapitalertragsteuerpflichtig	1 800 DM

Im Beispielsfall ergibt sich somit eine Kapitalertragsteuer in Höhe von 20 % von 1 800 DM, das sind 360 DM.

11. BMF-Schreiben vom 27. 11. 2001 IV C 3 – S 2256 – 265/01, BStBl I 2001, 986

Termingeschäfte im Bereich der privaten Vermögensverwaltung

Unter Bezugnahme auf das Ergebnis der Erörterungen mit den obersten Finanzbehörden der Länder nehme ich zur einkommensteuerrechtlichen Behandlung von Termingeschäften im Bereich der privaten Vermögensverwaltung (zur Abgrenzung vom gewerblichen Wertpapierhandel vgl. BFH-Urteil vom 29. Oktober 1998 – BStBl 1999 II S. 448) wie folgt Stellung:

1 Begriff des Termingeschäfts

Der Begriff des Termingeschäfts umfasst sämtliche als Options- oder Festgeschäft ausgestaltete Finanzinstrumente sowie Kombinationen zwischen Options- und Festgeschäften, deren Preis unmittelbar oder mittelbar abhängt von 1

1. dem Börsen- oder Marktpreis von Wertpapieren,
2. dem Börsen- oder Marktpreis von Geldmarktinstrumenten,
3. dem Kurs von Devisen oder Rechnungseinheiten,
4. Zinssätzen oder anderen Erträgen oder
5. dem Börsen- oder Marktpreis von Waren oder Edelmetallen.

Dabei ist es ohne Bedeutung, ob das Termingeschäft in einem Wertpapier verbrieft ist, an einer amtlichen Börse oder außerbörslich abgeschlossen wird.

Als Termingeschäfte gelten nach § 23 Abs. 1 Satz 1 Nr. 4 Satz 2 EStG auch 2
Optionsscheine (vgl. dazu Rz. 10 ff.) und Zertifikate, die Aktien vertreten (vgl. dazu Rz. 45 ff.).

3   Beim Optionsgeschäft hat der Käufer der Option das Recht, jedoch nicht die Verpflichtung, zu einem späteren Zeitpunkt ein Geschäft, z. B. den Kauf oder Verkauf eines Wertpapiers, zu vorab festgelegten Konditionen abzuschließen (bedingtes Termingeschäft). Im Gegensatz dazu gehen beim Festgeschäft beide Vertragsparteien bereits bei Abschluss des Geschäfts die feste Verpflichtung ein, zu einem späteren Zeitpunkt z. B. einen bestimmten Kaufgegenstand zum vereinbarten Preis zu erwerben oder zu liefern (unbedingtes Termingeschäft).

2   Optionsgeschäfte

2.1   Inhalt des Optionsgeschäfts

4   Beim Optionsgeschäft erwirbt der Käufer der Option (Optionsnehmer) vom Verkäufer der Option (Optionsgeber oder sog. Stillhalter) gegen Bezahlung einer Optionsprämie das Recht, eine bestimmte Anzahl Basiswerte (z. B. Aktien) am Ende der Laufzeit oder jederzeit innerhalb der Laufzeit der Option (so möglich bei EUREX-Optionen) zum vereinbarten Basispreis entweder vom Verkäufer der Option zu kaufen (Kaufoption oder „call") oder an ihn zu verkaufen (Verkaufsoption oder „put"). Diesem Recht des Optionskäufers steht die entsprechende Verpflichtung des Verkäufers der Option gegenüber, die Basiswerte zu liefern oder abzunehmen, wenn der Optionskäufer sein Optionsrecht ausübt.

5   Ist die effektive Abnahme oder Lieferung des Basiswertes auf Grund der Natur der Sache (z. B. bei Indices) oder auf Grund von Handelsbedingungen (z. B. bei EUREX-Optionen auf Futures) ausgeschlossen, besteht die Verpflichtung des Optionsgebers bei Ausübung der Option durch den Optionskäufer in der Zahlung der Differenz zwischen vereinbartem Basispreis und Tageskurs des Basiswerts (Barausgleich oder „cash-settlement"). Ein Barausgleich kann bei jeder Option vereinbart werden, auch wenn der Basiswert lieferbar ist.

6   Die Option erlischt
  – mit Ablauf der Optionsfrist durch Verfall,
  – durch Ausübung der Option oder
  – an der EUREX auch durch sog. Glattstellung.

Bei Glattstellung tätigt der Anleger ein Gegengeschäft, d. h. z. B. der Inhaber einer Kauf- oder Verkaufsoption verkauft eine Option derselben Serie, aus der er zuvor gekauft hat. Kennzeichnet er das Geschäft als Glattstellungs- oder closing-Geschäft, bringt er damit Rechte und Pflichten aus beiden Geschäften zum Erlöschen. Umgekehrt kann sich auch der Optionsverkäufer (Stillhalter) vor Ablauf der Optionsfrist durch Kauf einer Option derselben Serie aus seiner Verpflichtung lösen.

Anders als bei außerbörslichen Optionsgeschäften und bei Optionsscheinen ist es einem Anleger an der EUREX nicht möglich, die erworbene Option auf einen Dritten zu übertragen. 7

Anleger können grundsätzlich vier Grundpositionen eingehen: 8
– Kauf einer Kaufoption („long call")
– Kauf einer Verkaufsoption („long put")
– Verkauf einer Kaufoption („short call")
– Verkauf einer Verkaufsoption („short put").

Darüber hinaus ist an der EUREX auch der standardisierte Abschluss eines sog. Kombinationsgeschäfts, d. h. einer Kombination von jeweils zwei Grundgeschäften in einem Abschluss möglich. Zu unterscheiden sind: 9
– „spreads": Gleichzeitiger Kauf und Verkauf von Optionen der gleichen Serie, aber mit unterschiedlichem Basispreis und/oder Verfalldatum
– „straddles": Gleichzeitiger Kauf einer Kauf- und einer Verkaufsoption mit gleichem Basiswert, Basispreis und Verfalldatum
– „strangles": Gleichzeitiger Kauf einer Kauf- und einer Verkaufsoption mit gleichem Basiswert und Verfalldatum, aber unterschiedlichem Basispreis

2.2 Besonderheiten bei Optionsscheinen

Bei Optionsscheinen ist das Optionsrecht (vgl. Rz. 4) in einem Wertpapier verbrieft. Der Käufer eines Optionsscheins erwirbt entweder eine Kaufoption oder eine Verkaufsoption, der Emittent des Optionsscheins nimmt stets die Stillhalter-Position ein. Optionsscheine sehen überwiegend einen Barausgleich vor. Das Optionsrecht kann nicht durch ein glattstellendes Gegengeschäft zum Erlöschen gebracht werden. 10

Optionsscheine können mit Zusatzvereinbarungen ausgestattet sein, die neben dem Optionsrecht z. B. 11
– eine Zusatzprämie beim Eintritt bestimmter Bedingungen gewähren,
– hinsichtlich des Barausgleichs mit einer Obergrenze („cap") ausgestattet sind,
– besondere Berechnungsmodalitäten für den Barausgleich vorsehen oder

– Zusatzvereinbarungen über Ausübung oder Verfall des Optionsrechts beinhalten.

12 Optionsscheine können mit einer Schuldverschreibung (Anleihe) verbunden sein (Optionsanleihe). Anleihe und Optionsschein können voneinander getrennt und selbständig gehandelt werden.

13 Die Emissionsbedingungen eines als Optionsschein bezeichneten Wertpapiers können Regelungen enthalten, die dem Inhaber des Optionsscheins eine Rückzahlung des eingesetzten Kapitals oder ein Entgelt für die Kapitalüberlassung zusagen oder gewähren (z. B. sog. airbag-warrants). Auch durch eine Kombination von Optionsscheinen kann sich der Käufer eine Kapitalrückzahlung oder ein Entgelt für die Kapitalüberlassung sichern (z. B. „capped warrants").

3 Einkommensteuerrechtliche Behandlung eines Optionsgeschäfts

3.1 Grundgeschäfte

3.1.1 Kauf einer Kaufoption

14 Die gezahlten Optionsprämien sind Anschaffungskosten des Käufers für das Wirtschaftsgut „Optionsrecht". Beim Erwerb der Option anfallende Bankspesen, Provisionen und andere Transaktionskosten sind Teil der Anschaffungskosten.

3.1.1.1 Ausübung einer Kaufoption

15 Übt der Inhaber die Kaufoption aus und wird der Basiswert geliefert, gehören die Anschaffungs- und Anschaffungsnebenkosten des Optionsrechts zu den Anschaffungskosten des Basiswerts. Wird dieser innerhalb eines Jahres nach Anschaffung (Annahme des Verkaufsangebots durch Ausübung der Option) veräußert, liegt ein privates Veräußerungsgeschäft nach § 23 Abs. 1 Satz 1 Nr. 2 EStG hinsichtlich des Basiswerts vor.

16 Erhält der Inhaber an Stelle des Basiswerts einen Barausgleich, ist ein privates Veräußerungsgeschäft nach § 23 Abs. 1 Satz 1 Nr. 4 EStG gegeben, wenn der Zeitraum zwischen Erwerb der Kaufoption und Ausübung nicht mehr als ein Jahr beträgt. Die Anschaffungs- und Anschaffungsnebenkosten des Optionsrechts sind Werbungskosten i. S. von § 23 Abs. 3 Satz 5 EStG.

3.1.1.2 Veräußerung und Glattstellung einer Kaufoption

17 Veräußert der Inhaber die Kaufoption (z. B. Call-Optionsschein) innerhalb eines Jahres nach Anschaffung, liegt ein privates Veräußerungsgeschäft

nach § 23 Abs. 1 Satz 1 Nr. 2 EStG vor. Verkauft der Inhaber einer Kaufoption innerhalb der Einjahresfrist eine Kaufoption derselben Serie mit closing-Vermerk (vgl. Rz. 6), stellt dieser Vorgang ebenfalls ein privates Veräußerungsgeschäft i. S. des § 23 Abs. 1 Satz 1 Nr. 2 EStG dar. Gewinn oder Verlust ist in diesem Fall der Unterschiedsbetrag zwischen den Anschaffungs- und Anschaffungsnebenkosten der Kaufoption und der aus dem glattstellenden Abschluss des Stillhaltergeschäfts erzielten Optionsprämie.

Beispiel:
Privatkunde K erwirbt am 1. März 01 über seine Bank an der EUREX zehn Kaufoptionen über je 100 Aktien der S-AG zum Basispreis von 320 €, weil er für die nächsten Monate mit einem Kursanstieg der Aktie rechnet (Kurs der S-Aktie am 1. März 01 309,60 €). Verfallmonat der Kaufoption ist Juli 01. K entrichtet eine Optionsprämie von 1 000 × 20,40 € = 20 400 € zuzüglich 250 € Spesen. Am 1. April 01 ist der Kurs der S-Aktie auf 350 € gestiegen. Das Recht, die Aktien zu einem Basispreis von 320 € zu kaufen, ist jetzt 50 € wert (innerer Wert 30 €, angenommener Zeitwert 20 €).

K beschließt daher, seine Position durch ein Gegengeschäft glattzustellen, d. h. er verkauft über seine Bank zehn EUREX-Kaufoptionen über je 100 Aktien der S-AG zum Basispreis von 320 €, Verfallmonat Juli 01, mit closing-Vermerk. K erhält dafür am 2. April 01 eine Optionsprämie von 1 000 × 50 € = 50 000 € abzüglich 500 € Spesen.

K hat einen steuerpflichtigen privaten Veräußerungsgewinn in Höhe von (50 000 − 500 − 20 400 − 250) = 28 850 € erzielt.

3.1.1.3 Verfall einer Kaufoption

Lässt der Inhaber der Kaufoption dieses am Ende der Laufzeit verfallen, sind deren Anschaffungs- und Anschaffungsnebenkosten einkommensteuerrechtlich ohne Bedeutung. 18

3.1.2 Kauf einer Verkaufsoption

Die gezahlten Optionsprämien sind Anschaffungskosten des Käufers für das Wirtschaftsgut „Optionsrecht". Beim Erwerb der Option anfallende Bankspesen, Provisionen und andere Transaktionskosten gehören zu den Anschaffungskosten. 19

3.1.2.1 Ausübung einer Verkaufsoption

Übt der Inhaber die Verkaufsoption aus und liefert er den Basiswert, liegt ein privates Veräußerungsgeschäft nach § 23 Abs. 1 Satz 1 Nr. 2 EStG hinsichtlich des Basiswerts vor, wenn dieser innerhalb eines Jahres vor Ver- 20 äußerung (Annahme des Kaufangebots durch Ausübung der Option) angeschafft wurde. Muss er den Basiswert bei Ausübung der Verkaufsoption erst noch erwerben, handelt es sich um ein privates Veräußerungsgeschäft nach § 23 Abs. 1 Satz 1 Nr. 3 EStG. Die Anschaffungs- und Anschaffungsnebenkosten des Optionsrechts können nach § 23 Abs. 3 Satz 1 EStG als Werbungskosten abgezogen werden.

21 Erhält der Inhaber der Verkaufsoption einen Barausgleich, ist ein privates Veräußerungsgeschäft nach § 23 Abs. 1 Satz 1 Nr. 4 EStG gegeben, wenn der Zeitraum zwischen Erwerb der Verkaufsoption und Ausübung nicht mehr als ein Jahr beträgt. Die Anschaffungskosten des Optionsrechts sind Werbungskosten i. S. von § 23 Abs. 3 Satz 5 EStG.

3.1.2.2 Veräußerung und Glattstellung einer Verkaufsoption

22 Veräußert der Inhaber die Verkaufsoption (z. B. Put-Optionsschein) innerhalb eines Jahres nach Anschaffung, liegt ein privates Veräußerungsgeschäft nach § 23 Abs. 1 Satz 1 Nr. 2 EStG vor. Verkauft der Inhaber einer Verkaufsoption innerhalb der Einjahresfrist eine Verkaufsoption derselben Serie mit closing-Vermerk (vgl. Rz. 6), stellt dieser Vorgang ebenfalls ein privates Veräußerungsgeschäft i. S. des § 23 Abs. 1 Satz 1 Nr. 2 EStG dar. Gewinn oder Verlust ist in diesem Fall der Unterschiedsbetrag zwischen den Anschaffungskosten der Verkaufsoption und der aus dem glattstellenden Abschluss des Stillhaltergeschäfts erzielten Optionsprämie (vgl. das entsprechend geltende Beispiel in Rz. 17).

3.1.2.3 Verfall einer Verkaufsoption

23 Lässt der Inhaber der Verkaufsoption diese am Ende der Laufzeit verfallen, sind deren Anschaffungs- und Anschaffungsnebenkosten einkommensteuerrechtlich ohne Bedeutung.

3.1.3 Verkauf einer Kaufoption

24 Der Stillhalter erhält die Optionsprämie für seine Bindung und die Risiken, die er durch die Einräumung des Optionsrechts während der Optionsfrist eingeht. Die Optionsprämie stellt demnach ein Entgelt für eine sonstige Leistung i. S. des § 22 Nr. 3 EStG dar (vgl. BFH-Urteil vom 28. November 1990 – BStBl 1991 II S. 300). Hat der Stillhalter den Basiswert zu liefern (Ausführungsgeschäft), gehört ein hieraus entstehender Verlust nicht zu den Werbungskosten bei den Einkünften aus § 22 Nr. 3 EStG. Dies gilt

auch, wenn der Stillhalter auf Grund des Optionsgeschäfts einen Barausgleich zu leisten hat.

3.1.3.1 Lieferung des Basiswerts

Übt der Inhaber die Kaufoption aus und liefert der Stillhalter den Basiswert, liegt bei diesem ein privates Veräußerungsgeschäft nach § 23 Abs. 1 Satz 1 Nr. 2 EStG hinsichtlich des Basiswerts vor, wenn dieser innerhalb eines Jahres vor Veräußerung (Annahme des Kaufangebots durch Ausübung der Option) angeschafft wurde. Muss der Stillhalter den Basiswert erst noch erwerben, handelt es sich um ein privates Veräußerungsgeschäft nach § 23 Abs. 1 Satz 1 Nr. 3 EStG. Die vereinnahmte Optionsprämie, die nach § 22 Nr. 3 EStG zu versteuern ist, wird bei der Ermittlung des privaten Veräußerungsgewinns nicht berücksichtigt. 25

3.1.3.2 Glattstellung einer Kaufoption durch den Verkäufer

Kauft der Verkäufer einer Kaufoption eine Kaufoption derselben Serie mit closing-Vermerk (vgl. Rz. 6), handelt es sich bei der zu zahlenden Optionsprämie wirtschaftlich betrachtet um Aufwendungen zur Befreiung von der zuvor eingegangenen Stillhalterbindung und damit um Aufwendungen zur Sicherung der vereinnahmten Optionsprämie. Die für den glattstellenden Kauf gezahlte Optionsprämie einschließlich der Nebenkosten dürfen daher als Werbungskosten bei den Einkünften aus § 22 Nr. 3 EStG abgezogen werden. 26

3.1.4 Verkauf einer Verkaufsoption

Der Stillhalter erhält die Optionsprämie für seine Bindung und die Risiken, die er durch die Einräumung des Optionsrechts während der Optionsfrist eingeht. Die Optionsprämie stellt demnach ein Entgelt für eine sonstige Leistung i. S. des § 22 Nr. 3 EStG dar (vgl. BFH-Urteil vom 28. November 1990 – BStBl 1991 II S. 300). Übt der Inhaber die Verkaufsoption aus und liefert er den Basiswert, liegt beim Stillhalter ein privates Veräußerungsgeschäft nach § 23 Abs. 1 Satz 1 Nr. 2 EStG hinsichtlich des Basiswerts vor, wenn er diesen innerhalb eines Jahres nach der Anschaffung (Annahme des Kaufangebots durch Ausübung der Option) veräußert. Die vereinnahmte Optionsprämie, die nach § 22 Nr. 3 EStG zu versteuern ist, wird bei der Ermittlung des privaten Veräußerungsgewinns nicht berücksichtigt. Verluste, die dem Stillhalter aus der späteren Veräußerung des vom Optionsinhaber gelieferten Basiswerts entstehen, können nicht als Werbungskosten bei den Einkünften aus § 22 Nr. 3 EStG berücksichtigt werden. Dies 27 gilt auch, wenn der Stillhalter auf Grund des Optionsgeschäfts einen Barausgleich zu leisten hat. Bei der Glattstellung der Verkaufsoption durch den Stillhalter gilt Rz. 26 entsprechend.

3.2 Kombinationsgeschäfte

28 Da jedes sog. Kombinationsgeschäft (vgl. Rz. 9) aus mindestens zwei rechtlich selbständigen Grundgeschäften besteht, gelten für ihre einkommensteuerrechtliche Behandlung die Regelungen für Grundgeschäfte (Rz. 14 bis 27) entsprechend. Die gezahlte oder erhaltene Optionsprämie ist im Verhältnis der am Kauftag für die Grundgeschäfte zu zahlenden Optionsprämien aufzuteilen. Entsprechendes gilt, wenn zwei oder mehr gleichgerichtete Grundgeschäfte kombiniert werden.

Beispiel:
Der Kurs der B-Aktie liegt im Februar 01 bei 41 €. Anleger A erwartet für Ende März 01 ein Kurspotential von bis zu 44 €. Wegen der Abhängigkeit der Aktie vom amerikanischen Markt lässt sich aber auch eine gegenläufige Entwicklung nicht ausschließen. A kauft im Februar 01 eine EUREX-Kaufoption über 100 B-Aktien mit Fälligkeit März 01 und einem Basispreis von 42 €. Gleichzeitig verkauft A eine EUREX-Kaufoption über 100 B-Aktien mit Fälligkeit März 01 und einem Basispreis von 44 €. Für diesen sog. „Spread" („Bull Call Spread") muss A insgesamt eine Prämie von 100 € zahlen. Diese ergibt sich als Differenz aus 195 € zu zahlender Optionsprämie für den Kauf der Kaufoption und 95 € erhaltener Optionsprämie für den Verkauf der Kaufoption.
Die vereinnahmte Optionsprämie von 95 € führt zu Einnahmen nach § 22 Nr. 3 EStG. Im März 01 beträgt der Kurs der B-Aktie 44 €. A stellt die gekaufte Kaufoption glatt und erhält eine Optionsprämie von 200 €. Er erzielt damit einen steuerpflichtigen Veräußerungsgewinn von 200 – 195 = 5 €. Die verkaufte Kaufoption verfällt, weil sich der Ausübungspreis mit dem Kurs der Aktie deckt.

3.3 Optionsanleihen

29 Bei einer Optionsanleihe sind Anleihe und Optionsschein jeweils selbständige Wirtschaftsgüter (vgl. Rz. 12). Erträge aus der Anleihe sind nach § 20 Abs. 1 Nr. 7 und Abs. 2 Nr. 4 EStG als Einkünfte aus Kapitalvermögen zu behandeln. Unabhängig davon, ob der Optionsschein noch mit der Anleihe verbunden ist oder bereits von ihr getrennt wurde, gelten für seine einkommensteuerrechtliche Behandlung die Rz. 14 bis 18.

3.4 In Optionsscheinen verbriefte Kapitalforderungen

30 Enthalten die Emissionsbedingungen eines als Optionsschein bezeichneten Wertpapiers Regelungen, die dem Käufer die volle oder teilweise Rück-

zahlung des hingegebenen Kapitals oder ein Entgelt für die Kapitalüberlassung zusagen oder gewähren (vgl. Rz. 13), sind die Erträge aus dem Optionsschein Einkünfte nach § 20 Abs. 1 Nr. 7 EStG (vgl. BMF-Schreiben vom 16. März 1999 – BStBl I S. 433). Dasselbe gilt, wenn die Rückzahlung des hingegebenen Kapitals oder ein Entgelt für die Kapitalüberlassung durch eine Kombination von Optionsscheinen gesichert ist. Die Veräußerung des Optionsscheins oder der kombinierten Optionsscheine führt zu Einkünften i. S. des § 20 Abs. 1 Nr. 7 i. V. m. § 20 Abs. 2 Satz 1 Nr. 4 EStG.

4 Als Festgeschäft ausgestaltete Termingeschäfte (Futures and Forwards)

4.1 Allgemeines

Futures and Forwards stellen im Gegensatz zu Optionen für Käufer und Verkäufer die feste Verpflichtung dar, nach Ablauf einer Frist einen bestimmten Basiswert (z. B. Anleihen) zum vereinbarten Preis abzunehmen oder zu liefern. Mit dem Begriff Futures werden die an einer amtlichen Terminbörse (z. B. EUREX) gehandelten, standardisierten Festgeschäfte, mit dem Begriff Forwards die außerbörslich gehandelten, individuell gestalteten Festgeschäfte bezeichnet. Bei physisch nicht lieferbaren Basiswerten (z. B. Aktienindex) wandelt sich die Verpflichtung auf Lieferung oder Abnahme in einen Barausgleich in Höhe der Differenz zwischen Kaufpreis des Kontrakts und dem Wert des Basisobjekts bei Fälligkeit des Kontrakts. 31

Bei den an der EUREX z. B. auch gehandelten Kapitalmarkt-Futures kauft oder verkauft der Anleger fiktive Schuldverschreibungen der Bundesrepublik Deutschland oder der Treuhandanstalt mit 1,75 bis 2,25 Jahren Laufzeit (Euro-Schatz-Future), mit 4,5 bis 5,5 Jahren Laufzeit (Euro-Bobl-Future), mit 8,5 bis 10,5 Jahren Laufzeit (Euro-Bund-Future) oder 20 bis 30,5 Jahren Laufzeit (Euro-Buxl-Future), die jeweils mit einer Verzinsung von 6 v. H. ausgestattet sind. Dem ebenfalls an der EUREX gehandelten CONF-Future liegt eine fiktive Anleihe der Schweizerischen Eidgenossenschaft mit 8 bis 13 Jahren Laufzeit und einer Verzinsung von 6 v. H. zu Grunde. 32

Im Regelfall ist es Ziel des Käufers und Verkäufers eines Futures-Kontrakts, durch ein glattstellendes Geschäft einen Differenzgewinn aus Eröffnungs- und Gegengeschäft zu erzielen. Bei Forward-Kontrakten ist eine Glattstellung dagegen regelmäßig nicht möglich. 33

4.2 Einkommensteuerrechtliche Behandlung der Festgeschäfte an der EUREX und anderen Terminbörsen

34 Wird bei Fälligkeit eines Future-Kontrakts ein Differenzausgleich gezahlt, erzielt der Empfänger einen Gewinn und der Zahlende einen Verlust aus einem privaten Veräußerungsgeschäft i. S. des § 23 Abs. 1 Satz 1 Nr. 4 EStG, wenn der Kontrakt innerhalb eines Jahres vor Fälligkeit abgeschlossen wurde. Bei an der EUREX gehandelten Futures ist als Differenzausgleich die Summe oder die Differenz der während der Laufzeit eines Kontrakts geleisteten Zahlungen im Zeitpunkt der Fälligkeit des Kontrakts zu erfassen.

35 Bei der Glattstellung eines Future-Kontrakts innerhalb eines Jahres nach Abschluss des Kontrakts liegt ein privates Veräußerungsgeschäft i. S. des § 23 Abs. 1 Satz 1 Nr. 4 EStG vor. Der Gewinn oder Verlust i. S. des § 23 Abs. 3 Satz 5 EStG ergibt sich aus der Summe der Differenz aller während der Laufzeit des Kontrakts geleisteten Zahlungen.

36 Wird der Basiswert geliefert, sind die auf den Future-Kontrakt geleisteten Zahlungen sowie die Nebenkosten des Future-Kontrakts beim Käufer Anschaffungskosten des Basiswerts. Veräußert der Käufer den Basiswert innerhalb eines Jahres nach Abschluss des Future-Kontrakts, liegt bei ihm ein privates Veräußerungsgeschäft i. S. des § 23 Abs. 1 Satz 1 Nr. 2 EStG vor. Muss der Verkäufer den Basiswert erst noch erwerben, handelt es sich bei ihm um ein privates Veräußerungsgeschäft nach § 23 Abs. 1 Satz 1 Nr. 3 EStG.

37 Auch bei den Kapitalmarkt-Futures (vgl. Rz. 32) kann es zur Lieferung kommen. Dabei sind die tatsächlich gelieferten mit den fiktiven Schuldverschreibungen des Future-Kontrakts als wirtschaftlich identisch anzusehen.

4.3 Einkommensteuerrechtliche Behandlung von Forwards

38 Für die einkommensteuerrechtliche Behandlung von Forwards gelten die Rz. 34, 36 und 37 entsprechend.

Beispiel:

A schließt am 1. März 01 mit seiner Hausbank ein Forward-Geschäft über 1 000 Aktien der S-AG mit Fälligkeit 23. März 01 zum Terminkurs von 40 € je Aktie. Die Erfüllung soll durch Barausgleich erfolgen. Der Berechnung des Barausgleichs wird der niedrigste Kurs der S-Aktie am 20. März 01 im Parketthandel der Frankfurter Börse zugrunde gelegt. Der Kurswert der S-Aktie am 1. März 01 beträgt 35 €. A muss deshalb bei seiner Hausbank eine Sicherheit von 5 000 € hinterlegen. Die von A zu zahlenden Gebühren betragen 500 €.

Fall 1:

Am 20. März 01 wird zur Berechnung des Barausgleichs ein Kurs der S-Aktie von 48 € festgestellt. A erhält deshalb von seiner Bank eine Zahlung von 13 000 € (8 000 € Barausgleich zzgl. Rückerstattung der Sicherheitsleistung von 5 000 €).

Fall 2:

Am 20. März 01 wird zur Berechnung des Barausgleichs ein Kurs der S-Aktie von 38 € festgestellt. A erhält deshalb von seiner Bank eine Zahlung von 3 000 € (./. 2 000 € Barausgleich zzgl. Rückerstattung der Sicherheitsleistung von 5 000 €).

Im Fall 1 erzielt A einen privaten Veräußerungsgewinn i. S. des § 23 Abs. 1 Satz 1 Nr. 4 EStG i. H. v. 7 500 € (8 000 € Barausgleich abzgl. 500 € Werbungskosten). Im Fall 2 erzielt er einen privaten Veräußerungsverlust von 2 500 € (./. 2 000 € Barausgleich abzgl. 500 € Werbungskosten).

4.4 Besonderheiten bei Devisentermingeschäften

Devisentermingeschäfte können die Verpflichtung der Vertragsparteien zum Gegenstand haben, zwei vereinbarte Währungsbeträge zu einem zukünftigen Zeitpunkt zu einem vorher festgelegten Terminkurs auszutauschen. Devisentermingeschäfte können nach dem Willen der Vertragsparteien aber auch ausschließlich auf die Erzielung eines Differenzausgleichs gerichtet sein, selbst wenn sie äußerlich in die Form eines Kaufvertrags gekleidet sind. Ein auf Differenzausgleich gerichtetes Devisentermingeschäft kann auch bei Abschluss eines Eröffnungsgeschäfts mit nachfolgendem Gegengeschäft gegeben sein. Dabei stimmen Devisenbetrag und Fälligkeit beider Geschäfte regelmäßig überein. Aber auch bei unterschiedlicher Fälligkeit oder unterschiedlichem Devisenbetrag kann ein zum Differenzausgleich führendes Devisentermingeschäft vorliegen, soweit mit dem Abschluss des Gegengeschäfts der Gewinn oder Verlust aus beiden Geschäften feststeht. 39

Beispiel:

A erwirbt am 10. Juni 01 100 000 US-$ zum 30. September 01. Der Terminkurs beträgt 120 000 €. Am 15. Juli 01 veräußert er 50 000 US-$ zum 10. Oktober 01. Der Terminkurs beträgt 62 000 €.

Hinsichtlich 50 000 US-$ steht mit dem Terminverkauf am 15. Juli 01 fest, dass A einen Gewinn von 2 000 € erzielt. Der Verkauf ist deshalb insoweit als Gegengeschäft zum Terminkauf am 10. Juni 01 anzusehen.

40 Für das Vorliegen eines auf Differenzausgleich gerichteten Devisentermingeschäfts sprechen (vgl. BFH-Urteile vom 8. Dezember 1981 – BStBl 1982 II S. 618, und vom 25. August 1987 – BStBl 1988 II S. 248)
– die wiederholte Unterlassung der effektiven Erfüllung vorheriger Devisentermingeschäfte,
– die Verbuchung und Zahlung lediglich eines Differenzausgleichs bei Fälligkeit des Devisentermingeschäfts,
– ein auffallendes Missverhältnis zwischen Vermögen und Börsenengagement des Steuerpflichtigen und
– ein fehlendes sachliches Interesse des Käufers an den Devisen.

41 Ein auf Differenzausgleich gerichtetes Devisentermingeschäft führt zu einem privaten Veräußerungsgeschäft i. S. des § 23 Abs. 1 Satz 1 Nr. 4 EStG, wenn der Zeitraum zwischen Abschluss des Devisentermingeschäfts und der Fälligkeit oder der Zeitraum zwischen Abschluss des Eröffnungsgeschäfts und dem Abschluss eines Gegengeschäfts nicht mehr als ein Jahr beträgt.

Beispiel:

Der Angestellte A verkauft am 3. April 01 100 000 US-$ an die X-Bank zum Termin 30. Juni 02. Der Terminkurs beträgt 110 000 €. Am 10. August 01 kauft A 100 000 US-$ von der X-Bank zum Termin 30. Juni 02 zum Terminkurs von 90 000 €. Am 30. Juni 02 werden ihm 20 000 € gutgeschrieben.

Da am Fälligkeitstag nur die sich aus Eröffnungs- und Gegengeschäft ergebende Differenz dem Konto des A gutgeschrieben wird, ist davon auszugehen, dass ein auf Differenzausgleich gerichtetes Devisentermingeschäft vorliegt. A tätigt ein privates Veräußerungsgeschäft i. S. des § 23 Abs. 1 Satz 1 Nr. 4 EStG, weil der Zeitraum zwischen Abschluss des Eröffnungsgeschäfts und Abschluss des Gegengeschäfts nicht mehr als ein Jahr beträgt. Der Zeitraum zwischen Abschluss des Eröffnungsgeschäfts und Fälligkeit ist ohne Bedeutung.

42 Kommt es zur effektiven Lieferung des Fremdwährungsbetrags und tauscht der Käufer diesen innerhalb eines Jahres nach Abschluss des Devisentermingeschäfts in DM, Euro oder eine andere Währung um, führt dies zu einem privaten Veräußerungsgeschäft i. S. des § 23 Abs. 1 Satz 1 Nr. 2 EStG (BFH-Urteill vom 2. Mai 2000 – BStBl II S. 514). Dasselbe gilt, wenn am Fälligkeitstag ein auf DM oder Euro lautendes Konto des Käufers mit dem Kaufpreis belastet und ihm gleichzeitig der DM- oder Euro-Betrag gutgeschrieben wird, welcher der auf Termin gekauften Fremdwährung entspricht. In diesem Fall wird die mit dem Devisentermingeschäft

erworbene Fremdwährung am Fälligkeitstag geliefert und unmittelbar danach in DM oder Euro zurückgetauscht.

Hat der Verkäufer die Fremdwährungsbeträge innerhalb eines Jahres vor Abschluss des Devisentermingeschäfts erworben, handelt es sich um ein privates Veräußerungsgeschäft i. S. des § 23 Abs. 1 Satz 1 Nr. 2 EStG. Dagegen liegt ein privates Veräußerungsgeschäft i. S. des § 23 Abs. 1 Satz 1 Nr. 3 EStG vor, wenn er zum Zeitpunkt des Abschlusses des Termingeschäfts die entsprechenden Fremdwährungsbeträge noch nicht erworben hat. Unter Erwerb ist in diesem Zusammenhang der Abschluss des obligatorischen Rechtsgeschäfts zu verstehen. 43

Beispiel:
A verkauft am 3. April 01 10 000 US-$ zum Termin 30. Juni 02. Am 3. April 01 besitz A keine US-$ und hat auch noch keinen Kaufvertrag zum Bezug von US-$ abgeschlossen. Der Verkaufspreis beträgt 11 000 €. Am 10. Mai 02 kauft A 10 000 US-$ zum Termin 30. Juni 02 zum Preis von 9 000 €. Am 30. Juni 02 werden seinem Konto 11 000 € gutgeschrieben und gleichzeitig 9 000 € abgebucht.

A tätigt ein privates Veräußerungsgeschäft i. S. des § 23 Abs. 1 Satz 1 Nr. 3 EStG. Der Veräußerungsgewinn in Höhe von 2 000 € ergibt sich als Differenz aus dem Verkaufserlös von 11 000 € und den Anschaffungskosten der Devisen von 9 000 €.

Bei einem Devisenterminkauf mit nachfolgendem Gegengeschäft ist davon auszugehen, dass zwischen erworbenem und veräußertem Fremdwährungsbetrag Identität besteht, es sei denn, der Steuerpflichtige weist nach, dass er über einen Bestand an gleichartigen Währungsmitteln verfügt und diesen tatsächlich veräußert hat. Bei einem Devisenterminverkauf mit nachfolgendem Gegengeschäft ist davon auszugehen, dass der Steuerpflichtige mit diesem den Fremdwährungsbetrag erwirbt, den er zuvor mit dem Eröffnungsgeschäft veräußert hat, es sei denn, er weist nach, dass er über einen Bestand an gleichartigen Währungsmitteln verfügte und diesen tatsächlich veräußert hat. 44

5 Zertifikate, die Aktien vertreten

Als Termingeschäfte i. S. des § 23 Abs. 1 Satz 1 Nr. 4 EStG gelten auch Zertifikate, die Aktien vertreten. Diese Zertifikate verbriefen das Recht auf Zahlung eines Geldbetrages, dessen Höhe z. B. vom Stand eines Indexes, vom Wert einer oder mehrerer Aktien am Fälligkeitstag abhängig ist. Zu diesen Zertifikaten gehören z. B. Partizipationsscheine und Discountzerti- 45 fikate. Zertifikate können im Einzelfall auch die Lieferung eines oder mehrerer Basiswerte (z. B. Aktien) vorsehen.

5.1 Partizipationsscheine

46 Bei einem Partizipationsschein ist die Höhe des bei Fälligkeit an den Inhaber zu zahlenden Betrags abhängig von der Wertentwicklung des zu Grunde liegenden Basiswerts. Basiswerte können z. B. einzelne Aktien, eine Zusammenstellung mehrerer Aktien („Baskets") oder Indices (Indexzertifikate) sein. Die Zertifikate werden nicht verzinst.

47 Da die Rückzahlung des hingegebenen Kapitals in der Regel ausschließlich von der ungewissen Entwicklung des Basiswerts abhängt, wird mit dem Partizipationsschein kein Kapitalertrag i. S. des § 20 Abs. 1 Nr. 7 EStG erzielt. Erlangt der Käufer innerhalb eines Jahres nach Anschaffung des Zertifikats einen Geldbetrag oder Vorteil, ist ein steuerpflichtiges Veräußerungsgeschäft i. S. des § 23 Abs. 1 Satz 1 Nr. 4 EStG gegeben. Die Veräußerung eines Partizipationsscheins innerhalb eines Jahres nach der Anschaffung führt zu einem privaten Veräußerungsgewinn nach § 23 Abs. 1 Satz 1 Nr. 2 EStG.

48 Ausnahmsweise kann bei einem Partizipationsschein ein Entgelt (z. B. sog. Garantie-Zertifikaten und money-back-Zertifikaten) oder die zumindest teilweise Rückzahlung des eingesetzten Kapitals zugesagt sein. In diesen Fällen sind die Erträge nach § 20 Abs. 1 Nr. 7 EStG zu besteuern, auch wenn die Höhe des Entgelts von einem ungewissen Ereignis abhängt (BMF-Schreiben vom 16. März 1999 – BStBl I S. 433).

5.2 Discountzertifikate

49 Beim Erwerb eines Discountzertifikats bezogen auf eine Aktie erwirbt der Käufer einen Anspruch auf Zahlung eines in den Emissionsbedingungen festgelegten Geldbetrags oder auf Lieferung der Aktie. Unterschreitet der Schlusskurs der Aktie zu einem bestimmten Stichtag einen bestimmten Grenzwert, werden Aktien geliefert, anderenfalls wird der festgelegte Geldbetrag gezahlt. Beim Erwerb eines Discountzertifikats bezogen auf einen Index oder einen anderen nicht lieferbaren Basiswert erlangt der Käufer stets nur einen Anspruch auf Zahlung eines Geldbetrags, der durch den Preis des Basiswerts am Fälligkeitstag bestimmt wird.

50 Für die einkommensteuerrechtliche Behandlung eines Discountzertifikats gilt Rz. 47 entsprechend. Werden Aktien geliefert, gelten sie in dem Zeitpunkt als angeschafft, in dem nach den Emissionsbedingungen des Dis-

countzertifikats feststeht, dass es zur Lieferung kommt. Die Veräußerung der Aktien innerhalb eines Jahres nach diesem Anschaffungszeitpunkt ist nach § 23 Abs. 1 Satz 1 Nr. 2 EStG steuerpflichtig.

5.3 Ermittlung des Veräußerungsgewinns bei Zertifikaten

Der Veräußerungsgewinn i. S. des § 23 Abs. 3 Satz 5 EStG ergibt sich bei einem Zertifikat, das Aktien vertritt, aus der Differenz zwischen dem erhaltenen Geldbetrag oder dem Wert des erlangten Vorteils (z. B. Aktien) einerseits und den Anschaffungskosten des Zertifikats und den Werbungskosten andererseits. Die Anschaffungskosten und Werbungskosten sind erst in dem Zeitpunkt zu berücksichtigen, in dem der Geldbetrag oder Vorteil zufließt. 51

Werden an Stelle eines Geldbetrags bei Fälligkeit Aktien oder andere börsennotierte Wertpapiere geliefert, ist bei der Berechnung des privaten Veräußerungsgewinns i. S. des § 23 Abs. 3 Satz 5 EStG deren Wert im Zeitpunkt des Zuflusses anzusetzen. Der Wert ist unter sinngemäßer Anwendung des § 19a Abs. 8 Satz 2 EStG mit dem niedrigsten am Zuflusstag an einer deutschen Börse (einschließlich XETRA) gehandelten Kurs zu ermitteln. 52

6 Einkommensteuerrechtliche Behandlung von Aktien- und Umtauschanleihen

Zur einkommensteuerrechtlichen Behandlung von Aktienanleihen (hoch verzinsliche Anleihen mit Wahlrecht des Emittenten zur Tilgung in Aktien) und von Umtauschanleihen (niedrig verzinsliche Anleihen mit Wahlrecht des Gläubigers zur Tilgung in Aktien) vgl. BMF-Schreiben vom 2. März 2001 (BStBl 2001 I S. 206). Werden Aktien geliefert, gelten sie in dem Zeitpunkt als angeschafft, in dem nach den Emissionsbedingungen der Aktien- oder Umtauschanleihe feststeht, dass es zur Lieferung kommt. Die Veräußerung der Aktien innerhalb eines Jahres nach diesem Anschaffungszeitpunkt ist nach § 23 Abs. 1 Satz 1 Nr. 2 EStG steuerpflichtig. 53

Bei der Ermittlung des Veräußerungsgewinns nach § 23 Abs. 3 Satz 5 EStG gelten Rz. 51 und 52 sinngemäß. 54

7 Anwendung

Die vorstehenden Regelungen sind vorbehaltlich des § 52 Abs. 39 EStG in allen noch offenen Fällen anzuwenden. 55

Dieses Schreiben tritt an die Stelle des BMF-Schreibens vom 10. November 1994 (BStBl I S. 816).

Dieses Schreiben steht ab sofort für eine Übergangszeit auf den Internet-Seiten des Bundesfinanzministeriums unter www.bundesfinanzministerium.de zur Ansicht und zum Download bereit.

12. BMF-Schreiben vom 12. 6. 2002 IV C 1 – S 2252 – 184/02, BStBl 2002 I 647

Aufteilung von Werbungskosten bei Einkünften aus Kapitalvermögen, die teilweise dem Halbeinkünfteverfahren unterliegen (§ 3c Abs. 2 EStG)

Durch das Steuersenkungsgesetz vom 23. Oktober 2000 (BGBl I S. 1433; BStBl I S. 1428) ist § 3c Abs. 2 in das Einkommensteuergesetz eingefügt worden. Danach dürfen Werbungskosten, die in wirtschaftlichem Zusammenhang mit Einnahmen stehen, die nach § 3 Nr. 40 EStG zur Hälfte von der Einkommensteuer befreit sind, bei der Ermittlung der Einkünfte unabhängig davon, in welchem Veranlagungszeitraum die Einnahmen anfallen, nur zur Hälfte abgezogen werden.

Unter Bezugnahme auf das Ergebnis der Erörterung mit den obersten Finanzbehörden der Länder gilt für die Aufteilung von Werbungskosten bei Einkünften aus Kapitalvermögen, die teilweise dem Halbeinkünfteverfahren unterliegen, Folgendes:

Entsprechend den bisherigen Rechtsgrundsätzen bei der Ermittlung der Einkünfte aus Kapitalvermögen ist unter Kapitalvermögen jede einzelne Kapitalanlage zu verstehen. Werbungskosten, die durch die einzelne Kapitalanlage veranlasst sind, sind der jeweiligen Kapitalanlage zuzuordnen. Die Grundsätze für die Prüfung der Überschusserzielungsabsicht bleiben hiervon unberührt.

Werbungskosten, die sich nicht unmittelbar zuordnen lassen (z. B. Depotgebühren, Kosten der Erträgnisaufstellung, Beratungsgebühren, Entgelte für Vermögensverwaltungsdienstleistungen), sind auf die Gruppe der Kapitalanlagen, deren Kapitalerträge dem Halbeinkünfteverfahren unterliegen, und auf die Gruppe der übrigen Kapitalanlagen aufzuteilen. Die Zuordnung zu diesen zwei Gruppen ist unabhängig davon vorzunehmen, ob außerdem nicht zu besteuernde Erträge erzielt werden.

Bei der Abgrenzung der Kapitalanlagegruppe, die zu Halbeinkünften führt, ist für den Übergangszeitraum darauf abzustellen, ob zum Stichtag der

12. BMF-Schreiben vom 12. 6. 2002

Gebührenberechnung Erlöse aus der Veräußerung der jeweiligen Wertpapiere dem Halbeinkünfteverfahren unterliegen (§ 52 Abs. 4a Nr. 2 EStG).

Bei der Aufteilung der Werbungskosten ist in der Regel die vertraglich vereinbarte Gebührenregelung zugrunde zu legen. Dies gilt sowohl für die Bemessungsgrundlage (z. B. bestandsorientierte Gebühr) als auch für die sich daraus ergebende Gebührenerhebung (z. B. stichtagsbezogen, unterjährig). Ist eine einwandfreie Zurechnung der Werbungskosten nicht möglich, kann eine sachgerechte Aufteilung auch durch Schätzung erfolgen; als Maßstab ist grundsätzlich der Kurswert zum Abrechnungsstichtag zugrunde zu legen.

Bei der Zuordnung von Anteilen an Investmentfonds, zu deren Fondsvermögen Kapitalanlagen gehören, die dem Halbeinkünfteverfahren unterliegen, ist zum jeweiligen Stichtag eine Aufteilung der vom Steuerpflichtigen gehaltenen Anteile entsprechend der Zusammensetzung des jeweiligen Fondsvermögens in die zwei Gruppen von Kapitalanlagearten vorzunehmen. Ist dem Steuerpflichtigen die Zusammensetzung des Fondsvermögens nicht bekannt, erfolgt die Aufteilung auf die zwei Gruppen nach dem Verhältnis der voll zu besteuernden Erträge zu den Erträgen, die dem Halbeinkünfteverfahren unterliegen.

Beispiel:

Zum Stichtag 31. Dezember werden insgesamt 120 Euro (0,8 v. H. p. a. des Kurswertes des Depots von 15 000 Euro) für Kosten und Gebühren erhoben. Der Bestand des Depots setzt sich zusammen aus:

Festverzinslichen Anleihen (5 000 Euro)

Hochzinsanleihen (3 000 Euro)

Aktien (3 000 Euro)

Anteilscheinen an einem Wertpapierfonds (4 000 Euro)

In der Ausschüttung des Wertpapierfonds von 200 Euro im Veranlagungszeitraum sind steuerpflichtige Erträge in Höhe von 40 Euro enthalten (davon entfallen 15 Euro auf Erträge, die dem Halbeinkünfteverfahren unterliegen, und 25 Euro auf sonstige steuerpflichtige Erträge).

Gruppierung der Kapitalanlagen:

	Gruppe 1 (Halbeinkünfteverfahren)	Gruppe 2 (übrige)
Festverzinsliche Anleihen		5 000 Euro
Hochzinsanleihen		3 000 Euro
Wertpapierfonds		
Bei den Anteilscheinen an dem Wertpapierfonds entfallen $15/40$ auf Kapitalanlagen, deren Erträge dem Halbeinkünfteverfahren unterliegen, und $25/40$ auf übrige Kapitalanlagen.	1 500 Euro	2 500 Euro
Aktien	3 000 Euro	
	4 500 Euro	10 500 Euro

Aufteilung der Kosten und Gebühren

$$\frac{4\ 500\ \text{Euro (Anteil, der auf Gruppe 1 entfällt)}}{15\ 000\ \text{Euro (Gesamtwert des Depots)}} = 3/10$$

von 120 Euro = 36 Euro entfallen auf Gruppe 1 und

sind zur Hälfte, d. h. in Höhe von 18 Euro abziehbar. Also sind insgesamt 102 Euro (84 Euro voll und 36 Euro zur Hälfte) Werbungskosten abziehbar.

Lassen sich Werbungskosten nicht unmittelbar der einzelnen Kapitalanlage zuordnen und betragen sie im Kalenderjahr nicht mehr als 500 Euro (für den Veranlagungszeitraum 2001: 1 000 DM), ist aus Vereinfachungsgründen einer nach dem vorgenannten Verfahren vorgenommenen Aufteilung des Steuerpflichtigen zu folgen; der Betrag von 500 Euro (bzw. 1 000 DM für den VZ 2001) erhöht sich bei Ehegatten, die nach § 26b EStG zusammen zur Einkommensteuer veranlagt werden, auf insgesamt 1 000 Euro (bzw. für den VZ 2001 auf 2 000 DM).

13. BMF-Schreiben vom 5. 11. 2002 IV C 1 - S 2400 - 27/02, BStBl 2002 I 1346 (in Auszügen)

Einzelfragen bei Entrichtung, Abstandnahme und Erstattung von Kapitalertragsteuer (§§ 44 – 44c EStG)

Nach dem Ergebnis der Erörterungen mit den obersten Finanzbehörden der Länder nehme ich zu Einzelfragen der Kapitalertragsteuer wie folgt Stellung:

13. BMF-Schreiben vom 5. 11. 2002

Übersicht		Rz.
I.	Zufluss von Zinsen	1
II.	Auszahlende Stelle (§ 44 Abs. 1 EStG) bei mehrstufiger Verwahrung	2
III.	Umfang und Zeitpunkt des Steuerabzugs	
	1. Bundesschatzbriefe Typ B	3–4
	2. Höhe des steuerpflichtigen Ertrags bei Finanzierungsschätzen	5–6
	3. Vorschusszinsen bei Spareinlagen	7–8
	4. Zinsabschlag bei Zinsen aus Kontokorrentkonten	9
	5. Umrechnung von Währungsbeträgen	10–11
IV.	NV-Bescheinigung und Freistellungsaufträge (§ 44a EStG)	
	1. Identität von Kontoinhaber und Gläubiger der Kapitalerträge	12
	2. Ausstellung, Widerruf und Verwendung einer NV-Bescheinigung	13–16
	3. Erteilung und Änderung von Freistellungsaufträgen	17–19
	4. Freistellungsaufträge für mehrere rechtlich selbständige Kreditinstitute	20
	5. Freistellungsaufträge bei Ehegatten	21–24
	6. NV-Bescheinigungen und Freistellungsaufträge nach dem Tod des Ehegatten	25–26
V.	Abstandnahme und Erstattung bei Personenzusammenschlüssen (§§ 44a – 44c EStG)	
	1. Körperschaftsteuerpflichtige Gebilde	
	a) ...	
	c) Ausstellung von Bescheinigungen und Verwendung von Kopien	38
	2. Nicht der Körperschaftsteuer unterliegende Zusammenschlüsse	
	a) Grundsatz	39–43
	b) Vereinfachungsregel	44–46
	3. Gutschriften zugunsten von ausländischen Personengesellschaften	47–48

	Rz.
VI. Erstattung des Zinsabschlags in besonderen Fällen	
1. Erstattung bei zu Unrecht einbehaltener Kapitalertragsteuer	49–50
2. Erstattung in Treuhandfällen bei Steuerausländern	51
VII. Solidaritätszuschlag	52
VIII. Anwendungsregelung	53

I. Zufluss von Zinsen

1 Zinsen fließen als regelmäßig wiederkehrende Einnahmen dem Steuerpflichtigen nach § 11 Abs. 1 Satz 2 EStG in dem Jahr zu, zu dem sie wirtschaftlich gehören. Die wirtschaftliche Zugehörigkeit bestimmt sich nach dem Jahr, in dem sie zahlbar, d. h. fällig sind, unabhängig davon, für welchen Zeitraum die Zinsen gezahlt werden oder wann die Gutschrift tatsächlich vorgenommen wird. Auch bei auf- und abgezinsten Kapitalforderungen ist für den Zufluss nicht der Zeitraum maßgebend, für den die Zinsen gezahlt werden, sondern der Zeitpunkt der Fälligkeit.

II. Auszahlende Stelle (§ 44 Abs. 1 EStG) bei mehrstufiger Verwahrung

2 Wertpapiere werden vielfach nicht nur von dem Kreditinstitut verwahrt, bei dem der Steuerpflichtige sein Depot unterhält, sondern auch – z. B. im Falle der Girosammelverwahrung – bei der Wertpapiersammelbank (Clearstream AG). Auszahlende Stelle im Sinne des § 44 Abs. 1 EStG ist bei mehrstufiger Verwahrung das depotführende Kreditinstitut, das als letzte auszahlende Stelle die Wertpapiere verwahrt und allein die individuellen Verhältnisse des Steuerpflichtigen (z. B. Freistellungsauftrag, NV-Bescheinigung) berücksichtigen kann.

III. Umfang und Zeitpunkt des Steuerabzugs

1. Bundesschatzbriefe Typ B

3 Bei Bundesschatzbriefen Typ B fließen die Erträge dem Steuerpflichtigen in dem Zeitpunkt zu, in dem entweder die Endfälligkeit erreicht ist oder die Titel an die Bundeswertpapierverwaltung zurückgegeben werden. Dem Zinsabschlag unterliegt demnach am Ende der Laufzeit oder bei Rückgabe des Titels der gesamte Kapitalertrag.

Bei Bundesschatzbriefen Typ B, bei denen der Zinslauf am 1. Januar beginnt, ist der Zinsabschlag ebenfalls bei Fälligkeit, d. h. am 1. Januar, abzuziehen.

2. Höhe des steuerpflichtigen Ertrags bei Finanzierungsschätzen

Dem Zinsabschlag ist der Brutto-Kapitalertrag zugrunde zu legen; er ist in der Steuerbescheinigung auszuweisen. Dies ist z. B. nicht möglich bei Finanzierungsschätzen des Bundes, die bei einer Emission während einer gewissen Zeitdauer mit unterschiedlichen Ausgabepreisen begeben werden und deshalb beim Anleger entsprechend dem Kaufdatum zu einem unterschiedlichen Ertrag führen. In diesen Fällen muss deshalb für jede Emission eine einheitliche Bemessungsgrundlage für die Erhebung der Kapitalertragsteuer bestimmt werden.

Aus Vereinfachungsgründen ist es nicht zu beanstanden, wenn für die Erhebung des Zinsabschlags und die Ausstellung der Steuerbescheinigungen bei Erträgen aus Finanzierungsschätzen der höchste Ausgabekurs (= niedrigste Ausgabeabschlag) je Begebungsmonat zugrunde gelegt wird.

3. Vorschusszinsen bei Spareinlagen

Nach § 21 Abs. 4 der Verordnung über die Rechnungslegung der Kreditinstitute (RechKredV) können Sparbedingungen dem Kunden das Recht einräumen, über Spareinlagen, für die eine Kündigungsfrist von drei Monaten gilt, bis zu einem bestimmten Betrag, der jedoch pro Sparkonto und Kalendermonat 2 000 € nicht überschreiten darf, ohne Kündigung zu verfügen. Es bleibt den Kreditinstituten überlassen, in welcher Weise sie im Einzelfall auf Verfügungen vor Fälligkeit reagieren wollen.

Berechnen die Kreditinstitute das Entgelt für die vorzeitige Rückzahlung in der Form, dass die Vorschusszinsen weder den Betrag der Habenzinsen übersteigen, noch für einen längeren Zeitraum als 2 ½ Jahre berechnet werden, und bleibt die Spareinlage in jedem Fall unangetastet, kann der Zinsabschlag von dem saldierten Zinsbetrag (Habenzinsen abzüglich Vorschusszinsen) erhoben werden.

4. Zinsabschlag bei Zinsen aus Kontokorrentkonten

Bei Zinsen aus Kontokorrentkonten ist der Zinsabschlag nicht auf der Grundlage des Saldos am Ende des jeweiligen Abrechnungszeitraums, sondern von den einzelnen Habenzinsbeträgen vor der Saldierung zu erheben.

5. Umrechnung von Währungsbeträgen

10 Bei in Fremdwährung bezogenen Kapitalerträgen aus Fremdwährungsanleihen und Fremdwährungskonten ist sowohl für die Gutschrift als auch für den Zinsabschlag der Devisengeldkurs der jeweiligen Fremdwährung zugrunde zu legen, der am Tag des Zuflusses der Kapitalerträge gilt. Fließen derartige Kapitalerträge in Euro zu, ist dieser Betrag Grundlage des Zinsabschlags.

11 Bei Einnahmen aus der Veräußerung oder Abtretung von Kapitalforderungen i. S. d. § 20 Abs. 2 Satz 1 Nr. 4 EStG gilt der Unterschied zwischen dem Entgelt für den Erwerb und den Einnahmen aus der Veräußerung, Abtretung oder Einlösung als Kapitalertrag, wenn die Wertpapiere und Kapitalforderungen keine Emissionsrendite haben oder der Steuerpflichtige sie nicht nachweist. Bei Wertpapieren und Kapitalforderungen in ausländischer Währung ist der Unterschied in dieser Währung zu ermitteln. Der hiernach ermittelte Kapitalertrag in Fremdwährung ist mit dem jeweiligen Devisengeldkurs in Euro zum Zeitpunkt der Veräußerung, Abtretung oder Einlösung umzurechnen. Dieser ist für die Bemessung des Zinsabschlags in Fällen des § 43 Abs. 1 Nr. 8 EStG i.V. m. § 43a Abs. 2 Satz 2 und 7 EStG zugrunde zu legen.

IV. NV-Bescheinigung und Freistellungsaufträge (§ 44a EStG)

1. Identität von Kontoinhaber und Gläubiger der Kapitalerträge

12 Nach § 44a Abs. 6 EStG ist u. a. Voraussetzung für die Abstandnahme vom Steuerabzug, dass Einlagen und Guthaben beim Zufluss von Einnahmen unter dem Namen des Gläubigers der Kapitalerträge bei der auszahlenden Stelle verwaltet werden. Die Abstandnahme setzt also Identität von Gläubiger und Kontoinhaber voraus. Auf die Verfügungsberechtigung kommt es nicht an; denn Gläubiger von Kapitalerträgen kann auch sein, wer nicht verfügungsberechtigt ist.

2. Ausstellung, Widerruf und Verwendung einer NV-Bescheinigung

13 Nach § 44a Abs. 2 Satz 2 und 3 EStG ist die NV-Bescheinigung unter dem Vorbehalt des Widerrufs mit einer Geltungsdauer von höchstens drei Jahren auszustellen; sie muss am Schluss eines Kalenderjahres enden.

14 Der Widerruf einer NV-Bescheinigung dürfte in der Regel mit Wirkung ab Beginn des folgenden Kalenderjahres ausgesprochen werden. Sollte die Geltungsdauer in Widerrufsfällen ausnahmsweise während des Jahres enden und der Steuerpflichtige im Anschluss daran einen Freistellungsauf-

trag erteilen, muss im Hinblick auf das noch zur Verfügung stehende Freistellungsvolumen berücksichtigt werden, in welcher Höhe zuvor während des Kalenderjahres der Zinsabschlag unterblieben ist und etwaige Anträge auf Erstattung von Kapitalertragsteuer gestellt worden sind oder noch gestellt werden.

Wird dagegen neben einem Freistellungsauftrag oder nach dessen Widerruf eine NV-Bescheinigung vorgelegt, ist es unerheblich, in welchem Umfang zuvor eine Abstandnahme vom Zinsabschlag vorgenommen wurde und Anträge auf Erstattung gestellt worden sind. 15

Es bestehen keine Bedenken, neben dem Original der NV-Bescheinigung auch eine amtlich beglaubigte Kopie für steuerliche Zwecke anzuerkennen. Gleiches gilt, wenn durch einen Mitarbeiter des zum Steuerabzug Verpflichteten auf einer Kopie vermerkt wird, dass das Original der NV-Bescheinigung vorgelegen hat. 16

3. Erteilung und Änderung von Freistellungsaufträgen

Der amtlich vorgeschriebene Vordruck des Freistellungsauftrags (vgl. BMF-Schreiben vom 16. Mai 2001 – BStBl I S. 346) sieht die Unterschrift des Kunden vor. Eine Vertretung ist zulässig. Der Freistellungsauftrag kann auch per Fax erteilt werden, nicht aber per E-Mail. 17

Wird im Laufe des Kalenderjahres ein dem jeweiligen Kreditinstitut bereits erteilter Freistellungsauftrag geändert, handelt es sich insgesamt nur um einen Freistellungsauftrag. Wird der freizustellende Betrag herabgesetzt, muss das Kreditinstitut prüfen, inwieweit das bisherige Freistellungsvolumen bereits durch Abstandnahme vom Steuerabzug ausgeschöpft ist. Ein Unterschreiten des bereits freigestellten und ausgeschöpften Betrages ist nicht zulässig. Eine Erhöhung des freizustellenden Betrages darf ebenso wie die erstmalige Erteilung eines Freistellungsauftrages nur mit Wirkung für das Kalenderjahr, in dem der Antrag geändert wird, und spätere Kalenderjahre erfolgen. 18

Jede Änderung muss auf amtlich vorgeschriebenem Vordruck vorgenommen werden. 19

4. Freistellungsaufträge für mehrere rechtlich selbständige Kreditinstitute

Bei Kreditinstituten ist es teilweise üblich, Geldkonten von Kunden bei den Ortsbanken zu führen, Depotkonten derselben Kunden aber aus Gründen der Rationalisierung bei anderen rechtlich selbständigen Einrichtungen 20

(Zentralinstitute). In diesen Fällen muss jeder der beiden auszahlenden Stellen ein Freistellungsauftrag erteilt werden, um die Abstandnahme vom Steuerabzug zu erreichen.

5. Freistellungsaufträge bei Ehegatten

21 Ehegatten, die unbeschränkt einkommensteuerpflichtig sind und nicht dauernd getrennt leben, haben ein gemeinsames Freistellungsvolumen (§ 20 Abs. 4 Satz 2 EStG) und können deshalb nur gemeinsam Freistellungsaufträge erteilen. Der gemeinsame Freistellungsauftrag kann sowohl für Gemeinschaftskonten als auch für Konten oder Depots erteilt werden, die auf den Namen nur eines Ehegatten geführt werden.

22 Die Kreditinstitute können bei Entgegennahme eines gemeinsamen Freistellungsauftrags von Ehegatten auf die Richtigkeit der gemachten Angaben grundsätzlich vertrauen, sofern ihnen nichts Gegenteiliges bekannt ist; bei grob fahrlässiger Unkenntnis ergeben sich Haftungsfolgen. Die Kreditinstitute müssen jedoch darauf achten, dass der Freistellungsauftrag korrekt ausgefüllt ist, insbesondere die Unterschrift des Ehegatten geleistet wird; eine Vertretung ist zulässig (vgl. Rz. 17).

23 Haben Ehegatten bereits vor dem Zeitpunkt ihrer Eheschließung einzeln Freistellungsaufträge erteilt, gilt für das Jahr der Eheschließung Folgendes:

a) Die Ehegatten können den gemeinsamen Freistellungsauftrag für die Zeit nach der Eheschließung erteilen. Dann darf er höchstens in Höhe des Unterschiedsbetrags erteilt werden, der sich zwischen dem Freistellungsvolumen, das den Ehegatten zusteht, und der Summe der Kapitalerträge, die bereits aufgrund der von den Ehegatten einzeln erteilten Freistellungsaufträge vom Steuerabzug freigestellt worden sind, ergibt.

b) Stattdessen können die Ehegatten den gemeinsamen Freistellungsauftrag auch für den Veranlagungszeitraum der Eheschließung erteilen. In diesem Fall ist der Freistellungsauftrag mindestens in Höhe der Summe der Kapitalerträge, die bereits aufgrund der von den Ehegatten einzeln erteilten Freistellungsaufträge vom Steuerabzug freigestellt worden sind, zu erteilen. Die Summe der Kapitalerträge, die bereits aufgrund der einzeln erteilten Freistellungsaufträge vom Steuerabzug freigestellt worden sind, wird von der auszahlenden Stelle auf das Freistellungsvolumen des gemeinsamen Freistellungsauftrags angerechnet. Eine (rückwirkende) Erstattung bereits einbehaltenen Zinsabschlags aufgrund des gemeinsamen Freistellungsauftrags ist nicht zulässig.

Ehegatten, die unbeschränkt einkommensteuerpflichtig sind und nicht dauernd getrennt gelebt haben, haben im Jahr der Trennung noch ein gemeinsames Freistellungsvolumen (§ 20 Abs. 4 Satz 2 EStG). Sie dürfen daher für das Kalenderjahr der Trennung auch für die Zeit nach der Trennung nur gemeinsame Freistellungsaufträge erteilen. Dies gilt sowohl für Gemeinschaftskonten als auch für nur auf den Namen eines der Ehegatten geführten Konten oder Depots.

Für Kalenderjahre, die auf das Kalenderjahr der Trennung folgen, dürfen nur auf den einzelnen Ehegatten bezogene Freistellungsaufträge erteilt werden.

6. NV-Bescheinigungen und Freistellungsaufträge nach dem Tod eines Ehegatten

Mit dem Tod eines Ehegatten entfällt die Wirkung eines gemeinsam erteilten Freistellungsauftrages für Gemeinschaftskonten der Ehegatten sowie Konten und Depots, die auf den Namen des Verstorbenen lauten. Da dem verwitweten Steuerpflichtigen im Todesjahr noch der gemeinsame Sparer-Freibetrag und der doppelte Werbungskosten-Pauschbetrag zustehen, bleibt der gemeinsame Freistellungsauftrag allerdings bis zum Ende des laufenden Veranlagungszeitraums noch für solche Kapitalerträge wirksam, bei denen die alleinige Gläubigerstellung des Verwitweten feststeht (§ 44a Abs. 6 EStG). Entsprechendes gilt für eine den Ehegatten erteilte NV-Bescheinigung.

Es bestehen keine Bedenken dagegen, dass der verwitwete Steuerpflichtige Freistellungsaufträge, die er gemeinsam mit dem verstorbenen Ehegatten erteilt hat, im Todesjahr ändert oder neue Freistellungsaufträge erstmals erteilt. In diesen Fällen sind anstelle der Unterschrift des verstorbenen Ehegatten Vorname, Name und Todestag des Verstorbenen einzutragen. Wird ein ursprünglich gemeinsam erteilter Freistellungsauftrag geändert, muss das Kreditinstitut prüfen, inwieweit das bisherige Freistellungsvolumen bereits durch Abstandnahme vom Steuerabzug ausgeschöpft ist. Durch die Änderung darf der bereits freigestellte und ausgeschöpfte Betrag nicht unterschritten werden. Für das auf das Todesjahr folgende Jahr dürfen unabhängig von der Gewährung des Splitting-Tarifs Einzel-Freistellungsaufträge nur über den Sparer-Freibetrag und den Werbungskosten-Pauschbetrag des verwitweten Steuerpflichtigen, d. h. nur bis zur Höhe von insgesamt 1 601 € erteilt werden.

V. Abstandnahme und Erstattung bei Personenzusammenschlüssen (§§ 44a – 44c EStG)

1. Körperschaftsteuerpflichtige Gebilde

a) NV-Bescheinigung und Freistellungsaufträge bei nicht steuerbefreiten Körperschaften
...

c) Ausstellung von Bescheinigungen und Verwendung von Kopien

38 Der Gläubiger der Kapitalerträge hat einen Anspruch auf Ausstellung der von ihm benötigten Anzahl von NV-Bescheinigungen sowie auf die Beglaubigung von Kopien des zuletzt erteilten Freistellungsbescheides, der vorläufigen Bescheinigung über die Gemeinnützigkeit oder der Bescheinigung über die Steuerbefreiung für den steuerbefreiten Bereich.

Es bestehen keine Bedenken, neben dem Original der Bescheinigungen oder Bescheide auch eine amtlich beglaubigte Kopie für steuerliche Zwecke anzuerkennen. Gleiches gilt, wenn durch einen Mitarbeiter des zum Steuerabzug Verpflichteten auf einer Kopie vermerkt wird, dass das Original der Bescheinigung oder des Freistellungsbescheides vorgelegen hat.

2. Nicht der Körperschaftsteuer unterliegende Zusammenschlüsse

a) Grundsatz

39 Ein nicht körperschaftsteuerpflichtiger Personenzusammenschluss (z. B. eine Gesellschaft bürgerlichen Rechts oder eine Personenvereinigung, die nicht die in Rz. 28 beschriebenen Wesensmerkmale erfüllt) darf einen Freistellungsauftrag nicht erteilen. Die ihm zufließenden Kapitalerträge unterliegen dem Zinsabschlag nach den allgemeinen Grundsätzen.

40 Die Einnahmen aus Kapitalvermögen, die Werbungskosten und die anzurechnenden Steuern (Kapitalertragsteuer und Zinsabschlag) sind grundsätzlich nach § 180 Abs. 1 Nr. 2 Buchstabe a AO gesondert und einheitlich festzustellen.

41 Die Erklärung zur gesonderten und einheitlichen Feststellung ist vom Geschäftsführer bzw. vom Vermögensverwalter abzugeben. Soweit ein Geschäftsführer oder Vermögensverwalter nicht vorhanden ist, kann sich das Finanzamt an jedes Mitglied oder jeden Gesellschafter halten.

42 Die gesondert und einheitlich festgestellten Besteuerungsgrundlagen werden bei der Einkommensteuerveranlagung des einzelnen Mitglieds oder Gesellschafters berücksichtigt. Dabei wird auch der Sparer-Freibetrag angesetzt.

Von einer gesonderten und einheitlichen Feststellung der Besteuerungs- 43
grundlagen kann gemäß § 180 Abs. 3 Satz 1 Nr. 2 AO abgesehen werden,
wenn es sich um einen Fall von geringer Bedeutung handelt. In diesen
Fällen reicht es aus, dass der Geschäftsführer bzw. Vermögensverwalter
(Kontoinhaber) die anteiligen Einnahmen aus Kapitalvermögen auf die
Mitglieder oder Gesellschafter aufteilt und sie den Beteiligten mitteilt. Die
Anrechnung des Zinsabschlags bei den einzelnen Beteiligten ist nur zuläs-
sig, wenn neben der Mitteilung des Geschäftsführers bzw. Vermögensver-
walters über die Aufteilung der Einnahmen und des Zinsabschlags eine
Ablichtung der Steuerbescheinigung des Kreditinstituts vorgelegt wird.

b) Vereinfachungsregel

Aus Vereinfachungsgründen ist es nicht zu beanstanden, wenn bei losen 44
Personenzusammenschlüssen (z. B. Sparclubs, Schulklassen, Sportgrup-
pen), die aus mindestens sieben Mitgliedern bestehen, wie folgt verfahren
wird:

Das Kreditinstitut kann vom Zinsabschlag Abstand nehmen, wenn 45

– das Konto neben dem Namen des Kontoinhabers einen Zusatz enthält,
  der auf den Personenzusammenschluss hinweist (z. B. Sparclub XX,
  Klassenkonto der Realschule YY, Klasse 5 A),
– die Kapitalerträge bei den einzelnen Guthaben des Personenzusammenschlusses im Kalenderjahr den Betrag von 10 €, vervielfältigt mit der
  Anzahl der Mitglieder, höchstens 300 € im Kalenderjahr, nicht übersteigen,
– der Kontoinhaber dem Kreditinstitut jeweils vor dem ersten Zufluss von
  Kapitalerträgen im Kalenderjahr eine Erklärung über die Anzahl der
  Mitglieder des Personenzusammenschlusses abgibt.

Das Kreditinstitut hat die Erklärung aufzubewahren.

Die Anwendung der Vereinfachungsregelung setzt grundsätzlich voraus,
dass die insgesamt – d. h. auch bei Aufsplittung des Guthabens auf mehrere
Konten und auch ggf. verteilt auf mehrere Kreditinstitute – zugeflossenen
Kapitalerträge die genannten Grenzen im Kalenderjahr nicht übersteigen.

Ein „loser Personenzusammenschluss" im Sinne dieser Vereinfachungsre- 46
gel ist z. B. nicht gegeben bei

– Grundstücksgemeinschaften,
– Erbengemeinschaften,

- Wohnungseigentümergemeinschaften,
- Mietern im Hinblick auf gemeinschaftliche Mietkautionskonten.

3. Gutschriften zugunsten von ausländischen Personengesellschaften

47 Gläubiger der Kapitalerträge bei einem auf den Namen einer Personengesellschaft geführten Konto sind die Gesellschafter. Vom Zinsabschlag kann deshalb nur dann abgesehen werden, wenn es sich bei allen Gesellschaftern um Steuerausländer handelt.

48 Wird dagegen im Inland ein Konto geführt, das auf den Namen einer Personenhandelsgesellschaft lautet, die weder Sitz, Geschäftsleitung noch Betriebsstätte im Inland hat, ist der Zinsabschlag wegen der Ausländereigenschaft nicht vorzunehmen.

VI. Erstattung des Zinsabschlags in besonderen Fällen

1. Erstattung bei zu Unrecht einbehaltener Kapitalertragsteuer

49 In den Fällen, in denen Kapitalertragsteuer ohne rechtliche Verpflichtung einbehalten und abgeführt worden ist (z. B. Nichtvorliegen einer beschränkten Steuerpflicht bei Zinseinkünften von Steuerausländern), geht das Erstattungsverfahren nach § 44b Abs. 5 EStG dem Verfahren nach § 37 Abs. 2 AO vor. Da § 44b Abs. 5 EStG keine Verpflichtung für den Abzugsschuldner enthält, die ursprüngliche Steueranmeldung insoweit zu ändern oder bei der folgenden Steueranmeldung eine entsprechende Kürzung vorzunehmen, führt die ohne rechtlichen Grund einbehaltene Kapitalertragsteuer zu einem Steuererstattungsanspruch im Sinne von § 37 Abs. 2 AO. Der Antrag auf Erstattung des Zinsabschlags ist an das Betriebstättenfinanzamt der Stelle zu richten, die die Kapitalertragsteuer abgeführt hat.

50 Die Erstattung des Zinsabschlags an Steuerausländer ist jedoch ausgeschlossen, wenn es sich um sog. Tafelgeschäfte i. S. des § 44 Abs. 1 Satz 4 Buchstabe a Doppelbuchstabe bb EStG handelt.

2. Erstattung in Treuhandfällen bei Steuerausländern

51 Bei Kapitalerträgen, die auf einem Treuhandkonto erzielt werden, ist mangels Identität von Gläubiger und Kontoinhaber eine Abstandnahme vom Zinsabschlag nicht zulässig. Dies gilt auch, wenn der Gläubiger der Kapitalerträge ein Steuerausländer ist, der mit den Einkünften aus Kapitalvermögen nicht der beschränkten Steuerpflicht unterliegt. Da die Einkünfte mangels Steuerpflicht nicht in eine Veranlagung einbezogen werden kön-

nen, kommt eine Anrechnung des Steuerabzugs im Rahmen einer Einkommensteuer-Veranlagung nicht in Betracht. Eine Erstattung nach § 50d Abs. 1 EStG ist ebenfalls nicht zulässig, weil die Kapitalerträge nicht auf Grund des § 43b EStG oder eines DBA vom Steuerabzug freizustellen sind. Der Steuerausländer hat vielmehr einen Erstattungsanspruch nach § 37 Abs. 2 AO.

VII. Solidaritätszuschlag

Die Ausführungen zur Aufteilung und Erstattung des Zinsabschlags sind für die Aufteilung und Erstattung des Solidaritätszuschlags entsprechend anzuwenden. 52

VIII. Anwendungsregelung

Dieses Schreiben ersetzt die Tz. 1 bis 4 des BMF-Schreibens vom 26. Oktober 1992 (BStBl I S. 693) und die BMF-Schreiben vom 18. Dezember 1992 (BStBl 1993 I S. 58), vom 18. Januar 1994 (BStBl I S. 139), vom 12. Oktober 1994 (BStBl I S. 815), vom 23. Dezember 1996 (BStBl 1997 I S. 101), vom 6. Mai 1997 (BStBl I S. 561) und vom 7. Mai 2002 (BStBl I S. 550). 53

14. BMF-Schreiben vom 5. 11. 2002 IV C 1 – S 2401 – 22/02, BStBl 2002 I 1338

Ausstellung von Steuerbescheinigungen für Kapitalerträge nach § 45a Absätze 2 und 3 EStG

Für Kapitalerträge, die nach § 43 Abs. 1 Satz 1 Nr. 1 bis 4, 7, 7a, 7b, 8 sowie Satz 2 EStG dem Steuerabzug unterliegen, sind der Schuldner der Kapitalerträge oder die auszahlende Stelle verpflichtet, dem Gläubiger der Kapitalerträge auf Verlangen eine Steuerbescheinigung nach amtlich vorgeschriebenem Muster mit den in § 45a Abs. 2 EStG geforderten Angaben auszustellen. Unter Bezugnahme auf das Ergebnis der Erörterung mit den obersten Finanzbehörden der Länder gilt zur Ausstellung derartiger Steuerbescheinigungen Folgendes:

Übersicht   Rz.

I. Ausstellung von Steuerbescheinigungen für Kapitalerträge, für die das Halbeinkünfteverfahren gilt

   1. Ausstellung von Steuerbescheinigungen durch die leistende Körperschaft, Personenvereinigung oder Vermögensmasse (§ 45a Abs. 2 Satz 1 i.V. m. § 43 Abs. 1 Satz 1 Nr. 1, 7a und 7b EStG)

     a) Muster der Steuerbescheinigung   1
     b) Umfang der zu bescheinigenden Erträge   2–3
     c) Anteilseigner   4
     d) Anteil im Gesamthandsvermögen   5
     e) Abweichende Anschrift   6
     f) Inländisches Kreditinstitut   7
     g) Berechtigung zur Ausstellung   8

   2. Ausstellung von Steuerbescheinigungen durch ein inländisches Kreditinstitut (§ 45a Abs. 3 i.V. m. § 43 Abs. 1 Satz 1 Nr. 1 EStG)

     a) Muster der Steuerbescheinigung   9
     b) Umfang und Reihenfolge der Angaben   10–12
     c) Verwendung von Abkürzungen   13
     d) Umfang des Ausweises   14
     e) Ausstellung bei Erstattung von Kapitalertragsteuer   15–16
     f) Durchschriften   17
     g) Depotinhaber   18
        aa) Nießbrauchbestellung, Treuhandverhältnis oder Ander-Konten   19
        bb) Ehegattenkonten   20
     h) Zweigniederlassung   21
     i) Berichtigung   22
     j) Gutschrift für andere Kreditinstitute, Kennzeichnung der Steuerbescheinigung
        aa) Mitteilungsverpflichtung   23
        bb) Ausstellung in Vertretung des Anteilseigners   24
        cc) Ausländische Wertpapiersammelbank   25

		Rz.
	dd) Ausländisches Kreditinstitut	26
	k) Sinngemäße Anwendung	27
II.	Ausstellung von Steuerbescheinigungen für Kapitalerträge, für die das Halbeinkünfteverfahren nicht gilt (§ 43 Abs. 1 Satz 1 Nr. 2, 3, 4, 7 und 8 sowie Satz 2 EStG)	28
III.	Steuerbescheinigungen bei Investment-Erträgen	
	a) Allgemeines	29–30
	b) Berechnung des Zinsabschlags	31
IV.	Ausstellung von Jahressteuerbescheinigungen	
	a) Allgemeines	32–33
	b) Umfang der zu bescheinigenden Kapitalerträge	34–35
	c) Voraussetzungen	36
	d) Investmenterträge	37
	e) Inhalt	38
V.	Ausstellung von Steuerbescheinigungen für einbehaltenen Zinsabschlag in besonderen Fällen	
	1. Bescheinigung des von Zinsen aus Mietkautionen einbehaltenen Zinsabschlags	
	a) Allgemeines	39
	b) Bescheinigungsverfahren	40–42
	2. Bescheinigung des von Zinsen aus der Anlage von Instandhaltungsrücklagen von Wohnungseigentümergemeinschaften einbehaltenen Zinsabschlags	
	a) Bescheinigung des Vermögensverwalters	43
	b) Behandlung des Zinsabschlags	44–45
	3. Bescheinigung des von Zinsen aus Notaranderkonten einbehaltenen Zinsabschlags	46–51
	4. Bescheinigung des von Zinsen aus Gemeinschaftskonten bei nichtehelichen Lebensgemeinschaften einbehaltenen Zinsabschlags	52–55

		Rz.
5.	Bescheinigung des von Zinsen aus Gemeinschaftskonten bei eingetragenen Lebenspartnern nach dem Lebenspartnerschaftsgesetz einbehaltenen Zinsabschlags	56
6.	Solidaritätszuschlag	57
VI.	Fundstellennachweis und Anwendungsregelung	58–59

I. Ausstellung von Steuerbescheinigungen für Kapitalerträge, für die das Halbeinkünfteverfahren gilt

1. Ausstellung von Steuerbescheinigungen durch die leistende Körperschaft, Personenvereinigung oder Vermögensmasse (§ 45a Abs. 2 Satz 1 i.V. m. § 43 Abs. 1 Satz 1 Nr. 1, 7a und 7b EStG)

a) Muster der Steuerbescheinigung

1   Die leistende Körperschaft hat für Kapitalerträge im Sinne des § 20 Abs. 1 Nr. 1, 2, 9 und Nr. 10 Buchstabe a EStG (Gewinnausschüttungen und vergleichbare Leistungen) die anrechenbare Kapitalertragsteuer in einer Steuerbescheinigung nach amtlich vorgeschriebenem Muster zu bescheinigen (vgl. Rz. 58). Da nach § 45a Abs. 2 EStG auch der Zahlungstag zu bescheinigen ist, darf die Steuerbescheinigung erst ausgestellt werden, nachdem die Körperschaft die Leistung erbracht hat.

b) Umfang der zu bescheinigenden Erträge

2   Die Verpflichtung unbeschränkt steuerpflichtiger Körperschaften, ihren Anteilseignern auf Verlangen zur Anrechnung von Kapitalertragsteuer eine Bescheinigung auszustellen, wird nicht nur durch Leistungen begründet, die bei den Anteilseignern Gewinnanteile darstellen. Die Verpflichtung entsteht auch, wenn den Anteilseignern der Körperschaft sonstige Bezüge i. S. des § 20 Abs. 1 Nr. 1 Satz 2 und 3 EStG zufließen, sowie für Bezüge, die nach der Auflösung der Körperschaft anfallen und die nicht in der Rückzahlung von Nennkapital bestehen; § 20 Abs. 1 Nr. 1 Satz 3 EStG gilt entsprechend. Das Gleiche gilt, wenn die Anteilseigner auf Grund einer Kapitalherabsetzung oder nach der Auflösung der Körperschaft Bezüge erhalten, die als Gewinnausschüttung i. S. des § 28 Abs. 2 Satz 2 KStG gelten (§ 20 Abs. 1 Nr. 2 Satz 2 EStG).

3   Die ausschüttende Körperschaft muss die Steuerbescheinigung auch erteilen, wenn einem Anteilseigner Kapitalerträge i. S. des § 20 Abs. 1 Nr. 1

oder 2 EStG aus dem früheren Rechtsverhältnis zufließen (vgl. § 24 Nr. 2 EStG). Ist die Körperschaft eine Organgesellschaft im Sinne der §§ 14, 17 KStG und werden Ausgleichszahlungen an außenstehende Anteilseigner geleistet, hat die Körperschaft die Steuerbescheinigung an diese Anteilseigner auch zu erteilen, wenn die Verpflichtung zum Ausgleich von dem Organträger erfüllt worden ist.

c) Anteilseigner

Die ausschüttende Körperschaft darf die Steuerbescheinigung nur an ihre Anteilseigner erteilen. Anteilseigner ist derjenige, dem nach § 39 AO die Anteile an dem Kapitalvermögen i. S. des § 20 Abs. 1 Nr. 1 EStG, z. B. Aktien, Anteile an Gesellschaften mit beschränkter Haftung, an Erwerbs- und Wirtschaftsgenossenschaften oder an bergbaubetreibenden Vereinigungen, die die Rechte einer juristischen Person haben, im Zeitpunkt des Gewinnverteilungsbeschlusses zuzurechnen sind (§ 20 Abs. 2a Satz 2 EStG). 4

d) Anteile im Gesamthandsvermögen

Gehören die Anteile am Kapitalvermögen zum Gesamthandsvermögen einer Personengesellschaft, kann über die steuerliche Zurechnung der Kapitalerträge aus Anteilen und der anzurechnenden Kapitalertragsteuer nur im Rahmen der gesonderten Feststellung des Gewinns der Personengesellschaft (§ 180 AO) entschieden werden. Die ausschüttende Körperschaft hat deshalb eine zusammenfassende Bescheinigung auf den Namen der Personengesellschaft auszustellen. Für die Mitunternehmer ergibt sich in diesen Fällen der Betrag der anzurechnenden Kapitalertragsteuer aus der gesonderten Feststellung. Wird der Einkommensteuerbescheid oder Körperschaftsteuerbescheid für die Mitunternehmer nach § 155 Abs. 2 AO vor Erlass des Bescheids über die gesonderte Feststellung erteilt, kann die anzurechnende Kapitalertragsteuer dabei vorläufig geschätzt werden. Entsprechendes gilt, wenn die Anteile an dem Kapitalvermögen einer anderen Gesamthandsgemeinschaft oder einer Bruchteilsgemeinschaft gehören. Ist die Steuerbescheinigung auf den Namen einer Gesamthands- oder Bruchteilsgemeinschaft ausgestellt worden, die an einer ausschüttenden Körperschaft beteiligt ist, und unterbleibt nach § 180 Abs. 3 AO eine gesonderte Feststellung, ist die anzurechnende Kapitalertragsteuer den Steuerpflichtigen der Vereinfachung wegen in dem Verhältnis zuzurechnen, in dem ihnen die zugrunde liegenden Einnahmen i. S. des § 20 Abs. 1 Nr. 1 und 2 5

EStG zugerechnet werden. Stehen die Anteile im Alleineigentum eines Gesellschafters, gehören sie aber zum Sonderbetriebsvermögen der Personengesellschaft, ist die Steuerbescheinigung auf den Namen des Gesellschafters auszustellen. In diesen Fällen ist die Steuerbescheinigung in dem Verfahren der gesonderten Feststellung nach § 180 AO vorzulegen, weil die Leistung der ausschüttenden Körperschaft und die anzurechnenden Steuerbeträge in die gesonderte Feststellung einzubeziehen sind.

e) Abweichende Anschrift

6   Weicht die in der Steuerbescheinigung angegebene Anschrift des Anteilseigners von derjenigen ab, unter der er beim Finanzamt geführt wird, ist dies der Vereinfachung wegen nicht zu beanstanden, wenn kein Zweifel daran besteht, dass es sich um dieselbe Person handelt. Bestehen Zweifel an der Identität, muss das Finanzamt den Anteilseigner auffordern, den Sachverhalt aufzuklären. Soweit hierzu erforderlich, hat der Anteilseigner eine berichtigte Bescheinigung vorzulegen (§ 45a Abs. 6 EStG). Ergeben sich die Zweifel daraus, dass die Steuerbescheinigung an eine von dem Anteilseigner der ausschüttenden Körperschaft mitgeteilte Versandanschrift geleitet worden ist, die sich nicht mit der Anschrift deckt, unter der er beim Finanzamt geführt wird, kann die Identität auch durch eine ergänzende Bescheinigung der ausschüttenden Körperschaft nachgewiesen werden, aus der Straße, Hausnummer, Wohnort bzw. Sitz oder Geschäftsleitung des Anteilseigners hervorgehen.

f) Inländisches Kreditinstitut

7   Die ausschüttende Körperschaft ist auf Verlangen des Anteilseigners auch dann zur Ausstellung der Steuerbescheinigung verpflichtet, wenn sie selbst ein inländisches Kreditinstitut ist und die Leistung für eigene Rechnung erbracht hat. Sie hat die Bescheinigung nach den Grundsätzen der Rz. 9–27 zu erteilen.

g) Berechtigung zur Ausstellung

8   Die ausschüttende Körperschaft braucht bei der Ausstellung der Bescheinigung nicht zu prüfen, ob der Anteilseigner zur Anrechnung der Kapitalertragsteuer berechtigt ist. Diese Prüfung obliegt dem für die Besteuerung des Anteilseigners zuständigen Finanzamt. Wegen der Ausstellung von Steuerbescheinigungen an Anteilseigner, deren Anteile sich im Wertpapierdepot eines ausländischen Kreditinstituts befinden, vgl. Rz. 26.

2. Ausstellung von Steuerbescheinigungen durch ein inländisches Kreditinstitut (§ 45a Abs. 3 i. V. m. § 43 Abs. 1 Satz 1 Nr. 1 EStG)

a) Muster der Steuerbescheinigung

Ebenso wie die leistende Körperschaft (vgl. Rz. 1 ff.) hat auch das zur Ausstellung von Steuerbescheinigungen verpflichtete Kreditinstitut die anrechenbare Kapitalertragsteuer in einer Steuerbescheinigung nach amtlich vorgeschriebenem Muster zu bescheinigen. Es bestehen keine Bedenken dagegen, dass die Kreditinstitute die Steuerbescheinigung auf der für den Gläubiger der Kapitalerträge bestimmten Mitteilung über die Gutschrift der Dividenden, Zinsen usw. erteilen. Für die Angabe des Schuldners reicht die übliche Kurzbezeichnung des Schuldners in Verbindung mit der Angabe der Wertpapier-Kennnummer bzw. der ISIN Nummer aus.

b) Umfang und Reihenfolge der Angaben

Die Steuerbescheinigung gilt als nach amtlich vorgeschriebenem Muster erteilt, wenn die folgenden Voraussetzungen erfüllt sind: Das Formular enthält sämtliche in § 45a Abs. 2 und 3 EStG bezeichneten Angaben. Zusätzlich ist der Betrag des anrechenbaren Solidaritätszuschlags zur Kapitalertragsteuer anzugeben (§ 51a i.V. m. § 36 Abs. 2 Nr. 2 EStG). Diese Angaben sind in einem abgegrenzten Teil der Mitteilung zusammenhängend in der nachstehenden Reihenfolge und mit den folgenden Bezeichnungen zu bescheinigen:

Kapitalerträge i. S. des § 20 Abs. 1 Nr. 1 EStG

Bezüge i. S. des § 20 Abs. 1 Nr. 2 EStG

Darin enthaltene Leistungen aus der Herabsetzung des gezeichneten Kapitals (§ 28 Abs. 2 Satz 2 KStG)

Anrechenbare Kapitalertragsteuer

Anrechenbarer Solidaritätszuschlag zur Kapitalertragsteuer

Leistungen aus dem steuerlichen Einlagenkonto (§ 27 KStG)

Höhe des von der leistenden Körperschaft in Anspruch genommenen Körperschaftsteuerminderungsbetrages (§ 37 KStG)

Zahlungstag

Bei den Kapitalerträgen i. S. des § 20 Abs. 1 Nr. 1 EStG bzw. Bezügen i. S. des § 20 Abs. 1 Nr. 2 EStG sind auch die Beträge mit zu erfassen, für die ein Freistellungsauftrag erteilt worden ist. Anrechenbare Steuern sind die nach einer Erstattung nach § 45b Abs. 1 i.V. m. § 44b Abs. 1 EStG verbleibenden Beträge.

c) Verwendung von Abkürzungen

13 Bei Bescheinigungen, die in vollem Umfang maschinell ausgedruckt werden, dürfen die vorstehenden Angaben wie folgt abgekürzt werden:

Kapitalerträge i. S. des § 20 Abs. 1 Nr. 1 EStG	KapErträge
Bezüge i. S. des § 20 Abs. 1 Nr. 2 EStG	Bezüge
Darin enthaltene Leistungen aus der Herabsetzung des gezeichneten Kapitals (§ 28 Abs. 2 Satz 2 KStG)	darin ent. Leist.
Anrechenbare Kapitalertragsteuer	anr. Kapst
Anrechenbarer Solidaritätszuschlag zur Kapitalertragsteuer	anr. SolZ z. KapSt
Leistungen aus dem steuerlichen Einlagenkonto (§ 27 KStG)	Einlagek.-Aussch.
Höhe des von der leistenden Körperschaft in Anspruch genommenen Körperschaftsteuerminderungsbetrages (§ 37 KStG)	KSt-Mindbetrg
Zahlungstag	Zahltag

Werden Abkürzungen verwendet, sind sie an anderer Stelle der Mitteilung zu erläutern.

d) Umfang des Ausweises

14 Es ist nicht zu beanstanden, wenn in Fällen, in denen ein gesonderter Ausweis der nachfolgend genannten Angaben nicht in Betracht kommt, diese tatsächlich nicht ausgewiesen werden:

– Bezüge i. S. des § 20 Abs. 1 Nr. 2 EStG
– darin enthaltene Leistungen aus der Herabsetzung des gezeichneten Kapitals (§ 28 Abs. 2 Satz 2 KStG)
– anrechenbare Kapitalertragsteuer
– Leistungen aus dem steuerlichen Einlagenkonto (§ 27 KStG)
– Höhe des von der leistenden Körperschaft in Anspruch genommenen Körperschaftsteuerminderungsbetrages (§ 37 KStG).

Die Angabe „Höhe des von der leistenden Körperschaft in Anspruch genommenen Körperschaftsteuerminderungsbetrages (§ 37 KStG)" kann entfallen, wenn der Gläubiger der Kapitalerträge eine natürliche Person ist.

e) Ausstellung bei Erstattung von Kapitalertragsteuer

Hat der Anteilseigner dem Kreditinstitut eine für dieses Kalenderjahr geltende NV-Bescheinigung vorgelegt und beantragt das Kreditinstitut für den Anteilseigner im Rahmen eines Sammelantrags (§ 45b Abs. 1 i.V. m. § 44b Abs. 1 EStG) die Erstattung von Kapitalertragsteuer, darf es für die in den Sammelantrag einbezogenen Kapitalerträge eine Steuerbescheinigung nicht ausstellen (§ 45a Abs. 4 EStG). Entsprechendes gilt, wenn aufgrund eines Freistellungsauftrages Kapitalertragsteuer in voller Höhe erstattet wird. 15

Die in Rz. 9 zugelassene Verbindung der Steuerbescheinigung mit der Gutschrift über die Kapitalerträge macht es erforderlich, dass die Kreditinstitute in den Fällen, in denen eine Steuerbescheinigung nicht erteilt werden darf (vgl. § 45a Abs. 4 und 5 i.V. m. §§ 44b und 45c sowie § 45b EStG), den Raum für die in Rz. 11–13 genannten Angaben durch den Text „Keine Steuerbescheinigung" ausfüllen. 16

f) Durchschriften

Für Buchungszwecke dürfen dem Anteilseigner Durchschriften überlassen werden. Sie sollen nach Möglichkeit in farblich abgesetztem Querdruck die Aufschrift „Kopie für Buchungszwecke" enthalten. Soweit ein Querdruck nicht möglich ist, sind die Durchschriften in der Kopfzeile mit dem Text „Kopie für Buchungszwecke" zu kennzeichnen. Außerdem ist der rechte untere Teil des Formulars dadurch als Steuerbescheinigung zu entwerten, dass in der für den Zahlungstag vorgesehenen Zeile die Worte „Nur Kopie" eingetragen werden. 17

g) Depotinhaber

Das Kreditinstitut, bei dem ein Wertpapierdepot unterhalten wird, kann mangels gegenteiliger Anhaltspunkte davon ausgehen, dass der Depotinhaber Anteilseigner (§ 20 Abs. 2a EStG) ist. Ist dem Kreditinstitut bekannt, dass der Depotinhaber nicht der steuerliche Anteilseigner ist, darf es eine Steuerbescheinigung auf den Namen des Depotinhabers nicht ausstellen (§ 45a Abs. 3 i.V. m. Abs. 2 Satz 1 EStG). 18

aa) Nießbrauchbestellung, Treuhandverhältnis oder Ander-Konten

Hat das Kreditinstitut von einer Nießbrauchbestellung oder einem Treuhandverhältnis Kenntnis, ohne zu wissen, ob der Depotinhaber Anteilseigner ist, oder handelt es sich um ein Ander-Konto von Rechtsanwälten, 19

Notaren oder Angehörigen der wirtschaftsprüfenden oder steuerberatenden Berufe, bestehen keine Bedenken dagegen, dass die Steuerbescheinigung abweichend von Rz. 18 auf den Namen des Depotinhabers ausgestellt, jedoch durch den entsprechenden Hinweis „Nießbrauchdepot", „Treuhanddepot" oder „Ander-Depot" gekennzeichnet wird. In diesen Fällen muss das Finanzamt, bei dem die Anrechnung beantragt wird, nach Vorlage der Steuerbescheinigung prüfen, wem die Kapitalerträge steuerlich zuzurechnen sind. Zur Bescheinigung des von Zinsen aus Notaranderkonten einbehaltenen Zinsabschlags vgl. Rz. 47 ff.

bb) Ehegattenkonten

20 Wird für Ehegatten ein gemeinschaftliches Depot unterhalten, ist es unter den Voraussetzungen des § 26 EStG nicht zu beanstanden, wenn die Bescheinigung auf den Namen beider Ehegatten lautet. Für die Steuerbescheinigung bei anderen Gemeinschaftsdepots gilt die Rz. 5 entsprechend.

h) Zweigniederlassung

21 Neben inländischen Kreditinstituten ist auch die im Inland befindliche Zweigniederlassung eines ausländischen Unternehmens zur Ausstellung von Steuerbescheinigungen berechtigt. Voraussetzung ist, dass dem ausländischen Unternehmen die Erlaubnis zum Betrieb von Bankgeschäften im Inland erteilt und dass die in § 20 Abs. 1 und 2 EStG bezeichnete Leistung für Rechnung der ausschüttenden Körperschaft von der inländischen Zweigstelle erbracht worden ist. Die Namen der ausländischen Kreditinstitute, die die Erlaubnis zum Geschäftsbetrieb im Inland haben, stehen auf den Internet-Seiten des Bundesministeriums der Finanzen zum Download bereit.

i) Berichtigung

22 Sind in der Steuerbescheinigung die Kapitalerträge i. S. des § 20 Abs. 1 Nr. 1 oder 2 EStG und die anrechenbare Kapitalertragsteuer zu niedrig ausgewiesen, kann von einer Berichtigung der Steuerbescheinigung nach § 45a Abs. 6 EStG abgesehen werden, wenn eine ergänzende Bescheinigung ausgestellt wird, in die neben den übrigen Angaben nur der Unterschied zwischen dem richtigen und dem ursprünglich bescheinigten Betrag aufgenommen wird. Die ergänzende Bescheinigung ist als solche zu kennzeichnen. Die ursprünglich ausgestellte Bescheinigung behält in diesen Fällen weiterhin Gültigkeit.

j) Gutschrift für andere Kreditinstitute, Kennzeichnung der Steuerbescheinigung

aa) Mitteilungsverpflichtung

Führt ein Kreditinstitut ein Wertpapierdepot, das auf den Namen eines anderen Kreditinstituts lautet, darf das depotführende Kreditinstitut dem anderen Kreditinstitut eine Steuerbescheinigung nur erteilen, wenn das andere Kreditinstitut schriftlich mitgeteilt hat, dass es Eigentümer der Wertpapiere ist (vgl. § 4 Abs. 2 Depotgesetz). Liegt eine solche Mitteilung nicht vor, hat stets das andere Kreditinstitut die Steuerbescheinigung zu erteilen, und zwar sowohl für die Dividenden, die es seinen Kunden gutschreibt, als auch für diejenigen, die es selbst bezieht. 23

bb) Ausstellung in Vertretung des Anteilseigners

Bei Dividendengutschriften für andere Kreditinstitute bestehen jedoch keine Bedenken dagegen, dass ein inländisches Kreditinstitut eine Steuerbescheinigung auf den Namen des Anteilseigners ausstellt, wenn ein anderes Kreditinstitut in Vertretung des Anteilseigners eine auf dessen Namen lautende Steuerbescheinigung beantragt hat. Die Steuerbescheinigung ist von dem ausstellenden Kreditinstitut nach § 45a Abs. 3 i.V.m. Abs. 2 Satz 5 und § 44a Abs. 6 EStG entsprechend zu kennzeichnen; sie muss außerdem erkennen lassen, welches Kreditinstitut die Gutschrift erhalten hat. Das gilt auch, wenn die Ausstellung von einem ausländischen Kreditinstitut beantragt worden ist. 24

cc) Ausländische Wertpapiersammelbank

Werden die Aktien von einer ausländischen Wertpapiersammelbank verwahrt, ist zur Ausstellung der Steuerbescheinigung nur das inländische Kreditinstitut berechtigt, das der ausländischen Wertpapiersammelbank die Dividendengutschrift erteilt hat. 25

dd) Ausländisches Kreditinstitut

Außer in den Fällen der Rz. 24 f. darf ein inländisches Kreditinstitut eine Steuerbescheinigung an Anteilseigner, deren Aktien sich im Wertpapierdepot eines ausländischen Kreditinstituts befinden, nur ausstellen, wenn der Anteilseigner sich die Dividendenscheine von dem ausländischen Kreditinstitut aushändigen lässt und sie dem inländischen Kreditinstitut zur Einlösung vorlegt. Das inländische Kreditinstitut muss nach § 45a Abs. 3 26 i.V. m. Abs. 2 Satz 5 und § 44a Abs. 6 EStG die Steuerbescheinigung durch einen entsprechenden Hinweis kennzeichnen. Legt der Anteilseigner die Dividendenscheine bei der ausschüttenden Körperschaft zur Einlösung vor oder beauftragt er das ausländische Kreditinstitut, die Dividendenscheine der ausschüttenden Körperschaft zur Ausschüttung vorzulegen, ist nur die ausschüttende Körperschaft verpflichtet und berechtigt, die Steuerbescheinigung auszustellen. Beantragt das ausländische Kreditinstitut in Vertretung des Anteilseigners bei der ausschüttenden Körperschaft, die Steuerbescheinigung auf den Namen des Anteilseigners auszustellen, muss die Bescheinigung erkennen lassen, welches ausländische Kreditinstitut die Gutschrift erhalten hat.

k) Sinngemäße Anwendung

27 Im Übrigen gelten die Rz. 1–8 sinngemäß.

II. Ausstellung von Steuerbescheinigungen für Kapitalerträge, für die das Halbeinkünfteverfahren nicht gilt (§ 43 Abs. 1 Satz 1 Nr. 2, 3, 4, 7 und 8 sowie Satz 2 EStG)

28 Für einbehaltenen Zinsabschlag sowie einbehaltene Kapitalertragsteuer von Kapitalerträgen, für die das Halbeinkünfteverfahren nicht gilt, ist das amtlich vorgeschriebene Muster für Steuerbescheinigungen zu verwenden (vgl. Rz. 58). Da nach § 45a Abs. 2 EStG auch der Zahlungstag zu bescheinigen ist, darf die Steuerbescheinigung erst ausgestellt werden, nachdem die Körperschaft die Leistung erbracht hat. Es sind auch die Beträge zu bescheinigen, für die auf Grund eines Freistellungsauftrags eine Kapitalertragsteuer nicht einbehalten worden ist.

III. Steuerbescheinigungen bei Investment-Erträgen

a) Allgemeines

29 Wegen der Ausstellung von Steuerbescheinigungen bei Ausschüttungen auf Anteilscheine an einem Sondervermögen i. S. des Gesetzes über Kapitalanlagegesellschaften (KAGG) vgl. § 37n ff. KAGG. Im Übrigen sind die Rdz. 9 ff. entsprechend anzuwenden.

30 Kreditinstitute, die eine Jahressteuerbescheinigung im Sinne der Rz. 32 ff. ausstellen, dürfen die nach den Vorschriften des KAGG zu erteilende gesonderte Bescheinigung nicht erteilen, wenn sie die erforderlichen Angaben in die Jahressteuerbescheinigung aufnehmen (vgl. Rz. 33).

b) Berechnung des Zinsabschlags

Bei Steuerbescheinigungen für Gutschriften von Investmenterträgen ist der Zinsabschlag nach demselben Rechenschema zu ermitteln und auszuweisen, das für die anrechenbare Kapitalertragsteuer anzuwenden ist. Danach wird der veröffentlichte zinsabschlagpflichtige Teil der Ausschüttung je Anteilschein mit der Zahl der Anteilscheine vervielfacht; davon wird ein Betrag von 30 v. H. berechnet und dieser kaufmännisch gerundet. 31

IV. Ausstellung von Jahressteuerbescheinigungen

a) Allgemeines

Nach § 45a Abs. 2 EStG hat der Schuldner der Kapitalerträge oder die die Kapitalerträge auszahlende Stelle dem Gläubiger der Kapitalerträge auf Verlangen, unabhängig von der Vornahme eines Steuerabzugs, eine Steuerbescheinigung nach amtlich vorgeschriebenem Muster mit den in dieser Vorschrift näher bezeichneten Angaben auszustellen. Werden Kapitalerträge für Rechnung des Schuldners durch ein inländisches Kreditinstitut oder ein inländisches Finanzdienstleistungsinstitut gezahlt, so hat nach § 45a Abs. 3 EStG an Stelle des Schuldners das Kreditinstitut oder das Finanzdienstleistungsinstitut die Steuerbescheinigung zu erteilen. 32

Anstelle von Einzelsteuerbescheinigungen für die im Kalenderjahr zugeflossenen Dividenden, Zinsen und Investmenterträge, die bei dem Kunden zur Anrechnung von Kapitalertragsteuer oder Solidaritätszuschlag auf die Kapitalertragsteuer führen können, kann ein zur Ausstellung von Steuerbescheinigungen berechtigtes Kreditinstitut für jedes von ihm geführte Wertpapierdepot oder Konto eine Jahressteuerbescheinigung ausstellen, in der die in § 45a Abs. 2 und 3 EStG bezeichneten Angaben zusammengefasst sind. 33

b) Umfang der zu bescheinigenden Kapitalerträge

Wird anstelle von Einzelsteuerbescheinigungen eine Jahressteuerbescheinigung ausgestellt, so sind darin alle Kapitalerträge aufzunehmen, unabhängig davon, ob ein Steuerabzug vorgenommen oder die Erstattung von Kapitalertragsteuer beantragt worden ist; § 45a Abs. 4 EStG ist insoweit nicht anwendbar. Steuerabzugsbeträge, für die eine Erstattung beantragt worden ist, sind nicht in die Jahressteuerbescheinigung aufzunehmen. 34

Sind in dem Wertpapierdepot auch Aktien verzeichnet, für die die Dividende nicht durch das Kreditinstitut, sondern unmittelbar durch die aus- 35 schüttende Körperschaft an den Anteilseigner ausgezahlt wird, sind diese Ausschüttungen in die Jahressteuerbescheinigung des Kreditinstituts nicht aufzunehmen. Für diese Ausschüttung hat die ausschüttende Körperschaft eine gesonderte Steuerbescheinigung auszustellen (§ 45a Abs. 2 EStG).

c) Voraussetzungen

36 Eine Jahressteuerbescheinigung darf nur ausgestellt werden,
– wenn für die Kapitalerträge dieses Kalenderjahrs Einzelsteuerbescheinigungen i. S. des § 45a Abs. 2 EStG nicht ausgestellt worden sind und der Kunde für das Wertpapierdepot oder das Konto ausdrücklich und für das Kalenderjahr unwiderruflich die Ausstellung einer Jahressteuerbescheinigung anstelle einzelner Steuerbescheinigungen beantragt hat,
– wenn das Kreditinstitut bei allen Gutschriften für das Wertpapierdepot oder das Konto des Kunden Mitteilungen verwendet hat, die die Überschrift „Dividenden-(Zins-, Ertrags-)Gutschrift" tragen sowie keine Angaben im Sinne der Rz. 11 und den Vermerk „Jahressteuerbescheinigung folgt" enthalten,
– wenn das Kreditinstitut in der Jahressteuerbescheinigung versichert, dass bei Gutschriften, die es in dem Kalenderjahr für dieses Wertpapierdepot oder das Konto selbst an den Kunden geleistet hat, Einzelsteuerbescheinigungen nicht ausgestellt worden sind oder werden.

d) Investmenterträge

37 Entsprechendes gilt für die bei einem Sondervermögen i. S. d. KAGG thesaurierten Investmenterträge, wenn sie in die Jahressteuerbescheinigung einbezogen worden sind.

e) Inhalt

38 Eine Jahressteuerbescheinigung gilt als nach amtlich vorgeschriebenem Muster erteilt, wenn sie enthält:
aa) sämtliche in § 45a Abs. 2 und 3 EStG bezeichneten Angaben,
bb) die nach Doppelbuchstabe aa erforderlichen Angaben für die vom ausstellenden Kreditinstitut im Kalenderjahr an den Anteilseigner gezahlten Dividenden, Zinsen und Investmenterträge in der Reihenfolge, die für Einzelsteuerbescheinigungen vorgeschrieben ist (vgl. Rz. 11–13 und 29),

cc) gesonderte Summenzeilen für die verschiedenen Arten der Kapitalerträge.

V. Ausstellung von Steuerbescheinigungen für einbehaltenen Zinsabschlag in besonderen Fällen

1. Bescheinigung des von Zinsen aus Mietkautionen einbehaltenen Zinsabschlags

a) Allgemeines

Mit der Vereinbarung im Mietvertrag, dem Vermieter für dessen etwaige nachvertragliche Ansprüche eine Geldsumme als Sicherheit zu leisten, trifft der Mieter eine Vorausverfügung über die Zinsen, die ihm nach § 551 Abs. 3 BGB zustehen und die Sicherheit erhöhen. Die Zinsen fließen dem Mieter deshalb in dem Zeitpunkt zu, in dem sie auf dem vom Vermieter für die Sicherheit eingerichteten Konto fällig werden, und sind vom Mieter zu versteuern. 39

b) Bescheinigungsverfahren

Für das Verfahren zur Bescheinigung des von den Zinsen einbehaltenen Zinsabschlags gilt Folgendes:

Hat der Vermieter ein für das Kreditinstitut als Treuhandkonto erkennbares Sparkonto eröffnet, wie es seinen Verpflichtungen nach § 551 Abs. 3 BGB entspricht, und weiß das Kreditinstitut, wer der Treugeber ist, hat es die Steuerbescheinigung auf den Namen des Treugebers auszustellen. Der Vermieter hat dem Mieter die Steuerbescheinigung zur Verfügung zu stellen (§ 34 Abs. 1 und 3 AO), damit er die Zinsen versteuern und den einbehaltenen Zinsabschlag auf seine Einkommensteuer anrechnen lassen kann. 40

Hat das Kreditinstitut von dem Treuhandverhältnis Kenntnis, ohne zu wissen, ob der Kontoinhaber Anspruch auf die Zinsen hat, ist die Steuerbescheinigung auf den Namen des Kontoinhabers auszustellen und mit dem Vermerk „Treuhandkonto" zu versehen. Auch in diesem Fall hat der Vermieter dem Mieter die Steuerbescheinigung zur Verfügung zu stellen. 41

Werden die Mietkautionen mehrerer Mieter auf demselben Konto angelegt, ist der Vermieter als Vermögensverwalter im Sinne des § 34 AO verpflichtet, gegenüber dem für ihn zuständigen Finanzamt eine Erklärung zur einheitlichen und gesonderten Feststellung der Einkünfte aus Kapitalvermögen der Mieter (§ 180 AO) abzugeben. Sieht das Finanzamt nach § 180 Abs. 3 Satz 1 Nr. 2 AO von einer einheitlichen und gesonderten Feststel- 42 lung der Einkünfte ab, kann es dies gegenüber dem Vermieter durch negativen Feststellungsbescheid feststellen. In diesem Fall hat der Vermieter dem Mieter eine Ablichtung des Bescheides und der Steuerbescheinigung des Kreditinstituts zur Verfügung zu stellen sowie den anteiligen Kapitalertrag und den anteiligen Zinsabschlag mitzuteilen. Diese Unterlagen hat der Mieter seiner Einkommensteuererklärung beizufügen.

2. Bescheinigung des von Zinsen aus der Anlage von Instandhaltungsrücklagen von Wohnungseigentümergemeinschaften einbehaltenen Zinsabschlags

a) Bescheinigung des Vermögensverwalters

43 Im Regelfall ist nach § 180 Abs. 3 Satz 1 Nr. 2 AO von einer gesonderten Feststellung der von der Wohnungseigentümergemeinschaft erzielten Zinsen aus der Anlage der Instandhaltungsrücklage abzusehen. Es reicht aus, dass der Verwalter die anteiligen Einnahmen aus Kapitalvermögen nach dem Verhältnis der Miteigentumsanteile aufteilt und dem einzelnen Wohnungseigentümer mitteilt.

b) Behandlung des Zinsabschlags

Soweit Kapitalerträge erzielt wurden, von denen der Zinsabschlag einbehalten und abgeführt wurde, gilt Folgendes:

44 Die Anrechnung des Zinsabschlags bei dem einzelnen Beteiligten ist nur möglich, wenn neben der Mitteilung des Verwalters über die Aufteilung der Einnahmen und des Zinsabschlags eine Ablichtung der Steuerbescheinigung des Kreditinstituts vorgelegt wird.

45 Bedeutet dieses Verfahren allerdings für die Wohnungseigentümer und den Verwalter keine beachtliche Erleichterung, so sind die Kapitalerträge nach § 180 Abs. 1 Nr. 2 Buchstabe a AO gesondert festzustellen. Dabei wird das für die gesonderte Feststellung zuständige Finanzamt auch den entrichteten und anzurechnenden Zinsabschlag ermitteln und den Wohnsitz-Finanzämtern die auf den einzelnen Wohnungseigentümer entfallenden Steuerbeträge mitteilen. In diesem Fall sind die Original-Steuerbescheinigungen dem Feststellungs-Finanzamt einzureichen; Ablichtungen der Steuerbescheinigungen für die Wohnungseigentümer sind nicht erforderlich.

3. Bescheinigung des von Zinsen aus Notaranderkonten einbehaltenen Zinsabschlags

Zu der Frage, ob die Bescheinigung über den Zinsabschlag bei Notaranderkonten auf den Namen des formell berechtigten Notars oder auf den Namen des materiell berechtigten Beteiligten ausgestellt werden soll und wie bei mehreren Berechtigten zu verfahren ist, gilt Folgendes: 46

Für dem Zinsabschlag unterliegende Kapitalerträge aus Notaranderkonten ist die Steuerbescheinigung vom Kreditinstitut auf den Namen des Kontoinhabers auszustellen und durch den Hinweis „Anderkonto" zu kennzeichnen. 47

Der Notar leitet das Original dieser Steuerbescheinigung an den Berechtigten weiter. In den Fällen, in denen auf der Steuerbescheinigung des Kreditinstituts der Hinweis „Anderkonto" fehlt, erteilt der Notar dem Berechtigten zusätzlich eine Bestätigung darüber, dass er für ihn treuhänderisch tätig war. Der Berechtigte hat die Steuerbescheinigung und die Bestätigung dem für ihn zuständigen Finanzamt vorzulegen. 48

Wenn die auf dem Notaranderkonto erzielten zinsabschlagspflichtigen Zinsen zeitanteilig auf Verkäufer und Käufer entfallen, stellt der Notar eine der Anzahl der Beteiligten entsprechende Anzahl beglaubigter Abschriften der Originalbescheinigung her und vermerkt auf der an den jeweiligen Beteiligten auszuhändigenden Abschrift, in welcher Höhe er diesem Zinsen gutgeschrieben hat. Die Berechtigten haben diese beglaubigte Abschrift dem für sie zuständigen Finanzamt vorzulegen. 49

Wenn die auf einem Notaranderkonto erzielten zinsabschlagspflichtigen Zinsen an mehrere Beteiligte auszukehren sind, die nicht zusammen veranlagt werden, gilt Folgendes: 50

– Sind dem Notar die Anteilsverhältnisse bekannt, teilt er die Kapitalerträge und den Zinsabschlag auf die Berechtigten auf; die Regelungen zu Rz. 49 gelten entsprechend.

– Sind dem Notar die Anteilsverhältnisse nicht bekannt, sind die Kapitalerträge und der hierauf entfallende Zinsabschlag einheitlich und gesondert nach § 180 Abs. 1 Nr. 2 Buchstabe a AO festzustellen.

Die vorstehenden Regelungen sind auf Erträge aus Anderkonten von Rechtsanwälten, Steuerberatern, Steuerbevollmächtigten, Steuerberatungsgesellschaften, Wirtschaftsprüfern, vereidigten Buchprüfern, Wirtschaftsprüfungsgesellschaften und Buchführungsgesellschaften entsprechend anzuwenden. 51

4. Bescheinigung des von Zinsen aus Gemeinschaftskonten bei nichtehelichen Lebensgemeinschaften einbehaltenen Zinsabschlags

52 Partner einer nichtehelichen Lebensgemeinschaft dürfen für Gemeinschaftskonten – anders als Ehegatten – keine Freistellungsaufträge erteilen. Der Zinsabschlag ist vom Kreditinstitut einzubehalten. Darüber ist eine Steuerbescheinigung auf den Namen beider Kontoinhaber auszustellen. Anstelle der gesonderten Feststellung gem. § 180 Abs. 1 Nr. 2 Buchstabe a AO wird folgendes vereinfachte Verfahren zur Ermittlung des Anteils jedes Kontoinhabers am Zinsertrag und am einbehaltenen Zinsabschlag zugelassen.

53 Wie die Kapitalerträge (und der darauf entfallende Zinsabschlag) auf die Kontoinhaber zu verteilen sind, wird auf dem Original der Steuerbescheinigung vermerkt. Von der mit diesem Vermerk versehenen Steuerbescheinigung wird eine Ablichtung gefertigt.

54 Sowohl auf der Originalbescheinigung als auch auf der Ablichtung haben beide Kontoinhaber zu unterschreiben. Es bestehen keine Bedenken, in diesem Fall sowohl die Originalbescheinigung als auch deren Ablichtung anzuerkennen und den anteiligen Zinsertrag und den darauf entfallenden Zinsabschlag bei der Veranlagung zur Einkommensteuer jedes Kontoinhabers zu berücksichtigen.

55 Sofern sich später Meinungsverschiedenheiten über die Aufteilung der Einkünfte ergeben, ist eine gesonderte Feststellung bis zum Ablauf der Festsetzungsfrist nachzuholen.

5. Bescheinigung des von Zinsen aus Gemeinschaftskonten bei eingetragenen Lebenspartnern nach dem Lebenspartnerschaftsgesetz einbehaltenen Zinsabschlags

56 Die Regelungen in den Rz. 52–55 gelten sinngemäß.

6. Solidaritätszuschlag

57 Die Regelungen zur Aufteilung, Bescheinigung und Anrechnung des Zinsabschlags sind für den auf den Zinsabschlag erhobenen Solidaritätszuschlag entsprechend anzuwenden.

VI. Fundstellennachweis und Anwendungsregelung

58 Muster der Steuerbescheinigung i. S. der Rz. 1: BMF-Schreiben vom 20. Februar 2001 – BStBl I S. 235.

Muster der Steuerbescheinigung i. S. der Rz. 28: BMF-Schreiben vom 24. Juli 2001 – BStBl I S. 514. Die genannten BMF-Schreiben stehen auf den Internet-Seiten des Bundesministeriums der Finanzen zum Download bereit.

Dieses Schreiben ersetzt die Regelungen in KStR 1995 Abschn. 97 bis 102, die Tz. 6, 7, 8 und 10 des BMF-Schreibens vom 26. Oktober 1992 (BStBl I S. 693), das BMF-Schreiben vom 9. Mai 1994 (BStBl I S. 312), das BMF-Schreiben vom 17. Juli 1997 (BStBl I S. 727) und das BMF-Schreiben vom 18. Oktober 2001 (BStBl I S. 784).

59

15. BMF-Schreiben v. 4. 8. 2006 IV C 1 – S 2056 – 3/06

Änderung der Freistellungsaufträge aufgrund des Steueränderungsgesetzes 2007

Durch das Steueränderungsgesetz 2007 vom 19. Juli 2006 (BGBl I S. 1652) ist der Sparer-Freibetrag nach § 20 Abs. 4 EStG von 1 370 € bzw. 2 740 € (bei Zusammenveranlagung) mit Wirkung vom 1. Januar 2007 auf 750 € bzw. 1 500 € (bei Zusammenveranlagung) abgesenkt worden. Unter Berücksichtigung des (unveränderten) Werbungskosten-Pauschbetrages bei den Einkünften aus Kapitalvermögen können deshalb ab dem 1. Januar 2007 nur noch höchstens 801 € bzw. 1 602 € (bei Zusammenveranlagung) vom Kapitalertragsteuerabzug/Zinsabschlag freigestellt werden.

Nach dem Ergebnis der Erörterung mit den obersten Finanzbehörden der Länder übersendet das BMF das abgestimmte Muster des Freistellungsauftrags für Kapitalerträge, die nach dem 31. Dezember 2006 zufließen.

Der amtlich vorgeschriebene Vordruck darf von dem Muster nach Inhalt und Reihenfolge nicht abweichen. Der Freistellungsauftrag kann maschinell lesbar gestaltet werden. Dem Kunden kann eine Durchschrift oder Zweitschrift zur Verfügung gestellt werden.

Ist ein Freistellungsauftrag vor dem 1. Januar 2007 unter Beachtung des § 20 Abs. 4 EStG in der bis dahin geltenden Fassung erteilt worden, darf der Freistellungsbetrag für Erträge, die nach dem 31. Dezember 2006 zufließen, nach § 52 Abs. 55f EStG nur zu 56,37 % berücksichtigt werden. Bei der prozentualen Kürzung auf 56,37 % des Volumens des erteilten Freistellungsauftrags ist es nicht zu beanstanden, wenn die Glättung auf den nächst höheren Euro-Betrag vorgenommen wird.

Dieses Schreiben wird im Bundessteuerblatt Teil I veröffentlicht.

Muster
– Freistellungsauftrag für Kapitalerträge –
(Gilt nicht für Betriebseinnahmen und Einnahmen aus Vermietung und Verpachtung)

(Name, abweichender Geburtsname, Vorname, Geburtsdatum des Gläubigers der Kapitalerträge)

(Straße, Hausnummer)

(ggf. Name, abweichender Geburtsname, Vorname, Geburtsdatum des Ehegatten)

(Postleitzahl. Ort)

An

(Datum)

(z. B. Kreditinstitut/Bausparkasse/Lebensversicherungsunternehmen/Bundes-/ Landesschuldenverwaltung)

(Straße, Hausnummer) (Postleitzahl, Ort)

Hiermit erteile ich/erteilen wir*) Ihnen den Auftrag, meine / unsere*) bei Ihrem Institut anfallenden Zinseinnahmen vom Steuerabzug freizustellen und/oder bei Dividenden und ähnlichen Kapitalerträgen die Erstattung von Kapitalertragsteuer beim Bundeszentralamt für Steuern (BZSt) zu beantragen, und zwar

☐ bis zu einem Betrag von . . . . € (bei Verteilung des Freibetrags auf mehrere Kreditinstitute).

☐ bis zur Höhe des für mich / uns*) geltenden Sparer-Freibetrags und Werbungskosten-Pauschbetrags von insgesamt 801 €/S. 1602 €*).

Dieser Auftrag gilt ab dem . . . .

☐ so lange, bis Sie einen anderen Auftrag von mir / uns*) erhalten.

☐ bis zum . . . .

Die in dem Auftrag enthaltenen Daten werden dem BZSt übermittelt. Sie dürfen zur Durchführung eines Verwaltungsverfahrens oder eines gerichtlichen Verfahrens in Steuersachen oder eines Strafverfahrens wegen einer Steuerstraftat oder eines Bußgeldverfahrens wegen einer Steuerordnungswidrigkeit verwendet sowie vom BZSt den Sozialleistungsträgern übermittelt werden, soweit dies zur Überprüfung des bei der Sozialleistung zu berücksichtigenden Einkommens oder Vermögens erforderlich ist (§ 45 d EStG).

Ich versichere / Wir versichern*), dass mein / unser*) Freistellungsauftrag zusammen mit Freistellungsaufträgen an andere Kreditinstitute, Bausparkassen, das BZSt usw. den für mich / uns*) geltenden Höchstbetrag von insgesamt 801 €/1 602 €*) nicht übersteigt. Ich versichere / Wir versichern*) außerdem, dass ich / wir*) mit allen für das Kalenderjahr erteilten Freistellungsaufträgen für keine höheren Kapitalerträge als insgesamt 801 €/1 602 €*) im Kalenderjahr die Freistellung oder Erstattung von Kapitalertragsteuer in Anspruch nehme(n)*).

Die mit dem Freistellungsauftrag angeforderten Daten werden auf Grund von § 44 a Abs. 2, § 44 b Abs. 1 und § 45 d Abs. 1 EStG erhoben.

(Unterschrift) (ggf. Unterschrift Ehegatte, gesetzliche (r) Vertreter)

☐ Zutreffendes bitte ankreuzen

*) Nichtzutreffendes bitte streichen

Der Höchstbetrag von 1 602 € gilt nur bei Ehegatten, bei denen die Voraussetzungen einer Zusammenveranlagung im Sinne des § 26 Abs. 1 Satz 1 EStG vorliegen. Der Freistellungsauftrag ist z. B. nach Auflösung der Ehe oder bei dauerndem Getrenntleben zu ändern.

16. BMF-Schreiben vom 14. 7. 2004 IV C 1 – S 2252 – 171/04, BStBl 2004 I 611

Ertragsteuerliche Behandlung der Einnahmen aus der Veräußerung oder Abtretung einer Kapitalanlage bei vorübergehender oder endgültiger Zahlungseinstellung des Emittenten im Rahmen des § 20 Abs. 2 Satz 1 Nr. 4 EStG

Zu Zweifelsfragen bei der Anwendung des § 20 Abs. 2 Satz 1 Nr. 4 EStG auf Einnahmen aus der Veräußerung oder Abtretung einer Kapitalanlage bei vorübergehender oder endgültiger Zahlungseinstellung des Emittenten wird unter Bezugnahme auf das Ergebnis der Erörterung mit den obersten Finanzbehörden der Länder wie folgt Stellung genommen:

Die Besteuerung der Einkünfte aus Kapitalvermögen wird von dem Grundsatz beherrscht, dass zwischen dem Kapitalvermögen als solchem und dem Ertrag als Frucht des Kapitals zu unterscheiden ist. Grundsätzlich wirken sich deshalb Wertveränderungen der Kapitalanlage als solche auf die Besteuerung der erzielten Erträge im Rahmen des § 20 EStG nicht aus (ständige Rechtsprechung des Bundesfinanzhofs; zuletzt Urteil vom 24. Oktober 2000, BStBl 2001 II S. 97).

Der Gesetzgeber hat mit der durch das StMBG eingefügten Neuregelung des § 20 Abs. 2 Satz 1 Nr. 4 EStG die Erfassung von verdeckten Zinserträgen bei sog. Finanzinnovationen gesetzlich abgesichert. Er wollte klarstellen, „dass Vorteile, die unabhängig von ihrer Bezeichnung und ihrer zivilrechtlichen Gestaltung bei wirtschaftlicher Betrachtung für die Überlassung von Kapitalvermögen zur Nutzung erzielt werden, zu den Einkünften aus Kapitalvermögen gehören„ (vgl. BT-Drucksache 12/5630, S. 59).

Bei Erträgen aus der Veräußerung oder Abtretung der in § 20 Abs. 2 Satz 1 Nr. 4 EStG genannten Kapitalanlagen ist als Einnahme aus Kapitalvermögen grundsätzlich die auf die Besitzzeit entfallende Emissionsrendite zu erfassen (§ 20 Abs. 2 Satz 1 Nr. 4 Satz 1 EStG). Haben die Kapitalanlagen keine Emissionsrendite oder weist der Steuerpflichtige diese nicht nach, gilt der Unterschiedsbetrag zwischen dem bei Erwerb gezahlten Entgelt und den Einnahmen aus der Veräußerung oder Abtretung als Kapitalertrag (sog. Marktrendite i. S. des § 20 Abs. 2 Satz 1 Nr. 4 Satz 2 EStG). Durch den Ansatz der Marktrendite werden somit unter Umständen auch realisierte Kursschwankungen der Wertpapiere und Kapitalforderungen in die Besteuerung nach § 20 EStG einbezogen. Der Gesetzgeber hat mit der Marktrendite eine leichtere Form der Ertragsermittlung zugelassen. Hiermit wird in gewissem Umfang in Kauf genommen, dass sich durch den Kapitalmarkt verursachte Wertveränderungen auf der Vermögensebene (z. B. Zinsniveauänderungen) auch ertragsteuerlich niederschlagen.

Der Gesetzgeber wollte allerdings solche Vorgänge nicht in die Besteuerung der Einkünfte aus Kapitalvermögen einbeziehen, die eindeutig der Vermögensebene zuzuordnen sind. Hierzu gehören Wertveränderungen der Kapitalanlage als solche, die sich aus einer (vorübergehenden) Zahlungseinstellung eines Emittenten oder der Eröffnung eines Insolvenzverfahrens eines privaten Unternehmens ergeben. Verluste aus der Veräußerung oder Abtretung einer hiervon betroffenen Kapitalanlage sind daher im Rahmen des § 20 EStG steuerlich nicht zu berücksichtigen, sondern allenfalls bei den Einkünften aus privaten Veräußerungsgeschäften nach § 23 EStG.

Für die Beurteilung, ob eine der Voraussetzungen des § 20 Abs. 2 Satz 1 Nr. 4 EStG vorliegt, ist ausschließlich auf die Verhältnisse im Zeitpunkt der Emission abzustellen. Nachträgliche Veränderungen sind aus ertragsteuerlicher Sicht irrelevant. Ein Tatbestand nach § 20 Abs. 2 Satz 1 Nr. 4 Buchst. c EStG liegt daher u. a. nur vor, wenn Stückzinsen bereits ab dem Zeitpunkt der Emission nicht gesondert in Rechnung gestellt werden.

Werden festverzinsliche Wertpapiere, öffentliche Schuldverschreibungen oder sonstige Kapitalforderungen erst zu einem späteren Zeitpunkt wegen vorübergehender oder endgültiger Zahlungseinstellung eines privaten Emittenten oder eines Staates nicht mehr unter offenem Ausweis von Stückzinsen, sondern „flat,, gehandelt, so führt dies nicht zu einer nachträglichen Einordnung unter § 20 Abs. 2 Satz 1 Nr. 4 Buchst. c EStG. Die nach Umstellung auf den Flathandel eintretenden Wertveränderungen sind nicht bei den Einkünften aus Kapitalvermögen nach § 20 EStG, sondern allenfalls bei den Einkünften aus privaten Veräußerungsgeschäften nach § 23 EStG zu berücksichtigen. Auf diese Wertveränderungen ist kein Zinsabschlag zu erheben.

Die Grundsätze dieses Schreibens sind bei der Veranlagung in allen noch offenen Fällen anzuwenden; bei der Erhebung des Zinsabschlags wird es nicht beanstandet, wenn die auszahlende Stelle die Grundsätze erst auf Veräußerungen, Abtretungen oder Einlösungen nach der Veröffentlichung dieses Schreibens im BStBl anwendet.

17. BMF-Schreiben vom 31. 8. 2004 IV C 1 – S 2401 – 19/04 IV C 3 – S 2256 – 206/04, BStBl 2004 I 854

Jahresbescheinigung über Kapitalerträge und Veräußerungsgeschäfte aus Finanzanlagen nach § 24c EStG

Nach § 24c EStG in der Fassung des Steueränderungsgesetzes 2003 (StÄndG 2003) haben Kreditinstitute oder Finanzdienstleistungsinstitute, die nach § 45a EStG zur Ausstellung von Steuerbescheinigungen berechtigt sind, sowie Wertpapierhandelsunternehmen und Wertpapierhandelsbanken (*Institute*) dem Gläubiger der Kapitalerträge oder dem Hinterleger der Wertpapiere für alle bei ihnen geführten Wertpapierdepots und Konten eine zusammenfassende Jahresbescheinigung nach amtlich vorgeschriebenem Muster auszustellen, welche die für die Besteuerung nach den §§ 20 und 23 Abs. 1 Satz 1 Nr. 2 bis 4 EStG erforderlichen Angaben enthält.

Unter Bezugnahme auf die Erörterung mit den obersten Finanzbehörden der Länder gilt für die Ausstellung der Jahresbescheinigung nach § 24c EStG Folgendes:

1. Muster der Jahresbescheinigung

Für die Bescheinigung der Angaben ist das anliegende amtlich vorgeschriebene Muster (einschl. des Hinweisblattes) zu verwenden. Nach Inhalt, Aufbau und Reihenfolge der Angaben darf von ihm nicht abgewichen werden. Die Gestaltung der Felder für die Bezeichnung des Instituts und des Gläubigers ist nicht vorgeschrieben. Eine Ergänzung der Bescheinigung um ein zusätzliches Adressfeld ist zulässig.

2. Allgemeine Verfahrensfragen zur Ausstellung der Jahresbescheinigung

2.1 Institutsspezifische Gegebenheiten

Institut

Die Bescheinigung ist von der konto- und/oder depotführenden Filiale des Instituts zu erteilen. Bei Instituten, bei denen die Konten und/oder Depots nicht zentral bzw. zusammen verwaltet werden und die Zusammenführung der Angaben in einer Bescheinigung nicht möglich ist, ist es zulässig, wenn jeweils eine getrennte Bescheinigung für den Kontobereich und den Depotbereich ausgestellt wird.

Investmenterträge

Bei Fondsgesellschaften ist es nicht zu beanstanden, wenn die Bescheinigung für das Depotkonto des einzelnen Fonds ausgestellt wird.

Wechsel des Rechenzentrums/Wertpapierdienstleisters

Wechselt ein Institut während des Kalenderjahrs das Rechenzentrum oder den Wertpapierdienstleister, können den Kunden für dieses Kalenderjahr verschiedene Bescheinigungen (über die bis zum Wechsel des Rechenzentrums/Wertpapierdienstleisters erzielten Erträge und für die nach dem Wechsel erzielten Erträge) nach § 24c EStG ausgestellt werden.

Mehrere Abwicklungssysteme

Sofern auch innerhalb des Depots- und/oder Kontenbereichs mehrere Abwicklungssysteme vorhanden sind, ist es für den Veranlagungszeitraum 2004 zulässig, wenn für den jeweiligen Bereich getrennte Bescheinigungen erstellt werden.

2.2 Gläubiger der Kapitalerträge und Hinterleger der Wertpapiere

Allgemeines

Die Verpflichtung, dem Gläubiger der Kapitalerträge oder dem Hinterleger der Wertpapiere eine Jahresbescheinigung auszustellen, besteht nur gegenüber unbeschränkt einkommensteuerpflichtigen natürlichen Personen.

Gemeinschaftskonten

Wird für Ehegatten ein gemeinschaftliches Konto oder Depot unterhalten, lautet die Bescheinigung auf den Namen beider Ehegatten. Gleiches gilt für Gemeinschaftskonten/-depots von eheähnlichen und nichteheähnlichen Lebensgemeinschaften sowie von eingetragenen Lebenspartnern nach dem Lebenspartnerschaftsgesetz. Dies gilt auch für andere Personengemeinschaften, bei denen über die steuerliche Zurechnung der Erträge und ggf. anzurechnender Steuerabzugsbeträge grundsätzlich im Rahmen der gesonderten Feststellung der Einkünfte aus Kapitalvermögen oder aus sonstigen Einkünften i. S. des § 180 Abs. 1 Nr. 2 Buchstabe a AO entschieden wird.

Ausstellung in besonderen Fällen

In allen anderen Fällen (z. B. Notaranderkonten, Wohnungseigentümergemeinschaften, Treuhandfällen) sind die Regelungen des BMF-Schreibens vom 5. November 2002 (BStBl 2002 I S. 1338) zur Ausstellung von Steuerbescheinigungen für Kapitalerträge nach § 45a Absätze 2 und 3 EStG sinngemäß anzuwenden.

Betriebliche Konten

Die Verpflichtung zur Ausstellung einer Bescheinigung besteht nur für Kapitalerträge, die den Einkünften aus Kapitalvermögen, und für Erträge aus privaten Veräußerungsgeschäften i. S. des § 23 Abs. 1 Satz 1 Nr. 2 bis 4 EStG, die den sonstigen Einkünften zuzuordnen sind. Erkennt das Institut, dass es sich um ein betriebliches Konto oder Depot handelt, besteht keine Verpflichtung zur Ausstellung.

3. Vorlage einer Nichtveranlagungs-Bescheinigung

Die Vorlage einer Nichtveranlagungs-Bescheinigung entbindet nicht von der Verpflichtung zur Ausstellung einer Bescheinigung.

4. Umfang der zu bescheinigenden Angaben

Es ist nicht zu beanstanden, wenn in Fällen, in denen ein in dem amtlichen Muster enthaltener Sachverhalt nicht gegeben ist (z. B. es wurde kein privates Veräußerungsgeschäft getätigt, keine Dividende erzielt, keine ausländische Steuer entrichtet), die entsprechende(n) Zeile(n) des amtlichen Musters sowie die entsprechenden Hinweise entfallen.

Bei privaten Veräußerungsgeschäften i. S. des § 23 Abs. 1 Satz 1 Nr. 2 bis 4 EStG sind die Institute nur verpflichtet, die Daten zu bescheinigen, die bei ihnen vorhanden sind. Entsprechendes gilt, wenn nicht alle für die Besteuerung nach § 20 EStG erforderlichen Daten vorhanden sind. Bei privaten Veräußerungsgeschäften des Kalenderjahrs 2004 und in Fällen eines Depotwechsels, in denen das Institut nicht über die Daten des jeweiligen Anschaffungszeitpunkts oder des Zeitpunkts des Erwerb des Rechts verfügt, sind zumindest die Daten der Veräußerung (Zeitpunkt der Veräußerung, Veräußerungspreis) oder der Zeitpunkt der Beendigung des Rechts sowie des Differenzausgleichs, Geldbetrags oder sonstigen Vorteils zu nennen.

Das Institut hat grundsätzlich für jedes private Veräußerungsgeschäft die erforderlichen Angaben gesondert zu bescheinigen, es sei denn, gleichartige Wertpapiere wurden innerhalb der Behaltensfrist gemeinsam erworben und veräußert (z. B. Kauf von 1 000 Aktien eines Unternehmens am 10. Januar 2004 und Veräußerung dieser Aktien am 15. April 2004).

5. Bagatellregelung

Es besteht keine Verpflichtung zur Ausstellung, wenn die in der Jahresbescheinigung auszuweisenden Kapitalerträge einen Betrag von 10 Euro nicht überschreiten und kein privates Veräußerungsgeschäft zu bescheinigen ist.

6. Bescheinigung von Aufwendungen

Aufwendungen, die dem Konto- oder Depotinhaber im Zusammenhang mit den Kapitalerträgen oder Veräußerungsgeschäften entstanden sind, sind nur insoweit zu bescheinigen, als

- sie im Zusammenhang mit der Konto- oder Depotführung entstanden sind (Depotgebühren, Kosten der Erträgnisaufstellung, Beratungsgebühren, Entgelte für Verwaltungsdienstleistungen; Anlage KAP),
- es sich um Transaktionskosten bei Wertpapiergeschäften (Anlage SO) oder
- es sich um Aufwendungen für den Erwerb des Rechts bei Termingeschäften (Anlage SO) handelt.

Über die einkommensteuerrechtliche Beurteilung dieser Aufwendungen als Werbungskosten und deren Zuordnung zu der jeweiligen Einkunftsart wird im Rahmen der Einkommensteuerveranlagung des Steuerpflichtigen entschieden.

7. Ergänzende Angaben

Es bestehen keine Bedenken, wenn der Bescheinigung weitere Erläuterungen beigefügt werden, sofern die Ergänzung getrennt von dem amtlichen Muster erfolgt.

8. Erstmalige Erteilung

Der Anspruch auf Ausstellung einer Jahresbescheinigung entsteht frühestens nach Ablauf des jeweiligen Kalenderjahres, erstmals für das Jahr 2004.

Dokument anzeigen

Die Jahresbescheinigung über Kapitalerträge und Veräußerungsgeschäfte aus Finanzanlagen soll Ihnen das Ausfüllen der Anlagen KAP, AUS und SO zur Einkommensteuer-/Feststellungserklärung erleichtern.

Haben Sie weitere, hier nicht aufgeführte Einnahmen aus Kapitalvermögen erzielt oder private Veräußerungsgeschäfte getätigt, müssen diese zusätzlich in den Anlagen KAP, AUS und SO erklärt werden.

Die Jahresbescheinigung ersetzt **NICHT** die Steuerbescheinigung nach § 45a Abs. 2 oder 3 EStG. Für die Anrechnung von Kapitalertragsteuer/ Zinsabschlag ist weiterhin die Steuerbescheinigung der Einkommensteuer-/Feststellungserklärung beizufügen.

Bei der Übernahme der bescheinigten Angaben in die Einkommensteuer-/Feststellungserklärung beachten Sie bitte folgende Hinweise:

Soweit die bescheinigten Erträge und/oder Aufwendungen zu den Einkünften aus Land- und Forstwirtschaft, aus Gewerbebetrieb, aus selbständiger Arbeit oder aus Vermietung und Verpachtung gehören, sind sie diesen Einkünften zuzurechnen und in den dafür vorgesehenen Anlagen zur Einkommensteuer-/Feststellungserklärung anzugeben.

Kapitalerträge (Anlage KAP)

Die Einnahmen sind **einschließlich** freigestellter Einnahmen (Freistellungsauftrag), anzurechnender/erstatteter Kapitalertragsteuer/Zinsabschlag/Solidaritätszuschlag bescheinigt.

Es ist zu prüfen, ob Erträge, die **nicht in bar** ausgeschüttet werden (z. B. Stockdividenden, Treue- und Bonusaktien) in der Bescheinigung enthalten sind. Diese Erträge sind grds. **einkommensteuerpflichtig** und in der Einkommensteuer-/Feststellungserklärung mit dem Euro-Kurswert vom Tag der Fälligkeit zu erklären.

Für bestimmte von § 20 Abs. 2 Satz 1 Nr. 4 EStG umfasste Kapitalforderungen (sog. „**Finanzinnovationen**„) wird bei Einlösung, Veräußerung oder Abtretung der Wertpapiere der Ertrag nach der Emissions- oder der Marktrendite ermittelt. Als Bemessungsgrundlage für den Zinsabschlag wird der nach der Marktrendite oder einer Ersatzbemessungsgrundlage (30 v. H. der Einnahmen aus der Veräußerung oder Einlösung) ermittelte Ertrag angesetzt. Im Rahmen der Einkommensteuer-/Feststellungserklärung besteht ein Wahlrecht, statt der Marktrendite die Besteuerung nach der Emissionsrendite – festgestellt im Zeitpunkt der Emissionsbegebung – in Abhängigkeit von der tatsächlichen Besitzzeit vorzunehmen (s. Anleitung zur Anlage KAP zu Zeilen 6 und 7). Die Prüfung und Entscheidung, ob die Emissionsrendite anstatt der vom Kreditinstitut bescheinigten Marktrendite zugrunde gelegt werden soll, ist von Ihnen vorzunehmen und ggf. individuell zu berechnen. Wurde bei der Berechnung des Zinsabschlags die

Ersatzbemessungsgrundlage angewendet, müssen die Erträge in jedem Fall nach der Marktrendite oder ggf. nach der Emissionsrendite ermittelt werden.

Bei der Veräußerung oder Rückgabe von **Anteilen an thesaurierenden ausländischen thesaurierenden Fonds** unterliegen nicht nur die zum Ende des letzten Geschäftsjahres des Fonds als zugeflossen geltenden Erträge, sondern auch zum Ende früherer Geschäftsjahre als zugeflossen geltenden Erträge dem Zinsabschlag. In der Einkommensteuer-/Feststellungserklärung sind jedoch die im Jahr der Veräußerung oder Rückgabe des Investmentanteils als zugeflossen geltenden Erträge anzugeben, weil die zum Ende früherer Geschäftsjahre als zugeflossen geltenden Erträge bereits in früheren Kalenderjahren zu versteuern waren.

Die **Erträge aus ausländischen Wertpapieren** unterliegen der Einkommensteuer mit dem Bruttobetrag, d. h. einschließlich der ausländischen Steuern.

Aufwendungen sind nur insoweit bescheinigt, als sie im Zusammenhang mit der Konto- und/oder Depotführung entstanden sind (Depotgebühren, Kosten der Erträgnisaufstellung, Beratungsgebühren, Entgelte für Verwaltungsdienstleistungen).

Die Prüfung, ob

- die angeführten Aufwendungen tatsächlich Werbungskosten sind oder
- weitere Aufwendungen, die in die Anlage KAP zu übernehmen sind, entstanden sind,

obliegt dem Steuerpflichtigen.

Veräußerungsgeschäfte bei Wertpapieren und Termingeschäfte (Anlage SO)

Die Bescheinigung enthält Angaben nur, soweit die erforderlichen Daten bei dem Institut vorhanden sind (z. B. nur Veräußerungszeitpunkt und Veräußerungskosten). Die Prüfung, ob

- es sich um ein steuerpflichtiges Veräußerungsgeschäft innerhalb der Behaltensfrist (Kauf und Verkauf innerhalb von einem Jahr) handelt,
- die angeführten Aufwendungen tatsächlich Werbungskosten sind oder
- weitere Aufwendungen, die in die Anlage SO zu übernehmen sind, entstanden sind,

obliegt dem Steuerpflichtigen.

18. BMF-Schreiben vom 25. 10. 2004 IV C 3 – S 2256 – 238/04, BStBl 2004 I 1034

Zweifelsfragen bei der Besteuerung privater Veräußerungsgeschäfte nach § 23 Abs. 1 Satz 1 Nr. 2 EStG

Im Einvernehmen mit den obersten Finanzbehörden der Länder wird zu Zweifelsfragen der Besteuerung privater Veräußerungsgeschäfte mit Wertpapieren nach § 23 Abs. 1 Satz 1 Nr. 2 EStG wie folgt Stellung genommen (wegen der Abgrenzung zum gewerblichen Wertpapierhandel siehe BFH-Urteile vom 29. Oktober 1998 – BStBl 1999 II S. 448, vom 20. Dezember 2000 – BStBl 2001 II S. 706 und vom 30. Juli 2003 – BStBl 2004 II S. 408):

1. Anschaffungszeitpunkt bei Wertpapieren

1.1 Anschaffungszeitpunkt beim Erwerb von Wertpapieren an der Börse

Die Jahresfrist nach § 23 Abs. 1 Satz 1 Nr. 2 EStG beginnt in dem Zeitpunkt, in dem das der Anschaffung zu Grunde liegende obligatorische Rechtsgeschäft abgeschlossen wird (BFH-Urteile vom 30. November 1976 – BStBl 1977 II S. 384 und vom 8. Dezember 1981 – BStBl 1982 II S. 618). Werden Wertpapiere an der Börse erworben, wird das obligatorische Rechtsgeschäft in dem Zeitpunkt abgeschlossen, in dem der Börsenhändler, den der Steuerpflichtige oder das ihn vertretende Kreditinstitut beauftragt hat, den Kaufauftrag ausführt (sog. Schlusstag). 1

1.2 Erwerb von börsennotierten Wertpapieren im außerbörslichen Handel

Bei börsennotierten Wertpapieren kann ein privater Veräußerungsgewinn auch durch Ankauf oder Verkauf der Wertpapiere außerhalb der Börse entstehen. Eine Anschaffung oder Veräußerung des Wertpapiers setzt voraus, dass es auf Grund eines Kaufvertrags tatsächlich zu einer Übertragung der mit dem Wertpapier verbundenen Rechte kommt. 2

Wertpapiere, die außerhalb der Börse von einem Nichtgesellschafter im Hinblick auf die Börseneinführung erworben werden, sind in dem Zeitpunkt angeschafft, in dem der Kaufvertrag abgeschlossen wird. Wird das Wertpapier später tatsächlich nicht geliefert (z. B. weil das Wertpapier nicht zum Börsenhandel zugelassen oder die erforderliche Zeichnungsquote nicht erreicht wird), ist der Kaufvertrag ohne steuerliche Bedeutung. 3

Auch vor Börseneinführung einer zum Börsenhandel vorgesehenen Aktie kann diese von einem der Altgesellschafter oder durch Einlage des Zeichnungskapitals in die Gesellschaft erworben werden.

1.3 Erwerb von Wertpapieren durch Zuteilung nach Ablauf der Zeichnungsfrist

4 Wird ein neu emittiertes Wertpapier gezeichnet, liegt ein rechtsgültiger Kaufvertrag erst in dem Zeitpunkt vor, in dem entschieden wird, dass es zur Zuteilung der gezeichneten Wertpapiere kommt (Annahme des Kaufvertrags-Angebots durch den Emittenten oder seinen Vertreter). Erfolgt keine Zuteilung, sind die insoweit angefallenen Aufwendungen keine Werbungskosten im Sinne des § 23 Abs. 3 EStG.

2. **Anschaffung von Aktien durch Wandel-, Options-, Umtausch- und Aktienanleihen**

2.1 Wandelanleihen

5 Bei einer Wandelanleihe (Wandelschuldverschreibung im Sinne des § 221 AktG) besitzt der Inhaber das Recht, innerhalb einer bestimmten Frist die Anleihe in eine bestimmte Anzahl von Aktien des Emittenten umzutauschen. Mit dem Umtausch erlischt der Anspruch auf Rückzahlung des Nominalbetrags der Anleihe.

6 Mit der Anschaffung der Wandelanleihe hat der Steuerpflichtige bereits das unwiderrufliche Recht zum Erwerb der Aktien erlangt. Übt der Inhaber der Anleihe das Wandlungsrecht aus, werden die Aktien des Schuldners im Zeitpunkt der Ausübung des Wandlungsrechts angeschafft (vgl. RFH-Urteil vom 24. August 1944, RFHE 54 S. 128). Da Begebung der Anleihe und späterer Erwerb der Aktien einen einheitlichen Rechtsvorgang darstellen, entsteht durch die Wandlung weder ein Kapitalertrag aus der Anleihe noch ein privater Veräußerungsgewinn durch Tausch der Anleihe in Aktien. Die für den Erwerb der Anleihe aufgewendeten Anschaffungskosten gehören neben der ggf. zu leistenden Barzuzahlung zu den Anschaffungskosten der Aktien. Ein bei der Veräußerung der Aktien innerhalb eines Jahres nach Ausübung des Wandlungsrechts erzielter Veräußerungsgewinn ist nach § 23 Abs. 1 Satz 1 Nr. 2 EStG steuerpflichtig.

2.2 Optionsanleihen

7 Bei einer Optionsanleihe besitzt der Inhaber neben dem Recht auf Rückzahlung des Nominalbetrags ein in einem Optionsschein verbrieftes Recht,

innerhalb der Optionsfrist eine bestimmte Anzahl von Aktien des Emittenten oder einer anderen Gesellschaft, Anleihen, Fremdwährungen, Edelmetalle oder andere Basiswerte zu einem festgelegten Kaufpreis zu erwerben. Mit der Ausübung der Option erlischt der Anspruch auf Rückzahlung des Nominalbetrags der Anleihe nicht. Anleihe und Optionsschein können voneinander getrennt werden und sind sodann gesondert handelbar.

Übt der Inhaber des Optionsscheins das Optionsrecht aus, schafft er im Zeitpunkt der Ausübung den Basiswert an. Der Kaufpreis und die Anschaffungsnebenkosten des Optionsscheins gehören zu den Anschaffungskosten des Basiswerts (vgl. Rz 15 des BMF-Schreibens vom 27. November 2001 – BStBl 2001 I S. 986). Wurde der Optionsschein zusammen mit der Anleihe erworben, sind die Anschaffungskosten der Optionsanleihe aufzuteilen in Anschaffungskosten der Anleihe und Anschaffungskosten des Optionsrechts. Die Aufteilung der Anschaffungskosten der Optionsanleihe richtet sich beim Ersterwerb nach den Angaben im Emissionsprospekt, soweit dort ein gesondertes Aufgeld für das Optionsrecht ausgewiesen und die Anleihe mit einer marktgerechten Verzinsung ausgestattet ist. In anderen Fällen kann der Steuerpflichtige die Anschaffungskosten der Anleihe unter Zugrundelegung der Emissionsrendite oder der Rendite einer vergleichbaren Anleihe ohne Optionsrecht ermitteln. Werden die Anschaffungskosten weder nachgewiesen noch berechnet, ist eine Aufteilung der einheitlichen Anschaffungskosten nach dem Verhältnis der Börsenkurse vorzunehmen, die für die Anleihe ohne Optionsschein und den Optionsschein im Zeitpunkt des Erwerbs gelten. 8

2.3 Umtauschanleihen

Bei einer Umtauschanleihe besitzt der Inhaber das Recht, bei Fälligkeit an Stelle der Rückzahlung des Nominalbetrags der Anleihe vom Emittenten die Lieferung einer vorher festgelegten Anzahl von Aktien zu verlangen. Mit der Ausübung der Option erlischt der Anspruch auf Rückzahlung des Nominalbetrags der Anleihe. 9

Macht der Inhaber der Anleihe von seinem Recht Gebrauch, ist der Börsenwert der übertragenen Aktien bei der Ermittlung der Marktrendite für die Einkünfte aus Kapitalvermögen zu berücksichtigen. Als Anschaffungskosten der Aktien sind zur Ermittlung eines privaten Veräußerungsgewinns nach § 23 Abs. 3 EStG der Börsenwert der Aktien im Zeitpunkt der Fälligkeit der Anleihe zuzüglich der Aufwendungen für die Ausübung des Rechts anzusetzen. Der für die Ermittlung des Börsenwerts erforderliche 10

Börsenkurs ist unter sinngemäßer Anwendung des § 19a Abs. 2 Satz 2 EStG mit dem niedrigsten am Fälligkeitstag der Anleihe an einer deutschen Börse (einschließlich XETRA) gehandelten Kurs zu ermitteln. Die Aktien gelten an dem Tag als angeschafft, an dem das Recht ausgeübt wird.

Beispiel:

Der Steuerpflichtige A erwirbt am 1. März 01 eine mit 3 % verzinsliche Umtauschanleihe mit Fälligkeit 1. Juli 02 und einem Nominalbetrag von 10 000 € zum Kurswert von 10 700 €, die ihm das Recht einräumt, an Stelle der Rückzahlung des Kapitals je 100 € Nominalbetrag eine Aktie der B-AG zu beziehen. Am 28. Juni 02 beträgt der Kurs der B-Aktie 118 €. A übt sein Optionsrecht zum Bezug der Aktien an diesem Tag aus. Am 1. Juli 02 beträgt der Kurs der B-Aktie 120 €. A veräußert die am 1. Juli 02 gelieferten Aktien am 30. Oktober 02 zum Kurs von 130 €.

Mit dem Bezug der Aktien erzielt A am 1. Juli 02 Einkünfte i. S. des § 20 Abs. 2 Satz 1 Nr. 4 Satz 4 i. V. m. § 20 Abs. 2 Satz 1 Nr. 4 Satz 2 EStG in Höhe von 1 300 € (12 000 € ./. 10 700 €). Die Aktien gelten am 28. Juni 02 als angeschafft. Die Anschaffungskosten der Aktien betragen 12 000 €, so dass durch die Veräußerung am 30. Oktober 02 für 13 000 € ein privater Veräußerungsgewinn i. S. des § 23 Abs. 3 Satz 1 EStG von 1 000 € entsteht. Bei der Anwendung des Halbeinkünfteverfahrens entsteht ein steuerpflichtiger privater Veräußerungsgewinn von 500 €.

2.4 Aktienanleihen

11 Bei einer Hochzins- oder Aktienanleihe besitzt der Emittent das Recht, bei Fälligkeit dem Inhaber an Stelle der Rückzahlung des Nominalbetrags der Anleihe eine vorher festgelegte Anzahl von Aktien anzudienen. Mit der Ausübung der Option erlischt die Verpflichtung zur Rückzahlung des Nominalbetrags der Anleihe.

12 Macht der Emittent der Anleihe von seinem Recht Gebrauch, ist der Börsenwert der übertragenen Aktien beim Inhaber der Anleihe bei der Ermittlung der Marktrendite für die Einkünfte aus Kapitalvermögen zu berücksichtigen. Die Anschaffungskosten der Aktien für die Ermittlung eines privaten Veräußerungsgewinns nach § 23 Abs. 3 EStG bestimmen sich nach dem Börsenwert der Aktien im Zeitpunkt der Fälligkeit der Anleihe. Der für die Ermittlung des Börsenwerts erforderliche Börsenkurs ist unter sinngemäßer Anwendung des § 19a Abs. 2 Satz 2 EStG mit dem niedrigsten am Fälligkeitstag der Anleihe an einer deutschen Börse (einschließlich XETRA) gehandelten Kurs zu ermitteln. Die Aktien gelten in dem Zeit-

punkt als angeschafft, in dem nach den Emissionsbedingungen der Anleihe feststeht, dass es zur Lieferung kommt.

Beispiel:
Der Steuerpflichtige A erwirbt am 1. März 01 eine mit 15 % verzinsliche Aktienanleihe mit Fälligkeit 1. Juli 02 und einem Nominalbetrag von 10 000 € zum Kurswert von 10 000 €, die dem Emittenten das Recht einräumt, an Stelle der Rückzahlung des Kapitals je 100 € Nominalbetrag eine Aktie der B-AG zu liefern. Am 28. Juni 02 macht der Emittent von seinem Recht Gebrauch und entscheidet, an Stelle der Auszahlung des Nominalbetrages der Anleihe Aktien zu liefern. Der Kurs der B-Aktie beträgt an diesem Tag 85 €, am 1. Juli 02 (Fälligkeitstag der Anleihe) 90 €. A veräußert die Aktien am 30. Oktober 02 zum Kurs von 130 €.

Mit dem Bezug der Aktien erzielt A am 1. Juli 02 Einkünfte i. S. des § 20 Abs. 2 Satz 1 Nr. 4 Satz 4 i. V. m. § 20 Abs. 2 Satz 1 Nr. 4 Satz 2 EStG in Höhe von ./. 1 000 € (9 000 € ./. 10 000 €). Die Aktien gelten am 28. Juni 02 als angeschafft. Die Anschaffungskosten der Aktien betragen 9 000 €, so dass durch die Veräußerung am 30. Oktober 02 für 13 000 € ein privater Veräußerungsgewinn i. S. des § 23 Abs. 3 Satz 1 EStG von 4 000 € entsteht. Bei der Anwendung des Halbeinkünfteverfahrens entsteht ein steuerpflichtiger privater Veräußerungsgewinn von 2 000 €.

3. Anschaffung von Aktien durch Ausübung von Arbeitnehmer-Optionen („stockoptions")

Übt ein Arbeitnehmer eine ihm vom Arbeitgeber eingeräumte Option zum Bezug von Aktien des Arbeitgebers oder einer anderen Gesellschaft (stock option) aus, gelten die Aktien für die Anwendung des § 23 Abs. 1 Satz 1 Nr. 2 EStG am Tag der Ausübung der Option als angeschafft. Der Tag des Zuflusses, der für die Besteuerung der Einkünfte aus nichtselbständiger Arbeit von Bedeutung ist, ist für die Frist des § 23 EStG ohne Bedeutung, weil § 23 Abs. 1 Satz 1 Nr. 2 EStG für den Beginn der Jahresfrist auf das obligatorische Anschaffungsgeschäft abstellt. Ist der Bezug der Aktien am Tag der Ausübung der Option noch davon abhängig, dass der Arbeitnehmer eine bestimmte Leistung erbringt (z. B. Betriebszugehörigkeit bis zum Ablauf einer bestimmten Frist), gelten die Aktien für die Anwendung des § 23 Abs. 1 Satz 1 Nr. 2 EStG erst mit Erbringen dieser Leistung als angeschafft. Dasselbe gilt, wenn zwischen Arbeitnehmer und Arbeitgeber ein Vertrag über die Zuteilung von Aktien geschlossen wird, die Erfüllung des Vertrags durch den Arbeitgeber aber vom Erbringen einer bestimmten Leistung durch den Arbeitnehmer abhängig ist.

14 Als Anschaffungskosten der Aktien zur Ermittlung eines privaten Veräußerungsgewinns bei späterem Verkauf ist neben der zu leistenden Zuzahlung der Wert anzusetzen, der als geldwerter Vorteil bei den Einkünften des Arbeitnehmers aus nichtselbständiger Arbeit angesetzt wird. Auch in den Fällen, in denen der geldwerte Vorteil – beispielsweise durch die Anwendung des Freibetrags im Sinne von § 8 Abs. 3 Satz 2 EStG – nicht der Besteuerung unterworfen wurde oder in denen eine Steuerbegünstigung gewährt wird, liegen Anschaffungskosten in Höhe dieses (unversteuerten oder besonders versteuerten) geldwerten Vorteils vor.

4. Aktiensplit

15 Aktiensplit ist die Aufteilung einer Aktie in zwei oder mehr Aktien. Der Gesellschaftsanteil, den der einzelne Aktionär an dem Unternehmen hält, sowie das Grundkapital der Gesellschaft sind vor und nach dem Aktiensplit gleich.

16 Die im Rahmen eines Aktiensplits zugeteilten Aktien werden durch diesen Vorgang nicht angeschafft. Als Tag der Anschaffung des Aktienbestands gilt weiterhin der Tag, an dem die jetzt gesplitteten Aktien angeschafft wurden. Die Anschaffungskosten der Aktien sind nach dem Split-Verhältnis auf die neue Anzahl an Aktien aufzuteilen.

17 Vielfach wird auch eine Kapitalerhöhung aus Gesellschaftsmitteln als Aktiensplit bezeichnet. Zur steuerrechtlichen Behandlung der Kapitalerhöhung vgl. Rz. 20 ff.

5. Bezug von Bonus-Aktien

18 Aktien, die von einer Aktiengesellschaft oder einem Dritten ohne zusätzliches Entgelt an die Aktionäre ausgegeben werden und nicht aus einer Kapitalerhöhung aus Gesellschaftsmitteln stammen (Bonusaktien oder Freianteile), gelten für die Anwendung des § 23 Abs. 1 Satz 1 Nr. 2 EStG in dem Zeitpunkt als angeschafft, in dem die Gesellschaft die Ausgabe der Bonusaktien oder Freianteile beschließt. Ist der Bezug der Bonusaktien oder Freianteile von einer bestimmten Leistung des Aktionärs abhängig (z. B. Einhalten einer Mindesthaltefrist für die bereits erworbenen Aktien), gelten die Bonusaktien oder Freianteile erst mit dem Erbringen dieser Leistung als angeschafft.

19 Als Anschaffungskosten der Bonusaktien oder Freianteile zur Ermittlung eines privaten Veräußerungsgewinns i. S. des § 23 Abs. 3 Satz 1 EStG bei

späterem Verkauf ist der Wert anzusetzen, der bei ihrem Bezug als Einkünfte (einschließlich ggf. steuerfrei bleibender Teile) angesetzt wurde.

6. Veräußerung und Ausübung von Teilrechten bei einer Kapitalerhöhung

Erhöht eine Aktiengesellschaft ihr Grundkapital aus Gesellschaftsmitteln nach §§ 207 ff. AktG, führt die Zuteilung der neuen Anteilsrechte (Gratis- oder Berichtigungsaktien und Teilrechte) nach § 1 Kapitalerhöhungssteuergesetz nicht zu Einkünften aus Kapitalvermögen beim Aktionär. Dasselbe gilt bei einer Kapitalerhöhung durch ausländische Gesellschaften, wenn die Voraussetzungen des § 7 Kapitalerhöhungssteuergesetz vorliegen. 20

Durch die Ausgabe von Gratisaktien und Teilrechten ändert sich nichts am Beteiligungsverhältnis der Aktionäre. Auch der Unternehmenswert bleibt gleich, da lediglich Kapital- und Gewinnrücklagen in Grundkapital umgeschichtet werden. Die Gratisaktien oder Teilrechte werden vom Aktionär nicht im Zeitpunkt ihrer Gewährung oder Ausgabe angeschafft. Die Kapitalerhöhung aus Gesellschaftsmitteln führt zu einer Abspaltung der in den Altaktien verkörperten Substanz und dementsprechend zu einer Abspaltung eines Teils der ursprünglichen Anschaffungskosten (BFH-Urteil vom 19. Dezember 2000 – BStBl 2001 II S. 345). Die bisherigen Anschaffungskosten der Altaktien vermindern sich um den Teil, der durch die Abspaltung auf die Gratisaktien oder Teilrechte entfällt (Gesamtwertmethode). Als Zeitpunkt der Anschaffung der Gratisaktien oder Teilrechte gilt der Zeitpunkt der Anschaffung der Altaktien. 21

Die Geltendmachung der Teilrechte ist keine Veräußerung der Teilrechte und keine Anschaffung der bezogenen Aktien. Der Gewinn aus der Veräußerung von Teilrechten oder Gratisaktien innerhalb eines Jahres nach der Anschaffung der Altaktien ist ein steuerpflichtiger privater Veräußerungsgewinn i. S. des § 23 Abs. 1 Satz 1 Nr. 2 EStG. Werden Teilrechte angeschafft und durch deren Ausübung erlangte Aktien innerhalb eines Jahres nach Anschaffung der Teilrechte veräußert, ist der dabei erzielte Gewinn als privater Veräußerungsgewinn i. S. des § 23 Abs. 1 Satz 1 Nr. 2 EStG steuerpflichtig. 22

Beispiel:
Der Steuerpflichtige A hat am 10. Januar 01 30 Aktien der B-AG zum Kurs von 150 € angeschafft. Die B-AG beschließt am 30. April 01 eine Kapitalerhöhung aus Gesellschaftsmitteln. Für je zwei Altaktien wird am 1. Juni 01 eine neue

Aktie ausgegeben. Am 30. April 01 beträgt der Kurs 120 €. Durch die Abspaltung sinkt der Kurs der Altaktien am 2. Mai 01 auf 80 €. A erwirbt zu den ihm zugeteilten 30 Teilrechten am 3. Mai 01 30 weitere Teilrechte zum Kurs von 40 € hinzu und erhält am 1. Juni 01 eine Zuteilung von 30 Aktien (für je zwei Teilrechte eine neue Aktie). A veräußert am 10. August 01 sämtliche Aktien der B-AG zum Kurs von 100 €.

Der erzielte Veräußerungsgewinn ist steuerpflichtig. Die durch die zugeteilten Teilrechte erlangten Aktien gelten am 10. Januar 01, die durch die erworbenen Teilrechte erlangten Aktien gelten mit der Anschaffung der Teilrechte am 3. Mai 01 als angeschafft. Die Anschaffungskosten der ursprünglich angeschafften 30 Aktien entfallen nach Ausübung der Teilrechte auf 45 Aktien.

Der Veräußerungsgewinn beträgt:

Veräußerungserlös	60 x 100 €		6 000 €
Anschaffungskosten für 45 Aktien	30 x 150 €	4 500 €	
Anschaffungskosten für 15 Aktien	30 x 40 €	1 200 €	5 700 €
Veräußerungsgewinn			300 €

Bei der Anwendung des Halbeinkünfteverfahrens ergibt sich ein steuerpflichtiger Veräußerungsgewinn von 150 €.

Abwandlung des Beispiels:

A veräußert am 3. Mai 01 die ihm zugeteilten 30 Teilrechte zum Kurs von 40 €.

Die Anschaffungskosten einer Altaktie von 150 € entfallen zu ⅓ auf das zugeteilte Teilrecht. Dessen Anschaffungskosten betragen somit 50 €.

Der Veräußerungserlös beträgt:

Veräußerungserlös	30 x 40 €	1 200 €
Anschaffungskosten	30 x 50 €	− 1 500 €
Veräußerungsverlust		300 €

Bei der Anwendung des Halbeinkünfteverfahrens ergibt sich ein Veräußerungsverlust von 150 €.

23 Entspricht die Kapitalerhöhung bei inländischen Gesellschaften nicht den Vorschriften der §§ 207 ff. AktG und bei ausländischen Gesellschaften nicht den Vorschriften des § 7 Kapitalerhöhungssteuergesetz, stellt die Zuteilung der Teilrechte oder Gratisaktien Einkünfte im Sinne des § 20 Abs. 1 Nr. 1 EStG dar. Die Höhe der Kapitalerträge bemisst sich nach dem niedrigsten am ersten Handelstag an einer Börse notierten Kurs der Teilrechte oder Gratisaktien. Dieser Wert (einschließlich ggf. steuerfreier Einkünfte) gilt zugleich als Anschaffungskosten der Teilrechte oder der Gratisaktien. Eine Veräußerung der Teilrechte oder der Gratisaktien innerhalb

eines Jahres nach der Beschlussfassung über die Kapitalerhöhung führt zur Steuerpflicht eines dabei erzielten privaten Veräußerungsgewinns.

7. Tausch von Wertpapieren

Beim Tausch von Aktien eines Unternehmens gegen Aktien eines anderen Unternehmens werden die bisher gehaltenen Aktien veräußert und die erlangten Aktien erworben. Entsprechendes gilt beim Tausch von anderen Wertpapieren. Ist der Tausch der Aktien in einer Verschmelzung von Körperschaften oder der Spaltung einer Körperschaft begründet, gelten Besonderheiten (vgl. Rz. 27 ff.). 24

Erfolgt der Aktientausch innerhalb eines Jahres nach der Anschaffung der eingetauschten Aktien, ist der Tausch ein privates Veräußerungsgeschäft i. S. d. § 23 Abs. 1 Satz 1 Nr. 2 EStG. Als Zeitpunkt der Veräußerung gilt der Tag, an dem der Steuerpflichtige das Angebot zum Tausch der Aktien für sich bindend annimmt. Der Ablauf einer Eintauschfrist sowie die Zuteilung der erlangten Aktien sind insoweit ohne Bedeutung. Als Veräußerungserlös für die hingegebenen Aktien ist der Börsenkurs der erlangten Aktien im Zeitpunkt der Zuteilung anzusetzen. Der Wert ist unter sinngemäßer Anwendung des § 19a Abs. 2 Satz 2 EStG mit dem niedrigsten am Zuflusstag an einer deutschen Börse (einschließlich XETRA) gehandelten Kurs zu ermitteln. 25

Erfolgt die Veräußerung der erlangten Aktien innerhalb eines Jahres nach dem Tausch, liegt ebenfalls ein privates Veräußerungsgeschäft im Sinne des § 23 Abs. 1 Satz 1 Nr. 2 EStG vor. Als Zeitpunkt der Anschaffung gilt der Tag, an dem die eingetauschten Aktien laut Rz. 25 Satz 2 und 3 als veräußert gelten. Als Anschaffungskosten ist der Börsenkurs der hingegebenen Aktien im Zeitpunkt der Zuteilung anzusetzen. 26

8. Umwandlungsvorgänge

8.1 Verschmelzung von Körperschaften

Bei der Verschmelzung zweier Körperschaften i. S. d. §§ 11 ff. UmwStG gelten die Anteile an der übertragenden Körperschaft nach § 13 Abs. 2 UmwStG zu ihren Anschaffungskosten als veräußert (Rz. 13.06 ff des BMF-Schreibens vom 25. März 1998 – BStBl 1998 I S. 268). Ein steuerpflichtiger Veräußerungsgewinn i. S. d. § 23 Abs. 3 Satz 1 EStG entsteht insoweit nicht. Fallen beim Anteilseigner Aufwendungen an, welche im Zusammenhang mit dem Verschmelzungsvorgang stehen, kann er diese bei der Ermittlung der Einkünfte nach § 23 Abs. 3 Satz 1 EStG als Werbungs- 27 kosten geltend machen. Die an die Stelle der Anteile an der übertragenden Körperschaft tretenden Anteile an der übernehmenden Körperschaft gelten mit den Anschaffungskosten der Anteile an der übertragenden Körperschaft als angeschafft. Die Verschmelzung setzt eine neue einjährige Behaltensfrist i. S. d. § 23 Abs. 1 Satz 1 Nr. 2 EStG in Gang (Rz. 13.08 des BMF-Schreibens vom 25. März 1998 – BStBl 1998 I S. 268), deren Lauf mit der Eintragung der Umwandlung in das Handelsregister beim übernehmenden Rechtsträger beginnt.

28 Ist für die Anteile an der übertragenden Körperschaft die Behaltensfrist des § 23 Abs. 1 Satz 1 Nr. 2 EStG im Zeitpunkt der Eintragung abgelaufen, gelten die Anteile an der übernehmenden Körperschaft zum gemeinen Wert der Anteile an der übertragenden Körperschaft als angeschafft, sofern die Anteile an der übertragenden Körperschaft keine Anteile i. S. d. § 17 EStG waren.

29 Beim Anteilseigner der übernehmenden Körperschaft ergeben sich keine Veränderungen. Weder gelten die Anteile an der übernehmenden Körperschaft als veräußert noch werden Anteile an einer anderen Körperschaft erworben.

8.2 Spaltung von Körperschaften

30 Bei einer Aufspaltung oder Abspaltung (§ 123 Abs. 1 und 2 UmwG) i. S. d. § 15 UmwStG gilt Folgendes:

Im Fall der Aufspaltung einer Körperschaft können die Anteilseigner der übertragenden Körperschaft Anteile an mehreren übernehmenden Körperschaften, im Fall der Abspaltung neben Anteilen an der übertragenden auch Anteile an der übernehmenden Körperschaft erhalten (Rz. 15.50 des BMF-Schreibens vom 25. März 1998 – BStBl 1998 I S. 268).

Die Anwendung des § 15 Abs. 1 i. V. m. § 13 Abs. 2 UmwStG zwingt zu einer Aufteilung der Anschaffungskosten der Anteile an der übertragenden Körperschaft. Der Aufteilung kann grundsätzlich das Umtauschverhältnis der Anteile im Spaltungs- oder Übernahmevertrag oder im Spaltungsplan zugrunde gelegt werden. Ist dies nicht möglich, ist die Aufteilung nach dem Verhältnis der gemeinen Werte der übergehenden Vermögensteile zu dem vor der Spaltung vorhandenen Vermögen vorzunehmen. Auch nach der Abspaltung eines Teilbetriebs auf die Muttergesellschaft ist der bisherige Buchwert der Beteiligung an der Tochtergesellschaft im Verhältnis zum gemeinen Wert des übergegangenen Vermögens der Tochtergesellschaft aufzuteilen (Rz. 15.51 des BMF-Schreibens vom 25. März 1998 – BStBl 1998 I S. 268).

Stellen die Anteile an der übertragenden Körperschaft eine Beteiligung i. S. d. § 23 EStG dar, so gelten sie gemäß § 15 Abs. 1 i. V. m. § 13 Abs. 2 UmwStG als zu den Anschaffungskosten veräußert und die an ihre Stelle tretenden Anteile an der übernehmenden Körperschaft als mit diesem Wert angeschafft. Die Anschaffung der Anteile an der übernehmenden Körperschaft setzt eine neue einjährige Behaltensfrist i. S. d. § 23 Abs. 1 Satz 1 Nr. 2 EStG in Gang (Rz. 15.01 i. V. m. 13.08 des BMF-Schreibens vom 25. März 1998 – BStBl 1998 I S. 268), deren Lauf mit der Eintragung in das Handelsregister beim übertragenden Rechtsträger beginnt.

Beispiel:

Die A-AG beschließt im März 01 die Aufspaltung in die A1-AG und die A2-AG. Die Eintragung in das Handelsregister bei der A-AG erfolgt am 1. Juli 01. Die Voraussetzungen des § 15 UmwStG sind erfüllt. Der Spaltungs- und Übernahmevertrag sieht vor, dass das Vermögen der Gesellschaft zu ⅓ auf die A1-AG und zu ⅔ auf die A2-AG übergeht. B hat am 1. Februar 01 100 Aktien der A-AG zum Kurswert von 150 € erworben und erhält im Rahmen der Spaltung jeweils 100 Aktien der A1-AG und der A2-AG. Am 1. November 01 veräußert er die Aktien der A2-AG zum Kurs von 65 €.

Durch die Spaltung, die am 1. Juli 01 in das Handelsregister der A-AG eingetragen wurde, gelten die 100 Aktien der A-AG als veräußert und je 100 Aktien der A1-AG und der A2-AG als angeschafft. Durch die Aufspaltung entsteht beim Anteilseigner kein steuerpflichtiger Veräußerungsgewinn, weil die Aktien an der A-AG zu den Anschaffungskosten als veräußert gelten. Die Anschaffungskosten der A1-Aktien betragen je 100 €, die der A2-Aktien 50 €. Durch die Veräußerung der A2-Aktien erzielt B einen privaten Veräußerungsgewinn i. S. d. § 23 Abs. 3 Satz 1 EStG von (100 x 15 € =) 1 500 €. Bei Anwendung des Halbeinkünfteverfahrens entsteht ein steuerpflichtiger Veräußerungsgewinn von 750 €.

Ist für die Anteile an der übertragenden Körperschaft die Behaltensfrist des § 23 Abs. 1 Satz 1 Nr. 2 EStG zum Zeitpunkt der Handelsregistereintragung abgelaufen, gelten die Anteile an der übernehmenden Körperschaft zum gemeinen Wert der Anteile an der übertragenden Körperschaft am Übertragungszeitpunkt als angeschafft, sofern die Anteile an der übertragenden Körperschaft keine Anteile i. S. d. § 17 EStG waren. 31

Liegen bei der Aufspaltung oder Abspaltung einer inländischen Körperschaft die Voraussetzungen des § 15 UmwStG nicht vor, ist die Aufspaltung wie eine Liquidation der Körperschaft und die Abspaltung als Sachausschüttung an die Anteilseigner der übertragenden Körperschaft zum 32 gemeinen Wert der übertragenen Wirtschaftsgüter zu behandeln (Rz. 15.11 des BMF-Schreibens vom 25. März 1998 – BStBl 1998 I S. 268). Die Liquidationsauskehrungen und die Sachausschüttungen führen zu Einkünften aus Kapitalvermögen nach § 20 Abs. 1 Nr. 1 oder Nr. 2 EStG. Ein Veräußerungsgeschäft i. S. d. § 23 EStG liegt nicht vor. Die Anteile an der übernehmenden Körperschaft gelten im Zeitpunkt der Eintragung der Spaltung in das Handelsregister beim übertragenden Rechtsträger zum gemeinen Wert der übertragenen Wirtschaftsgüter als angeschafft. Der Gewinn aus der Veräußerung der Anteile an der übernehmenden Kapitalgesellschaft innerhalb eines Jahres nach Eintragung der Ab- oder Aufspaltung in das Handelsregister oder nach der späteren Anschaffung ist als privater Veräußerungsgewinn steuerpflichtig.

Beispiel:
Sachverhalt wie im vorhergehenden Beispiel. Die Anteile an der A-AG sind keine Anteile i. S. d. § 17 EStG. Die Voraussetzungen des § 15 UmwStG sind jedoch nicht erfüllt. Der gemeine Wert des übertragenen Betriebsvermögens beträgt am 1. Juli 01 210 € je Aktie. Das Vermögen geht im Verhältnis ⅔ zu ⅓ auf die A1-AG und die A2-AG über. Das anteilige Nennkapital beträgt je Aktie der A-AG 100 €, die Bestände i. S. d. §§ 27, 28, 37 und 38 KStG betragen jeweils 0 €.

Durch die Spaltung gilt die A-AG als liquidiert. Im Zeitpunkt der Eintragung gelten je 100 Aktien der A1-AG und der A2-AG als angeschafft. Durch die Aufspaltung der A-AG entsteht beim Anteilseigner kein steuerpflichtiger privater Veräußerungsgewinn. Die Einnahmen aus Kapitalvermögen nach § 20 Abs. 1 Nr. 2 EStG betragen 11 000 € (100 x (210 € ./. 100 €)). Die Anschaffungskosten der A1-Aktien betragen jeweils 140 €, die der A2-Aktien jeweils 70 €. Durch die Veräußerung der A2-Aktien am 1. November 01 erzielt B einen privaten Veräußerungsverlust von (100 x 5 € =) 500 €. Bei der Anwendung des Halbeinkünfteverfahrens ergibt sich ein berücksichtigungsfähiger Veräußerungsverlust von 250 €.

8.3 Einbringung von Anteilen an einer Kapitalgesellschaft

33 Die Einbringung gem. § 20 Abs. 1 Satz 2 UmwStG gegen Gewährung von Gesellschaftsrechten ist eine Veräußerung i. S. d. § 23 Abs. 1 Satz 1 Nr. 2 EStG. Werden Anteile an einer Kapitalgesellschaft, für die die Behaltensfrist des § 23 Abs. 1 Satz 1 Nr. 2 EStG noch nicht abgelaufen ist, entsprechend § 20 Abs. 1 Satz 2 UmwStG in eine unbeschränkt steuerpflichtige Kapitalgesellschaft gegen Gewährung neuer Anteile dieser Gesellschaft eingebracht, so ist dieser Vorgang steuerneutral, sofern die Kapitalgesellschaft die eingebrachten Anteile mit den Anschaffungskosten des

Einbringenden fortführt. Führt die Kapitalgesellschaft die eingebrachten Anteile mit den Anschaffungskosten des Einbringenden oder mit einem Zwischenwert fort, sind die im Gegenzug zur Einbringung gewährten Anteile einbringungsgeborene Anteile i. S. d. § 21 UmwStG. Setzt die Kapitalgesellschaft die eingebrachten Anteile mit einem Zwischenwert oder dem Teilwert an. so ist der beim Einbringenden entstehende Gewinn nach § 20 Abs. 4 UmwStG i. V. m. § 23 EStG zu versteuern.

9. Folgen einer Anteilsübertragung auf Aktionäre („spin-off")

Überträgt eine Körperschaft in ihrem Besitz befindliche Anteile an einer weiteren Körperschaft ohne Kapitalherabsetzung ohne zusätzliches Entgelt auf ihre Anteilseigner und liegen die Voraussetzungen des § 15 UmwStG nicht vor, ist die Übertragung als Sachausschüttung an die Anteilseigner der übertragenden Körperschaft zu behandeln. Die Sachausschüttung führt zu Einkünften aus Kapitalvermögen nach § 20 Abs. 1 Nr. 1 EStG. Die übertragenen Anteile gelten im Zeitpunkt der Beschlussfassung über die Übertragung zum gemeinen Wert als angeschafft. Der Gewinn aus einer Veräußerung der übertragenen Anteile innerhalb eines Jahres nach dem Übertragungsbeschluss ist als privater Veräußerungsgewinn steuerpflichtig. 34

10. Liquidation einer Kapitalgesellschaft und Kapitalherabsetzung

10.1 Liquidation einer Kapitalgesellschaft

Die Liquidation einer Kapitalgesellschaft ist keine Veräußerung der Anteile an dieser Kapitalgesellschaft i. S. des § 23 Abs. 1 Satz 1 Nr. 2 EStG (vgl. BFH-Urteil vom 19. April 1977 – BStBl 1977 II S. 712 in den Gründen). Ist der Steuerpflichtige an der Kapitalgesellschaft im Sinne des § 17 Abs. 1 Satz 1 EStG beteiligt, liegt jedoch ein Fall des § 17 Abs. 4 EStG vor. 35

10.2 Kapitalherabsetzung

Die Herabsetzung des Nennkapitals einer Kapitalgesellschaft ist keine anteilige Veräußerung der Anteile an der Kapitalgesellschaft (vgl. jedoch Rz. 35 Satz 2). Erfolgt keine Auskehrung des Herabsetzungsbetrages an die Anteilseigner, ergibt sich auch keine Auswirkung auf die Anschaffungskosten der Anteile. Wird der Kapitalherabsetzungsbetrag an den Anteilseigner ausgekehrt, mindert der Auskehrungsbetrag die Anschaffungskosten der Anteile, soweit er nicht auf einen Sonderausweis nach § 28 36

Abs. 1 Satz 3 KStG entfällt. Soweit der Auskehrungsbetrag auf einen Sonderausweis nach § 28 Abs. 1 Satz 3 KStG entfällt, ist das dem Gesellschafter zurückgewährte Kapital als Einkünfte aus Kapitalvermögen nach § 20 Abs. 1 Nr. 2 EStG zu behandeln; eine Minderung der Anschaffungskosten für die Anteile an der Kapitalgesellschaft tritt insoweit nicht ein.

Beispiel:
A hat am 30. 10. 01 200 Aktien der B-AG zum Kurswert von 100 € erworben. Am 10. 01. 02 beschließt die B-AG, ihr Kapital von 800 Mio. € auf 600 Mio. € herabzusetzen. Je Aktie werden 20 € ausgezahlt, wovon 5 € zu Bezügen i. S. d. § 20 Abs. 1 Nr. 2 EStG führen.

Die Anschaffungskosten der von A erworbenen 200 Aktien ermitteln sich nach der Kapitalherabsetzung wie folgt:

Anschaffungskosten vor Kapitalherabsetzung	200 x 100 €	20 000 €
Minderung der Anschaffungskosten	200 x 15 € (20 € ./. 5 €)	– 3 000 €
(Auskehrungsbetrag ./. Bezüge i. S. d. § 20 Abs. 1 Nr. 2 EStG)		
Anschaffungskosten nach der Kapitalherabsetzung		17 000 €

11. Gattungswechsel von Aktien

37 Vorzugsaktien sind im Unterschied zu Stammaktien nicht mit einem Stimmrecht ausgestattet. Als Ausgleich für das fehlende Stimmrecht wird ein vermögensrechtlicher Vorteil in Form einer Vorzugsdividende nach § 139 Abs. 1 AktG gewährt. Die übrigen Mitgliedschaftsrechte des Aktionärs sind von dieser unterschiedlichen Ausstattung nicht berührt.

38 Beschließt eine Aktiengesellschaft die Umwandlung von Vorzugs- in Stammaktien, hat dies lediglich eine Modifikation der bestehenden Mitgliedschaftsrechte der Aktionäre zur Folge. Die Umwandlung ist nicht als Tausch der Vorzugs- in Stammaktien anzusehen und führt weder zu einem privaten Veräußerungsgeschäft nach § 23 Abs. 1 Satz 1 Nr. 2 EStG noch zu einer Anschaffung der Stammaktien. Barzuzahlungen des Aktionärs führen hierbei zu nachträglichen Anschaffungskosten.

39 Rz. 38 gilt entsprechend für den Fall einer Umwandlung von Inhaber- in Namensaktien.

12. Abfindung von Minderheits-Aktionären bei Übernahmevorgängen

40 Für die Annahme eines privaten Veräußerungsgeschäfts ist es ohne Bedeutung, ob die Veräußerung freiwillig oder unter wirtschaftlichem Zwang

erfolgt (vgl. BFH-Urteil vom 7. Dezember 1976 – BStBl 1977 II S. 209). Werden oder sind bei einer Gesellschaftsübernahme die verbliebenen Minderheitsgesellschafter rechtlich oder wirtschaftlich gezwungen, ihre Anteile an den Übernehmenden zu übertragen, liegt eine Veräußerung der Anteile an den Übernehmenden vor. Haben die Minderheitsgesellschafter die Anteile innerhalb eines Jahres vor dem Übertragungsvorgang (z. B. Annahme eines Kaufangebots) erworben, ist die Differenz zwischen der gewährten Gegenleistung und den Anschaffungskosten als privater Veräußerungsgewinn i. S. des § 23 Abs. 1 Satz 1 Nr. 2 EStG steuerpflichtig. Wird die Gegenleistung nicht in Geld geleistet (z. B. Lieferung eigener Aktien des Übernehmenden), ist als Veräußerungspreis der gemeine Wert der übertragenen Wirtschaftsgüter anzusetzen.

Rz. 40 gilt auch bei der Übernahme oder Einziehung von Beteiligungen i. S. d §§ 327a ff. AktG (sog. squeeze-out). 41

13. Anschaffung und Veräußerung von Fremdwährungsbeträgen und Wirtschaftsgütern gegen Fremdwährung

13.1 Anschaffung und Veräußerung von Fremdwährungsbeträgen

Zu den Wirtschaftsgütern, die Gegenstand eines privaten Veräußerungsgeschäfts sein können, gehören auch Geldbestände in fremder Währung. Das Fremdwährungsguthaben ist ein selbständiges Wirtschaftsgut (BFH-Urteil vom 2. Mai 2000 – BStBl 2000 II S. 614). Werden Euro oder DM in eine Fremdwährung umgetauscht, wird damit das Wirtschaftsgut „Fremdwährungsguthaben" angeschafft. Der Rücktausch dieses Fremdwährungsguthabens in Euro oder DM sowie der Umtausch dieses Guthabens in eine andere Fremdwährung innerhalb eines Jahres nach der Anschaffung sind private Veräußerungsgeschäfte i. S. des § 23 Abs. 1 Satz 1 Nr. 2 EStG. In der Zwischenzeit in der Fremdwährung angefallene Zinsen führen beim Umtausch nicht zu einem privaten Veräußerungsgeschäft im Sinne von § 23 Abs. 1 Satz 1 Nr. 2 EStG, da sie nicht angeschafft wurden, sondern zugeflossen sind. 42

13.2 Anschaffung und Veräußerung anderer Wirtschaftsgüter gegen Fremdwährung

Wird ein bestehendes Fremdwährungsguthaben zur Anschaffung anderer Wirtschaftsgüter verwendet (z. B. Kauf von Aktien), ist dies eine Veräußerung des Wirtschaftsguts „Fremdwährung" und eine Anschaffung des anderen Wirtschaftsguts. Die Anschaffung dieses anderen Wirtschaftsguts 43 innerhalb eines Jahres nach der Anschaffung der Fremdwährung führt zu einem privaten Veräußerungsgeschäft i. S. des § 23 Abs. 1 Satz 1 Nr. 2 EStG. Für die Ermittlung des Veräußerungsgewinns oder -verlusts ist der Wert des erworbenen Wirtschaftsguts im Zeitpunkt des Erwerbs in Euro oder DM als Veräußerungserlös anzusetzen. Als Anschaffungskosten gilt der Umtauschbetrag in Euro oder DM, der zur Anschaffung des Fremdwährungsguthabens aufgewendet wurde.

Beispiel:

A erwirbt am 22. Januar 01 10 000 US-$ zum Kurs von 0,88 €. Das Fremdwährungsguthaben wird zunächst als Festgeld bei der X-Bank angelegt. Am 1. Juni 01 erwirbt A 100 Aktien der B-Inc. zum Preis von 25 US-$ je Aktie. Zum Kauf dieser Aktien werden 2 500 US-$ des bestehenden Fremdwährungsguthabens eingesetzt. Der Kurs des US-$ zum Zeitpunkt der Einbuchung der Aktien in sein Depot beträgt 0,95 €. Am 1. Oktober 01 werden die Aktien der B-Inc. zum Preis von jeweils 30 US-$ veräußert. Der Veräußerungserlös wird wieder dem Fremdwährungsguthaben bei der X-Bank zugeführt. Der Kurs des US-$ im Zeitpunkt der Gutschrift des Veräußerungserlöses beträgt 0.92 €.

Mit dem Kauf der B-Aktien wird das bestehende Fremdwährungsguthaben in Höhe von 2 500 US-$ veräußert. Der dabei erzielte Veräußerungsgewinn ist nach § 23 Abs. 1 Satz 1 Nr. 2 EStG steuerpflichtig. Der Veräußerungsgewinn beträgt (0,95 €/$ − 0,88 €/$) x 2 500 $ = 175 €.

Mit dem Kauf und Verkauf der B-Aktien innerhalb eines Jahres wird ebenfalls ein privates Veräußerungsgeschäft i. S. des § 23 Abs. 1 Satz 1 Nr. 2 EStG getätigt. Bei der Ermittlung des Veräußerungsgewinn- oder -verlusts sind sowohl die Anschaffungskosten als auch der Veräußerungserlös zum jeweiligen Zeitpunkt von der Fremdwährung in die Eigenwährung umzurechnen Der Veräußerungsgewinn i. S. des § 23 Abs. 3 Satz 1 EStG beträgt 100 x 30 $ x 0,92 €/$ − 100 x 25 $ x 0,95 €/$ = 385 €.

Bei der Anwendung des Halbeinkünfteverfahrens ergibt sich ein steuerpflichtiger Veräußerungsgewinn von 192 €.

Durch den Verkauf der B-Aktien werden am 1. Oktober 01 3 000 US-$ zum Kaufpreis von (3 000 $ x 0,92 €/$ =) 2 760 € angeschafft.

44 Die Begründung einer Forderung in Fremdwährung (z. B. Darlehensvergabe, Festgeldanlage) und anschließende Einlösung dieser Forderung ist kein privates Veräußerungsgeschäft i. S. des § 23 Abs. 1 Satz 1 Nr. 2 EStG. wenn das Fremdwährungsguthaben nicht in Euro, DM oder eine andere Währung umgetauscht wird (BFH-Urteil vom 2. Mai 2000 − BStBl 2000 II S. 614). Auch die Rückzahlung eines Fremdwährungsdarlehens innerhalb eines Jahres seit Abschluss des Darlehensvertrages führt nicht zu

einem steuerpflichtigen privaten Veräußerungsgewinn i. S. d. § 23 Abs. 1 Satz 1 Nr. 2 EStG.

14. Veräußerung von Wertpapieren aus der Girosammelverwahrung

Bei der Girosammelverwahrung (§§ 5 ff. DepotG) erwirbt der Wertpapierinhaber lediglich Bruchteilseigentum an allen Wertpapieren einer Art, die gemeinsam im Girosammeldepot verwahrt werden. Bei der sog. Streifbandverwahrung bleibt der Wertpapierinhaber zwar Eigentümer der von ihm erworbenen Wertpapiere. Allerdings werden alle Wertpapiere, die ein Depotinhaber zur Sonderverwahrung bestimmt hat, mit einem einzigen Streifband umgeben. Sie werden also regelmäßig nicht nach dem Anschaffungsdatum getrennt verwahrt. Werden Wertpapiere in einem Depot bei einem Kreditinstitut oder einer Bank verwahrt und wurden mehrere Wertpapiere derselben Art zu unterschiedlichen Zeitpunkten angeschafft, lässt sich bei einer teilweisen Veräußerung des Bestands dieses Wertpapiers nicht feststellen, wann und mit welchen Anschaffungskosten die veräußerten Wertpapiere angeschafft wurden. 45

Zur Ermittlung der Einkünfte aus privaten Veräußerungsgeschäften mit Wertpapieren in Girosammelverwahrung hat der BFH mit Urteil vom 24. November 1993 (BStBl 1994 II S. 591) entschieden, dass ein Veräußerungsgewinn nur dann nach § 23 Abs. 1 Satz 1 Nr. 2 EStG steuerpflichtig ist, soweit nach Art und Stückzahl ausgeschlossen werden kann, dass die veräußerten Wertpapiere außerhalb der Behaltensfrist angeschafft wurden. Lifo- und Fifo-Verfahren sind nicht anwendbar (H 169 „Sammeldepot" EStH 2003). 46

Dies hat zur Folge, dass bei einem Verkauf eines Teils des Gesamtbestands einer Wertpapierart zunächst der Teil als veräußert gilt, der außerhalb der Behaltensfrist angeschafft wurde. Wurden die restlichen im selben Depot befindlichen Wertpapiere ebenfalls zu unterschiedlichen Zeitpunkten angeschafft und nicht vollständig veräußert, gelten die zu den verschiedenen Zeitpunkten angeschafften Restbestände anteilig als veräußert. Ergibt sich dadurch ein Bruchteilsbestand eines Wertpapiers, ist dieser kaufmännisch zu runden. 47

Die Anschaffungskosten der Wertpapiere, bei denen die Behaltensfrist noch nicht abgelaufen ist, sind als Durchschnitt der einzelnen Anschaffungskosten zu ermitteln. Dies gilt auch, wenn ausschließlich Wertpapiere veräußert werden, bei denen die Behaltensfrist noch nicht abgelaufen ist, 48 und eine andere Berechnung zu einem für den Steuerpflichtigen günstigeren Ergebnis führen würde.

Beispiel:
Der Steuerpflichtige A veräußert am 1. Oktober 02 100 Aktien der B-AG zu einem Kurs von 200 €. Hierbei fallen Bankgebühren in Höhe von 10 € an. In seinem Depot befinden sich vor der Veräußerung insgesamt 250 Aktien der B-AG, die zu folgenden Zeitpunkten zu unterschiedlichen Kursen angeschafft wurden:

1. Juli 01:	50 Aktien	zu 120 €
20. Oktober 01:	80 Aktien	zu 160 €
10. November 01:	120 Aktien	zu 150 €

Zunächst gelten die am 1. Juli 01 angeschafften 50 Aktien als veräußert, weil bei diesen im Zeitpunkt der Veräußerung die Behaltensfrist des § 23 Abs. 1 Satz 1 Nr. 2 EStG bereits abgelaufen ist. Die restlichen 50 veräußerten Aktien entfallen auf den innerhalb der Behaltensfrist angeschafften Bestand. Die durchschnittlichen Anschaffungskosten dieser Aktien betragen (80 x 160 € + 120 x 150 €)/200 = 154 €. Bankgebühren sind lediglich anteilig in Höhe von 50/100 als Werbungskosten zu berücksichtigen. Durch die steuerpflichtige Veräußerung von 50 Aktien zu 200 € ergibt sich somit ein privater Veräußerungsgewinn i. S. des § 23 Abs. 3 Satz 1 EStG von 50 x (200 € ./. 154 €) – 5 € = 2 295 €. Bei der Anwendung des Halbeinkünfteverfahrens ergibt sich ein steuerpflichtiger Veräußerungsgewinn von 1 147 €.

Die aus dem innerhalb der Behaltensfrist angeschafften Bestand als veräußert geltenden 50 Aktien entfallen zu 2/5 (80/200) auf den am 20. Oktober 01 und zu 3/5 ($^{120}/_{200}$) auf den am 10. November 01 angeschafften Restbestand. Für die noch im selben Depot befindlichen Aktien ergeben sich somit folgende Anschaffungsdaten:

20. Oktober 01:	60 Aktien	zu 160 €
10. November 01:	90 Aktien	zu 150 €

Fortführung des Beispiels:
Am 25. Oktober 02 werden die restlichen im selben Depot befindlichen 150 Aktien zum Kurs von 190 € veräußert.

Zunächst gelten die am 20. Oktober 01 als angeschafft geltenden 60 Aktien als veräußert, weil für diese die Behaltensfrist bereits abgelaufen ist. Nur der Teil des Veräußerungsgewinns ist steuerbar, der auf die am 10. November 01 als angeschafft geltenden Aktien entfällt (90 x [190 € ./. 150 €] = 3 600 €). Bei der Anwendung des Halbeinkünfteverfahrens ergibt sich ein steuerpflichtiger Veräußerungsgewinn von 1 800 €.

49 Bei der Streifbandverwahrung gelten die Rz. 46 ff. entsprechend.

15. Zeitpunkt der Erfassung eines privaten Veräußerungsgewinns; zeitliche Anwendung des Halbeinkünfteverfahrens

Gewinne aus privaten Veräußerungsgeschäften sind im Zeitpunkt des Zuflusses des Veräußerungserlöses zu versteuern. Als Zeitpunkt des Zuflusses gilt der Tag, an dem der Steuerpflichtige über den Veräußerungserlös verfügen kann. Bei der Veräußerung von Wertpapieren ist dies regelmäßig der Tag der Gutschrift. Die Versteuerung nach dem Zuflussprinzip gilt auch für den Fall der Ratenzahlung. Dabei ist die Summe aus Anschaffungs- und Werbungskosten anteilig von der jeweiligen Rate abzuziehen, so dass sich ein steuerpflichtiger Veräußerungsgewinn erst ergibt, wenn die Summe der gezahlten Raten die Summe der Anschaffungs- und Werbungskosten überschreitet. 50

§ 3 Nr. 40 Satz 1 Buchstabe j EStG in der Fassung des Steuersenkungsgesetzes vom 23. Oktober 2000 (BGBl 2000 I S. 1433, BStBl 2000 I S. 1428) ist erstmals anzuwenden bei Veräußerungen von natürlichen Personen als Anteilseigner an einer unbeschränkt körperschaftsteuerpflichtigen Gesellschaft, die 51

- ein mit dem Kalenderjahr übereinstimmendes Wirtschaftsjahr hat:

  ab dem 1. Januar 2002,

- ein vom Kalenderjahr abweichendes Wirtschaftsjahr hat und das erste im Veranlagungszeitraum 2001 endende Wirtschaftsjahr vor dem 1. Januar 2001 begonnen hat:

  nach Ablauf des Wirtschaftsjahres 2001/2002 in 2002,

- in 2001 von einem kalenderjahrgleichen Wirtschaftsjahr auf ein abweichendes Wirtschaftsjahr umstellt:

  nach Ablauf des in 2001 beginnenden und endenden Rumpfwirtschaftsjahres,

- in 2001 von einem abweichenden Wirtschaftsjahr auf ein kalenderjahrgleiches Wirtschaftsjahr umstellt:

  ab dem 1. Januar 2003.

Bei der Veräußerung einer Beteiligung an einer Körperschaft, Personenvereinigung oder Vermögensmasse, deren Leistungen beim Empfänger zu Einnahmen i. S. des § 20 Abs. 1 Nr. 1 EStG gehören, sind § 3 Nr. 40 Satz 1 Buchst. j und § 3c Abs. 2 EStG nicht anzuwenden, wenn die Veräußerung vor der erstmaligen Anwendung dieser Vorschriften erfolgt und der Veräußerungserlös zu einem Zeitpunkt zufließt, an dem diese Vorschriften nach § 52 Abs. 4b Nr. 2 EStG i. V. m. § 52 Abs. 8a EStG bereits anzuwenden sind.

16. Verlustabzug nach § 23 Abs. 3 Satz 9 EStG und Freigrenze

52 Nach § 23 Abs. 3 Satz 6 EStG bleiben Gewinne aus privaten Veräußerungsgeschäften, die unterhalb der Freigrenze von 512 €/1 000 DM liegen, steuerfrei. Bei Erreichen der Freigrenze liegen insgesamt steuerpflichtige Einkünfte i. S. des § 2 Abs. 1 Nr. 7 EStG vor. Ist von diesen Einkünften ein Verlustvor- oder -rücktrag auf Grund des § 23 Abs. 3 Satz 9 EStG nach Maßgabe des § 10d EStG abzuziehen, bleiben die um den Verlustabzug geminderten Einkünfte steuerpflichtig. Die Freigrenze des § 23 Abs. 3 Satz 6 EStG ist nicht auf die nach dem Verlustabzug noch verbleibenden Einkünfte anzuwenden.

Beispiel:

Im Jahr 01 erzielt der Steuerpflichtige Gewinne aus privaten Veräußerungsgeschäften i. S. des § 23 Abs. 1 EStG von 2 000 €. Im Jahr 02 erleidet er einen Verlust aus privaten Veräußerungsgeschäften i. S. des § 23 Abs. 1 EStG in Höhe von 1 600 €. Der Steuerpflichtige stellt einen Antrag auf Begrenzung des Verlustrücktrags nach § 10d Abs. 1 Satz 4 EStG auf 1 489 €, um damit den Gesamtgewinn des Jahres 01 auf einen unter der Freigrenze liegenden Betrag zu mindern.

Nach Verlustrücktrag ergeben sich für den Veranlagungszeitraum 01 Einkünfte i. S. des § 22 Nr. 2 i. V. m. § 23 EStG in Höhe von 511 €. Dieser Betrag ist nach § 23 Abs. 3 Satz 6 EStG steuerpflichtig, weil die Gewinne i. S. des § 23 Abs. 3 EStG im Veranlagungszeitraum 01 vor der Berücksichtigung des Verlustrücktrags über der Freigrenze lagen.

19. BMF-Schreiben vom 2. 6. 2005 IV C 1 – S 1980 – 1 – 87/05, BStBl 2005 I 728 (in Auszügen)

Investmentsteuergesetz (InvStG), Zweifels- und Auslegungsfragen

Unter Bezugnahme auf das Ergebnis der Erörterungen mit den obersten Finanzbehörden der Länder wird zur Anwendung des Investmentsteuergesetzes vom 15. Dezember 2003 (BGBl 2003 I S. 2676, 2724, BStBl 2004 I S. 5), geändert durch Artikel 12 des Richtlinien-Umsetzungsgesetzes vom 9. Dezember 2004 (BGBl 2004 I S. 3310, BStBl 2004 I S. 1158) wie folgt Stellung genommen:

I. Anwendungsbereich und Begriffsbestimmungen (§ 1 InvStG)
1. Anwendungsbereich (Abs. 1)
Das InvStG ist sowohl auf inländische Investmentvermögen und Investmentanteile als auch auf ausländische Investmentvermögen und Investmentanteile anzuwenden. 1

2. Begriffsbestimmungen des InvG (Abs. 2)
a) Inländische Investmentvermögen und Investmentanteile

Für inländische Investmentvermögen und Investmentanteile gilt ein formeller Investmentbegriff. Investmentvermögen sind nur die Investmentfonds i. S. d. § 2 Abs. 1 des Investmentgesetzes (InvG); nämlich richtlinienkonforme Publikums-Sondervermögen, sonstige Publikums- Sondervermögen und Spezial-Sondervermögen und Investmentaktiengesellschaften i. S. d. § 2 Abs. 5 InvG. 2

b) Ausländische Investmentvermögen und Investmentanteile

aa) Keine formelle Abgrenzung

Für ausländische Investmentvermögen gilt weiterhin ein materieller Investmentbegriff; die Rechtsform spielt keine Rolle. Ausländische Investmentvermögen sind ausländischem Recht unterstehende Vermögen zur gemeinschaftlichen Kapitalanlage, die nach dem Grundsatz der Risikomischung in Vermögensgegenstände i. S. d. § 2 Abs. 4 InvG angelegt sind. Der Grundsatz der Risikomischung muss bei ausländischen Investmentvermögen nicht unmittelbar vom ausländischen Investmentvermögen selbst verwirklicht werden. Es ist ausreichend, dass das Investmentvermögen in nicht nur unerheblichem Umfang Anteile an einem oder mehreren anderen Vermögen enthält, die ihrerseits unmittelbar oder mittelbar nach dem Grundsatz der Risikomischung angelegt sind (zur Behandlung der Erträge siehe Rz. 36 und 38). 3

Anteile an solchen ausländischen Investmentvermögen sind ausländische Investmentanteile. Für die Besteuerung nach dem InvStG ist es unerheblich, ob die ausländischen Investmentanteile im Inland öffentlich vertrieben werden dürfen. 4

bb) Erweiterter Anwendungsbereich

Nach dem InvStG fallen zusätzliche ausländische Rechtsgebilde unter den Begriff des ausländischen Investmentvermögens, weil der Katalog der 5

Anlagegüter nach § 2 Abs. 4 InvG umfangreicher ist als der Kreis der Vermögensgegenstände nach § 1 Abs. 1 des Auslandinvestmentgesetzes (AuslInvestmG).

cc) Keine ausländischen Investmentvermögen und Investmentanteile

6   Nicht zu den ausländischen Investmentvermögen zählen:
- Vermögen von ausländischen Personengesellschaften mit Ausnahme solcher ausländischer Gesellschaften, die entweder selbst hinsichtlich ihrer Anlagepolitik Anforderungen unterliegen, die denen für Sondervermögen mit besonderen Risiken i. S. d. § 112 InvG vergleichbar sind (ausländische Single-Hedgefonds) oder die in andere Vermögen investieren, die ihrerseits hinsichtlich ihrer Anlagepolitik Anforderungen unterliegen, die denen für Sondervermögen mit besonderen Risiken i. S. d. § 112 InvG vergleichbar sind (ausländische Dach-Hedgefonds); auch wenn die ausländische Personengesellschaft selbst nicht zu den ausländischen Investmentvermögen zählt, kann sie Anteile an anderen Investmentvermögen halten. Die Finanzbehörden der Länder beteiligen bei diesen Fragen das Bundesamt für Finanzen,
- Gesellschaftsvermögen von anderen ausländischen Immobilienunternehmen als Personengesellschaften, deren Anteile an einer Börse zum amtlichen Markt zugelassen oder in einen anderen organisierten Markt einbezogen sind und die in ihrem Sitzstaat keiner Investmentaufsicht unterliegen; Investmentaufsicht ist eine Aufsicht, die über eine Bank- oder Wertpapieraufsicht und die Überprüfung steuerlicher Voraussetzungen hinaus aus Gründen des Anlegerschutzes gesetzliche Vorgaben zur Struktur des Portfolios kontrolliert (Wahrung des Grundsatzes der Risikomischung); und
- Vermögen, die Collaterised Debt Obligations (CDOs) ausgeben,
  - sofern das Vermögen der Emittentin nach den Vertragsbedingungen nicht aus Vermögensgegenständen im Sinne des § 2 Abs. 4 InvG bestehen kann, oder
  - sofern nach den Vertragsbedingungen neben dem Ersatz von Schuldtiteln zur Sicherung des Umfangs, der Laufzeit sowie der Risikostruktur lediglich bis zu 20 % des Vermögens der Emittentin pro Jahr frei gehandelt werden dürfen.

7   CDOs sind Schuldtitel, die von einer Zweckgesellschaft zur Finanzierung ihres Portfolios ausgegeben werden. Die Schuldtitel sind in Tranchen

unterteilt, die sich u. a. in der Höhe der Verzinsung, dem Vorrang bei der Verteilung der laufenden Erträge und Liquidationserlöse oder den Gläubigerrechten unterscheiden. Für die von der Zweckgesellschaft ausgegebenen Schuldtitel ist dem angelsächsischen Sprachgebrauch entsprechend eine Vielzahl von Bezeichnungen gebräuchlich, die sich an der Zusammensetzung des Portfolios orientieren. Für die Schuldtitel der Zweckgesellschaft sind als Bezeichnung gebräuchlich bei der Verbriefung von Konsumentenkrediten „Consumer ABS", von grundpfandrechtlich gesicherten gewerblichen Krediten „Commercial Mortgage-Backed Securities (CMBS)", von Schuldverschreibungen „Collaterised Bond Obligations (CBO)", von Darlehensforderungen „Collaterised Loan Obligations (CLO)" und von Schuldverschreibungen „Collaterised Debt Obligations (CDO)".

Anteile an Vermögen i. S. d. Rz. 6 sind keine ausländischen Investmentanteile. Unabhängig vom Vorliegen der Voraussetzungen nach Rz. 6 sind Forderungen gegen eine CDOs ausgebende Einrichtung, die grundsätzlich keine Teilhabe am Gewinn oder Verlust der Emittentin gewähren, oder die bei gewinnabhängiger Vergütung die Rückzahlung des Kapitalstamms unabhängig von der Vermögenssituation der Emittentin zusagen, keine ausländischen Investmentanteile. 8

Ausländische Investmentanteile liegen ferner nur vor, wenn zwischen dem Rechtsinhaber und dem Rechtsträger des ausländischen Vermögens direkte Rechtsbeziehungen bestehen, die allerdings nicht mitgliedschaftlicher Natur sein müssen. Ein Wertpapier, das von einem Dritten ausgegeben wird und die Ergebnisse eines ausländischen Investmentvermögens oder mehrerer solcher Vermögen nur nachvollzieht (Zertifikat), ist daher kein ausländischer Investmentanteil. 9

c) Investmentgesellschaften

Inländische Sondervermögen und inländische Investmentaktiengesellschaften sind nicht nur inländische Investmentvermögen, sondern zugleich im Hinblick auf die Handlungs- und Duldungspflichten nach dem InvStG auch inländische Investmentgesellschaften. Die Kapitalanlagegesellschaft ist insoweit gesetzliche Vertreterin der von ihr verwalteten Sondervermögen. Unternehmen mit Sitz im Ausland, die ausländische Investmentanteile ausgeben, sind ausländische Investmentgesellschaften. 10

d) Jahresbericht/Rechenschaftsbericht

11 Das InvStG und dieses Schreiben verwenden in Anlehnung an das InvG durchgängig den Begriff Jahresbericht. Soweit nach den Übergangsbestimmungen des InvG noch Rechenschaftsberichte zu erstellen und bekannt zu machen sind, gelten für diese die Regelungen zum Jahresbericht.

3. Begriffsbestimmungen des InvStG (Abs. 3)

a) Ausschüttungen

12 Zu den Ausschüttungen rechnen die tatsächlich gezahlten oder gutgeschriebenen Beträge zuzüglich deutscher Kapitalertragsteuer einschließlich des Solidaritätszuschlags sowie gezahlter ausländischer Quellensteuer, sofern diese nicht bereits gemäß § 4 Abs. 4 InvStG auf Ebene des Investmentvermögens als Werbungskosten abgezogen wurde.

Beispiel:
1 € ausländische Dividende fließen in einen deutschen Fonds. Im Herkunftsland der Dividende werden 0,15 € als ausländische Quellensteuer einbehalten. Wird lediglich die Dividende an die Anleger weiter ausgeschüttet, so erhalten die Anleger 0,85 € ausbezahlt. Der Betrag der Ausschüttung beträgt 1 €.

b) Ausgeschüttete Erträge

13 Ausgeschüttete Erträge sind die vom Investmentvermögen zur Ausschüttung verwendeten laufenden Erträge, Erträge aus Termingeschäften sowie Gewinne aus Veräußerungsgeschäften.

14 Laufende Erträge sind:
- Zinsen und Dividenden,
- Mieten,
- sonstige Erträge (z. B. Kompensationszahlungen, Erträge aus stillen Beteiligungen, Erträge aus der Veräußerung oder Abtretung von Finanzinnovationen nach § 20 Abs. 2 EStG, sofern die Finanzinnovationen keine Emissionsrendite haben oder die Emissionsrendite nicht nachgewiesen wird, Gewinne einschließlich der Veräußerungsgewinne aus gewerblichen Personengesellschaften).

Die einzelnen Erträge können dabei positiv oder negativ sein; ausgeschüttet werden können nur positive Erträge (zur Verlustverrechnung siehe Rz. 69 – 72).

15 Nicht zu den laufenden Erträgen zählen Erträge aus Termingeschäften oder Veräußerungsgeschäften. Veräußerungsgeschäfte umfassen die in § 23

Abs. 1 Satz 1 Nr. 1 bis 3 EStG aufgeführten Sachverhalte ohne die dort genannten zeitlichen Beschränkungen. Veräußerungsgewinne können aus der Veräußerung von Beteiligungen an Kapitalgesellschaften, von Forderungswertpapieren, schlichten Forderungen, Grundstücken und grundstücksgleichen Rechten und anderen Anlagegütern stammen. Der Begriff Termingeschäft ist im InvStG weit zu verstehen und umfasst nicht nur die privaten Veräußerungsgeschäfte nach § 23 Abs. 1 Satz 1 Nr. 4 EStG, sondern z. B. auch Optionsgeschäfte (Stillhalterprämien, Glattstellungsgeschäfte, verfallene Optionen, etc.) und Swaps.

Zu den ausgeschütteten Erträgen gehören nicht Kapitalrückzahlungen (z. B. Bauzeitzinsen und Einlagenrückgewähr). 16

Bereits versteuerte ausschüttungsgleiche Erträge (vgl. Rz. 29) unterliegen bei ordnungsgemäßer Bekanntmachung/Veröffentlichung bei ihrer Ausschüttung nicht nochmals der Besteuerung. 17

c) Ausschüttungsgleiche Erträge

Ausschüttungsgleiche Erträge sind die während des Geschäftsjahres erzielten laufenden Erträge des Investmentvermögens sowie Gewinne aus privaten Veräußerungsgeschäften i. S. d. § 23 Abs. 1 Satz 1 Nr. 1 und 3 EStG mit Ausnahme von Gewinnen aus Wertpapierveräußerungen, vermindert um die hiervon zur Ausschüttung verwendeten Erträge und/oder Veräußerungsgewinne und um die abziehbaren Werbungskosten. Nicht zu den ausschüttungsgleichen Erträgen gehören Gewinne aus Termingeschäften. 18

Der Kreis der Gewinne aus Veräußerungsgeschäften ist beschränkt auf die Gewinne aus der Veräußerung von Grundstücken und grundstücksgleichen Rechten während der zehnjährigen Behaltedauer des § 23 Abs. 1 Satz 1 Nr. 1 EStG und auf die Gewinne aus Leerverkäufen i. S. d. § 23 Abs. 1 Satz 1 Nr. 3 EStG. Bei den Gewinnen aus Leerverkäufen sind Gewinne aus Leerverkäufen mit Wertpapieren ausgenommen. Leerverkäufe mit Wertpapieren liegen auch vor, wenn die veräußerten Wertpapiere vor Veräußerung durch eine Wertpapierleihe beschafft wurden. Bei Hedgefonds können die Ergebnisse aus Wertpapierleihgeschäften oder Repurchase Agreements (Repos) den Veräußerungsergebnissen zugeordnet werden, wenn die Repos zur Eindeckung oder Finanzierung einzelner Short- oder Long-Positionen abgeschlossen wurden. Zu den ausgenommenen Gewinnen gehören auch Gewinne aus der Veräußerung von Anteilen an Kapitalgesellschaften, die nicht in Wertpapieren verbrieft sind, z. B. GmbH-Anteile. Devisentermin- 19 geschäfte und Leerverkäufe mit Devisen sind steuerlich wie Termingeschäfte i. S. d. InvStG zu behandeln.

20 Es gilt folgendes Schema:

laufende Erträge des Geschäftsjahres

+ Gewinne des Geschäftsjahres aus privaten Veräußerungsgeschäften i. S. d. § 23 Abs. 1 Satz 1

Nr. 1 EStG – Grundstücksveräußerungen innerhalb der 10-jährigen Behaltefrist,

Nr. 3 EStG – Veräußerungsgeschäfte bei denen die Veräußerung der Wirtschaftsgüter früher erfolgt als der Erwerb (Leerverkäufe), ausgenommen darin enthaltene Gewinne aus Wertpapierveräußerungsgeschäften

·/. abzüglich der vorstehend genannten, zur Ausschüttung verwendeten:
   a) laufenden Erträge
   b) Veräußerungsgewinne

·/. abzüglich der abziehbaren Werbungskosten (§ 3 Abs. 3 Satz 2 InvStG)

= ausschüttungsgleiche Erträge i. S. d. § 1 Abs. 3 Satz 3 InvStG

4. Zwischengewinn (Abs. 4)

21 Mit dem Zwischengewinn werden die Zinserträge und Zinssurrogate, die bereits während des Geschäftsjahres des Investmentvermögens „erzielt" werden, im Falle von unterjähriger Rückgabe oder Veräußerung des Investmentanteils der Besteuerung unterworfen. Beim Erwerb des Investmentanteils gezahlter Zwischengewinn ist als negative Einnahme aus Kapitalvermögen zu berücksichtigen. Der Zwischengewinn ist für inländische und ausländische Investmentvermögen nach den gleichen Regeln zu ermitteln. Ergibt sich bei der Ermittlung des Zwischengewinns ein negativer Betrag, so ist der Zwischengewinn für diesen Ermittlungsstichtag mit Null bekannt zu geben.

22 In den Zwischengewinn gehen ein

a) Einnahmen des Investmentvermögens selbst i. S. d. § 20 Abs. 1 Nr. 7 und Abs. 2 mit Ausnahme der Nummer 2 Buchstabe a EStG sowie die Ansprüche des Investmentvermögens auf derartige Einnahmen. Gewinne aus Termingeschäften gehören nicht zum Zwischengewinn;

b) in den ausgeschütteten oder ausschüttungsgleichen Erträgen aus Anteilen an anderen Investmentvermögen enthaltene Kapitalerträge aus § 20 Abs. 1 Nr. 7 und Abs. 2 mit Ausnahme der Nummer 2 Buchstabe a EStG. Bei inländischen Investmentvermögen wird nicht an den

Kapitalertragsteuerabzug des anderen Investmentvermögens, sondern an die materiellen steuerlichen Regelungen angeknüpft;

c) der vom Investmentvermögen aus der Rückgabe oder Veräußerung eines Anteils an einem anderen Investmentvermögen erzielte Zwischengewinn oder der Ersatzwert nach § 5 Abs. 3 InvStG (vgl. Rz. 121);

d) die zum Zeitpunkt der Rückgabe des Anteils an einem Investmentvermögen für Anteile dieses Investmentvermögens an anderen Investmentvermögen veröffentlichten Zwischengewinne der anderen Investmentvermögen, nur bekannt gemachte Zwischengewinne anderer Investmentvermögen oder die Ersatzwerte nach § 5 Abs. 3 InvStG (vgl. Rz. 121).

Der Zwischengewinn nach dem InvStG ist ein Nettowert. Von den genannten „Einnahmen" sind die zugehörigen abzugsfähigen Werbungskosten abzusetzen. 23

Zur Frage, welche Investmentvermögen Zwischengewinne zu ermitteln und bekannt zu machen haben, vgl. Rz. 118 – 119. Zum „Startwert" zum 1. Januar 2005 vgl. Rz. 283 – 284. 24

II. Erträge aus Investmentanteilen (§ 2 InvStG)

1. Zuordnung der Erträge zu den Einkunftsarten (Abs. 1 Satz 1)

Die ausgeschütteten und ausschüttungsgleichen Erträge sowie der Zwischengewinn gehören bei den Anlegern zu den Betriebseinnahmen oder den Einnahmen i. S. d. § 20 Abs. 1 Nr. 1 EStG. Erträge aus zertifizierten inländischen und ausländischen Altersvorsorgeverträgen sind dem § 22 Nr. 5 EStG zuzuordnen. Für die steuerliche Behandlung der Leistungen aus Altersvorsorgeverträgen während der Auszahlungsphase gelten die Ausführungen im BMF-Schreiben vom 17. November 2004 – IV C 4 – S 2222 – 177/04; IV C 5 – S 2333 – 269/04 zum Altersvermögensgesetz (BStBl 2004 I S. 1065, Rz. 83 ff.). 25

Betriebseinnahmen liegen bei den Anlegern vor, bei denen der Investmentanteil zum Zeitpunkt der Zurechnung der Erträge zum inländischen Betriebsvermögen einschließlich des Sonderbetriebsvermögens gehört. Der Zwischengewinn ist nicht neben dem Ergebnis der Rückgabe oder Veräußerung des Investmentanteils anzusetzen, sondern in diesem enthalten. Dies führt zur Anrechnung des Zinsabschlags auf den Zwischengewinn nach § 36 Abs. 2 Nr. 2 EStG. 26

27 Die Erträge eines Investmentanteils sind beim jeweiligen Anleger einheitlich und unabhängig von der Qualifikation auf der Ebene des Investmentvermögens einzuordnen.

2. Zeitliche Zuordnung der Erträge (Abs. 1 Satz 2 ff.)

a) Ausgeschüttete Erträge

28 Für ausgeschüttete Erträge gelten bei bilanzierenden Anlegern die allgemeinen steuerbilanzrechtlichen Grundsätze. Dies bedeutet, dass ausgeschüttete Erträge mit Anspruchsentstehung zu bilanzieren sind. Sofern in den Vertragsbedingungen lediglich ausgeführt wird, dass ordentliche Erträge grundsätzlich ausgeschüttet werden, führt dies alleine noch nicht zur Entstehung eines Ausschüttungsanspruchs. Vielmehr entsteht ein Ausschüttungsanspruch in diesen Fällen erst durch die Konkretisierung im Ausschüttungsbeschluss. Bei anderen betrieblichen und bei privaten Anlegern gilt § 11 EStG. Diese Grundsätze gelten im Fall von Teilausschüttungen auch für die ausschüttungsgleichen Erträge, sofern nicht § 2 Abs. 1 Satz 4 InvStG zur Anwendung kommt. Ausschüttungen auf zertifizierte inländische und ausländische Altersvorsorgeverträge, die umgehend auf den jeweiligen Vertrag wieder eingezahlt werden, gelten als nicht zugeflossen (BMF vom 17. November 2004, BStBl 2004 I S. 1065, Rz. 83 ff).

b) Ausschüttungsgleiche Erträge

29 Ausschüttungsgleiche Erträge gelten mit Ausnahme der zertifizierten inländischen und ausländischen Altersvorsorgeverträge mit Ablauf des Geschäftsjahres als zugeflossen, in dem sie vom Investmentvermögen vereinnahmt werden. Bilanzierende Anleger bilden insoweit einen aktiven Ausgleichsposten in der Steuerbilanz. Bei Gewinnermittlung nach § 4 Abs. 3 EStG ist eine nochmalige Erfassung dieser Beträge auf geeignete Weise zu vermeiden.

c) Teilausschüttung

30 Die Teilausschüttung (teilweise Ausschüttung und teilweise Thesaurierung der Erträge nach Ende des Geschäftsjahrs) der Erträge eines Investmentvermögens führt nicht zu unterschiedlichen Zurechnungszeitpunkten. Vielmehr ist aus Vereinfachungsgründen von einem einheitlichen Zuflusszeitpunkt auszugehen. Reicht die Teilausschüttung aus, um die Kapitalertragsteuer einschließlich des Solidaritätszuschlags für die ausgeschütteten und ausschüttungsgleichen Erträge einzubehalten, fließen auch die ausschüt-

tungsgleichen Erträge dem Anleger erst später zum Zeitpunkt der Teilausschüttung zusammen mit den ausgeschütteten Erträgen zu. Reicht die Höhe der Ausschüttung nicht aus, um die Kapitalertragsteuer einschließlich Solidaritätszuschlag einzubehalten, werden auch die ausgeschütteten Erträge wie ausschüttungsgleiche Erträge behandelt; sowohl die ausgeschütteten als auch die ausschüttungsgleichen Erträge gelten zum Ende des Geschäftsjahres des Investmentvermögens als zugeflossen. Ob die Teilausschüttung für die Einbehaltung der Kapitalertragsteuer ausreicht, ist abstrakt aus der Sicht des Investmentvermögens zu entscheiden. Minderungen der Kapitalertragsteuer für den einzelnen Anleger durch Freistellungsaufträge oder NV-Bescheinigungen bleiben unberücksichtigt.

Keine Teilausschüttungen sind unterjährige Vorabausschüttungen; für sie gilt der Zufluss nach § 11 EStG. 31

3. Halbeinkünfteverfahren und Beteiligungsertragsbefreiung (Abs. 2)

Die grundsätzliche Zuordnung der Erträge aus Investmentanteilen beim Anleger zu den Einkünften aus § 20 Abs. 1 Nr. 1 EStG führt nicht für sich schon zur Anwendung des Halbeinkünfteverfahrens nach § 3 Nr. 40 EStG und der Beteiligungsertragsbefreiung nach § 8b KStG. Es bedarf vielmehr jeweils einer speziellen Norm im InvStG, dass diese Vorschriften anzuwenden sind. 32

Soweit die ausgeschütteten und ausschüttungsgleichen Erträge Dividenden oder Einnahmen i. S. d. § 20 Abs. 1 Nr. 1 und Nr. 2 sowie Abs. 2 Satz 1 Nr. 1 EStG enthalten, sind beim Anleger § 3 Nr. 40 Satz 1 Buchstaben d – f EStG bzw. § 8b Abs. 1 KStG anzuwenden. Dabei ist es unbeachtlich, ob es sich um inländische oder ausländische Erträge handelt. Nicht begünstigt sind bei Zufluss des Entgelts vor dem 1. Januar 2005 abweichend von der Direktanlage Einnahmen aus der Veräußerung von Dividendenscheinen und der Abtretung von Ansprüchen auf Gewinnanteile. Bei Entgeltszufluss nach dem 31. Dezember 2004 sind beim Anleger § 3 Nr. 40 Buchstaben g – h EStG bzw. § 8b Abs. 1 KStG anzuwenden (§ 2 Abs. 2 InvStG i. V. m. §§ 43 Abs. 1 Satz 1 Nr. 1 Satz 2 und § 52 Abs. 53a EStG). 33

Auf Kompensationszahlungen bei Wertpapierleihe oder Wertpapierpensionsgeschäften sind § 3 Nr. 40 EStG und § 8b Abs. 1 KStG nicht anwendbar. Dies gilt auch für den Teil der Zahlungen, der aus der Weiterleitung von Dividenden oder anderen Gewinnanteilen an den Verleiher oder Pensionsgeber besteht. 34

35 Bei unbeschränkt körperschaftsteuerpflichtigen Anlegern, deren Leistungen bei den Empfängern zu den Einnahmen i. S. d. § 20 Abs. 1 Nr. 1 oder 2 EStG gehören, ist § 37 Abs. 3 KStG anzuwenden. Der von der Körperschaft, an der das Investmentvermögen Anteile hält, in Anspruch genommene Körperschaftsteuer-Minderungsbetrag zählt zu den Besteuerungsgrundlagen nach § 5 Abs. 1 InvStG.

36 Bei der Behandlung der Erträge von anderen ausländischen Investmentvermögen, die ihrerseits nach dem Grundsatz der Risikomischung angelegt sind (vgl. Rz. 3), orientiert sich das InvStG nicht an den von einer Beteiligungsgesellschaft des anderen ausländischen Investmentvermögens gehaltenen Anlagegütern, sondern knüpft an die Rechtsform der Beteiligungsgesellschaft an. Ausschüttungen einer als Kapitalgesellschaft organisierten Beteiligungsgesellschaft sind somit als Dividenden des anderen ausländischen Investmentvermögens und damit des risikogemischten oberen ausländischen Investmentvermögens zu behandeln, und zwar ohne Rücksicht darauf, aus welchen Einkünften die Beteiligungsgesellschaft die Ausschüttung bestreitet.

4. Steuerbefreiungen bei ausgeschütteten Erträgen (Abs. 3)

37 § 2 Abs. 3 InvStG enthält für den Privatanleger eine Steuerbefreiung für ausgeschüttete Erträge, soweit sie bestimmte Gewinne enthalten. Zu den befreiten Gewinnen aus der Veräußerung von Wertpapieren gehören Gewinne aus der Veräußerung von verbrieften und nicht verbrieften Anteilen an Kapitalgesellschaften, also inländischen und ausländischen Aktien, GmbH-Anteilen und Anteilen an mit der GmbH vergleichbaren ausländischen Kapitalgesellschaften. Ebenso sind beim Privatanleger Gewinne aus Termingeschäften (vgl. Rz. 15 und 18 letzter Satz) steuerbefreit. Zu beim Privatanleger steuerfreien ausgeschütteten Erträgen führen auch Gewinne aus der Veräußerung von Bezugsrechten auf Anteile an Kapitalgesellschaften. Bei der Veräußerung von Bezugsrechten auf Freianteile an Kapitalgesellschaften kommt es auf die Steuerbefreiung nach dem KapErhStG an. Liegt diese für die Bezugsrechte auf die Anteile an der inländischen oder ausländischen Kapitalgesellschaft nicht vor, sind die ausgeschütteten Erträge nicht steuerbefreit. Für diese Veräußerung von Bezugsrechten gelten aber § 3 Nr. 40 EStG und § 8b KStG. Ebenfalls beim Privatanleger steuerbefreit sind ausgeschüttete Erträge, die Gewinne aus der Veräußerung von Grundstücken und grundstücksgleichen Rechten mit Ausnahme von

Veräußerungen innerhalb der zehnjährigen Behaltensfrist des § 23 Abs. 1 Satz 1 Nr. 1 EStG und aus Leerverkäufen mit Grundstücken enthalten. Die Steuerbefreiungen gelten nicht für betriebliche Anleger. Bei ihnen sind aber § 3 Nr. 40 EStG und § 8b KStG anzuwenden. Hinsichtlich der Behandlung der Erträge von anderen ausländischen Investmentvermögen, die ihrerseits nach dem Grundsatz der Risikomischung angelegt sind (vgl. Rz. 3), gilt der unter Rz. 36 beschriebene Grundsatz entsprechend. Gewinne aus der Veräußerung von Anteilen an einer als Kapitalgesellschaft organisierten Beteiligungsgesellschaft sind somit als Wertpapierveräußerungsgewinne des anderen ausländischen Investmentvermögens und damit des risikogemischten oberen ausländischen Investmentvermögens zu behandeln. 38

5. Überblick über die Besteuerung der Erträge aus transparentem Investmentvermögen

Anlage 1 enthält einen Überblick zur Anwendung der in §§ 1 Abs. 3, 2 und 4 Abs. 1 InvStG enthaltenen Regelungen. 39

6. Ausgeschüttete Erträge und Hinzurechnungsbesteuerung (Abs. 4)

Soweit ausgeschüttete Erträge des Anlegers Erträge des Investmentvermögens enthalten, die bereits früher im Rahmen der Hinzurechnungsbesteuerung nach den §§ 7 ff. AStG erfasst worden sind, ordnet § 2 Abs. 4 InvStG die entsprechende Anwendung des § 3 Nr. 41 Buchstabe a EStG an. Für natürliche Personen und Körperschaften sind die ausgeschütteten Erträge damit steuerbefreit. Die Entscheidung wird bei der Einkommensteuer- oder Körperschaftsteuer-Veranlagung des Anlegers oder der Feststellung der Einkünfte, nicht im Rahmen des Feststellungsverfahrens nach § 18 AStG getroffen. 40

7. Gewerbesteuer beim Anleger

a) Erträge aus dem Investmentanteil

Bei betrieblichen Anlegern, die Einkünfte aus Gewerbebetrieb i. S. d. § 15 EStG erzielen und der Gewerbesteuer unterliegen, sind die auf Investmentanteile ausgeschütteten sowie die ausschüttungsgleichen Erträge oder die Beträge nach § 6 InvStG Betriebseinnahmen. Ausgangsgröße für die Ermittlung des Gewerbesteuermessbetrags ist der nach den Vorschriften des EStG oder KStG zu ermittelnde Gewinn aus dem Gewerbebetrieb, ver- 41 mehrt und vermindert um die in §§ 8 und 9 GewStG bezeichneten Hinzurechnungen und Kürzungen. Bei der Ermittlung der Ausgangsgröße sind die § 3 Nr. 40 und § 3c Abs. 2 EStG und § 8b KStG entsprechend den allgemeinen Grundsätzen (einschl. § 7 Satz 4 GewStG) anzuwenden.

b) Hinzurechnung nach § 8 Nr. 5 GewStG

42 Nach § 8 Nr. 5 GewStG sind die bei der Ermittlung des Gewinns nach § 3 Nr. 40 EStG oder § 8b Abs. 1 KStG außer Ansatz bleibenden Gewinnanteile und diesen gleichgestellte Bezüge und erhaltene Leistungen aus Anteilen an einer Körperschaft, Personenvereinigung oder Vermögensmasse i. S. d. KStG hinzuzurechnen, soweit sie nicht die Voraussetzungen des § 9 Nr. 2a oder 7 GewStG erfüllen. Die Erträge aus den Investmentanteilen erfüllen die in § 9 Nr. 2a oder 7 GewStG genannten Voraussetzungen nicht; die Hinzurechnung nach § 8 Nr. 5 GewStG ist insoweit vorzunehmen.

c) Ausschüttung von Veräußerungsgewinnen

43 Soweit die ausgeschütteten Erträge auf Investmentanteile Veräußerungsgewinne enthalten, sind diese als Betriebseinnahmen zu erfassen (§ 2 Abs. 3 InvStG). § 3 Nr. 40 EStG und § 8b KStG sind anzuwenden. § 8 Nr. 5 und § 9 Nr. 2a GewStG finden keine Anwendung.

...

VI. Pauschalbesteuerung (§ 6 InvStG)

1. Pauschalbesteuerung für alle Investmentanteile

122 Abweichend vom bisherigen Recht kann die Pauschalbesteuerung nicht nur für die Erträge aus ausländischen Investmentanteilen, sondern auch für die Erträge aus inländischen Investmentanteilen eingreifen.

2. Anzusetzende Beträge

123 Beim Anleger sind als Erträge aus dem inländischen oder ausländischen Investmentanteil die gesamten Ausschüttungen sowie ein Anteil am Mehrbetrag anzusetzen, mindestens aber 6 v. H. des letzten im Kalenderjahr festgesetzten Rücknahmepreises (sog. Mindestbetrag). Im Falle der Veräußerung oder Rückgabe sind die Ausschüttungen sowie der bekannt gemachte Zwischengewinn oder der Ersatzwert (Rz. 121) anzusetzen.

3. Ausschüttungen

Für die Ausschüttungen gilt die Begriffsbestimmung in § 1 Abs. 3 Satz 1 InvStG; dies sind die tatsächlich gezahlten oder gutgeschriebenen Beträge zuzüglich deutscher Kapitalertragsteuer einschließlich des Solidaritätszuschlags sowie gezahlter ausländischer Quellensteuer. 124

4. Anteil am Mehrbetrag

Der Thesaurierung von Erträgen des Investmentvermögens wird durch den Ansatz von 70 v. H. des Mehrbetrags zwischen dem ersten im Kalenderjahr festgesetzten Rücknahmepreis und dem letzten im Kalenderjahr festgesetzten Rücknahmepreis für einen Investmentanteil Rechnung getragen. Dieser Anteil am Mehrbetrag ist neben den Ausschüttungen zu erfassen. 125

5. Anzusetzender Mindestbetrag

Nach § 6 Satz 1 2. Halbsatz InvStG sind beim Anleger mindestens 6 v. H. des letzten im Kalenderjahr festgesetzten Rücknahmepreises anzusetzen, wenn dieser sog. Mindestbetrag den Betrag der Ausschüttungen des Fonds im betreffenden Kalenderjahr zuzüglich 70 v. H. des Mehrbetrags zwischen dem ersten im Kalenderjahr festgesetzten Rücknahmepreis und dem letzten im Kalenderjahr festgesetzten Rücknahmepreis übersteigt. 126

Der am Jahresende als ausgeschüttet und zugeflossen geltende Mindestbetrag ist um den Gesamtbetrag der im Kalenderjahr durch den Fonds erfolgten Ausschüttungen zu kürzen. Durch diese Vorgehensweise ist bei mehreren Ausschüttungen im laufenden Jahr und zwischenzeitlichem Wechsel des Anlegers eine zutreffende materielle Besteuerung sichergestellt. 127

Beispiel: 128
Unterjährige Anteilsveräußerung nach der ersten Halbjahresausschüttung:

Rücknahmepreis 01. 01. 04	99
Rücknahmepreis 31. 12. 04	100
1. Halbjahresausschüttung vor Anteilsveräußerung	2
2. Halbjahresausschüttung nach Anteilsveräußerung	2
70 % des Mehrbetrages i. H. v. 1 (100 ./. 99)	0,7
Jahresausschüttung zzgl. 70 % des Mehrbetrages	./. 4,7
Mindestbetrag 6 % des Rücknahmepreises vom 31. 12. 2004 i. H. v. 100	6

→ 4,7 < 6
→ Steuerpflichtiger Mehrbetrag i. S. d. § 6 InvStG = Mindestbetrag abzgl. Ausschüttungen = 2.
→ Der Erwerber hat die 2. Halbjahresausschüttung i. H. v. 2 und den Mehrbetrag i. S. d. § 6 InvStG i. H. v. 2 zu versteuern.
→ Der Anteilverkäufer hat die 1. Halbjahresausschüttung i. H. v. 2 zu versteuern.

Der erste Anleger versteuert die Ausschüttungen, die er erhalten hat; hinzukommt der Zwischengewinn (besitzzeitanteiliger Ansatz des Ersatzwertes). Der zweite Anleger, der den Investmentanteil am Jahresende hält, versteuert ebenfalls die ihm zugeflossenen Ausschüttungen sowie den am Jahresende als zugeflossen geltenden Mehrbetrag.

6. Rücknahmepreis

129 Rücknahmepreise sind nicht nur die aufgrund gesetzlicher Verpflichtung zur Rücknahme der Investmentanteile festgesetzte Beträge, sondern auch freiwillig festgesetzte Beträge, zu denen das Investmentvermögen oder eine ihm nahe stehende Rücknahmegesellschaft den Investmentanteil zurücknimmt. Fehlt ein Rücknahmepreis, ist auf den Börsen- oder Marktpreis abzustellen. Börsenpreis ist der an einer amtlich anerkannten Börse amtlich notierte oder im geregelten Markt festgestellte Preis. Ebenfalls ein Börsenpreis ist der während der Börsenzeit an der Wertpapierbörse präsent oder in einem durch die Börsenordnung geregelten elektronischen Handel gebildete Preis. Ein derartiger Börsenpreis geht anderen Marktpreisen vor. Marktpreis ist der Preis, zu dem der Investmentanteil an dem jeweiligen Stichtag zu kaufen oder zu verkaufen ist; entscheidend ist bei unterschiedlichen Verkaufs- und Kaufpreisen der Preis, zu dem der Investmentanteil am Markt abgesetzt werden kann.

7. Einkünftezuordnung

130 Gehört der Investmentanteil zu einem Betriebsvermögen, sind die nach den Regeln des § 6 InvStG ermittelten Erträge aus dem Investmentanteil Betriebseinnahmen. Bei bilanzierenden Anlegern kann der Anteil am Mehrbetrag sowie der Auffüllungsbetrag bis zum Mindestbetrag in der Steuerbilanz als aktiver Ausgleichsposten berücksichtigt werden. Bei anderen betrieblichen Anlegern kann der bei der Einkommensermittlung zugerechnete Mehrbetrag sowie der Auffüllungsbetrag bis zum Mindestbetrag bei Veräußerung der Anteile einkommensmindernd berücksichtigt werden. Beim Privatanleger gehören die Erträge aus dem Investmentanteil auch bei

der Pauschalbesteuerung zu den Einkünften aus § 20 Abs. 1 Nr. 1 EStG. § 3 Nr. 40 EStG findet keine Anwendung.

8. Zuflusszeitpunkt

Für bilanzierende betriebliche Anleger gelten auch bei der Pauschalbesteuerung die steuerbilanzrechtlichen Vorschriften. Im Übrigen werden die Ausschüttungen beim Zufluss gemäß § 11 EStG erfasst. Der Anteil am Mehrbetrag bzw. Auffüllungsbetrag bis zum Mindestbetrag gilt mit Ablauf des jeweiligen Kalenderjahres nicht nur als ausgeschüttet, sondern auch als zugeflossen.

131

20. BMF-Schreiben vom 20. 12. 2005 IV C 3 – S 2256 – 255/05

Zweifelsfragen bei der Besteuerung privater Veräußerungsgeschäfte nach § 23 Abs. 1 Satz 1 Nr. 2 EStG; Kapitalerhöhung gegen Einlage sowie Veräußerung und Ausübung von Bezugsrechten bei einer Kapitalerhöhung

Im Einvernehmen mit den obersten Finanzbehörden der Länder wird zu Zweifelsfragen bei der Besteuerung privater Veräußerungsgeschäfte mit Wertpapieren nach § 23 Abs. 1 Satz 1 Nr. 2 EStG im Zusammenhang mit einer Kapitalerhöhung gegen Einlage wie folgt Stellung genommen:

Erhöht eine Aktiengesellschaft ihr Grundkapital gegen Einlage nach §§ 182 ff. AktG, führt die Zuteilung der Bezugsrechte nicht zu Einkünften aus Kapitalvermögen beim bisherigen Aktionär.

Durch die Gewährung der Bezugsrechte erwirbt der Aktionär einen Anspruch auf entgeltlichen Erwerb der neuen („jungen") Aktien. Diese Bezugsrechte sind Bestandteil seines Aktionärsrechts und scheiden mit ihrer Zuteilung aus der Substanz der Altaktien aus. Die Bezugsrechte werden vom Aktionär nicht gesondert angeschafft; ihr Erwerb ist bereits im Erwerb der Altaktien angelegt. Die Kapitalerhöhung gegen Einlage in das Grundkapital führt zu einer Abspaltung der in den Altaktien verkörperten Substanz und dementsprechend zu einer Abspaltung eines Teils der ursprünglichen Anschaffungskosten. Die bisherigen Anschaffungskosten der Altaktien vermindern sich um den Teil, der durch die Abspaltung auf die Bezugsrechte entfällt (Gesamtwertmethode). Dieser Wert ist nach dem Verhältnis des niedrigsten Börsenkurses der Bezugsrechte am ersten Handelstag zum niedrigsten Börsenschlusskurs der Altaktien am letzten Tag vor dem Bezugsrechtshandel zu ermitteln. Als Börsenkurse sind dabei unter sinngemäßer Anwendung des § 19a Abs. 2 Satz 2 EStG jeweils die niedrigsten an einer deutschen Börse (einschließlich XETRA) gehandelten Kurse anzusetzen. Als Zeitpunkt der Anschaffung der Bezugsrechte gilt der Zeitpunkt der Anschaffung der Altaktien.

Die Ausübung von Bezugsrechten ist als Veräußerung der Bezugsrechte anzusehen (BFH-Urteil vom 21. September 2004 – IX R 36/01). Erfolgt die Ausübung innerhalb eines Jahres nach der Anschaffung der Altaktien, liegt ein steuerpflichtiges privates Veräußerungsgeschäft i. S. d. § 23 Abs. 1 Satz 1 Nr. 2 EStG vor. Als Zeitpunkt der Veräußerung gilt der Tag der Annahme des Bezugsrechtsangebots. Als Veräußerungserlös ist der Börsenkurs der Bezugsrechte im Zeitpunkt der Annahme des Bezugsrechtsangebots zu sehen. Als Börsenkurs ist dabei unter sinngemäßer Anwendung des § 19a Abs. 2 Satz 2 EStG der niedrigste an einer deutschen Börse (einschließlich XETRA) gehandelte Kurs anzusetzen. Mit der Ausübung der Bezugsrechte werden die bezogenen Aktien angeschafft. Zu den Anschaffungskosten dieser Aktien gehört auch der Veräußerungserlös der Bezugsrechte.

Der Gewinn aus der Veräußerung von Bezugsrechten aus einer Kapitalerhöhung gegen Einlage innerhalb eines Jahres nach der Anschaffung der Altaktien ist ein steuerpflichtiger Veräußerungsgewinn i. S. d. § 23 Abs. 1 Satz 1 Nr. 2 EStG (BFH-Urteil vom 22. Mai 2003 – IX R 9/00, BStBl 2003 II S. 712). Werden durch Ausübung der Bezugsrechte erlangte Aktien innerhalb eines Jahres nach Ausübung der Bezugsrechte veräußert, ist der dabei erzielte Gewinn ebenfalls als Veräußerungsgewinn i. S. d. § 23 Abs. 1 Satz 1 Nr. 2 EStG steuerpflichtig. Zu den Anschaffungskosten der bezogenen Aktien gehört auch der Veräußerungserlös der Bezugsrechte.

Beispiel:
B hat am 10. Januar 01 3 000 Aktien der A-AG zum Kurs von 8 € angeschafft. Die A-AG beschließt am 31. Mai 01 eine Kapitalerhöhung gegen Einlage. Für jeweils zwanzig Stammaktien hat der Aktionär das Recht, am 1. Juli 01 eine junge Aktie zum Preis von 10 € zu erwerben. Vom 1. Juni 01 bis zum 30. Juni 01 werden die Bezugsrechte an der Börse gehandelt. Der niedrigste Börsenschlusskurs der A-Aktie am 31. Mai 01 betrug 11 €. Das Bezugsrecht wurde am 1. Juni 01 mit dem niedrigsten Kurs von 0,05 € gehandelt.

B erwirbt zu den ihm zugeteilten 3 000 Bezugsrechten am 30. Juni 01 5 000 weitere Bezugsrechte zum Kurs von 0,06 € hinzu (niedrigster Börsenkurs) und nimmt am selben Tag das Angebot zum Bezug von 400 neuen Aktien zum Preis von je 10 € an. B veräußert am 10. August 01 sämtliche Aktien der A-AG zum Kurs von 15 €.

Die Ausübung der Bezugsrechte innerhalb eines Jahres nach der Anschaffung der Altaktien (10. Januar 01) ist ein Veräußerungsgeschäft i. S. d. § 23 Abs. 1 Satz 1 Nr. 2 EStG. Gleiches gilt für die Veräußerung sämtlicher Aktien, weil zwischen Anschaffung (alte Aktien 10. Januar 01, neue Aktien 30. Juni 01) und Veräußerung nicht mehr als ein Jahr liegt.

Der Veräußerungsgewinn i. S. d. § 23 Abs. 3 Satz 1 EStG beträgt:

Veräußerungsgewinn der originären Bezugsrechte:

Veräußerungserlös	3 000 x 0,06 €	180 €

Anschaffungskosten der Bezugsrechte:
Der Wert jeder Altaktie am 1. Juni 01 mindert sich um den Wert des Bezugsrechts je Altaktie von 0,05 €. Im Verhältnis zum Börsenkurs am 31. Mai 01 von 11 € ergibt sich eine Wertminderung von 0,45 %. Die Anschaffungskosten eines Bezugsrechts betragen somit 0,45 % von 8 € = 0,036 €.

	3 000 x 0,036 €	109 €
Veräußerungsgewinn		71 €

Bei der Anwendung des Halbeinkünfteverfahrens ergibt sich ein steuerpflichtiger Veräußerungsgewinn von 35 €.

Veräußerungserlös der erworbenen Bezugsrechte:

Veräußerungserlös	5 000 x 0,06 €	300 €
Anschaffungskosten	5 000 x 0,06 €	300 €
Veräußerungsgewinn		0 €

Veräußerungsgewinn Altaktien:

Veräußerungserlös	3 000 x 15 €		45 000 €
Historische Anschaffungskosten	3 000 x 8 €	24 000 €	
Kürzung um Bezugsrechte	3 000 x (0,05/11) x 8 €	– 109 €	
			23 891 €
Veräußerungsgewinn			21 109 €

Bei der Anwendung des Halbeinkünfteverfahrens ergibt sich ein steuerpflichtiger Veräußerungsgewinn von 10 554 €.

Veräußerungsgewinn neue Aktien:

Veräußerungserlös	400 x 15 €		6 000 €
Anschaffungskosten	400 x 10 €	4 000 €	
zzgl. Veräußerungserlös der originären Bezugsrechte		180 €	

zzgl. Veräußerungserlös der erworbenen Bezugsrechte	300 €	
		4 480 €
Veräußerungsgewinn		1 520 €

Bei der Anwendung des Halbeinkünfteverfahrens ergibt sich ein steuerpflichtiger Veräußerungsgewinn von 760 €.

Abwandlung des Beispiels:

B veräußert am 30. Juni 01 die ihm zugeteilten 3 000 Bezugsrechte zum Kurs von 0,06 €.

Veräußerungsgewinn Bezugsrechte:

Veräußerungserlös	3 000 x 0,06 €	180 €
Anschaffungskosten der Bezugsrechte	3 000 x 0,036 €	109 €
Veräußerungsgewinn		71 €

Bei der Anwendung des Halbeinkünfteverfahrens ergibt sich ein steuerpflichtiger Veräußerungsgewinn von 35 €.

Erfolgt die Kapitalerhöhung später als ein Jahr nach der Anschaffung der Altaktien, ist bei der Veräußerung der auf Grund des Bezugsrechtes erlangten Aktien bei der Ermittlung der Anschaffungskosten für die Bezugsrechte der niedrigste Börsenkurs im Zeitpunkt der Annahme des Bezugrechtsangebots anzusetzen.

Dieses Schreiben wird im Bundessteuerblatt Teil I veröffentlicht.

21. BMF-Scheiben vom 22. 12. 2005 IV C 1 – S 2252 – 343/05

Neuregelung der Besteuerung der Erträge aus nach § 20 Abs. 1 Nr. 6 EStG steuerpflichtigen Versicherungen durch das Alterseinkünftegesetz

Unter Bezugnahme auf das Ergebnis der Erörterungen mit den obersten Finanzbehörden der Länder gilt für die steuerliche Behandlung von nach § 20 Abs. 1 Nr. 6 EStG steuerpflichtigen Versicherungen Folgendes:

I. Versicherung im Sinne des § 20 Abs. 1 Nr. 6 EStG

1 Der Besteuerung nach § 20 Abs. 1 Nr. 6 EStG unterliegen die Erträge aus folgenden Versicherungen auf den Erlebens- oder Todesfall (kapitalbildende Lebensversicherungen): Rentenversicherungen mit Kapitalwahlrecht, soweit nicht die Rentenzahlung gewählt wird, und Kapitalversicherungen mit Sparanteil. Erträge aus Unfallversicherungen mit garantierter Beitrags-

rückzahlung unterliegen ebenfalls der Besteuerung nach § 20 Abs. 1 Nr. 6 EStG.

Eine Versicherung im Sinne des § 20 Abs. 1 Nr. 6 EStG unterscheidet sich von einer Vermögensanlage ohne Versicherungscharakter dadurch, dass ein wirtschaftliches Risiko abgedeckt wird, das aus der Unsicherheit und Unberechenbarkeit des menschlichen Lebens für den Lebensplan des Menschen erwächst (biometrisches Risiko). Die durch die Lebensversicherung typischerweise abgedeckten Gefahren sind der Tod (Todesfallrisiko) oder die ungewisse Lebensdauer (Erlebensfallrisiko, Langlebigkeitsrisiko). Bei der Unfallversicherung mit garantierter Beitragsrückzahlung stellen das Unfallrisiko oder das Risiko der Beitragsrückzahlung im Todesfall die mit der Versicherung untrennbar verbundenen charakteristischen Hauptrisiken dar. 2

Es liegt kein Versicherungsvertrag im Sinne des § 20 Abs. 1 Nr. 6 EStG vor, wenn der Vertrag keine nennenswerte Risikotragung enthält. Davon ist insbesondere dann auszugehen, wenn bei Risikoeintritt nur eine Leistung der angesammelten und verzinsten Sparanteile zuzüglich einer Überschussbeteiligung vereinbart ist. In der Regel ist vom Vorliegen eines Versicherungsvertrages im Sinne des § 20 Abs. 1 Nr. 6 EStG auszugehen, wenn es sich um eine Lebensversicherung oder Unfallversicherung mit garantierter Beitragsrückzahlung im Sinne des Versicherungsaufsichtsrechts handelt. Die bisherigen Regelungen zum Mindesttodesfallschutz bei kapitalbildenden Lebensversicherungen sind nicht mehr anzuwenden. 3

Keine Versicherungsverträge im Sinne des § 20 Abs. 1 Nr. 6 EStG sind Kapitalisierungsgeschäfte. Als Kapitalisierungsgeschäfte gelten Geschäfte, bei denen unter Anwendung eines mathematischen Verfahrens die im Voraus festgesetzten einmaligen oder wiederkehrenden Prämien und die übernommenen Verpflichtungen nach Dauer und Höhe festgelegt sind (vgl. § 1 Abs. 4 Satz 2 des Versicherungsaufsichtsgesetzes [VAG]). 4

Bei Kapitalforderungen aus Verträgen mit Versicherungsunternehmen, bei denen es sich nicht um einen Versicherungsvertrag im oben angeführten Sinne handelt, richtet sich die Besteuerung des Kapitalertrags nach § 20 Abs. 1 Nr. 7 EStG. 5

Zu den nach § 20 Abs. 1 Nr. 6 EStG steuerpflichtigen Renten- oder Kapitalversicherungen zählen nur solche, die einen Sparanteil enthalten. Bei solchen Versicherungen setzt sich der Versicherungsbeitrag grundsätzlich zusammen aus dem 6

- **Kostenanteil** (Beitragsteil insbesondere für Verwaltungsaufgaben des Unternehmens, Abschlusskosten, Inkassokosten), dem
- **Risikoanteil** (Beitragsanteil für Leistungen bei Eintritt eines charakteristischen Hauptrisikos: Tod bei Lebensversicherungen, Unfall oder Beitragsrückzahlung im Todesfall bei Unfallversicherungen mit garantierter Beitragsrückzahlung) und dem
- **Sparanteil** (Beitragsanteil, der für die Finanzierung einer Erlebensfall-Leistung verwendet wird).

7 Eine Leistung aus einer **reinen Risikoversicherung**, also einer Versicherung ohne Sparanteil (z. B. Risikolebensversicherung, Unfallversicherung ohne garantierte Beitragsrückzahlung, Berufsunfähigkeitsversicherung, Erwerbsunfähigkeitsversicherung, Pflegeversicherung), fällt nicht unter § 20 Abs. 1 Nr. 6 EStG. Dies gilt sowohl für Kapitalauszahlungen aus reinen Risikoversicherungen als auch für Rentenzahlungen (z. B. Unfall-Rente, Invaliditätsrente). Bei einer Rentenzahlung kann sich jedoch eine Besteuerung aus anderen Vorschriften (insbesondere § 22 Nr. 1 Satz 1 EStG oder § 22 Nr. 1 Satz 3 Buchstabe a Doppelbuchstabe bb EStG) ergeben. Die Barauszahlung von Überschüssen (vgl. Rz. 13 ff.) sowie die Leistung aufgrund einer verzinslichen Ansammlung der Überschüsse (vgl. Rz. 17) ist bei einer reinen Risikoversicherung keine Einnahme im Sinne des § 20 Abs. 1 Nr. 6 EStG und auch nicht im Sinne des § 20 Abs. 1 Nr. 7 EStG.

II. Allgemeine Begriffsbestimmungen

1. Versicherungsnehmer

8 Der Versicherungsnehmer (vgl. § 1 des Versicherungsvertragsgesetzes [VVG]) ist der Vertragspartner des Versicherers. Er ist Träger aller Rechte des Vertrages, z. B. Recht die Versicherungsleistung zu fordern, den Vertrag zu ändern, zu kündigen, Bezugsberechtigungen zu erteilen, die Ansprüche aus dem Vertrag abzutreten oder zu verpfänden. Er ist gleichzeitig Träger aller Pflichten, z. B. Pflicht zur Beitragszahlung.

2. Bezugsberechtigter

9 Der Bezugsberechtigte (vgl. §§ 166, 167 VVG) ist derjenige, der nach den vertraglichen Vereinbarungen die Versicherungsleistung erhalten soll. In der Regel kann der Versicherungsnehmer ohne Zustimmung des Versicherers einen Dritten als Bezugsberechtigten bestimmen. Das Bezugsrecht kann getrennt für den Erlebensfall und den Rückkauf sowie für den Todes-

fall festgelegt sein. Es kann widerruflich oder unwiderruflich ausgesprochen sein.

Bei einem unwiderruflichen Bezugsrecht bedarf jede Änderung des Bezugsrechts der Zustimmung des Bezugsberechtigten. Dieser hat auch einen unmittelbaren Rechtsanspruch auf die Leistung. 10

Bei einem widerruflichen Bezugsrecht hat der Bezugsberechtigte nur eine Anwartschaft auf die Leistung. Das widerrufliche Bezugsrecht kann auch jederzeit durch eine Mitteilung des Versicherungsnehmers an das Versicherungsunternehmen geändert werden. Im Zeitpunkt des Versicherungsfalls wird aus der Anwartschaft ein Rechtsanspruch. 11

3. Versicherte Person

Die versicherte Person ist die Person, auf deren Leben oder Gesundheit die Versicherung abgeschlossen wird (vgl. § 159 VVG). 12

4. Überschussbeteiligung

Der Versicherungsvertrag sieht in der Regel vor, dass der Versicherungsnehmer und/oder der Bezugsberechtigte an den Überschüssen des Versicherungsunternehmens zu beteiligen ist. Überschüsse erzielen die Unternehmen vor allem aus dem Kapitalanlage-, dem Risiko- und dem Kostenergebnis. 13

Ein Überschuss entsteht im Kapitalanlageergebnis, wenn ein höherer Ertrag als der Rechnungszins erzielt wird. Der Rechnungszins gibt den vom Versicherungsunternehmen garantierten Zins wieder, mit dem die Deckungsrückstellung kalkuliert wird. Beim Risikoergebnis kommt es zu Überschüssen, wenn der Risikoverlauf günstiger ist, als bei der Kalkulation angenommen (z. B. bei Versicherungen mit Todesfall-Leistung eine geringere Anzahl von Sterbefällen). Das Kostenergebnis ist positiv, wenn das Versicherungsunternehmen weniger Kosten für die Einrichtung und die laufende Verwaltung des Vertrages aufwendet, als veranschlagt wurde. Die Überschüsse werden jährlich ermittelt.

Die Beteiligung an den Überschüssen kann insbesondere in Form der nachfolgend beschriebenen Methoden erfolgen:

Barauszahlung

Die Überschüsse werden jährlich ausgezahlt (zu den steuerlichen Folgen siehe Rz. 45). 14

Beitragsverrechnung

15 Es kann auch vereinbart werden, dass die Überschüsse mit den Beiträgen zu verrechnen sind, so dass die laufende Beitragsleistung des Versicherungsnehmers gemindert wird. Der kalkulierte Beitrag wird in diesem Zusammenhang als Bruttobeitrag, der um Überschüsse reduzierte Beitrag als Nettobeitrag bezeichnet (zu den steuerlichen Folgen siehe Rz. 46).

Bonussystem

16 Beim Bonussystem werden die Überschussanteile als Einmalbeiträge für eine zusätzliche beitragsfreie Versicherung (Bonus) verwendet. Bei jährlichen Überschussanteilen erhöht sich dadurch die Versicherungsleistung von Jahr zu Jahr (zu den steuerlichen Folgen siehe Rzn. 47 und 57).

Verzinsliche bzw. rentierliche Ansammlung

17 Bei der verzinslichen Ansammlung werden die jährlichen Überschussanteile beim Versicherungsunternehmen einbehalten und Ertrag bringend angelegt. Die angesammelten Beträge zuzüglich der Erträge werden zusammen mit der Versicherungssumme ausbezahlt (zu den steuerlichen Folgen siehe Rz. 47).

Schlussüberschussbeteiligung

18 Überschussanteile, die nicht laufend dem Vertrag unwiderruflich zugeteilt, sondern nur für den Fall einer Leistung aus dem Vertrag in einem Geschäftsjahr festgelegt werden, werden als Schlussüberschüsse, Schlussgewinne, Schlussdividende o. Ä. bezeichnet (zu den steuerlichen Folgen siehe Rz. 47).

III. Rentenversicherung mit Kapitalwahlrecht, soweit nicht die Rentenzahlung gewählt wird

19 Bei einer Rentenversicherung besteht die Versicherungsleistung grundsätzlich in der Zahlung einer lebenslänglichen Rente für den Fall, dass die versicherte Person den vereinbarten Rentenzahlungsbeginn erlebt. Zu den Einnahmen nach § 20 Abs. 1 Nr. 6 EStG rechnet die Versicherungsleistung aus einer Rentenversicherung mit Kapitalwahlrecht nur dann, wenn sie nicht in Form einer Rentenzahlung erbracht wird. Davon ist dann auszugehen, wenn eine einmalige Kapitalauszahlung erfolgt, wenn mehrere Teilauszahlungen geleistet werden oder wenn wiederkehrende Bezüge erbracht werden, die nicht die nachstehenden Anforderungen an eine Rente erfüllen (zur Berechnung des Unterschiedsbetrags bei der Leistung in Form eines wiederkehrenden Bezugs siehe Rz. 63). Ebenfalls nach § 20 Abs. 1

Nr. 6 EStG zu versteuern sind Kapitalleistungen, soweit ein Teil der Versicherungsleistung nicht als Rente gezahlt wird, oder wenn ein laufender Rentenzahlungsanspruch durch eine Abfindung abgegolten wird. Bei einer Teilverrentung kann bei der Ermittlung des Unterschiedsbetrages für die Kapitalauszahlung nur ein Teil der geleisteten Beiträge abgezogen werden. Dies gilt auch dann, wenn vereinbart ist, dass lediglich die Beiträge ausgezahlt werden sollen und der verbleibende Teil verrentet wird. Auch in diesem Fall sind die Beiträge gleichmäßig auf die Kapitalauszahlung und den nach versicherungsmathematischen Grundsätzen ermittelten Barwert der Rentenauszahlung zu verteilen (zur Berechnung des Unterschiedsbetrags in diesen Fällen siehe Rz. 64).

Eine die Besteuerung nach § 20 Abs. 1 Nr. 6 EStG ausschließende Rentenzahlung setzt voraus, dass gleich bleibende oder steigende wiederkehrende Bezüge zeitlich unbeschränkt für die Lebenszeit der versicherten Person (lebenslange Leibrente) vereinbart werden. Leibrenten mit einer vertraglich vereinbarten Höchstlaufzeit (abgekürzte Leibrenten) und wiederkehrende Bezüge, die nicht auf die Lebenszeit, sondern auf eine festgelegte Dauer zu entrichten sind (Zeitrenten), sind nach § 20 Abs. 1 Nr. 6 EStG zu versteuern. Leibrenten mit einer vertraglich vereinbarten Mindestlaufzeit (verlängerte Leibrenten) sind nur dann nach § 20 Abs. 1 Nr. 6 EStG zu versteuern, wenn die Rentengarantiezeit über die auf volle Jahre aufgerundete verbleibende mittlere Lebenserwartung der versicherten Person bei Rentenbeginn hinausgeht. Maßgebend ist die zum Zeitpunkt des Vertragsabschlusses zugrunde gelegte Sterbetafel und das bei Rentenbeginn vollendete Lebensjahr der versicherten Person. Entspricht die Rentengarantiezeit der Lebenserwartung oder ist sie kürzer, ist auch für den Rechtsnachfolger (in der Regel der Erbe) die Ertragsanteilsbesteuerung anzuwenden. Dabei wird der auf den Erblasser angewandte Ertragsanteil fortgeführt. 20

Wird neben einem gleich bleibenden oder steigenden Sockelbetrag eine jährlich schwankende Überschussbeteiligung gewährt, handelt es sich dennoch insgesamt um gleich bleibende oder steigende Bezüge im Sinne der Rz. 20. Sowohl auf den Sockelbetrag als auch auf die Überschussbeteiligung ist die Ertragsanteilsbesteuerung (§ 22 Nr. 1 Satz 3 Buchstabe a Doppelbuchstabe bb EStG) anzuwenden (vgl. BMF-Schreiben vom 26. November 1998 – IV C 3 – S 2255 – 35/98, BStBl 1998 I S. 1508). 21

Die Auszahlung in Form einer konstanten Anzahl von Investmentanteilen stellt keinen gleich bleibenden Bezug und damit keine Rentenzahlung dar.

22 Die Todesfall-Leistung einer Rentenversicherung gehört nicht zu den Einnahmen aus § 20 Abs. 1 Nr. 6 EStG. Bei einer Rentenzahlung kann sich jedoch eine Besteuerung aus anderen Vorschriften (insbesondere § 22 Nr. 1 Satz 3 Buchstabe a Doppelbuchstabe bb EStG) ergeben.

IV. Kapitalversicherung mit Sparanteil

23 Kapitalversicherungen mit Sparanteil treten insbesondere in folgenden Ausgestaltungen auf:

1. Kapitalversicherung auf den Todes- und Erlebensfall (klassische Kapital-Lebensversicherung)

24 Bei einer Kapitalversicherung auf den Todes- und Erlebensfall leistet der Versicherer, wenn die versicherte Person den im Versicherungsschein genannten Auszahlungstermin erlebt oder wenn die versicherte Person vor dem Auszahlungstermin verstirbt. Die Leistung im Todesfall unterfällt nicht der Besteuerung nach § 20 Abs. 1 Nr. 6 EStG.

25 Die Ausgestaltung des Vertrages mit oder ohne Rentenwahlrecht, gegen Einmalbeitrag oder laufende Beitragszahlung hat keinen Einfluss auf die Besteuerung nach § 20 Abs. 1 Nr. 6 EStG.

26 Wird bei einer Kapitalversicherung mit Rentenwahlrecht die Rentenzahlung gewählt, fließen die Erträge nach § 11 Abs. 1 EStG in dem Zeitpunkt zu, in dem die Kapitalleistung im Erlebensfall zu leisten wäre. Lediglich das nach Abzug von Kapitalertragsteuer vorhandene Kapital steht für die Verrentung zur Verfügung. Die Rentenzahlungen gehören zu den Einnahmen aus § 22 Nr. 1 Satz 3 Buchstabe a Doppelbuchstabe bb EStG.

2. Unfallversicherung mit garantierter Beitragsrückzahlung

27 Bei einer Unfallversicherung mit garantierter Beitragsrückzahlung wird neben den Beitragsbestandteilen für die Abdeckung des Unfallrisikos sowie des Risikos der Beitragsrückzahlung im Todesfall und der Verwaltungskosten ein Sparanteil erbracht, der verzinslich bzw. rentierlich angelegt wird. Die Versicherungsleistung bei Ablauf der Versicherungslaufzeit gehört zu den Einnahmen aus § 20 Abs. 1 Nr. 6 EStG, nicht aber die Versicherungsleistung bei Eintritt des versicherten Risikos. Sofern die Unfallversicherung mit garantierter Beitragsrückzahlung als Rentenversicherung mit Kapitalwahlrecht abgeschlossen wird, sind die unter Rzn. 19 ff. angeführten Regelungen anzuwenden.

3. Kapitalversicherung auf den Todes- und Erlebensfall von zwei oder mehreren Personen (Kapitalversicherung auf verbundene Leben)

Die Erlebensfall-Leistung ist bei einer Kapitalversicherung auf verbundene Leben zu erbringen, wenn beide/alle versicherten Personen den im Versicherungsschein genannten Ablauftermin erleben. Zur Ermittlung des hälftigen Unterschiedsbetrags, wenn nur einer der Steuerpflichtigen bei Auszahlung der Versicherungsleistung im Erlebensfall oder bei Rückkauf das 60. Lebensjahr vollendet hat, siehe Rzn. 77–78. Die Leistung im Todesfall unterfällt nicht der Besteuerung nach § 20 Abs. 1 Nr. 6 EStG. 28

4. Kapitalversicherung mit festem Auszahlungszeitpunkt (Termfixversicherung)

Bei einer Termfixversicherung wird die Versicherungsleistung nur zu einem festen Zeitpunkt ausgezahlt. Wenn die versicherte Person vor Erreichen dieses festen Zeitpunkts verstirbt, wird die Todesfallsumme in der Regel nicht sofort ausgezahlt, sondern es endet lediglich die Beitragszahlungsdauer. Die Leistung im Todesfall gehört nicht zu den Einnahmen aus § 20 Abs. 1 Nr. 6 EStG. 29

5. Kapitalversicherung mit lebenslangem Todesfallschutz

Bei einer Kapitalversicherung mit lebenslangem Todesfallschutz leistet das Versicherungsunternehmen grundsätzlich nur, wenn die versicherte Person stirbt. Der vornehmliche Zweck eines solchen Versicherungsvertrages ist die Deckung von Kosten und Aufwendungen im Zusammenhang mit dem Todesfall, z. B. Erbschaftsteuer (Erbschaftsteuerversicherung), zivilrechtlich bedingten Ausgleichszahlungen im Rahmen einer Erbschaftsplanung (Vermögensnachfolgeversicherung) oder Deckung der Bestattungskosten (Sterbegeldversicherung). Die Versicherungsleistung im Todesfall stellt keine Einnahme im Sinne des § 20 Abs. 1 Nr. 6 EStG dar. Manche Kapitalversicherungen mit lebenslangem Todesfallschutz bieten jedoch die Möglichkeit, zu Lebzeiten der versicherten Person eine Versicherungsleistung abzurufen, so dass die Versicherung beendet wird oder mit einer reduzierten Versicherungssumme bestehen bleibt. Eine abgerufene Leistung ist nach § 20 Abs. 1 Nr. 6 EStG zu versteuern. 30

V. Sonderformen

1. Fondsgebundene Kapital-Lebensversicherung und fondsgebundene Rentenversicherung

31 Fondsgebundene Lebensversicherungen unterscheiden sich von konventionellen Lebensversicherungen dadurch, dass die Höhe der Leistungen direkt von der Wertentwicklung der in einem besonderen Anlagestock angesparten Vermögensanlagen abhängt, wobei üblicherweise die Sparanteile nur in Investmentanteilen angelegt werden. Die Kapitalerträge aus fondsgebundenen Lebensversicherungen gehören unter den gleichen Voraussetzungen zu den Einnahmen aus Kapitalvermögen wie Erträge aus konventionellen Lebensversicherungen.

32 Eine der Höhe nach garantierte Leistung gibt es bei der fondsgebundenen Lebensversicherung in der Regel nicht, selbst der Verlust des gesamten eingesetzten Kapitals ist möglich (zu einem negativen Unterschiedsbetrag siehe Rz. 60).

33 Üblich sind Verträge, bei denen der Versicherungsnehmer einen oder mehrere Investmentfonds selbst wählen kann, wobei er die Auswahl für zukünftige Sparanteile während der Versicherungsdauer in der Regel ändern kann (Switchen). Außerdem kann das Recht eingeräumt sein, bereits investierte Sparanteile in andere Fonds umzuschichten (Shiften). Solche Umschichtungen stellen keinen Zufluss dar.

34 Hinsichtlich der Versicherungsleistung kann vereinbart sein, dass der Versicherungsnehmer wählen kann, ob er statt einer Geldzahlung die Übertragung der Fondsanteile in sein Depot möchte. Sofern eine Übertragung der Fondsanteile erfolgt, ist als Versicherungsleistung der Rücknahmepreis anzusetzen, mit dem die Versicherungsleistung bei einer Geldzahlung berechnet worden wäre.

2. Direktversicherung, Pensionskasse, Pensionsfonds

35 Zur steuerrechtlichen Behandlung von Leistungen aus einer Pensionskasse, aus einem Pensionsfonds oder aus einer Direktversicherung wird auf das BMF-Schreiben vom 17. November 2004 – IV C 4 – S 2222 – 177/04, BStBl 2004 I S. 1065, Rzn. 216–224 verwiesen.

VI. Absicherung weiterer Risiken

36 Neben dem der Versicherung zugrunde liegenden charakteristischen Hauptrisiko können weitere Risiken (Nebenrisiken) in Form einer Zusatzversicherung oder innerhalb einer einheitlichen Versicherung abgesichert

sein. Üblich sind dabei die Invaliditäts-, Berufsunfähigkeits-, Unfalltod-, Pflege- und die Dread-Disease-Absicherung. Bei einer Dread-Disease-Absicherung wird bei Eintritt einer schweren Krankheit geleistet (engl. dread disease = furchtbare Krankheit, schlimme Leiden).

Enthält der Versicherungsvertrag andere als die oben angeführten Nebenrisiken und ist der Eintritt dieses Risikos zu erwarten oder durch die versicherte Person herbeiführbar, so dass es sich bei wirtschaftlicher Betrachtungsweise um eine Fälligkeitsregelung handelt (z. B. Beginn der Ausbildung, Heirat), ist die Kapitalauszahlung bei Eintritt eines solchen unechten Nebenrisikos als Erlebensfall-Leistung nach § 20 Abs. 1 Nr. 6 EStG zu versteuern.

Kapitalauszahlungen bei Eintritt eines (echten) Nebenrisikos sind nicht nach § 20 Abs. 1 Nr. 6 EStG zu versteuern. Besteht die Leistung der weiteren Absicherung in einer Beitragsbefreiung für den Hauptvertrag, ist für die Berechnung des Unterschiedsbetrags ein rechnerischer Ausgleichsposten in Höhe der angenommenen oder tatsächlich durch das Versicherungsunternehmen übernommenen Beiträge bei der Berechnung des Unterschiedsbetrags ertragsmindernd zu berücksichtigen. 37

Überschüsse und sonstige Leistungen (z. B. Rückzahlung überhobener Beiträge) aus einer weiteren Absicherung sind grundsätzlich keine Einnahmen im Sinne des § 20 Abs. 1 Nr. 6 EStG. Der hierfür erforderliche Nachweis, dass die Überschüsse und sonstigen Leistungen aus einer weiteren Absicherung stammen, setzt voraus, dass das Versicherungsunternehmen den darauf entfallenden Beitrag, den Überschussanteil und die sonstige Leistung für die weitere Absicherung getrennt ausweist. In diesem Fall ist gegebenenfalls ein Sonderausgabenabzug nach § 10 Abs. 1 Nr. 3 Buchstabe a EStG für diese Beitragsbestandteile möglich. 38

Beitragsbestandteile für die Absicherung der Nebenrisiken mindern den steuerpflichtigen Unterschiedsbetrag nicht (vgl. Rz. 58). 39

VII. Erlebensfall oder Rückkauf

Der Besteuerung nach § 20 Abs. 1 Nr. 6 EStG unterliegen nur der Erlebensfall oder der Rückkauf. Die Versicherungsleistung bei Eintritt des mit der Versicherung untrennbar verbundenen charakteristischen Hauptrisikos (Tod, Unfall) rechnet nicht zu den Einnahmen nach § 20 Abs. 1 Nr. 6 EStG (hinsichtlich weiterer versicherter Risiken siehe Rzn. 36–38). 40

1. Erlebensfall

41 Alle Versicherungsleistungen, die vom Versicherungsunternehmen aufgrund des Versicherungsvertrages zu erbringen sind, ohne dass sich das versicherte Risiko realisiert hat (Risiko-Leistung) oder dass der Versicherungsvertrag ganz oder teilweise vorzeitig beendet wurde (Rückkauf), sind Erlebensfall-Leistungen.

42 In der Regel tritt der Erlebensfall bei Ablauf der vereinbarten Versicherungslaufzeit ein. Es können im Versicherungsvertrag mehrere konkrete Teilauszahlungstermine oder zeitlich und der Höhe nach flexible Abrufmöglichkeiten bereits in der Ansparphase bzw. Aufschubphase vereinbart sein, so dass es mehrere Erlebensfälle gibt. Beispielsweise können bei einem Versicherungsvertrag mit 30-jähriger Laufzeit Teilauszahlungen nach 20 und nach 25 Jahren vorgesehen sein. Sofern es sich dabei lediglich um ein Wahlrecht des Begünstigten handelt, das nicht ausgeübt wird, liegt kein Erlebensfall vor. Zur Ermittlung des Unterschiedsbetrags bei Teilauszahlungen siehe Rzn. 61–62.

43 Bei einer gestreckten Kapitalauszahlung (Teilauszahlungen oder wiederkehrende Bezüge, die keine Rentenzahlung darstellen, vgl. Rz. 20) nach Ablauf der Versicherungslaufzeit liegt nur ein Erlebensfall zum Ablauftermin vor. Ein Zufluss ist jedoch erst mit Leistung des jeweiligen Teilbetrags gegeben. Davon zu unterscheiden ist der Fall, dass bei einer Kapitallebensversicherung mit Rentenwahlrecht für die Rentenzahlung optiert wird. In der Ausübung der Renten-Option liegt eine Verfügung über die auszahlbare Versicherungsleistung, die einen Zufluss begründet (vgl. Rz. 26).

44 Wenn sich der Steuerpflichtige das Kapital nach Erreichen des Ablauftermins nicht auszahlen lässt, sondern es gegen Entgelt oder auch ohne Entgelt bis zur Entscheidung über die endgültige Verwendung dem Versicherungsunternehmen überlässt (sog. Parkdepot), liegt aufgrund der erlangten Verfügungsmacht ein Zufluss vor. Wird die Fälligkeit einer Versicherungsleistung aufgrund einer nachträglichen Vertragsänderung während der Versicherungslaufzeit (Verlängerung der Versicherungslaufzeit) hinausgeschoben, liegt dagegen zum ursprünglichen Fälligkeitszeitpunkt kein Zufluss vor.

45 Eine laufende (z. B. jährliche) Auszahlung von Überschüssen (vgl. Rz. 14) stellt eine zugeflossene Erlebensfall-Leistung dar. Die Regelungen zur Ermittlung des Unterschiedsbetrags bei Teilauszahlungen (siehe Rzn. 61–62) sind anzuwenden. Wird der Überschuss nicht zur Barauszahlung, sondern zur Reduzierung der laufenden Beitragszahlung verwendet, liegt zivilrechtlich eine Aufrechnung und damit ebenfalls eine zugeflossene Erlebensfall-Leistung vor. Bei der Berechnung des Unterschiedsbetrags ist der Bruttobeitrag (einschließlich des durch Aufrechnung gezahlten Teils) in Ansatz zu bringen.

Ist jedoch von vornherein keine Auszahlung der laufenden Überschüsse, sondern eine Verrechnung mit den Beiträgen vereinbart, besteht also kein Wahlrecht zwischen Auszahlung und Verrechnung, liegt hinsichtlich der Überschüsse kein Erlebensfall und kein Zufluss von Erträgen vor. Bei der Ermittlung des Unterschiedsbetrags ist nur der Netto-Beitrag (vgl. Rz. 15) anzusetzen. 46

Beim Bonussystem (vgl. Rz. 16), bei der verzinslichen bzw. rentierlichen Ansammlung (vgl. Rz. 17) und bei der Schlussüberschussbeteiligung (vgl. Rz. 18) liegt ein Zufluss von Erträgen in der Regel erst bei Ablauf der Versicherungslaufzeit vor. 47

2. Rückkauf

Ein Rückkauf liegt vor, wenn der Versicherungsvertrag vorzeitig ganz oder teilweise beendet wird (insbesondere aufgrund Rücktritt, Kündigung oder Anfechtung). Bei einer vorzeitigen Beendigung des Versicherungsvertrages ist regelmäßig vereinbart, dass das Versicherungsunternehmen einen Rückkaufswert zu erstatten hat (vgl. § 176 Abs. 1 VVG, der eine gesetzliche Verpflichtung zur Erstattung des Rückkaufswertes bei Kapitalversicherungen auf den Todesfall mit unbedingter Leistungspflicht enthält). Der Rückkaufswert ist nach den anerkannten Regeln der Versicherungsmathematik für den Schluss der laufenden Versicherungsperiode als Zeitwert der Versicherung zu berechnen. Beitragsrückstände werden vom Rückkaufswert abgesetzt. § 12 Abs. 4 Satz 1 Bewertungsgesetz ist nicht anwendbar. Ein teilweiser Rückkauf liegt insbesondere vor, wenn der Versicherungsvertrag das Recht enthält, durch Teilkündigung einen Teil der Erlebensfall-Leistung vorzeitig abzurufen. 48

In der Anfangszeit einer Versicherung ist der Rückkaufswert regelmäßig niedriger als die Summe der geleisteten Beiträge. Dies ergibt sich daraus, dass jeder Vertrag Abschlusskosten (z. B. Provision für den Versicherungsvermittler) verursacht, die zu tilgen sind. Außerdem behalten sich die Versicherer gewöhnlich vor, einen Abzug bei vorzeitiger Beendigung vorzunehmen (Stornoabschlag). Dadurch kann es insbesondere bei einem sehr frühzeitigen Rückkauf zu einem negativen Unterschiedsbetrag kommen. 49

VIII. Steuerpflichtiger

50 Steuerpflichtiger im Sinne des § 20 Abs. 1 Nr. 6 EStG ist grundsätzlich derjenige, der das Kapital in Form der Sparanteile im eigenen Namen und für eigene Rechnung dem Versicherungsunternehmen zur Nutzung überlassen hat. Soweit eine andere Person wirtschaftlicher Eigentümer im Sinne des § 39 Abs. 2 Nr. 1 Abgabenordnung – AO – des Anspruchs auf die steuerpflichtige Versicherungsleistung (Erlebensfall-Leistung oder Rückkaufswert) ist, sind ihr die erzielten Erträge zuzurechnen.

51 In der Regel ist der Versicherungsnehmer Steuerpflichtiger, da er die Sparanteile zur Nutzung überlassen hat und auch Inhaber des Rechts ist, die Versicherungsleistung zu fordern. Wechselt die Person des Versicherungsnehmers durch Gesamtrechts- oder Einzelrechtsnachfolge, wird regelmäßig der Rechtsnachfolger Steuerpflichtiger.

52 Mit der Einräumung eines unwiderruflichen Bezugsrechts (vgl. Rz. 10) für die steuerpflichtige Versicherungsleistung gilt grundsätzlich der Bezugsberechtigte als Steuerpflichtiger der erzielten Erträge. Bei einem widerruflichen Bezugsrecht wird der Bezugsberechtigte erst bei Eintritt des Erlebensfalls Steuerpflichtiger.

53 Bei einer Abtretung des Anspruchs auf die Versicherungsleistung wird der Abtretungsempfänger (Zessionar) nur dann Steuerpflichtiger, wenn er und nicht der Abtretende (Zedent) die Erträge erzielt. Das Erzielen von Erträgen setzt voraus, dass nach den getroffenen Vereinbarungen die Versicherungsleistung das Vermögen des Zessionars und nicht das des Zedenten mehren soll. Dient beispielsweise die Versicherungsleistung dazu, eigene Verbindlichkeiten des Zedenten gegenüber dem Zessionar zu tilgen, bleibt der Zedent Steuerpflichtiger. Typischerweise werden durch die Versicherungsleistung bei Eintritt des Sicherungsfalls bei einer Sicherungsabtretung oder bei Einziehung und Verwertung durch einen Pfandgläubiger eigene Verbindlichkeiten des Zedenten bzw. des Pfandschuldners getilgt, so dass regelmäßig der Zedent bzw. der Pfandschuldner Steuerpflichtiger der Erträge bleibt.

IX. Berechnung des Unterschiedsbetrags

54 Die Ermittlung des Ertrags nach § 20 Abs. 1 Nr. 6 EStG ist nur anzuwenden, wenn der Steuerpflichtige die Versicherung im Privatvermögen hält. Gehört der Versicherungsvertrag zu dem Betriebsvermögen des Steuerpflichtigen, sind die allgemeinen Gewinnermittlungsvorschriften anzuwen-

den. Für den Kapitalertragsteuerabzug gelten aber auch in diesen Fällen die Vorschriften für Versicherungen im Privatvermögen (vgl. Rzn. 84 ff.).

1. Versicherungsleistung

Versicherungsleistung ist grundsätzlich der Gesamtbetrag der zugeflossenen Geldleistungen (zur Übertragungsoption bei fondsgebundenen Lebensversicherungen siehe Rz. 34). In der Versicherungsleistung enthalten sind die angesammelten Sparanteile, die garantierte Verzinsung der Sparanteile und Überschüsse aus dem Kapitalanlage-, dem Risiko- und dem Kostenergebnis. Auszusondern sind die Überschussanteile und sonstige Leistungen aus Nebenrisiken (vgl. Rz. 38). 55

2. Summe der entrichteten Beiträge

Versicherungsbeiträge (Prämien) sind die aufgrund des Versicherungsvertrages erbrachten Geldleistungen. Hierzu gehören auch die Ausfertigungsgebühr, Abschlussgebühr und die Versicherungsteuer. Provisionen, die der Versicherungsvermittler von der Versicherungsgesellschaft erhält und die dieser an den Steuerpflichtigen weiterleitet, oder Provisionen, die der Steuerpflichtige unmittelbar von der Versicherungsgesellschaft erhält (sog. Eigenprovisionen), mindern die Summe der entrichteten Beiträge (BFH-Urteil vom 2. März 2004 – IX R 68/02 BStBl 2004 II S. 506). Eine Vermittlungsprovision, die vom Versicherungsnehmer aufgrund eines gesonderten Vertrages an einen Versicherungsvermittler erbracht wird, ist bei der Berechnung des Unterschiedsbetrags ertragsmindernd anzusetzen. Für Zwecke der Kapitalertragsteuer ist es erforderlich, dass der Steuerpflichtige die Zahlung der Provision an den Vermittler gegenüber dem Versicherungsunternehmen belegt. 56

Zur Höhe der entrichteten Beiträge in den Fällen der Beitragsverrechnung siehe Rzn. 45 und 46. Der beim Bonussystem (vgl. Rz. 16) für eine Erhöhung der Versicherungsleistung verwendete Überschussanteil stellt keinen entrichteten Beitrag dar. 57

Die im Beitrag enthaltenen Anteile zur Absicherung des charakteristischen Hauptrisikos (Todesfallrisiko bei einer Lebensversicherung, Unfallrisiko sowie das Risiko der Beitragsrückzahlung im Todesfall bei einer Unfallversicherung mit Beitragsrückzahlung) mindern den steuerpflichtigen Ertrag. Beitragsanteile, die das Versicherungsunternehmen aufgrund individueller oder pauschaler Kalkulation den Nebenrisiken (Rzn. 36 ff.) zuge- 58 ordnet hat, sind bei der Ermittlung des Unterschiedsbetrags nicht ertragsmindernd anzusetzen.

59 Für die Berechnung des Unterschiedsbetrags ist es grundsätzlich unerheblich, wer die Versicherungsbeiträge aufgewendet hat. Auch Beiträge, die nicht der Steuerpflichtige aufgewendet hat, mindern den steuerpflichtigen Ertrag.

3. Negativer Unterschiedsbetrag (Verlust)

60 Insbesondere in den Fällen eines frühzeitigen Rückkaufs (vgl. Rz. 49) des Versicherungsvertrags kann es zu einem negativen Unterschiedsbetrag kommen. Ist die Einkunftserzielungsabsicht zu überprüfen, ist vom hälftigen Unterschiedsbetrag als Ertrag auszugehen, wenn nach dem vereinbarten Versicherungsverlauf die Voraussetzungen des § 20 Abs. 1 Nr. 6 Satz 2 EStG erfüllt worden wären (vgl. BFH-Urteil vom 6. März 2003 – IV R 26/01, BStBl 2003 II S. 702; zum Ansatz der Werbungskosten vgl. Rz. 81).

4. Teilleistungen

61 Bei Teilleistungen (Teilauszahlungen, Auszahlungen in Form von wiederkehrenden Bezügen, die keine Rentenzahlung darstellen, sowie Barauszahlungen von laufenden Überschussanteilen) sind die anteilig entrichteten Beiträge von der Auszahlung in Abzug zu bringen. Die anteilig entrichteten Beiträge sind dabei wie folgt zu ermitteln:

$$\frac{\text{Versicherungsleistung} \times (\text{Summe der entrichteten Beiträge} - \text{bereits verbrauchte Beiträge})}{\text{Zeitwert der Versicherung zum Auszahlungszeitpunkt}}$$

Die hiernach ermittelten Beiträge sind höchstens in Höhe der Teilleistung anzusetzen. Die bereits für Teilleistungen verbrauchten Beiträge mindern die bei nachfolgenden Teilleistungen zu berücksichtigenden Beiträge. Bei der Ermittlung des Unterschiedsbetrags der letzten Teilleistung bzw. der Schlussleistung sind die noch nicht angesetzten Beiträge abzuziehen.

62 **Beispiel 1:** Teilauszahlung in der Ansparphase

Laufzeit 20 Jahre, nach 10 Jahren Teilauszahlung i. H. v. 5 000 €, geleistete Beiträge im Auszahlungszeitpunkt: 10 000 €, Zeitwert der Versicherung im Auszahlungszeitpunkt 15 000 €;

Restauszahlung nach weiteren 10 Jahren i. H. v. 25 000 €, geleistete Beiträge insgesamt: 20 000 €

Lösung:

- Teilauszahlung i. H. v. 5 000 €
  anteilige Beiträge:

Versicherungsleistung:	5 000,00 €	
./. anteilig geleistete Beiträge:	3 333,33 €	(= 33 %)
Ertrag nach § 20 Abs. 1 Nr. 6 EStG	1 666,67 €	

- Restauszahlung i. H. v. 25 000 €

Versicherungsleistung:	25 000,00 €
./. geleistete Beiträge (20 000 – 3 333,33)	16 666,67 €
Ertrag nach § 20 Abs. 1 Nr. 6 EStG	8 333,33 €

- Kontrollrechnung:

Versicherungsleistung:	5 000,00 € + 25 000,00 € =	30 000,00 €
Summe der Beiträge:	3 333,33 € + 16 666,67 € =	20 000,00 €
Ertrag nach § 20 Abs. 1 Nr. 6 EStG:		10 000,00 €

Beispiel 2: Auszahlung in Form eines wiederkehrenden Bezugs

Der Versicherungsvertrag sieht wiederkehrende Bezüge von jährlich 6 000 € für die Lebenszeit des Begünstigten, längstens jedoch für fünf Jahre vor. An Beiträgen wurden 12 000 € erbracht. Der Steuerpflichtige (männlich) hat zum Beginn der Auszahlung das 50. Lebensjahr vollendet.

Der nach den anerkannten Regeln der Versicherungsmathematik unter Berücksichtigung der geschlechtsspezifischen Sterbewahrscheinlichkeit ermittelte Zeitwert der Versicherung vor Auszahlung der jeweiligen Bezüge beträgt im

Jahr 01:	27 500
Jahr 02:	22 500
Jahr 03:	17 200
Jahr 04:	11 700
Jahr 05:	6 000.

Lösung:

- anteilige Beiträge im Jahr 01:

Versicherungsleistung:	6 000,00 €
./. anteilig geleistete Beiträge:	2 618,18 €
Ertrag nach § 20 Abs. 1 Nr. 6 EStG	3 381,82 €

- anteilige Beiträge im Jahr 02:

Versicherungsleistung:	6 000,00 €
./. anteilig geleistete Beiträge:	2 501,82 €
Ertrag nach § 20 Abs. 1 Nr. 6 EStG	3 498,18 €

- Gesamtlösung:

Jahr	Versicherungs-leistungen	anteilige Beiträge	Ertrag
01	6 000,00 €	2 618,18	3 381,82
02	6 000,00 €	2 501,82	3 498,18
03	6 000,00 €	2 400,00	3 600,00
04	6 000,00 €	2 297,44	3 702,56
05	6 000,00 €	2 182,56	3 817,44
Kontrollsumme	30 000,00 €	2 000,00	18 000,00

64 **Beispiel 3:** Teilkapitalauszahlung bei einer Rentenversicherung
Rentenversicherung mit Kapitalwahlrecht, Ansparphase 20 Jahre, gezahlte Beiträge insgesamt 20 000 €, Zeitwert der Versicherung zum Ende der Ansparphase: 30 000 €, Ausübung des Kapitalwahlrechts in Höhe von 15 000 €, Verrentung des Restkapitals führt zu einer monatlichen garantierten Rente von 100 €.
Lösung:
- Teilauszahlung in Höhe von 15 000 €:
anteilige Beiträge:

Versicherungsleistung	15 000 €
./. anteilig geleistete Beiträge	10 000 €
Ertrag nach § 20 Abs. 1 Nr. 6 EStG	5 000 €

- Rentenzahlung:

Jahresbetrag der Rente (ggf. zuzüglich Überschüsse)	1 200 €

zu versteuern nach § 22 Nr. 1 Satz 3 Buchstabe a Doppelbuchstabe bb EStG

X. Hälftiger Unterschiedsbetrag

65 Wird die Versicherungsleistung nach Vollendung des 60. Lebensjahres des Steuerpflichtigen und nach Ablauf von zwölf Jahren seit dem Vertragsabschluss ausgezahlt, ist die Hälfte des Unterschiedsbetrags anzusetzen.

1. Beginn der Mindestvertragsdauer

66 Für den Beginn der Mindestvertragsdauer bestehen aus Vereinfachungsgründen keine Bedenken, als Zeitpunkt des Vertragsabschlusses den im Versicherungsschein bezeichneten Tag des Versicherungsbeginns gelten zu lassen, wenn innerhalb von drei Monaten nach diesem Tag der Versicherungsschein ausgestellt und der erste Beitrag gezahlt wird; ist die Frist von

drei Monaten überschritten, tritt an die Stelle des im Versicherungsschein bezeichneten Tages des Versicherungsbeginns der Tag der Zahlung des ersten Beitrages.

2. Neubeginn aufgrund von Vertragsänderungen

Werden wesentliche Vertragsmerkmale einer Versicherung im Sinne des § 20 Abs. 1 Nr. 6 EStG (Versicherungslaufzeit, Versicherungssumme, Beitragshöhe, Beitragszahlungsdauer, vgl. BFH-Urteil vom 9. Mai 1974 – VI R 137/72, BStBl 1974 II S. 633) geändert, führt dies nach Maßgabe der nachfolgenden Regelungen zu einem Neubeginn der Mindestvertragsdauer. Bei einer Änderung der Person des Versicherungsnehmers ist steuerrechtlich grundsätzlich nicht von einem neuen Vertrag auszugehen. 67

a) Bei Vertragsabschluss vereinbarte künftige Vertragsänderungen

Vertragsanpassungen, die bereits bei Vertragsabschluss vereinbart worden sind, sowie hinreichend bestimmte Optionen zur Änderung des Vertrages führen vorbehaltlich der Grenzen des Gestaltungsmissbrauchs nicht zu einem Neubeginn der Mindestvertragsdauer. 68

b) Nachträglich vereinbarte Vertragsänderungen

Werden ausschließlich wesentliche Vertragsbestandteile vermindert bzw. gesenkt (z. B. Verkürzung der Laufzeit oder der Beitragszahlungsdauer, niedrigere Beitragszahlungen oder Versicherungssumme), so gilt steuerrechtlich der geänderte Vertrag als „alter Vertrag", der unverändert fortgeführt wird. 69

Nachträglich vereinbarte Änderungen der Versicherungslaufzeit oder der Beitragszahlungsdauer bleiben für die Beurteilung der Mindestvertragsdauer außer Betracht, soweit nicht die Gesamtvertragsdauer von zwölf Jahren unterschritten wird (z. B. nachträgliche Verlängerung der Versicherungslaufzeit und/oder der Beitragszahlungsdauer bei gleich bleibender Versicherungssumme aufgrund reduzierten Beitrags). 70

Nachträglich vereinbarte Beitragserhöhungen und Erhöhungen der Versicherungssumme gelten steuerlich im Umfang der Erhöhung als gesonderter neuer Vertrag, für den die Mindestvertragsdauer ab dem vereinbarten Erhöhungszeitpunkt neu zu laufen beginnt. 71

c) Zahlungsschwierigkeiten

72 Wurden Versicherungsbeiträge oder die Versicherungssumme wegen Zahlungsschwierigkeiten des Versicherungsnehmers insbesondere wegen Arbeitslosigkeit, Kurzarbeit oder Arbeitsplatzwechsels gemindert oder die Beiträge ganz oder teilweise befristet gestundet, so kann der Versicherungsnehmer innerhalb einer Frist von in der Regel drei Jahren eine Wiederherstellung des alten Versicherungsschutzes bis zur Höhe der ursprünglich vereinbarten Versicherungssumme verlangen und die Beitragsrückstände nachentrichten. Die nachentrichteten Beiträge werden als auf Grund des ursprünglichen Vertrages geleistet angesehen.

73 Konnte der Versicherungsnehmer wegen Zahlungsschwierigkeiten, insbesondere aufgrund von Arbeitslosigkeit, Kurzarbeit oder Arbeitsplatzwechsel die vereinbarten Beiträge nicht mehr aufbringen und nach Behebung seiner finanziellen Schwierigkeiten die fehlenden Beiträge nicht nachentrichten, so kann der Versicherungsnehmer innerhalb von in der Regel bis zu drei Jahren eine Wiederherstellung des alten Versicherungsschutzes bis zur Höhe der ursprünglich vereinbarten Versicherungssumme verlangen. Maßnahmen zur Schließung der Beitragslücke (z. B. Anhebung der künftigen Beiträge, Leistungsherabsetzung, Verlegung von Beginn- und Ablauftermin) führen nicht zu einem Neubeginn der Mindestvertragsdauer.

3. Policendarlehen

74 Dienen die Ansprüche aus dem Versicherungsvertrag der Tilgung oder Sicherung eines Darlehens, so steht dies der Anwendung des § 20 Abs. 1 Nr. 6 Satz 2 EStG (Ansatz des hälftigen Unterschiedsbetrag) nicht entgegen.

4. Teilleistungen teilweise vor dem 60. Lebensjahr und teilweise danach

75 Werden mehrere Versicherungsleistungen zu unterschiedlichen Zeitpunkten ausgekehrt (z. B. bei Teilauszahlungen und Barauszahlungen von laufenden Überschussanteilen), ist jeweils gesondert zu prüfen, ob § 20 Abs. 1 Nr. 6 Satz 2 EStG zur Anwendung kommt. Die anteilig entrichteten Beiträge sind zu berücksichtigen.

76 **Beispiel:**
Laufzeit 20 Jahre, nach 10 Jahren Teilauszahlung i. H. v. 5 000 €, vollendetes Lebensalter des Steuerpflichtigen im Zeitpunkt der Teilauszahlung 55 Jahre, geleistete Beiträge zum Auszahlungszeitpunkt: 10 000 €, Zeitwert der Versicherung

zum Auszahlungszeitpunkt 15 000 €; Restauszahlung nach weiteren 10 Jahren i. H. v. 25 000 € geleistete Beiträge insgesamt 20 000 €.

Lösung:
- Teilauszahlung i. H. v. 5 000 € (Laufzeit 10 Jahre Alter 55)

Versicherungsleistung:	5 000,00 €
·/. anteilig geleistete Beiträge: (5 000 : 15 000 x 10 000)	3 333,33 € (= 33 %)
Ertrag nach § 20 Abs. 1 Nr. 6 Satz 1 EStG	1 666,67 €

- Restauszahlung i. H. v. 25 000 € (Laufzeit 20 Jahre Alter 65)

Versicherungsleistung:	25 000,00 €
·/. geleistete Beiträge (20 000–3 333,33)	16 666,67 €
Ertrag nach § 20 Abs. 1 Nr. 6 Satz 1 EStG	8 333,33 €
Davon anzusetzen nach § 20 Abs. 1 Nr. 6 Satz 2 EStG	4 166,67 €

5. Hälftiger Unterschiedsbetrag bei Kapitalversicherungen auf verbundene Leben

Sofern bei einer Kapitalversicherung auf verbundene Leben (vgl. Rz. 28) die Versicherungsleistung mehreren Steuerpflichtigen gemeinschaftlich zufließt, ist bei jedem Beteiligten gesondert zu prüfen, inwieweit er in seiner Person den Tatbestand des § 20 Abs. 1 Nr. 6 Satz 1 bzw. Satz 2 EStG verwirklicht. Die Aufteilung der Erträge ist dabei nach Köpfen vorzunehmen, soweit kein abweichendes Verhältnis vereinbart ist. 77

Beispiel: 78

Ehemann A schließt als Versicherungsnehmer eine Kapitalversicherung mit Sparanteil auf verbundene Leben ab. Versicherte Personen sind Ehemann A und Ehefrau B. Beiden steht das unwiderrufliche Bezugsrecht gemeinschaftlich zu. Laufzeit der Versicherung 20 Jahre. Erlebensfall-Leistung 30 000 €, geleistete Beiträge 20 000 €. A hat zum Auszahlungszeitpunkt das 62., B das 58. Lebensjahr vollendet.

Lösung:

Versicherungsleistung:	30 000 €
·/. geleistete Beiträge:	20 000 €
Zwischensumme:	10 000 €
Auf Ehemann A entfallen 50 % = 5 000 €	
Davon anzusetzen nach § 20 Abs. 1 Nr. 6 Satz 2 EStG	2 500 €

Auf Ehefrau B entfallen 50 % = 5 000 €
Davon anzusetzen nach § 20 Abs. 1 Nr. 6 Satz 1 EStG   5 000 €

XI. Werbungskosten

79 Kosten, die durch den Versicherungsvertrag veranlasst sind, können als Werbungskosten abgezogen werden. Zur Behandlung einer Vermittlungsprovision, die der Versicherungsnehmer aufgrund eines gesonderten Vertrages an den Versicherungsvermittler zahlt, siehe Rz. 56. Abschlusskosten, die durch die Beitragsleistung bezahlt werden (insbesondere die Vermittlungsprovision, die das Versicherungsunternehmen an den Vermittler erbringt), sind keine Werbungskosten.

80 Der entgeltliche Erwerb des Versicherungsvertrages durch einen Nicht-Unternehmer stellt eine steuerneutrale Vermögensumschichtung in der Privatsphäre dar. Die Aufwendungen für den Erwerb sind Anschaffungskosten und keine Werbungskosten.

81 Auch bei hälftigem Unterschiedsbetrag besteht der volle Werbungskostenabzug. § 3c Abs. 1 EStG ist nicht anwendbar, da § 20 Abs. 1 Nr. 6 Satz 2 EStG keine Steuerbefreiung, sondern eine Sonderregelung zur Ermittlung des anzusetzenden Ertrags enthält.

XII. Nachweis der Besteuerungsgrundlagen

1. Inländische Versicherungen

82 Bei Versicherungen, die im Inland Sitz, Geschäftsleitung oder Niederlassung haben, dient als Nachweis für die Höhe der Kapitalerträge im Sinne des § 20 Abs. 1 Nr. 6 EStG im Rahmen der Einkommensteuererklärung bei positiven Kapitalerträgen die Steuerbescheinigung im Sinne des § 45a EStG. Negative Kapitalerträge sind in der Regel durch eine Berechnung des Versicherungsunternehmens zu belegen.

2. Ausländische Versicherungen

83 Der Steuerpflichtige hat alle für die Besteuerung nach § 20 Abs. 1 Nr. 6 EStG erforderlichen Unterlagen zu beschaffen und seiner Steuererklärung beizufügen (§ 90 Abs. 2 AO).

XIII. Kapitalertragsteuer

84 Dem Kapitalertragsteuerabzug (§ 43 Abs. 1 Satz 1 Nr. 4 Satz 1 EStG) unterliegen auch Teilleistungen (vgl. Rz. 61).

Bemessungsgrundlage ist im Regelfall der Unterschiedsbetrag, im Falle des § 20 Abs. 1 Nr. 6 Satz 2 EStG der halbe Unterschiedsbetrag. 85

Kapitalertragsteuer ist nach § 44a EStG nicht einzubehalten, wenn eine Nichtveranlagungsbescheinigung vorgelegt oder soweit ein Freistellungsauftrag erteilt wurde. 86

Die Kapitalertragsteuer wird von den inländischen Versicherungsunternehmen auch von den Erträgen aus Versicherungen im Sinne des § 20 Abs. 1 Nr. 6 EStG erhoben, bei denen der Steuerpflichtige nur beschränkt steuerpflichtig ist (§§ 1 Abs. 4, 49 Abs. 1 Nr. 5 EStG). Sie hat in diesen Fällen nach § 50 Abs. 5 Satz 1 EStG abgeltende Wirkung. Niedrigere Quellensteuerhöchstsätze nach den Doppelbesteuerungsabkommen sind im Erstattungsverfahren nach § 50d Abs. 1 EStG geltend zu machen. 87

XIV. Anwendungsregelungen

1. Zeitliche Abgrenzung von Altverträgen zu Neuverträgen

Durch das Alterseinkünftegesetz vom 5. Juli 2004 (BGBl 2004 I S. 1427) ist § 20 Abs. 1 Nr. 6 EStG neu gefasst worden. Nach § 52 Abs. 36 EStG ist für vor dem 1. Januar 2005 abgeschlossene Versicherungsverträge (Altverträge) § 20 Abs. 1 Nr. 6 EStG in der am 31. Dezember 2004 geltenden Fassung (a. F.) weiter anzuwenden. Damit besteht insbesondere die Steuerbefreiung nach § 20 Abs. 1 Nr. 6 Satz 2 EStG a. F. für Altverträge fort. 88

Für die Frage, ob noch § 20 Abs. 1 Nr. 6 EStG a. F. anzuwenden ist, kommt es auf den Zeitpunkt des Vertragsabschlusses an. Die Regelung zur Rückdatierung (Rz. 66) ist in diesem Zusammenhang nicht anzuwenden. Der Versicherungsvertrag kommt mit dem Zugang der Annahmeerklärung des Versicherers beim Versicherungsnehmer zustande. Auf eine ausdrückliche Annahmeerklärung kann jedoch verzichtet werden, wenn sie nach der Verkehrssitte nicht zu erwarten ist oder der Antragende auf sie verzichtet hat (§ 151 BGB). Bei Lebensversicherungsverträgen kann aufgrund der regelmäßig erforderlichen Risikoprüfung davon ausgegangen werden, dass eine ausdrückliche Annahmeerklärung erfolgt. 89

Für die steuerrechtliche Beurteilung ist unter dem Zeitpunkt des Vertragsabschlusses grundsätzlich das Datum der Ausstellung des Versicherungsscheines zu verstehen. Wenn der Steuerpflichtige geltend macht, der Vertragsschluss sei vor dem Datum der Ausstellung des Versicherungsscheins erfolgt, hat er dies durch geeignete Dokumente (z. B. Annahmeerklärung des Versicherers) zu belegen. Aus Vereinfachungsgründen ist es nicht erforderlich, dass der Steuerpflichtige den Zeitpunkt des Zugangs der Annahmeerklärung nachweist, sondern es ist auf das Datum der Annahmeerklärung abzustellen.

2. Weitergeltung von BMF-Schreiben

90 Die BMF-Schreiben vom 22. August 2002 – IV C 4 – S 2221 – 211/02 – (BStBl 2002 I S. 827), vom 15. Juni 2000 – IV C 4 – S 2221 – 86/00 – (BStBl 2000 I S. 1118), vom 13. November 1985 – IV B 4 – S 2252 – 150/85 – (BStBl 1985 I S. 661) und vom 31. August 1979 – IV B 4 – S 2252 – 77/79 – (BStBl 1979 I S. 592) sind für Altverträge weiterhin anzuwenden. Das BMF-Schreiben vom 25. November 2004 – IV C 1 – S 2252 – 405/04 – (BStBl 2004 I S. 1096) wird aufgehoben.

3. Vorratsverträge

91 Im Abschluss so genannter Vorratsverträge ist regelmäßig ein steuerrechtlicher Gestaltungsmissbrauch im Sinne des § 42 AO zu sehen. Bei Versicherungsverträgen, die zwar noch im Jahr 2004 abgeschlossen werden, bei denen der vereinbarte Versicherungsbeginn aber erst nach dem 31. März 2005 liegt, kommt steuerlich der Vertragsabschluss zu dem Zeitpunkt zustande, zu dem die Versicherung beginnt.

4. Vertragsänderungen bei Altverträgen

92 Ergänzend zu dem BMF-Schreiben vom 22. August 2002 – (a. a. O.) – (BStBl 2002 I S. 827) gilt für Beitragserhöhungen bei Altverträgen Folgendes: Ob im Falle von bereits bei Vertragsabschluss vereinbarten Beitragsanpassungen in vollem Umfange ein Altvertrag vorliegt, hängt davon ab, ob die vereinbarten Beitragsanpassungen als rechtsmissbräuchlich einzustufen sind (BMF-Schreiben vom 22. August 2002, BStBl 2002 I S. 827, Rz. 38). Ein Missbrauch rechtlicher Gestaltungsmöglichkeiten liegt insbesondere dann nicht vor, wenn die Beitragserhöhung pro Jahr 20 v. H. des bisherigen Beitrags nicht übersteigt. Dabei ist es unbeachtlich, ob die Beitragserhöhung durch Anwendung eines Vomhundertsatzes oder eines vergleichbaren Dynamisierungsfaktors, bezifferter Mehrbeträge oder durch im Voraus festgelegte feste Beiträge ausgedrückt wird. Im Falle einer Beitragserhöhung pro Jahr um mehr als 20 v. H. des bisherigen Beitrags handelt es sich nicht um einen Missbrauch steuerlicher Gestaltungsmöglichkeiten,

- wenn die jährliche Beitragserhöhung nicht mehr als 250 € beträgt oder
- wenn der Jahresbeitrag bis zum fünften Jahr der Vertragslaufzeit auf nicht mehr als 4 800 € angehoben wird und der im ersten Jahr der Vertragslaufzeit zu zahlende Versicherungsbeitrag mindestens 10 v. H. dieses Betrages ausmacht oder
- wenn der erhöhte Beitrag nicht höher ist, als der Beitrag, der sich bei einer jährlichen Beitragserhöhung um 20 v. H. seit Vertragsabschluss ergeben hätte.

Ist die Erhöhung der Beitragsleistung als missbräuchlich einzustufen, sind die insgesamt auf die Beitragserhöhung entfallenden Vertragsbestandteile steuerlich als gesonderter neuer Vertrag zu behandeln. Der neue Vertrag gilt in dem Zeitpunkt als abgeschlossen, zu dem der auf den Erhöhungsbetrag entfallende Versicherungsbeginn erfolgt. Wenn die Beitragshöhe in den Kalenderjahren 2005 oder 2006 gesenkt wird und nunmehr die o. a. Grenzen nicht überschritten werden, ist kein Gestaltungsmissbrauch und steuerlich kein gesonderter neuer Vertrag anzunehmen. 93

Es wird nicht beanstandet, wenn das Versicherungsunternehmen als Einnahmen aus einem Vertrag, für den aufgrund einer Vertragsänderung nach Maßgabe des BMF-Schreibens vom 22. August 2002 (BStBl 2002 I S. 827) für den „alten Vertrag" § 20 Abs. 1 Nr. 6 EStG a. F. und für den „neuen Vertrag" § 20 Abs. 1 Nr. 6 EStG n. F. Anwendung findet, insgesamt die rechnungsmäßigen und außerrechnungsmäßigen Zinsen zugrunde legt, wenn der Steuerpflichtige dem zugestimmt hat. 94

§ 20 Abs. 1 Nr. 6 Satz 2 EStG n. F. ist für den „neuen Vertrag" entsprechend anzuwenden.

5. Vertragsschluss im Namen eines minderjährigen Kindes

Fälle, in denen Eltern für ihr minderjähriges Kind einen Versicherungsvertrag dergestalt vor dem 31. Dezember 2004 abschließen, dass das Kind Versicherungsnehmer wird, sind folgendermaßen zu behandeln: 95

Nach § 1643 Abs. 1 BGB in Verbindung mit § 1822 Nr. 5 BGB bedarf ein Vertrag der Genehmigung des Familiengerichts, wenn durch den Vertrag der Minderjährige zu wiederkehrenden Leistungen verpflichtet wird und das Vertragsverhältnis länger als ein Jahr nach dem Eintritt der Volljährigkeit fortdauern soll. Enthält der Versicherungsvertrag eine Beitragszahlungsverpflichtung über den 19. Geburtstag hinaus, ist somit eine Genehmigung erforderlich. Wird das Kind volljährig, so tritt seine Genehmigung 96 an die Stelle des Familiengerichts (§ 1829 Abs. 3 BGB). Solange keine Genehmigung erteilt wurde, ist das Rechtsgeschäft schwebend unwirksam (§ 1829 Abs. 1 Satz 1 BGB). Nach § 184 Abs. 1 BGB wirkt eine Genehmigung auf den Zeitpunkt der Vornahme des Rechtsgeschäfts zurück (ex tunc). Bei Genehmigung gilt der Vertrag als noch in 2004 geschlossen. § 20 Abs. 1 Nr. 6 EStG ist in der bis zum 31. 12. 2004 geltenden Fassung anzuwenden.

97 Wird die Genehmigung nicht erteilt und erfolgt Rückabwicklung des Leistungsverhältnisses (§ 812 BGB), sind die in den Rückabwicklungsansprüchen enthaltenen Zinsanteile nach § 20 Abs. 1 Nr. 7 EStG zu versteuern.

Dieses Schreiben wird im Bundessteuerblatt Teil I veröffentlicht.

Inhaltlich gleichlautend
Bay. Landesamt für Steuern v. 16. 1. 2006 – S 2252 – 3 St 32 / St 33

III. Berechnungstools

Zur Erleichterung Ihrer täglichen Arbeit in der Beratungspraxis bieten wir Ihnen verschiedene Arbeitshilfen an. Im Folgenden finden Sie Hinweise auf Berechnungsmodule zur Errechnung der Vorteilhaftigkeit verschiedener Kapitalanlageprodukte.

Es handelt sich um Tools, die Teil der Programmsammlung „Tax'n'More" sind. Mithilfe Ihres fabilon-Freischaltcodes, den Sie auf der zweiten Seite dieses Buches finden, können Sie im Internet unter www.nwb.de auf diese Module zugreifen. Einzelheiten zur Bedienung der Rechenmodule können der Online-Hilfe entnommen werden.

Im Einzelnen finden Sie dort folgende Berechnungsmodule:

1. Spekulationsgewinn nach § 23 EStG bei Wertpapieren in Sammelverwahrung (soweit noch die Durchschnitts-Methode bis Ende 2003 anzuwenden ist)

Als Spekulationsgeschäft (bis 1998) oder als privates Veräußerungsgeschäft (seit 1999) werden nach § 23 Abs. 1 EStG die Anschaffung und Veräußerung von bestimmten Wirtschaftsgütern innerhalb einer bestimmten Frist erfasst, soweit sie nicht den übrigen Einkunftsarten zuzurechnen sind. Die **wesentlichen Beteiligungen** im Sinne des § 17 EStG sind die Ausnahmen. Die Einkommensteuerpflicht setzt ein, soweit Grundstücke oder grundstücksgleiche Rechte innerhalb von 10 Jahren oder sonstige

Wirtschaftsgüter, insbesondere Wertpapiere, innerhalb eines Jahres angeschafft und wieder veräußert werden sowie bei Rechtsgeschäften, bei denen die Veräußerung von Wirtschaftsgütern vor dem Erwerb erfolgt und bei Termingeschäften. Mit diesem Berechnungsprogramm lässt sich für **Wertpapierdepots** unter Berücksichtigung der jeweils gültigen Rechtslage der Spekulationsgewinn nach § 23 EStG schnell und einfach berechnen.

2. Zinsstaffelrechner

Der Zinsstaffelrechner erlaubt die flexible **Berechnung des Vermögensendwertes** zu einem beliebigen Zeitpunkt unter Berücksichtigung wechselnder Zinssätze, unterschiedlicher Verzinsungsmethoden und Verzinsungsabständen.

3. Allround-Effektivzins-/Kapitalrechner

Mit dem Allroundrechner lassen sich **Renditen unterschiedlichster Geldanlagen und Investitionen** sowie die **Effektivzinssätze von Krediten** jeder Art schnell und flexibel berechnen. Auch komplexe Sachverhalte werden korrekt beurteilt. Der Allroundrechner bietet sich immer dann an, wenn kein Spezialberechnungsmodul in Betracht kommt. Verschiedene Einzelzahlungen und wiederkehrende Zahlungen werden in einer Gesamtzahlungsliste zusammengestellt; auch dynamische Veränderungen werden berücksichtigt.

4. Tabellen aus der Finanzmathematik

Mit Hilfe von Tabellenwerten bzw. Faktoren können in der Finanzmathematik viele Investitions- und Finanzprobleme gelöst werden. Dieses Rechenmodul enthält alle wichtigen Faktoren zur Berechnung von Tabellenwerten der Finanzmathematik und Tabelleneinzelwerten. In Abhängigkeit von Prozentwerten und Jahren oder Zinssatz, Jahreszahl sowie Zahlungsweise werden die Werte ermittelt. Der Basiswert des Aufzinsungsfaktors (Kapitalendwert), Abzinsungsfaktors (Kapitalbarwert), Rentenendwertfaktors (Aufzinsungssummenfaktor), Diskontierungssummenfaktors (Rentenbarwertfaktor), Kapitalwiedergewinnungsfaktors (Annuitätenfaktor) und des Restwertverteilungsfaktors beträgt 1 Euro.

5. Bezugsrecht junger Aktien

Aktionäre, die nicht an einer Kapitalerhöhung teilnehmen wollen, können ihre Bezugsrechte an der Börse verkaufen lassen. Der Wert des Bezugsrechts, der auch im Rahmen der Bilanzerstellung von Bedeutung ist, bestimmt sich nach Angebot und Nachfrage an der Börse und ist nach einer im Programm hinterlegten mathematischen Formel zu ermitteln. Dieses Programm erläutert alle Rechenergebnisse umfassend und ermöglicht umfassende Berechnungsoptionen.

6. Wertpapiere

Es kann zwischen **verzinslichen und unverzinslichen Wertpapieren** (z. B. Zerobonds) gewählt werden. Provisionen, Courtage, Fixe Kosten können sowohl beim Kauf als auch beim Verkauf anfallen. Das Programm bietet als Berechnungsbasis für diese Kosten sowohl den Kurswert als auch den Nennwert an. Depotgebühren werden jährlich in konstanter Höhe zu einem beliebigen, einzugebenden Datum berücksichtigt.

Bei den **verzinslichen Wertpapieren** handelt es sich um Wertpapiere mit einem konstanten Nominalzinssatz. Die Zinsen werden an bestimmten Zinszahlungsterminen immer bezogen auf den Nennwert gutgeschrieben. Die Zinsen werden i. d. R. dem Girokonto gutgeschrieben. Bei den Zinszahlungsterminen sind alle Eingabevarianten möglich. Bei den **unverzinslichen Wertpapieren** resultiert die Rendite aus dem niedrigen Emissionskurs und dem hohen Einlösungskurs zum Laufzeitende. Zwischenzeitliche Zinszahlungen finden nicht statt.

Für Zwecke der Besteuerung (Einkünfte aus Kapitalvermögen) wird jedoch gem. BMF-Schreiben von **abgeleiteten Anschaffungs- und Veräußerungskosten** ausgegangen. Diese Beträge werden vom Programm berechnet, sofern die Zerobonds im Privatvermögen gehalten werden. Sind die erforderlichen Daten (Emissionsdatum, Einlösungsdatum sowie Emissionskurs oder Emissionsrendite) nicht bekannt, wird die **Marktrendite** der Besteuerung bei den Einkünften aus Kapitalvermögen zu Grunde gelegt. Die Marktrendite ist die Differenz aus Veräußerungserlös und Anschaffungskosten.

Die entsprechenden Angaben hinsichtlich Emissionsdatum, Emissionskurs, Emissionsrendite, Einlösungsdatum sowie Zugehörigkeit zum Privatvermögen/Betriebsvermögen sind unter < steuerliche Zusatzangaben > zu machen.

Eventuelle **Spekulationsgewinne** bei den festverzinslichen Wertpapieren werden ebenfalls berechnet. Die Spekulationsfristen werden in Abhängigkeit von den eingegebenen Datumseingaben berücksichtigt.

Die **Rendite vor Steuern** wird errechnet, indem alle Zahlungen vom Kaufdatum der Wertpapiere bis zum Verkaufdatum auf das Kaufdatum abdiskontiert werden. Die Rendite ist der Zinssatz, der einen Kapitalwert von 0,00 € ergibt. Zu berücksichtigen sind also alle Geldflüsse: Anschaffungskosten, Anschaffungsnebenkosten und Gebühren, Stückzinsen, Zinsen, Depotgebühren, Verkaufserlös, Verkaufskosten.

7. Zerobonds

Zerobonds, auch **Null-Kupon-Anleihen** genannt, unterscheiden sich von herkömmlichen verzinslichen Wertpapieren (Schuldverschreibungen) dadurch, dass sie nicht laufend verzinst werden. Bei Zerobonds handelt es sich um Anleihen, die abgezinst oder aufgezinst ausgegeben und bei Fälligkeit zum Rücknahmebetrag getilgt werden. Bei privater Veräußerung ist nach dem BMF-Schr. v. 24. 1. 1985 – S 2252 der Unterschiedsbetrag zwischen Ausgabe- und Rücknahmebetrag (Kapitalertrag) gem. § 20 Abs. 1 Nr. 8 EStG zur versteuern.

Im Gegensatz zu dem universell einsetzbaren Modul zur Berechnung jeder Art festverzinslicher Wertpapiere ist dieses Berechnungsprogramm spezialisiert auf die Ermittlung des zu versteuernden Einkommens bei der privaten Veräußerung von Zerobonds anhand der **Emissionsrendite.** Sofern diese nicht bekannt sein sollte, wird sie automatisch anhand der Laufzeit und des Emissionskurses berechnet.

8. Fonds (Rendite, Performance)

Investmentfonds sind Kapitalsammelstellen, an denen sich viele Anleger beteiligen können. Es handelt sich um so genannte **„offene" Fonds,** d. h. das Kapital des Fonds ist – im Gegensatz zu den „geschlossenen" Fonds – nicht beschränkt. Mit dem eingesammelten Kapital können unterschiedliche Investitionen getätigt werden. So gibt es z. B. Immobilien-, Aktien-, Wertpapier- und gemischte Fonds. Alle Investmentfonds sind nach dem **Grundsatz der Risikostreuung** angelegt. Hierin besteht ein entscheidender Vorteil gegenüber der Direktanlage.

Dieser Rechner zeigt den Zusammenhang von Rendite, BVI-Performance, bereinigter Performance, Vermögenszuwachs und Anteilswert. Durch Vorgabe des Anteilswerts können unter Berücksichtigung des Kauf- und Verkaufsdatums, des Aufgabeaufschlags und der Renditeberechnungsmethode alle übrigen Werte berechnet werden.

9. Stückzinsen

Bei einer **Schuldverschreibung** (o. Ä.) zahlt der Emittent die Zinsen an den Inhaber zum Zeitpunkt der Fälligkeit des Zinsscheins für den gesamten Zinszahlungszeitraum. Wird eine Schuldverschreibung vor diesem Zinstermin veräußert, stehen dem Veräußerer die Zinsen für seine Besitzzeit zu (Stückzinsen EStH 2005 H 20.2). Diese werden bei der Veräußerung gesondert berechnet und ausgewiesen und vom Erwerber zusätzlich zum Kaufpreis an den Veräußerer gezahlt.

Mit Hilfe dieses Rechenmoduls können Stückzinsen für festverzinsliche Gläubigerpapiere unter Berücksichtigung verschiedener Verzinsungsmethoden schnell und einfach berechnet werden.

10. Währungsrisiko bei festverzinslichen Geldanlagen

Ein Währungsrisiko entsteht bei einer Investition in Anlagegüter welche auf ausländische Währungen lauten. So kann ein positiver Ertrag, den das Wertpapier z. B. in US-Dollar verbucht, durch Kursverluste desselbigen verringert werden oder sogar in einen Verlust übergehen. Es bestehen allerdings auch die Chancen einer größeren Rendite, wenn die entsprechende Währung sich gegenüber dem Euro verfestigt und somit an Wert gewinnt.

Mit diesem Rechenmodul lässt sich das Währungsrisiko bei festverzinslichen Geldanlagen schnell und einfach ermitteln.

11. Bewertung beliebiger, freier Investitionen

Dieses Modul zeigt Ihnen, ob eine Investition sinnvoll ist. Es ist allgemein gehalten und kann quasi für jede Investition (auch Geldanlage) herangezogen werden. Auch komplizierteste Varianten können hiermit dargestellt werden. Es errechnet Ihnen die Rendite in %, um einen Vergleich mit anderen Anlagen (z. B. festverzinslichen Geldanlagen) zu haben.

Wichtig: Es werden **nur reine Geldflüsse** eingetragen.

Bis zum Ende des beliebigen Betrachtungszeitraumes tragen sie jeweils ein: Datum des Geldflusses und : Einnahme(+) bzw. Ausgabe (−) an diesem Datum.

Es handelt sich um die Geldflüsse, die dieser Investition zugerechnet werden müssen. Am Ende des Investitionszeitraumes wird das Investitionsobjekt verkauft oder verschrottet. Tragen Sie entweder den Verkaufserlös nach Abzug von Verwertungskosten ein; bzw. die Verschrottungskosten

11. Bewertung freier Investitionen

mit negativem Vorzeichen. Das Programm berechnet ihnen den Effektivzinssatz (Rendite) der Investition.

Mathematisch gilt: Der **interne Zinssatz der Investition** ist der Zinssatz, der dazu führt, dass die auf den Investitionstag abgezinste Zahlungsreihe einen Barwert von 0,00 € ergibt.

Es wird unterstellt, dass frei werdende Geldbeträge wieder zum internen Zins angelegt werden können.

Darüber hinaus können Sie einen Vergleichszins eingeben. Das Programm berechnet mit diesem Vergleichszinssatz einen Barwert. Der Barwert ist die Summe der mit dem Vergleichszinssatz abgezinsten Zahlungsbeträge einschließlich Investitionsrestwert. Wenn dieser Wert positiv ist, lohnt sich die Investition, da Ihre Rendite höher ist als der Vergleichszinssatz.

Stichwortverzeichnis

Die Zahlen verweisen auf die Randnummern; die fettgedruckten verweisen auf das ABC der Kapitalanlagen (Teil 3).

Ab- oder aufgezinste Wertpapiere
– KapESt   437 f.
– Veräußerung oder Abtretung
   1082 ff.
Abfindungen   **1201**
Abgeld   202, **1202**, **1305**
Abgezinste Kapitalforderungen   878
Abschlagsdividenden   **1203**
Abschlagsfloater   **1204**
Abschlussgebühren   203
Abschlusskosten,
   Lebensversicherungsverträge   203
Abschreibungen   204
Abspaltung   **1205**
Abstandnahme vom KapESt-Abzug
   372, 377
Abtretung ab- oder aufgezinster
   Schuldverschreibungen und
   Schuldbuchforderungen   1082 ff.
Abtretung bestimmter Wertpapiere und
   Kapitalforderungen
– KapESt   326, 440
Abtretung von Kapitaleinnahmen   52
Abzinsungsbeträge   205
Abzinsungspapiere   **1206**
– KapESt   437
Abzug ausländischer Steuern   509
Abzugsverpflichteter (KapESt)   327
– conto Dividende   **1207**
Agio (Aufgeld)   **1208**, **1229**
Agio-Anleihen   **1209**
Agio-Zero-Bonds   **1210**
Aktien   **1211**
– ausländische
   (Halbeinkünfteverfahren)   137 ff.
– Bezüge aus Aktien   630 ff.
– Einziehung von   645
– junge   **1253**
– sonstige Bezüge   634 ff.
Aktienanleihen   1051, **1212**, **1277**

Aktienerwerbsrecht   **1213**
Aktienfonds   **1214**
Aktiengewinn   **1215**
Aktienindex-Optionsscheine   **1216**
Aktienoptionen   **1217**
Aktiensplit   **1218**
Aktientausch   **1219**
Aktienverkauf mit
   Rücknahmegarantie   **1220**
Alt-Anleihen   **1221**
Altersvorsorgefonds
– Zufluss   95
Ankaufspesen   206
Anleihen   **1223**
Annuitäten-Bonds
   (Tilgungs-Anleihen)   **1224**, **1476**
Annuitäten-Pfandbrief   **1225**
Anrechnung
– ausländischer Steuern   18, 506 ff.
– bei Nießbrauch   70
– KapESt   301
Anrechnungsmethode   17 f.
Anrechnungsverfahren   115 f.
Anschaffungskosten   207
– bei Marktrendite   1070
Anschaffungsnebenkosten   207
Anteilscheine (Investmentzertifikate)
   1226
Anteilseigner   47
Antizipationszinsen   **1409**
Anwaltskosten   208
Anweisungen   916
Anzurechnende Körperschaftsteuer
   706
Arbeitgeber-Darlehen   **1227**
Arbeitsmittel   209 f.
Arbeitszimmer   212
Argentinienanleihen   **1228**
Atypisch stille Gesellschaft   810 ff.
Aufgeld (Agio)   **1208**, **1229**

Aufgezinste Kapitalforderungen 880
Auflösung einer Körperschaft 696
– Halbeinkünfteverfahren 699
Aufzinsungspapiere **1230**
– KapESt 437
Ausgabeaufschlag 213
Ausgleichsbeträge **1231**
Ausgleichszahlungen
 (Dividendengarantie) 29, **1232**
Auskunftsersuchen 483 f.
Ausländische Beteiligungen 629
Ausländische Quellensteuer
 (Halbeinkünfteverfahren) 142
Ausländische Steuern 18, 507 ff.
Auslandsanleihen **1233**
Auslandsbeziehungen
– KapESt 469 ff.
Auslandsfonds **1234**
Auslosungskosten 214
Ausschüttungen
– aus dem EK 04 (altes Recht) 695
– steuerfreie 692 ff.
Außerrechnungsmäßige Zinsen **1235**
Auszahlende Stelle (KapESt) 329

Bagatellgrenze 333
Bandbreiten-Optionsscheine **1236**
Bandbreiten-Zertifikate **1237**
Bankanleihen **1238**
Bankgebühren 215
Bankgeheimnis 481
Bankinternes Sondervermögen **1239**
Bankobligationen **1240**
Bankwechsel **1241**
Bauhandwerkerhypothek 831
Bardividende **1242**
Barrier Optionen **1243**
Barrier Options **1394**
Basket-Optionsscheine **1244**
Basket-Zertifikat 1194, **1245**
Bausparzinsen **1246**
– KapESt 333
– Zufluss 80
Bear Anleihen **1247**

Bear Warrants **1248**
Belegschaftsaktien **1249**
Bemessungsgrundlage Zinsabschlag
 336 ff.
– Bundeswertpapiere 365 f.
– einfache Forderungen 367
Beratungskosten 216
Bereitstellungszinsen 831, **1250**
Berichtigungsaktien 642 ff., **1339**
Besserungsscheine **1252**
Beteiligung am Liquidationserlös
 (Genussrechte) 651 ff.
Beteiligungen
– ausländische 629
Bewirtungskosten 217
Bezüge
– aufgrund Kapitalherabsetzung
 696 ff.
– aus Aktien 630
– aus Erwerbs- und
 Wirtschaftsgenossenschaften 671/1
– aus Genussrechten 647
– aus GmbH-Anteilen 656
– sonstige 635
Bezugsrechte (subscription rights)
 640 f., **1253**
Bobl-Futures **1254**
Bonds **1255**
Bond-Warrants **1256**
Bonifikationen **1257**
Bonus **1258**
Bonusaktien **1259**
Bonus-Sparvertrag **1260**
Boost-Optionsscheine **1261**
Börsenbriefe 218
Braugelder 671/1
Break-Aktienanleihen **1262**
Bruttoprinzip (KapESt) 336 f.
– Ausnahmen 337
Bücher 221
Buchführungskosten 222
Bundesanleihen **1263**
Bundesobligationen (Bobls) **1264**
Bundespapiere

Stichwortverzeichnis 657

– Bemessungsgrundlage KapESt 365 f.
Bundesschatzanweisungen **1265**
Bundesschatzbriefe **1266**
– KapESt bei Typ A 365 f.
– KapESt bei Typ B 365 f., 439
– Zufluss Typ A 81
– Zufluss Typ B 82
Bundeswertpapiere **1267**
Bund-Futures **1268**
Buxl-Futures **1269**

Call 1156
Call Optionen **1270**
Call Warrants **1271**
Cap-Anleihen **1272**
Capped Floater **1273**
Capped Warrants (gekappte Optionsscheine) 1195, **1274**
Caps (Zinsausgleichszertifikat) **1275**
Cash-Flow-Notes **1276**
Cash-or-share Bonds **1277**
Cash Settlement 1161
Cat-Anleihen **1278, 1390**
Certificates of Deposit (Einlagenzertifikate) **1279**
Chart Zeitschriften 223
Collared Floater **1280**
Collars (Zinsausgleichszertifikate) **1281**
Comax-Anleihen **1282**
Commercial Paper **1283**
Condor Anleihen **1284**
Convertible Bonds (Wandelanleihen) **1285**
Convertible Floater **1286**
Count-Down-Floating Notes **1487**
Courtagen 224
Covered Warrants (gedeckte Optionsscheine) **1288**
CpD Konten 486
Cross currency swap **1489**
Currency Future-Contracts **1289**
Currency-Warrants **1290**

Dachfonds **1386**
Damnum 227, **1291**
Darlehen **1292**
– Gesellschafterdarlehen **1292**
– nach § 7a FördG **1293**
– Sachdarlehen **1292**
Darlehenszinsen
– bei Grundstücksverkauf mit Ratenzahlung **1294**
– garantierter Wertzuwachs an Aktien **1292**
DAX Futures **1295**
DAX-Hochzinsanleihen **1296**
DAX-Partizipationsscheine 1193, **1297**
Deep Discount-Bonds **1306**
Defektivzinsen **1409**
Depot
– ausländisches (KapESt) 472
Depotgebühren 226
Derivate **1299**
Devisenoptionen **1300**
Devisenoptionsscheine **1156**
Devisentermingeschäfte **1302**
Differenzausgleich 1161
Differenzgeschäfte **1303**
Differenz-Methode s. Marktrendite
Digital-Optionsscheine **1304**
Disagio (Abgeld) 227, **1305**
– Zufluss 83
Disagio-Anleihen (deep discount bonds) 879, 1083, **1306**
Disagio Staffel 879
Discount-Zertifikate 1194, **1307**
Diskont 911, **1308**
Diskontbeträge 911 ff.
Diskontierung 911 ff.
Dividende 631, **1309**
– ausländische (Halbeinkünfteverfahren) 137 ff.
Dividendenaktien **1461**
Dividendenscheine 1004 f., **1310**
– Erwerber 1011
– Freistellungsauftrag 398

– KapESt 313, 379
– Kupons 1004, 1011, **1310**
– Zufluss 84
– Veräußerung 988
Dividenden-Stripping **1311**
DM-Auslandsanleihen **1312**
Doppelbesteuerungsabkommen 17
– Halbeinkünfteverfahren 141
Doppelwährungs-Anleihen **1313**
Dreimonatsgeld **1315**
Drittwährungs-Anleihen **1316**
Drop-Lock-Floater **1317**
Dual Currency-Issues **1318**
Dual Index Floating Rate Notes **1319**
Duo-Anleihen **1320**

Ehegatten (Freistellungsauftrag) 385, 407
Eigentümerhypothek 833
Einfache Forderungen 325, 330
– Bemessungsgrundlage 367
Einheitliche und gesonderte Feststellung 71
Einkommensteuerveranlagung 15
Einkünfte 5
– aus Kapitalvermögen 4
Einlagen **1321**
Einlagenzertifikate **1279**
Einlösung 877, 1080 f.
– von Zinsscheinen und Zinsforderungen durch den ehemaligen Inhaber der Schuldverschreibung 1022 f.
Einlösung bestimmter Kapitalanlagen (KapESt) 326, 440
Einmann-GmbH 628
Einnahmen 5, 8 ff.
– negative 12
– steuerfreie 13 f.
Einnahmeverzicht 228
Einrichtungsgegenstände 229
Einzelauskunftsersuchen 489
Einzelrechtsnachfolge 50
Einziehung von Aktien 645
Emissionsdisagio **1323**

Emissionsdiskont **1324**
Emissionsrendite 1055 f.
– Berechnung 1057 f.
– Fremdwährungspapiere 1060
– Korrektur 1059, 1079
– Wahlrecht zwischen Emissions- und Marktrendite 1074 ff.
Entgelte
– besondere 635, 982 ff.
Entschädigungen **1325**
Equity Linked Bonds **1326**
Erbauseinandersetzung 422
Erstattung (KapESt) 377
Erstattungszinsen **1327**
Ersterwerber 878
– Einlösung bestimmter Kapitalanlagen (KapESt) 362
Ertragsausgleichsbeträge 230, **1328**
Erträge 7
EU-Zinsrichtlinie 582 ff.
Euro-Bonds **1329**
Exchange traded Funds (ETF) **1330**

Fachliteratur 231
Fahrtkosten 232
Ferienwohnung 637
Fernsehgerät 233
Festzinsanleihen **1331**
Feststellungsbescheid 71
Fiktive ausländische Quellensteuer 511 f.
Financial Futures 1261 f., **1332**
Finanzierungskosten 234
Finanzierungsschätze 919, **1333**
– Zufluss 85
Finanzinnovationen 876 ff., 1051 ff., **1334**
Finanztermingeschäfte 1162
– einkommensteuerrechtliche Behandlung 1187
– – Differenzausgleich 1188
– – Glattstellung 1190
– Verlustrisiko 1163
Finanzwechsel 914

Flat gehandelte Wertpapiere 1032,
  1094
Floater (Floating Rate Notes) 1099,
  1335
Floors (Zinsausgleichszertifikate)
  1336
Fondsgebundene
  Lebensversicherungen **1337**
Fondsindex-Zertifikate **1338**
Forderungen
– verbriefte 322 f.
– einfache 322, 325, 330
– – Bemessungsgrundlage 367
Forstgenossenschaften 671/1
Freiaktien (Zusatz oder
  Berichtigungsaktien) 642 ff., **1339**
Freigenussrechte 646
Freigrenze nach § 23 EStG
  (Halbeinkünfteverfahren) 134
Freistellungsauftrag 374 ff.
– Änderungen 404
– Antragsberechtigter 380 ff.
– Antragstellung im elektronischen
  Verfahren 399
– dauernd getrennt lebendes Ehepaar
  412
– Ehepaar 385
– Eheschließung 411
– Empfänger 390
– Erbauseinandersetzung 422
– Erbengemeinschaft 421
– ergänzende Angabe 399
– Erhöhung 404
– Freistellungsvolumen 394 ff.
– Geltungsdauer 401
– gemeinsamer 385, 407, 411
– gemeinsamer – beim Tod eines
  Ehegatten 385, 420
– Gemeinschaften 387
– Gemeinschaftskonten, rückwirkende
  Umschreibung 426
– Halbeinkünfteverfahren, Verbrauch
  des Freistellungsvolumens bei
  Dividenden 311, 398

– Kinder 384, 393
– Konto auf den Namen Dritter 388
– Kontoauflösung 406
– mehrere 390
– Minderung 404
– nachträglich erhöhter 408
– nachträglich erteilter 408
– rückwirkende Anwendung im
  Todesfall 417 f., 424 f.
– Scheidung 386, 412
– Steuerausländer 382
– Todesfall Ehepaar 386, 420
– Todesfall Einzelperson 402, 415
– Vertrag zugunsten eines Dritten auf
  den Todesfall 423
– Verwahrung, Verwaltung unter dem
  Namen des Gläubigers 379
– Vordruck 389, 392
– Widerruf 404 f.
Freistellungsmethode 17 f.
Freistellungsvolumen 394
Fremdwährungen
  (Veräußerungsgeschäft) 1131
Fremdwährungsanleihen **1340**
Fremdwährungsdarlehen **1341**
Fremdwährungspapiere
  (Emissionsrendite) 1060
Full-Index-Link-Anleihen **1342**
Fundierungsanleihen **1343**
Futures **1344, 1475**

Garantiedividenden **1345**
Garantiespannen-Zertifikate **1346**
Gebühren 207
Gekappte Optionsscheine **1347**
Geldbeschaffungskosten 235
Geldentwertung 27
Geldmarktfonds (money market
  fonds) **1348**
Gemeinschaftskonten 57
– Freistellungsauftrag 381, 387
– nichtehelicher Lebensgemeinschaften
  (KapESt) 465
Genossenschaften 671/1

Genossenschaftsdividenden **1349**
Genussrechte 647 ff., 1056, **1350**
– ausländische (KapESt) 456
– ohne Rückzahlungsanspruch 655
– Veräußerung Gewinnbezugsrecht 994
– Verlust des Genussrechtskapitals 654
Genussscheine 647 ff., 1056, **1351**
Gesamtgläubiger
– Zufluss 86
Gesamtrechtsnachfolger 51
Gesellschafter
– beherrschender, Zufluss 75, 88
Gewinnanteile 631
Gewinnausschüttung
– rechtswidrige 634
– Zufluss 87 f.
Gewinnobligationen (participating oder income bonds) 1056, **1352**
Gewinnschuldverschreibung **1353**
G.I.R.O. (guaranteed investment return option) **1354**
Girokonto **1355**
Girosammelverwahrung (KapESt)
– Marktrendite 359
– Veräußerungsgeschäft 1141 ff.
Glattstellung 1158
Gläubigervorbehaltskonto 457
Gleitzins-Anleihen **1356**
GmbH-Anteile 656 ff., **1357**
– Abtretung Gewinnanteile 660
– Bezugsrechte 661
– Einziehung von Fremdgeschäftsanteilen gegen Entgelt 665
– Erwerb eigener Anteile 663
– Gewinnausschüttung 657
– unentgeltliche Einziehung eigener Anteile 666
– Verschmelzung 664
– Werbungskosten 236
– Werterhöhung durch Einziehung von Geschäftsanteilen 662

Grabpflegekonten **1358**
– KapESt 466 ff.
Gratisaktien 644, **1359**
G.R.O.I.S. (guaranteed return on investments; Garantiescheine) **1360**
Grundpfandrechte 831 ff.
Grundschulden **1361**
Grundschuldzinsen **1362**
Grundstücks-Sondervermögen **1363**
Gutachterkosten 237
Guthaben **1364**
Gutschrift 75

Haftung
– für KapESt 474
Halbabzugsverfahren 186 ff.
– Höhe des Abzugsverbots 188
– wirtschaftlicher Zusammenhang 189
Halbeinkünfteverfahren 111 ff., 117 ff., 622
– ausländische Gesellschaft 119
– Dividenden 124 ff.
– Investmenterträge 130
– KapESt 120
– sonstige Bezüge 129
– Sparer-Freibetrag 122
– steuerliches Einlagenkonto n. § 27 KStG 126 f.
– Veräußerungsgewinne bei Auslandsaktien 144
– Veräußerungsgewinne bei Beteiligungen an Körperschaften 131 ff.
– Veräußerungsgewinne bei Investmentfondsanteilen 135
– verdeckte Gewinnausschüttungen 128
– zeitliche Anwendung 146 ff.
– Zinsen 121
Hamster-Optionsscheine **1365**
Hapimag 637
Hedge Fonds **1366**
Heimdarlehen **1367**

Stichwortverzeichnis

Hinzurechnungsbesteuerung 143
Hochkupon-Anleihen **1368**
Hybrid-Anleihen **1369**
Hypotheken 832
Hypothekenzinsen **1370**

I.G.L.U. (investment growth linked unit) **1371**
Immobilienfonds **1372**
Index-Aktien **1373**
Index-Anleihen 882 ff., **1374**
Index-Optionsscheine **1375**
– mit garantierter Kapitalrückzahlung (G.I.R.O.) **1376**
Index-Zertifikate **1502**
Industrieanleihen **1378**
Inflation 27 f.
Inhaberaktien **1379**
Inhaberschuldverschreibungen **1380**
Inhouse-Fund **1381**
Instandhaltungsrücklage **1382**
– KapESt 463 f.
Interamerikanische-Entwicklungsbank-Anleihen **1383**
Interbankengeschäft 333
Interimsdividenden **1384**
Internet-Anschluss 238
Investmentanteile (KapESt) 442
Investmentclub 71
Investmenterträge 941 ff.
Investmentfonds **1386**
– ausländische 941 ff.
– ausschüttungsgleiche Erträge 945, 953
– Besteuerung bis 2003 **1386**
– Halbabzugsverfahren 950
– Halbeinkünfteverfahren 950 f.
– inländische 941
– intransparente 941
– Pauschalbesteuerung bei intransparenten Investmentfonds 958 f.
– Rückgabe 135
– steuerfreie Erträge 955
– thesaurierte Erträge 945

– transparente 941
– Transparenzgrundsatz 943
– Veräußerung 135
– Zufluss der Erträge 956 f.
– Zuflussfiktion thesaurierter Erträge 957
– Zwischengewinn 953 f.

Jahnschaften 671/1
Jahresbescheinigung 531 ff.

Kapital 21 ff.
Kapitalertrag/-erträge 7
Kapitalertragsteuer 301 ff.
– Abstandnahme 375, 377
– Abzugsverpflichteter 303, 327
– Anrechnung 301
– bei ausländischen Kapitalerträgen 307
– Dividenden 311
– Dividendenscheine 313
– Einkunftsart 42
– Einnahmen ohne KapESt-Abzug 302
– Entstehungszeitpunkt 308
– Erstattung 377
– Steueranmeldung 371
– Steuersätze 332
– Veräußerungserträge 326
– Werbungskosten 306
Kapitalforderungen
– sonstige 871 ff.
Kapitallebensversicherung 751 ff.
– fondsgebundene 852
Kapitalrückzahlungen 22 f., 638
Kapitalvermögen 21
Kassenobligationen **1389**
Katastrophen-Anleihen **1390**
Kaufoption 1156
– Kauf
– – Ausübung 1171
– – Glattstellung 1173
– – Veräußerung 1174
– – Verfall 1172
– Verkauf

– – Ausübung 1180
– – Glattstellung 1182
– – Verkauf 1183
– – Verluste aus dem
  Ausführungsgeschäft 1180
Kaufpreisraten **1391**
Kaufpreiszinsen (Verzugszinsen)
  1392
KGaA 631
KickStart-Zertifikate 1191, 1194,
  1393
Kinder 72
– Nichtveranlagungsbescheinigung
  427
Knock-out Optionsscheine (barrier
  options) **1394**
Kombinationsgeschäfte (Optionen)
  1186
Kombizins-Anleihen (dual rate
  bonds) **1395**
Kommunalanleihen **1396**
Kommunalobligationen **1397**
Kompensationszahlungen 246
Kontenabruf 567 ff.
Konto auf den Namen eines Dritten
  (KapESt) 457
Kontoführungsgebühren 247
Kontokorrentzinsen **1398**
– KapESt 459
Kontrollmitteilungen 484
Körperschaften 626
Körperschaftsteuer
– anzurechnende 706
– ausländische 707 ff.
Kreditkosten 248
Kreditwechsel 914
Kupons **1310**
Kursdifferenzpapier 1051 f., **1399**
Kursgewinne **1400**
Kursverluste 249, **1401**
Kuxe **1402**

Laufzeitfonds **1403**
Lebenspartnerschaft

– Gemeinschaftskonto (KapESt) 465
Lebensversicherungen **1404**
– Ermittlung der Einkünfte 851
– fondsgebundene 852 ff., **1337**
– Vertragsanpassungen 857
Legitimationsprüfung 484
Liquidation 696
– Halbeinkünfteverfahren 699
Liquidationstitel 920
Lock-Back-Put-Optionsscheine
  (Schlüssel-Verkaufsoptionen) **1405**
Longshort-Zertifikate **1406**

Maklercourtagen 250
Maklergebühren 207
Maklerprovisionen 250
Marktrendite 358 ff., 1061 ff.
– Anschaffungs- und
  Veräußerungsnebenkosten 1070
– Berechnung 1061
– Devisenkursgewinn 1069
– Girosammelverwahrung 359
– Wahlrecht zwischen Emissions- und
  Marktrendite 1074 ff.
Mega-Zertifikate **1407**
Mietkautionen **1408**
Mietkautionskonto 63
– KapESt 460 ff.
Minimax-Floater **1476**
Minusstückzinsen (Defektiv- oder
  Antizipationszinsen) **1409**
Mitgliedsbeiträge 251
Mitteilung an das Bundesamt für
  Finanzen 475 ff.
Money-Back-Zertifikate **1410**

Nachlasskonto (KapESt) 419
Namensaktien **1411**
Negative Einnahmen 12
Nettoprinzip
– modifiziertes 434
Nichtveranlagungs-Bescheinigung
  427 ff.
– Arbeitnehmer 429
– verspätete Vorlage 430

Stichwortverzeichnis

Nießbrauch 49, 65 ff.
– entgeltlicher 69
– Freistellungsauftrag 381
– unentgeltlicher 70, 96
– Vermächtnis- 67
– Vorbehalts- 66
– Zuwendungs- 68
Nominalwertprinzip 27 ff.
Notaranderkonto **1412**
Novation 76
Nullkupon-Anleihen (Zero-Bonds) **1413**
– Zufluss 89
Nutzung einer Ferienwohnung gegen Beteiligung an einer AG (Hapimag) 637, **1414**

Obligationen **1223**
Open End Zertifikate **1416**
Optionen auf Namensaktien und den DAX 1184 f.
Optionsanleihen (warrant bonds, warrant issues) 881, **1417**
Optionsanleihen ohne Aufgeld 1084
Optionsgenussscheine 650, **1418**
Optionsgeschäfte 1156 ff.
– Glattstellung (Ausübung) 1158
– Verlustrisiken 1163 ff.
Optionsrechte (Veräußerungsgeschäft) 1131
Optionsprämie 1170, **1420**
Optionsscheine (warrants) **1421**
– gedeckte **1288**
– gekappte **1274**

Partiarische Darlehen 808 f.
Partiarische Vertragsverhältnisse 798 ff.
Partizipationsscheine **1423**
Pauschalbemessungsgrundlage (KapESt) 357, 360 ff.
– Depotübertrag 361
– Einlösung bestimmter Wertpapiere und Kapitalforderungen 362

– Minderung Freistellungsvolumen 363
– Tafelgeschäft 360
Penny stocks **1424**
Pensionsgeschäfte **1425**
Personal Computer 252
Pfandbriefe **1426**
Pfandgläubiger 49
Portokosten 253
Preisnachlässe 671/1
Private Equity Fonds **1427**
Private Veräußerungsgeschäfte 1121 ff.
– Anschaffung und Veräußerung 1132
– Behaltefrist 1134 ff.
– Ermittlung der Einkünfte 1145
– Freigrenze 1146
– Fristberechnung 1137 f.
– Girosammelverwahrung 1142 ff.
– Halbeinkünfteverfahren 1148, 1153
– Identität der Wertpapiere 1140 f.
– Verlustverrechnung 1149 ff.
Privatpersonen (KapESt) 331
Progressionsvorbehalt 18
Protect Anleihen **1528**
Protect-Discount-Zertifikate **1429**
Provisionen 254
Prozesskosten 255
Prozesszinsen **1430**
Put 1156
Put-Optionen **1431**

Quellensteuer
– fiktive 511

Range Warrants (Bandbreiten-Optionsscheine) **1236, 1432**
Rasterfahndung 483
Ratenzahlung 24
Realgemeinden 671/1
Rechtsnachfolge 50 f.
Reisekosten 256
Renten **1435**
Rentenfonds **1436**

Rentenschulden 843
Repay-Bonds **1437**
Reverse Floater (reverse floating rate notes) **1438**
Rex-Anleihen **1439**
Risikoversicherung 853
Rückgewähr von Einlagen
– an den Aktionär 636
Rückvergütungen 671/1
Rückzahlung
– verdeckte Gewinnausschüttung 690 f.
– von Einnahmen 11
– – Zufluss 90
– von Gewinnanteilen 671
– von Kapital 9, 22
– von überlassenem Kapital 873
– Vorabausschüttungen 667

S.A.R.O.S. (safe return options) **1440**
Safemiete 274
Sammelauskunftsersuchen 483
Sammelerstattungsantrag 376
Samurai-Anleihen **1441**
Schatzanweisungen 918, **1442**
– Zufluss 91
Schatzwechsel 917, **1443**
Schließfachgebühren 274
Schlussgewinnanteile **1444**
Schuldbuchforderungen 1017, **1445**
Schuldner der Erträge (KapESt) 328
Schuldscheindarlehen **1446**
Schuldumwandlung 76
Schuldverschreibungen (Anleihen) **1223**
Schuldzinsen 257, 261/1
– Abziehbarkeit 20
– Aufteilung 259
Seminarkosten 262
Sicherungsübereignung 53
Sichteinlagen **1448**
Single Stock Marathon Call **1449**
Software 263
Solawechsel 914

Sondervermögen **1450**
Sonstige Ansprüche 988 ff., 1006
Sonstige Bezüge
– aus Aktien 634 ff.
– aus Genossenschaftsanteilen 671/1
Sonstige Kapitalforderungen jeder Art 871 ff.
– KapESt 890
Sozialpfandbriefe **1451**
Sparbriefe **1452**
– Zufluss abgezinster 79
Sparer-Freibetrag
– Kapitalertragsteuerabzug 319
Sparkonto (Einlagen) **1321**
– auf den Namen eines Dritten 58
Sparpläne **1454**
Spekulationsgeschäfte **1455**
Spekulationsverluste **1456**
Sperrkonto
– Zufluss 92
Staffelanleihen **1457**
Stammaktien 630
Step up/Step down-Anleihen **1458**
Steueranmeldung (KapESt) 371
Steuerausländer 321, 334
– KapESt 469
Steuerbefreiung 13 f.
Steuerberatungskosten 264
Steuerbescheinigung 368 f.
– Mietkautionskonto 469
– Wohnungseigentümergemeinschaft 464
Steuererstattungsansprüche **1459**
Steuerfreie Ausschüttung aus dem steuerlichen Einlagenkonto 692 ff.
Steuerfreie Einnahmen 13 f.
Steuerinländer 320
Steuerliches Einlagenkonto
– steuerfreie Ausschüttung 692 ff.
– Verfahrensfragen 693
Steuersätze (KapESt) 332
Steuerzinsen **1460**
Stille Gesellschaft 721 ff.
– Abfindungszahlungen für vorzeitige

Stichwortverzeichnis 665

Auflösung 757 ff.
– Abgrenzung zu anderen Rechtsformen 798 ff.
– Abgrenzung zu partiarischem Darlehen 773 f.
– Arbeitnehmer und stiller Gesellschafter 805
– atypisch stille Gesellschaft 798, 810 ff.
– Auflösung und Auseinandersetzung 752 ff.
– Auseinandersetzungsbilanz 753
– Beendigung 746 ff.
– bei Auslandsbeziehungen 722
– Beteiligung an einem Handelsgewerbe 793 ff.
– Einlageleistung 784 ff.
– Ermittlung der Einkünfte 726 ff.
– Ermittlung der Gewinn- und Verlustanteile nach Handels- und Steuerbilanz 743 ff.
– Gewinnbeteiligung 789 ff., 803
– Insolvenz des Geschäftsherrn 763
– Maßgeblichkeit der Steuerbilanz 745
– Merkmale 776 ff.
– negatives Einlagenkonto 740
– Rechte und Pflichten der Gesellschafter 780 ff.
– Rückzahlung der Einlage 756, 758 ff.
– Sonderbetriebsvermögen 818 f.
– Umsatzbeteiligung 804
– Umwandlung in andere Gesellschaftsform 762
– Unterbeteiligung an einem Handelsgewerbe 795, 807
– Veräußerung der Beteiligung 764 ff.
– Verfahrensfragen 771
– Verlustanteile 735 ff.
– – Abflusszeitpunkt 739
– – Anwendung des § 15 Abs. 4 u. § 15a EStG 816 f.
– Verlustbeteiligung 789

– Werbungskosten 730, 820
– Zu- und Abflussprinzip 742
– Zufluss 93
– – der Gewinnanteile 731
– Zurechnung 725
Stock Dividends (Dividendenaktien) **1461**
Stock Options **1462**
Streifbanddepot 1141
Stripped Bonds 1014, **1463**
Strukturierte Finanzprodukte **1464**
Stückzinsen 265, 1031 ff., **1465**
– KapESt 326
– Inrechnungstellung 1037
– verausgabte (KapESt) 1039, 339 f.
– vereinnahmte (KapESt) 433 ff.
– Wandelanleihen 436
– Werbungskosten 265
– Zufluss 94
Stückzinstopf 342
– ausländische Stückzinsen/Zinsen 354
– Beispiel zum - 355
– Bundeswertpapiere 356
– Defektivzinsen 351
– Depotübertrag 347
– Depotverwahrung 343 ff.
– Ehegatten 345
– Einnahmenseite 351 ff.
– Gemeinschaftsdepot 345
– Tafelgeschäft 350
– Tod des Stpfl. 349
– Treuhand-, Nießbrauchs- oder Anderdepot 344
– Überhang gezahlter Stückzinsen 353
– Wertpapierübertrag 348
Stufenzinsanleihe **1466**
Subsidiarität 41 f.
Surf-Anleihen **1467**
Swapgeschäfte **1468**
Switch-Anleihen **1469**
Systemorientierte Finanzanlagen (Sofia) **1470**

Tafelgeschäfte 431, 487
– im Ausland (KapESt) 473
– Stückzinstopf 350
Tageszeitung 266
Teilschuldverschreibungen 1016, **1471**
Telefongebühren 276
Terminfonds **1473**
Termingelder **1474**
Termingeschäfte 1156 ff.
– (Futures) **1475**
– Verlustrisiken 1163 ff.
Testamentsvollstreckergebühren 268
Thesaurierte Erträge aus Investmentanteilen 953
– Zufluss 95, 956 f.
Tilgungsanleihen (Annuitäten-Bonds) **1476**
Tilgungshypotheken 835
Topflösung s. Stückzinstopf
Transaktionskosten 269
Transparenzgrundsatz 942 f.
Tratte 913
Treueaktien **1477**
Treuhandkonto **1478**
– Mietkaution (KapESt) 460 ff.
Treuhandverhältnisse 54
Turbo-Zertifikate **1479**

Übernachtungskosten 270
Überschusserzielungsabsicht 19
Überziehungszinsen 271
Umsatzsteuer 272
Umschreibung von Kapitalanlagen 417
Umtauschanleihen 1051, **1480**
Umtausch-Floater (Veräußerungsgeschäft) 1131, **1286**
Und-Konto 57
Ungewisser Ertrag, aber zugesagte Kapitalrückzahlung 882 ff.

Veräußerung bestimmter Wertpapiere und Kapitalforderungen 982 ff.
– KapESt 326, 440

Veräußerung oder Abtretung ab- oder aufgezinster Schuldverschreibungen und Schuldbuchforderungen 1082 ff.
Veräußerung von Dividendenscheinen und sonstigen Ansprüchen 988 ff.
– KapESt 1010
Veräußerung von Zinsscheinen und Zinsforderungen 1012 ff.
– zusammen mit der dazugehörigen Schuldverschreibung unter Stückzinsausweis 1031 ff.
Veräußerungsentgelt (Dividendenscheine und sonstige) 1008
Veräußerungsgewinne; s. a. private Veräußerungsgeschäfte 26
Veräußerungskosten 273
Veräußerungsnebenkosten (Marktrendite) 1070
Veräußerungsverluste 26
Verausgabte Stückzinsen und Zwischengewinne 338 ff.
Verbriefte Forderungen 322 f.
Verdeckte Gewinnausschüttungen 639, 672 ff.
– Begriff 674
– Genossenschaften 671/1
– Grundfälle 688
– Halbeinkünfteverfahren 682 f.
– Rückgewähr 690 f.
– Umfang 685 f.
– Veranlassung 677 f.
– Zufluss 97, 687
– Zurechnung 680
Verfassungsmäßigkeit 30 f.
– private Veräußerungsgeschäfte 1125 ff.
– der Behaltefrist 1135
– Zinsabschlag 496
Verkaufsoption 1156
– Ausübung 1176
– Glattstellung 1178
– Kauf 1175
– Verfall 1177

Stichwortverzeichnis

– Verkauf 1183
Verlagerung von Kapitaleinkünften 46
Verlustverrechnung (Veräußerungsgeschäfte) 1149 ff.
Vermögensverwaltung 43 ff.
– gewerbliche 43
– private 44
Verpfändung 55
Versicherungen auf den Erlebens- und Todesfall 851 ff.
Versicherungszinsen **1482**
Verwahrung oder Verwaltung unter dem Namen des Gläubigers 379
Verwahrungskosten 274
Verwaltungskosten 275
Verzugszinsen **1392, 1483**
Vorabausschüttungen 633, 667 ff.
– Rückzahlung von 668
– Umwandlung von 669
Vorbehaltsnießbrauch 66
Vordrucke 488
Vorfälligkeitsentschädigungen 276, **1485**
Vorgesellschaft 627
Vorschusszinsen **1486**
– KapESt 458
Vorteile, besondere 635, 982 ff.
Vorzugsaktien 630
Vorzugszinsen **1483**

Währungsanleihen **1340**
Währungsswaps (cross currency swap) **1489**
Währungsverfall 25
Wahlrecht zwischen Emissions- und Marktrendite 1074 ff.
Wandelanleihen **1490**
– ausländische (KapESt) 456
– Stückzinsen (KapESt) 436
Wandelgenussscheine **1491**
Warentermingeschäfte **1492**
Warenwechsel 915
Warrant Bonds **1417**

Warrants **1494**
Wasseraktien **1495**
Wechsel 912 f., **1496**
Weltbankanleihen **1497**
Welteinkommen 1, 16
Werbungskosten 5 f., 171 ff.
– Abflusszeitpunkt 178
– Aufteilung bei mehreren Einkunftsarten 174
– Halbabzugsverfahren 173
– getrennte Ergebnisermittlung 176
– Gruppenbildung 176
– KapESt 306
– Lohnsteuerkarte; Eintrag Freibetrag 180
– steuerfreie Einnahmen 173, 179
Werbungskosten-Pauschbetrag 6, 12
Werterhöhungen 25
Wertpapierdarlehen 56
Wertpapiere
– ab-, aufgezinste (KapESt) 437 f.
– ausländische (KapESt) 471
– Freistellungsauftrag; Verwahrung, Verwaltung 379
– Zurechnung 59
Wertpapierpensionsgeschäfte 60 ff.
– echte 60
– unechte 61
Wertpapier-Sondervermögen **1498**
Wertrechte 1042
– Abtretung von Dividenden und Zinsansprüchen 1041
Wertrechts-Anleihen 1043, **1499**
Wertsteigerungen 9, 19
Wertverluste 25
W-I-N Zertifikate (World-Index-Nominal Backed Zertifikate) **1500**
Wohnungseigentümergemeinschaft (KapESt) 463

Zeitschriften 277
Zeitpunkt der Besteuerung 73
Zero-Bonds **1501**
– Zufluss 89

Zertifikate **1502**
– die Aktien vertreten 1191 ff.
Zinsabschlag 316 ff.
– Ausnahmen von der Abzugspflicht 333 f.
– Bemessungsgrundlage 336 ff.
– für bestimmte einfache Forderungen 367
– Überblick 318
Zinsabschlaggesetz 31
Zinsausgleichszertifikate (Caps/Floors) **1275, 1281, 1336**
Zinsen **1504**
– Zufluss 98
– Zurechnung aus Kontoverbindungen 64
Zinsforderungen 1012
– Einlösung durch ehemaligen Inhaber 1022
– Veräußerung 1018 ff.
– Zinsinformationsverordnung 1200
Zinsscheine **1505**
– Einlösung durch ehemaligen Inhaber der Schuldverschreibung 1022
– endfällige (KapESt) 431

– Veräußerung 1012 ff., 1018 ff.
– Zufluss 99
Zinsscheine, Zinsforderungen in unterschiedlicher Höhe oder für unterschiedlich lange Zeiträume 1097 ff.
Zinsswap (interest rate swap) **1507**
Zinszahlungszeiträume, unterschiedliche 1098
Zufallserkenntnisse 485
Zufluss 73
– Zinserträge (KapESt) 335
Zugesagter Ertrag, aber ungewisse Kapitalrückzahlung 888
Zurechnung 45 ff.
Zusatzaktien 642 ff., **1339**
Zuschlagsfloater **1508**
Zuwendungsnießbrauch 68
– entgeltlicher (Zurechnung) 69
– unentgeltlicher (Zufluss) 96
– unentgeltlicher (Zurechnung) 70
Zwangsversteigerungszinsen **1509**
Zwischengewinne 338 ff., 953, **1510**
– KapESt 451
– verausgabte (KapESt) 341
– Zufluss 100